Matthias Goebel, Michael Hein, Claudia Warnecke, Nils Wessing

Kurier-, Express- und Postdienstleistungen lernfeldorientiert

Das Informationsbuch zur Ausbildung

1. Auflage

Bestellnummer 04101

Bildungsverlag EINS
westermann

Die in diesem Produkt gemachten Angaben zu Unternehmen (Namen, Internet- und E-Mail-Adressen, Handelsregistereintragungen, Bankverbindungen, Steuer-, Telefon- und Faxnummern und alle weiteren Angaben) sind i. d. R. fiktiv, d. h., sie stehen in keinem Zusammenhang mit einem real existierenden Unternehmen in der dargestellten oder einer ähnlichen Form. Dies gilt auch für alle Kunden, Lieferanten und sonstigen Geschäftspartner der Unternehmen wie z. B. Kreditinstitute, Versicherungsunternehmen und andere Dienstleistungsunternehmen. Ausschließlich zum Zwecke der Authentizität werden die Namen real existierender Unternehmen und z. B. im Fall von Kreditinstituten auch deren IBANs und BICs verwendet.

Die in diesem Werk aufgeführten Internetadressen sind auf dem Stand zum Zeitpunkt der Drucklegung. Die ständige Aktualität der Adressen kann vonseiten des Verlages nicht gewährleistet werden. Darüber hinaus übernimmt der Verlag keine Verantwortung für die Inhalte dieser Seiten.

service@bv-1.de
www.bildungsverlag1.de

Bildungsverlag EINS GmbH
Ettore-Bugatti-Straße 6-14, 51149 Köln

ISBN 978-3-427-**04101**-6

westermann GRUPPE

Vorwort

Das Informationsbuch „Kurier-, Express- und Postdienstleistungen lernfeldorientiert" richtet sich zunächst an alle Auszubildenden des Ausbildungsberufes Fachkraft für Kurier-, Express- und Postdienstleistungen. Darüber hinaus können auch die Auszubildenden zum Kaufmann/-frau für Kurier-, Express- und Postdienstleistungen im ersten und zweiten Ausbildungsjahr von dem Buch profitieren.
Das Buch soll aber auch Mitarbeiter von KEP-Diensten ansprechen, die keine Ausbildung absolviert haben und allein aufgrund ihrer Berufstätigkeit an der IHK Abschlussprüfung teilnehmen möchten, also in Form einer sogenannten Externenprüfung.
Grundlage der Aufgabenstellungen beider Bücher sind die Unternehmensbeschreibungen der Modellunternehmen XPressParcel AG, Mail GmbH und Blitzfracht GmbH, die in den IHK Zwischen- und Abschlussprüfungen verwendet werden. Das Informationsbuch mit dem dazugehörigen Arbeitsbuch bereitet die Auszubildenden somit gezielt auf die IHK Zwischen- und Abschlussprüfungen in den Bereichen Auftragsbearbeitung, Zustellung und Wirtschaft- und Sozialwissenschaften vor.
Beide Bücher beziehen sich auf die Unternehmensbeschreibungen in der 3. Auflage (2016), die ab Sommer 2017 den IHK Prüfungen zugrunde liegen. Diese Unternehmensbeschreibungen können von der Internetseite der Zentralstelle für Prüfungsaufgaben der Industrie- und Handelskammern (ZPA) unter dem Link: www.ihk-zpa.de/export/sites/default/pages/download/Download-Dokumente/5020-5030_Unternehmensbeschreibung_KEP-Berufe_3.Auflage_2016.pdf heruntergela-den werden.
Das vorliegende Buch orientiert sich einerseits an den Lernfeldern 1 bis 9 des Lehrplans der Fachkräfte für Kurier-, Express- und Postdienstleistungen. Lernfelder mit einem höheren Zeitrahmen werden entsprechend ausführlicher behandelt. Andererseits orientiert sich das Buch auch stark an der Ausbildungspraxis der Auszubildenden, so dass wichtige Ausbildungsthemen entsprechend ausführlich behandelt werden.
Der Aufbau des Buches ist klar und einfach. Jedes Kapitel beginnt mit einer Einstiegssituation und zugehörigen Handlungsaufträgen, die mit dem darauffolgenden Informationsteil bzw. den Unternehmensbeschreibungen der Modellunternehmen bearbeitet werden können. Jeder Informationsteil schließt mit einer kurzen Zusammenfassung ab, gefolgt von Aufgaben, die wiederum mithilfe des Informationsteils bzw. der Unternehmensbeschreibungen gelöst werden können. Wichtige Inhalte werden besonders hervorgehoben. Merksätze, Definitionen, Beispiele, Formeln sowie zahlreiche Abbildungen erleichtern die Arbeit mit dem Buch.
Für Verbesserungsvorschläge und Anregungen sind wir stets sehr dankbar.

Die Verfasser

Inhaltsverzeichnis

Lernfeld 1

Im KEP-Unternehmen lernen und arbeiten

1 Berufsausbildungsverhältnis
2 Mitwirkung und Mitbestimmung der Arbeitnehmer
3 Grundlagen von Unternehmensformen
4 Wirtschaftskreislauf und wirtschaftliche Grundlagen
5 Betriebliche Organisation und Arbeitsabläufe
6 Nachhaltigkeit

1 Berufsausbildungsverhältnis

Einstiegssituation

Im Berufsschulunterricht lesen Sie den folgenden Artikel im Internet:

Mexiko: Ausbildung nach deutschem Vorbild

Beim Stichwort „deutscher Exportschlager" denkt man zuerst an Autos oder Technologie. Es gibt aber noch einen weiteren: das duale Ausbildungssystem. Die bewährte Kombination aus praktischer und theoretischer Berufsausbildung findet weltweit immer mehr Nachahmer, gerade dort, wo sich die Wirtschaft entwickelt, qualifizierte Fachkräfte aber Mangelware sind.

Mexiko ist so ein Fall: Einheimische Unternehmen, aber auch deutsche Investoren leiden darunter, dass kaum gute Facharbeiter zu finden sind.

Ausbildungsdefizite werden aber bald der Vergangenheit angehören: im Juni 2013 eröffnete die deutsche Wirtschaft – unterstützt von der Bundesregierung – das Berufsausbildungszentrum CEDUAL in der 1,5-Millionen-Stadt Puebla. Bei CEDUAL erhalten junge Mexikaner eine duale Ausbildung im Bereich Industriemechanik. Die fundierte Ausbildung sichert ihnen gute Chancen beim beruflichen Ein- und Aufstieg [...].

Quelle: *Avila Rivera, Teresa, im Auftrag der Deutschen Gesellschaft für Internationale Zusammenarbeit (GIZ) GmbH: Länderinformationsportal – Mexiko: Ausbildung nach deutschem Vorbild, Zugriff am 19.04.2016 unter www.giz.de/de/mediathek/14748.html*

Handlungsaufträge

Stellen Sie sich vor, ein Jugendlicher aus CEDUAL möchte von Ihnen wissen, was das duale System ist.

1 Wie erklären Sie dem Mexikaner dieses Ausbildungssystem?
2 Recherchieren Sie im Internet, wie eine Ausbildung in anderen europäischen Ländern und in Mexiko aufgebaut ist.

1.1 Duales System

Besonderes Kennzeichen des dualen Systems ist, dass zwei Ausbildungsorte bestehen. Das Ausbildungsunternehmen vermittelt dem Auszubildenden die praktischen Kenntnisse seines Berufes. In der Berufsschule erlernt er zudem die theoretischen Bestandteile.

Am Ende der Ausbildung steht die Abschlussprüfung bei der Industrie- und Handelskammer. Ausbildungsunternehmen und die Berufsschulen bereiten die Auszubildenden darauf vor.

Vorteile

Die beiden Ausbildungsorte stellen den Hauptvorteil des dualen Systems dar. Der Auszubildende erlernt die praktischen und zudem die theoretischen Kenntnisse für seinen Beruf. Dadurch ist die Ausbildung sehr abwechslungsreich.
Nach der Ausbildung sind die erworbenen Fähigkeiten im entsprechenden Beruf in verschiedenen Unternehmen anwendbar. Eine ausgebildete Fachkraft für Kurier-, Express- und Postdienstleistungen kann nach der Ausbildung ohne Probleme bei einem anderen Unternehmen derselben Branche beginnen.
In der Berufsschule können sich die Schüler aus den verschiedenen Ausbildungsunternehmen über ihre Arbeit austauschen und somit auch Arbeitsweisen der anderen Unternehmen kennenlernen.
Eine rein schulische Ausbildung wäre für den Staat sehr teuer. Im dualen System teilen sich der Staat (Kosten für die Berufsschule) und die Wirtschaft (Kosten für die Ausbildung im Betrieb und Zahlung der Ausbildungsvergütung) die finanziellen Aufwendungen für die Ausbildung.

Nachteile

Die Anzahl der von den Unternehmen zur Verfügung gestellten Ausbildungsplätze ist abhängig von der wirtschaftlichen Lage und auch den gesetzlichen Rahmenbedingungen. Das hat zur Folge, dass nicht alle Schulabgänger einen Ausbildungsplatz erhalten.
Zudem bilden nicht alle Unternehmen gleich gut aus.

1.2 Ausbildungsvertrag

Tine Jansen beginnt in drei Monaten eine Ausbildung zur Fachkraft für Kurier-, Express- und Postdienstleistungen. Sie hat den folgenden Ausbildungsvertrag von ihrem Ausbildungsunternehmen, der Blitzfracht GmbH, erhalten.

1.2.1 Inhalte des Berufsausbildungsvertrags

Am Anfang der Ausbildung steht der Arbeitsvertrag. Er ist die vertragliche Grundlage für das Ausbildungsverhältnis.
Der Ausbildungsvertrag muss immer schriftlich abgeschlossen werden. Zudem muss er vom Ausbildenden und vom Auszubildenden unterschrieben werden. Ist der Auszubildende noch keine 18 Jahre alt, so muss der gesetzliche Vertreter den Vertrag zusätzlich unterschreiben.

Antrag auf Eintragung

in das Verzeichnis der Berufsausbildungsverhältnisse
zum nachfolgenden
Berufsausbildungsvertrag

IHK

Zwischen dem/der Ausbildenden (Ausbildungsbetrieb)

Öffentlicher Dienst ☐

KNR | Firmenident-Nr. | Tel.-Nr.

Anschrift des/der Ausbildenden (Ausbildungsbetrieb)

Straße, Haus-Nr.

PLZ | Ort

E-Mail-Adresse des/der Ausbildenden

Verantwortliche/-r Ausbilder/-in | Geburtsjahr

und dem/der Auszubildenden **männlich** ☐ **weiblich** ☐

Name | Vorname

Straße, Haus-Nr.

PLZ | Ort

Geburtsdatum | Staatsangehörigkeit

Gesetzliche/-r Vertreter/-in[1]

Eltern ☐ Vater ☐ Mutter ☐ Vormund ☐

Namen, Vornamen der gesetzlichen Vertreter

Straße, Hausnummer

PLZ | Ort

wird nachstehender Vertrag zur Ausbildung im Ausbildungsberuf
mit der Fachrichtung/dem Schwerpunkt/dem Wahlbaustein etc.
nach Maßgabe der Ausbildungsordnung[2] geschlossen.

Vom/Von der Auszubildenden besuchte allgemeinbildende Schule

Zuletzt[3]

Abschluss[4]

Berufsvorbereitung, berufliche Grundbildung

☐ betriebliche Qualifizierungsmaßnahme
☐ schulisches Berufsgrundbildungsjahr (BGJ)[5]
☐ Berufsvorbereitungsmaßnahme (SGB III)
☐ schulisches Berufsvorbereitungsjahr (BVJ)[5]
☐ Berufsfachschule ohne voll qualifizierenden Berufsabschluss

Zuständige Berufsschule

Berufsfeld

A Die Ausbildungszeit beträgt nach der Ausbildungsordnung ____ Monate.

Die vorausgegangene

☐ schulische Vorbildung
☐ abgeschlossene betriebliche Berufsausbildung als
☐ abgebrochene betriebliche Berufsausbildung als
☐ abgeschlossene Berufsausbildung in schulischer Form mit Abschluss als

wird mit ____ Monaten angerechnet bzw. es wird eine entsprechende Verkürzung beantragt.

Das Berufsausbildungsverhältnis beginnt am ____ und endet am ____.

B Die Probezeit (§ 1 Nr. 2) beträgt ____ Monate.[6])

C Die Ausbildung findet vorbehaltlich der Regelungen nach D in

und den mit dem Betriebssitz für die Ausbildung üblicherweise zusammenhängenden Bau-, Montage- und sonstigen Arbeitsstellen statt (§ 3 Nr. 12).

D Ausbildungsmaßnahmen außerhalb der Ausbildungsstätte (§ 3 Nr. 12) (mit Zeitraumangabe):

E Der/Die Ausbildende zahlt dem/der Auszubildenden eine angemessene Vergütung (§ 5); diese beträgt zurzeit monatlich brutto

€				
im	ersten	zweiten	dritten	vierten

Ausbildungsjahr.

Öffentliche Förderung der Ausbildung (monatlich, regelmäßig, >50 % der Kosten): nein ☐

Wenn ja[7]

F Die regelmäßige Ausbildungszeit in Stunden beträgt täglich[8] ____ und/oder wöchentlich ____

Teilzeitausbildung wird beantragt (§ 6 Nr. 2) ja ☐ nein ☐

G Der/die Ausbildende gewährt dem/der Auszubildenden Urlaub nach den geltenden Bestimmungen. Es besteht ein Urlaubsanspruch

Im Jahr					
Werktage					
Arbeitstage					

H Hinweise auf anzuwendende Tarifverträge und Betriebsvereinbarungen; sonstige Vereinbarungen:

Die sachliche und zeitliche Gliederung

☐ ist beigefügt
☐ liegt der IHK mit Stand vom ____ vor.

1) Vertretungsberechtigt sind beide Eltern gemeinsam, sowie nicht die Vertretungsberechtigung nur einem Elternteil zusteht. Ist ein Vormund bestellt, so bedarf dieser zum Abschluss des Ausbildungsvertrages der Genehmigung des Vormundschaftsgerichtes.

2) Solange die Ausbildungsordnung nicht erlassen ist, sind gem. § 104 Abs. 1 BBiG die bisherigen Ordnungsmittel anzuwenden

3) besuchte Schule, bitte Schlüssel eintragen
00 unbekannt
05 Hauptschule
06 Polytechnische Oberschule
10 Sonderschule
20 Realschule
30 Gymnasium
31 Erweiterte Oberschule
35 Oberstufenzentrum
40 Gesamtschule
51 Berufsvorbereitungsjahr
52 Berufsgrundschuljahr
53 Berufsfachschule
54 Höhere Berufsfachschule
57 Fachoberschule
59 Sonstige berufliche Vollzeitschulen
80 Hochschule
81 Fachhochschule
90 Sonstige Schule

4) Abschluss, bitte Schlüssel eintragen
00 unbekannt
01 Hauptschulabschluss
02 Qualifizierter Hauptschulabschluss
03 Mittlerer Bildungsabschluss
04 Fachhochschulreife
05 Hochschulreife
06 Hochschulabschluss
07 im Ausland erworbener Abschluss, nicht zuzuordnen
08 Sonstiger Abschluss
09 Ohne Abschluss

5) Bitte Zeugniskopie beifügen.

6) Die Probezeit muss mindestens einen Monat und darf höchstens vier Monate betragen.

7) Öffentliche Förderung des Ausbildungsverhältnisses, bitte Schlüssel eintragen
01 Sonderprogramm des Bundes/Landes
02 außerbetriebliche Berufsausbildung nach § 241 (2) SGB III
03 außerbetriebliche Berufsausbdg. Reha nach § 100 Nr. 5 SGB III
04 nur für Brandenburg: betriebsnahe Förderung

8) Das Jugendarbeitsschutzgesetz sowie für das Ausbildungsverhältnis geltende tarifvertragliche Regelungen und Betriebsvereinbarungen sind zu beachten.

Bitte den Antrag auf der Rückseite unterschreiben!

Es gibt einige Mindestinhalte, die in jedem Ausbildungsvertrag niedergeschrieben werden müssen. Diese Mindestinhalte sollen eine einheitliche und qualifizierte Berufsausbildung ermöglichen und dazu beitragen, eventuelle Unklarheiten zu vermeiden. Die folgenden Aspekte müssen gemäß Berufsbildungsgesetz aufgeführt werden:

- Art, sachliche und zeitliche Gliederung sowie Ziel der Berufsausbildung
- Beginn und Dauer der Berufsausbildung (bei den Fachkräften für Kurier-, Express- und Postdienstleistungen zwei Jahre)
- Ausbildungsmaßnahmen außerhalb der Ausbildungsstätte
- Dauer der regelmäßigen täglichen Arbeitszeit
- Dauer der Probezeit (mindestens ein Monat, höchstens vier Monate)
- Zahlungstermin und Höhe der Ausbildungsvergütung (die Ausbildungsvergütung muss jedes Jahr ansteigen)
- Anzahl der Urlaubstage
- Kündigungsvoraussetzungen
- Hinweis auf Betriebsvereinbarungen und Tarifverträge

1.2.2 Rechte und Pflichten aus dem Berufsausbildungsvertrag

Durch die Unterzeichnung des Vertrags gehen der Auszubildende und der Ausbildende Pflichten ein. Die Pflichten des einen sind zugleich die Rechte des anderen Vertragspartners. Sollte sich einer der Vertragspartner nicht an die Pflichten halten, kann dies zu einer Kündigung und zudem zu einem Schadenersatz führen.

Rechte und Pflichten während der Ausbildung

Pflichten des Auszubildenden = Rechte des Ausbildenden	Pflichten des Ausbildenden = Rechte des Auszubildenden
Berichtsheftführung Das Berichtsheft muss regelmäßig geführt und dem Ausbilder vorgelegt werden.	**Ausbildungspflicht** Die Fertigkeiten und Kenntnisse, die zum Erreichen des Ausbildungszieles erforderlich sind, müssen dem Auszubildenden vermittelt werden.
Erholungspflicht Der Auszubildende ist verpflichtet, während des Urlaubs nicht bei einem anderen Unternehmen einer Arbeit nachzugehen.	**Bereitstellung der Ausbildungsmittel** Dies bezieht sich allerdings nur auf die Ausbildungsmittel, die im Betrieb gebraucht werden (z. B. Arbeitskleidung). Für die schulischen Ausbildungsmittel muss der Auszubildende selbst aufkommen.
Geheimhaltungs- und Schweigepflicht Der Auszubildende darf Betriebs- und Geschäftsgeheimnisse nicht an Dritte weitergeben.	**Freistellung für den Berufsschulunterricht** Der Auszubildende muss stets für den Unterricht in der Berufsschule freigestellt werden.
Lernpflicht Der Auszubildende muss sich bemühen, die Fertigkeiten und Kenntnisse zu erwerben, die zum Ausbildungsberuf gehören. Dies gilt für den schulischen und den betrieblichen Teil der Ausbildung.	**Freistellung für die Zwischen- und Abschlussprüfung der IHK** Zudem muss der Ausbildende den Auszubildenden zu diesen Prüfungen auch anmelden.

Pflichten des Auszubildenden = Rechte des Ausbildenden	Pflichten des Ausbildenden = Rechte des Auszubildenden
Pflegliche Behandlung der Ausbildungsmittel Die Ausbildungsmittel und die sonstigen Einrichtungen der Ausbildungsstätte sind vom Auszubildenden sorgsam zu benutzen.	**Fürsorgepflicht** Der Ausbildende muss die Beiträge zur Sozialversicherung überweisen, das Jugendarbeitsschutzgesetz einhalten und die Unfallschutzbestimmungen beachten.
Teilnahme am Berufsschulunterricht Der Auszubildenden ist verpflichtet, die Berufsschule zu besuchen.	**Urlaubsgewährung** Der Urlaub sollte dabei möglichst in Absprache und entsprechend der Wünsche des Auszubildenden gewährt werden.
Teilnahme an Prüfungen Der Auszubildende muss an der Zwischen- und an der Abschlussprüfung der IHK teilnehmen.	**Vergütungspflicht** Die Vergütung muss in jedem Ausbildungsjahr ansteigen.
Weisungsgebundenheit Die Weisungen der Ausbilder müssen umgesetzt werden.	**Zeugnispflicht** Am Ende der Ausbildung muss dem Auszubildenden ein Zeugnis ausgestellt werden.

1.3 Gesetzliche Grundlagen des Ausbildungsverhältnisses

Das Berufsbildungsgesetz, die Ausbildungsordnung und der Rahmenlehrplan

	Inhalte	Gilt für
Berufsbildungsgesetz	Das Berufsbildungsgesetz beinhaltet unter anderem Regelungen bezüglich … • der Pflichten des Ausbildenden und der Auszubildenden, • der Berechtigung zum Einstellen und Ausbilden, • der Anerkennung von Ausbildungsberufen, • der Vergütung des Auszubildenden, • des Berufsausbildungsvertrages und • des Prüfungswesens.	Ausbildungsunternehmen
Ausbildungsordnung	Die Ausbildungsordnung ist die rechtliche Grundlage für einen speziellen Ausbildungsberuf (z. B. Fachkraft für Kurier-, Express- und Postdienstleistungen). Sie regelt unter anderem: • Bezeichnung des Ausbildungsberufes • Ausbildungsdauer: bei Fachkräften für Kurier-, Express- und Postdienstleistungen zwei Jahre, Verkürzung auf eineinhalb Jahre möglich • Berufsbild: z. B. zu vermittelnde Fertigkeiten und Kenntnisse in den Bereichen Zustellung und Kundenberatung • Ausbildungsrahmenplan: Anleitung zur Erstellung eines Ausbildungsplans • Ausbildungsplan: individueller Plan für die jeweiligen Auszubildenden • Prüfungsanforderungen	Ausbildungsunternehmen

	Inhalte	Gilt für
Rahmenlehrplan	Der Rahmenlehrplan ist ein Lehrplan für die Berufsausbildung, der die Lernziele, Unterrichtsfächer, Lernfelder und die zeitliche Zuordnung der Lernfelder beinhaltet.	Berufsschule

1.4 Beendigung des Berufsausbildungsverhältnisses

Während der Probezeit können Ausbildender und Auszubildender den Ausbildungsvertrag jederzeit ohne eine Kündigungsfrist und ohne Angaben von Gründen kündigen. Nach der Probezeit ist die Kündigung durch den Ausbildenden nur aus einem wichtigen Grund möglich. Wichtige Gründe sind beispielsweise Diebstahl, gewalttätige Auseinandersetzungen, Beleidigungen oder dass die Schweigepflicht nicht eingehalten wurde. Der Ausbildende muss spätestens zwei Wochen, nachdem er von dem Vorfall erfahren hat, die Kündigung mitteilen.
Auszubildende können nach der Probezeit auch aus einem wichtigen Grund kündigen. Die Kündigung aus einem wichtigen Grund ist immer fristlos.
Will der Auszubildende nach der Probezeit seinen Ausbildungsvertrag kündigen, da er einen anderen Beruf erlernen oder einfach seine Ausbildung aufgeben möchte, so kann er das mit einer Kündigungsfrist von vier Wochen tun.

Merke:

Die Kündigung muss immer schriftlich erfolgen.

1.5 Zeitlicher Ablauf der Ausbildung

Bei Auszubildenden zur Fachkraft für Kurier-, Express- und Postdienstleistungen findet nach ca. einem Jahr die schriftliche Zwischenprüfung statt. Für die Abschlussprüfung ist es wichtig, dass der Auszubildende an der Zwischenprüfung teilgenommen hat. Ein Bestehen der Zwischenprüfung ist für die Teilnahme an der Abschlussprüfung nicht relevant.
Sollte ein Auszubildender in der schriftlichen Abschlussprüfung in einem Prüfungsfach eine „6" oder in zwei Prüfungsfächern jeweils eine „5" geschrieben haben, so hat er die Prüfung nicht bestanden. Die Prüfung kann nach einem halben Jahr wiederholt werden. Der Auszubildenden kann die Prüfung insgesamt zweimal wiederholen.

1.6 Ansprechpartner bei Problemen während der Ausbildung

Nach dem Berufsbildungsgesetz sind die zuständigen Kammern (i. d. R. die Industrie- und Handelskammern) für die Überwachung des Berufsausbildungsvertrages zuständig. Sollte ein Auszubildender Probleme während seiner Ausbildung haben, kann er sich an die entsprechenden Stellen bei den Kammern wenden. In vielen Betrieben gibt es auch einen Betriebsrat und eine Jugend- und Auszubildendenvertretung, an die man sich wenden kann.

1.7 Berufliche Fortbildung

Heutzutage wird immer vom „lebenslangen Lernen" gesprochen. Damit ist gemeint, dass man sich immer wieder fortbilden sollte und dass das Lernen niemals endet. Je mehr ein Arbeitnehmer in seine Fortbildung investiert hat, desto geringer ist die Gefahr, dass er arbeitslos wird. Zudem steigt mit erhöhter Qualifikation die Bezahlung des Arbeitnehmers.

Dieses „lebenslange Lernen" gilt auch für Fachkräfte für Kurier-, Express- und Postdienstleistungen. Eine mögliche Fortbildung nach der Ausbildung ist der/die Kaufmann/-frau für Kurier-, Express- und Postdienstleistungen. Diese Ausbildung kann innerhalb eines Jahres absolviert werden. Danach besteht die Möglichkeit, den Abschluss des staatlich geprüften Betriebswirts zu erwerben.

Berufliche Fortbildung wird häufig auch von den Arbeitgebern unterstützt. Dies kann durch eine finanzielle Unterstützung oder durch das Angebot von betriebsinternen Fortbildungsmaßnahmen geschehen.

Bundesprogramm Bildungsprämie:
Staat hilft bei der Weiterbildung

mit einem Prämiengutschein für berufliche Weiterbildungsveranstaltungen

Für wen?
Arbeitnehmer und Selbstständige (auch Beschäftigte in Mutterschutz, Eltern- oder Pflegezeit)

Wie hoch ist die Einkommensgrenze?
20 000 Euro zu versteuerndes Jahreseinkommen (40 000 Euro bei gemeinsam Veranlagten, z. B. Ehepartnern)

Wie viel wird bezahlt?
Die Weiterbildungsmaßnahme darf nicht mehr als 1 000 Euro kosten; davon werden 50 % bezahlt. Der Eigenanteil darf *nicht* vom Arbeitgeber übernommen werden.

Wie oft?
Den Prämiengutschein gibt es maximal alle zwei Jahre.

Welche Unterlagen sind erforderlich?
- ✔ Personalausweis, Reisepass oder Führerschein
- ✔ Steuerbescheid vom letzten oder vorletzten Jahr*
- ✔ bei Nicht-EU-Bürgern: Aufenthaltserlaubnis

Wo gibt es den Gutschein?
Nach einer persönlichen Beratung in den rund 600 Beratungsstellen. Die Beratung ist kostenlos. Hier gibt es die Adressen:

0800 2623 000 www.bildungspraemie.info

*ersatzweise auch eine aktuelle Gehaltsbescheinigung
Quelle: BMBF Stand 2014 © Globus 6503

Merke:

Je höher die Bildung, desto geringer ist die Gefahr der Arbeitslosigkeit und desto höher ist das Einkommen.

1.8 Jugendarbeitsschutzgesetz

Im Jahr 2014 erhielt der Inder Kailash Satyarthi zusammen mit Malala Yousafzai den Friedensnobelpreis. In der Süddeutschen Zeitung erschien dazu der folgende Artikel:

Zwei Leben für die Freiheit

[...] Gerade in Indien müssen Millionen Kinder immer noch unter sklavenähnlichen Bedingungen schuften, sie werden in Bergwerken, Steinbrüchen und Fabriken ausgebeutet. Oftmals können sie diesem Schicksal gar nicht entfliehen, weil die Eltern sie als Pfand an Wucherer und Geldverleiher gegeben haben. Die Kinder werden geprügelt, sie können nicht zur Schule gehen, sie haben keinerlei sozialen Halt, erleben tägliche Gewalt auch gegen andere und sind verloren, wenn sie einmal krank werden. [...]

Quelle: *Perras, Arne: Zwei Leben für die Freiheit, in: Süddeutsche Zeitung, 11./12.10.2014, Seite 5*

Auch in Deutschland mussten Kinder und Jugendliche früher oftmals arbeiten. Heute werden Kinder und Jugendliche durch das Jugendarbeitsschutzgesetz geschützt. Kinderarbeit ist in Deutschland grundsätzlich verboten. Als Jugendliche gelten junge Menschen zwischen dem 15. und dem 17. Lebensjahr.

Die Gewerbeaufsichtsämter überwachen die Einhaltung des Jugendarbeitsschutzgesetzes. Ausbildende, die sich nicht an dieses Gesetz halten, können mit einer Geldbuße oder einer Freiheitsstrafe bestraft werden.

Besondere Regeln für Jugendliche

Tägliche Arbeitszeit	Jugendliche dürfen höchstens acht Stunden am Tag arbeiten. In Ausnahmefällen kann die Arbeitszeit auf 8 ½ Stunden erhöht werden.
Wöchentliche Arbeitszeit	40 Stunden
Ruhepausen	30 Minuten bei einer Arbeitszeit von 4 ½ bis sechs Stunden. 60 Minuten bei einer Arbeitszeit von mehr als sechs Stunden. Eine Arbeitsunterbrechung gilt nur dann als Ruhepause, wenn sie mind. 15 Minuten gedauert hat.
Ununterbrochene Freizeit	Zwischen dem Ende der Arbeit und dem Arbeitsbeginn am nächsten Tag müssen mindestens zwölf Stunden liegen.
Arbeitsbeginn und Arbeitsende	Jugendliche dürfen nur zwischen 6 Uhr und 20 Uhr beschäftigt werden.
Urlaubstage	30 Werktage für 15-Jährige 27 Werktage für 16-Jährige 25 Werktage für 17-Jährige
Berufsschulzeit	Jugendliche müssen für die Berufsschule freigestellt werden. Finden mehr als fünf Unterrichtsstunden statt, so muss der Jugendliche nach der Schule nicht mehr arbeiten.
Verbotene Arbeiten	Verboten sind alle Tätigkeiten, die die Leistungsfähigkeit der Jugendlichen übersteigen, wie beispielsweise gefährliche und gesundheitsgefährdende Tätigkeiten, Akkordarbeit und Fließbandarbeit.
Ärztliche Untersuchungen	Pflicht zur Erstuntersuchung vor Beginn der Arbeitsaufnahme und Folgeuntersuchung in den letzten drei Monaten des ersten Arbeitsjahres.

Merke:

Es bestehen einige Ausnahmen zu diesen gesetzlichen Regeln. So dürfen Jugendliche in manchen Bereichen, wie beispielsweise bei Bäckereien, bereits ab fünf Uhr arbeiten.

Zusammenfassung

Duale Ausbildung bedeutet, dass der überwiegende Teil der Ausbildung im Betrieb erfolgt, ergänzt durch Unterricht in der Berufsschule. Die Auszubildenden werden somit in der Praxis und in der Theorie auf ihren Beruf vorbereitet.

Der Ausbildungsvertrag bedarf der Schriftform und muss einige Mindestinhalte regeln.

Auszubildender und Ausbildender gehen durch den Vertrag diverse Pflichten ein. Die Pflichten des einen sind die Rechte des anderen.

Die Ausbildung ist insbesondere durch das Berufsbildungsgesetz, die Ausbildungsordnung und den Rahmenlehrplan geregelt.

Das Jugendarbeitsschutzgesetz regelt die besonderen Rechte für jugendliche Auszubildende und Arbeitnehmer.

Aufgaben

1. Erklären Sie, was unter dem dualen System verstanden wird, und nennen Sie den Ihrer Meinung nach wichtigsten Vorteil des dualen Systems.

2. Wie nennt man die Vertragspartner bei einem Berufsausbildungsvertrag?

3. Welche Formvorschrift besteht für den Ausbildungsvertrag?

4. Entscheiden Sie, ob in den folgenden Situationen die Rechte des Auszubildenden gemäß des Berufsbildungsgesetzes verletzt wurden.

   a. Samir, der eine Ausbildung zur Fachkraft für Kurier-, Express- und Postdienstleistungen absolviert, wird von seiner Ausbilderin aufgefordert, monatlich auf ihrem Grundstück den Rasen zu mähen. Dafür würde sie ihm einen zusätzlichen Urlaubstag pro Quartal geben.
   b. Samir erhält während seines Berufsschulunterrichtes einen Anruf von seiner Ausbilderin. Sie fordert von ihm, zur Arbeit sofort ins Unternehmen zu kommen, da sehr viele Mitarbeiter erkrankt seien.
   c. Samirs Ausbilderin weigert sich, für die Kosten der Schulbücher aufzukommen.
   d. Samir erhält während seiner Ausbildung jeden Monat eine Ausbildungsvergütung von 610,00 €.

5. Wie lange dauert die Probezeit in der Ausbildung?

6. Prüfen Sie, ob in den folgenden Situationen ein Verstoß gegen das Jugendarbeitsschutzgesetz vorliegt.

   a. Bei der XPressParcel AG sind sehr viele Mitarbeiter erkrankt. Die Ausbilderin des 16-jährigen Raphaels möchte, dass er deswegen am kommenden Mittwoch eine zusätzliche Zustelltour übernimmt und einmalig neun Stunden arbeitet.
   b. Raphael plant seinen Urlaub. Im Ausbildungsvertrag steht, dass er 26 Urlaubstage hat.
   c. Da Raphaels Mutter Ärztin ist, musste er nicht zur sogenannten Erstuntersuchung vor dem Ausbildungsbeginn erscheinen.
   d. Die Arbeitszeit von Raphael beträgt jeden Tag acht Stunden. Er macht täglich eine Pause von 60 Minuten.

2 Mitwirkung und Mitbestimmung der Arbeitnehmer

Einstiegssituation

Im Berufsschulunterricht lesen Sie den folgenden Artikel aus dem Spiegel:

Abmahnen im Akkord
Die Geschichte hört sich an, als spielte sie in einer maroden Textilfabrik in Bangladesch. Doch die Firma Teka, die Kunden wie VW und Siemens mit industrieller Absaugtechnik beliefert, sitzt in Velen im Münsterland. Die Firmenleitung, laut Homepage sehr um „soziale Verantwortung" bemüht, ließ die Belegschaft längere Zeit unter potenzieller Lebensgefahr arbeiten: Die Fluchttüren in der Fertigungshalle waren verschlossen – offenbar um Diebstähle zu verhindern. Im vergangenen August wusste sich der kurz zuvor gewählte Betriebsrat nicht anders zu helfen, als die Berufsgenossenschaft einzuschalten. (...)

Quelle: Klawitter, Nils: Abmahnen im Akkord, in: Der Spiegel, 04.10.2015, Seite 76–77

Handlungsaufträge

1 Wer kümmert sich um die Rechte der Arbeitnehmer und Arbeitnehmerinnen?
2 Welche Ansprechpartner gibt es in Ihrem Unternehmen bei Problemen mit dem Arbeitgeber oder Ihrem Vorgesetzten?

2.1 Gründe für die betriebliche Mitbestimmung und gesetzliche Regelungen

Damit nicht jeder einzelne Arbeitnehmer für seine Rechte alleine kämpfen muss, haben Arbeitnehmer die Möglichkeit, einen Betriebsrat zu bilden. Das sogenannte Betriebsverfassungsgesetz regelt in Deutschland die betriebliche Mitbestimmung der Arbeitnehmer. Es besagt, dass Arbeitnehmer Betriebsräte und Jugend- und Auszubildendenvertretungen bilden dürfen.

2.2 Jugend- und Auszubildendenvertretung

Speziell für die Belange der jungen Arbeitnehmer und Auszubildenden gibt es die Jugend- und Auszubildendenvertretungen (JAV). Die JAV verhandelt nicht direkt mit dem Arbeitgeber, sondern leitet die Fragen und Probleme der jungen Mitarbeiter an den Betriebsrat weiter. Dieser informiert die JAV und setzt sich für ihre Rechte ein. Gewählt werden die Mitglieder der JAV alle zwei Jahre.

Merke:

Die JAV ist die erste Stelle, an die sich ein junger Mitarbeiter bei Problemen im Unternehmen wenden kann.

Wählen dürfen die JAV alle Arbeitnehmer, die noch unter 18 Jahren alt sind, sowie Auszubildende, die noch unter 25 Jahren sind. Wählbar sind alle Arbeitnehmer und Auszubildenden, die jünger sind als 25 Jahre.

2.3 Betriebsrat

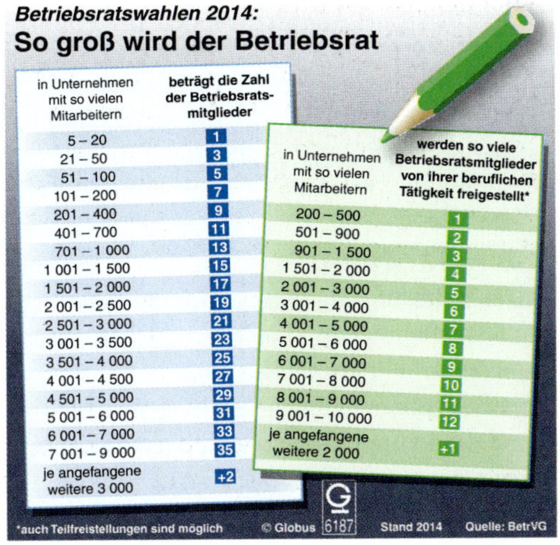

Grundsätzlich kann in jedem Unternehmen in Deutschland ein Betriebsrat gegründet werden. Allerdings müssen mindestens fünf wahlberechtigte Arbeitnehmer im Unternehmen tätig sein, damit ein Betriebsrat gegründet werden kann. Die Größe des Betriebsrates ist abhängig von der Anzahl der wahlberechtigten Arbeitnehmer. Je mehr wahlberechtigte Arbeitnehmer in einem Unternehmen sind, desto mehr Mitglieder hat der Betriebsrat.

Die Mitglieder des Betriebsrates setzen sich stellvertretend für alle Arbeitnehmer des Unternehmens ein. Sie leiten Beschwerden der Arbeitnehmer an den Arbeitgeber weiter und verhandeln mit dem Arbeitgeber über eine Lösung. Arbeitgeber und Betriebsrat einigen sich auf eine Betriebsvereinbarung, die die verschiedenen Rechte der Arbeitnehmer regelt. Alle vier Jahre finden Betriebsratswahlen statt. Die Mitglieder des Betriebsrates sind während ihrer Amtszeit und ein Jahr nach dem Ausscheiden aus dem Betriebsrat vor einer Kündigung besonders geschützt. Wählbar für den Betriebsrat sind alle Arbeitnehmer des Unternehmens, die älter als 18 Jahre alt sind und seit mind. sechs Monaten im Unternehmen arbeiten.

Wählen (aktives Wahlrecht) dürfen alle Mitarbeiter über 18 Jahren.

Merke:

Passives Wahlrecht: Die Personen können sich wählen lassen.
Aktives Wahlrecht: Die Personen dürfen wählen gehen.

Das Betriebsverfassungsgesetz unterscheidet in drei Bereiche der Mitsprache durch den Betriebsrat:

Sozialer Bereich: Unter den sozialen Bereich fallen beispielsweise Sozialeinrichtungen, Betriebsordnung, Urlaubsplanung, Arbeitszeit, Entlohnungsgrundsätze und die Unfallverhütung.
Im sozialen Bereich hat der Betriebsrat ein sehr starkes Mitbestimmungsrecht. Der Arbeitgeber benötigt die Zustimmung des Betriebsrates.

Personeller Bereich: Unter den personellen Bereich fallen beispielsweise Kündigungen, Einstellungen, Versetzungen oder Umgruppierungen. In diesem Bereich liegt lediglich ein eingeschränktes Mitbestimmungsrecht vor.

Wirtschaftlicher Bereich: Unter den wirtschaftlichen Bereich fallen beispielsweise Betriebsschließungen, Rationalisierungsmaßnahmen und Entscheidungen, die die Produktion, Investitionen oder den Absatz betreffen. Über den wirtschaftlichen Bereich wird der Betriebsrat lediglich informiert. Ist er mit einer Entscheidung der Unternehmensleitung nicht einverstanden, hat dies keinerlei Auswirkungen.

Merke:

Ein starkes Mitbestimmungsrecht liegt nur bei sozialen Angelegenheiten vor.

2.4 Tarifpolitik

Artikel 9 des Grundgesetzes garantiert die Vereinigungsfreiheit. Aufgrund dieses Artikels können sich Arbeitnehmer zu einer Gewerkschaft zusammenschließen. Die Gewerkschaft tritt für die Interessen der Arbeitnehmerseite ein.
Die Arbeitgeber schließen sich hingegen zu Arbeitgeberverbänden zusammen. Diese Verbände vertreten wiederum die Interessen der Arbeitgeber. Diese beiden Sozialpartner einigen sich auf einen Tarifvertrag.

Definition:

Unter den **Sozialpartnern** versteht man die Gewerkschaften und die Arbeitgeberverbände.

Die Sozialpartner handeln einen Tarifvertrag aus. Ein Tarifvertrag ist für alle Partner ein verbindlicher Vertrag, der beispielsweise Abmachungen über die Höhe von Löhnen und Gehältern und weitere arbeitsrechtliche Vereinbarungen enthält. Der Tarifvertrag muss schriftlich niedergeschrieben werden.

Merke:

Immer weniger Arbeitgeber sind in einem Arbeitgeberverband organisiert. Diese Arbeitgeber müssen sich nicht an den Tarifvertrag halten.

Die zwei verschiedenen Tarifvertragsarten

	Mantel- und Rahmentarifvertrag	Lohn- und Gehaltstarifvertrag
Laufzeit	Mehrere Jahre In der Regel drei bis fünf Jahre	In der Regel ein bis zwei Jahre
Inhalte	• Allgemeine Arbeitsbedingungen • Einteilung der Tätigkeiten in Lohngruppen • Regelmäßige Arbeitszeiten • Urlaubstage/Arbeitsbefreiungen • Regelungen zur Kündigung • Mehrarbeit und Mehrarbeitsvergütung • Sonderzahlungen wie Weihnachtsgeld	Höhe der Löhne und Gehälter

Nicht immer können sich die Verhandlungspartner sofort auf einen neuen Vertrag einigen. Es können auch Tarifkonflikte entstehen. Sogenannte Arbeitskampfmaßnahmen kommen dann zum Einsatz. Die Gewerkschaften haben die Möglichkeit des Streiks. Und die Arbeitgeber haben die Möglichkeit der Aussperrung. Bevor es zu einem Arbeitskampf kommt, wird oftmals ein Schlichter eingeschaltet. Der Schlichter versucht, die beiden Sozialpartner zu einer Einigung zu führen.
Sollte dies nicht gelingen, nutzen die Gewerkschaften ihr Streikrecht und die Arbeitgeber könnten eine Aussperrung vornehmen.

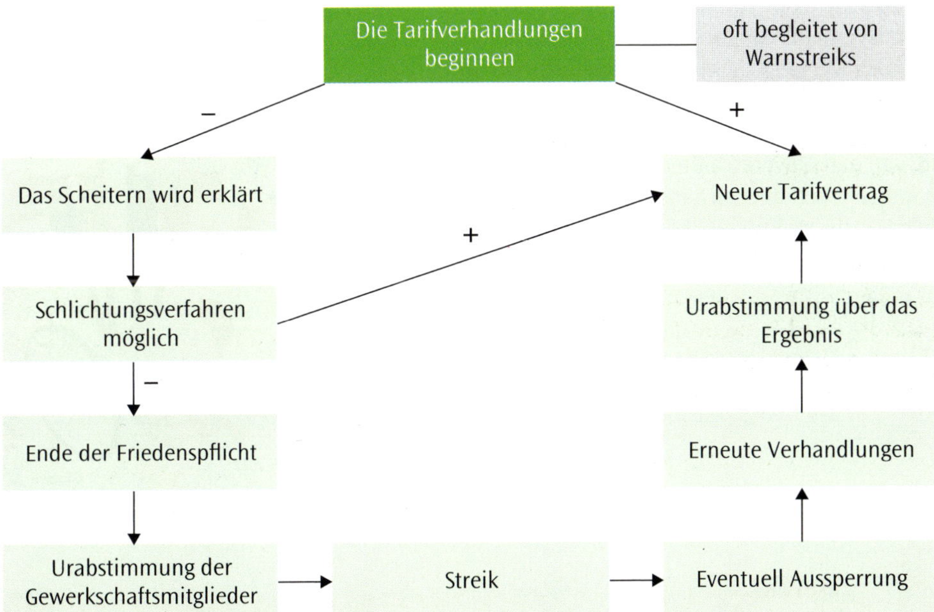

Klassischer Ablauf von Tarifverhandlungen

Merke:

Streik: Bei einem Streik legen die Arbeitnehmer die Arbeit nieder. Dadurch versuchen sie, ihre Forderungen nach beispielsweise höheren Löhnen durchzusetzen.
Aussperrung: Der Arbeitgeber schließt die Arbeitnehmer von der Arbeit aus und zahlt gleichzeitig kein Gehalt.

Arbeitskämpfe sollten immer das letzte Mittel im Tarifkonflikt sein, denn letztendlich tragen beide Sozialpartner einen Schaden davon.

Auswirkungen von Arbeitskämpfen

Arbeitgeber	Arbeitnehmer
• Produktionsausfall • Gewinneinbußen • Verlust von Kunden, die nicht beliefert werden können • Imageverlust	• Einkommensverlust • Gewerkschaften verlieren Geld durch die Zahlung von Streikgeld.

Der Arbeitskampf kann auch Auswirkungen auf die gesamte Volkswirtschaft haben. Unter einem Streik oder einer Aussperrung leiden auch die Zulieferer und Abnehmer des Unternehmens, die Verbraucher, die Bürger und auch der Staat durch mögliche Steuerausfälle.

Die nebenstehende Grafik verdeutlicht, dass das Streikverhalten der Arbeitnehmer im internationalen Vergleich sehr unterschiedlich ist. Ein Grund dafür ist beispielsweise, dass die Streiks nicht in allen Ländern, wie in Deutschland, von den Gewerkschaften genehmigt werden müssen. In manchen Ländern ist es zudem üblich auch politische Forderungen über Streiks zu erzwingen.

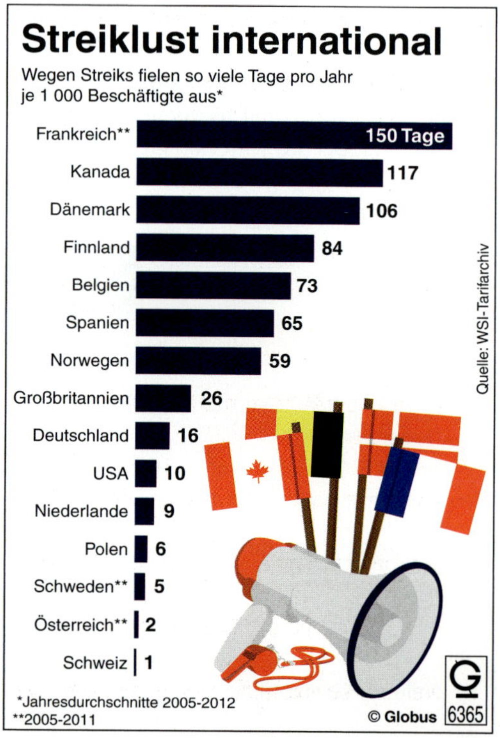

Merke:

Es besteht die sogenannte Tarifautonomie. Das bedeutet, dass sich der Staat aus den Tarifverhandlungen raushalten muss. Tarifpolitik ist Sache der Sozialpartner.

Zusammenfassung

Die Interessenvertretung der Arbeitnehmer erfolgt über die Betriebsräte, die JAV und die Gewerkschaften.

Die Betriebsräte setzen sich in den verschiedenen Unternehmen für die Arbeitnehmer ein. Sie vereinbaren mit dem Arbeitgeber eine Betriebsvereinbarung, die spezielle Anliegen für die Belegschaft eines Unternehmens regelt.

Die JAV setzt sich in den Unternehmen besonders für die Interessen der jungen Mitarbeiter ein.

Die Gewerkschaften setzen sich für die Arbeitnehmer einer ganzen Branche ein. Sie vereinbaren mit ihren Sozialpartnern, den Arbeitgeberverbänden, Tarifverträge.

Sollten sich die Sozialpartner nicht auf einen neuen Tarifvertrag einigen können, so wird in der Regel zuerst ein Schlichter eingeschaltet, bevor es zu einem Streik kommt.

Es existieren zum einen die Mantel- und Rahmentarifverträge und zum anderen die Lohn- und Gehaltstarifverträge.

Aufgaben

1. In welchem Bereich hat der Betriebsrat das stärkste Mitbestimmungsrecht? Nennen Sie Beispiele.
2. Wie lange dauern die Amtszeiten des Betriebsrates und der JAV?
3. Wer hat das aktive Wahlrecht bei der Wahl zum Betriebsrat?
4. Wer sind die beiden Sozialpartner?
5. Nennen Sie Nachteile eines Arbeitskampfes.
6. Was versteht man unter der sogenannten Tarifautonomie?

3 Grundlagen von Unternehmensformen

Einstiegssituation

Tine Jansen spricht mit einer Kollegin, die bereits seit drei Jahren mit der Ausbildung fertig ist und auch bei der Blitzfracht GmbH arbeitet.

Kollegin: „Nun ist es bald so weit. Die Zeit bei der Blitzfracht GmbH war schön, doch nun wage ich den Sprung in die Selbstständigkeit."

Tine: „Du bist mutig. Wie willst du dich denn selbstständig machen?"

Kollegin: „Ich gründe eine kleine Firma, die Kurierdienste in Hamburg anbietet. Ich glaube, die Idee ist echt gut, aber ich muss noch so viel organisieren."

Tine: „Was steht denn an?"

Kollegin: „Ach, morgen habe ich zum Beispiel einen Termin bei einem Unternehmensberater. Ich weiß überhaupt nicht, welche Rechtsform ich für mein Unternehmen wählen soll."

Tine: „Unternehmensformen? Die haben wir schon in der Berufsschule kennengelernt. Vielleicht kann ich dir ein bisschen weiterhelfen?"

Handlungsaufträge

1 Zu welcher Unternehmensform wird Tine ihrer Kollegin zur Gründung des Kurierdienstes raten?

2 Welche Vor- und Nachteile sehen Sie in der Selbstständigkeit?

3.1 Wahl der Rechtsform eines Unternehmens

Bei der Gründung eines Unternehmens fallen viele Überlegungen an. Fragen wie „Was soll produziert werden?", „Wo gründet man das Unternehmen?" und „Welchen Namen soll die Firma haben?" stellen sich. Daneben muss eine Unternehmensform gewählt werden. Diese Unternehmensform muss zu den individuellen Eigenschaften, wie Personenanzahl der Unternehmensgründer, verfügbares Kapital oder Gewinnverteilung des Unternehmens, passen. Bei den Rechtsformen wird zwischen der Einzelunternehmung, den Personengesellschaften (OHG und KG) und den Kapitalgesellschaften (GmbH und AG) unterschieden.

3.2 Einzelunternehmung

Die Einzelunternehmung ist die in Deutschland am häufigsten gewählte Unternehmensform. Es handelt sich bei diesen Unternehmen um Kleingewerbetreibende wie zum Beispiel einen Kioskbesitzer. Die Einzelunternehmung wird von einer Person gegründet. Diese Person führt das Unternehmen. Es besteht keine Formvorschrift und auch kein bestimmtes Mindestkapital muss aufgebracht werden. Ist das Unternehmen im Handelsregister eingetragen, so muss der Firmenname einen Zusatz wie e. K./e. Kfm. (eingetragener Kaufmann) oder e. Kffr. (eingetragene Kauffrau) tragen. Dem Einzelunternehmer steht der gesamte Gewinn alleine zur Verfügung. Allerdings haftet der Einzelunternehmer auch mit dem gesamten Betriebs- und Privatvermögen.

Vorteile

- Unkomplizierte Gründung, da sie formfrei und ohne Mindestkapital gegründet werden kann.
- Gewinn fällt allein dem Einzelunternehmer zu.
- Unternehmensentscheidungen können schnell getroffen werden, da Einzelunternehmer alleine entscheiden können.

Nachteile

- Unbeschränkte Haftung mit Betriebs- und Privatvermögen
- Kapitalkraft ist evtl. beschränkt.
- Keine Beratungsmöglichkeiten und Arbeitsaufteilung, da es keinen anderen Gesellschafter gibt.

3.3 Personengesellschaften

Im Gegensatz zur Einzelunternehmung kann die Gründung einer Personengesellschaft nur durch mindestens zwei Personen erfolgen. Zu den Personengesellschaften gehören die Offene Handelsgesellschaft (OHG) und die Kommanditgesellschaft (KG). Wie die obige Grafik zeigt, gab es im Jahr 2011 420 000 Personengesellschaften in Deutschland.

3.3.1 Offene Handelsgesellschaft

Die Offene Handelsgesellschaft (OHG) muss von mindestens zwei Personen gegründet werden. Die Gesellschafter sind gleichberechtigt. Beide führen das Unternehmen und haften unbeschränkt, unmittelbar und solidarisch mit dem gesamten Betriebs- und Privatvermögen. Um eine OHG zu gründen, muss ein formfreier Gesellschaftsvertrag geschlossen werden. Für die OHG muss kein Mindestkapital vorliegen. Der Gewinn wird zunächst so verteilt, dass das jeweils eingebrachte Kapital der Gesellschafter mit 4 % verzinst wird. Der weitere Gewinn wird nach Köpfen, das heißt auf alle Gesellschafter gleich, verteilt. Diese Regelung ist die gesetzliche Regelung und kann von den Gesellschaftern im Gesellschaftsvertrag anders bestimmt werden. Die Firma muss den Zusatz OHG tragen.

Beispiel

Beispiel Gewinnverteilung OHG

Das Unternehmen KölnerKurierdienst OHG wurde von den beiden Gesellschaftern Mark Vornefeld und Yasmin Mohammadi gegründet. Herr Vornefeld brachte 30 000,00 € und Frau Mohammadi brachte 20 000,00 € in das Unternehmen ein. In diesem Geschäftsjahr beläuft sich der Gewinn auf 350 000,00 €.

Zunächst wird die 4%ige Verzinsung berechnet. Herr Vornefeld erhält demnach 1 200,00 € und Frau Mohammadi erhält 800,00 €. Es verbleibt ein noch aufzuteilender Gewinn von 348 000,00 € (350 000 – 1 200 – 800). Somit beträgt der Gesamtgewinn von Herrn Vornefeld 175 200,00 € (174 000 + 1 200) und der Gesamtgewinn Frau Mohammadi beträgt 174 800,00 € (174 000 + 800).

Vorteile

- Die Gründung ist unkompliziert, da sie mit einem formfreien Gesellschaftsvertrag und ohne Mindestkapital gegründet werden kann.
- Die Kenntnisse mehrerer Gesellschafter können genutzt werden.
- Arbeit kann auf mehrere Gesellschafter verteilt werden.
- Kapitalbeschaffung ist bei zwei Personen leichter als bei einer Person.

Nachteile

- Unbeschränkte Haftung mit Betriebs- und Privatvermögen
- Gewinn muss unter mehreren Gesellschaftern aufgeteilt werden.
- Evtl. kann es zu Meinungsverschiedenheiten der Gesellschafter kommen.

3.3.2 Kommanditgesellschaft

Für die Gründung einer Kommanditgesellschaft (KG) werden, genau wie bei der OHG, mindestens zwei Personen benötigt. Die Gesellschafter der KG sind allerdings nicht gleichberechtigt. Der Vollhafter (Komplementär) führt das Unternehmen und haftet zudem mit seinem Privatvermögen. Der Teilhafter (Kommanditist) haftet nur mit seiner Einlage und ist von der Geschäftsführung ausgeschlossen. Er hat lediglich ein Kontrollrecht. Die KG haftet zudem mit dem Gesellschaftsvermögen. Zur Gründung müssen die Gesellschafter einen formfreien Gesellschaftsvertrag abschließen. Für die KG muss kein gesetzlich vorgeschriebenes Mindestkapital vorliegen. Die Gewinnverteilung ähnelt der der OHG. Zunächst wird das eingebrachte Kapital der Gesellschafter mit 4 % verzinst. Der restliche Gewinn wird dann aber in einem angemessenen Verhältnis auf die Gesellschafter verteilt. Da die Komplementäre das Unternehmen führen, erhalten sie in der Regel einen höheren Anteil des Gewinns. Der Firmenname muss den Zusatz KG tragen.
Die Vor- und Nachteile dieser Unternehmensform ähneln denen der OHG.

Merke:

Der Komplementär leitet das Unternehmen und haftet auch mit seinem Privatvermögen.
Der Kommanditist hat ein Kontrollrecht und haftet nur in Höhe seiner Kommanditeinlage.

3.4 Kapitalgesellschaften

Zu den Kapitalgesellschaften gehören die Gesellschaft mit beschränkter Haftung (GmbH) und die Aktiengesellschaft (AG). Im Unterschied zu den Personengesellschaften müssen die Gesellschafter der Kapitalgesellschaften das Unternehmen nicht unbedingt selbst leiten. Ihre Aufgabe ist vielmehr die Aufbringung von Kapital. Die Kapitalgesellschaften gelten als juristische Personen und haben somit eine eigene Rechtspersönlichkeit.

3.4.1 Gesellschaft mit beschränkter Haftung

Die Gesellschaft mit beschränkter Haftung (GmbH) kann durch eine oder mehrere Personen gegründet werden. Diese müssen ein Stammkapital von insgesamt mindestens 25 000,00 € aufbringen. Die Mindeststammeinlage eines Gesellschafters beträgt 1,00 €. Höhere Geschäftsanteile müssen durch volle Euro teilbar sein. Der Gesellschaftsvertrag muss notariell beurkundet sein. Die GmbH entsteht letztendlich durch die Eintragung ins Handelsregister. Die Gesellschafter haften nicht mit ihrem Privatvermögen. Die Haftung der GmbH erfolgt lediglich durch das Gesellschaftsvermögen, wobei die Gesellschafter in Höhe ihrer Stammeinlage haften. Der Gewinn wird im Verhältnis der Geschäftsanteile der Gesellschafter aufgeteilt. Die Firma muss den Zusatz GmbH tragen.

Die Organe der GmbH

Geschäftsführer	Aufsichtsrat	Gesellschafterversammlung
• Geschäftsführendes Organ • Mind. eine Person • Werden durch die Gesellschafter bestimmt	• Überwachendes Organ • Zwingend bei mehr als 500 Mitarbeitern	• Beschlussfassendes Organ • 1,00 € Geschäftsanteil entspricht einer Stimme.

Beispiel

Beispiel Gewinnverteilung GmbH

Die Blitzfracht GmbH aus Hamburg wurde von vier Gesellschaftern gegründet. Gesellschafter A zahlte eine Stammeinlage in Höhe von 15 000,00 € ein, Gesellschafter B 20 000,00 €, Gesellschafter C 5 000,00 € und Gesellschafter D 40 000,00 €. Im vergangenen Geschäftsjahr fiel ein Gewinn in Höhe von 500 000,00 € an. Die Gewinnverteilung ist wie folgt:

Gesellschafter A: 93 750,00 €, da er im Verhältnis 18,75 % der gesamten Stammeinlage eingezahlt hat

Gesellschafter B: 125 000,00 €, da er im Verhältnis 25 % der gesamten Stammeinlage eingezahlt hat

Gesellschafter C: 31 250,00 €, da er im Verhältnis 6,25 % der gesamten Stammeinlage eingezahlt hat

Gesellschafter D: 250 000,00 €, da er im Verhältnis 50 % der gesamten Stammeinlage eingezahlt hat

3.4.2 Aktiengesellschaft

Die AG kann von einer oder mehreren Personen gegründet werden. Diese Gesellschafter müssen ein Grundkapital in Höhe von mindestens 50 000,00 € aufbringen. Die Gesellschafter werden Aktionäre genannt, ihre Haftung ist auf ihre Aktieneinlage beschränkt. Zudem haftet die AG mit ihrem Gesellschaftsvermögen. Das Unternehmen wird von einem Vorstand geführt, der durch den Aufsichtsrat bestimmt wird. Der Aufsichtsrat dient als überwachendes Organ. Neben dem Vorstand und dem Aufsichtsrat gibt es als drittes Organ die Hauptversammlung.
Die Hauptversammlung ist die Interessenvertretung der Aktionäre.
Die Gründung erfolgt durch eine notarielle Beurkundung und den Eintrag ins Handelsregister. Die Gewinnverteilung erfolgt im Verhältnis der Aktienanteile. Je mehr Aktien ein Aktionär besitzt, desto höher ist sein Gewinn.

Merke:

Der Gewinn wird als Dividende einmal im Jahr an die Aktionäre ausgezahlt.

Aktien können an der Börse gehandelt werden. Die Aktionäre hoffen, dass die Kurse ihrer Aktien steigen und sie diese zu einem späteren Zeitpunkt zu einem höheren Kurs (also teurer) verkaufen können. Vor dem Börsengelände in Frankfurt stehen ein Bär und ein Bulle in Bronze. Diese beiden Figuren sollen den Aufstieg und Abstieg von Aktien bildlich verdeutlichen.

Wie die Börsianer zu Bulle und Bär kamen

[...] Dieses Sinnbild-Paar soll auf das 16. Jahrhundert zurückgehen, wie in der Börsenliteratur zu lesen ist. Seinerzeit „besuchte ein spanischer Literat die damals dominante Börse in Amsterdam. Als er dem Treiben der Börsenhändler zusah, wurde er an eine besondere Variante des Stierkampfs in Südamerika erinnert: Dort ließ man nämlich in manchen Arenen Bullen gegen Bären kämpfen.“ [...] Wenn ein Bär nach einem Gegner oder Opfer schlägt, haut er mit der Tatze von oben nach unten. Der Bulle stößt umgekehrt mit den Hörnern von unten nach oben. Auf die Aktienmärkte übertragen heißt das: Die Bären prügeln die Kurse nach unten, während die Bullen eine Aufwärtsbewegung befördern und den Wert der Aktien nach oben wuchten. [...]

Quelle: *Winter, Thorsten: Wie die Börsianer zu Bulle und Bär kamen, veröff. am 14.03.2003 unter www.faz.net/aktuell/finanzen/aktien/boersenlexikon-wie-dieboersianer-zu-bulle-und-baer-kamen-192921.html*

Die Organe der AG

Vorstand	Aufsichtsrat	Hauptversammlung
• Geschäftsführendes Organ • Mind. eine Person • Wird durch den Aufsichtsrat bestimmt	• Überwachendes Organ	• Beschlussfassendes Organ • Eine Aktie entspricht einer Stimme

Zusammenfassung

		Personengesellschaften		Kapitalgesellschaften	
	Einzelunternehmung	OHG	KG	GmbH	AG
Gründung	1 Person Formfrei	Mind. 2 Personen Formfreier Gesellschaftsvertrag	Mind. 2 Personen Formfreier Gesellschaftsvertrag	Mind. 1 Person Notarielle Beurkundung des Gesellschaftsvertrages	Mind. 1 Person Notarielle Beurkundung der Satzung
Mindestkapital	–	–	–	25 000,00 €	50 000,00 €

		Personengesellschaften		Kapitalgesellschaften	
	Einzelunternehmung	OHG	KG	GmbH	AG
Firma	Wenn Eintragung im Handelsregister, dann Zusatz e. K., e. Kfm., e. Kffr.	Zusatz OHG	Zusatz KG	Zusatz GmbH	Zusatz AG
Haftung	Unbeschränkt mit Betriebs- und Privatvermögen	Gesellschafter haften unbeschränkt, unmittelbar und solidarisch mit Betriebs- und Privatvermögen	Kommanditisten haften nur in Höhe ihrer Einlage Komplementäre haften mit Betriebs- und Privatvermögen	Gesellschaftsvermögen	Gesellschaftsvermögen
Gewinnverteilung	Einzelunternehmer allein	4 % auf Kapitaleinlage, Rest nach Köpfen	4 % auf Kapitaleinlage, Rest in angemessenem Verhältnis	Im Verhältnis der Geschäftsanteile	Gewinnausschüttung über die Dividendenzahlung je nach Anzahl der Aktien
Organe	–	–	–	Geschäftsführer, Gesellschafterversammlung und evtl. Aufsichtsrat	Vorstand, Aufsichtsrat und Hauptversammlung
Regelung der Geschäftführungsbefugnis	Inhaber alleine	Jeder Geschäftsführer allein	Jeder Komplementär allein Kommanditist hat Kontrollrecht	Geschäftsführer	Vorstandsmitglieder

Aufgaben

1. Wofür stehen die folgenden Abkürzungen?

   a. e. Kff., b. OHG, c. KG, d. GmbH, e. AG

2. Nennen Sie jeweils eine Personengesellschaft und eine Kapitalgesellschaft.

3. Erklären Sie, wie die Gewinnverteilung bei einem Einzelunternehmen und bei der KG erfolgt.

4. Das Unternehmen KölnerKurierdienst OHG hat im Folgejahr eine dritte Gesellschafterin aufgenommen. Ermitteln Sie die Gewinnverteilung für alle drei Gesellschafter nach der gesetzlichen Regelung. Folgende Informationen liegen Ihnen vor:

	Mark Vornefeld	Yasmin Mohammadi	Corina Körver
Eingebrachtes Kapital	30 000,00 €	20 000,00 €	20 000,00 €
Jahresgewinn	450 000,00 €		

5. Welches Mindestkapital wird für die Gründung einer

   a. OHG, b. KG, c. GmbH, d. AG benötigt?

6. Nennen Sie die drei Organe der XPressParcel AG und erklären Sie kurz deren Bedeutung.

7. Unterscheiden Sie zwischen Komplementär und Kommanditisten.

4 Wirtschaftskreislauf und wirtschaftliche Grundlagen

Einstiegssituation

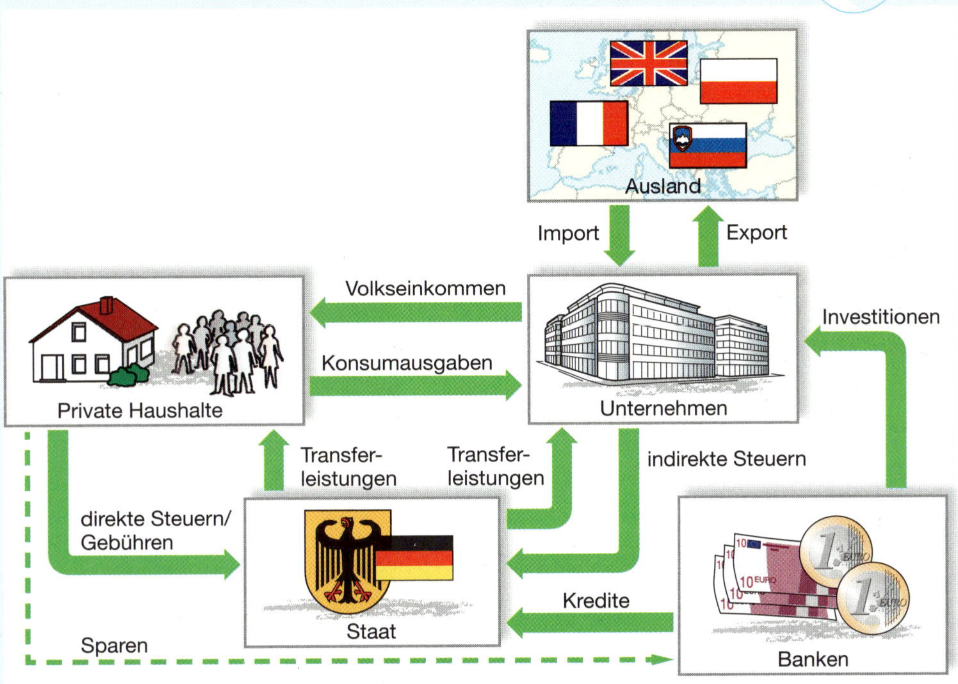

Das Wirtschaftsgeschehen unserer Volkswirtschaft basiert darauf, dass wir Arbeitsteilung betreiben und Güter und Dienstleistungen gegen Geld tauschen. Die deutsche Volkswirtschaft wird hauptsächlich durch den Dienstleistungssektor geprägt. Das heißt, dass die meisten Menschen in Deutschland im Dienstleistungsbereich arbeiten.
Verschiedene Wirtschaftssubjekte arbeiten dabei zusammen und stehen im Austausch.

Handlungsaufträge

1 Wie funktioniert unsere Wirtschaft?
2 Wer arbeitet eigentlich mit wem zusammen und wer steht mit wem im Austausch?

4.1 Einfacher Wirtschaftskreislauf

Der einfache Wirtschaftskreislauf besteht aus den zwei Wirtschaftssubjekten „private Haushalte“ und „Unternehmen“. Alle Bürger oder Konsumenten zählen zu den privaten Haushalten. Zu dem Wirtschaftssubjekt Unternehmen gehören alle Unternehmen wie beispielsweise die Post, UPS, Rewe oder Esprit.
Der einfache Wirtschaftskreislauf beschreibt die Ströme, die zwischen den beiden Wirtschaftssubjekten fließen. Die privaten Haushalte geben ihre Arbeitskraft (auch ihr Kapital oder ihren Boden) an die Unternehmen und erhalten im Gegenzug dafür eine Entlohnung (auch Zinsen oder Pacht- und Mieteinnahmen).

Die privaten Haushalte kaufen Dienstleistungen und Güter bei den Unternehmen ein und müssen dafür etwas bezahlen. Diese Ausgaben nennt man Konsumausgaben und die Güter und Dienstleistungen werden unter dem Begriff Konsumgüter zusammengefasst.
Die Ströme lassen sich in einen Geld- und Güterstrom unterscheiden.

Einfacher Wirtschaftskreislauf

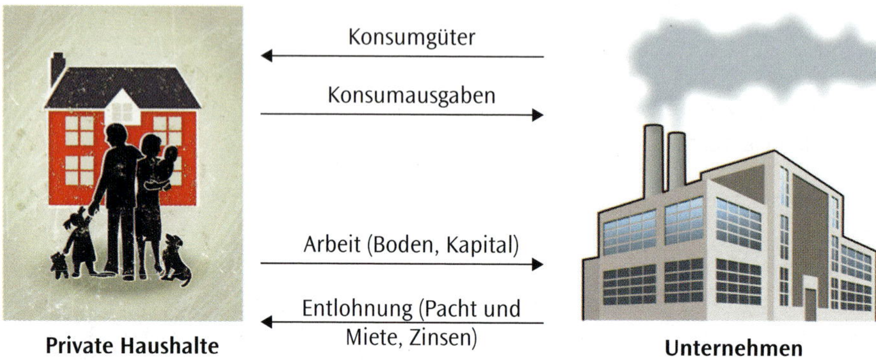

4.2 Gesellschaftliche Arbeitsteilung

Arbeitsteilung bedeutet, dass Arbeit aufgeteilt wird. Jeder spezialisiert sich auf das, was er am besten kann. Früher war das nicht der Fall. Die Menschen waren Selbstversorger und sorgten selbstständig für alles, was sie zum Leben brauchten. Heute gibt es zahlreiche Berufe, wie beispielsweise Lehrer, Servicefahrer und Ärzte. Und auch diese Berufe haben sich wiederum aufgespalten. Bei den Ärzten gibt es beispielsweise Augenärzte, Orthopäden und Hautärzte. Durch diese Spezialisierung kann ein besseres Ergebnis erzielt werden.

Merke:

Berufsbildung (Grundberufe): Einzelne Berufe wie Koch, Händler oder Bauer haben sich gebildet. Berufsspaltung: Es findet noch eine Spezialisierung innerhalb der Berufe statt (z. B. Getreidebauer, Obstbauer oder Gemüsebauer).

Vor- und Nachteile der Arbeitsteilung

Vorteile der Arbeitsteilung	Nachteile der Arbeitsteilung
• Die Arbeitsproduktivität der Arbeitnehmer wird durch die Spezialisierung gesteigert (hohe Zeitersparnis). • Spezielle Fähigkeiten können optimal genutzt werden.	• Die gleichbleibende und wenig abwechslungsreiche Arbeit kann zu rascher Ermüdung und Langeweile führen. Die Gefahr körperlicher und seelischer Schäden nimmt zu.

Vorteile der Arbeitsteilung	Nachteile der Arbeitsteilung
• Die Güterversorgung und der Lebensstandard der Bevölkerung werden erhöht, da die Güter tendenziell preiswerter werden und man sich von seinem Einkommen verschiedene Güter kaufen kann. • Ausbildungs- und Anlernzeiten werden verkürzt.	• Arbeitnehmer verlieren den Überblick über den kompletten Produktionsprozess. • Die Störanfälligkeit der Wirtschaft wird erhöht. • Die Berufsmobilität wird verringert.

Dass die Arbeitsteilung die Produktivität der Menschen erhöht, erklärt der Schotte Adam Smith anhand der Produktion von Steckknöpfen.

Der Segen des Egoismus

[...] „Ein Arbeiter, der noch niemals Stecknadeln gemacht hat und auch nicht dazu angelernt ist [...], könnte, selbst wenn er fleißig ist, täglich höchstens eine, sicherlich aber keine zwanzig Nadeln herstellen.“ [...]
Durch die Aufteilung der Herstellung auf 18 unterschiedliche Arbeitsvorgänge komme es zu einem unglaublichen Produktivitätsgewinn: „Ich selbst habe eine kleine Manufaktur dieser Art gesehen, in der nur zehn Leute beschäftigt waren, sodass einige von ihnen zwei oder drei solcher Arbeiten übernehmen mussten. Obwohl sie nun sehr arm und nur recht und schlecht mit dem benötigten Werkzeug ausgerüstet waren [...], waren die zehn Arbeiter imstande, täglich etwa 48000 Nadeln herzustellen.“ [...]

Wenn die Arbeitsteilung die entscheidende Grundlage für den Wohlstand der Nationen bildet, ist es für Smith naheliegend, das Potenzial hierfür durch offene Märkte so weit wie möglich zu nutzen. Die Angst vor der Globalisierung, die im vergangenen Jahrzehnt auch in Deutschland die Diskussion beherrschte, ist also ein schlechter Ratgeber. Denn bei allen Schattenseiten der Globalisierung ist Adam Smith zuzustimmen, dass dabei der Wohlstand fast aller Nationen gestiegen ist. [...]

Quelle: *Bofinger, Peter: Der Segen des Egoismus, veröff. am 24.08.2013 unter www.faz.net/aktuell/wirtschaft/wirtschaftswissen/die-weltverbesserer/adam-smith-der-segen-des-egoismus-12536505.html*

Auch Länder haben sich auf spezielle Erzeugnisse spezialisiert. In Deutschland werden sehr viele Maschinen gebaut und in andere Länder verkauft. Aufgrund des Klimas würde sich beispielsweise die Produktion von Kaffee für Deutschland nicht lohnen. Diese kann besser in wärmeren Ländern wie Kenia oder Brasilien erfolgen. Diese Art der Arbeitsteilung nennt man internationale Arbeitsteilung.

4.3 Das Sektorenmodell (Einordnung der Ausbildungsbetriebe in die Gesamtwirtschaft)

In einer Volkswirtschaft teilen sich verschiedene Sektoren die Aufgabe, Güter für den Absatz bereitzustellen. Unterschieden wird in den Primärsektor (Urproduktion), den Sekundärsektor (Verarbeitung) und in den Tertiärbereich (Dienstleistung).

Beispiele

Urproduktion: Landwirtschaft, Bergbau, Fischerei und Forstwirtschaft
Verarbeitung: Industrieunternehmen und das Handwerk
Dienstleistung: Banken und Versicherungen, Transportgewerbe

Beispiel

Beispiel für die Zusammenarbeit der drei Wirtschaftssektoren
Eine Packung Kartoffelchips durchläuft alle drei Sektoren. Zunächst werden im Primärsektor Kartoffeln angebaut. Diese werden im Sekundärsektor zu Chips weiterverarbeitet. Im Tertiärbereich erfolgt dann der Verkauf durch den Handel.

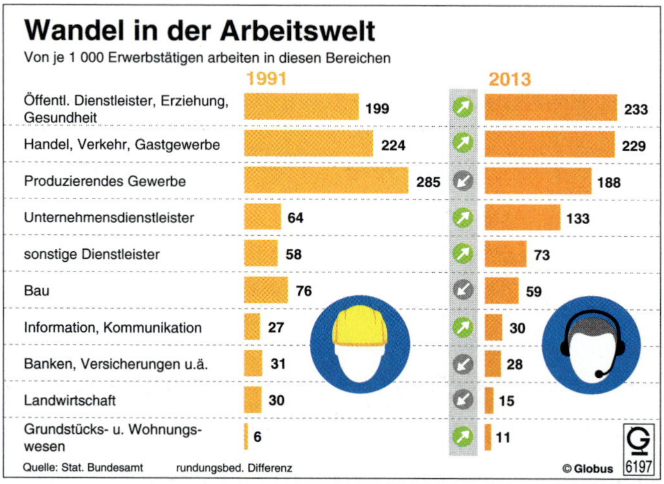

Ein Industrieland im klassischen Sinne ist Deutschland schon lange nicht mehr. Der Trend geht in Richtung Dienstleistungsgesellschaft, denn bereits 74 Prozent der Erwerbstätigen arbeiten im Dienstleistungssektor. Dieser Bereich umfasst Handel, Banken und Versicherungen, aber auch die Gastronomie, Friseure und Pflegedienste, um nur einige der Branchen zu nennen, die Dienstleistungen für Verbraucher und Unternehmen anbieten. Service-Unternehmen sind arbeitsintensiv, deshalb sehen Experten in diesem Bereich das größte Job-Potenzial. Industriearbeitsplätze hingegen verschwinden. Von 1991 bis heute sank der Anteil des produzierenden Gewerbes (Industrie, Bergbau, Energiewirtschaft) von 29 Prozent auf unter 19 Prozent. Und auch in der Landwirtschaft gibt es immer weniger Jobs, denn die erheblich gestiegene Produktivität, beispielsweise durch den vermehrten Einsatz von Maschinen, macht es möglich, dass immer weniger Bauern die Bevölkerung mit Nahrungsmitteln versorgen.

***Quelle:** Hamburgische Zeitschrift für den öffentlichen Dienst: Wussten Sie schon? ... dass ein Industrieland im klassischen Sinne Deutschland schon lange nicht mehr ist?, Zugriff am 19.04.2016 unter www.vhst.de/cgi-bin/adframe/zeitschrift/wussten_sie_schon/article.html?ADFRAME_MCMS_ID=958*

Zusammenfassung

Der einfache Wirtschaftskreislauf beschreibt die Geld- und Güterströme zwischen den zwei Wirtschaftssubjekten „Private Haushalte“ und „Unternehmen“.

Arbeitsteilung existiert auf verschiedenen Ebenen. Im privaten Bereich gibt es Arbeitsteilung in den Familien. Zudem haben sich die Menschen auf verschiedene Tätigkeiten spezialisiert und Berufe haben sich entwickelt. Arbeitsteilung besteht auch auf internationaler Ebene. Länder spezialisieren sich bei ihrer Produktion auf das, was sie am besten können, und betreiben dann mit ihren Produkten Handel mit anderen Ländern.

Die Arbeitsteilung bringt nicht nur positive Aspekte mit sich.

Die Sektoren einer Volkswirtschaft werden in den primären (Urproduktion), den sekundären (Weiterverarbeitung) und den tertiären Bereich (Dienstleistung) unterschieden.

Aufgaben

1. Zeichnen Sie den einfachen Wirtschaftskreislauf

2. Unterscheiden Sie zwischen Berufsbildung und Berufsspaltung und geben Sie jeweils ein Beispiel.

3. Nennen und erklären Sie je einen Vor- und Nachteil der Arbeitsteilung.

4. In der Steinzeit lebten die drei Freunde Brunhilde, Titus und Nestor. Jeder ging für sich auf die Jagd, sammelte Brennholz und fertigte Krüge. Die folgende Tabelle zeigt, wie lange die einzelnen Personen für diese Tätigkeiten brauchten:

	Brunhilde	Titus	Nestor
Jagen	5 Stunden	3 Stunden	4 Stunden
Brennholz sammeln	1 Stunde	2 Stunden	0,5 Stunden
Krug herstellen	1 Stunde	2 Stunden	1,5 Stunden

   a. Wie lange benötigt jeder Einzelne, wenn die Arbeit nicht geteilt wird?
   b. Wie lange benötigen die drei Freunde, wenn sich jeder auf das spezialisiert, was er am besten kann, und diese Tätigkeit für die anderen zwei miterledigt?

5. Welchem Wirtschaftssektor ist die Blitzfracht GmbH zuzuordnen?

5 Betriebliche Organisation und Arbeitsabläufe

Einstiegssituation

Betrachten Sie die folgenden Bilder. Vielleicht erkennen Sie einige Abteilungen aus Ihrem eigenen Unternehmen?

Handlungsaufträge

Jedes Unternehmen besteht aus verschiedenen Abteilungen.

1. Welche Abteilungen haben Sie während Ihrer Ausbildung bereits kennengelernt?
2. Erläutern Sie, was in diesen Abteilungen passiert.

Jedes Unternehmen muss organisiert werden. Aufgabe der Organisation ist es, die Gesamtaufgabe eines Unternehmens (z. B. Versendung von Briefen und Paketen) in Teilaufgaben (z. B. Vorsortierung und Zustellen) zu untergliedern. Ein großes Unternehmen kann nur arbeitsteilig arbeiten. Es ist für keinen Mitarbeiter möglich, alle anfallenden Aufgaben zu bewältigen.

Durch die betriebliche Organisation wird jedem Mitarbeiter deutlich, welche Abteilung für was zuständig ist und welche Kollegen die richtigen Ansprechpartner sind. Die Leitungssysteme verdeutlichen die Hierarchie eines Unternehmens.

Eine Stelle ist die kleinste Einheit in einem Unternehmen. Aus der jeweiligen Stellenbeschreibung gehen die Aufgaben und Tätigkeiten hervor. Unterschieden wird zwischen der Leitungsstelle (hat eine übergeordnete Funktion und die Befähigung zur Leitung), der ausführenden Stelle (ist untergeordnet und führt lediglich Aufgaben aus) und der Stabsstelle (hat eine rein beratende Funktion).

Definition:

Eine übergeordnete Stelle heißt **Instanz**.

Merke:

Aufgrund der Arbeitsteilung in einem Unternehmen muss eine Organisation erfolgen.

5.1 Abteilungen eines Unternehmens

Um eine Abteilung zu bilden, werden verschiedene Stellen zusammengefasst, die gemeinsam die Aufgabe der Abteilung erfüllen. Der Abteilungsleiter ist für die geleistete Arbeit der entsprechenden Abteilung verantwortlich.

Je nach Tätigkeitsfeld des Unternehmens gibt es verschiedene Abteilungen. In vielen Unternehmen findet man die folgenden Abteilungen: Geschäftsführung (Management), Finanzen, Personalabteilung (Human Resources), Einkauf, Produktion, IT (Internet und Dateninfrastruktur), Entwicklung & Forschung, Rechtsabteilung (Legal Department), Verkauf, Kundenbetreuung (evtl. Callcenter), Buchhaltung (Rechnungswesen).

5.2 Leitungssystem: Ein-, Mehrlinien- und Stabssystem

Die verschiedenen Stellen eines Unternehmens sind durch das Leitungssystem miteinander verknüpft. Durch das Leitungssystem wird klar, welche Stelle übergeordnet ist und zudem Weisungen an die untergeordneten Stellen geben kann.

Unterschieden werden drei Leitungssysteme:

5.2.1 Einliniensystem

Die untergeordnete Stelle bekommt von nur einer übergeordneten Stelle Weisungen. Das bedeutet, dass jeder Mitarbeiter nur einen Vorgesetzten hat.

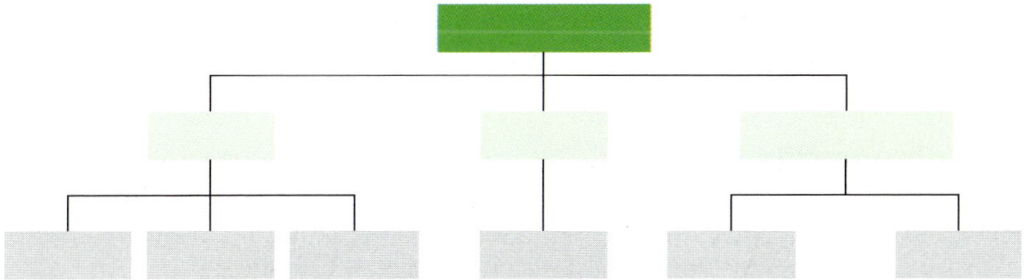

Vorteile

- Die Abgrenzung von Kompetenzen ist sehr eindeutig.
- Für jede Stelle ist es sehr klar, wer über- bzw. unterstellt ist.
- Da immer nur zwei Stellen betroffen sind, ist die Kommunikation erleichtert.

Nachteile

- Die Entscheidungswege können schwerfällig sein und mehr Zeit in Anspruch nehmen.
- Die übergeordnete Stelle kann überlastet sein und ist eventuell nicht ausreichend spezialisiert.

5.2.2 Mehrliniensystem

Die untergeordnete Stelle bekommt von mehreren übergeordneten Stellen Weisungen. Das bedeutet, dass jeder Mitarbeiter mehrere Vorgesetzte hat.

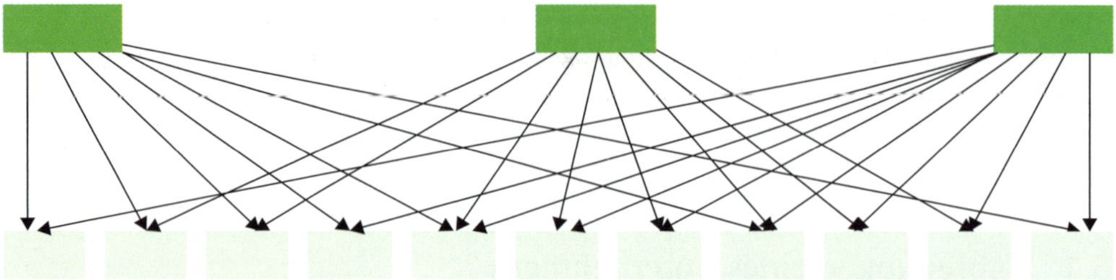

Vorteile

- Das Fachwissen der verschiedenen Vorgesetzten kann gut genutzt werden.
- Durch die höhere Anzahl von Vorgesetzten können Mitarbeiter besser kontrolliert werden.
- Die Kommunikationswege zwischen den Instanzen und den ausführenden Stellen sind kürzer.

Nachteile

- Da es mehrere Vorgesetzte gibt, ist die Kompetenzverteilung nicht immer eindeutig und die Abgrenzung von Zuständigkeiten kann zu Schwierigkeiten führen.
- Die Fehlerzurechnung ist schwierig.

5.2.3 Stabssystem

Stabsstellen beraten die Instanzen. Sie haben selber keine Entscheidungsbefugnis. Stäbe sind fachkundige Berater für die entsprechenden Instanzen.

Vorteile

- Durch die Stäbe werden die Instanzen besser informiert und diese können optimale Entscheidungen treffen.

Nachteile

- Die Instanzen können ihre Beratungsmacht missbrauchen und somit Entscheidungen der Instanzen manipulieren.

5.3 Führungsstile

Als Führungsstil wird die Art und Weise, wie Vorgesetzte mit ihren Mitarbeitern in einem Unternehmen umgehen, bezeichnet. Durch den Führungsstil wird die Grundeinstellung des Vorgesetzten gegenüber seinen Mitarbeitern deutlich.

Die klassischen Führungsstile

	Autoritärer Führungsstil	Kooperativer Führungsstil	Laisser-faire-Führungsstil
Kennzeichnung	• Nur der Vorgesetzte trifft Entscheidungen. • Die Mitarbeiter führen lediglich Anweisungen aus.	• Mitarbeiter werden in den Entscheidungsprozess mit einbezogen.	• Die Mitarbeiter haben volle Entscheidungsfreiheit.
Vorteile	• Es können schnelle Entscheidungen getroffen werden und somit kann auch schnell gehandelt werden.	• Motivierte Mitarbeiter, da ihre Ideen Einfluss auf die Entscheidung haben. • Positives Arbeitsklima • Entlastung des Vorgesetzten • Die Stärken und das Wissen der Mitarbeiter können besser genutzt werden.	• Aufgrund des großen Entscheidungsspielraums sind die Mitarbeiter motiviert. • Die Stärken, die Kreativität und das Wissen der Mitarbeiter können optimal genutzt werden.
Nachteile	• Der Vorgesetzte kann überfordert sein, da er alle Entscheidungen alleine zu treffen hat. • Mitarbeiter verlieren die Motivation, sich selber Gedanken über Entscheidungen zu machen. • Schlechtes Arbeitsklima	• Entscheidungsfindung ist erschwert. • Evtl. kann sich der Vorgesetzte nur erschwert durchsetzen.	• Planlosigkeit, Disziplinlosigkeit und mangelnde Arbeitsmoral der Mitarbeiter • Unter den Mitarbeitern kann es zu Kompetenzstreitigkeiten und Rangkämpfen kommen.

Merke:

Der Führungsstil ist von der jeweiligen Persönlichkeit des Vorgesetzten und der Art des Unternehmens abhängig. Beispielsweise ist die Führung von Soldaten bei einem Kampfeinsatz nicht durch den Laisser-faire-Führungsstil zu bewältigen.

Zusammenfassung

Jedes Unternehmen bedarf aufgrund der Arbeitsteilung einer Organisation.

Als Stelle bezeichnet man die kleinste organisatorische Einheit eines Unternehmens.

In einer Abteilung werden verschiedene Stellen zusammengefasst.

Es existieren verschieden Möglichkeiten, die Stellen miteinander zu verbinden: Einlinien-, Mehrlinien- und Stabsstellensystem.

Die Führungsstile verdeutliche die Grundhaltung des Vorgesetzten gegenüber den Mitarbeitern.

Die drei klassischen Führungsstile sind: autoritärer, kooperativer und Laisser-faire-Führungsstil.

Aufgaben

1. Welche Abteilung Ihres Unternehmens hat Ihnen in Ihrer Ausbildung am besten gefallen? Welche Tätigkeiten haben Sie dort erledigt?
2. Erklären Sie das Einlinien- und das Mehrliniensystem.
3. Nennen Sie einen Nachteil des Einliniensystems.
4. Erklären Sie den autoritären Führungsstil.
5. Welchen Führungsstil würden Sie einer Werbeagentur vorschlagen, deren Mitarbeiter besonders kreativ sein sollen? Begründen Sie Ihre Entscheidung.

6 Nachhaltigkeit

Einstiegssituation

Auf der Homepage der Bundeszentrale für politische Bildung lesen Sie den folgenden Artikel:

Der Begriff „Nachhaltigkeit“ stammt ursprünglich aus der Forstwirtschaft des 17. Jahrhunderts. Er bedeutet, dass man nicht mehr ernten soll, als in der Natur nachwachsen kann. Am Mittelmeer zum Beispiel sind ganze Regionen ohne Wald, weil man in den letzten 2000 Jahren das Holz zum Schiffsbau und zum Heizen völlig verbraucht hat. Der Regen hat dann den ungeschützten Waldboden weggeschwemmt und nur noch Felsen hinterlassen, auf denen man nichts mehr anpflanzen kann.
Heutzutage versteht man unter Nachhaltigkeit, dass auf die nachfolgenden Generationen, also auf unsere Nachkommen, mehr Rücksicht genommen wird. Auch sie brauchen Rohstoffe und Bodenschätze wie zum Beispiel Holz, Wasser, Erdöl, Kohle. Es gilt also immer noch der Leitsatz, dass wir nicht mehr ernten dürfen, als nachwachsen kann. Aber wir müssen auch dafür sorgen, dass unsere Umwelt nicht durch Fabrikabgase, Schmutzwasser oder Gifte geschädigt wird. Und wir müssen uns darum kümmern, dass sich auch unsere Wirtschaft und unsere Gesellschaft stabil und nachhaltig entwickeln. Mittlerweile treffen sich immer wieder Politiker aus der ganzen Welt, um zu beraten, wie man die Natur am besten schützen kann, damit die Lebensgrundlage für uns und unsere Nachkommen erhalten bleibt.

Quelle: *Schneider, Gerd/Toyka-Seid, Christiane: Nachhaltigkeit, Zugriff am 19.04.2016 unter www.bpb.de/nachschlagen/lexika/das-junge-politik-lexikon/161435/nachhaltigkeit*

Handlungsaufträge

1 Was verstehen Sie unter dem Leitsatz „Wir dürfen nicht mehr ernten, als nachwachsen kann“?
2 Recherchieren Sie im Internet zu dem Thema „ökologischer Fußabdruck“.

6.1 Umweltprobleme

Auf unserem Planeten gibt es zahlreiche Umweltprobleme. Vor einigen Jahren wurden 200 Umweltexperten befragt. Die meisten von ihnen sehen im Klimawandel die größte Gefährdung für unsere Welt, gefolgt von der Wasserknappheit.
Umweltprobleme treten in verschiedenen Formen bei den drei Bereichen Luft, Wasser und Boden auf.

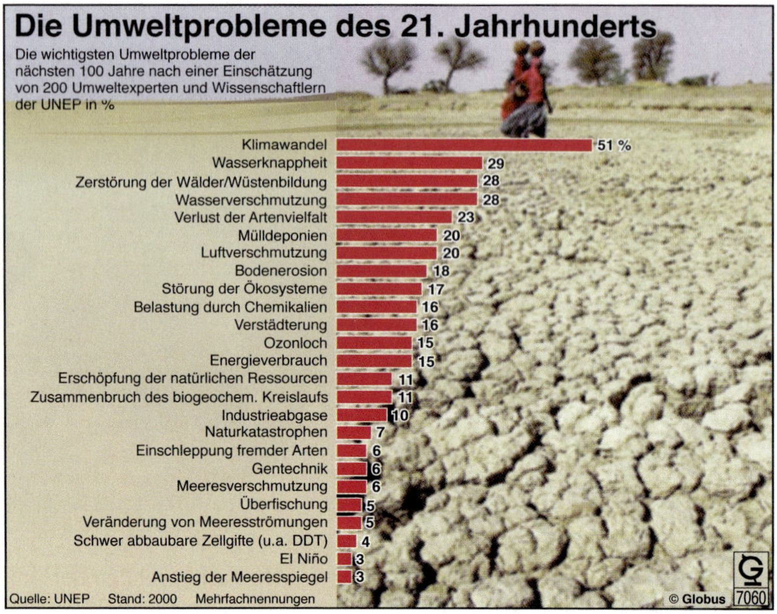

6.2 Umweltschutz

Der Gedanke des Umweltschutzes verbreitete sich erst Ende der 1960er-Jahre, obwohl die Umweltverschmutzung schon Jahrzehnte zuvor begonnen hat. Umweltschutz haben sich verschiedene Bürgerinitiativen, Umweltorganisationen (z. B. Greenpeace, der Bund für Umwelt und Naturschutz Deutschland (BUND), der Naturschutzbund (NABU), der World Wide Fund for Nature (WWF) sowie Robin Wood) und natürlich Politiker als Ziel gesetzt.

Auch wir einzelnen Bürger können einiges für den Umweltschutz tun.

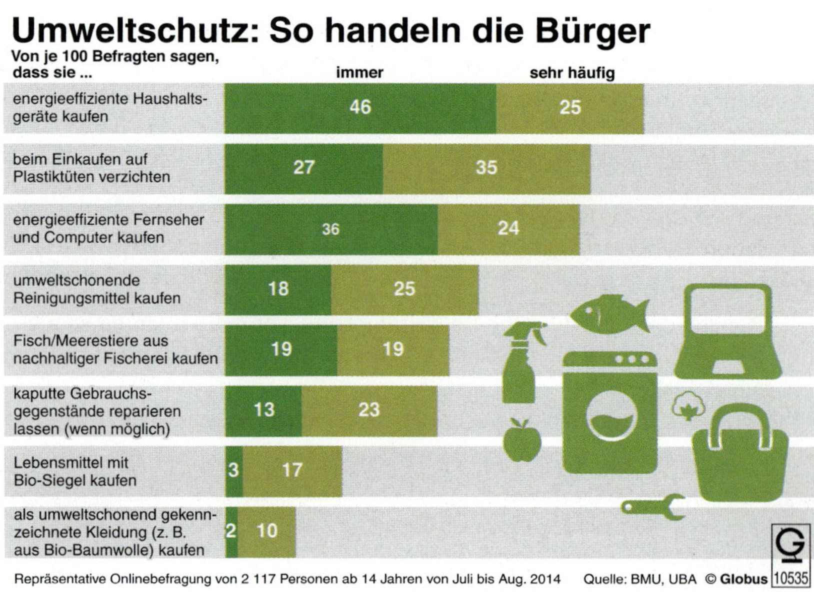

Deutschland produziert zu viel Müll

Die Deutschen sehen sich als Vorbild im Umweltschutz. Ein internationaler Vergleich entlarvt das als Mythos. Dennoch gibt es kaum Länder, die nachhaltiger wirtschaften.

Deutschland gehört einer Studie zufolge zu den nachhaltigsten Industriestaaten der Welt, hat aber noch erheblich Luft nach oben. In einer internationalen Untersuchung der Bertelsmann-Stiftung kam die Bundesrepublik auf Platz sechs von 34 OECD-Staaten. Während die Deutschen unter anderem mit sozialer und innerer Sicherheit punkten konnten, gab es an anderer Stelle Schwächen – etwa im Umweltschutz. Ganz vorn landete Schweden, ganz hinten Mexiko. Ende des Monats sollen bei einem UN-Gipfel in New York die sogenannten Nachhaltigkeitsziele verabschiedet werden. Deshalb verglichen die Wissenschaftler für die Studie 34 Staaten anhand von 34 Kriterien miteinander. Dazu zählten Umweltschutz und Wachstumsaussichten, aber auch Kriminalität und Sozialsystem. Die fünf bestplatzierten Länder sind Schweden, Norwegen, Dänemark, Finnland und die Schweiz, am schlechtesten schnitten Griechenland, Chile, Ungarn, die Türkei und Mexiko ab.

„Unsere Untersuchung ist der erste Stresstest für die Industriestaaten zu den neuen Zielvorgaben. Danach können wir uns als die reichen Länder mit unserer wachsenden sozialen Ungleichheit und Ressourcenverschwendung nicht mehr länger als die Lehrmeister der Welt darstellen“, sagte Stiftungschef Aart De Geus. „Wir können in der Analyse erkennen, wo auch wir unsere Hausaufgaben machen müssen. Und zudem zeigt sie uns, wo die Industriestaaten bereits jetzt Gefahr laufen, die neuen Nachhaltigkeitsziele zu verfehlen.“

Große Mengen an Abfall

Deutschland ist in vielen Punkten vorn mit dabei, gerade im Umweltbereich gibt es aber erhebliche Mängel. So verursacht jeder Deutsche der Studie zufolge 614 Kilogramm Müll pro Jahr – der Schnitt liegt bei gerade 483 Kilo, und ein modernes Industrieland wie Japan produziert nur etwas mehr als die Hälfte des Pro-Kopf-Abfalls der Deutschen. Ganz hinten sind die Schweiz und die USA, an letzter Stelle die Windrad-Nation Dänemark mit 751 Kilogramm Müll.

Auch die deutsche Landwirtschaft ist nach Ansicht der Gutachter nicht besonders ökologisch. Pro Hektar würden 94 Kilogramm zu viel Nitrate und Phosphate auf die Äcker gebracht, das könne die Böden schwer schädigen. Auch die Luft ist längst nicht so sauber, wie sie sein sollte: Bei der Feinstaubbelastung liegt Deutschland auf Platz 27 von 34. Laut Studie beutet die Bundesrepublik auch ihr Grundwasser zu sehr aus und vernachlässigt den Schutz bedrohter Arten. Ein Kritikpunkt außerhalb des Umweltschutzes: Deutschland müsste mehr Geld für seine Infrastruktur ausgeben.

Gute soziale Absicherung

Dass Deutschland trotzdem auf den sechsten Platz kommt, liegt an Wirtschaft und Sozialem: So sei das Wachstum hoch und nachhaltig (Platz 6), die Arbeitslosenquote (6) ebenso gering wie die Armutsquote (4) und die soziale Absicherung vorbildlich.

Die Gefahr, Opfer eines Tötungsdelikts zu werden, sei sehr gering (0,7 Fälle je 100000 Einwohner, Platz 6). Auch die hohe Zahl an Naturschutzgebieten gereicht den Deutschen in der Untersuchung zum Vorteil. Besonders gut ist die Ingenieursnation auch bei Forschung und Entwicklung.
Der frühere UN-Generalsekretär Kofi Annan mahnt im Vorwort des Gutachtens: „Diese Studie wird hoffentlich Reformdebatten über Nachhaltigkeit und soziale Gerechtigkeit in vielen Industriestaaten entfachen. Wir schulden dies unserem Planeten und seinen Menschen."

Quelle: *ZEIT ONLINE, dpa, mp: Deutschland produziert zu viel Müll, veröff. am 08.09.2015 unter www.zeit.de/politik/ausland/2015-09/nachhaltigkeit-deutschland*

6.3 Umweltpolitik

Der Umweltschutz ist durch das Grundgesetz fest in der Politik verankert:

§

Art. 20a Grundgesetz

Der Staat schützt auch in Verantwortung für die künftigen Generationen die natürlichen Lebensgrundlagen [...].

Die Hauptverantwortung für den Umweltschutz durch die Politik trägt das Bundesministerium für Umwelt, Naturschutz und Reaktorsicherheit.

Die staatliche Umweltpolitik versucht, durch verschiedene Prinzipien die Umwelt zu schützen:

- **Verursacherprinzip**
  Derjenige, der den Umweltschaden verursacht hat, muss für die Beseitigung der Schäden aufkommen.
- **Vorsorgeprinzip**
  Umweltschäden sollen durch verschiedene Maßnahmen erst gar nicht erst entstehen (präventiver Ansatz).
- **Gemeinlastprinzip**
  Lässt sich nicht herausfinden, wer den Umweltschaden verursacht hat, trägt die Allgemeinheit die Kosten für die Beseitigung.
- **Kooperationsprinzip**
  Verschiedene Akteure wie Staat, Bürger und Unternehmen sollen kooperieren, um die Umweltpolitik weiterzuentwickeln.

Zusammenfassung

Das Prinzip der Nachhaltigkeit ist durch langfristiges Denken und Handeln gekennzeichnet. Dabei sollte der Natur nie so viel an Ressourcen abverlangt werden, wie auch wieder nachwachsen kann.

Es existieren verschiedene Umweltprobleme im Bereich Luft, Wasser und Boden. Seit Beginn der Industrialisierung nehmen diese Probleme stetig zu.

Der Staat versucht durch seine Umweltpolitik, die Umweltprobleme zu bekämpfen. Dabei richtet er sich nach verschiedenen Prinzipien: Verursacher-, Vorsorge-, Gemeinlast- und Kooperationsprinzip.

Aufgaben

1. Erläutern Sie Maßnahmen, die in Ihrem Ausbildungsunternehmen durchgeführt werden, um die Umwelt zu schützen.
2. Was können Sie persönlich tun, um die Umwelt zu schützen?
3. Nutzen Sie den folgenden Link, um sich über Umweltsiegel zu informieren: www.checked4you.de/label_und_siegel_auf_produkten
4. Unterscheiden Sie zwischen dem Verursacherprinzip und dem Gemeinlastprinzip. Geben Sie zu jedem Prinzip jeweils ein Beispiel an.

Lernfeld 2

Transportaufträge und Sendungen für das Unternehmen annehmen

1 Rechtliche Grundlagen
2 Tätigkeitsfelder von KEP-Diensten
3 Geheimhaltungsvorschriften
4 Auftragsannahme und -bearbeitung
5 Gefahrgutsendungen befördern
6 Auslandssendungen bearbeiten
7 Sendungsbegleitende Dokumente und Papiere

1 Rechtliche Grundlagen

1.1 Rechts- und Geschäftsfähigkeit

Einstiegssituation

Tine Jansen macht eine Ausbildung zur Fachkraft für Kurier-, Express- und Postdienstleistungen. Die 17-jährige Auszubildende ärgert sich, denn sie hat sich mit ihren Eltern gestritten. Ihre Eltern verlangen von ihr, dass sie das neu gekaufte Smartphone, das sie von ihrer Ausbildungsvergütung gekauft hat, wieder zurückbringt. Die Eltern halten es für viel zu teuer und weisen darauf hin, dass Tine bereits ein Smartphone besitzt. Tine ist der Meinung, dass sie mit ihrem Geld machen kann, was sie will.

Handlungsaufträge

1 Wie beurteilen Sie die Situation?
2 Kann Tine mit ihrer Ausbildungsvergütung kaufen, was sie möchte?

Geschäftsfähig zu sein bedeutet, dass man selbstständig voll gültige Rechtsgeschäfte abschließen kann. Ein Rechtsgeschäft ist beispielsweise ein Kaufvertrag. Der Gesetzgeber unterscheidet zwischen drei verschiedenen Stufen der Geschäftsfähigkeit. Kinder und Jugendliche sollen geschützt werden, denn ihr Urteilsvermögen und ihre Übersicht über Geschäfte sind beschränkt.

	Geschäftsunfähigkeit	Beschränkte Geschäftsfähigkeit	Volle Geschäftsfähigkeit
Altersstufen	Von Geburt bis zum 6. Lebensjahr	Vom 7. bis zum 17. Lebensjahr	Ab dem 18. Lebensjahr
Rechtsgeschäfte sind ...	... ungültig	... schwebend unwirksam, das heißt, der gesetzliche Vertreter muss zustimmen	... voll wirksam
Ausnahmen	Botengeschäfte	Taschengeldparagraf, rechtlicher Vorteil, erlaubtes Arbeitsverhältnis, Führung eines selbstständigen Geschäftsbetriebes	Dauerhaft geistesgestörte Personen

Rechtsgeschäfte von **Geschäftsunfähigen** sind grundsätzlich unwirksam. Eine Ausnahme ist das sogenannte Botengeschäft.

Beispiel

Der fünfjährige Tim wird am Sonntagmorgen von seinen Eltern zum Bäcker geschickt, um Brötchen zu kaufen. Der Vater gibt ihm einen Zettel, auf dem notiert ist, wie viele Brötchen Tim mitbringen soll. Der Junge gibt den Zettel der Verkäuferin. Diese gibt ihm die Brötchen und Tim bezahlt. Das Rechtsgeschäft ist zwischen den Eltern und der Verkäuferin zustande gekommen. Tim ist nur als Bote aufgetreten. Somit ist der Brötchenkauf wirksam.

Rechtsgeschäfte von **beschränkt Geschäftsfähigen** sind grundsätzlich schwebend unwirksam. Der gesetzliche Vertreter muss seine Zustimmung geben. Tine Jansens Eltern haben also recht. Ihre Tochter darf nicht frei über ihre Ausbildungsvergütung verfügen. Auch bei der beschränkten Geschäftsfähigkeit gibt es einige Ausnahmen:

Ausnahme 1: Taschengeldparagraf

Rechtsgeschäfte, die mit Mitteln, die zur freien Verfügung gegeben wurden (wie beispielsweise das Taschengeld), getätigt werden, sind auch ohne Zustimmung des gesetzlichen Vertreters gültig.

Ausnahme 2: rechtlicher Vorteil

Ein rein rechtlicher Vorteil ist zum Beispiel die Schenkung von Geld oder Schmuck, da hierbei nur ein Vorteil entsteht. Wird ein beschränkt Geschäftsfähiger jedoch beispielsweise mit einem Hund beschenkt, so ist das kein rechtlicher Vorteil, denn es entstehen auch Nachteile wie Hundesteuer, Tierarztkosten, Nahrungskosten. Handelt es sich um einen rein rechtlichen Vorteil, so ist das Rechtsgeschäft auch ohne Zustimmung des gesetzlichen Vertreters wirksam.

Ausnahme 3: erlaubtes Arbeitsverhältnis

Wurde einem beschränkt Geschäftsfähigen von dem gesetzlichen Vertreter ein Arbeitsverhältnis erlaubt, so darf der Jugendliche alle Rechtsgeschäfte wirksam vornehmen, die mit diesem Arbeitsverhältnis verbunden sind wie beispielsweise der Kauf von Arbeitsbekleidung.

Ausnahme 4: Führung eines selbstständigen Geschäftsbetriebes

Hat sich ein beschränkt Geschäftsfähiger mit einer Tätigkeit selbstständig gemacht, so darf er alle Rechtsgeschäfte wirksam vornehmen, die mit dieser Tätigkeit verbunden sind.

Merke:

Die Kündigung eines Arbeitsverhältnisses kann ein beschränkt Geschäftsfähiger selbst vornehmen und diese ist dann auch wirksam. Die Kündigung eines Ausbildungsvertrages bedarf der Zustimmung des gesetzlichen Vertreters.

Voll geschäftsfähige Personen können voll wirksame Rechtsgeschäfte abschließen. Dauerhaft geisteskranke Menschen werden allerdings besonders geschützt.

Merke:

Die Geschäftsfähigkeit ist nicht zu verwechseln mit der Rechtsfähigkeit. Rechtsfähig sind alle Menschen (natürliche Personen) von ihrer Geburt an bis zum Tod sowie juristische Personen (z. B. Aktienunternehmen). Die Rechtsfähigkeit bedeutet, dass man Träger von Rechten und Pflichten sein kann.

1.2 Rechtsgeschäfte

Alle Rechtsgeschäfte kommen immer durch Willenserklärungen zustande. Diese können mündlich, schriftlich oder durch schlüssiges Handeln erfolgen. Diese Rechtsgeschäfte lassen sich in einseitige und zweiseitige Rechtsgeschäfte unterscheiden.
Bei den **einseitigen Rechtsgeschäften** gibt nur eine Person eine Willenserklärung ab.

Beispiel 1

Tines Eltern kündigen den Mietvertrag ihrer Wohnung.
Nur Tines Eltern werden sozusagen aktiv. Allerdings muss der Vermieter von der Kündigung erfahren. Deswegen spricht man bei der Kündigung von einem einseitigen empfangsbedürftigen Rechtsgeschäft.

Beispiel 2

Tines Eltern schreiben ihr Testament.
Auch hier geben wieder nur Tines Eltern eine Willenserklärung ab. Dieses Rechtsgeschäft ist auch wirksam, ohne dass die zukünftigen Erben etwas davon wissen. Darum nennt man dieses Rechtsgeschäft ein einseitiges nicht empfangsbedürftiges Rechtsgeschäft.

Die **zweiseitigen Rechtsgeschäfte** werden in einseitig und mehrseitig verpflichtende Rechtsgeschäfte unterschieden.

Beispiel 1

Tine kauft sich für die Ausbildung neue Schuhe. Es kommt ein Kaufvertrag zustande, der für Tine (als Käuferin) und für den Verkäufer Verpflichtungen mit sich bringt. Dasselbe gilt für den Ausbildungsvertrag. Auszubildender und Ausbildender gehen beide verschiedene Pflichten ein. Der Kaufvertrag und der Ausbildungsvertrag sind somit zweiseitige Rechtsgeschäfte, die zweiseitig verbindlich sind.

Beispiel 2

Tines Eltern versprechen ihr, dass sie nach bestandener Abschlussprüfung eine Reise nach Venedig geschenkt bekommt. Diese Schenkung ist nur für die Eltern mit einer Pflicht verbunden, deswegen nennt man dies ein zweiseitiges Rechtsgeschäft, das einseitig verpflichtend ist.

1.3 Formvorschriften

Grundsätzlich kann man Rechtsgeschäfte formfrei abschließen. Die Vertragspartner können selber entscheiden, ob der Vertrag beispielsweise schriftlich, mündlich oder per E-Mail zustande kommt.
Bei einigen Rechtsgeschäften liegt allerdings eine Formvorschrift vor. Wird diese nicht eingehalten, ist das Rechtsgeschäft nichtig.

Vertragsformen

	Erklärung	Pflicht bei
Schriftform	Die Vertragspartner müssen die Urkunde unterschreiben.	Ausbildungsvertrag Mietvertrag Kündigung
Elektronische Form	Anstelle der Unterschrift auf dem elektronischen Dokument wird eine qualifizierte Signatur gesetzt, z. B. E-Brief der Deutschen Post AG.	Oftmals möglich, wenn Schriftform vorgesehen ist
Textform	Die Urkunde wird z. B. als E-Mail ausgestellt. Die Originalunterschrift wird nicht angebracht.	Widerruf von Verbraucherverträgen
Öffentliche Beglaubigung	Hier liegt die Schriftform vor. Allerdings muss ein Notar die Unterschrift der Vertragspartner beglaubigen.	Anträge auf Eintragung ins Handels- oder Vereinsregister und Grundbuch
Öffentliche/notarielle Beurkundung	Der Inhalt des Vertrages und die Unterschriften werden von einem Notar beglaubigt	Ehevertrag Grundstückskaufverträge Schenkungsversprechen

Merke:

Der Gesetzgeber hat für manche Verträge bestimmte Formvorschriften gesetzt, um die Vertragspartner zu genauen Überlegungen zu zwingen, bevor sie einen Vertrag abschließen. Zudem dient der Formzwang der Beweissicherung und Rechtssicherheit.

1.4 Anfechtung und Nichtigkeit

Manche Rechtsgeschäfte sind von Anfang an unwirksam. Diese **nichtigen Rechtsgeschäfte** liegen beispielsweise bei Geschäftsunfähigen vor. Auch in den folgenden Fällen liegen unwirksame Rechtsgeschäfte vor:

- **Formmangel**
  Die gesetzlich vorgeschriebene Form wird nicht eingehalten.
  Beispiel: Eine Kündigung bedarf der Schriftform. Wird sie nur mündlich mitgeteilt, ist sie nicht wirksam.
- **Verbotene Rechtsgeschäfte**
  Es liegt ein Verstoß gegen ein gesetzliches Verbot vor.
  Beispiel: Einfuhr und Verkauf von Kokain
- **Scheingeschäfte**
  Ein Rechtsgeschäft wurde nur zum Schein getätigt.
  Beispiel: Einem Unternehmer droht die Insolvenz. Bei der Insolvenz würde er all seine Vermögensgegenstände verlieren. Um dies zu verhindern, verschiebt er einen Teil seiner Vermögensgegenstände an einen guten Freund.
- **Sittenwidrige Rechtsgeschäfte**
  Ein Rechtsgeschäft verstößt gegen die guten Sitten.
  Beispiel: Max hat sich nachts ausgesperrt. Die Wohnungstür ist zu und sein Schlüssel liegt in der Wohnung. Er ruft einen Schlüsseldienst, der ihm die Tür öffnet. Aufgrund der späten Uhrzeit verlangt der Mitarbeiter des Schlüsseldienstes 1 400,00 € von Max.

Im Gegensatz zu den nichtigen Rechtsgeschäften gibt es auch **anfechtbare Rechtsgeschäfte**. Diese müssen erst angefochten werden, bevor sie nichtig werden. Werden sie nicht angefochten, bleiben sie wirksam.

- **Irrtum oder falsche Übermittlung**
  Bei einem Irrtum hat sich jemand vertan. Bei einer falschen Übermittlung wird etwas mitgeteilt, das so gar nicht mitgeteilt werden sollte.
  Beispiel: Ein Mitarbeiter bestellt 5 000 Kugelschreiber anstelle von 500.
- **Arglistige Täuschung**
  Eine arglistige Täuschung liegt vor, wenn bewusst nicht die Wahrheit mitgeteilt worden ist.
  Beispiel: Ein Bioladenbesitzer verkauft Äpfel als Bioware. Er weiß aber, dass die Äpfel aus dem konventionellen Anbau stammen.
- **Widerrechtliche Drohung**
  Jemand wird durch eine Drohung zu einem Rechtsgeschäft gezwungen.
  Beispiel: Ein Mitarbeiter droht seinem Chef, dass er – sollte er nicht eine Gehaltserhöhung von 40 % bekommen – der Frau des Chefs Bilder zeigen werde, auf der sein Chef und seine Geliebte zu sehen sind.

Merke:

Nichtige Rechtsgeschäfte sind von Anfang an unwirksam.
Anfechtbare Rechtsgeschäfte sind bis zu ihrer Anfechtung wirksam.

1.5 Besitz und Eigentum

Der Eigentümer hat die rechtliche Herrschaft über eine Sache. Sie gehört ihm und er kann mit der Sache machen, was er möchte. Der Besitzer hat die tatsächliche Herrschaft über eine Sache. Eigentum und Besitz können auf verschiedene Personen verteilt sein.

Beispiel 1

Tine hat sich ein neues Kleid gekauft und zieht es sofort an. Sie ist Eigentümerin und Besitzerin des Kleides.
Eine Woche später verleiht sie das Kleid an eine Freundin. Tine bleibt Eigentümerin des Kleides und die Freundin wird Besitzerin. In dem Moment, in dem sie das Kleid an Tine zurückgibt, ist Tine wieder Eigentümerin und auch Besitzerin.

Beispiel 2

Ein Vermieter einer Wohnung ist der Eigentümer. Der Mieter ist Besitzer der Wohnung.

Das Eigentum an einer Sache wird grundsätzlich durch Einigung und Übergabe übertragen.

1.6 Vertragsarten im Überblick

Das Bürgerliche Gesetzbuch (BGB) regelt unzählige Arten von Verträgen.
Es legt genau fest, was Gegenstand des Vertrages ist.

Vertragsarten

	Vertragspartner	Erklärung
Mietvertrag	Mieter und Vermieter	Entgeltliche Überlassung von Sachen zum Gebrauch Beispiel: Vermietung einer Wohnung
Pachtvertrag	Pächter und Verpächter	Entgeltliche Überlassung von Sachen zum Gebrauch und Überlassung der daraus entstehenden Erträge Beispiel: Verpachtung einer Tankstelle
Leihvertrag	Entleiher und Verleiher	Unentgeltliche Überlassung von Sachen zum Gebrauch Beispiel: Entleihung einer CD von einer Freundin
Sachdarlehensvertrag	Darlehensgeber und Darlehensnehmer	Entgeltliche oder unentgeltliche Überlassung von vertretbaren Sachen gegen die Verpflichtung zur Rückerstattung Beispiel: Sie geben einer Kollegin ein Päckchen Taschentücher und vereinbaren, dass ihre Kollegin Ihnen am nächsten Tag ein Päckchen zurückgibt.

	Vertragspartner	Erklärung
Werkvertrag	Unternehmer und Besteller	Entgeltliche Leistung von Diensten Beispiel: Anfertigung eines Schrankes, zu dem der Besteller das Holz liefert.
Kaufvertrag	Käufer und Verkäufer	Entgeltliche Veräußerung von Sachen oder Rechten Beispiel: Kauf eines Brötchens am Schulkiosk
Ausbildungsvertrag	Auszubildender und Ausbildender	Vertrag zwischen Ausbildendem und Auszubildendem, der ein Berufsausbildungsverhältnis begründet.
Arbeitsvertrag	Arbeitnehmer und Arbeitgeber	Der Arbeitsvertrag ist ein gegenseitiger Vertrag, durch den sich der Arbeitnehmer zur Leistung der versprochenen Arbeit und der Arbeitgeber zur Gewährung des vereinbarten Arbeitsentgelts (Arbeitslohn) verpflichtet.

1.7 Kaufvertrag

Im Jahre 155 vor Christus wurde in der Stadt Memphis im alten Ägypten diese Urkunde verfasst. Nach ägyptischem Recht war es bei Käufen notwendig, eine sog. „Abstandsurkunde" aufsetzen zu lassen, in welcher der Verkäufer nach Erhalt des Kaufpreises versprach, Abstand vom verkauften Gegenstand (hier handelt es sich um Grundstücke) zu halten.

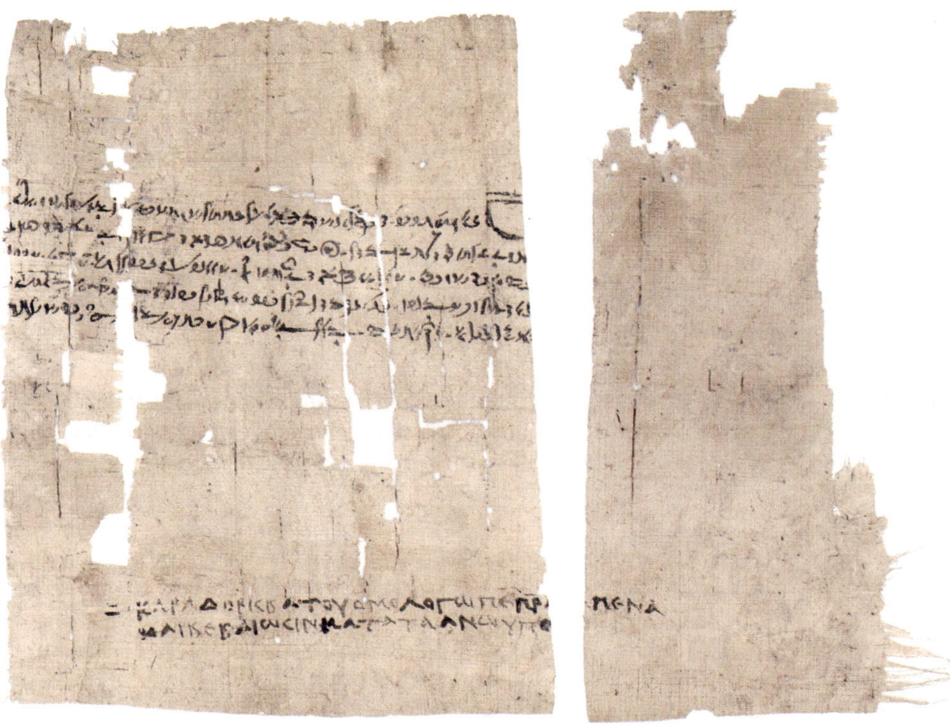

Schon im alten Ägypten hat man Kaufverträge abgeschlossen und bei manchen Verträgen die Vertragsbedingungen schriftlich niedergeschrieben. Dadurch ist es zu weniger Streitigkeiten gekommen, da man alles Wichtige per Vertrag beweisen konnte.

1.7.1 Zustandekommen eines Kaufvertrages

Ein Kaufvertrag kommt durch einen Antrag und eine Annahme (zwei übereinstimmende Willenserklärungen) zustande. Der Kaufvertrag bedarf keiner bestimmten Formvorschrift. Man kann ihn also beispielsweise schriftlich oder mündlich vereinbaren.

Beispiel 1

Sie besuchen in Ihrer Pause den Schulkiosk und sagen dem Verkäufer, dass Sie gerne ein Käsebrötchen kaufen möchten (= Antrag durch den Käufer). Der Mitarbeiter des Kiosks gibt Ihnen ein Brötchen (= Annahme durch den Verkäufer).

Beispiel 2

Sie besuchen einen Trödelmarkt und interessieren sich für einen Stand mit CDs. Der Verkäufer schlägt Ihnen vor, dass Sie Ihre ausgesuchte CD für 6,50 € kaufen können (= Antrag durch den Verkäufer). Sie stimmen zu und geben ihm das Geld (= Annahme durch den Käufer).

Merke:

Antrag und Annahme können sowohl vom Käufer als auch vom Verkäufer gemacht werden.

1.7.2 Rechte und Pflichten

Durch einen Kaufvertrag entstehen für den Käufer und den Verkäufer einige Rechte und Pflichten. Der **Käufer** hat die Hauptpflicht, den Kaufpreis rechtzeitig zu bezahlen. Außerdem muss er die Ware entgegennehmen und prüfen.

Der **Verkäufer** muss die Ware ohne Mangel übergeben (Hauptpflicht) und den Kaufpreis entgegennehmen. Zudem muss er die Ware termingerecht übergeben und das Eigentum auf den Käufer übertragen.

Merke:

Die Pflichten des Käufers sind die Rechte des Verkäufers und die Pflichten des Verkäufers sind die Rechte des Käufers.

1.7.3 Mangelhafte Lieferung

Sollten Verkäufer oder Käufer ihren Pflichten aus dem Kaufvertrag nicht nachkommen, so kommt es zu einer Kaufvertragsstörung. Eine mögliche Störung ist die mangelhafte Lieferung. Dieser Mangel kann in verschiedenen Arten auftreten.

Beispiel

Beispiele zu Möglichkeiten der mangelhaften Lieferung

Die Ware wurde in schlechter Qualität übergeben.
Sie haben ein Buch gekauft, doch der Druck ist so schlecht, dass man die Buchstaben nicht entziffern kann.
Es wurde falsche Ware übergeben.
Sie haben eine CD von Ed Sheeran kaufen wollen, doch Ihnen wird eine CD von Helene Fischer ausgehändigt.
Es wurde zu wenig übergeben.
Sie wollten drei Flaschen Apfelschorle kaufen, bekommen aber nur zwei Flaschen.
Die Werbeaussage wurde nicht eingehalten.
Die Werbeaussage einer Bank besagt, dass Sie nur 8,75 % Zinsen für einen Dispokredit zahlen, aber es werden tatsächlich von Ihnen 10,75 % Zinsen verlangt.
Es liegt ein Montagemangel vor.
Die Aufbauanleitung für ein Küchenregal ist so fehlerhaft, dass Sie keine Möglichkeit haben, den Schrank korrekt aufzubauen.
Es liegt ein Rechtsmangel vor.
Ihnen wurde ein Gegenstand verkauft, der sicherungsübereignet ist.

In Deutschland sind Käufer einer beweglichen Ware durch die Gewährleistung vor Schaden aus einer mangelhaften Lieferung besonders geschützt. Die Gewährleistungspflicht beträgt zwei Jahre. In dieser Zeit kann ein Käufer einer mangelhaften Ware sein Recht auf eine mangelfreie Ware durchsetzen. Besonders leicht ist die Durchsetzung für den Käufer in den ersten sechs Monaten nach dem Kauf. Denn dann muss der Verkäufer beweisen, dass die Ware mangelfrei übergeben worden ist. Nach Ablauf der sechs Monate gilt die Beweisumkehr. Dann muss der Käufer beweisen, dass der Schaden von Anfang an vorlag und nicht erst durch zum Beispiel unsachgemäße Behandlung entstanden ist.
Liegt eine mangelhafte Lieferung vor, so hat der Käufer sogenannte vorrangige und nachrangige Rechte.
Die **vorrangigen Rechte** werden im § 439 des Bürgerlichen Gesetzbuches wie folgt definiert:

§

§ 439 Nacherfüllung – HGB

(1) Der Käufer kann als Nacherfüllung nach seiner Wahl die Beseitigung des Mangels oder die Lieferung einer mangelfreien Sache verlangen.
[...]
(4) Der Verkäufer hat die zum Zwecke der Nacherfüllung erforderlichen Aufwendungen, insbesondere Transport-, Wege-, Arbeits- und Materialkosten zu tragen.

Dies bedeutet, dass der Käufer eine Wahlmöglichkeit bei der Nacherfüllung hat. Er kann zwischen einer **Ersatzlieferung** und der **Nachbesserung** (Reparatur) wählen.
Absatz 4 des Paragrafen besagt zudem, dass der Verkäufer auch die Kosten für die Nacherfüllung trägt.

Merke:

Die Wahlmöglichkeit des Käufers bei den vorrangigen Rechten kann durch unverhältnismäßig hohe Kosten für den Verkäufer eingeschränkt werden.

Verweigert der Verkäufer die Neulieferung oder hat die Reparatur zweimal nicht funktioniert, so werden die **nachrangigen Rechte** wirksam. Nun kann der Käufer entweder von dem **Kaufvertrag zurücktreten** oder den **Kaufpreis mindern**. Zudem kann der Käufer auch noch **Schadenersatz** verlangen.

Zusammenfassung

Der Gesetzgeber unterscheidet zwischen drei Stufen der Geschäftsfähigkeit:

- **Ab Geburt bis zum 6. Lebensjahr**
  Geschäftsunfähigkeit: Alle Rechtsgeschäfte dieser Personen sind nichtig. Ausnahme: Botengeschäfte
- **Vom 7. bis zum 17. Lebensjahr**
  Beschränkte Geschäftsfähigkeit: Die Rechtsgeschäfte sind grundsätzlich schwebend unwirksam und bedürfen der Zustimmung des gesetzlichen Vertreters. Ausnahmen: Taschengeldparagraf, rechtlicher Vorteil, erlaubtes Arbeitsverhältnis
- **Ab dem 18. Lebensjahr**
  Volle Geschäftsfähigkeit: Die Rechtsgeschäfte sind grundsätzlich wirksam. Ausnahme: dauerhaft geisteskranke Personen

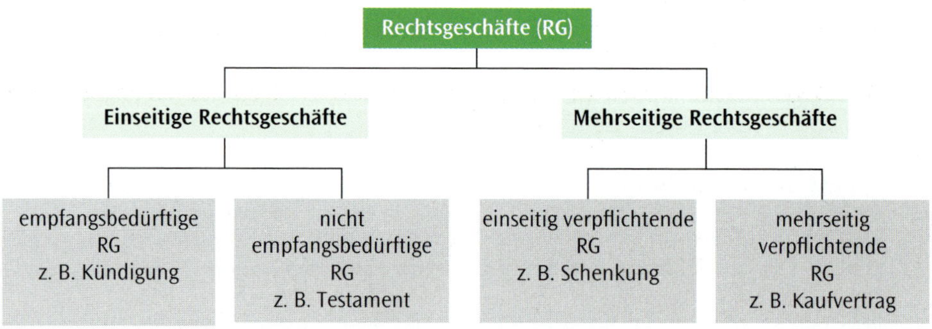

Grundsätzlich gilt bei Verträgen Formfreiheit, d. h., sie können in jeder beliebigen Form abgeschlossen werden. Bei einigen Rechtsgeschäften sind allerdings bestimmt Formvorschriften vorgeschrieben. Hält man diese nicht ein, ist das Rechtsgeschäft unwirksam.

Ein Besitzer hat die tatsächliche Gewalt über eine Sache und ein Eigentümer hat die rechtliche Gewalt über eine Sache. Eigentum wird grundsätzlich durch Einigung und Übergabe übertragen.

Bei Verträgen gibt es immer zwei Vertragspartner. Manche Verträge sind unentgeltlich (z. B. Leihvertrag) und manche entgeltlich (z. B. Mietvertrag).

Ein Kaufvertrag kommt stets durch Antrag und Annahme zustande.

Durch den Kaufvertrag gehen Käufer (Hauptpflicht = Bezahlung des Kaufpreises) und Verkäufer (Übergabe der einwandfreien Ware) verschiedene Pflichten ein.

Erfolgt eine mangelhafte Lieferung, so hat der Käufer innerhalb der zweijährigen Gewährleistungspflicht vorrangige und nachrangige Rechte.

Aufgaben

1. Tine Jansen möchte ihre Ausbildung zur Fachkraft für Kurier-, Express- und Postdienstleistungen bei der Blitzfracht GmbH nach fünf Monaten kündigen, da sie lieber ihr Fachabitur nachholen möchte. Was muss Tine bei der Kündigung beachten?

2. Einer Freundin von Tine Jansen wird nach der Probezeit von ihrem Ausbildungsunternehmen mündlich und ohne Angabe von Gründen gekündigt. Sie bittet Tine um Rat. Welche Auskunft sollte Tine ihrer Freundin geben?

3. Warum ist eine Kündigung ein einseitiges empfangsbedürftiges Rechtsgeschäft?

4. Welche Formvorschrift liegt bei einem Kaufvertrag vor?

5. Die vierjährige Svenja kauft sich von ihrem Taschengeld ein Eis. Ist dieses Rechtsgeschäft gültig, anfechtbar oder nichtig? Begründen Sie Ihre Entscheidung.

6. Sie haben in einem Geschäft ein Smartphone gekauft. Zu Hause bemerken Sie, dass das Gerät nicht funktioniert. Welche Rechte haben Sie?

2 Tätigkeitsfelder von KEP-Diensten

Einstiegssituation

Die Auszubildenden Karl, Sarah und Said haben vor Kurzem ihre Ausbildung bei der XPressParcel AG begonnen. Allerdings machen sie ihre Ausbildung in den drei verschiedenen Unternehmen des Konzerns. Karl macht seine Ausbildung bei der XPressParcel AG, einem internationalen Express- und Paketdienst. Sarah beginnt ihre Ausbildung bei der Mail GmbH, einem europäischen Briefdienst, und Said bei der Blitzfracht GmbH, einem europäischen Kurierdienst.

Im Berufsschulunterricht unterhalten sie sich mit anderen Azubis über ihre Ausbildung und sind sich nicht ganz einig, was einen Kurier-, einen Brief- und einen Express- bzw. Paketdienst voneinander unterscheidet und wann sie einen Kunden an das jeweils andere Unternehmen verweisen müssen.

Handlungsaufträge

1 Ermitteln Sie, wie sich Kurier- Express- und Paketdienste voneinander unterscheiden.
2 Stellen Sie die Besonderheiten von Briefdiensten und des Briefmarktes heraus.

2.1 Kurierdienste

Bei den Kurierdiensten steht der einzelne Kurier im Vordergrund. Er befördert die Sendung **persönlich**, **exklusiv** und **direkt**. Persönlich bedeutet, dass der Kurier die Sendung den ganzen Transport über – von der Entgegennahme bis zur Zustellung – begleitet. Exklusiv bedeutet, dass keine anderen Sendungen gleichzeitig transportiert werden. Und direkt bedeutet, dass die Sendung ohne Umwege, insbesondere ohne Umschlag, z. B. über einen Hub (ein Umschlagzentrum), transportiert wird.
Meist transportiert der Kurier kleine, eilige oder wertvolle Sendungen, wie z. B. Dokumente oder Medikamente. Schon aufgrund der höheren Kosten der Transporte handelt es sich zumeist nicht um den palettenweisen Transport von Ware, weshalb Kurierdienste häufig ohne große Lkw auskommen.
Der Markt für Kurierdienste ist in weitere Bereiche unterteilt. Die sogenannten **Direktkuriere** sind die Normalform des Kuriers. Direktkuriere bringen meist kleinere Sendungen schnell per Pkw oder Transporter ohne Umwege und Zwischenstopps zum Empfänger.
Ebenfalls zu den Direktkurieren, jedoch auf einen bestimmten Bereich spezialisiert, gehören die folgenden Kurierarten:

Stadtkuriere

Stadtkuriere arbeiten grundsätzlich innerhalb eines Stadtgebietes. Meist haben sie jedoch ein ausgedehnteres Zustellgebiet. So kann ein Kölner **Stadtkurier** auch in benachbarten Städten

wie Düsseldorf, Duisburg oder Wuppertal zustellen. Stadtkuriere nutzen meist Transporter, Pkw oder Fahrräder.
In jeder größeren Stadt gibt es die **Fahrradkuriere**, die kleinere Sendungen per Fahrrad zustellen. Ihr Vorteil ist die schnelle und zudem ökologisch vorteilhafte Zustellung innerhalb eines Stadtgebietes. Fahrradkuriere gehören zu den Stadtkurieren, die innerhalb von Städten bzw. Ballungszentren ihre Dienste anbieten. Sie sind häufig Einzelunternehmer, die auf eigene Rechnung fahren. Ihre Aufträge erhalten sie typischerweise von Vermittlungszentralen, die die Aufträge z. B. per Mobiltelefon oder Funk an die Kuriere weitergeben.

Internationale Kuriere

Das Gegenstück zu den lokal arbeitenden Stadtkurieren bilden die internationalen Kuriere. Sie werden immer dann beauftragt, wenn wichtige, vertrauensvolle Sendungen ins Ausland befördert werden müssen. Die Kuriere befördern und übergeben die Sendung persönlich und exklusiv, d.h., es werden keine anderen Sendungen gleichzeitig befördert.
Internationale Kuriere sind häufig sogenannte **On-Board-Kuriere**, die per Flugzeug reisen. Bei dieser extrem schnellen und sicheren Art der Zustellung für große Entfernungen wird die Sendung im Handgepäck im Flugzeug befördert und durch den Zoll gebracht. Nach der Landung transportiert der Kurier die Sendung sofort persönlich zum Empfänger weiter.
Internationale Kuriere, insbesondere On-Board-Kuriere, sind extrem teuer und spielen daher mengenmäßig keine große Rolle.

IC-Kurier

Eine Sonderform der Kurierdienste bildet der IC-Kurier. Hierbei werden ICE-, IC- und EC-Züge der Deutschen Bahn für den Hauptlauf eingesetzt. Ein typischer Transport könnte damit folgendermaßen aussehen: Ein Kurier holt die Sendung beim Kunden ab und bringt diese zum Versandbahnhof (Vorlauf). Die Sendung wird mit dem Zug zum Bestimmungsbahnhof transportiert (Hauptlauf). Dort wird die Sendung entweder vom Empfänger oder aber von einem weiteren Kurier abgeholt und noch taggleich beim Empfänger abgeliefert (Nachlauf).

Übergabe der Kuriersendung am Bahnhof

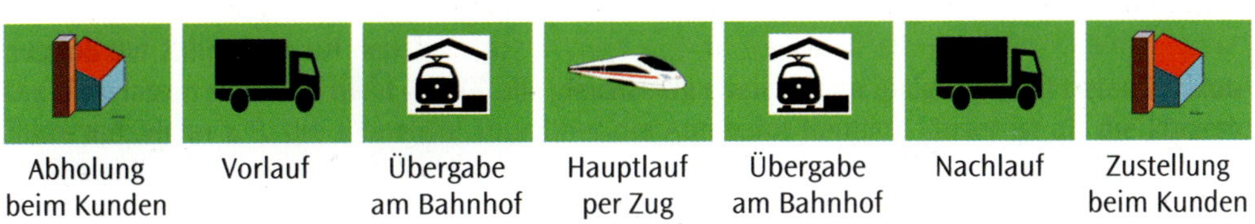

Ablauf beim IC-Kurier

Die Organisation des IC-Kurierdienstes übernimmt die Firma time:matters.
Bei dieser Art des Versandes handelt es sich trotz des Namens nicht mehr um einen klassischen Kurierdienst, da die Sendung nicht direkt transportiert wird und nicht mehr über die gesamte Transportdauer vom Kurier persönlich begleitet wird. Daher kann dieser Dienst häufig auch deutlich günstiger als eine Direktfahrt angeboten werden. Umweltbewussten Kunden kann der IC-Kurier als ökologische Variante zum klassischen Kurierdienst angeboten werden, da der Transport per Bahn weniger Schadstoffe verursacht.

Terminsendungen im Kurierbereich

Viele Kurierdienste bieten Leistungen wie Sameday- oder Overnight-Transporte mit **garantierten Zustellzeiten** an. Hier sind die Grenzen zum Expressdienst fließend, allerdings zeichnet sich der Kurierdienst auch hier durch die persönliche und exklusive Zustellung aus.

2.2 Expressdienste

Express bedeutet so viel wie „eilig" – beim Expressversand handelt es sich also um Eilzustellungen. Die Schnelligkeit der Zustellung steht demnach im Mittelpunkt dieser Versandart.
Zwar spielt Schnelligkeit beim Kurierdienst auch eine wichtige Rolle, aber im Unterschied zu Kurierdiensten werden die Sendungen beim Expressdienst über Umschlagzentren (Hub) zum Empfänger geleitet und nicht wie beim Kurierdienst direkt, exklusiv und persönlich befördert.
Expressdienstleister garantieren eine Zustellung zu einem bestimmten Zeitpunkt wie zum Beispiel: Versand heute und Zustellung am nächsten Tag bis 11:00 Uhr oder, wenn es noch schneller gehen muss, auch früher. Natürlich ist eine frühere Zustellung entsprechend teurer.
Der Expressdienst garantiert die pünktliche Zustellung zum vereinbarten Termin. Kann die Lieferfrist nicht eingehalten werden, werden typischerweise die gezahlten Versandkosten zurückerstattet (Geld-zurück-Garantie).
Wie bei den Kurierdiensten gibt es auch hier den Sameday- oder Overnight-Versand.

Overnight-Versand

Beim Overnight-Versand wird die Sendung – wie der Name es schon verrät – über Nacht zum Empfänger transportiert. Die Sendung wird am Abend eingeliefert und am nächsten Vormittag zugestellt. Gegen Aufpreis gibt es auch Spätabholungen wie z. B. Abholungen nach 20:00 Uhr.

Innight-Express

Wenn die Zustellung besonders früh erfolgen soll, also z. B. noch vor Arbeitsbeginn, spricht man von Innight-Express oder **Nachtexpress**. Die Sendung wird dabei meist am späten Nachmittag abgeholt, die Zustellung kann dann bereits um 6:00 Uhr morgens erfolgen. Problematisch ist hierbei die Übergabe an den Empfänger, der so früh häufig noch nicht anwesend ist. In diesem Fall können z. B. abschließbare Ablagestationen genutzt werden, sodass auf eine persönliche Übergabe mit Quittung verzichtet werden kann. Häufig erhält der Expressdienst sogar Schlüssel vom Empfänger und kann die Sendung dann sicher in einem Gebäude ablegen.

Sameday-Versand

Das Gegenstück zum nächtlichen Innight-Express bildet der Sameday-Versand. Bei diesem wird – auch hier verrät es der Name wieder – die Sendung noch taggleich zugestellt.
Viele große KEP-Dienstleister bieten den sogenannten „**Sameday-Next-Flight-Out**"-Service an. Dem Kunden wird hierbei garantiert, dass seine Sendung mit dem nächsten passenden Flugzeug mitgeht. Dies stellt für größere Entfernung die schnellste Möglichkeit des Expressversandes dar.
Viele der besonders schnellen Versandarten, wie z. B. die taggleiche Zustellung, werden häufig nur in Ballungszentren angeboten. Im ländlichen Raum können diese extrem kurzen Laufzeiten nicht garantiert werden.
Die sehr kurzen Laufzeiten können nur erreicht werden, wenn der KEP-Dienstleister sehr kurze Reaktionszeiten hat, die Sendung bevorzugt behandelt wird und alle Beteiligten in der Transportkette schnell und verlässlich arbeiten.
Zudem lohnt sich diese Versandart aufgrund der höheren Kosten nur für sehr eilige Sendungen, wie z. B. dringend benötigte Medikamente, Dokumente oder Ersatzteile.

2.3 Paketdienste

Bei den Paketdiensten geht es um den **Standardversand** von Sendungen. Dieser Standardversand kann jedoch auch sehr schnell sein. So können viele Pakete bereits nach einem Tag beim Empfänger ankommen, doch hat man anders als beim Expressversand keinen Anspruch auf eine Zustellung am nächsten Tag. Die Laufzeit von Paketen kann daher auch mehrere Tage in Anspruch nehmen.
Bei allen Paketdiensten gibt es Obergrenzen bezüglich des Gewichtes und der Maße, die jedoch je nach Paketdienst deutlich voneinander abweichen können. Auch bei den Formaten oder Verpackungen können Einschränkungen gemacht werden, z. B. wenn die Sendung nicht quader- oder rollenförmig ist oder wenn keine feste Kartonverpackung vorliegt.
Diese Einschränkungen sollen sicherstellen, dass die Sendungen schnell und problemlos durch die hochautomatisierten Verteilzentren geleitet werden können. Dies garantiert eine schnelle und vor allem preiswerte Weiterleitung der Pakete. Pakete, die die vorgegebenen Obergrenzen überschreiten, müssen per Hand bearbeitet werden, wodurch der Versand deutlich teurer wird.
Angetrieben durch den wachsenden Onlinehandel und große Onlinehandelshäuser sind Paketdienste zunehmend bestrebt, auch im Paketsegment den Sameday-Versand zu realisieren. Insbesondere beim Onlinelebensmittelhandel oder dem Handel mit anderen verderblichen Waren ist eine schnelle Zustellung sehr wichtig.
Zudem versuchen einige Paketdienste verstärkt, eine Abendzustellung in bestimmten Zeitfenstern umzusetzen (z. B. zwischen 20:00 und 22:00 Uhr). Dies ist besonders für Berufstätige vorteilhaft, die erst spät nach Hause kommen, oder für Waren, bei denen es auf eine Zustellung im ersten Versuch ankommt.

Beispiel

Bei Herrn Neumann haben sich für heute Abend überraschend Freunde angemeldet. Er bestellt noch im Büro während seiner Mittagspause über das Internet die benötigten Lebensmittel und wählt die Abendzustellung zwischen 18:00 und 20:00 Uhr. Herr Neumann kommt um 17:30 Uhr von der Arbeit zurück. Der Paketbote kommt um 19:00 Uhr mit den bestellten Lebensmitteln, sodass Herr Neumann seine Gäste pünktlich zum Abendessen empfangen kann.

2.4 Abgrenzung Kurier-, Express- und Paketdienste

Folgende Tabelle zeigt knapp zusammengefasst die wichtigsten Unterschiede zwischen den Kurier-, Express- und Paketdiensten.

Unterscheidung zwischen Kurier-, Express- und Paketdiensten

	Kurierdienste	Express	Paket
Persönliche Begleitung	Ja	Nein	Nein
Umschlag	Nein	Ja	Ja
Hohe Standardisierung	Nein	Ja	Ja
Terminzustellung	Möglich	Ja	Nein
Begrenzung bzgl. Menge und Gewicht	Nein, aber meist kleinere Sendungen	Nein, aber meist kleinere Sendungen	Ja

2.5 Postdienste

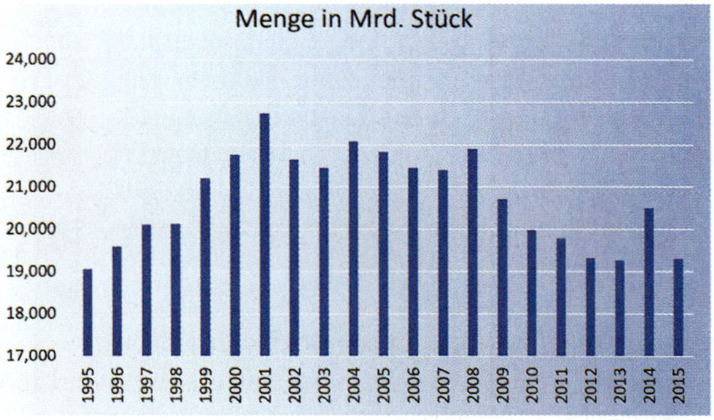

Anzahl der durch die Deutsche Post beförderten Briefe

Datenquelle: Deutsche Post AG

Postdienstleistungen umfassen insbesondere den Versand von Briefsendungen bis 1 000 g. Darunter fallen unter anderem Postkarten, Standardbriefe, Einschreiben oder Nachnahmesendungen, aber auch Bücher- und Warensendungen.

Über 50 % der verschickten Briefsendungen bestehen aus Werbesendungen. Dabei wird zwischen adressierten Werbesendungen wie zum Beispiel der **Infopost** und unadressierten Werbesendungen wie zum Beispiel **Postwurfsendungen** unterschieden.

Geschäftskundenbriefe machen etwa knapp 40 % der verschickten Briefe aus, wohingegen Privatkundenbriefe nicht einmal 10 % der Briefe ausmachen.

Der Markt für Postdienstleistungen hat sich in den letzten Jahren stark gewandelt. Lange Zeit hatte die Deutsche Post als Staatsunternehmen ein Angebotsmonopol für Briefsendungen inne. Anderen Unternehmen war es verboten, Briefe zu versenden. Dieses Monopol der Deutschen Post wurde in mehreren Schritten abgebaut, sodass heute auch andere Unternehmen Briefsendungen verschicken dürfen. 2008 fiel das Briefmonopol der Deutschen Post vollständig.

Aufgrund der Liberalisierung, also der Öffnung des Briefmarktes für andere Unternehmen, bieten dort zahlreiche neue Unternehmen ihre Dienstleistungen an. Häufig handelt es sich um Unternehmen, die deutlich kleiner sind als die Deutsche Post oder nur regional tätig sind. Damit diese kleinen und zum Teil regionalen Anbieter trotzdem einen umfangreichen und bundesweiten Service anbieten können, schließen sie sich zu Netzwerken zusammen.

So kann die Postcon Deutschland GmbH, ein Tochterunternehmen der niederländischen Post, als einer der größten alternativen Anbieter etwa 30 % der deutschen Haushalte direkt erreichen. Um ihre Dienstleistungen deutschlandweit flächendeckend anbieten zu können, arbeitet Postcon im Netzwerk Mailworxs (auch Mail Alliance) mit, zu dem sich mehrere private Postdienstleister zusammengeschlossen haben.
Andere kleine Unternehmen müssen Sendungen, die nicht in ihr Zustellgebiet fallen, an die Deutsche Post weiterleiten.
Kunden der privaten Postdienstleister sind Unternehmen und Behörden mit einem bestimmten Mindestvolumen an Sendungen. Diese Kunden können zum Teil von einem geringeren Preis für die Briefdienstleistungen profitieren.

2.6 Universaldienste

Definition:

Post-Universaldienstleistungen sind ein Mindestangebot an Postdienstleistungen, die flächendeckend – also im gesamten Gebiet der Bundesrepublik Deutschland – in einer bestimmten Qualität und zu einem erschwinglichen Preis erbracht werden (Postgesetz § 11).

Dies bedeutet unter anderem, dass überall in Deutschland, also auch in entlegenen Regionen wie z. B. auf Inseln oder in abgelegenen Bergtälern, grundlegende Postdienstleistungen zu erschwinglichen Preisen angeboten werden sollen. Inhalt und Umfang des Post-Universaldienstes werden in der Post-Universaldienstleistungsverordnung (PUDLV) geregelt.
Zu den Universaldienstleistungen wird die Beförderung von …

- Briefsendungen bis 2 000 g (auch Einschreiben, Wertsendungen, Nachnahmesendungen und Eilzustellungen),
- Paketen bis 20 kg sowie
- Zeitungen und Zeitschriften gerechnet.

Für die Erbringung folgender Post-Universaldienstleistungen werden KEP-Dienste von der **Umsatzsteuer befreit**, sie können diese Dienstleistungen dem Kunden also entsprechend günstiger anbieten. Von der Umsatzsteuer befreit sind:

- Die Beförderung von Briefsendungen bis 2 000 g Gewicht
- Die Beförderung von adressierten Büchern, Katalogen, Zeitungen und Zeitschriften bis zu einem Gewicht von 2 000 g
- Die Beförderung von adressierten Paketen bis zu einem Gewicht von 10 kg
- Einschreibsendungen
- Wertsendungen

Allerdings unterliegt die Zurechnung, ob ein Universaldienst vorliegt oder nicht, und somit die Befreiung von der Umsatzsteuer sehr hohen Hürden: So muss ein dichtes Filial- und Briefkastennetz vorhanden sein, es sind kurze Regellaufzeiten einzuhalten und die Zustellung hat mindestens einmal werktäglich zu erfolgen. Für die allermeisten KEP-Dienste sind diese Hürden zu hoch und sie kommen nicht in den Genuss der Umsatzsteuerbefreiung.
Die Mail GmbH erfüllt diese Kriterien und ist somit ein Universaldienstleister, der von der Umsatzsteuer befreit ist.

Exkurs

Bundesnetzagentur

Da die Deutsche Post mit etwa 90 % Marktanteil noch immer eine Monopolstellung im Briefmarkt besitzt und der Briefmarkt noch immer kein normaler Markt mit ausreichend Wettbewerb ist, wird der Briefmarkt vom Staat durch die Bundesnetzagentur überwacht.
Die Bundesnetzagentur ist zudem für die Sicherstellung des Universaldienstes verantwortlich. So kontrolliert sie u. a. auch, ob beim Briefversand die gesetzlich vorgegebenen Laufzeiten eingehalten werden: Laut Post-Universaldienstleistungsverordnung müssen nämlich 80 % der Briefe am ersten auf den Einlieferungstag folgenden Werktag (E+1) und 95 % bis zum zweiten auf den Einlieferungstag folgenden Werktag (E+2) ausgeliefert werden.
Aufgrund der Berufs- und Gewerbefreiheit dürfte in Deutschland eigentlich jedermann Postdienstleistungen anbieten. Wegen der Besonderheiten des Postmarktes müssen Anbieter von Postdienstleistungen unter 1 000 g aber eine Erlaubnis einholen, um ihre Dienstleistungen anbieten zu dürfen. Diese Erlaubnis wird von der Bundesnetzagentur erteilt.

2.7 Entwicklungen im KEP-Markt

Die untenstehende Abbildung zeigt die Entwicklung auf dem KEP-Markt seit dem Jahr 2000 und die erwartete Entwicklung bis zum Jahr 2019 (verschickte Sendungen in Milliarden Stück).
Man erkennt, dass es auf dem deutschen KEP-Markt seit dem Jahr 2000 (bis zum Jahr 2014) einen Anstieg des Sendungsvolumens, also der Anzahl der verschickten Sendungen, um etwa 60 % gegeben hat.

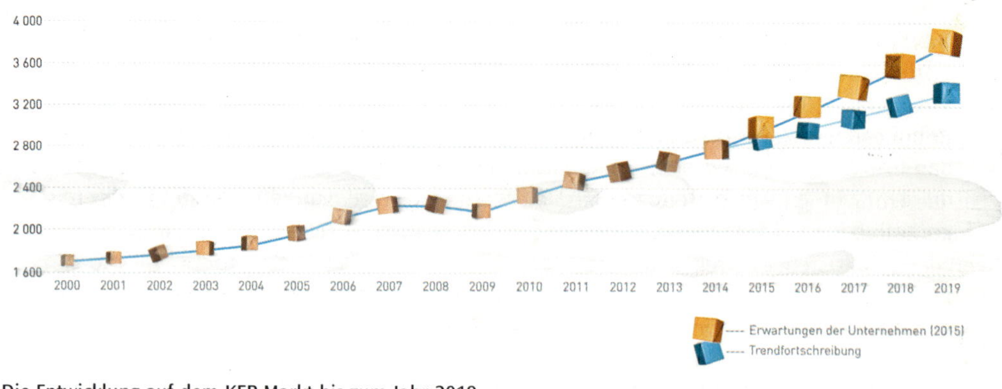

Die Entwicklung auf dem KEP-Markt bis zum Jahr 2019

Es gibt zahlreiche Gründe für dieses starke Wachstum beim Sendungsvolumen. Der wichtigste ist wohl der Internetversandhandel, der in den letzten Jahren stark zugenommen hat und dies voraussichtlich auch weiterhin tun wird. Daneben spielen auch die Globalisierung oder der Preisverfall bei den KEP-Dienstleistungen eine wichtige Rolle für das Wachstum.

Der Markt für den Versand von Dokumenten ist in den letzten Jahren allerdings geschrumpft. Dies betrifft insbesondere Fahrradkuriere, die nun weniger Fahrkarten, Flugtickets oder Druckunterlagen zu befördern haben, da diese heute per Internet übermittelt werden.
Allerdings ist bei den Zahlen, die der Abbildung über die Entwicklung auf dem KEP-Markt zugrunde liegen, nicht der Versand von Briefsendungen enthalten. Denn dort sind die Zahlen genau gegenläufig, d.h., es werden immer weniger Briefe versandt. Auch hier spielt natürlich das Internet mit seinen zahlreichen Kommunikationsmöglichkeiten, insbesondere der E-Mail, die Hauptrolle.
Zwar ist im Jahr 2008 das letzte Teilmonopol der Deutschen Post/DHL gefallen, doch gibt es bis heute fast keinen Wettbewerb auf dem **Briefmarkt**, den die Deutsche Post mit etwa 90% Marktanteil dominiert. Nicht nur deswegen nimmt der Briefmarkt eine Ausnahmestellung im KEP-Bereich ein.
Anders sieht es auf dem stark umkämpften **Paketmarkt** aus. Hier ist DHL zwar auch Marktführer, aber es gibt andere starke Anbieter wie DPD, UPS, FED-EX, GLS oder Hermes, um nur einige zu nennen. Dieser starke Wettbewerb hat einen Preiskampf zur Folge, sodass die Preise für Pakete in den letzten Jahren sogar leicht gefallen sind.
Der KEP-Markt zeichnet sich auch durch eine Entwicklung zur immer schnelleren Zustellung aus. Im Express-Bereich wird dies durch den Sameday- oder Innight-Versand deutlich. Auch im Paketdienst ist diese Entwicklung zu beobachten: Der Standardversand dauert häufig nur noch einen Tag und es wird bereits an der taggleichen Zustellung gearbeitet.

Zusammenfassung

Kurierdienste befördern die Sendung persönlich, exklusiv und direkt. Daher sind Kuriere teuer.

Es gibt verschiedene Arten von Kurieren, die sich auf einen bestimmten Bereich spezialisiert haben, wie z.B. die Fahrradkuriere.

Der Express-Versand ist schnell, wird in Hubs umgeschlagen und garantiert einen bestimmten Zustelltermin. Man unterscheidet Overnight-, Innight- und Sameday-Versand.

Der Paketversand ist hoch standardisiert, Maße und Gewichte sind begrenzt. Es gibt keine Laufzeitgarantie. Paketdienste sind daher kostengünstig.

Briefdienstleistungen umfassen im Regelfall Sendungen bis 1 000 g. Darunter fallen Standardbriefe, Einschreiben oder auch Nachnahmesendungen. Auf dem Markt für Briefsendungen gibt es wenig Konkurrenz. Der Briefmarkt wird von der Bundesnetzagentur kontrolliert.

Universaldienstleistungen sollen sicherstellen, dass die gesamte Bevölkerung mit grundlegenden Postdienstleistungen preisgünstig versorgt wird.

Das Internet hat zu einer Zunahme der Paketsendungen und zu einer Abnahme der Briefsendungen geführt.

Aufgaben

1. Was versteht man unter dem Begriff „Universaldienst“?

2. Welche Aufgaben hat die Bundesnetzagentur im Postbereich? Recherchieren Sie dazu auch im Internet.

3. Ermitteln Sie anhand der Unternehmensbeschreibungen, welches der drei Unternehmen XPressParcel AG, Mail GmbH oder Blitzfracht GmbH folgende Beförderungsaufträge übernehmen wird:

   a. Der Fahrradgroßhandel Brieke GmbH hat wöchentlich etwa 350 Rechnungen, Mahnungen, Kostenvoranschläge etc. der Größe C6 zu versenden (Gewicht max. 50 g).
   b. Die Brieke GmbH muss regelmäßig eilige Ersatzteile für Fahrradwerkstätten mit Zustellung am nächsten Werktag versenden. Das Gewicht der Sendungen übersteigt 20 kg nicht. Das Gurtmaß (Länge + Umfang) beträgt weniger als 200 cm.
   c. Zudem sind wöchentlich etwa 500 Sendungen mit Katalogen, Gebrauchsanweisungen etc. bis maximal 1 kg Gewicht (Maße max. DIN A4) deutschlandweit zu versenden.
   d. Die Brieke GmbH hat regelmäßig kleinere Sendungen mit den Maßen 350 mm · 200 mm · 40 mm (L · B · H) und einem Gewicht von etwa 2,5 kg innerhalb der Europäischen Union zu versenden.
   e. Des Weiteren hat die Brieke GmbH regelmäßig einen zusammenklappbaren Fahrradanhänger innerhalb Deutschlands mit folgenden Maßen zu verschicken: 110 · 60 · 40 cm (L · B · H) bei einem Gewicht von 25 kg.

3 Geheimhaltungsvorschriften

Einstiegssituation

Herr Schulte ist Zusteller bei der Mail GmbH. In den letzten Wochen hatte er auf seinen Zustelltouren besonders viel zu tun, da einige Kollegen krank waren und er deren Zustellgebiet zum Teil übernehmen musste.

Als Herr Schulte an einem Tag wieder besonders viel zu tun hat, beobachtet ihn Sarah zufällig dabei, wie er mehrere Päckchen mit Infopost und Postwurfsendungen außerhalb des Betriebsgeländes entsorgt.

Darauf angesprochen, verteidigt sich Herr Schulte:
„Ich weiß, dass das nicht in Ordnung ist, aber ich habe gerade so viel Arbeit und es ist ja auch nur Werbung, also gar keine richtige Post. Die Werbung vermisst ja keiner."

Handlungsaufträge

1 Wie beurteilen Sie das Verhalten von Herrn Schulte? Handelt es sich hierbei nur um einen Fall schlechter Arbeitsmoral oder schon um ein gravierenderes Fehlverhalten?
2 Grenzen Sie das Brief- und das Postgeheimnis voneinander ab.

3.1 Allgemeine Verschwiegenheitspflicht

Definition:

Unter der **allgemeinen Verschwiegenheitspflicht** versteht man, dass jeder Arbeitnehmer auch ohne besondere Vereinbarung z. B. im Arbeitsvertrag dazu verpflichtet ist, Betriebs- und Geschäftsgeheimnisse zu wahren.

Dies gilt somit natürlich auch für Mitarbeiter von KEP-Dienstleistern. Der Verrat solcher Geheimnisse steht unter Strafe.
Geht es um technische Inhalte, spricht man von **Betriebsgeheimnissen**, wenn es um kaufmännische Inhalte geht, spricht man hingegen von **Geschäftsgeheimnissen**.

Betriebsgeheimnisse	Geschäftsgeheimnisse
Zum Beispiel gehören zu den Betriebsgeheimnissen Produktionsmethoden oder verwendete Inhaltsstoffe. Die Rezeptur von Coca-Cola wäre demnach ein Betriebsgeheimnis. Der Einsatz eines neuartigen Sortierverfahrens eines Briefdienstes stellt ebenso ein Betriebsgeheimnis dar.	Zu den Geschäftsgeheimnissen gehören demnach z. B. Marketingstrategien, Lieferanten- oder Kundenlisten oder auch Kreditdaten. So dürften Mitarbeiter von Apple z. B. nicht verraten, wann das nächste iPhone erscheint. Die XPressParcel AG expandiert und plant den Bau eines neuen Hubs. Die Informationen zu Kalkulationen und Kreditraten im Zusammenhang mit dem Hub fallen unter das Geschäftsgeheimnis.

Um aber überhaupt als Geschäfts- oder Betriebsgeheimnis zu gelten, muss es sich zum einen tatsächlich um ein Geheimnis handeln, das nur einem **eingeschränkten Personenkreis** bekannt ist. Zum anderen müssen sich aus der Weitergabe der Informationen **wirtschaftliche Nachteile** für das Unternehmen ergeben, z. B. dass Kunden zur Konkurrenz abwandern.

Beispiel

Herr Weber ist Abteilungsleiter bei der XPressParcel AG. Er erhält ein interessantes Jobangebot von der Mail- and Parcel GmbH, einem Konkurrenten der XPressParcel AG, und wechselt zu diesem Konkurrenten. Bei seinem Wechsel nimmt Herr Weber sämtliche Kundenlisten, auch potenzieller Kunden, der XPressParcel AG mit zum neuen Arbeitgeber. Dort werden diese Daten verwendet, um Kunden abzuwerben.

Hier handelt es sich um ein Geschäftsgeheimnis, da es um kaufmännische Inhalte geht (Kundenlisten), die nur einem eingeschränkten Personenkreis bekannt sind, und dem Unternehmen ein wirtschaftlicher Nachteil entstehen kann (Kundenverlust).

3.2 Briefgeheimnis

§

Artikel 10 Grundgesetz

(1) Das Briefgeheimnis sowie das Post- und Fernmeldegeheimnis sind unverletzlich. [...]

Geldstrafe für Griff in fremden Briefkasten

Aus dem Briefkasten eines Mieters, den er nicht leiden konnte, hat ein Hausverwalter im Kreis Kitzingen Post mit dem Absender „Staatsanwaltschaft Würzburg" herausgefischt und sie sonntags beim Frühschoppen herumgereicht. Wegen Verletzung des Briefgeheimnisses wurde der 56-Jährige jetzt in Kitzungen zu einer Geldstrafe von 700,00 € verurteilt.

[...]

Quelle: *fb: Geldstrafe für Griff in fremden Briefkasten, veröff. am 08.12.2011 unter www.main-echo.de/regional/franken-bayern/art4022,1908827*

Ebenso wie das Post- und Fernmeldegeheimnis wird das Briefgeheimnis durch das **Grundgesetz** geschützt (Art. 10 Abs. 1).

Das Briefgeheimnis schützt aber nicht nur Briefe, sondern alle **individuellen schriftlichen Mitteilungen** zwischen einem Absender und Empfänger vor dem unbefugten Zugriff dritter Personen, also insbesondere dem Öffnen und Lesen von Mitteilungen.

Das Briefgeheimnis gilt im Gegensatz zum Postgeheimnis nicht nur für Mitarbeiter von Postdiensten, sondern für **jedermann**. Also auch für Eltern, Vorgesetzte oder Mitbewohner.

Schon das unbefugte Öffnen eines Briefes gilt dabei als Verstoß gegen das Briefgeheimnis. Der Verstoß besteht also auch bereits dann, wenn der Brief gar nicht gelesen wird. Es ist im Übrigen auch verboten, sich Kenntnis vom Inhalt eines Briefes zu verschaffen, ohne ihn zu öffnen, z. B. indem man ihn durchleuchtet.

Auch unverschlossene Briefsendungen, wie z. B. Postkarten oder Telegramme, fallen unter das Briefgeheimnis, da es individuelle schriftliche Mitteilungen sind. Allerdings spielt das Briefgeheimnis hier praktisch keine Rolle. Schon allein, weil seine Verletzung kaum nachweisbar ist, kann diese auch nicht strafrechtlich verfolgt werden.

Beispiel

Christian ist Zusteller bei der Mail GmbH und geht zweimal die Woche zum Berufsschulunterricht. Im Unterricht schickt er einer netten Mitschülerin kleine Briefchen. Den Lehrer stört das sehr, und als er eine der Botschaften abfängt, liest er die Botschaft durch und stellt Christian mit dem Inhalt bloß.

Auch wenn die Mitteilung nicht verschlossen ist, darf der Lehrer sie nicht lesen. Es liegt eine Verletzung des Briefgeheimnisses vor.

Eine Verletzung des Briefgeheimnisses wird mit einer **Freiheitsstrafe** von bis zu **einem Jahr** oder mit einer **Geldstrafe** geahndet.

3.3 Postgeheimnis

Postmitarbeiter fischte Geldscheine aus 29 Briefen

Iserlohn. In mindestens 29 Fällen hat ein früherer Postmitarbeiter des Zustellbezirkes Iserlohn-Kalthof von Februar bis September vorigen Jahres Briefsendungen geöffnet und Bargeld entwendet. Darunter waren Glückwunschbriefe und Trauer-Briefsendungen.

Insgesamt soll dadurch ein Schaden von 1000,00 € entstanden sein. Das gab der Hemeraner gestern vor dem Amtsgericht zu. [...]

Weil er geständig war und dem Gericht eine langwierige Beweisaufnahme ersparte, verurteilte ihn Richter Hans-Jochen Uetermeier zu einer Geldstrafe in Höhe von 2250,00 € wegen Diebstahls in 29 Fällen in Tateinheit mit der Verletzung des Postgeheimnisses. [...]

Quelle: *Merkel, Cornelia: Postmitarbeiter fischte Geldscheine aus 29 Briefen, veröff. am 20.09.2010 unter www.derwesten.de/ikz/staedte/iserlohn/postmitarbeiter-fischte-geldscheine-aus-29-briefen-id3738941.html*

Während das Briefgeheimnis für jedermann gilt, sind zur Wahrung des Postgeheimnisses sämtliche **Mitarbeiter von KEP-Diensten** verpflichtet, vom Zeitpunkt der Einlieferung bis zum Zeitpunkt der Zustellung der Sendung.
Ein weiterer Unterschied zum Briefgeheimnis besteht darin, dass durch das Postgeheimnis nicht nur schriftliche Mitteilungen geschützt werden, sondern alle vom Postdienst übermittelten Sendungen. Dies bedeutet, dass das Postgeheimnis auch für Pakete, Infopost, Kataloge usw. gilt.
Neben dem Inhalt der Sendung werden durch das Postgeheimnis auch die **näheren Umstände** des Postverkehrs geschützt. Unter den näheren Umständen des Postverkehrs werden z. B. Name und Anschrift des Absenders und Empfängers sowie Ort und Zeit der Aufgabe der Postsendung verstanden.
Für die Mitarbeiter von Postdiensten bedeutet das Postgeheimnis also, dass man keine Sendungen öffnen darf, keinerlei Informationen über die Umstände der Zustellung an unbefugte Dritte weitergeben und Sendungen auch nicht unterdrücken darf. Unterdrücken bedeutet hierbei, dass Sendungen absichtlich nicht weitergeleitet werden, also z. B. entsorgt werden.

Beispiel

Christian ist Zusteller bei der Mail GmbH und kennt viele der Empfänger auf seiner Tour mittlerweile persönlich, so auch Frau Bach. Als Frau Bach von einer längeren Geschäftsreise zurück ist, erzählt Christian ihr, dass ihr Mann während ihrer Abwesenheit viele Briefe erhalten hat, und nennt ihr die Absender der Briefe.
Diese Informationen sind durch das Postgeheimnis geschützt und dürfen von Christian nicht weitergegeben werden.

Die Pflicht zur Geheimhaltung besteht übrigens auch nach dem Ende der Tätigkeit beim Postdienst fort.
Verstöße gegen das Postgeheimnis können mit **Freiheitsstrafe** bis zu **fünf Jahren** oder mit **Geldstrafe** bestraft werden.

3.4 Fernmeldegeheimnis

Definition:

Das **Fernmeldegeheimnis**, häufig auch Telekommunikationsgeheimnis genannt, schützt den Informationsaustausch, der per Telefon, Funk, Telefax, über das Internet, z. B. per E-Mail, oder andere Formen der Telekommunikation stattfindet.

Im Gegensatz zum Postgeheimnis wird beim Fernmeldegeheimnis die mit **unkörperlichen Signalen** durchgeführte Kommunikation geschützt.
Geschützt werden durch das Fernmeldegeheimnis nicht nur der Inhalt der Kommunikation, sondern – wie auch beim Postgeheimnis – die **näheren Umstände** der Kommunikation. Also zum Beispiel, welche Personen kommuniziert haben.

3.5 Datenschutz im Postverkehr[1]

Das Postgeheimnis wird durch genauere Vorschriften über den Datenschutz im Postverkehr ergänzt und präzisiert. KEP-Dienstleister müssen sich an die datenschutzrechtlichen Regelungen des Postgesetzes (PostG), der Postdienste-Datenschutzverordnung (PDSV) und des Bundesdatenschutzgesetzes (BDSG) halten.
Über den Inhalt der Postsendungen und die näheren Umstände der Zustellung hinaus werden beim Datenschutz alle mit dem Postverkehr im Zusammenhang stehenden **personenbezogenen Daten** geschützt, so zum Beispiel auch Adressdaten, Entgeltdaten oder Auslieferungsdaten.
KEP-Dienste dürfen die Daten von Personen erheben, verarbeiten und nutzen, soweit dies zur **betrieblichen Abwicklung** ihrer Postdienste erforderlich ist. Darunter fallen insbesondere:

- Bestandsdaten (wie z. B. Name und Anschrift von Kunden und Absendern)
- Verkehrsdaten (wie z. B. Häufigkeit und Umfang der in Anspruch genommenen Postdienstleistungen)
- Auslieferungsdaten (z. B. Daten, die zum Nachweis einer ordnungsgemäßen Zustellung erforderlich sind)
- Entgeltdaten (z. B. Daten, die für das ordnungsgemäße Ermitteln und Abrechnen von Leistungsentgelten erforderlich sind)

Dies bedeutet, dass diese Daten nur genutzt werden dürfen, wenn sie zur Durchführung der Postdienste nötig sind, zum Beispiel für die Auslieferung der Sendungen oder zur Abrechnung von Entgelten.
Daten über den Inhalt von Postsendungen dürfen hingegen nicht verarbeitet werden. Zudem ist das unbefugte Speichern, Verändern oder Übermitteln von personenbezogenen Daten verboten.

3.6 Gesetzliche Beschränkungen der Geheimhaltungsvorschriften

§ **Artikel 10 Grundgesetz**

(1) Das Briefgeheimnis sowie das Post- und Fernmeldegeheimnis sind unverletzlich.
(2) Beschränkungen dürfen nur auf Grund eines Gesetzes angeordnet werden. [...]

Das Brief-, Post- und Fernmeldegeheimnis werden zwar ausdrücklich durch das Grundgesetz geschützt, allerdings gibt es einige Ausnahmeregelungen. Für diese **Ausnahmen** muss es allerdings eine **Gesetzesgrundlage** geben, hier das Gesetz zur Beschränkung des Brief-, Post- und Fernmeldegeheimnisses.

Ausnahmen vom Briefgeheimnis

Warensendungen aus dem Ausland dürfen vom **Zoll** geöffnet werden, um zu prüfen, ob die Zollgebühr richtig entrichtet wurde oder ob es sich um eine illegale Wareneinfuhr handelt.
Auch **Geheimdienste** dürfen unter bestimmten Voraussetzungen das Briefgeheimnis verletzen, die Bedingungen hierfür stehen im Gesetz zur Beschränkung des Brief-, Post- und Fernmeldegeheimnisses.

1 *Vgl. Merkblatt „Postgeheimnis und Datenschutz" der Bundesnetzagentur, Stand: 09.12.2014, www.bundesnetzagentur.de/SharedDocs/Downloads/DE/Sachgebiete/Post/Unternehmen_Institutionen/PostgeheimnisDatenschutz/MerkblattPostgeheimnis.pdf?__blob=publicationFile&v=1*

Eine Beschlagnahmung von Briefen ist ebenfalls möglich, ein **Richter** darf die Briefe dann einsehen. Der Brief- und Paketverkehr von **Strafgefangenen** darf überwacht werden, um zu prüfen, ob sich darin keine unerlaubten Gegenstände wie Drogen, Geld oder Waffen befinden. Grundsätzlich gilt aber auch für Strafgefangene das Briefgeheimnis, so dass deren Post nicht gelesen werden darf, es sei denn, dies würde von der Behördenleitung angeordnet.

Ausnahmen vom Postgeheimnis

Zum einen dürfen **Postdienstleister** Postsendungen ausnahmsweise öffnen,

- wenn der Empfänger auf andere Weise nicht ermittelt werden kann,
- um beschädigte Sendung zu sichern oder um körperliche Gefahren, z. B. für die Zusteller, abzuwenden,
- um Gefahren für die Umwelt oder andere Sendungen abzuwenden,
- um die Entgeltvoraussetzungen für Waren- oder Büchersendungen zu prüfen. Daher sollen Waren- und Büchersendungen so verschlossen werden, dass sie leicht zu öffnen und wieder zu verschließen sind, und
- bei starkem Verdacht auf Verstöße gegen die Allgemeinen Geschäftsbedingungen.

Diese Ausnahmen vom Postgeheimnis regelt § 39 des Postgesetzes.
Zum anderen darf der Staat Postsendungen in bestimmten Ausnahmefällen öffnen (lassen), wenn sie sich in der Obhut von KEP-Dienstleistern befinden. Dies ist z. B. zur **Terrorabwehr** möglich oder wenn Kenntnisse über **Straftaten** wie beispielsweise Mord vorliegen. Auch der **Zoll** darf Sendungen durch KEP-Dienste öffnen lassen. Diese Ausnahmen werden im Gesetz zur Beschränkung des Brief-, Post- und Fernmeldegeheimnisses geregelt. Auch die Strafprozessordung ermöglicht Einschränkungen des Postgeheimnisses durch die Beschlagnahme von Postsendungen bei KEP-Diensten.

Zusammenfassung

Arbeitnehmer sind im Rahmen ihrer Verschwiegenheitspflicht dazu verpflichtet, Betriebs- und Geschäftsgeheimnisse ihres Arbeitsgebers zu wahren.

Das Brief-, Post- und das Fernmeldegeheimnis sind unverletzlich und gehören zu den besonders geschützten Grundrechten im Grundgesetz.

Das Postgeheimnis gilt für Mitarbeiter von KEP-Diensten und schützt alle durch KEP-Dienste übermittelten Sendungen, neben dem Inhalt auch die näheren Umstände der Zustellung.

Das Briefgeheimnis gilt für jedermann. Es schützt individuelle, schriftliche Mitteilungen.

KEP-Dienstleister müssen verschiedene Datenschutzregelungen beachten, insbesondere die Datenschutzregelungen im Postgesetz sowie die Postdienste-Datenschutzverordnung.

Post-, Brief- und Fernmeldegeheimnis können beschränkt werden. Meist geschieht dies durch staatliche Stellen im Rahmen von Ermittlungsverfahren.

Auch für den KEP-Dienstleister gibt es Ausnahmen vom Postgeheimnis, z. B. zur Überprüfung der Entgeltvoraussetzung oder zur Ermittlung des Empfängers oder Absenders.

Aufgaben

1. Beurteilen Sie die folgenden Fälle vor dem Hintergrund der verschiedenen Geheimhaltungsvorschriften, geben Sie an, welche Geheimhaltungsvorschrift betroffen ist, und begründen Sie Ihre Antworten kurz.

   a. Herr Önder, Mitarbeiter der Mail GmbH, hat zufällig einen Brief seiner Ex-Frau beim Sortieren der Post entdeckt und möchte sie ärgern, indem er den Brief so unter das Sortierregal platziert, dass er nicht gefunden werden kann.
   b. Claudia ist Auszubildende bei der Mail GmbH. Sie öffnet zu Hause einen Brief an ihre Schwester, den der Postbote gebracht hat.
   c. Durch einen starken Regen wurde sowohl die Absender- als auch die Empfängeradresse unleserlich. Die Zustellerin Maria gibt den Brief an das Briefermittlungscenter weiter, wo der Brief geöffnet wird, um Absender oder Empfänger zu ermitteln.
   d. Zusteller Lukas erzählt seinem Kumpel, dass er seinem Nachbarn ein Paket aus einem Erotik-Versand zugestellt hat.

2. Welcher Unterschied besteht zwischen dem Fernmeldegeheimnis auf der einen und dem Post- und Briefgeheimnis auf der anderen Seite?

3. Für wen bestehen Ausnahmen vom Postgeheimnis?

4 Auftragsannahme und -bearbeitung

Einstiegssituation

Karl, der seine Ausbildung bei der XPressParcel AG absolviert, hat heute seinen ersten Tag in der Auftragsannahme. Seine Aufgaben hier sind vielfältig, unter anderem gehören dazu die telefonische Auftragsannahme und Beratung der Kunden sowie die Organisation und Kalkulation der Transportaufträge. Nach kurzer Zeit ruft bereits der erste Kunde mit einem umfangreichen Auftrag an: Er hat wöchentlich etwa 100 Sendungen mit verschiedenen Maßen und Gewichten, darunter auch großvolumige Sendungen, an Empfänger im In- und Ausland zu versenden. Da Karl noch unsicher ist, notiert er die Angaben des Kunden, damit er sie mit seinem Ausbilder klären kann.

Handlungsaufträge

1 Im Gespräch mit dem Ausbilder stellt sich heraus, dass noch einige Angaben fehlen, um dem Kunden ein Angebot unterbreiten zu können. Klären Sie, welche das sind.

2 Klären Sie, bis zu welchen Höchstmaßen die XPressParcel AG Sendungen befördert und wie bei Luftfracht großvolumige Sendungen berechnet werden.

4.1 Informationsaustausch zwischen Kunde und KEP-Dienst

Für eine reibungslose Durchführung eines Transportauftrages müssen vielfältige Informationen zwischen dem Kunden und dem KEP-Dienst ausgetauscht werden. So benötigt der KEP-Dienstleister natürlich Informationen über

- den Empfänger (Adresse, Zielland),
- das Volumen,
- das Gewicht,
- die Menge und
- die Art des Gutes (z. B. empfindliches Gut, Kühlgut oder Gefahrgut).

Daneben können bei bestimmten Sendungen auch noch weitere Informationen wie z. B. zu Lieferzeiten oder zur Verzollung wichtig sein. Insbesondere beim Versand von **Gefahrgut** hat der Absender Informationspflichten gegenüber dem KEP-Dienst und hat diesen über das Gefahrgut zu informieren.
Andererseits wird auch der Kunde Informationen vom KEP-Dienst benötigen. So werden ihn sicherlich die Kosten der Zustellung interessieren. Darüber hinaus könnten ihn aber auch noch Möglichkeiten der Sendungsverfolgung, des Expressversandes oder die Frage der Haftung bei Verlust oder Beschädigung interessieren.

Auf Grundlage dieser Informationen können dann z. B. Kostenkalkulationen durchgeführt oder die Fahrzeug- und Personaldisposition vorgenommen werden.
Hilfreich beim Informationsaustausch zwischen KEP-Dienst und Kunde können z. B. Preislisten und Allgemeine Geschäftsbedingungen sein. So kann der Kunde sich direkt über die Preise oder Haftungsregelungen des KEP-Dienstes informieren.
Bei Großkunden erfolgt der Datenaustausch mit dem KEP-Dienst oftmals elektronisch mittels eines standardisierten Verfahrens, dem Electronic Data Interchange, kurz EDI genannt. Dadurch lassen sich Kosten und Fehler bei der Auftragsabwicklung deutlich reduzieren.

4.2 Transportrecht

Das Transportrecht regelt die Beförderung von Gütern innerhalb Deutschlands und umfasst u. a. das Speditions- und Frachtrecht. Sowohl der **Fracht**- als auch der **Speditionsvertrag** sind für den KEP-Bereich relevant. Beide Vertragsarten unterscheiden sich in wichtigen Punkten – insbesondere bei der Regelung der Haftung – zum Teil deutlich voneinander. Eine Unterscheidung zwischen den beiden Vertragsarten ist entsprechend wichtig, in der Praxis aber nicht immer einfach.

Frachtvertrag

§ 407 Frachtvertrag – HGB

(1) Durch den Frachtvertrag wird der Frachtführer verpflichtet, das Gut zum Bestimmungsort zu befördern und dort an den Empfänger abzuliefern. [...]

Nach Abschluss des Frachtvertrages ist der Frachtführer laut HGB also zur **Beförderung** des Frachtguts zum Bestimmungsort verpflichtet. Die Vertragspartner beim Frachtvertrag sind immer der **Absender** und der **Frachtführer**. Der Frachtvertrag kann auch mündlich abgeschlossen werden, auf Verlangen des Frachtführers muss jedoch ein Frachtbrief vom Absender ausgestellt werden, der den Inhalt des Frachtvertrages schriftlich fixiert.

Speditionsvertrag

§ 453 Speditionsvertrag – HGB

(1) Durch den Speditionsvertrag wird der Spediteur verpflichtet, die Versendung des Gutes zu besorgen. [...]

Nach Abschluss des Speditionsvertrags ist der Spediteur laut HGB also verpflichtet, die Versendung des Frachtguts zum Bestimmungsort zu besorgen. Dies bedeutet, dass der Spediteur die Beförderung des Gutes zu **organisieren** hat. Zur Organisation eines Transportes gehört u. a. die Auswahl eines geeigneten Beförderungsmittels und Beförderungsweges, die Beauftragung eines geeigneten Frachtführers oder auch die Versicherung des zu befördernden Gutes. Vertragspartner im Speditionsvertrag sind immer **Versender** und **Spediteur**.
Der Spediteur beauftragt im Normalfall einen Frachtführer und führt die Beförderung nicht selbst durch. Er darf die Beförderung aber auch mit eigenen Lkw selbst durchführen (§ 458 HGB) und wird dadurch selbst zum Frachtführer. Man spricht dann vom **Selbsteintritt** des Spediteurs.

Merke:

Der Frachtführer ist der eigentliche Transporteur, er hat die Beförderung des Gutes durchzuführen. Der Spediteur hingegen ist der Organisator des Transports. Beim Selbsteintritt des Spediteurs wird dieser selbst zum Frachtführer.

Transportrecht bei KEP-Diensten

Beim Versand von Post- und Paketsendungen kommt häufig **Frachtrecht** zur Anwendung, da hier die Durchführung des Transportes geschuldet und der Transport von den Diensten selbst durchgeführt wird. Dies wird dann meist auch in den AGB der entsprechenden Dienste festgehalten und auf § 407 ff. HGB verwiesen (z. B. DHL oder Hermes). Auch bei Postdiensten (z. B. Deutsche Post, Postcon) wird oftmals auf den § 407 HGB und somit auf Frachtrecht verwiesen.
Andere Dienstleister geben in ihren AGB als Leistung die Besorgung (= Organisation) der Beförderung an (z. B. DPD), d. h., sie lassen die Beförderung des Guts von Frachtführen (z. B. in Form von Subunternehmen) durchführen.
Auch bei Kurieren und Expressdiensten können Speditions- oder Frachtrecht Anwendung finden. Letztlich sind die Verträge bzw. AGB ausschlaggebend. Je nachdem, welche Dienstleistung geschuldet wird, entscheidet sich, welches Recht entsprechend gilt.
Versanddienstleister wie Mail Boxes Etc. befördern die Sendungen nicht selbst, sondern beauftragen Paketdienste mit dem Versand. Sie organisieren die Versendung also und entsprechend gilt hier **Speditionsrecht**. Mail Boxes Etc. schließt anschließend einen Frachtvertrag mit einem Paketdienst ab, der die Beförderung durchführt.

Beispiel

Herr Sommer hat über ein Internetauktionshaus eine Vase an Frau Weingarten verkauft. Er möchte diese nun über Mail Boxes Etc. (MBE) an Frau Weingarten versenden.
Er schließt daher einen Vertrag mit MBE ab. Da MBE nur die Organisation des Versandes übernimmt, handelt es sich um einen Speditionsvertrag. Herr Sommer ist in diesem Vertragsverhältnis Versender und MBE Spediteur.
Mit der eigentlichen Durchführung des Transportes beauftragt MBE beispielsweise die XPressParcel AG. Dazu schließt MBE mit der XPressParcel AG einen Frachtvertrag. MBE ist in diesem Vertragsverhältnis Absender und die XPressParcel AG Frachtführer.

Folgendes Schaubild stellt die Beteiligten und Vertragsformen des Beispiels übersichtlich dar:

4.3 Die Allgemeinen Geschäftsbedingungen

KEP-Dienste schließen täglich zahlreiche Verträge ab. Um nicht bei jedem Transportauftrag einen neuen Vertrag aushandeln zu müssen, gibt es bei praktisch allen Unternehmen die „Allgemeinen Geschäftsbedingungen“ (AGB). Diese Vertragsklauseln gelten dann für alle Verträge, die von den KEP-Diensten mit den Kunden abgeschlossen werden, man spricht daher auch von **vorformulierten Vertragsbedingungen**.

Definition:

Allgemeine Geschäftsbedingungen sind vorformulierte Vertragsbedingungen, die für eine Vielzahl von Verträgen gelten und eine Vereinfachung des Vertragsabschlusses zum Ziel haben.

Die AGB können die Regelungen des HGB und BGB ausweiten oder einschränken.

Die AGB von KEP-Diensten umfassen typischerweise den Leistungsumfang des Beförderungsvertrages, wie z. B. Angaben zur Ersatzzustellung, den Ausschluss bestimmter Güter, wie z. B. ein Verbot des Transports von Gefahrgütern, Rechte und Pflichten des Absenders, wie z. B. eine ausreichende Verpackung, oder auch Angaben zur Haftung bzw. Versicherung, wie z. B. die Höhe der Haftung bei Verlust der Sendung.

Daneben gibt es auch Klauseln, die nicht direkt mit der Tätigkeit als KEP-Dienst in Zusammenhang stehen, wie z. B. Angaben zum Gerichtsstand oder dem Erfüllungsort.

Da die Allgemeinen Geschäftsbedingungen einseitig vom Unternehmen bestimmt werden und der Kunde keinen Einfluss auf die Vertragsgestaltung hat, besteht die Gefahr, dass die Kunden durch die AGB benachteiligt werden. Daher werden Verbraucher durch das Bürgerliche Gesetzbuch besonders geschützt. Als Verbraucher gelten dabei nur Privatleute, also keine Kaufleute.

So werden AGB nur Bestandteil eines Vertrages, wenn **ausdrücklich auf diese hingewiesen** wurde, der Kunde die Möglichkeit hat, diese zu **lesen**, und er sich mit ihnen **einverstanden** erklärt.

Außerdem werden Verbraucher auch vor benachteiligenden Klauseln geschützt. So gibt es überraschende Klauseln, die so ungewöhnlich sind, dass man mit ihnen bei Vertragsabschluss nicht rechnen konnte, oder unklare, mehrdeutige Klauseln, die den Verbraucher benachteiligen. Diese Klauseln werden unwirksam und nicht Bestandteil eines Vertrags.

Beispiel

Vor einigen Jahren hat das Oberlandesgericht Köln eine Klausel in den Allgemeinen Geschäftsbedingungen von KEP-Diensten für unwirksam erklärt, wonach eine Ersatzzustellung durch Aushändigung von Briefen und Paketen an Hausbewohner und Nachbarn möglich ist, ohne den eigentlichen Empfänger der Sendung zu benachrichtigen. Das Gericht sah darin eine unangemessene Benachteiligung durch die AGB des Paketdienstes.

Darüber hinaus gibt es noch allgemeine Klauselverbote. Hierbei unterscheidet man zwischen Klauselverboten mit Wertungsmöglichkeit und Klauselverboten ohne Wertungsmöglichkeit.

Klauselverbote mit Wertungsmöglichkeit	Klauselverbote ohne Wertungsmöglichkeit
Klauselverbote mit Wertungsmöglichkeit müssen erst im Einzelfall überprüft werden. Das BGB verbietet z. B. „unangemessen lange Nachfristen“, doch was „unangemessen lang“ genau bedeutet, also wie viele Tage unangemessen sind, steht dort nicht. Das müsste im konkreten Fall dann von einem Gericht überprüft (= bewertet) werden.	Bei den Klauselverboten ohne Wertungsmöglichkeit ist die Sache hingegen eindeutig. Das BGB verbietet einige Klauseln generell. So darf es z. B. keine Preiserhöhung innerhalb von vier Monaten nach Vertragsschluss geben. Erst bei einer Lieferzeit von über vier Monaten dürfen Preiserhöhungen erfolgen.

Wenn sich eine verbotene Klausel in den AGB befindet, ist diese unwirksam. Stattdessen tritt dann die gesetzliche Regelung in Kraft. Sind AGB ganz oder teilweise unwirksam, so bleibt der Vertrag ansonsten wirksam.

Individuelle, persönliche Absprachen haben Vorrang vor abweichenden Klauseln in den AGB. Diese Absprachen sollten aus Gründen der Nachweisbarkeit schriftlich festgehalten werden. So lassen sich über **individuelle Verträge** z. B. Beförderungsausschlüsse in den AGB umgehen. Wurden keine individuellen Regelungen vereinbart und liegen dem Vertrag keine AGB zugrunde, gelten die gesetzlichen Regelungen, insbesondere BGB und HGB.

Exkurs

Exkurs: Allgemeine Deutsche Spediteursbedingungen (ADSp)

Im Transportgewerbe sind die Allgemeinen Deutschen Spediteursbedingungen (ADSp) weit verbreitet. So gibt es auch zahlreiche Kurier- und Expressdienste, die auf die Allgemeinen Deutschen Spediteursbedingungen zurückgreifen. Dabei handelt es sich um Allgemeine Geschäftsbedingungen, die speziell für das Transportgewerbe zugeschnitten sind und vom Bundesverband der Deutschen Industrie (BDI), Bundesverband Großhandel, Außenhandel, Dienstleistungen (BGA), Deutschen Industrie- und Handelskammertag (DIHK), Deutschen Speditions- und Logistikverband e. V. (DSLV) und Handelsverband Deutschland (HDE) erarbeitet wurden und zur Anwendung empfohlen werden. Jedes Unternehmen im Transportgewerbe kann die ADSp anwenden. Die ADSp finden jedoch keine Anwendung bei Verträgen mit Verbrauchern, sondern gelten nur zwischen gewerblichen Anwendern.

4.4 Transportaufträge anhand der AGB sowie Preis- und Servicelisten prüfen

Die AGB der großen KEP-Dienste enthalten selbst keine Preis- oder Serviceangaben, beziehen sich in ihren AGB aber ausdrücklich auf die jeweils gültigen Preis- und Servicelisten, sodass diese auch Teil des Vertrages werden. Jeder Auszubildende sollte entsprechend die AGB sowie die Preislisten seines Unternehmens kennen.

Bevor die Transportaufträge geprüft werden können, sind zunächst die richtigen AGB auszuwählen, denn viele KEP-Dienste haben eigene AGB für unterschiedliche Versandarten. So gibt es zum Beispiel eigene AGB für Paketsendungen national oder international oder auch für Expresssendungen.

Merke:

Den unterschiedlichen Versandarten eines KEP-Dienstes liegen zum Teil unterschiedliche AGB zugrunde, insbesondere der Expressversand hat eigene AGB.

Anhand der AGB sowie Preis- und Servicelisten sind die Transportaufträge zu prüfen. Dabei sind insbesondere das Gewicht (ggf. das Volumengewicht), die Maße (insbesondere auch das Gurtmaß), die Verpackung, Zusatzleistungen und Beförderungsausschlüsse zu berücksichtigen.

Maße und Gewichte

Die maximal zulässigen Gewichte der großen Paketdienste variieren recht deutlich, die Obergrenze beträgt hier oftmals 31,5 kg. Zum Teil sind auch bis zu 70 kg je Paket möglich. Bezüglich der Maße sind meist zwei Angaben zu prüfen. Zum einen dürfen die einzelnen Seiten ein bestimmtes Höchstmaß nicht überschreiten und zum anderen darf das Gurtmaß ein bestimmtes Höchstmaß nicht überschreiten. Auch hier gibt es je nach KEP-Dienst unterschiedliche Höchstmaße.

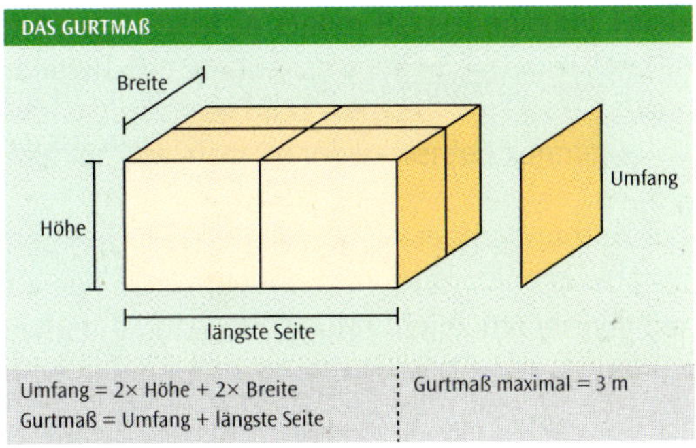

Berechnung des Gurtmaßes

Um das **Gurtmaß** zu erhalten, addiert man die längste Seite und den Umfang des Pakets. Viele KEP-Dienste erlauben ein maximales Gurtmaß von 300 cm.

Beispiel

Ein Kunde der XPressParcel AG möchte ein Paket mit den Maßen 150 · 60 · 50 cm innerhalb Deutschlands versenden. Zunächst ist zu prüfen, ob eine Seite das erlaubte Höchstmaß von 175 cm überschreitet. Da dies nicht der Fall ist, wird anschließend das Gurtmaß geprüft. Der Umfang beträgt 2 · 60 cm + 2 · 50 cm = 220 cm. Das Gurtmaß beträgt also 220 cm + 150 cm (= längste Seite) = 370 cm. Da hier maximal 300 cm erlaubt sind, kann das Paket laut AGB nicht mit der XPressParcel AG versendet werden.

Auf Grundlage der Maße und Gewichte berechnet sich der Preis für die Beförderungsleistung. Bei einigen KEP-Diensten geschieht dies allein auf Grundlage des Gewichts, bei den meisten KEP-Diensten aber aus einer Kombination aus Gewicht und Größe. Hinzu kommen ggf. die Kosten für Zusatzleistungen. Hierbei ist auf die korrekte Freimachung der Sendungen zu achten. Sind die Sendungen nicht ausreichend freigemacht und wird dies nicht rechtzeitig bemerkt, kann ggf. ein Nachentgelt beim Empfänger eingezogen werden.

Volumengewicht

Bei **Luftfrachtsendungen** wird meist das sogenannte Volumengewicht zugrunde gelegt. Das Volumengewicht wird immer dann angewendet, wenn Sendungen im Vergleich zu ihrer Größe recht leicht sind, denn dann nehmen diese Sendungen im Flugzeug aufgrund ihrer Größe viel Platz weg. Aufgrund ihres geringen Gewichts würden sie den Absender aber trotzdem wenig kosten, wenn nur das tatsächliche Gewicht zugrunde gelegt würde. Um auf einen angemessenen Preis zu kommen, wird daher von den KEP-Diensten das Volumengewicht zugrunde gelegt. Die Berechnung des Volumengewichts erfolgt anhand der Maße der Sendung. Bei vielen KEP-Diensten wird das Volumengewicht folgendermaßen berechnet, wobei der Faktor 5 000 im Nenner je nach KEP-Dienst variieren kann:

$$\frac{\text{Länge} \cdot \text{Breite} \cdot \text{Höhe in cm}}{5\,000} = \text{Volumengewicht in kg}$$

Das Volumengewicht wird mit dem tatsächlichen Gewicht verglichen. Nur das höhere Gewicht wird für die Bestimmung der Frachtkosten herangezogen.

Beispiel

Ein Kunde der XPressParcel AG möchte ein Paket mit den Maßen 70 · 55 · 43 cm und einem Gewicht von 12,7 kg in die USA verschicken. Laut den AGB der XPressParcel AG wird das Volumengewicht in kg folgendermaßen berechnet: $\frac{\text{Länge} \cdot \text{Breite} \cdot \text{Höhe in cm}}{6\,000}$. *Das Volumengewicht beträgt demnach 27,59 kg. Es wird nun das Volumengewicht für die Frachtberechnung zugrunde gelegt, da es höher ist als das tatsächliche Gewicht.*

Der Wert im Nenner ist ein von den KEP-Diensten frei gewählter und somit ein recht willkürlicher Wert, es könnten dort auch andere Werte, wie z. B. bei der XPressParcel AG der Wert 6 000, angewendet werden. Allerdings rechnen viele der großen KEP-Dienste mit 5 000. Je kleiner der Wert im Zähler ist, umso vorteilhafter ist dies für den KEP-Dienst, da das Volumengewicht dadurch größer wird.

Verpackung

Die Mitarbeiter von KEP-Diensten sollten auch prüfen, ob die Verpackung und Kennzeichnung der Sendungen in Ordnung sind. Die AGB der KEP-Dienste legen fest, dass der Absender für eine korrekte Verpackung und Kennzeichnung der Sendung zu sorgen hat. Die Verpackung muss für den **maschinellen Umschlag** geeignet sein und den Inhalt der Sendung ausreichend schützen. Zudem soll die Verpackung vor Verletzungen schützen, so dürfen z. B. keine spitzen oder scharfen Gegenstände aus der Sendung herausragen. Im Fall einer mangelhaften Verpackung wird keine Haftung von den KEP-Diensten übernommen. Bei wertvollen Sendungen ist auf eine neutrale Verpackung zu achten, die keinen Rückschluss auf den Warenwert der Sendung zulässt.
Außerdem müssen der Empfänger und der Absender der Sendung deutlich lesbar vermerkt sein. Weitere Informationen zur Verpackung sind in Lernfeld 3 im Kapitel 3 zur Verpackungsauswahl zu finden.

Beförderungsausschlüsse

Beförderungsausschlüsse und **Verbotsgüter** sind bei einer bereits verpackten Sendung schwer zu kontrollieren. Im Zweifel sollte der Absender nochmals ausdrücklich auf die Verbotsgüter hingewiesen werden. Manchmal lassen sich Verbotsgüter durch die Kennzeichnung erkennen, z. B. wenn Gefahrgutsendungen transportiert werden sollen. Oftmals hat der Kunde dann die AGB nicht gelesen und kennt die Verbotsgüter nicht.
Andererseits können Kunden Verbotsgüter auch bewusst befördern lassen in der Annahme, dass dies nicht bemerkt wird. Hiergegen schützen sich die KEP-Dienste mit entsprechenden Klauseln in den AGB. So behalten sie sich vor, bei Verdacht auf Verbotsgüter die Sendungen zu öffnen und zu überprüfen, oder der Absender wird für Schäden, die aus der Versendung von Verbotsgütern entstehen, haftbar gemacht (Schadensersatz).
Sofern eine Sendung eine der oben genannten Bedingungen bezüglich Maße, Gewicht, Verpackung oder Verbotsgüter nicht erfüllt, wird die Annahme der Sendung laut AGB verweigert bzw. die Beförderung gestoppt.

Zusammenfassung

Für eine reibungslose Auftragsabwicklung müssen einige Informationen zwischen KEP-Dienst und Kunde ausgetaucht werden, so z. B. Angaben zum Empfänger oder Abholort. Zwischen Großunternehmen findet der Austausch von Daten oftmals elektronisch im EDI-Verfahren statt.

Die AGB bilden die Grundlage des Beförderungsvertrages und regeln die Rechte und Pflichten von Absender und KEP-Dienst detailliert. Es ist daher sehr wichtig, die AGB seines Betriebes gut zu kennen.

Bei der Auftragsannahme sind die Sendungen insbesondere auf Gewicht und Maße, korrekte Verpackung, Beförderungsausschlüsse und ggf. Zusatzleistungen zu prüfen.

Bei den Maßen ist oftmals das Gurtmaß zu prüfen. Das Gurtmaß erhält man, wenn man die lange Seite der Sendung zu dem Umfang (über die beiden kleineren Seiten) der Sendung addiert.

Bei Luftfrachtsendungen ist das Volumengewicht der Sendung zu prüfen und für die Preisberechnung zugrunde zu legen, wenn es höher als das tatsächliche Gewicht der Sendung ist.

Aufgaben

1. Prüfen Sie anhand der Unternehmensbeschreibung, ob die XPressParcel AG folgende Sendungen annehmen wird bzw. an welches Unternehmen es die Aufträge weiterleitet:

   a. Eine Sendung mit den Maßen 10 · 5 · 1 cm (L · B · H) und einem Gewicht von 1 000 g.
   b. Ein Paket mit den Maßen 30 · 30 · 20 cm (L · B · H) und einem Gewicht von 15 kg.
   c. Ein Paket mit den Maßen 100 · 70 · 50 cm (L · B · H) und einem Gewicht von 30 kg.
   d. Ein Paket mit den Maßen 180 · 20 · 20 cm (L · B · H) und einem Gewicht von 29 kg.
   e. Ein Paket mit den Maßen 50 · 40 · 30 cm (L · B · H) und einem Gewicht von 31,5 kg.

2. Ein Kunde der XPressParcel AG möchte zwei Pakete als Expresssendung in die USA versenden (Luftfracht). Berechnen Sie jeweils die Kosten für den Versand der beiden Pakete:

   1. Paket: Maße 25 · 20 · 15 cm und ein Gewicht von 15 kg
   2. Paket: Maße 65 · 55 · 40 cm und ein Gewicht von 12,5 kg

5 Gefahrgutsendungen befördern

Einstiegssituation

Said ist nun auch in der Auftragsannahme der Blitzfracht GmbH tätig. Heute ruft ein Kunde an, der zukünftig regelmäßig Sendungen mit der Blitzfracht GmbH befördern lassen möchte. Allerdings handelt es sich zu großen Teilen um Gefahrgutsendungen.
Zum Teil könnten diese als Limited Quantities verschickt werden, aber nicht alle.
Der Kunde möchte wissen, ob die Blitzfracht GmbH auch Gefahrgut befördert.
Da Said noch keine Erfahrung mit Gefahrgut hat, möchte er zunächst Rücksprache mit seinem Ausbilder halten und möchte den Kunden direkt im Anschluss zurückrufen.

Handlungsaufträge

1 Der Ausbilder gibt Karl die AGB der Blitzfracht GmbH. Prüfen Sie, ob Beförderung von Gefahrgut mit der Blitzfracht GmbH möglich ist.
2 Worin besteht der Unterschied zwischen einer Beförderung von Gefahrgut als „Limited Quantities“ und einem normalen Gefahrguttransport?

5.1 Was sind gefährliche Güter?

Definition:

Laut Gefahrgutbeförderungsgesetz (GGBefG) sind **„Gefährliche Güter** [...] Stoffe und Gegenstände, von denen auf Grund ihrer Natur, ihrer Eigenschaften oder ihres Zustandes im Zusammenhang mit der Beförderung Gefahren für die öffentliche Sicherheit oder Ordnung, insbesondere für die Allgemeinheit, für wichtige Gemeingüter, für Leben und Gesundheit von Menschen sowie für Tiere und Sachen ausgehen können.“

Vereinfacht gesagt sind gefährliche Güter Stoffe, von denen beim Transport Gefahren für die Umwelt, für Menschen und Tiere, aber auch für Sachen wie z. B. Transportmittel ausgehen.
Zu beachten ist dabei, dass es sich bei **Gefahrgut** um gefährliche Stoffe handelt, die **außerbetrieblich** transportiert werden. Beim **innerbetrieblichen** Umgang mit gefährlichen Stoffen spricht man hingegen von **Gefahrstoffen**. Der gleiche Stoff kann also einmal ein Gefahrstoff sein, der dann beim außerbetrieblichen Transport zum Gefahrgut wird. Beim Gefahrstoffrecht geht es um die Gefahren beim Umgang mit diesen Stoffen, beim Gefahrgutrecht geht es um die Gefahren, die beim Transport dieser Stoffe entstehen. Im Bereich der KEP-Dienste ist vor allem das Gefahrgutrecht relevant, da die Stoffe von KEP-Diensten überwiegend außerbetrieblich transportiert werden.
Die folgende Übersicht zeigt die Gefahrgutklassen mit den entsprechenden Symbolen und Gefahrenarten.

Merkblatt für den Umgang mit Gefahrgut

Generell gilt: VORSICHTIGE HANDHABUNG – KEIN LEICHTSINN!!

Klasse	Symbol	Art der Gefahr/Beispiel	Umgang bei Produktaustritt
1		**Explosionsgefährliche Stoffe** (Feuerwerk, Airbagmodule, Sprengstoffe) **NICHT WERFEN!**	Feuer und offenes Licht fernhalten, Vorgesetzten informieren
2		**Gase** [2.1: **brennbare Gase,** 2.2: **erstickende Gase**, 2.3: **giftige Gase**] (Propan, Kohlendioxid, Chlor)	eingedrückte Druckgaspackungen gelten bereits als beschädigt, für gute Belüftung sorgen bei giftigen Gasen: Halle räumen, NOTRUF: 112
3		**Entzündbare Flüssigkeiten** (Benzin, Heizöl, Farbe)	Feuer und offenes Licht fernhalten, mit Bindemittel eindämmen, & mechanisch aufnehmen, Bergungsverpackungen benutzen
4.1		**Feste entzündbare Stoffe** (Zündhölzer, Schwefel, Grillanzünder)	Feuer und offenes Licht fernhalten, mechanisch aufnehmen, Bergungsverpackungen benutzen
4.2		**Selbstentzündliche Stoffe** (Phosphor, Kaliumsulfid, ölhaltige Baumwolle)	Feuer und offenes Licht fernhalten, mechanisch aufnehmen, Bergungsverpackungen benutzen
4.3		**Stoffe, die bei Berührung mit Wasser entzündliche Gase bilden** (Calcium, Natrium, Zinkpulver)	Wasser fernhalten Feuer und offenes Licht fernhalten, mechanisch aufnehmen, Bergungsverpackungen benutzen
5.1		**Brandfördernde Stoffe** (Natriumperoxid, Eisen(III)nitrat, Calciumperchlorat)	Feuer und offenes Licht fernhalten, mechanisch aufnehmen, Bergungsverpackungen benutzen
5.2		**Organische Peroxide** (Peroxyessigsäure, Peroxydicarbonat)	Feuer und offenes Licht fernhalten, mechanisch aufnehmen, Bergungsverpackungen benutzen
6.1		**Giftige Stoffe** – flüssig/fest (Arsen, Nicotin, Pestizide)	Halle räumen, NOTRUF: 112 Nur mit Schutzausrüstung nähern, mit Bindemittel eindämmen & mechanisch aufnehmen, Bergungsverpackungen benutzen
6.2		**Ansteckungsgefährliche Stoffe** (Klinikabfalle, Viren, Bakterien)	Halle räumen, NOTRUF: 112; Halle geschlossen, halten, Gesundheitsbehörde informieren, nicht das Werksgelände verlassen!
7		**Radioaktive Stoffe** (Abfälle aus AKW, Röntgenzubehör, Röntgenabfälle)	Halle räumen, NOTRUF: 112; Halle geschlossen halten, Abstand zum Stoff
8		**Ätzende Stoffe** (Phosphorsäure, Schwefelsäure, Natronlauge)	Nur mit Schutzausrüstung nähern, mit Bindemittel eindämmen & mechanisch aufnehmen, Bergungsverpackungen benutzen
9		**Verschiedene gefährliche Stoffe** [Sammelklasse] (Asbest, flüssiges Metall, Rettungsmittel)	Maßnahmen auf Produkt abstimmen, Schutzausrüstung benutzen, Bergungsverpa-ckung benutzen

Die Gefahrgutklasse ist die Einteilung von Gefahrgut nach Gefahr, die von den Gütern beim Transport ausgeht.

5.2 Folgen von Gefahrgutunfällen

Entwarnung nach Chemieunfall bei Paketdienst

Große Erleichterung bei Kunden des Paketdienstes DPD in Friesoythe, Westerstede und Wardenburg: Die Pakete, die sie am Sonnabend erhalten haben, waren offenbar nicht kontaminiert. Am Sonnabendmittag hatte ein Unfall mit der hochgiftigen Chemikalie Natriumselenit in der DPD-Niederlassung in Uplengen (Landkreis Leer) die dortigen Förderbänder verunreinigt. Weil der Vorfall zunächst unbemerkt blieb, hatten zahlreiche Menschen Pakete erhalten, die mit dem Stoff in Berührung gekommen sein könnten. Die Polizei forderte sie daraufhin auf, ihre Kleidung zu entsorgen und zur Dekontamination in ein eigens eingerichtetes Versorgungszentrum zu kommen. (...)

Polizei ermittelt bei Absender und Empfänger

Das giftige Natriumselenit war am Sonnabend aus einem Paket ausgetreten, das auf einem Förderband gelegen hatte. Da das Paket nicht als Gefahrgut gekennzeichnet war, entsorgten die Beschäftigten den Stoff mit bloßen Händen. Einige Mitarbeiter klagten daraufhin über Atemwegsprobleme, zehn wurden vorsorglich im Krankenhaus behandelt. Spezialisten der Feuerwehr sicherten das Paket. Jetzt ermittelt die Polizei gegen Absender und Adressat des Pakets. (...)

Quelle: *ndr.de: Entwarnung nach Chemieunfall bei Paketdienst, veröff. am 26.07.2015 unter www.ndr.de/nachrichten/niedersachsen/oldenburg_ostfriesland/Entwarnung-nach-Chemieunfall-bei-DPD,dpd100.html*

Glücklicherweise ist bei dem oben beschriebenen Unfall niemand ernsthaft zu Schaden gekommen, doch der Artikel zeigt sehr gut die Gefahren und weitreichenden Folgen, die ein Unfall mit Gefahrgut haben kann. Viele verschiedene Parteien können von einem Unfall betroffen sein, Gefahren für die Umwelt kommen noch hinzu. Daher ist beim Umgang mit Gefahrgut vom Absender über den KEP-Dienstleister bis zum Empfänger stets größte Sorgfalt geboten.

5.3 Gefahrgutbeförderung durch KEP-Dienste

Bei Gefahrgut denkt man zuerst an explosive, giftige oder radioaktive Stoffe. Doch auch **alltägliche Dinge** wie Batterien, Haarspray, Parfüm, Tischtennisbälle, Erfrischungstücher, Lithiumbatterien etc. sind gefährlich und können beim Paketversand zum Problem werden. Da Kunden sich darüber häufig nicht im Klaren sind, werden gefährliche Güter auch trotz Verbots häufig per Paket versendet, das Risiko trägt laut den AGB in diesem Fall der Kunde.

Der Versand von Gefahrgut ist bei den großen Paketdiensten zum Teil komplett unterschiedlich geregelt. Die Regelungen reichen von einem grundsätzlichen Ausschluss von Gefahrgütern über einen Transport geringer Mengen Gefahrguts bis zu einem grundsätzlichen weltweiten Versand von Gefahrgut. Einige Kurierdienste haben sich auf den Transport von Gefahrgut spezialisiert.

Viele KEP-Dienstleister schließen einen Versand von Gefahrgütern in ihren Allgemeinen Geschäftsbedingungen zwar häufig aus. Dennoch ist es möglich, dass der KEP-Dienst Gefahrgut versendet, wenn dies individualvertraglich mit dem Absender vereinbart wird.
Für die Mitarbeiter von KEP-Diensten bedeutet dies, dass sie gut über Gefahrgüter und ihre AGB informiert sein müssen, um die Kunden in diesem wichtigen Punkt kompetent beraten zu können und die eigenen Rechte und Pflichten aus dem Beförderungsvertrag zu kennen.
Aufgrund des Postgeheimnisses dürfen Paketdienste die Frachtstücke bei der Annahme grundsätzlich nicht kontrollieren. Die Einordnung, ob es sich um ein Gefahrgut handelt, übernimmt also häufig der Kunde, der meist jedoch kein Gefahrgutexperte ist. Es ist jedoch seine Pflicht als Absender, sich darüber zu informieren und diese Informationen an den KEP-Dienst weiterzugeben.

5.4 Gesetzliche Regelungen zum Gefahrguttransport

Wie bereits erwähnt, gibt es für den Transport von Gefahrgut auf öffentlichen Straßen eigene gesetzliche Vorschriften. Die gesetzliche Grundlage bildet dabei das „Gesetz über die Beförderung gefährlicher Güter“ (GGBefG). Das Gesetz gilt für alle Verkehrsträger und ist sehr allgemein gehalten, daher wird es durch verschiedene Vorschriften konkretisiert. Wichtig sind hier vor allem die „Gefahrgutverordnung Straße/Eisenbahn/Binnenschiff“ (GGVSEB) sowie das „Europäische Übereinkommen über die internationale Beförderung gefährlicher Güter auf Straßen“ (ADR). Die GGVSEB setzt die europäische Verordnung ADR in deutsches Recht um, sodass es nur geringe Unterschiede zwischen ADR und GGVSEB gibt.
Bei Sendungen per Luftfracht gelten die deutlich strengeren Regeln für Luftfrachttransporte. Diese regeln spezielle Verordnungen für die Luftfracht: die IATA-DGR und die ICAO-TI.
In den Verordnungen ist genau festgehalten, wie ein Gefahrguttransport durchzuführen ist. So werden in den Verordnungen zum Beispiel

- die Möglichkeiten von Freistellungen von den Vorschriften,
- die Sicherheitspflichten aller Beteiligten,
- die Klassifizierung der Gefahrgüter,
- die Verwendung von Verpackungen,
- die Kennzeichnung von Fahrzeugen

ausführlich geregelt.

5.5 Durchführung von Gefahrguttransporten

Der Transport von Gefahrgütern ist mit einigem zusätzlichen Aufwand verbunden.
So müssen zum Beispiel die Fahrer besonders geschult sein und einen Gefahrgutführerschein (sogenannte ADR-Bescheinigung) besitzen. Zudem muss das Fahrzeug (mit orangefarbenen Warntafeln) besonders gekennzeichnet werden und mit Gefahrgutausrüstung (wie z. B. Feuerlöscher oder Warnzeichen) ausgestattet werden. Die Gefahrgüter selbst müssen mit der richtigen UN-Nummer, das ist eine eindeutige internationale Stoffnummer, sowie mit Gefahrzetteln gekennzeichnet werden. Bei Flüssigkeiten kommen noch Standrichtungspfeile hinzu.

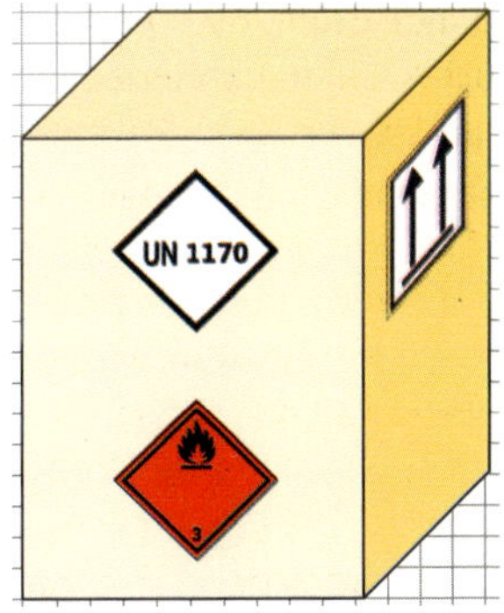

Kennzeichnung von Gefahrgut mit UN-Nummer, Gefahrenzettel und Standrichtungspfeilen

Im Beförderungspapier, z. B. dem Frachtbrief, sind wichtige Informationen zum Gefahrgut einzutragen: die UN-Nummer, die offizielle Bezeichnung des Stoffes und die Nummer der Gefahrzettelmuster.
Außerdem ist auch ein Unfallmerkblatt, eine sogenannte **schriftliche Weisung**, die die wichtigsten Informationen für einen Notfall bereithält, im Fahrerhaus mitzuführen.
Da die Durchführung von Gefahrguttransporten aufgrund der zahlreichen Vorschriften sehr aufwendig sein kann, gibt es einige Freistellungen von diesen Vorschriften, wenn bestimmte Voraussetzungen erfüllt sind.

5.6 Befreiung von den ADR-Vorschriften

Es gibt Möglichkeiten, sich von den Vorschriften für Gefahrguttransporte ganz oder teilweise befreien zu lassen. Diese Freistellungsmöglichkeiten hängen meist von der Menge der beförderten Gefahrgüter ab. Dabei gibt es unter anderem folgende Möglichkeiten:

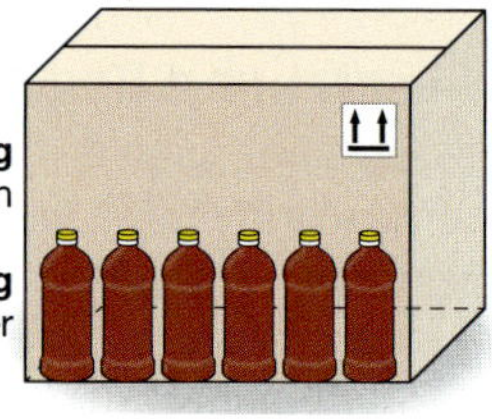

Außen- und Innenverpackungen bei Limited Quantities

- Freistellung bei geringen Mengen Gefahrgut je Versandstück (Limited Quantities)
- Freistellungsmöglichkeiten bei geringen Mengen Gefahrgut je Beförderungseinheit (1 000-Punkte-Regel)
- Freistellungsmöglichkeit von Gefahrgut in freigestellten Mengen (Excepted Quantities)

Freistellung bei geringen Mengen Gefahrgut je Versandstück (Limited Quantities)

Da der Transport von Gefahrgut bei der Freistellung nach Limited Quantities von einigen KEP-Diensten (so auch von der XPressParcel AG) ermöglicht wird, wird diese Freistellungsmöglichkeit im Folgenden zunächst genauer betrachtet.
Gerade bei der Beförderung von Drogerieprodukten wie z. B. Parfum wird diese Erleichterung gerne in Anspruch genommen und ist daher z. B. beim weihnachtlichen Geschenkeversand für Paketdienste sehr relevant.
Bei der Freistellung nach Limited Quantities geht man davon aus, dass die Gefahr eines Gefahrgutes abnimmt, wenn man dieses in viele kleine Einheiten verpackt. Ein Transport in begrenzten Mengen ist nur in zusammengesetzten Verpackungen gestattet, also wenn es eine **Innenverpackung**, wie z. B. eine Flasche, und eine **Außenverpackung**, wie z. B. einen Karton, gibt.
Das Gewicht der Außenverpackung darf dabei 30 kg in keinem Fall überschreiten. Wenn die Außenverpackung ein Tray ist, dürfen 20 kg nicht überschritten werden. Die Höchstmenge der Innenverpackung kann den ADR-Vorschriften, Kapitel 3.2, Tabelle A, Spalte 7a entnommen werden.

UN-Nummer	Benennung und Beschreibung	Klasse	Klassifizierungscode	Verpackungsgruppe	Gefahrzettel	Sondervorschriften	Begrenzte und freigestellte Mengen		Verpackung			ortsbewegliche Tanks und Schuttgut-Container	
									Anweisungen	Sondervorschriften	Zusammenpackung	Anweisungen	Sondervorschriften
	3.1.2	2.2	2.2	2.1.1.3	5.2.2	3.3	3.4/3.5.1.2		4.1.4	4.1.4	4.1.10	4.2.5.2 7.3.2	4.2.5.3
(1)	(2)	(3a)	(3b)	(4)	(5)	(6)	(7a)	(7b)	(8)	(9a)	(9b)	(10)	(11)
1266	PARFÜMERIEERZEUGNISSE mit entzündbaren Lösungsmitteln	3	F1	III	3	163 640E	5 L	E1	P001 IBC03 LP01 R001		MP19	T2	TP1

Auszug aus Tabelle A der ADR-Vorschriften

Quelle: *Bundeskanzlei, Bundeshaus, 3003 Bern: ADR 2015 Tabelle A, Zugriff am 19.04.2016 unter www.astra.admin.ch/themen/schwerverkehr/00246/00406/06810/index.html?lang=de*

Beispiel

Die Parfümerie Müller möchte ihre Kunden per Paketdienst beliefern: es sollen 10 Flacons à 500 ml in Kartons mit einem Bruttogewicht von je 6 kg verschickt werden. Die XPressParcel AG ermöglicht der Parfümerie Müller den Versand von Gefahrgut im Rahmen der Limited-Quantities-Regelung im Rahmen eines Individualvertrages.

Der Sachbearbeiter der XPressParcel AG schaut dafür in der entsprechenden ADR-Tabelle bei Parfümerieerzeugnissen in Spalte 7a nach. Dort findet er den Eintrag 5 L (siehe Tabelle oben). Es dürfen also 5 Liter je Innenverpackung versendet werden. Die Freistellung nach Limited Quantities ist möglich, da weder die 5 Liter je Innenverpackung noch die 30 kg für die Außenverpackung überschritten werden.

Pakete müssen entsprechend als Limited Quantities gekennzeichnet werden. Dazu ist eine Raute mit zwei schwarzen Balken vorgesehen. Bei flüssigen Stoffe, wie es z. B. Parfüm ist, müssen noch Standrichtungspfeile angebracht werden.

Kennzeichnung von Packstücken bei Limited Quantities

Erleichterungen beim Gefahrguttransport nach der Limited-Quantities-Regelung

Die wichtigsten Befreiungen von den ADR-Vorschriften betreffen folgende Punkte:

- Vereinfachte Fahrzeugkennzeichnung (nur bei einer Bruttomasse von über 8 t Gefahrgut und einem Fahrzeug mit einem zulässigen Gesamtgewicht von über 12 t ist eine Kennzeichnung notwendig)
- Der Fahrzeugführer benötigt keinen ADR-Schein (soll aber entsprechend unterwiesen sein).
- Keine speziellen (UN-codierten) Verpackungen notwendig
- Keine schriftlichen Weisungen notwendig
- Kein spezielles Fahrzeug mit entsprechender Ausrüstung notwendig

Beförderung geringer Mengen je Beförderungseinheit (1 000-Punkte-Regel)

Eine weitere Möglichkeit, den Transport von Gefahrgut zu vereinfachen, bietet die 1 000-Punkte-Regel. Nach dieser Regel dürfen Gefahrgüter transportiert werden, bis bestimmte Höchstmengen je Beförderungseinheit (= Kraftfahrzeug ggf. plus Anhänger) erreicht werden. Diese Höchstmengen können anhand von Punkten ermittelt werden. In jedem Fall dürfen 1 000 Punkte je Beförderungseinheit nicht überschritten werden.

Kennzeichnung von Fahrzeugen bei Limited Quantities

Die Höchstmengen variieren je nach Gefährlichkeit des Stoffes. Von einem sehr gefährlichen Stoff darf entsprechend weniger mitgeführt werden als von einem weniger gefährlichen Stoff, da die 1 000 Punkte entsprechend schneller erreicht werden.

Wann die 1 000 Punkte erreicht werden und wie viel jeweils mitgeführt werden darf, kann anhand der folgenden Tabelle ermittelt werden.

Tabelle zur Beförderung geringer Mengen je Beförderungseinheit

Auszug aus Tabelle nach Kapitel 1.1.3.6 „Freistellungen im Zusammenhang mit den Mengen in einer Beförderungseinheit“ (gekürzt und vereinfacht)			
Beförderungskategorie [1]	**Stoffe oder Gegenstände, Verpackungsgruppe, Klassifizierungscode, UN-Nummer**	**Höchstzulässige Gesamtmenge je Beförderungseinheit** [2]	**Faktor** [3]
0	Klasse 1, 1.1 A Klasse 3, UN 3343 Klasse 7, UN 2912 bis 2919	0	–
1	Klasse 1, 1.1 B bis 1.1 J Klasse 4.1, UN 3221 bis 3224 Klasse 5.2, UN 3101 bis 3104	20	50
2	Klasse 1.4 B bis G und 1.6 N Klasse 5.2, UN 3105 bis 3110 Klasse 9, UN 3245	333	3
3	Klasse 2 Gruppen A und O Klasse 8, UN 2794, 2795, 2800, 3028 Klasse 9, UN 2990, 3072	1 000	1
4	Klasse 1. 1.4 S Klasse 4.2, UN 1361 und 1362 Klasse 9, UN 3268	unbegrenzt	0

Quelle: *Baumann, Gerd; Baumgart, Michael; Busker, Werena; Geltinger, Alfred; Jähring, Axel; Kähler, Volker; Lewerenz, Wolfgang; Sanmann, Kay; Schliebner, Inka: Logistische Prozesse, Berufe der Lagerlogistik, 19. Auflage, Köln, Bildungsverlag EINS, 2016, Seite 404 f.*

1 *Jedes Gefahrgut ist einer von fünf Beförderungskategorien (von 0 bis 4) zugeordnet.*

2 *Die Beförderungskategorie gibt vor, bis zu wie viel Kilogramm oder Liter von dem Gefahrgut höchstens befördert werden dürfen: 0, 20, 333, 1 000 oder unbegrenzt viel.*

3 *Werden verschiedene Gefahrgüter transportiert, muss die Gesamtpunktzahl mithilfe der jeweiligen Faktoren berechnet werden. Dazu werden die jeweiligen Gefahrgutmengen mit dem entsprechenden Faktor multipliziert und die Ergebnisse aufsummiert. Überschreitet die Summe die 1 000-Punkte-Grenze nicht, kann der Transport nach dieser Regelung durchgeführt werden.*

Beispiel

Die Blitzfracht GmbH hat Kanister mit insgesamt 200 Litern des Gefahrstoffs TRICHLORETHYLEN (UN 1710, Beförderungskategorie 2) zu befördern. In der Beförderungskategorie 2 können laut Tabelle max. 333 Liter befördert werden. Die Beförderung kann nach der 1 000-Punkte-Regel durchgeführt werden.
Der Absender möchte dann kurzfristig auf dem gleichen Transport noch einen weiteren Gefahrstoff von der Blitzfracht GmbH befördern lassen: 5 kg eines PESTIZIDS (UN 2588, Beförderungskategorie 1). Jetzt muss die Gesamtpunktzahl anhand des Faktors für die jeweilige Beförderungskategorie ermitteln werden:

Stoff	Beförderungskategorie	Faktor	Menge	Punkte (Faktor · Menge)
TRICHLORETHYLEN	2	3	200	600
PESTIZID	1	50	7	350
			Summe:	**950**

Der Transport kann entsprechend der 1 000-Punkte-Regel durchgeführt werden, die Summe überschreitet nicht die 1 000-Punkte-Grenze.

Erleichterungen bei einem Gefahrguttransport nach der 1 000-Punkte-Regel

Die wichtigsten Erleichterungen von den ADR-Vorschriften im Rahmen der 1 000-Punkte-Regel betreffen folgende Sachverhalte:

- Keine Fahrzeugkennzeichnung
- Kein geschulter Fahrzeugführer (ADR-Schein)
- Keine schriftlichen Weisungen
- Kein spezielles Fahrzeug mit entsprechender Ausrüstung (außer einem Feuerlöscher)

Die 1 000-Punkte-Regel ermöglicht zwar einen vereinfachten Gefahrguttransport, einige Punkte sind aber dennoch zu berücksichtigen:

- UN-geprüfte Verpackungen
- Gefahrzettel und UN-Nummer auf dem Versandstück
- Rauchverbot für den Fahrer
- Zusammenladeverbote und Trenngebote sind zu beachten

5.7 Zusammenladeverbote

Da einige Gefahrstoffe zum Teil sehr stark miteinander reagieren können, ist das Zusammenladen einiger Gefahrstoffe verboten. Insbesondere für explosive Gefahrgüter gelten strenge Zusammenladeverbote.
Folgende Tabelle gibt eine Übersicht, welche Gefahrgüter zusammen bzw. nicht zusammen geladen werden dürfen. Entscheidend ist dabei die Nummer des Gefahrzettels: Versandstücke mit unterschiedlichen Gefahrzetteln dürfen nur zusammen verladen werden, wenn die Zusammenladung nach folgender Tabelle (Kapitel 7.5.2.1 des ADR) erlaubt ist.

Gefahrzettel	1	1.4	1.5	1.6	2.1, 2.2, 2.3	3	4.1	4.1 + 1	4.2	4.3	5.1	5.2	5.2 + 1	6.1	6.2	7A, 7B, 7C	8	9
1	siehe Unterabschnitt 7.5.2.2 (Erläuterung hierzusiehe unten)										d)							b)
1.4					a)	a)	a)		a)	a)	a)	a)		a)	a)	a)	a)	a), b), c),
1.5																		b)
1.6																		b)
2.1, 2.2, 2.3		a)			X	X	X		X	X	X	X		X	X	X	X	X
3		a)			X	X	X		X	X	X	X		X	X	X	X	X
4.1		a)			X	X	X		X	X	X	X		X	X	X	X	X
4.1 + 1								X										
4.2		a)			X	X	X		X	X	X	X		X	X	X	X	X
4.3		a)			X	X	X		X	X	X	X		X	X	X	X	X
5.1		a)			X	X	X		X	X	X	X		X	X	X	X	X
5.2		a)			X	X	X		X	X	X	X	X	X	X	X	X	X
5.2 + 1		d										X	X					
6.1		a)			X	X	X		X	X	X	X		X	X	X	X	X
6.2		a)			X	X	X		X	X	X	X		X	X	X	X	X
7A, 7B, 7C		a)			X	X	X		X	X	X	X		X	X	X	X	X
8		a)			X	X	X		X	X	X	X		X	X	X	X	X
9	b)	a), b), c)	b)	b)	X	X	X		X	X	X	X		X	X	X	X	X

X = Zusammenladung zugelassen

a) = Zusammenladung mit Stoffen und Gegenständen der Verträglichkeitsgruppe 1.4S zugelassen

b) = Zusammenladung von Gütern der Klasse 1 mit Rettungsmitteln der Klasse 9 (UN-Nummern 2990, 3072 und 3268) zugelassen.

c) = Zusammenladung von Sicherheitseinrichtungen, pyrotechnisch, der Unterklasse 1.4 Verträglichkeitsgruppe G (UN-Nummer 0503) mit Sicherheitseinrichtungen, elektrische Auslösung, der Klasse 9 (UN-Nummer 3268) zugelassen

d) = Zusammenladung von Sprengstoffen (ausgenommen UN 0083 Sprengstoff Typ C) mit Ammoniumnitrat (UN-Nummern 1942 und 2067), Alkalimetall-Nitraten und Erdalkalimetall-Nitraten zugelassen (...)

***Quelle:** Bundeskanzlei, Bundeshaus, 3003 Bern: ADR 2015 Teil 7, Zugriff am 19.04.2016 unter www.astra.admin.ch/themen/schwerverkehr/00246/00406/06810/index.html?lang=de*

Vorsichtsmaßnahmen für Nahrungs-, Genuss- und Futtermittel

Bei gefährlichen Gütern mit einer Gefahrzettel-Nr. 6.1 (giftige Stoffe), 6.2 (ansteckungsgefährliche Stoffe) oder 9 (verschiedene gefährliche Stoffe) müssen beim Transport mit Nahrungs-, Genuss- und Futtermitteln besondere Vorsichtsmaßnahmen getroffen werden.
Sollen diese Gefahrgüter zusammen mit Nahrungs-, Genuss- oder Futtermitteln verladen werden, so sind sie von diesen sicher zu trennen durch:

1. eine vollwandige Trennwand, die mindestens so hoch ist wie die Versandstücke mit dem Gefahrgut, oder
2. eine Trennung durch risikolose Versandstücke oder
3. durch einen Abstand von mindestens 0,80 m.

Stattdessen ist es aber auch möglich, die Gefahrgüter zusätzlich zu verpacken oder vollständig abzudecken, zum Beispiel mithilfe von Folie oder Stülpkartons.

Zusammenfassung

Von Gefahrgut spricht man beim außerbetrieblichen Transport gefährlicher Stoffe.

Auch alltägliche Gegenstände, wie z. B. Parfümflakons oder Lithiumbatterien, können Gefahrgut sein.

Gefahrgüter sind in neun Gefahrgutklassen entsprechend ihren Gefährlichkeitsmerkmalen eingeteilt, in Klasse 1 werden z. B. alle explosiven Stoffe zusammengefasst.

Bei Gefahrguttransporten ist auf Sorgfalt und Einhaltung aller Sicherheitsvorschriften zu achten, da die Folgen von Gefahrgutunfällen verheerend sein können.

Insbesondere ist auf einen reibungslosen Informationsaustausch zwischen allen Beteiligten und auf eine korrekte Kennzeichnung der Sendungen zu achten.

Gefahrguttransporte werden im Gefahrgutbeförderungsgesetz und in verschiedenen Verordnungen und Vorschriften (insbesondere ADR, GGVSEB, IATA-DGR, IACO-TI) geregelt.

Gefahrguttransporte unterliegen strengen Vorschriften, diese können durch Freistellungen wie der Limited-Quantities-Regelung oder der 1 000-Punkte-Regel vereinfacht werden.

Sind verschiedene Gefahrgüter zu verladen, sind Zusammenladeverbote zu beachten. Werden Gefahrgüter zusammen mit Nahrungs-, Genuss- und Futtermitteln verladen, müssen diese durch geeignete Sicherheitsmaßnahmen geschützt werden.

Aufgaben

1. Worin besteht der Unterschied zwischen Gefahrgütern und Gefahrstoffen?

2. Nennen Sie fünf Beispiele für alltägliche Güter, die Gefahrgüter sein können.

3. Welches Dokument muss ein Fahrer besitzen und mitführen, wenn er einen Gefahrguttransport durchführen möchte?

4. Sie entdecken folgendes Zeichen auf einem Paket. Welche Bedeutung hat es?

5. Die Blitzfracht GmbH hat heute einen Transportauftrag erhalten, bei dem drei verschiedene Gefahrgüter zu transportieren sind. Der Auftrag soll – wenn möglich – nach der 1 000-Punkte-Regel durchgeführt werden.
Prüfen Sie mithilfe der Tabelle, ob der Transport entsprechend der 1 000-Punkte-Regel durchgeführt werden kann. Folgende Gefahrgüter sind zu transportieren:

   - Kerosin, UN 1223, 1 Fass mit 200 Litern, Beförderungskategorie 3
   - Benzin, UN 1203, 10 Kanister mit insgesamt 200 Litern, Beförderungskategorie 2
   - Diesel, UN 1202, 1 Fass mit 200 Litern, Beförderungskategorie 3

Stoff	Beförderungskategorie	Faktor	Menge	Punkte (Faktor · Menge)
			Summe:	

6 Auslandssendungen bearbeiten

Einstiegssituation

Karl ist noch immer in der Auftragsannahme der XPressParcel AG tätig. Mittlerweile hat er zahlreiche Erfahrungen gesammelt und erledigt seine Arbeit selbstständig.
Heute ruft ein Händler an, der seine Waren im Internet nun auch weltweit anbietet und diese per Post- und Paketsendungen auch weltweit verschicken möchte. Das Auftragsvolumen ist momentan noch gering.
Da er noch keine sichere Zahlungsweise für seine internationalen Kunden anbieten kann, möchte der Händler wissen, ob Nachnahmesendungen im internationalen Versand möglich sind.
Außerdem möchte er von Karl wissen, in welchem Fall er seine Sendung vor der Ausfuhr beim Zoll anmelden muss.

Handlungsaufträge

1 Ermitteln Sie anhand der Unternehmensbeschreibung der XPressParcel AG, ob Nachnahmesendungen im internationalen Versand möglich sind.
2 Klären Sie, in welchen Fällen eine Ausfuhranmeldung beim Zoll vonnöten ist.

6.1 Grenzüberschreitender Handel durch KEP-Dienste

Vor dem Hintergrund der stetigen Erweiterung der Europäischen Union und der fortschreitenden Globalisierung spielt der internationale Versand für KEP-Dienste eine wachsende Rolle. Bei den internationalen Sendungen rechnen die KEP-Unternehmen laut einer Studie des Bundesverbandes Paket und Expresslogistik daher mit einem Anstieg um 8,3 % pro Jahr bis zum Jahr 2019. Der grenzüberschreitende Onlinehandel spielt dabei eine wesentliche Rolle.
Die meisten KEP-Dienste haben die Welt in Zonen eingeteilt, nach denen sich die Preise und Laufzeiten für ihre Dienstleistungen bemessen. Zudem muss beachtet werden, dass viele Zusatzleistungen nur national und nicht international angeboten werden.
Viele KEP-Dienste bieten beim internationalen Versand auch die Abwicklung der mit dem internationalen Versand verbundenen Services wie die Verzollung oder die Erstellung von Dokumenten an. Daher reichen für eine gute Kundenberatung umfassende Kenntnisse der eigenen AGB alleine nicht aus, sondern es sind auch Kenntnisse über gesetzliche Ein- und Ausfuhrbestimmungen nötig.

6.2 Warenverkehr innerhalb der EU

Die Europäische Union ist ein Wirtschaftsraum, in dem der **Warenverkehr grundsätzlich frei** ist. Allerdings gibt es hiervon einige Ausnahmen. So kann der Warenverkehr von z. B. gefälschten Waren (Marken- und Produktpiraterie), Schriften oder Medien mit jugendgefährdenden oder verfassungswidrigen Inhalten oder auch bestimmte gefährliche Chemikalien eingeschränkt bzw. verboten werden.

Außerdem wird auf viele Genussmittel innerhalb der EU eine sogenannte Verbrauchssteuer erhoben, insbesondere auf alkoholische Getränke, Tabakwaren oder Kaffee. Daher werden oftmals bei der Einfuhr von Waren aus anderen EU-Staaten Verbrauchssteuern fällig. Aus diesen Gründen kann es durchaus sein, dass auch Sendungen aus einem anderen EU-Staat vom Zoll kontrolliert werden. Beim Versand von Waren innerhalb der EU gibt es keine Zollformalitäten zu beachten. Allerdings ist es auch hier möglich, dass die Sendungen im Zielland aus den gleichen Gründen vom Zoll überprüft werden. Daher ist es ratsam, die Einfuhrbestimmungen des Ziellandes zu kennen.

Merke:

Für Mitarbeiter von KEP-Diensten ist es im Hinblick auf Auslandssendungen wichtig zu wissen, welche Länder zur Europäischen Union gehören.

6.3 Einfuhr von Waren aus Drittländern (Postsendungen, Internetbestellungen)

Durch den zunehmenden grenzüberschreitenden Internetversandhandel gehören Zollangelegenheiten auch für Paketdienste immer mehr zum Alltag. **Einfuhrabgaben** sind grundsätzlich nur zu entrichten, wenn Waren aus **Drittländern** stammen. Drittländer sind Länder, die nicht zur Europäischen Union gehören wie z. B. Russland, die Schweiz oder die USA.

Zoll

Unter Zoll versteht man eine Abgabe, die erhoben wird, wenn Handelswaren eine Zollgrenze überqueren, also z. B. wenn Waren **in die Europäische Union importiert** werden. Zölle dienen in erster Linie dazu, inländische Wirtschaftszweige und Industrien vor ausländischer Konkurrenz zu schützen (Schutzzoll). Durch den Zoll werden die billigen importieren Waren teurer und die inländischen Waren bleiben dadurch konkurrenzfähig. Darüber hinaus nimmt der Staat durch die Erhebung der Zollgebühren Geld ein (Finanzzoll).
Die Höhe des erhobenen Zolls hängt von der Art der Ware ab (Schuhe haben einen anderen Zollsatz als DVD-Player), vom Herkunftsland (Schuhe aus der Schweiz haben einen anderen Zollsatz als Schuhe aus Hongkong) und vom Material (Lederschuhe haben einen anderen Zollsatz als Stoffschuhe) und schließlich vom Preis der Ware.

Einfuhrumsatzsteuer

Neben dem Zoll muss bei der Einfuhr von Waren die Einfuhrumsatzsteuer entrichtet werden. Diese **entspricht der Umsatzsteuer**, die beim Verkauf von Waren und Dienstleistungen in Deutschland anfällt. Auch die Einfuhr von Waren aus dem Ausland unterliegt der Umsatzsteuer, die als **Einfuhrumsatzsteuer** bezeichnet wird. Ebenso wie die Umsatzsteuer beträgt die Einfuhrumsatzsteuer 19 % bzw. 7 % beim ermäßigten Satz (z. B. für Bücher).
Die Einfuhrumsatzsteuer wird nicht nur auf den Warenwert fällig, sondern auf den Gesamtpreis mit Versandkosten und Zollgebühren.

Verbrauchssteuern

Auf hoch versteuerte Waren, wie z. B. die bereits genannten Genussmittel Alkohol oder Zigaretten, werden beim Import genauso wie auf inländische Waren Verbrauchssteuern erhoben. Diese können neben dem Zoll und der Einfuhrumsatzsteuer bei der Einfuhr zusätzlich noch anfallen. So gibt es in Deutschland eine Kaffeesteuer, die für Röstkaffee 2,19 €/kg und 4,78 €/kg für löslichen Kaffee beträgt und z. B. bei einer Einfuhr aus den Niederlanden anfällt.

Freigrenzen

Für die Zollgebühren, die Einfuhrumsatzsteuer und die Verbrauchssteuer gibt es jedoch Freigrenzen, die in folgender Tabelle zusammengefasst sind:

Die folgenden Einfuhrabgaben können für Ihre Ware erhoben werden:

ZOLL **Zoll:** Jede Ware hat einen eigenen Zollsatz.

EUSt **Einfuhrumsatzsteuer:** Entspricht der Mehrwertsteuer in Höhe von 7 % oder 19 %

VSt **Verbrauchsteuern:** Werden auf hochsteuerbare Waren wie Alkohol, Tabakwaren und Kaffee erhoben.

1. **Gesamtwert der Sendung bis 22,00 €** ~~ZOLL~~ ~~EUSt~~ VSt
2. **Gesamtwert der Sendung über 22,00 € bis 150,00 €** ~~ZOLL~~ EUSt VSt
3. **Gesamtwert der Sendung über 150,00 €** ZOLL EUSt VSt

Private Geschenksendungen (von privat an privat) mit einem Wert von bis zu 45,00 € sind zollfrei. Liegt der Warenwert zwischen 45,00 € und 700,00 €, ist eine vereinfachte Abgabenberechnung mit sogenannten „pauschalierten Abgabensätzen“ (im Normalfall in Höhe von 17,5 % des Warenwertes) möglich.

Beispiel

Christian kauft einen MP3-Player im Internet aus einem Nicht-EU-Staat mit einem Wert von 250,00 €. Der Zollsatz beträgt 2 %, die Einfuhrumsatzsteuer 19 %. Verbrauchssteuern werden nicht fällig. In diesem Fall muss Christian 53,45 € an Einfuhrabgaben entrichten.

	Bemessungsgrundlagen	Abgabensätze	Einfuhrabgaben
Zoll	250,00 €	· 2 % =	5,00 €
	+5,00 € ←		
Vst	Warenmenge	· Verbrauchsteuersatz =	+ Verbrauchsteuerbetrag
	+ Verbrauchsteuerbetrag ←		
EUSt	= 255,00 €	· 19 % =	+ 48,45 €
			= 53,45 €

Muss Christian Versandkosten für den MP3-Player zahlen, sind sie entsprechend in den Zollwert einzubeziehen.

Zustellung importierter Postsendungen

Der Zoll informiert auf seiner Internetseite www.zoll.de ausführlich über alle Zollangelegenheiten und auch über Postsendungen aus Drittländern:

„Postsendungen aus einem Drittland können durch den Zusteller direkt an den Empfänger ausgeliefert werden, wenn

- keine Abgaben entstehen und die Sendung keine Waren enthält, die Einfuhrverboten und Beschränkungen unterliegt, oder
- Abgaben entstehen, aber keine Waren enthalten sind, die Verbote und Beschränkungen unterliegen oder besondere Genehmigungspflichten erfordern **und**
- der Sendung eine vollständig und korrekt ausgefüllte Zollinhaltserklärung (CN 22 oder CN 23) und möglichst eine an der Außenseite angebrachte Rechnung beigefügt ist.

In allen anderen Fällen leitet die Deutsche Post AG die Sendung an das für den Wohnort zuständige Zollamt weiter und benachrichtigt Sie [den Empfänger] schriftlich darüber. Dieses Benachrichtigungsschreiben enthält das zuständige Zollamt sowie weitere Informationen zu den fehlenden Angaben und/oder Unterlagen. Sie können bei dem zuständigen Zollamt nun selbst fehlende Unterlagen nachreichen und die Abfertigung durchführen. Alternativ können Sie sich von der Deutschen Post AG vertreten lassen. Hierfür senden Sie das Benachrichtigungsschreiben und die fehlenden Unterlagen an das zuständige Zollamt. [...]“

__Quelle:__ Generalzolldirektion – Leitungsstab Öffentlichkeitsarbeit: Zoll und Post, Internethandel, Postsendungen aus dem Ausland, Zugriff am 19.04.2016 unter www.bundesfinanzministerium.de/Content/DE/Downloads/Broschueren_Bestellservice/2015-03-09-zoll-und-post.pdf

Abholung der Sendung bei einem Zollamt

Ist eine Zustellung durch den Zusteller nicht möglich, z. B. weil die Waren nicht richtig deklariert wurden und Einfuhrabgaben fällig werden, werden die Sendungen an ein Zollamt weitergeleitet. Von dort muss der Empfänger sie mit fehlenden Unterlagen, wie Rechnungen oder Zahlungsbelegen, abholen. Die Sendungen sollten recht zügig abgeholt werden, da sie nur 14 Tage bei den Zollämtern gelagert und anschließend an den Versender zurückgeschickt werden. Die Abholung und Verzollung kann auch durch einen KEP-Dienstleister erfolgen.

6.4 Ausfuhr von Waren in Drittländer (Postsendungen, Internetbestellungen)

Wenn die Sendungen keinen Verboten, Beschränkungen oder sonstigen Formalitäten unterliegen, können Postsendungen grundsätzlich problemlos in ein Drittland versendet werden. Allerdings darf der Wert kommerzieller Sendungen 1 000,00 € nicht überschreiten. Werden diese Voraussetzungen eingehalten, reichen die unten aufgeführten **Zollinhaltserklärungen** CN 22 oder CN 23 und die Sendung kann ohne Weiteres versendet werden.

Sollte die Sendung allerdings nicht diese Voraussetzungen erfüllen, weil sie z. B. einen höheren Wert hat oder Ausfuhrbeschränkungen unterliegt, so ist die Sendung beim Zoll anzumelden (dazu mehr im Kapitel 6.6, Dokumente und Papiere im internationalen Versand).

6.5 Ein- und Ausfuhrbeschränkungen

Exportgeschäfte können aufgrund von **Embargos** verboten sein. Embargos sind Exportbeschränkungen, die aus politischen Gründen angeordnet werden. So gibt es länderbezogene Embargos wie z. B. gegen Nordkorea, warenbezogene Embargos wie z. B. das Ausfuhrverbot von Folterwerkzeugen und personen- bzw. organisationsbezogene Embargos wie z. B. gegen Mitglieder von Terrororganisation wie Al-Qaida.

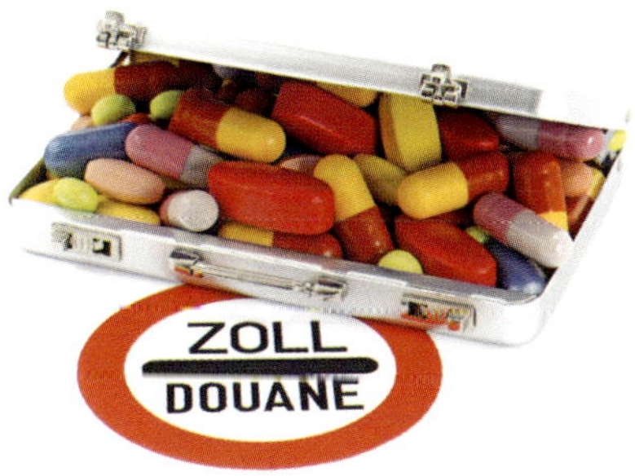

Darüber hinaus kann die Ein- und Ausfuhr bestimmter Waren Verboten und Beschränkungen unterliegen. Offensichtlich ist, dass z. B. bestimmte Waffen nicht einfach von Privatpersonen ohne Genehmigung eingeführt werden dürfen. Doch auch alltäglichere Gegenstände können Beschränkungen unterliegen. So können z. B. im Ausland frei verkäufliche Nahrungsergänzungsmittel in Deutschland als Medikamente eingestuft und die Einfuhr durch Privatpersonen verboten sein.

Exkurs

Exkurs: Der Zoll und das Briefgeheimnis

Der Zoll darf Postsendungen trotz des Brief- und Postgeheimnisses öffnen, um den Inhalt zu kontrollieren. Für den Zoll gilt also eine Ausnahme im Hinblick auf das Brief- und Postgeheimnis. Dies ist nötig, damit der Zoll prüfen kann, ob die Sendung richtig deklariert und alle Einfuhrabgaben gezahlt wurden. Zudem wird geprüft, ob verbotene Waren wie Rauschgifte oder Waffen enthalten sind. Festgestellte Verstöße werden der Staatsanwaltschaft zwecks Strafverfolgung weitergeleitet.

Vom Zoll beschlagnahmte Drogenpakete

6.6 Dokumente und Papiere im internationalen Versand

6.6.1 Zollinhaltserklärung

Alle Sendungen in Länder außerhalb der EU, die Waren enthalten, müssen auf der Aufschriftenseite eine sorgfältig ausgefüllte Zollinhaltserklärung **CN23** oder **CN22** tragen, auch dann, wenn die Warenlieferung kostenlos erfolgt (z. B. bei kostenlosen Mustern oder Proben).
Bei höherwertigen Waren mit einem Warenwert von mehr als 300 SZR (momentan ca. 340,00 €) ist die Zollinhaltserklärung CN23 zu verwenden, für geringwertige Güter bis 300 SZR[1] reicht die einfach auszufüllende Zollinhaltserklärung CN22.
Beim Versand von Sendungen außerhalb der EU hat der Absender die Einfuhr- und Zollvorschriften des Ziellandes zu beachten.

1 *Ein Sonderziehungsrecht (SZR) ist eine künstliche Währung, die international als Zahlungsmittel verwendet werden kann. Der Wechselkurs eines Sonderziehungsrechts richtet sich nach den fünf international wichtigsten Währungen (amerikanischer Dollar, japanischer Yen, Euro, britisches Pfund und chinesischer Renmimbi).*

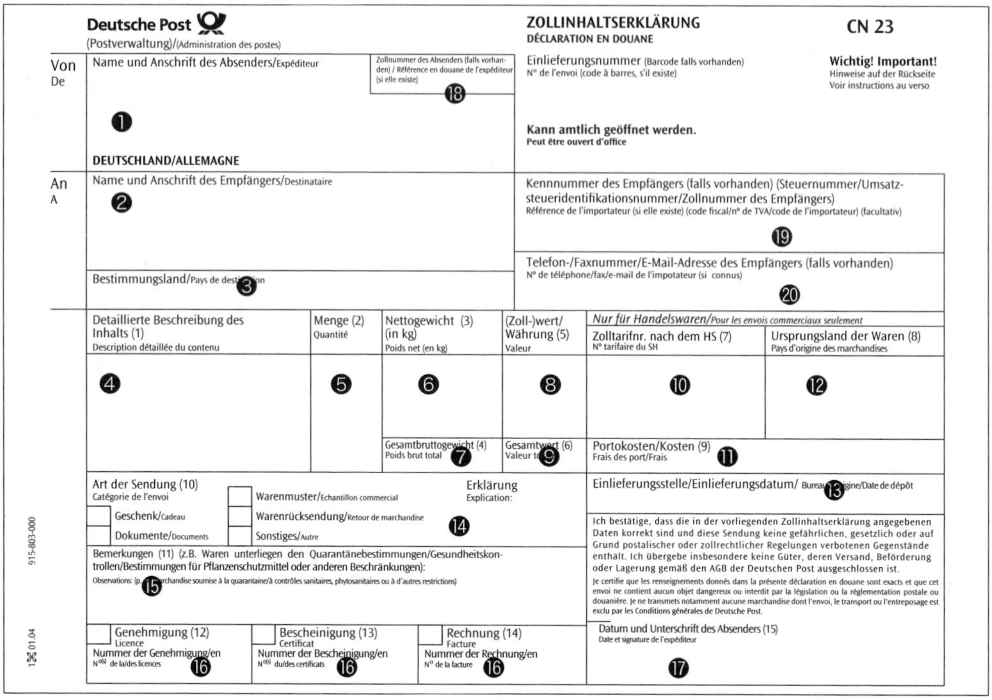

❶	Name und Anschrift des Absenders	❷	Name und Anschrift des Empfängers
❸	Bestimmungsland	❹	Genaue Bezeichnung jeder einzelnen Ware der Sendung. Oberbegriffe wie Kleidung sind zu ungenau, ausreichend genau wäre z. B. Jeanshose aus Baumwolle.
❺	Menge jeder einzelnen Ware	❻	Gewicht jeder einzelnen Ware in kg
❼	Gesamtbruttogewicht der Sendung in kg (einschl. Verpackung der Sendung)	❽	Wert der einzelnen Waren mit Angabe der Währungseinheit
❾	Gesamtwert der Waren mit Angabe der Währungseinheit	❿	Zolltarifnummer (auch Warennummer)
⓫	Portokosten	⓬	Ursprungsland (Land, in dem eine Ware hergestellt wurde) jeder einzelnen Ware
⓭	Ort und Tag der Einlieferung	⓮	Art der Sendung z. B. Geschenke oder Dokumente
⓯	Bemerkungen wie z. B. über Quarantänebestimmungen	⓰	Beigefügte Papiere: Genehmigung, Bescheinigung und Rechnung
⓱	Datum und Unterschrift	⓲	Zollnummer (EORI-Nummer) des Absenders (falls vorhanden). Dient zur eindeutigen Identifikation von Unternehmen bei der Erledigung von Zollformalitäten.
⓳	Steuernummer, Umsatzsteuer-Identifikationsnummer oder Zollnummer des Empfängers (falls vorhanden)	⓴	Telefon- oder Faxnummer bzw. E-Mail-Adresse des Empfängers

Zollinhaltserklärung CN 23 für Sendungen mit einem Wert von bis zu ca. 340,00 €

6.6.2 Handelsrechnung

Sendungen mit Handelswaren muss immer eine Handelsrechnung beigefügt werden, aus der der Wert der Waren hervorgeht. Die Handelsrechnung bildet die **Grundlage für die Verzollung** bei Nicht-EU-Geschäften. Die Handelsrechnung ist in einer Folientasche einzulegen und an der Sendung zu befestigen. Auf den Internetseiten der großen KEP-Dienste gibt es Onlineformulare zur Erstellung von Handelsrechnungen.

Commercial Invoice/ Handelsrechnung

Sent by/ Versenderadresse

Phone/Tel.:
Fax:
VAT number/USt-ID:

Sent to/ Empfängeradresse

Phone/Tel.:
Fax:
VAT number/USt-ID:

Invoice no./Rechnungsnr.
Terms of Delivery/Frankatur
Movement Certificate/ Warenverkehrsbescheinigung
EORI

Detailed Description of Goods/Warenbezeichnung	Customs Commodity Code/Warentarifnummer	QTY/ Menge	Country of Origin/Ursprungsland	Unit Value and Currency/Stückpreis und Währung	Sub-total/ Zwischensumme

Total Value and Currency/ Gesamtwert und Währung	
Total gross Weight/ Bruttogesamtgewicht	Total net Weight/ Nettogesamtgewicht

I declare that the above information is true and correct to the best of my knowledge.

Ich erkläre, dass die obenstehenden Angaben der Wahrheit entsprechen.

Date/Datum Signature/Unterschrift

Company Stamp/Firmenstempel

Name/Klarschrift

Declaration of origin/Ursprungserklärung
The exporter of the products covered by this document declares that, except where otherwise clearly indicated, these products are of ____________ (country) preferential origin.

Der Ausführer der Waren, auf die sich dieses Handelspapier bezieht, erklärt, dass diese Waren, soweit nicht anders angegeben, präferenzbegünstigte ____________ (Land) Ursprungswaren sind.

Place and Date/Ort und Datum Name/Klarschrift

Signature/Unterschrift

Handelsrechnungen sind der Sendung beim Versand von Handelswaren immer beizufügen

6.6.3 Weitere Zollpapiere

Für Waren, die keinen Handelswert haben, wie z. B. kostenlose Sendungen von Mustern oder Ersatzteilen, wird anstelle einer Handelsrechnung eine **Proformarechnung** beigefügt. Sie stellt nicht – wie eine normale Rechnung – eine Zahlungsaufforderung an den Empfänger dar, sondern dient nur zu Zollzwecken. Dem Zoll kann mit einer Proformarechnung zwecks Bestimmung des Zollwertes der Wert der Waren nachgewiesen werden.
Ein weiteres wichtiges Dokument im Außenhandel ist das **Ursprungszeugnis**. Es handelt sich um eine Urkunde, die offiziell den Ursprung, d. h. das Produktionsland, der Ware bestätigt. Ursprungszeugnisse werden z. B. von der Industrie- und Handelskammer ausgestellt und dienen u. a. der Überwachung von Importbeschränkungen.
Die EU hat mit einigen Ländern Zollabkommen abgeschlossen, sodass beim Im- und Export mit diesen Ländern verringerte oder sogar gar keine Zölle anfallen. Mit einem Präferenznachweis kann der Ursprung der Ware nachgewiesen werden, sodass die vergünstigten Zölle in Anspruch genommen werden können. Als Präferenznachweise dienen z. B. von der Zollverwaltung ausgestellte **Warenverkehrsbescheinigungen** (EUR.1 oder EUR.MED). Für Sendungen mit einem Warenwert von bis 6 000,00 € reicht eine **Ursprungserklärung**, die vereinfacht ohne die Zollbehörde erstellt werden kann.
Das **Gesundheitszeugnis** ist eine amtliche Bescheinigung (z. B. von einem Amtstierarzt) dafür, dass importierte Pflanzen oder Tiere bzw. bestimmte pflanzliche oder tierische Erzeugnisse frei von Krankheiten oder Erregern sind.
Für alle kommerziellen Postsendungen mit einem Warenwert von über 1 000,00 € (oder 1 000 kg) ist vorab eine **elektronische Ausfuhranmeldung** beim Zoll erforderlich. Die Anmeldung erfolgt online beim Zoll (ATLAS oder IAA + Verfahren). Nach der Anmeldung erhält man vom Zoll das für den Export benötigte Ausfuhrbegleitdokument (ABD) inklusive Movement Reference Number (MRN). Das Ausfuhrbegleitdokument wird mit den anderen Versandunterlagen in die Versandtasche eingelegt, die Movement Reference Number wird leicht erkennbar an dem Paket angebracht.

6.7 Incoterms® – International Commercial Terms

Auslandsgeschäfte sind meist schwieriger abzuwickeln als Inlandsgeschäfte. Unterschiedliche Sprachen, Rechtssysteme und Handelsbräuche können dabei zu Schwierigkeiten führen. Außerdem sind die Transportwege meistens deutlich länger, das Transportrisiko und die Transportkosten meist deutlich höher.
Um einheitliche und verbindliche Regelungen beim Transport der Waren über Ländergrenzen hinweg sicherzustellen, wurden von der Internationalen Handelskammer die sogenannten Incoterms® erarbeitet. Dabei handelt es sich um internationale Handelsbedingungen, die die Aufteilung von **Transportkosten** und **Transportrisiko** zwischen Käufer und Verkäufer im internationalen Handel regeln. Wenn sich Verkäufer und Käufer im Kaufvertrag auf die Verwendung der Incoterms einigen, werden diese dadurch verbindlich.

Beispiel

Die Grote GmbH aus Köln verkauft Maschinenteile an die Firma Washington Machines Ltd. (Vereinigte Staaten) und vereinbart die Incoterms® FOB Hamburg. Die Abkürzung FOB bedeutet „Free on Board", zu Deutsch „Frei an Bord". Laut dieser Klausel muss die Grote GmbH als Verkäuferin alle Kosten sowie das Risiko tragen, bis sich die Ware an Bord des Schiffes im Hamburger Hafen befindet. Entsprechend trägt die Firma Washington Machines Ltd. alle Kosten sowie das Risiko vom Hamburger Hafen bis zum eigenen Werk in Washington.

Die folgende Übersicht zeigt für die verschiedenen Incoterms® den jeweiligen Kosten- und Gefahrenübergang.

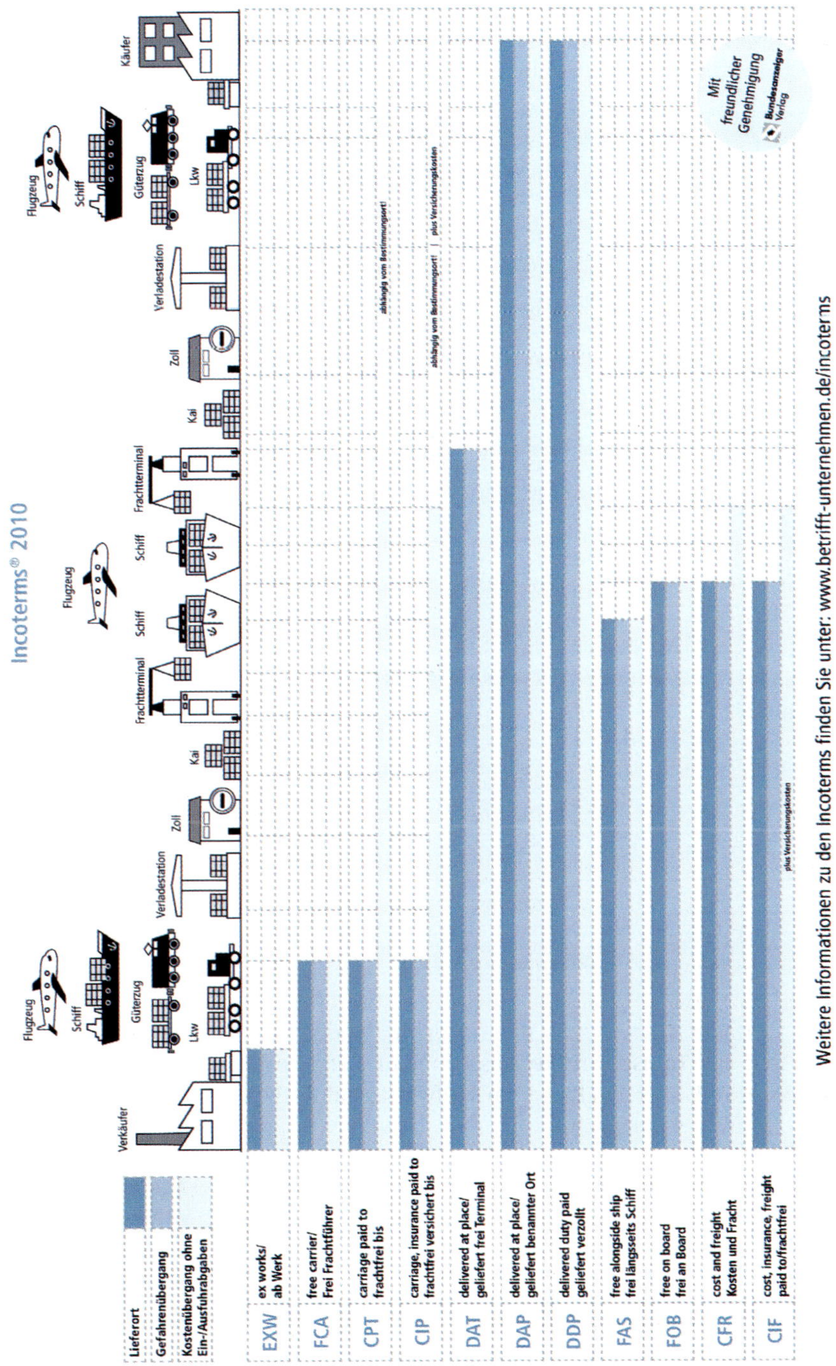

Quelle: Bundesanzeiger Verlag GmbH, Köln

6.8 Internationale Postvermerke und weitere wichtige fremdsprachige Begriffe

Die Amtssprache des Weltpostvereins ist Französisch. So kommt es, dass im internationalen Postverkehr neben englischen häufig französische Begriffe genutzt werden. Einige häufig genutzte fremdsprachige Vermerke und Begriffe sollte man als KEP-Mitarbeiter daher in englischer und französischer Sprache kennen. Hier eine kleine Auswahl entsprechender Begriffe:

Deutsch	Französisch	Englisch
Absender	Expéditeur	Sender
Adresse existiert nicht	Adresse inexistante	Inexistent address
Adresse unzureichend	Adresse incorrecte	Incomplete address
Annahme verweigert	Refusé	Refused
Anschrift unvollständig	Adresse insuffisante	Insufficient address
Brief	Lettre	Letter
Eigenhändig	À remettre en main propre	Delivery to addressee only
Eilsendung	Exprès	Express delivery
Einschreiben	Recommandé	Registered mail
Empfänger	Destinataire	Recipient/Adressee
Empfänger unbekannt	Destinataire inconnu	Addressee unknown
Luftpost	Par avion/Prioritaire	Airmail
Nicht abgeholt	Non réclamé	Unclaimed
Per Nachnahme	Envoi contre remboursement	C.O.D. (Cash on Delivery)
Postkarte	Carte postale	Postcard
Rückschein	Avis de réception	Return receipt
Unbekannt	Inconnu	Unknown
Unter dieser Anschrift unbekannt	Inconnue à cette adresse	Unknown at this address
Verstorben	Décédé	Deceased
Verzogen	Déménagé	Moved
Zurück	Retoure	Return

Zusammenfassung

Der grenzüberschreitende Warenverkehr mithilfe von KEP-Diensten ist in den letzten Jahren stetig gewachsen.

Der Warenverkehr innerhalb der EU ist grundsätzlich frei.

Einfuhrabgaben setzen sich aus dem Zoll, der Einfuhrumsatzsteuer und ggf. einer Verbrauchsteuer zusammen, wobei Freigrenzen zu berücksichtigen sind.

Zollsendungen können entweder direkt durch den Zusteller zugestellt werden – wenn es keinerlei Probleme mit dem Zoll gibt – oder müssen vom Empfänger bei der zuständigen Zollstelle mit zusätzlichen Belegen abgeholt werden.

Bei Sendungen mit geringem Wert reichen die Zollinhaltserklärung CN 22 bzw. CN 23 als Dokumente aus, bei Handelswaren ist immer auch eine Handelsrechnung nötig. Ab 1 000,00 € ist eine Ausfuhranmeldung beim Zoll notwendig.

Die Ein- und Ausfuhr von Waren kann aufgrund von Embargos beschränkt werden.

Die Incoterms® regeln die Aufteilung der Transportkosten und des Transportrisikos im internationalen Warenhandel.

Aufgaben

1. Was versteht man (zollrechtlich) unter einem Drittstaat bzw. Drittland?
2. Wann nutzt man eine CN22-und wann eine CN23-Zollinhaltserklärung?
3. In welchen Fällen wird eine eingeführte Sendung nicht zugestellt, sondern muss vom Empfänger beim Zoll abgeholt werden?
4. Wie sind die Kosten und der Gefahrenübergang bei folgenden Incoterms®-Klauseln geregelt?
   a. Ex works
   b. Delivered duty paid

7 Sendungsbegleitende Dokumente und Papiere

Einstiegssituation

Der Kunde Play-Gut KG möchte Sendungen zu zwei Spielwarenmessen mit der Blitzfracht GmbH versenden.
Die erste Sendung mit zwei Europaletten Spielwaren soll von Hamburg nach Nürnberg transportiert werden.
Die zweite Sendung mit drei Europaletten Spielwaren soll von Hamburg nach Paris befördert werden.
Der Kunde möchte wissen, welche Warenbegleitpapiere den Sendungen beigefügt werden müssen.

Handlungsaufträge

1 Durch welche Länder führt der Weg von Hamburg nach Paris?
2 Welche Warenbegleitpapiere müssen den Sendungen beigefügt werden?

7.1 Warenbegleitpapiere

Während des Warentransports muss ein Begleitpapier mitgeführt werden, in dem das beförderte Gut, der Be- und Entladeort und der Auftraggeber angegeben werden. Bei Straßenkontrollen des Bundesamts für Güterverkehr müssen unter anderem die mitzuführenden Begleitpapiere vorgelegt werden.

Es gibt keinen Zwang für ein bestimmtes Warenbegleitpapier oder eine bestimmte Form, nur die oben genannten Inhalte sind vorgegeben. Als Warenbegleitpapiere dienen typischerweise **Lieferscheine** und **Frachtbriefe**, möglich sind aber z. B. auch Packlisten oder Rechnungen.

Frachtbriefe und Lieferscheine werden häufig z. B. von Kurierdiensten als Warenbegleitpapiere genutzt. Die ordnungsgemäße Übergabe der Ware vom Auftraggeber an den Kurierdienst wird darauf ebenso wie die Übergabe vom Kurierdienst an den Empfänger dokumentiert. Eventuelle Mängel werden sofort darauf festgehalten. Lieferschein bzw. Frachtbrief haben somit eine wichtige **Dokumentations- und Beweisfunktion**.

7.1.1 Lieferschein

Ein Lieferschein begleitet die Ware beim Transport und gibt über die gelieferten Waren Auskunft. Mit seiner Hilfe kann der Empfänger die Lieferung überprüfen. Lieferscheine enthalten zum Beispiel die Stückzahl, das Gewicht, die Artikelnummern und das Lieferdatum. Sie müssen von Kaufleuten **sechs Jahre** lang **aufbewahrt** werden. Ist der Lieferschein gleichzeitig auch Rechnung, gilt eine Aufbewahrungsfrist von zehn Jahren.

Bei Paketsendungen können Lieferscheine außen in Versandtaschen enthalten sein oder innenliegend im Paket. Letzteres hat den Vorteil, dass es Unbefugten erschwert wird, sich Kenntnis über den Inhalt des Pakets zu verschaffen.

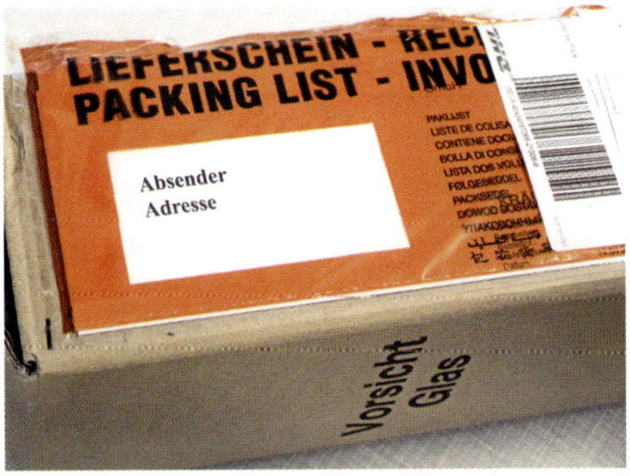

Lieferscheine gibt es auch in elektronischer Form. In der Automobilbranche oder im Buchhandel z. B. wird ein elektronischer Lieferschein direkt nach dem Versand der Sendung per Datenfernübertragung an den Empfänger geschickt, sodass dieser bereits vor Ankunft der Ware über den Inhalt der Sendung informiert ist.

7.1.2 Frachtbrief im nationalen Straßenverkehr

Der Frachtbrief ist eine **Beweisurkunde** über den Abschluss und den Inhalt des Frachtvertrages zwischen Absender und Frachtführer. Er ist auch Nachweis dafür, dass das Gut vollzählig und in äußerlich gutem Zustand vom Frachtführer übernommen wurde. Für diese Beweisfunktion muss der Frachtbrief allerdings von Absender und Frachtführer unterschrieben werden.

Neben dieser Beweisfunktion hat der Frachtbrief auch noch eine Funktion als Warenbegleitpapier für den Transport und dient zur Quittierung durch den Empfänger beim Wareneingang.

Der Frachtführer kann die Ausstellung eines Frachtbriefes mit folgenden Angaben vom Absender verlangen:

1. Ort und Tag der Ausstellung
2. Name und Anschrift des Absenders
3. Name und Anschrift des Frachtführers
4. Stelle und Tag der Übernahme des Gutes sowie die für die Ablieferung vorgesehene Stelle
5. Name und Anschrift des Empfängers und eine etwaige Meldeadresse
6. Die übliche Bezeichnung der Art des Gutes und die Art der Verpackung, bei gefährlichen Gütern ihre nach den Gefahrgutvorschriften vorgesehene, sonst ihre allgemein anerkannte Bezeichnung
7. Anzahl, Zeichen und Nummern der Frachtstücke
8. Das Rohgewicht oder die anders angegebene Menge des Gutes
9. Die bei Ablieferung geschuldete Fracht und die bis zur Ablieferung anfallenden Kosten sowie einen Vermerk über die Frachtzahlung
10. Den Betrag einer bei der Ablieferung des Gutes einzuziehenden Nachnahme
11. Weisungen für die Zoll- und sonstige amtliche Behandlung des Gutes
12. Eine Vereinbarung über die Beförderung in offenem, nicht mit Planen gedecktem Fahrzeug oder auf Deck

Der Frachtbrief wird in **drei Originalausfertigungen** erstellt. Ein Exemplar verbleibt beim Absender, eines erhält der Frachtführer und eines begleitet die Fracht. Der Frachtbrief wird üblicherweise vom Absender erstellt.

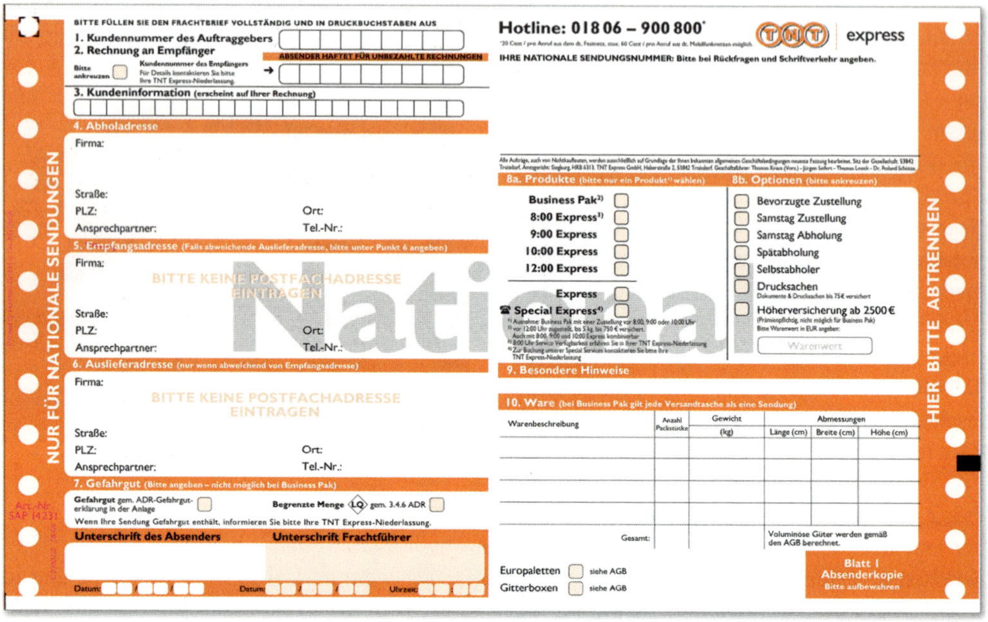
BITTE FÜLLEN SIE DEN FRACHTBRIEF VOLLSTÄNDIG UND IN DRUCKBUCHSTABEN AUS

1. Kundennummer des Auftraggebers
2. Rechnung an Empfänger

ABSENDER HAFTET FÜR UNBEZAHLTE RECHNUNGEN

Bitte ankreuzen – Kundennummer des Empfängers

3. Kundeninformation (erscheint auf Ihrer Rechnung)

4. Abholadresse

Firma:

Straße:

PLZ: Ort:

Ansprechpartner: Tel.-Nr.:

5. Empfangsadresse (Falls abweichende Auslieferadresse, bitte unter Punkt 6 angeben)

Firma:

BITTE KEINE POSTFACHADRESSE EINTRAGEN

Straße:

PLZ: Ort:

Ansprechpartner: Tel.-Nr.:

6. Auslieferadresse (nur wenn abweichend von Empfangsadresse)

Firma:

BITTE KEINE POSTFACHADRESSE EINTRAGEN

Straße:

PLZ: Ort:

Ansprechpartner: Tel.-Nr.:

7. Gefahrgut (Bitte angeben – nicht möglich bei Business Pak)

Gefahrgut gem. ADR-Gefahrgut-erklärung in der Anlage

Begrenzte Menge LQ gem. 3.4.6 ADR

Wenn Ihre Sendung Gefahrgut enthält, informieren Sie bitte Ihre TNT Express-Niederlassung.

Unterschrift des Absenders

Unterschrift Frachtführer

Datum: Datum: Uhrzeit:

NUR FÜR NATIONALE SENDUNGEN

Hotline: 01806 – 900 800*

TNT express

IHRE NATIONALE SENDUNGSNUMMER: Bitte bei Rückfragen und Schriftverkehr angeben.

National

8a. Produkte (bitte nur ein Produkt wählen)

Business Pak

8:00 Express

9:00 Express

10:00 Express

12:00 Express

Express

Special Express

8b. Optionen (bitte ankreuzen)

Bevorzugte Zustellung

Samstag Zustellung

Samstag Abholung

Spätabholung

Selbstabholer

Drucksachen

Höherversicherung ab 2500 €

Warenwert

9. Besondere Hinweise

10. Ware (bei Business Pak gilt jede Versandtasche als eine Sendung)

Warenbeschreibung	Anzahl Packstücke	Gewicht (kg)	Abmessungen Länge (cm)	Breite (cm)	Höhe (cm)
Gesamt:			Voluminöse Güter werden gemäß den AGB berechnet.		

Europaletten – siehe AGB

Gitterboxen – siehe AGB

Blatt 1 Absenderkopie Bitte aufbewahren

HIER BITTE ABTRENNEN

Frachtbrief eines KEP-Dienstes

Neben dem Lkw-Frachtbrief gibt es auch für die anderen Verkehrsträger Frachtbriefe: Bahnfrachtbrief, Seefrachtbrief und Luftfrachtbrief.

Im nationalen Güterkraftverkehr gibt es keinen Frachtbriefzwang. Im grenzüberschreitenden internationalen Güterkraftverkehr ist ein sogenannter CMR-Frachtbrief allerdings zwingend vorgeschrieben.

7.1.3 Frachtbrief im internationalen Straßenverkehr

Im **grenzüberschreitenden Verkehr ist ein CMR-Frachtbrief zwingend vorgeschrieben**. CMR steht dabei für „**C**onvention relative au contrat de transport international de marchandises par **r**oute" und bedeutet übersetzt „Übereinkommen über den Beförderungsvertrag im internationalen Straßengüterverkehr". Die CMR ist also ein internationales Abkommen zum grenzüberschreitenden Warentransport mittels Kraftfahrzeugen und ist europaweit gültig.

Der CMR-Frachtbrief wird wie der nationale Frachtbrief in drei Originalausfertigungen ausgestellt: für den Absender, Frachtführer und eine warenbegleitende Ausfertigung. Die Inhalte sind weitgehend mit den Inhalten des Frachtbriefes im nationalen Verkehr deckungsgleich.

1 Absender (Name, Anschrift, Land)
Expéditeur (nom, adresse, pays)

Internationaler Frachtbrief
Lettre de Voiture International

Diese Beförderung unterliegt trotz einer gegenteiligen Abmachung den Bestimmungen des Übereinkommens über den Beförderungsvertrag im Internationalen Straßengüterverkehr (CMR).

Ce transport est soumis, nonobstant toute clause contraire, à la Convention relative au contrat de transport international de marchandises par route (CMR).

2 Empfänger (Name, Anschrift, Land)
Destinaytaire (nom, adresse, pays)

16 Frachtführer (Name, Anschrift, Land)
Transporteur (nom, adresse, pays)

3 Auslieferungsort des Gutes
Lieu prévu pour la livraison de la merchandise
Ort/Lieu
Land/Pays
Datum/Date

17 Nachfolgende Frachtführer (Name, Anschrift, Land)
Transporteur successifs (nom, adresse, pays)

4 Ort und Tag der Übernahme des Gutes
Lieu e date de la prise en charge de la merchandise
Ort/Lieu
Land/Pays
Datum/Date

18 Vorbehalte und Bemerkungen der Frachtführer
Reserves et observations des transporteurs

5 Beigefügte Dokumente
Documents annexés

6 Kennzeichen u. Nr. Marques et numêros	**7** Anz. der Packst. Nombre des Colis	**8** Art der Verpck. Mode d'emballage	**9** Bezeichnung des Gutes* Nature de la marchandise*	**10** Statistik-Nr. No statistique	**11** Bruttogew. i. kg Poids brut, kg	**12** Umfang m³ Cubage m³
Klasse / Classe	Ziffer / Chiffre	Buchstabe / Lettre	(ADR) / (ADR)			

CMR

13 Anweisungen des Absenders (Zoll- und sonstige amtliche Behandlung)
Instructions de l'expediteur (formalitês douaniêres et autres)

15 Frachtzahlunganweisungen
Prescription d'affranchissement
Frei
Franco
Unfrei
Non franco

20 Besondere Vereinbarungen
Conventions particulières

21 Ausgefertigt in
Etabilie à

am
le

22

Unterschrift und Stempel des Absenders
(Signature et timbre de l'expediteur)

23

Unterschrift und Stempel des Frachtführers
(Signature et timbre du transporteur)

Amtl. Kennzeichen		Nutzlast in kg
Kfz		
Anhänger		

24 Gut empfangen Date...
Réception des marchandises

Unterschrift und Stempel des Empfängers
(Signature et timbre du destinataire)

Benutze Gen.-Nr. ☐ National ☐ Bilateral ☐ EG ☐ CEMT

*Bei gefährlichen Gütern ist, außer der eventuellen Bescheinigung, auf der letzten Linie der Rubrik anzugeben: die Klasse, die Ziffer sowie gegebenenfalls der Buchstabe

*En cas de marchandises dangereuses indiquer, autre la certification éven

Ein CMR-Frachtbrief ist im grenzüberschreitenden Verkehr Pflicht

Die grenzüberschreitende reine Postbeförderung fällt nicht unter die CMR-Bestimmungen, sofern sie nach den Bestimmungen internationaler Postübereinkommen stattfindet. Ein CMR-Frachtbriefzwang besteht dann nicht.

7.1.4 Paketschein

Paketscheine werden auch Paketlabel oder Paketaufkleber genannt

Im Paketbereich ist der Paketschein das entscheidende sendungsbegleitende Dokument. Er kann gleichzeitig Vertrags- und Abrechnungsgrundlage, Versicherungsnachweis, Grundlage für Reklamationen und Adressaufkleber sein.
Er enthält alle wichtigen Informationen, die für eine reibungslose Zustellung notwendig sind. Das sind insbesondere:

1. Vollständige Anschrift des Empfängers
2. Vollständige Absenderanschrift
3. Zusatzleistungen wie z. B. Nachnahme oder Express
4. Paketnummer zur eindeutigen Identifizierung
5. Barcode (meist mit der Paketnummer, hier auch mit Empfängerpostleitzahl)
6. Routinginformationen

Paketscheine werden auf der größten Fläche des Kartons angebracht werden, so kann das Paket beim Befördern nicht umkippen, der Paketaufkleber bleibt somit immer auf der Oberseite und kann auf den Förderbändern problemlos gescannt werden.
Der Strichcode spielt bei der Beförderung des Pakets eine entscheidende Rolle, er wird an allen Schnittstellen gescannt und gespeichert und ermöglicht so das „Tracking & Tracing“ (vgl. hierzu Lernfeld 3, Kapitel 1.1.3, Sendungsverlauf mit Barcodierung und RFID).
Daher ist es auch wichtig, dass verschiedene Label und Barcodes auf dem Paket sich nicht gegenseitig überdecken oder bei der Wiederverwendung alter Kartons alte Paketscheine zu Fehlern beim Scannen führen. Dies könnte zu einer fehlerhaften Sortierung und somit zu längeren Laufzeiten der Pakete führen.
Paketscheine können vom Kunden bequem von zu Hause bzw. vom Büro aus oder mobil per App auf dem Smartphone erstellt werden.

Traditionspapiere

Neben Lieferscheinen und Frachtbriefen gibt es noch einige weitere sendungsbegleitende Papiere. Insbesondere sind noch die sogenannten Traditionspapiere zu nennen. Diese Transportdokumente sind **Warenwertpapiere**, die die Ware repräsentieren, d. h., wenn das Papier übergeben wird, wird gleichzeitig auch das Eigentum an der Ware übergeben. Traditionspapiere sind z. B. der Ladeschein (Binnenschifffahrt) oder das Konnossement (See- und Binnenschifftransport).

7.2 Checkliste Begleitdokumente

Bei Kontrollen z. B. durch das Bundesamt für Güterverkehr (BAG) müssen die folgenden Begleitdokumente vorgezeigt werden.

Übersicht über mitzuführende Papiere

Persönliche Dokumente des Fahrers	• **Führerschein** • **Ausweisdokumente** (Personalausweis/Reisepass) • **Fahrerkarte** (für den digitalen Tachografen) oder alternativ • **Tageskontrollblatt** (bei Fahrzeugen zwischen 2,8 t und 3,5 t zGG) • **Bestätigung über arbeitsfreie Tage** • **Ggf. Arbeitsgenehmigung und Aufenthaltsgenehmigung**
Fahrzeugpapiere	• **Fahrzeugschein** (ggf. Anhängerschein)
Papiere im nationalen Güterkraftverkehr	• **Begleitpapier** (z. B. Lieferschein oder Frachtbrief) • **Nationale Güterkraftverkehrserlaubnis oder EU-Lizenz** • **Nachweis über Güterschadenhaftpflichtversicherung**
Papiere im internationalen Güterkraftverkehr	• **CMR-Frachtbrief** • **EU-Lizenz**

Erläuterungen zur Checkliste

- **Nationale Güterkraftverkehrserlaubnis oder EU-Lizenz**

  Unternehmen, die gewerblichen Güterkraftverkehr mit Fahrzeugen über 3,5 t zGG durchführen – dies trifft für KEP-Dienste regelmäßig zu – müssen laut Güterkraftverkehrsgesetz (GüKG) eine Güterkraftverkehrserlaubnis einholen. Dazu müssen sie ihre persönliche Zuverlässigkeit (u. a. durch ein polizeiliches Führungszeugnis), ihre finanzielle Leistungsfähigkeit (durch ein bestimmtes Eigenkapital) und ihre fachliche Eignung (z. B. durch eine abgelegte Prüfung zum KEP-Kaufmann) nachweisen.

  Die EU-Lizenz berechtigt entsprechend zum gewerblichen Güterkraftverkehr in allen EU-Staaten, somit auch in Deutschland und kann daher die nationale Erlaubnis ersetzen.

  Beglaubigte Abschriften der Erlaubnis/Lizenz sind in den Fahrzeugen mitzuführen.

- **Nachweis über Güterschadenhaftpflichtversicherung**

  Das Güterkraftverkehrsgesetz sieht außerdem vor, dass sich Unternehmer im gewerblichen Güterverkehr mit Fahrzeugen über 3,5 t zGG gegen Schäden, die bei der Beförderung der Waren entstehen können, versichern müssen. Ein Nachweis über diese Versicherung ist ebenfalls im Fahrzeug mitzuführen.

- **Ausnahme vom Güterkraftverkehrsgesetz**

  Die Beförderung von Postsendungen im Rahmen von Universaldienstleistungen durch Postdienstleister fällt nicht unter das GüKG.

Zusammenfassung

Bei einem nationalen Gütertransport ist ein beliebiges Warenbegleitpapier, wie z. B. ein Frachtbrief oder Lieferschein, mitzuführen, aus dem die Art des Gutes, der Be- und Entladeort und der Auftraggeber hervorgehen.

Der Frachtbrief kann mehrere Funktionen übernehmen: Bezüglich des Frachtvertrages übernimmt er eine Beweisfunktion, er dient zudem als Warenbegleitpapier und kann eine Quittierungsfunktion übernehmen.

Beim Frachtbrief gibt es drei Originalausfertigungen: eine für den Absender, eine für den Frachtführer und eine als Warenbegleitung.

Im internationalen Güterverkehr ist ein CMR-Frachtbrief verbindlich vorgeschrieben.

Der Paketschein enthält alle wichtigen Informationen für die reibungslose Zustellung von Paketen. Diese Informationen werden mit dem maschinenlesbaren Barcode auf dem Label verknüpft.

Neben den Warenbegleitpapieren gibt es noch weitere Papiere, die bei einem Transport mitgeführt werden müssen. Dazu gehören z. B. persönliche Fahrerdokumente wie der Führerschein oder die Fahrzeugpapiere.

Aufgaben

1. Welches Warenbegleitpapier muss während eines nationalen Gütertransports per Lkw mitgeführt werden?
2. Welche drei Funktionen übernimmt ein Frachtbrief im Güterverkehr?
3. Was ist ein CMR-Frachtbrief?

Lernfeld 3

Sendungen im Unternehmen bearbeiten und transportieren

1 Die Transportabwicklung

Einstiegssituation

Karl arbeitet als Auszubildender bei der XPress-Parcel AG.
Seit heute ist er im Brief- und Paketdepot in Köln in der Sortierung eingesetzt. Er ist überrascht, wie groß das Depot ist und wie viele Maschinen es gibt. Er verliert aber schnell die Übersicht, welche einzelnen Arbeitsschritte im Depot bewerkstelligt werden müssen, damit die Sendungen in der richtigen Zeit auch sortiert werden können.
Wie die Maschinen die Sortierung schaffen, ist ihm auch nicht ganz klar.

Handlungsaufträge

1 Stellen Sie die Arbeitsschritte in Ihrem Depot mithilfe einer Skizze dar.
2 Welche Maschinen und Hilfsmittel kommen in Ihrem Depot zum Einsatz?
3 Stellen Sie Überlegungen an, wie eine so hohe Automatisierung in dem Depot der XPressParcel AG möglich ist.

Nachdem Sendungen angenommen, also vom Kunden übernommen wurden, geht es im KEP-Bereich darum, diese schnellstmöglich zum Empfänger zu transportieren. Gerade Expresssendungen haben einen garantierten Auslieferungstermin, der eingehalten werden muss, da sonst das KEP-Unternehmen dafür haften muss (siehe Lernfeld 6, Kapitel 1.5.1).
Gleichzeitig werden im Post- und Expressbereich große Mengen transportiert. Daraus ergibt sich, dass die Abläufe reibungslos funktionieren müssen, damit der Empfänger schnell seine Sendung erhält.
Eine komplizierte Transportabwicklung gibt es meist bei Kurierfahrten nicht. Ein Kurier holt, ähnlich wie ein Taxi, die Sendung ab und bringt sie in der Regel direkt zum Empfänger, indem er die Sendung persönlich begleitet.

1.1 Der Weg eines Paketes im internen Ablauf eines KEP-Unternehmens

Um einen schnellen Ablauf zu gewährleisten, müssen verschiedene Transportabschnitte ineinandergreifen. Diese beginnen beim Nahverkehr, gehen über den Transport innerhalb eines Depots, dann zum Fernverkehr, nochmals zum Transport innerhalb eines Depots und dann wieder in den Nahverkehr.

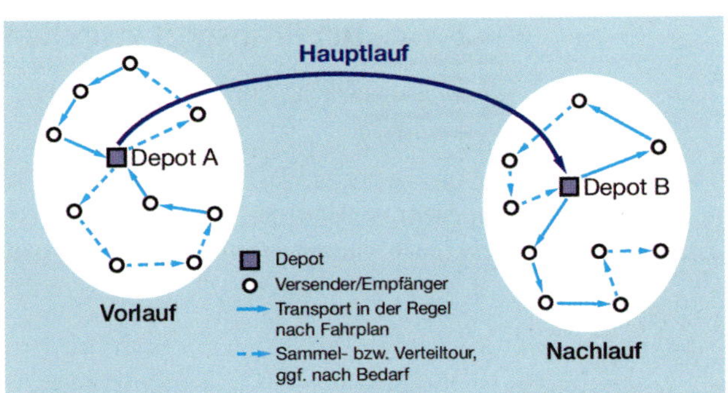

Weg eines Paketes

Beispiel

Emre Melek beauftragt die XPressParcel AG, ein Paket von Köln nach Berlin zu transportieren. Das Paket wird per Kleintransporter bei ihm abgeholt (Nahverkehr) und zum Depot Köln gebracht. In dem Depot wird das Paket mithilfe von Laufbändern sortiert und dann für den Fernverkehr mit vielen anderen Paketen nach Berlin geschickt. Dies geschieht in einem großen Lkw (Fernverkehr). Im Depot Berlin wird das Paket dann in das richtige Zustellfahrzeug sortiert und von einem Berliner Zusteller zum Empfänger gefahren (Nahverkehr).

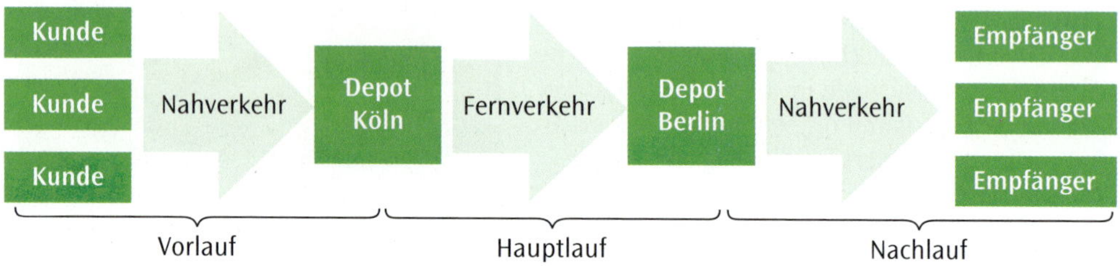

Wesentliche Begriffe des Transportablaufs

1.1.1 Das Depot als Schnittstelle im Nah- und Fernverkehr

Arbeitsschritte und Technik in Depots/Hubs

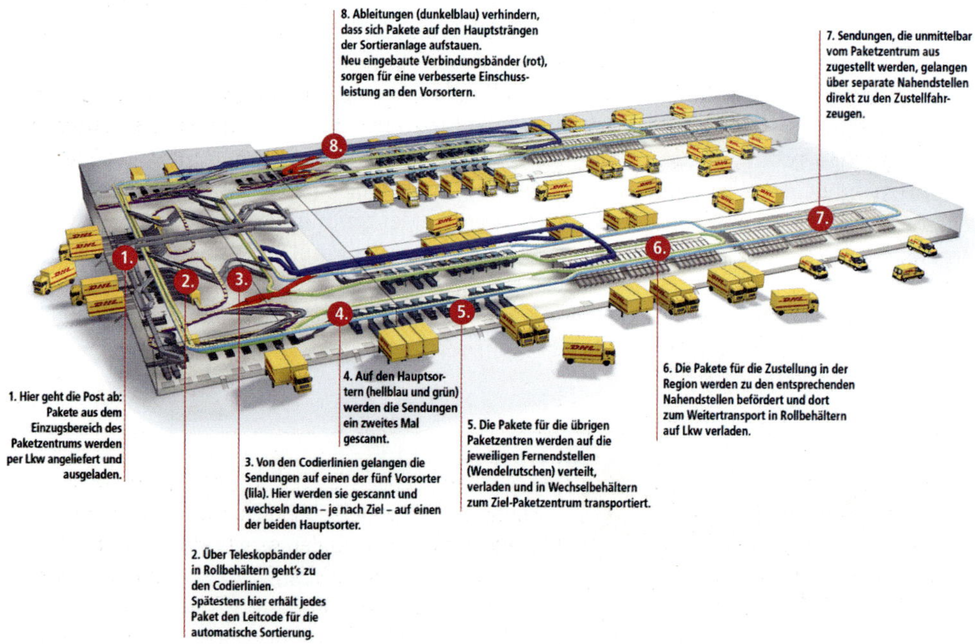

In der folgenden Übersicht werden die einzelnen Arbeitsschritte, die in der obigen Grafik kurz zusammengefasst sind, noch einmal ausführlicher dargestellt.

Arbeitsabläufe im Depot

Nr.		Erläuterung
1.		**Ausladen** Das Ausladen von Paketen erfolgt meist per Hand. Dazu werden sogenannte Röllchenbahnen oder mobile Fließbänder in die Wagen geschoben und die Pakete dort vom Fahrer bzw. von einem Depotmitarbeiter entladen. Hier kann bereits der erste Scan erfolgen.
2. und 3.	  	**Scan/Scantechnik** Spätestens nach dem Ausladen werden die Pakete, die bereits einen Leitcode aufgedruckt haben, gescannt. Für unlesbare Pakete bzw. Pakete, die keinen Leitcode besitzen, wird ein neues Label ausgedruckt und am Paket angebracht. Hier können nun auch reguläre Pakete, die auf dem weiteren Weg vollautomatisch behandelt werden, von den anderen Paketen (z. B. volumenintensive Pakete, Gefahrgut) getrennt werden. Pakete, die z. B. zu groß für die Bandanlagen sind, werden per Handsortierung weiterverarbeitet. Da dies sehr arbeits- und somit kostenintensiv ist, müssen die Kunden üblicherweise einen Aufschlag dafür bezahlen. Das dritte Bild zeigt einen vollautomatischen 5-Seiten-Scanner. Diese können z. B. in Hubs eingesetzt werden, wenn sichergestellt ist, dass im Eingangsdepot bereits jedes Paket einen Leitcode erhalten hat.
4.		**Sorter** Es gibt verschiedene Arten von Sorteranlagen (z. B. Schuhsortierer, siehe Abbildung). Hier werden die Pakete automatisch zu den verschiedenen Destinationen gebracht. Durch den Anfangsscan am Beginn des Sorters weiß das Computersystem jederzeit, wo sich das Paket befindet, sodass es rechtzeitig „abgeworfen" werden kann. (Verschiedene Sorterarten siehe nachfolgend.)

Nr.		Erläuterung
5.		Die Sorter werfen die Pakete an den einzelnen Ausgangspunkten (z. B. Sortierung nach PLZ) mit verschiedenen Techniken vom Band, sodass die Sendungen teilautomatisch an den verschiedenen Ausgängen runterrutschen.
6.–7.		**Sendungsausgang** Der Depotmitarbeiter bzw. der Fahrer macht einen letzten Ausgangsscan, der manuell erfolgt. Danach werden die Pakete auf die Zustellfahrzeuge oder auf die Wechselbrücken verladen. Hier werden auch die Pakete der Handsortierung wieder aufgenommen, gescannt und verladen.

Neben den normalen Paketen versenden die KEP-Unternehmen auch weitere Sendungen, die meist eine Sonderbehandlung bekommen. Dadurch werden diese Art Sendungen teurer. Sondersendungen können Gefahrgutsendungen oder Sperrgut sein. Unter Sperrgut versteht man Sendungen, die nicht dem Gurtmaß entsprechen oder zu schwer sind. Die XPressParcel AG versendet nur Pakete, die dem Gurtmaß entsprechen (Höchstgewicht: 30 kg; Umfang und längste Seite: 300 cm). Größere Sendungen müssen mit der Blitzfracht GmbH versendet werden.

Merke:

Sperrgutsendungen sind Sendungen, die nicht dem Gurtmaß entsprechen und somit größer oder schwerer als normale Sendungen sind.

Gefahrgutsendungen und **Sperrgutsendungen** werden entweder per Hand sortiert oder halbautomatisch. Da dies höhere Kosten verursacht, weil mehr Personal benötigt wird, wird dies auf die Kunden umgelegt.

Des Weiteren werden z. B. beschädigte Sendungen vor dem Sortierprozess ausgesondert und in spezielle Abteilungen verbracht, wo sie weiter bearbeitet werden. **Beschädigte Sendungen** werden dann nachverpackt und die Nachverpackung wird gekennzeichnet, sodass sie für den Empfänger erkennbar ist. Die Sendung wird dann dem normalen Sortierprozess wieder zugeführt. Daneben ist es für den Zusteller wichtig zu wissen, dass die Sendung nachverpackt wurde, damit er sich im Namen des Unternehmens dafür entschuldigen kann.

Sendungen, bei denen Adressaufkleber und Barcode fehlen, werden der **Adressermittlungsabteilung** zugeführt. Dort dürfen Mitarbeiter die Sendungen öffnen, was in diesem speziellen Fall kein Verstoß gegen die Geheimhaltungsvorschriften bedeutet. Über den Inhalt der Sendung, z. B. eine beigelegte Rechnung, versucht man dann, auf die Adresse des Empfängers oder Absenders zu schließen. Kann die Adresse nicht ermittelt werden, werden die Sendungen gelagert, bis ein Absender einen Suchauftrag einreicht. Geschieht dies nicht, werden die Sendungen entweder vernichtet oder für einen guten Zweck versteigert.

Sendungen ohne Barcode bzw. mit einem nicht mehr lesbaren werden auch aussortiert. Es wird ein neuer Barcode erstellt und die Sendung wird dann dem Sortierprozess wieder zugeführt.

Schematische Darstellung eines Paket-Sortiervorgangs

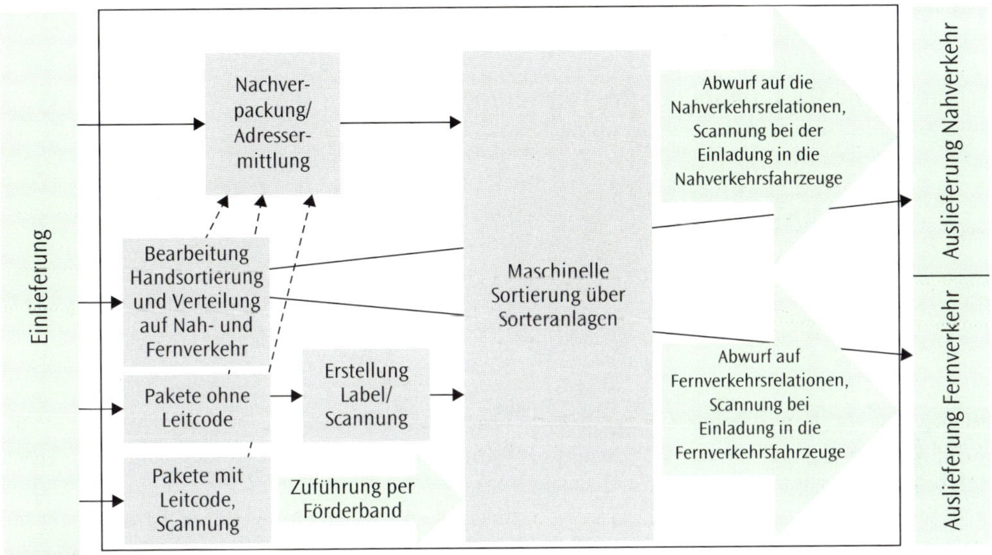

Die Sortierung bei Briefen erfolgt ähnlich. Dabei werden andere Maschinen eingesetzt, die je nach Ausstattung C6- bis B4-Briefe sortieren können.

Kommen Briefe bereits geordnet an, wie z. B. von anderen Depots oder von großen Einlieferern mit eigener Postabteilung (Versicherungszentralen, Banken), werden diese nach dem Erfassen der Sendungen in die maschinelle Sortierung gegeben, da sie meist auch schon gestempelt sind.

Die ungeordneten und ungestempelten Sendungen werden erst nach Format (C6, C5, C4 oder B4) getrennt und dann so aufgestellt, dass sie von den Maschinen bzw. von den Handsortierern gelesen und gestempelt werden können. Beim Trennen und Aufstellen werden die Sendungen geprüft. Sendungen, die an das Depot adressiert sind, beschädigte Sendungen, Sendungen ohne Aufschrift und Sendungen, die nicht den AGB (Maße und Gewicht entsprechen der Freimachung) entsprechen, werden ausgesondert.

Briefsortiermaschine

Danach müssen die Sendungen durch die Stempelmaschine gestempelt und somit entwertet werden.

Die Sendungen werden nun entweder von Hand sortiert oder den Sortiermaschinen zugeführt. Bei der Beschickung der Maschinen ist darauf zu achten, dass

Sendungen mit besonderem Inhalt (Münzen, Datensticks usw.) ausgesondert und der Handsortierung zugeführt werden. Die Maschinen lesen die Anschrift und übersetzen das Leseergebnis in einen Barcode, der zur weiteren Sortierung herangezogen wird.
Sowohl bei der Hand- als auch bei der maschinellen Sortierung werden die Sendungen den Empfangsdepots zugeordnet. Die Sendungen kommen in Behälter, die wiederum auf Behälterwagen gestellt werden. Danach werden sie mit dem Fernverkehr weitergefahren.

Schematische Darstellung der Briefsortierung

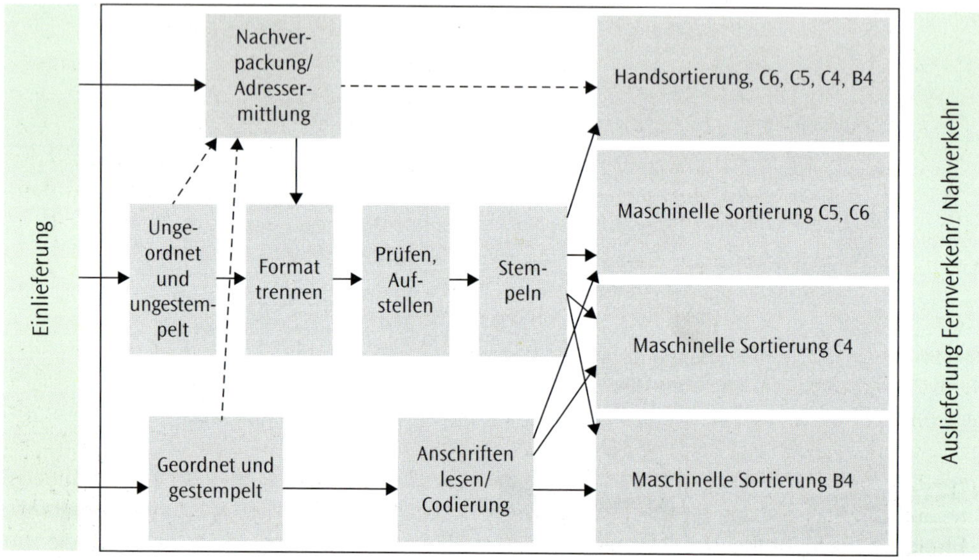

Arten von Sortiermaschinen

Im Paketbereich gibt es unterschiedliche Sorter, die für die vollautomatische Sortierung zuständig sind. Diese sind meist am Anfang des Sortierprozesses mit Scannerduschen ausgestattet, die von fünf Seiten den Barcode des Paketes scannen können. Das EDV-System weiß dann jederzeit, wo sich ein Paket befindet, da es gleichzeitig die Geschwindigkeit des Paketes kennt.

Beispiel

Das EDV-System scannt einen Barcodelabel und das Sortierband bewegt sich mit 1,2 m pro Sekunde vorwärts. So weiß das EDV-System, dass das Paket nach zehn Sekunden zwölf Meter zurückgelegt hat.

5-Seiten-Scanner 1

5-Seiten-Scanner 2

Paket-Vereinzelner

Pakete müssen einzeln unter den 5-Seiten-Scanner positioniert werden, damit diese eindeutig identifiziert werden können.

Da die Pakete aber schnell entladen bzw. von verschiedenen einzelnen Paketbändern auf ein Hauptband zusammengeführt werden, kann es passieren, dass die Pakete nicht in einer idealen Position sind. Der Paket-Vereinzelner trennt die Pakete bezüglich eines notwendigen Mindestmaßes und richtet sie für den Scanner aus.

Indem verschiedene kleine Laufbänder mit unterschiedlichen Geschwindigkeiten laufen, kann ein Paket – wie von Geisterhand – gedreht werden (siehe Abbildung). Quer laufende Bänder können die Pakete weiter nach rechts oder links verschieben (siehe Abbildung Mitte). Durch das Stoppen von einzelnen Bändern kann man einen Paketstau entzerren.

Schuhsortierer

Die Pakete bewegen sich beim Schuhsortierer auf einem Förderband vorwärts. Ist ein Paket an der Stelle angekommen, wo es das Band verlassen soll (z. B. bei der passenden Fernverkehrsrelation), so bewegen sich gummierte „Schuhe" von der einen auf die andere Seite und schieben so das Paket in die gewünschte Richtung. Je nach Größe des Paketes müssen sich mehr oder weniger Schuhe bewegen. Je nach Bedarf schieben sich die Schuhe dann wieder zurück in ihre Ausgangsposition. Kurvenradien und die Breite der Förderbänder beschränken die Größe der Sendungen. Die „Schuhe" bilden meist eine Schwäche, da sie schon mal abbrechen können und einen höheren Wartungsaufwand als ein Kippschalensorter haben. Schuhsortierer können aber eine höhere Geschwindigkeit erreichen als z. B. Kippschalensorter.

Kippschalensorter

Beim Kippschalensorter werden die Sendungen per Förderband zu den Kippschalen transportiert. Die Kippschalen sind auf einem Förderband montiert und können mindestens in eine Richtung kippen. Sind sie auf der Kippschale, werden sie zum passenden Abwurf gebracht. Dort kippt die Schale und die Sendung rutscht hinunter. Die Sendungsgrößen sind abhängig von der Größe der Kippschalen, wobei einige Systeme auch eine Sendung auf zwei Kippschalen verarbeiten können. Die

Geschwindigkeit der Kippschalensorter ist etwas geringer, da die Sendungen auf eher glatten Kippschalen positioniert werden und somit bei zu hohen Kurvengeschwindigkeiten runterrutschen könnten.

Cross-Belt-Sorter

Beim Cross-Belt-Sorter befinden sich auf einem Laufband verschiedene Förderbänder, die sich quer zur Laufrichtung bewegen können. Es sind also viele „kurze" Laufbänder hintereinander festgemacht. Auf einem Förderband wird die Sendung platziert und das Förderband bewegt sich zur Seite, wenn die Abwurfstelle oder Abzweigung erreicht worden ist. Da die kurzen Förderbänder meist rau sind und somit die Sendung besser halten, können auch hier höhere Fördergeschwindigkeiten erreicht werden. Dafür verschleißen die Förderbänder schneller als die Kippschalensorter.

In einem Depot können auch unterschiedliche Techniken kombiniert zusammen verwendet werden. Die Sortiermenge pro Stunde liegt zwischen 15 000 und 50 000 Sendungen.

Briefsortierung

Briefsortiermaschine 1

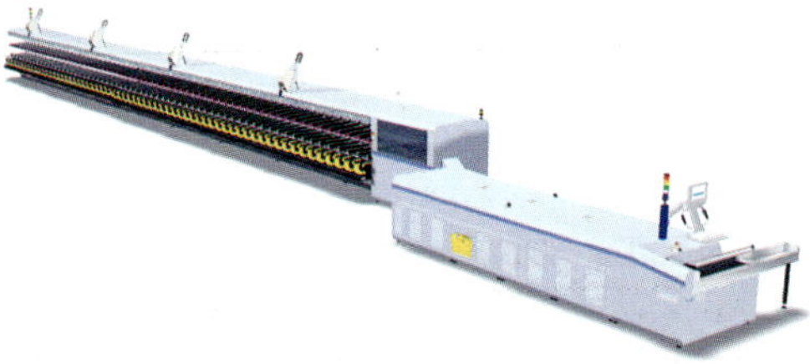

Briefsortiermaschine 2

Bei Briefen gibt es entsprechende Maschinen, die die Sortierung vollautomatisch möglich machen. Die Maschinen sind sich oft sehr ähnlich, aber für spezielle Formate konzipiert. Meist können die Maschinen C6/C5-Formate gemeinsam sortieren. C4- und B4-Sortiermaschinen sind eher unterschiedliche Maschinen.

Per Hand erfolgt die Stoffeingabe, d.h., die Briefe werden richtig aufgestellt und können dann von der Sortiermaschine aufgenommen werden. Dort werden sie gelesen – also identifiziert.

Danach werden sie nach Postleitzahlen sortiert.

Briefsortiertechnik

Man unterscheidet zwischen:

- Kleinbriefverteilanlagen (bis zu C5)
- Flatverteilanlagen (bis B4)
- Großbriefverteilanlagen (Päckchen und Warensendungen)

Zur Kapazitätsberechnung von Maschinen siehe Lernfeld 8.
Zudem gibt es natürlich noch diverse Spezialmaschinen in den verschiedenen Depots:

- Gangfolgesortiermaschinen sortieren die Briefe nach der entsprechenden Gangfolge des Zustellers. Eine Sortierung per Hand ist nicht mehr nötig.
- Videocodier- und Anschriftenlesemaschinen lesen automatisch die Adresse und wandeln diese in einen maschinenlesbaren Code um (ist meist in Sortiermaschinen integriert).
- Stempelmaschinen stempeln die Postwertzeichen (meist in Sortiermaschinen integriert).

1.1.2 Das Postleitzahlensystem

Das Postleitzahlensystem wird für eine effektive und schnelle Sortierung von Sendungen benötigt. Ohne Postleitzahl kann eine Sendung nicht eindeutig verteilt werden, da es zwar Orte mit gleichem Namen, aber nicht mit gleicher Postleitzahl gibt. Die richtige Postleitzahl kann man aus folgenden Quellen erfahren:

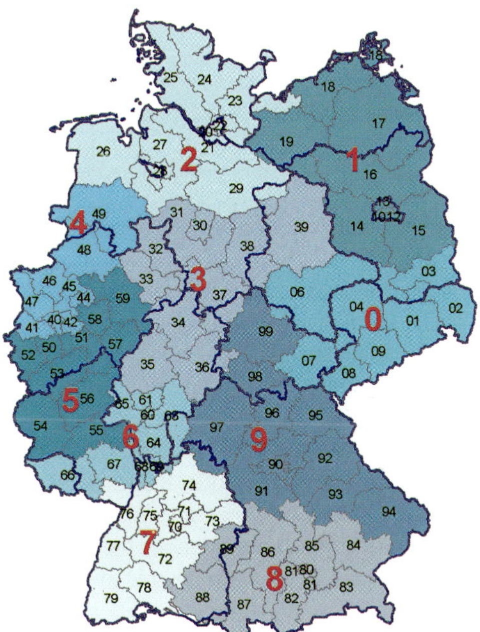

- Postleitzahlenbuch
- Gelbe Seiten
- Internet (z. B. www.postdirekt.de/plzserver/)
- PLZ-CD (ist selten geworden)

Der Aufbau der fünfstelligen Postleitzahl entspricht folgendem System.
Die erste Ziffer hat für die Sortierung keine Bedeutung. Anhand dieser Ziffer kann der Zusteller grob erkennen, in welche Gegend die Sendung transportiert werden muss. Die 0 beginnt im südlichen Teil Ostdeutschlands. Danach folgen sich die anderen Zahlen gegen den Uhrzeigersinn über den Nordosten („1") in den Norden („2"), über die Mitte und den Westen („3–6") in den Südwesten („7") bis zum Süden („8"), um dann wieder nach Norden zu streben („9"). Man spricht hier auch von der Leitzone. Die ersten beiden Ziffern der Postleitzahl spielen eine größere Bedeutung bei der Verteilung der Sendungen. Bei der Deutschen Post AG sind die einzelnen Depots („Postverteilzentren") nach den ersten beiden Stellen benannt. So befindet sich das Postverteilzentrum „50" z. B. in Köln und dorthin werden die Sendungen verteilt, die zur linken Rheinseite von Köln müssen. Das bedeutet, dass bei allen anderen Briefzentren die Sendungen für Köln in einen „50er"-Behälter einsortiert und dann mit dem Lkw dorthin gebracht werden. Es gibt auch Verteilzentren, die zwei zweistellige Zahlen beinhalten, wie z. B. Frankfurt mit 60/61. Bei den ersten beiden Stellen der Postleitzahl spricht man von der Leitregion. Aber auch die anderen KEP-Dienstleister sortieren ihre Sendungen nach diesen ersten beiden Zahlen grob vor. Meist haben diese aber weniger Verteilzentren, sodass ein Depot mehrere Leitregionen abdeckt.

Die Ziffern der Leitregion dienen also der Grobsortierung.
Um die Sendungen dann fein zu sortieren, werden die restlichen drei Ziffern der Postleitzahl benötigt. Sind die Sendungen im Depot angekommen, müssen sie auf

- Städte/Stadtteile und Gemeinden (Hauszustellungs-PLZ),
- Postorte (kleiner Städte haben meist nur eine Postleitzahl, wie z. B. 47533 Kleve),
- Postfachschränke,
- Großempfänger (z. B. 55100 für das ZDF),
- Aktionen (Aktions-PLZ)

verteilt werden.
Der Zusteller muss dann „seine" Sendungen noch einmal in die richtige Gangreihenfolge feinverteilen.

Feinverteilung von Briefsendungen

Merke:

Die Postleitzahl ermöglicht eine hohe Automatisierung der Postverteilung. Die Leitregion dient der Grobsortierung und die 3. bis 5. Stelle der Feinsortierung.

Die Postleitzahl oder die daraus abgeleitete Depotnummer wird in den Leitcode der meisten KEP-Dienstleister integriert und leitet somit die Sendung zum richtigen Bestimmungsort. Eine falsche PLZ bzw. das falsche Auslesen der PLZ durch die Maschinen kann also zu einer Laufzeitverzögerung führen. Das Gleiche gilt für die Handsortierung. Wird eine PLZ von einer Sortierkraft falsch zugeordnet, kann es sein, dass sie zu einem falschen Depot geroutet wird, was die Auslieferungszeit um mindestens einen Tag verzögert.

1.1.3 Sendungsverlauf mit Barcodierung und RFID

Der Barcode (auch Strichcode, Balkencode oder Streifencode) ist der wichtigste Informationsträger bei KEP-Dienstleistern. Er trägt wichtige Informationen, die das Paket leiten und identifizieren. Des Weiteren beschleunigt er die Übergabe der Sendungen an den Schnittstellen. Der Barcode kann durch sogenannte Handscanner gelesen werden. Im KEP-Bereich werden auch Scannerduschen eingesetzt (vgl. Kapitel 1.1.1).
Innerhalb von Transportprozessen gibt es sehr viele unterschiedliche Barcodes. Der Handel verwendet z. B. den 13-stelligen GTIN-Code.

9 783427 042013

Strichcode

Dies ist ein klassischer Strichcode. Daneben gibt es auch zweidimensionale Codes, bei denen der Matrixcode sicherlich der bekannteste ist. Hier wäre als Beispiel der QR-Code zu nennen. Dieser besteht aus schwarzen und weißen Flecken. Er wird verstärkt in der Industrie verwendet. Bei KEP-Unternehmen hat sich der Strichcode weit verbreitet. Es werden jedoch, je nach KEP-Unternehmen, unterschiedliche Arten von Strichcodes/Barcodes verwendet.

Zweidimensionaler Code

DHL verwendet einen eindimensionalen Strichcode bzw. zwei Strichcodes. Es gibt einmal den Leit- und den Identcode.

Der Leitcode ist ein 14-stelliger Code, der die Sendung zum Empfänger leiten soll. Dabei haben die einzelnen Stellen folgende Bedeutung:

23348.055.066.00 1	1.–5. Stelle: unverschlüsselte Postleitzahl des Empfängers 6.–8. Stelle: Straßencode. In einer Stadt hat jede Straße einen Straßencode. 9.–11. Stelle: Hausnummer. Hat eine Straße auch vierstellige Hausnummern, dann verwendet die Post einen anderen Straßencode. 12.–13. Stelle: Produktcode. Ein Päckchen hat z. B. den Produktcode 40. 14. Stelle: Prüfziffer.

Leitcode der Deutschen Post AG

Der Identcode ist ein 12-stelliger Code und identifiziert das Paket. Dadurch kann an jeder Scan-Schnittstelle das Paket identifiziert werden, um den aktuellen Status herauszufinden. Dies ist auch wichtig für das Tracking & Tracing.

12.345.537.739 4	1.–2. Stelle: Abgangsfrachtpostzentrum (= Abgangsdepot) 3.–5. Stelle: Kundenkennung 6.–11. Stelle: Einlieferungsnummer 12. Stelle: Prüfziffer

Identcode der Deutschen Post AG

DHL PAKET
Von/From CKB Verlags GmbH
Annagraben 35
53111 Bonn
DEUTSCHLAND
An/To Martin Muster
Danziger Str. 11
33605 Bielefeld
DEUTSCHLAND
Day Time
GOGREEN
Abrechnungsnr. : 5000000000 01 01
Gewicht : 1,0 kg
Sendungsnr. : 00340433836023509319
Referenznr. :
Leitcode/Routingcode
(2L) DE33605+99000900016011
Identcode/License Plate
(00) 340433836023509319

DPD verwendet andere Barcodes. Der Paketschein enthält einen 128er-Barcode und einen zweidimensionalen Barcode, der relativ viele Informationen speichern kann.

Bei dem zweidimensionalen Barcode werden die Informationen spiralförmig um den Kern herum angebracht. Er enthält eine Vielzahl von Informationen, wie z. B. Paketnummer, Gewicht, Zusatzservice (als Code, z. B. 179 für Expresspaket bis 10:00 Uhr), Absender usw.

Der Barcode Code 128 soll das Paket eindeutig identifizieren, ist also mit dem Identcode von DHL vergleichbar. Dieser Barcode besteht aus 28 Zeichen.

1. Stelle: Identifizierungskennzeichen

2.–8. Stelle: Postleitzahl. Hier wird von links mit 0 aufgefüllt, falls die Postleitzahl weniger als 7 Stellen hat (internationale Postleitzahlen können durchaus 7 Stellen haben).

9.–22. Stelle: Trackingnummer

23.–25. Stelle: Code für den Service (z. B. 102 für gefährliches Gut)

26.–28. Stelle: Ziel-Ländercode (z. B. Deutschland 276)

Bei Unternehmen wie Hermes, UPS oder GLS stehen hinter den Barcodes wieder andere Informationen, die dort hinterlegt werden. Grundsätzlich dienen die Barcodes aber zur Identifizierung und zum Routing der Sendung und enthalten dann unter Umständen noch weitere Informationen, die für die jeweiligen Unternehmen und deren Zusteller wichtig sind.

Die Vorteile des Barcodes im logistischen Ablauf von KEP-Unternehmen sind:

- Eindeutige Identifikation der Sendungen
- Zusätzliche Informationen für den Zusteller (z. B. Vorausverfügung), da zusätzliche Informationen direkt von der Sendung ablesbar sind
- Beschleunigen des Umschlags zwischen den Depots und Vermeidung von Verladefehlern
- Lückenloses Tracking (Sendungsverfolgung während des Transportes) und lückenloses Tracing, z. B. bei Haftungsfragen
- Kürzere Auskunftszeiten, z. B. am Servicetelefon, da die Sendungen schneller im System gefunden werden können
- Grundlage für Aufbau von ECR-Kooperationen und Lieferketten (Supply Chain Management)
- Senkung des Verwaltungsaufwandes, da weniger Papier verwendet werden muss. Informationen befinden sich im EDV-System

RFID (Radio Frequency Identification)

Radio Frequency Identification wird, wenn es bei Unternehmen eingesetzt wird, häufig als Ergänzung zum Barcode verwendet. Dies liegt daran, dass diese Technik noch nicht flächendeckend über den gesamten Transportprozess (Absender – Spediteur – Empfänger) verwendet wird. Viele KEP-Unternehmen stecken noch in der Erprobungsphase und setzen die relativ neue Technik erst in einzelnen Projekten ein.

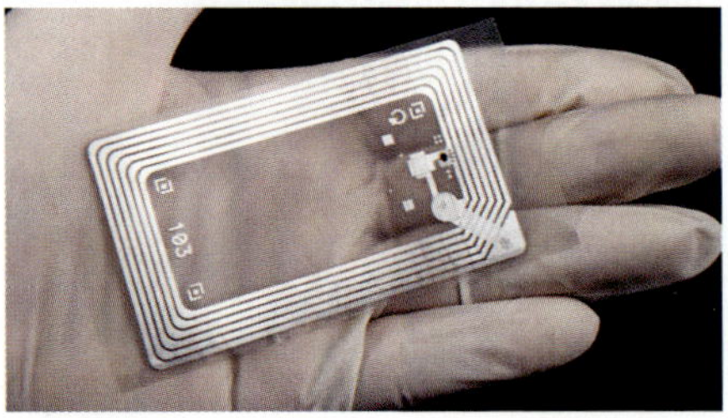
RFID-Tag

Bei RFID wird ein dünner Speicherchip (= Transponder) auf bzw. in (zusätzlicher Schutz vor Beschädigung) die Sendung geklebt. Es gibt dabei passive und aktive Chips. Aktive Chips haben eine angeschlossene Energiequelle (Batterie) und funken jederzeit Signale oder Informationen, die auf dem Chip enthalten sind bzw. speichern neu aufgenommene Informationen während des Transportvorgangs. Passive Chips erhalten die Energie zum Funken der Informationen über ein Magnetfeld in der Nähe, das von einem Schreib-/Lesegerät über eine Antenne abgegeben wird. Sie können also nur die enthaltenen Informationen abgeben, wenn sie in der Nähe eines Lesegerätes sind, welches auch eine Antenne besitzt. Die Antenne, die auch Energie abgibt, sieht meist wie eine Magnetspule aus. Das Lesegerät ist mit einem Computer verbunden, der die Informationen sichtbar macht. Der Datenaustausch erfolgt ohne Sichtkontakt zum Transponder. Ein Lesegerät kann stationär sein. Es gibt aber auch tragbare Lesegeräte, die ähnlich wie ein Barcodeleser aussehen.

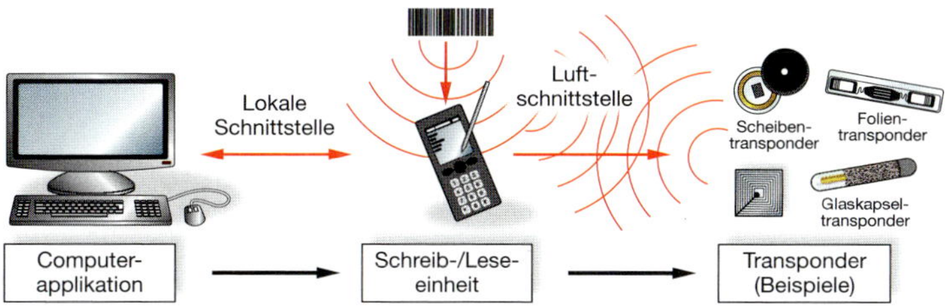

RFID-Lesegerät

An aktive Transponder können zusätzliche Geräte angeschlossen werden, die aktuelle Informationen sammeln:

- Man kann einen Temperaturfühler anschließen, der regelmäßig die aktuelle Temperatur misst und auf dem Chip aufzeichnet. Später kann dies schnell ausgelesen werden.
- Über einen GPS-Sensor kann der aktuelle Standort der Sendung abgefragt werden. Dies funktioniert weltweit wie die Ortung eines Mobiltelefons.
- Ein Bruchsensor kann aufzeichnen, ob ein Packstück zu starken Erschütterungen ausgesetzt war, und dies auch direkt – bei Bedarf – aktiv an eine Zentrale melden.
- Fühler können aufzeichnen, ob eine Sendung geöffnet wird, und Alarm abgeben.

Neben den Unterschieden in der Energieversorgung gibt es auch Unterschiede bei den Speichern. Bei Read-Only-Speichern hat der Hersteller bereits die Informationen auf den Transponder programmiert. Diese Informationen sind nicht mehr abzuändern. Sie enthalten meist nur kleine Datenmengen von wenigen 100 Bit. Write-Once-Speicher können einmalig vom Absender beschrieben werden und werden deshalb sinnvollerweise im KEP-Bereich eingesetzt. Bei Read-Write-Speichern können größere Datenmengen gespeichert werden. Diese Transponder benötigen jedoch eine Batterie, um Daten auf den Chip schreiben zu können.

Vorteile von RFID

- Die Informationen können ohne Sichtkontakt übertragen werden.
- Der Inhalt ganzer Container kann sofort erfasst werden, da die Informationen in Sekundenbruchteilen (und ohne Sichtkontakt) übertragen werden können (Bulk-Übertragung). Es können unterschiedliche Materialien durchdrungen werden.
- Geringe Fehleranfälligkeit. Lesemöglichkeit auch bei Verschmutzung des Tags; durch Anwendung im Inneren der Sendung ist eine Beschädigung unwahrscheinlich.
- Kombination mit weiteren Services möglich (z. B. Temperaturkontrolle, Diebstahlschutz)

- Im Vergleich zum Barcode hat der Chip eine hohe Speicherkapazität.
- Unterschiedliche Formen und Größen des Tags machen ihn universell einsetzbar.

Nachteile von RFID

- Datensicherheit. Die Daten sind zwar verschlüsselt, aber eventuell kann ein Computerhacker diese Verschlüsselung umgehen, sodass die Informationen eines ganzen Containers ausgelesen werden können.
- Die Anschaffungskosten für die gesamte Infrastruktur (Lesegeräte, EDV-System, Antennen) sind sehr hoch.
- Ein Chip ist 10- bis 20-mal teurer als ein Barcode, und dies in der einfachsten Ausführung. Ein Barcode kostet ca. 0,5 ct.

Beispiel

Die Firma trans-o-flex bietet temperaturgeführte Pharmatransporte an. Ein Messsystem zeichnet die Temperatur mithilfe von Transpondern im Inneren der Sendung auf. Der Empfänger kann über ein Lesegerät bei der Annahme der Sendung direkt sehen, ob die geforderte Temperatur über den gesamten Transportweg eingehalten wurde.
In Briefzentren von DHL werden die Briefbehälter mit passiven Tags versehen. Dadurch sollen die Wege und der Standort der Briefbehälter jederzeit nachvollziehbar gemacht werden.
Die Firma UPS nutzt aktive Tags zur Überwachung der Lieferfahrzeuge.
Bei der Firma Fedex tragen die Fahrer Armbänder, sodass das Betreten und Starten des Fahrzeugs ohne Schlüssel möglich ist. Dadurch wird Zeit eingespart.

1.1.4 Lebenslauf einer Sendung

Definition:

Als **Lebenslauf einer Sendung** wird der gesamte Verlauf einer Sendung von der Abholung bis zur Zustellung bezeichnet. Dabei gilt jeder Scanpunkt als ein Punkt im Lebenslauf der Sendung.

Der Absender erhält eine Trackingnummer (z. B. Identcode der Sendung) und kann den Verlauf der Sendung über das Internet verfolgen. Auch der Empfänger erhält vom Absender die Trackingnummer, sodass er ebenfalls abschätzen kann, wann er die Sendung erhält.
Ein typischer Paketlebenslauf kann folgendermaßen aussehen:

Beispiel für einen Paketlebenslauf

Paketlebenslauf für Paket 0123456789				
Datum/Uhrzeit	Depot/Ort	Scannung	Land/PLZ	Hinweis
19.05.20.. 10:15	0 Bonn	Abholung	DE 53173	
19.05.20.. 15:20	0051 Köln	Einrollung	DE 50969	
19.05.20.. 23:32	001 Hub Kassel	Hub-Durchlauf	DE 34117	

Paketlebenslauf für Paket 0123456789				
20.05.20.. 5:19	0120 Hamburg	Eingang	DE 21107	
20.05.20.. 6:37	0120 Hamburg	Ausrollung	DE 21107	
20.05.20.. 14:41	0 25421	Zustellung	DE 25421	Zustellung: Empfänger

Das bedeutet, dass das Paket an sechs Punkten gescannt wurde. Die Scannung dient einmal dazu, nachvollziehbar zu machen, welchen Weg das Paket nimmt. Bei Verlust oder Diebstahl könnte man den Ort eingrenzen, da ab dort keine Scannung mehr erfolgt wäre.

Des Weiteren zeigt die Scannung oftmals den Haftungsübergang, da im KEP-Bereich die **Obhutshaftung** gilt. Dies ist vor allen Dingen dann der Fall, wenn mit Subunternehmern gearbeitet wird. Holt ein Subunternehmer ein Paket ab, haftet er für das Paket. Gibt er es dann im Depot ab, geht auch die Haftung auf das Depot über. Der Scan ist Beweis, dass der abholende Subunternehmer das Paket ordnungsgemäß übergeben hat. Mit jedem Scan wird die Haftung sozusagen weitergegeben. Die Paketlebensläufe sehen optisch – je nach Anbieter – meist unterschiedlich aus, enthalten aber in der Regel die gleichen Inhalte. Dabei gibt es Unternehmen, die seltener scannen, und Unternehmen die häufiger scannen. Beispielsweise scannen Unternehmen die Pakete im Hub-Eingang und im Hub-Ausgang. Einige Unternehmen scannen diese nur, wenn sie ins Hub kommen, und dann erst wieder, wenn sie im Empfangsdepot erscheinen.

Besonderheiten werden ebenfalls in den Paketlebenslauf aufgenommen. Folgende Begriffe können dabei in einem Paketlebenslauf auftauchen.

Mögliche Inhalte eines Paketlebenslaufes

Begriff	Erläuterung
Eingang	Pakete, die in einem Eingangsdepot gescannt werden
Einrollung	Erste Scannung im Ausgangsdepot (Verknüpfung der vom Absender gesendeten Daten mit dem realen Paket)
Ausrollung	Verladung der Sendung in das Zustellfahrzeug
Verzollung	Pakete befinden sich bei der Zollabfertigung
Lager	Pakete, die z. B. aufgrund großer Mengen heute nicht mehr in die Zustellung geleitet werden
Hub-Durchlauf	Pakete werden im Hub umgeschlagen.
Zustellung	Eine Zustellung ist erfolgt (Empfänger oder Ersatzempfänger).
Ausrollretoure	Wenn ein Paket nicht zugestellt wurde, sich aber in der Ausrollung befand. Der Grund wird meist vermerkt.
Nachverpackung	Die Verpackung wurde beschädigt und wird nachverpackt.

Es kann passieren, dass dem Zusteller vom Kunden Lebensläufe von Sendungen gezeigt werden, die Fehler oder für den Kunden irritierende Angaben aufweisen. Mögliche Gründe können sein:

Gründe für fehlerhafte Paketlebensläufe

Grund	Folge
Es befand sich noch ein alter Paketschein auf dem Paket, der irrtümlich gescannt wurde.	Der Scan erscheint nicht im Lebenslauf. Das Paket wird falsch geroutet.
Ein Scan wurde vergessen.	Der Lebenslauf zeigt nicht die Realität.
Das Paket wurde gestohlen oder ist verloren gegangen.	Es entstehen Lücken im Lebenslauf und die Laufzeit wird verlängert.
Ein Paket muss nachverpackt werden und der Scan wurde vergessen.	Laufzeit verlängert sich und der Lebenslauf spiegelt nicht die Realität wider.
Ein Paket wurde dem falschen Fahrzeug zugeteilt, es erfolgte Fehlverladung.	Laufzeit verlängert sich eventuell (je nachdem, wann es entdeckt wird).
Der Zusteller bzw. die Person, die die Daten eingegeben hat, hat die Absender- und Empfänger PLZ vertauscht.	Laufzeitverlängerung durch falsche Routung
Der Paketschein hat sich gelöst.	Neuer Paketschein muss erstellt werden, eventuell neue Trackingnummer oder Adressermittlung. Kann zu Laufzeitverlängerung führen.

Merke:

Die Mail GmbH bietet bei allen kostenpflichtigen Zusatzleistungen eine Sendungsverfolgung an. Bei der XPressParcel AG und Blitzfracht GmbH ist die Sendungsverfolgung immer inklusive.

Zusammenfassung

Der gesamte Weg eines Paketes vom Kunden über die Depots bis hin zum Empfänger bis hin zum Kunden läuft im Bereich Brief, Paket und Express möglichst automatisch.

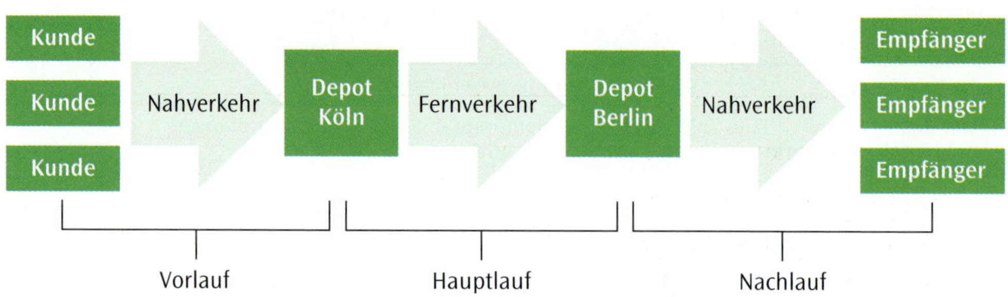

Der Weg eines Paketes innerhalb eines Depots oder Hubs sollte so wenig wie möglich mit der Hand erfolgen. Um eine hohe Automatisierung zu erreichen, gibt es Barcodes (mit Leit- und Identcode) oder RFID-Chips. Maschinen wie Briefsortierer (je nach Briefgröße),

Paket-Vereinzelner, Schuhsortierer, Cross-Belt-Sorter und Kippschalensortierer schaffen diese vollautomatische Sortierung.

Das Postleitzahlensystem mit der Leitregion zur Grobsortierung und den letzten drei Ziffern zur Feinsortierung hilft dabei.

Über den Lebenslauf einer Sendung kann der Kunde den Verlauf seiner Sendung beobachten. Gleichzeitig können dort Fehler erkannt werden.

Aufgaben

1. Beschreiben Sie die Arbeitsschritte im Depot von der Ausladung der Pakete aus dem Lkw bis zur Verladung in die Zustellfahrzeuge.

2. Sie sind als Auszubildender der XPressParcel AG bei einer Planungskommission für ein neues Depot eingeteilt. Es ist eine erste Übersichtsskizze entstanden, wie das neue Depot aufgebaut sein soll. Dort sind die reinen Arbeitsabläufe dargestellt. Die Größe des Raumes beträgt 140 · 45 Meter.
   Beurteilen Sie die Arbeitsabläufe hinsichtlich ihrer Sinnhaftigkeit.
   Unterbreiten Sie eventuell Verbesserungsvorschläge.

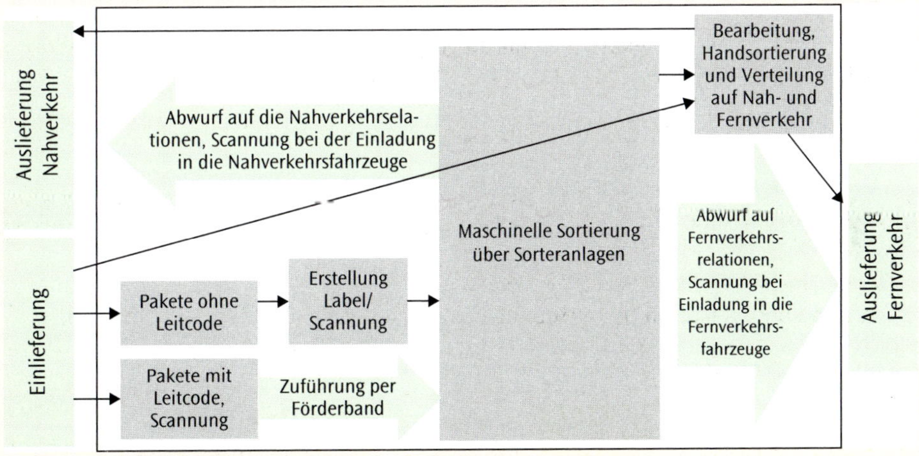

3. Sie haben folgenden Barcode auf einer Sendung.

   21348.016.075.40 1

   Benennen Sie den Barcode und erklären Sie seine Bestandteile.

4. Ein Kunde der XPressParcel AG in Köln zeigt Ihnen folgenden Paketlebenslauf am 17.2.20.. und möchte wissen, warum seine Sendung noch nicht bei ihm ausgeliefert wurde:

Paketlebenslauf		Paketschein-Nr. 09275684123
Datum Uhrzeit	Depot Ort	Scannung Info
14.02.20.. 17:44	20 Hamburg	Einrollung
15.02.20.. 14:39	50 Köln	Eingang

5. Nennen Sie fünf Vorteile des Barcodes bei KEP-Unternehmen.

6. Die Blitzfracht GmbH setzt seit Kurzem RFID-Chips ein. Ein Kunde für Tiefkühlprodukte, die Superfrost KG, wundert sich über die Mehrkosten bei Transporten mit RFID im Vergleich zu den normalen Kuriersendungen.
Erläutern Sie, warum sich die Mehrkosten für ein Unternehmen wie die Superfrost KG lohnen können.

2 Der Transport zwischen den Depots

Einstiegssituation

Karl soll die Disponentin im Depot unterstützen. Die Disponentin, Frau Schoofs, plant die Versendung der Pakete zu den anderen Depots im Fernverkehr. Frau Schoofs plant die nationalen Fernverkehrsverbindungen ausschließlich mit Lkw und Transportern. Die internationalen Sendungen werden entweder per Lkw oder per Flugzeug versendet. Zudem rechnet Frau Schoofs ständig Fahrtzeiten aus und überlegt, welche Sendungen sie direkt in die anderen Städte fahren lässt und welche Sendungen über das große Depot der XPressParcel AG bei Kassel versendet werden.

Handlungsaufträge

1 Stellen Sie Überlegungen an, warum Frau Schoofs fast ausschließlich mit Lkw und Flugzeug plant.
2 Nennen Sie Gründe, warum Frau Schoofs die Fahrtzeiten genau berechnen muss.
3 Begründen Sie, warum einige Fahrzeuge auf direktem Weg zu den Zieldepots fahren und einige über Kassel zu den Depots geleitet werden.

Der Transport zwischen zwei Depots erfolgt bei KEP-Dienstleistern in der Regel per Lkw. Die Sendungen, die tagsüber durch die Nahverkehrsfahrer eingesammelt bzw. bei Filialen oder Shops abgegeben wurden und im Versanddepot auf die Fernverkehrsrelationen verteilt wurden, werden entweder im Direktverkehr oder über einen Hub zu einem Empfangsdepot gebracht (vgl. Kapitel 1.1.3, Sendungsverlauf mit Barcodierung und RFID). Internationale Sendungen, die größere Strecken zu überwinden haben, werden per Flugzeug transportiert.
Expresssendungen können auch mit kleineren Fahrzeugen transportiert werden. Hat ein Unternehmen ein Hub-and-Spoke-System für gewöhnliche Sendungen eingerichtet, kann es wegen Zeitknappheit bei Expresssendungen notwendig sein, die Expresssendungen mit kleineren Fahrzeugen (z. B. Sprinter) im Direktverkehr zu transportieren.

2.1 Hub and Spoke vs. Direktverkehre

Für KEP-Unternehmen gibt es zwei Möglichkeiten der Verteilung der Sendungen im Fernverkehr. Beim Direktverkehr wird ein Fahrzeug direkt zum Zielort geschickt. Beim Hub and Spoke werden die Sendungen am Ende einer Speiche (= engl. spoke) im Nahverkehr gesammelt, dann zu einem zentralen Hub (= engl. Nabe, eingedeutscht: Hauptumschlagsbasis) gebracht, um dort sortiert zu werden. Danach wird die Sendung wieder zu dem Endpunkt einer anderen Nabe gebracht, um dort im Nahverkehr an die Empfänger verteilt zu werden.

Direktverkehr/Depotnetzwerk

In einer sehr eng gefassten Definition von Direktverkehr ist der typische Verlauf einer Kurierfahrt gemeint. Ein Absender übergibt die Sendung einem Fahrer, der damit direkt zum Empfänger fährt. Da dies im Post- und Expressverkehr aber unwirtschaftlich ist, versteht man in diesen Bereichen darunter, dass im Nahverkehr die Pakete zu einem Depot gebracht werden (Ausgangsdepot). Dort werden die Sendungen für die jeweils anderen Depots sortiert und dann in die Fernverkehrsfahrzeuge verladen. Von dort aus fahren die Fahrzeuge direkt zu den anderen Depots (= Eingangsdepot), wo sie entladen und für den Nahverkehr feinsortiert werden. Hier wird auch von einem Depotnetzwerk gesprochen.

Beispiel

Die Deutsche Post AG hat 82 Briefzentren, die sich auf ganz Deutschland verteilen. Die Sendungen werden in jedem Briefzentrum auf diese 82 Briefzentren über Sortieranlangen bzw. per Handsortierung verteilt. Die Sendungen werden dann auf Wechselbrücken verladen und jeweils von unterschiedlichen Lkw zu den anderen 81 Briefzentren gebracht. Es gibt also von jedem Briefzentrum ca. 81 Direktfahrten zu den anderen Briefzentren. Es kann natürlich passieren, dass bei wenigen Sendungen zwei Briefzentren zusammengefasst werden und von einem Lkw hintereinander angefahren werden.

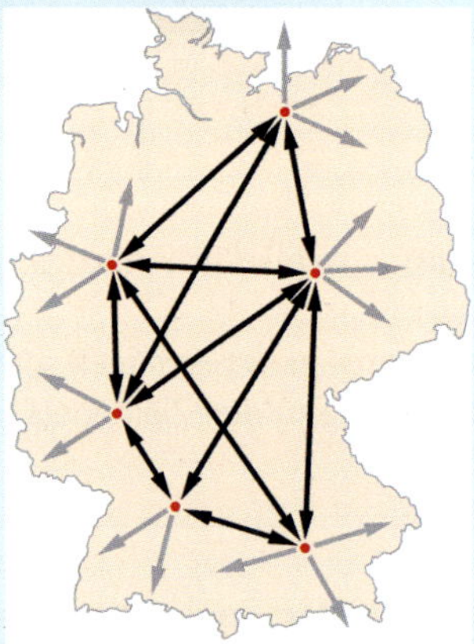

Depotnetzwerk

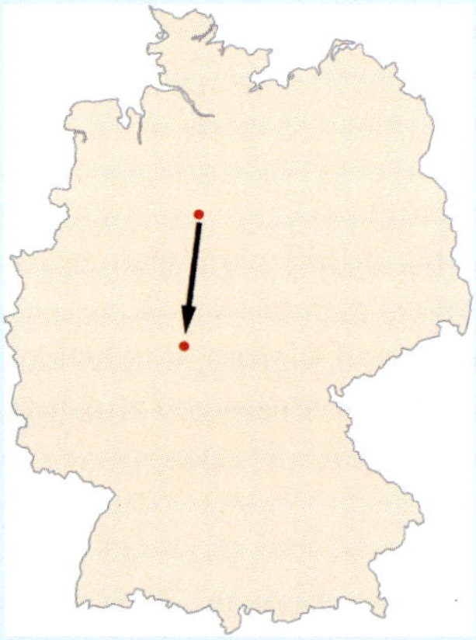

Direktverkehr

Hub and Spoke

Beim Hub-and-Spoke-System sammeln die Fahrer im Nahverkehr die Sendungen ein (über Abholung, Filialen, Postshops usw.) und bringen diese zum Ausgangsdepot. Dort werden die Sendungen unsortiert in die Fernverkehrsfahrzeuge verladen und zu einem zentralen Punkt, dem Hub, gebracht. Dort werden die Pakete dann für die verschiedenen Depots sortiert und wieder für die Depots verladen. Danach fahren die Fernverkehrsfahrzeuge zum jeweiligen Depot. Dort werden sie dann im Nahverkehr zu den Empfängern ausgefahren.

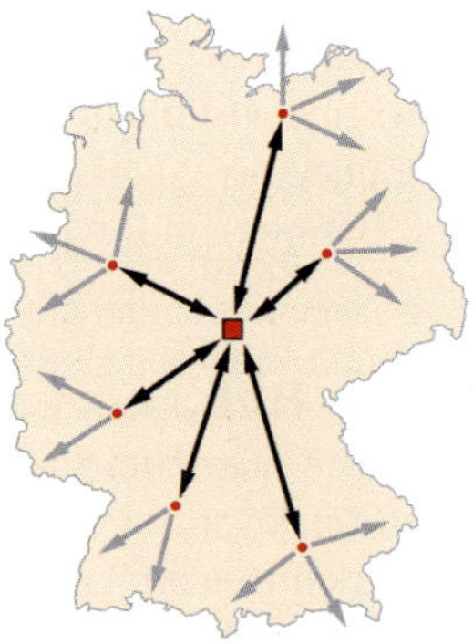

Hub and Spoke

Beispiel

Bei GLS werden die Pakete aus dem Raum Köln eingesammelt. Es handelt sich dabei um Pakete für das ganze Bundesgebiet. Diese werden unsortiert in die Fernverkehrslastwagen verladen und zum Hub nach Kassel gebracht. Von dort werden die Sendungen sortiert, um sortenrein auf die jeweiligen Depots verteilt werden zu können.

Multi-Hub bzw. Sub-Hub-Systeme

Hubs können durch regionale Sub-Hubs entlastet werden. Die Sendungen werden in den regionalen Sub-Hubs vorsortiert. Danach werden Teile der Sendungen über den Hub geschickt und Teile der Sendungen direkt zu den anderen Sub-Hubs. Dies findet man häufig im Luftverkehr.

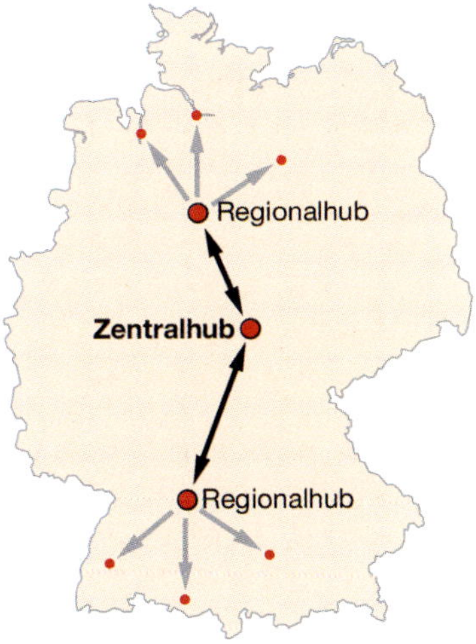

Sub-Hub-Systeme

Beispiel

Beispiel
UPS hat sein Luftverkehrsdrehkreuz für europäische Sendungen am Flughafen Köln/Bonn. Das bedeutet, dass alle Sendungen aus Europa dort ankommen und umverteilt werden. Kleinere Drehkreuze (Sub-Hubs) gibt es aber in Spanien. So gelangen die Sendungen aus Mallorca nicht direkt nach Köln/Bonn, sondern werden über Barcelona befördert.

Merkmale der jeweiligen Transportnetzwerke

Direktverkehr/Depotnetzwerk	Hub and Spoke	Multi-Hub/Sub-Hub-System
• Schnelle Beförderung der Sendungen • Späte Ablieferungsmöglichkeiten für den Kunden, dennoch E+1 möglich • Hohe Kosten des Hauptlaufs, da viele Strecken bedient werden (z. B. Mautkosten, Kosten für Fahrer und Fahrzeuge, Treibstoffkosten) • Aufwendige Sortiereinrichtungen in jedem Depot und erhöhter Personalbedarf sorgen für höhere Kosten. • Möglichkeit des Ausweichens auf anderes Depot bei Ausfall eines Depots • Bei großem Sendungsaufkommen dennoch gute Auslastung der Fahrzeuge	• Längere Transportzeiten (E + 1 oft nicht einzuhalten) • Gute Auslastung der Transportfahrzeuge durch Bündelung der Sendungen für verschiedene Depots sorgen für niedrige Hauptlaufkosten. • Geringere Kosten, da weniger Personal benötigt wird und nur moderne Sortieranlagen im Hub • Gefahr der Nichtsortierung bei Ausfall der Technik im Hub • Gut geeignet für kleineres Sendungsaufkommen • Durch Wegfall der Sortierung in den Speichendepots können diese klein ausfallen, was zu Kosteneinsparungen führt (z. B. Grundstück).	• Längere Transportzeiten (E + 1 oft nicht einzuhalten) • Gute Auslastung der Transportfahrzeuge durch Bündelung der Sendungen für verschiedene Depots sorgen für niedrige Hauptlaufkosten. • Möglichkeiten des Ausweichens der Sendungen auf einen anderen Hub bei Überlastung

Merke:

In der Realität ist es häufig so, dass die Unternehmen eine Mischung aus Direktverkehr und Hub and Spoke umsetzen. Bei gut ausgelasteten Verbindungen wird ein Direktverkehr zwischen zwei Depots gewählt. Schlecht ausgelastete Depots werden über den Hub bedient. Dabei kann es auch sein, dass ein Lkw zu einem Depot im Direktverkehr fährt und die restlichen Sendungen, die er nicht mehr aufnehmen kann, über einen Hub gefahren werden.

Beispiel

Eine Wechselbrücke kann im Durchschnitt 800 Sendungen aufnehmen. Für heute sind im Depot Köln der XPressParcel AG für den Stuttgarter Raum 1 800 Sendungen avisiert (= angekündigt). Da ein Lkw mit zwei Wechselbrücken fahren kann, schickt der Disponent einen Lkw mit 1 600 Sendungen im Direktverkehr zum Depot Stuttgart. Die restlichen 200 Sendungen werden zum Hub nach Kassel gesendet. Zu den 200 Sendungen kommen nämlich noch weitere Sendungen für andere Depots, die ebenfalls nicht im Direktverkehr transportiert werden. So erreicht der Disponent, dass die Sendungen im Direktverkehr schneller ankommen – bei gleichzeitig guter Auslastung der Wechselbrücken. Die anderen Sendungen brauchen länger, aber der Lkw zum Hub ist auch gut ausgelastet, da sich neben den 200 Sendungen nach Stuttgart auch Sendungen für Berlin, Hamburg und München befinden.

2.2 Verkehrsmittel

Bei KEP-Unternehmen kommt in der Regel der Lkw oder das Flugzeug zum Einsatz. Aber auch andere Verkehrsmittel sind denkbar und werden eingesetzt.
In der Logistik wird zwischen folgenden Verkehrsmitteln unterschieden:

- Lkw/Lieferwagen
- Flugzeug
- Eisenbahn
- Binnenschiff (fährt auf Binnengewässern wie Flüsse, Kanäle und Seen)
- Seeschiff (fährt auf Ozeanen und Meeren)
- Pipeline/Rohrleitungen (für z. B. Öl- bzw. Gastransport; ist für den KEP-Bereich zu vernachlässigen)

Bis auf die Pipeline werden im KEP-Bereich alle Verkehrsmittel eingesetzt, da sie unterschiedliche Vor- und Nachteile haben. Bei einem Einsatz zum Transport werden diese Vor- und Nachteile berücksichtigt. Teilweise wird auch dem Kundenwunsch entsprochen. Möchte der Kunde einen besonders ökologischen Transport, so wird im Expressbereich kein Auto eingesetzt, sondern die Bahn.

Lkw

Der Lkw wird in der KEP-Branche am häufigsten genutzt. Unter Lkw kann man auch Transporter zusammenfassen, wie sie häufiger von Kurierunternehmen wie der Blitzfracht GmbH eingesetzt werden.
Der Grund für die häufige Verwendung des Lkw liegt an den Vorteilen.

Vorteile Lkw

- **Haus-Haus-Verkehr** möglich. Wegen des dichten Straßennetzes kann nahezu jeder Ort in Deutschland mit dem Lkw erreicht werden. Sendungen können also vom Absender bis zum Empfänger mit einem Fahrzeug transportiert werden.
- **Flexibilität.** Durch die Möglichkeit des Haus-Haus-Verkehrs, die vielen Alternativrouten beim Transport und die zeitliche Unabhängigkeit (Ausnahme: Sonntagsfahrverbot) ist der Lkw sehr flexibel einsetzbar. Zudem gibt es viele Spezialvarianten für unterschiedliche Produkte (z. B. Tieflader).
- **Geschwindigkeit** auf kurzer Strecke. Der Lkw ist auf kurzen Strecken relativ schnell, da er direkt seinen Zielort anfahren kann.
- **Dichtes Streckennetz.** Die Straßen in Deutschland und Europa sind gut ausgebaut. Ein Fahrzeug kann meist jeden Kunden erreichen. Werden andere Verkehrsmittel eingesetzt (z. B. Flugzeug), muss der Lkw meist die Sendungen zum Flughafen bringen bzw. wieder abholen.

Nachteile Lkw

- **Transportvolumen und Kosten.** Der Lkw hat ein relativ geringes Transportvolumen, was die Transportkosten pro transportierter Tonne relativ hochhält.
- **Umweltbelastung.** Ein Lkw stößt pro transportierter Tonne relativ viele Schadstoffe (z. B. CO_2) aus.
- **Witterung.** Bei Schnee und Eis kann ein Lkw meist nicht mehr oder nur noch eingeschränkt fahren.
- **Staugefahr.** Durch die Beliebtheit der Lkw gibt es ein hohes Verkehrsaufkommen auf den Straßen. Viele Staus sind somit die Folge.

Flugzeug

Das Flugzeug wird im weltweiten Brief- und Paketverkehr genutzt, um schnell große Entfernungen zu überwinden. In Köln/Bonn (von UPS) und Leipzig (von DHL) befinden sich zwei weltweit wichtige Flugzeug-Hubs in Deutschland. So werden beispielsweise alle Sendungen von UPS in Europa, die nach Asien oder in die USA gehen, über den Hub Köln/Bonn versendet.

Vorteile Flugzeug

- **Schnelle Transportgeschwindigkeit.** Müssen schnell große Entfernungen überbrückt werden, so ist das Flugzeug das beste Transportmittel.
- **Sicherheit**. Das Flugzeug gilt als eines der sichersten Verkehrsmittel der Welt, da Unfälle sehr selten sind.

Nachteile Flugzeug

- **Hohe Transportkosten.** Aufgrund der hohen Kosten pro transportierter Tonne versuchen KEP-Unternehmen, das Flugzeug erst zu benutzen, wenn es ein anderes Transportmittel in der vorgegebenen Zeit nicht schafft. In Köln/Bonn lässt UPS alle Pakete für die USA in einem Umkreis von ca. 500 km mit dem Lkw kommen.
- **Umweltbelastung.** Hoher Ausstoß an klimaschädigenden Abgasen. Das Flugzeug ist unter Umweltgesichtspunkten die schlechteste Alternative.
- **Wenige Stationen.** Flughäfen gibt es meist nur in großen Städten oder deren Umgebung.
- **Gebrochener Verkehr.** Sendungen müssen häufig von einem Lkw zum Flughafen gebracht werden, sodass die Sendungen umgeladen werden müssen. Das birgt die Gefahr von Beschädigungen.

Seeschiff

Briefe oder Pakete werden fast ausschließlich über große Entfernungen mit dem Flugzeug transportiert. Nur noch große Frachtsendungen, die nicht zeitkritisch sind, werden per Seeschiff versendet.

Vorteile Seeschiff

- **Große Kapazität.** Seeschiffe können große Mengen aufnehmen. 8 000 bis über 14 000 Standardcontainer sind möglich. Auch Massengüter (z. B. Öl, Kohle) können gut aufgenommen werden.
- **Geringer Preis.** Aufgrund der hohen Massen kostet jede transportierte Tonne relativ wenig.
- **Umweltfreundlichkeit.** Der Schadstoffausstoß pro transportierter Tonne ist gering. Oft wird aber umweltschädliches Schweröl verbrannt, was sich negativ auf die Ökologie auswirkt.

Nachteile Seeschiff

- **Geschwindigkeit.** Ein Seeschiff ist relativ langsam, gerade auf die großen Entfernungen gesehen. Ein Seeschiff benötigt ca. vier Wochen bis China. Dies macht es für die meisten KEP-Transporte uninteressant.
- **Gebrochener Verkehr.** Wegen der wenigen Seehäfen müssen die Sendungen meist mit anderen Verkehrsmitteln dorthin gebracht werden. Es gibt also zusätzlich wenige Stationen.
- **Witterungsabhängigkeit.** Bei größeren Stürmen muss ein Seeschiff Umwege in Kauf nehmen, was die Transportzeit verlängert.

Binnenschiff

Die Binnenschifffahrt spielt bei KEP-Diensten – abgesehen von Frachtsendungen – eine geringe Rolle. Die Vor- und Nachteile entsprechen den Vor- und Nachteilen der Seeschifffahrt.

Zu den Vorteilen ist zu ergänzen, dass ein Binnenschiff zwischen 200 und 500 Container aufnehmen kann.

Zu den Nachteilen ist zu ergänzen, dass es natürlich **mehr Stationen** (Binnenhäfen) als Seehäfen gibt. Das Binnenwassernetz ist aber dennoch relativ dünn. Bei Binnenschiffen gibt es zwar in Deutschland keine gefährlichen Stürme, aber bei Hoch- oder Niedrigwasser kann gar nicht oder nur eingeschränkt gefahren werden.

Eisenbahn

Bis 1997 wurde mit der Eisenbahn innerhalb Deutschlands noch sehr viel Post transportiert. Dies wurde, wegen der mangelnden Flexibilität, aber aufgegeben. Heute gibt es, gerade für umweltbewusste Kunden, den IC-Kurier. Ein Fahrradkurier holt die Sendung beim Absender ab und bringt diese zu einem IC (= Intercity). Die Sendung wird dort an eine befugte Person übergeben, die sie wiederum im anderen Ort einem Fahrradkurier übergibt, der die Sendung dann zustellt.

Vorteile Eisenbahn

- **Umweltfreundlichkeit.** Die Bahn hat einen relativ geringen Ausstoß an klimaschädlichen Abgasen pro transportierter Tonne.

- **Große Kapazität.** Die Bahn kann große Mengen aufnehmen.
- **Relativ schnell** auf längeren Strecken. Als IC-Kurier schlägt die Bahn auf vielen Strecken das Auto in der Geschwindigkeit.

Nachteile Eisenbahn

- **Gebrochener Verkehr.** Nur wenige Firmen haben eigene Gleisanschlüsse, sodass die Sendungen meist mit dem Lkw abgeholt und auf die Bahn umgeladen werden müssen.
- **Beschränkte Stationenanzahl.** Der IC bzw. ICE hält nur in großen Städten, sodass die Kurierleistungen nur dort möglich sind. Versand auf Nebenstrecken dauert relativ lange.

Mögliche **Auswahlkriterien,** die bei KEP-Diensten und deren Kunden eine Rolle spielen können:

- Geschwindigkeit
- Flexibilität (Haus-Haus-Verkehr; spätere Weisungen können noch umgesetzt werden)
- Kosten
- Pünktlichkeit, genauer Fahrplan
- Witterungsabhängigkeit
- Häufigkeit der möglichen Fahrten
- Sicherheit (Diebstahlsicherheit bei hochwertigen Gütern, Beschädigungsquoten)
- Ökologie (z. B. CO_2-Neutralität)
- Gesetzliche Vorschriften (Maut, Fahrverbote, Nutzlasten)

Je nach Kundenwunsch und eigenen, internen Schwerpunkten wird das passende Verkehrsmittel ausgesucht. Wegen der hohen Flexibilität wird meist der Lkw/Transporter bevorzugt. Dieser bietet gleichzeitig ein für die KEP-Dienste bestes Preis-Leistungs-Verhältnis. Auf langen Strecken ist das Flugzeug das meist einzig sinnvolle Transportmittel, da Unternehmen und Privatpersonen nicht wochenlang auf eine Sendung warten möchten.

2.3 Lenk- und Ruhezeiten

Fährt ein Fahrer ein Fahrzeug mit einem zulässigen Gesamtgewicht von über 3,5 t, so gelten innerhalb der EU folgende Regeln zu den Lenk- und Ruhezeiten. In Deutschland besteht die Pflicht zur Aufzeichnung der Lenk- und Ruhezeiten bereits ab 2,8 t zulässigem Fahrzeuggesamtgewicht. Diese müssen vom Fahrer und Disponenten eingehalten werden. Wird gegen diese Pflicht verstoßen, kann es zu empfindlichen Strafen kommen.

Exkurs

Fahrzeuggewichte

Zulässiges Gesamtgewicht (zGG) = Leergewicht des Fahrzeugs + maximale Zuladung des Fahrzeugs

Leergewicht des Fahrzeugs = Fahrzeug inklusive 90 % Benzinfüllung, Wasser- und Kühlflüssigkeit, Ersatzrad + Wagenheber, Verbandskasten und Fahrer mit 75 kg.

Übersicht über die Lenk- und Ruhezeiten

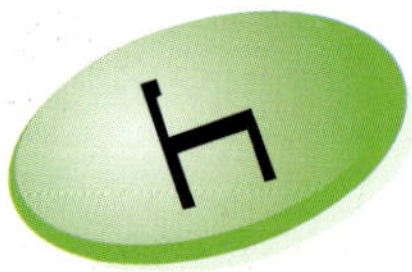	Lenkzeit	Maximal 4,5 Stunden. Danach muss eine Fahrtzeitunterbrechung von mindesten 45 Minuten erfolgen. Fahrtzeitunterbrechung kann in zwei Abschnitte aufgeteilt werden, wobei der 1. Abschnitt mind. 15 Minuten und der 2. Abschnitt mind. 30 Minuten betragen muss.
	Tägliche Lenkzeit	Maximal neun Stunden, zweimal in der Woche Erhöhung auf zehn Stunden
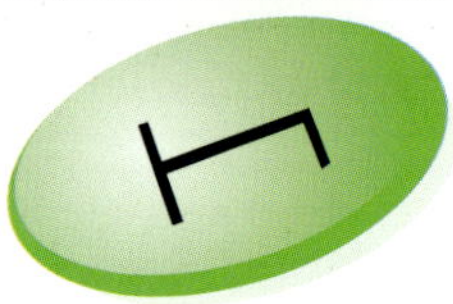	Tägliche Ruhezeit	Mindestens elf Stunden innerhalb von 24 Stunden, Verkürzung auf neun Stunden an drei Tagen in einer Woche Aufteilung der Tagesruhezeit auf zwei Teile möglich. 1. Teil mindestens drei Stunden und zweiter Teil mindestens neun Stunden.
	Wöchentliche Ruhezeit	Mindestens 45 Stunden. Nach sechs 24-Stunden-Zeiträumen muss diese eingelegt werden.
	Wöchentliche Lenkzeit	Maximal 56 Stunden
	Lenkzeit auf zwei Folgewochen	Maximal 90 Stunden

Begriffe zur Lenk- und Ruhezeiten

Begriff	Erläuterung
Woche	Zeitraum zwischen Montag 0:00 Uhr und Sonntag 24:00 Uhr
Ruhezeit	Jeder unterbrochene Zeitraum von mindestens einer Stunde, bei der der Fahrer frei über seine Zeit verfügen kann. Arbeitsbereitschaft ist keine Ruhezeit.
Lenkzeit	Ist Zeit, in der typische Fahrertätigkeiten ausgeführt werden; dazu zählen auch Stopps an Ampeln oder Staus.
Lenkzeitunterbrechung	Fahrer führt keine Fahrtätigkeit und auch keine andere Arbeiten aus. Dient der Erholung des Fahrers.
Andere Tätigkeiten	Darunter fallen z. B. Be- und Entladen, Wartungsarbeiten.
Arbeitszeit	Beginn bis zum Ende der Arbeit ohne Ruhezeiten.

Beispiel

Der Fahrer eines 12-t-Fahrzeugs hat in den letzten 14 Tagen folgende Arbeitszeiten bestritten. Der Disponent der Blitzfracht GmbH, Thomas Wahlscheid, überprüft, ob der Fahrer noch fahren darf. Bei der Überprüfung macht er mit einem roten Stift folgende Anmerkungen zu den Lenk- und Ruhezeiten seines Fahrers:

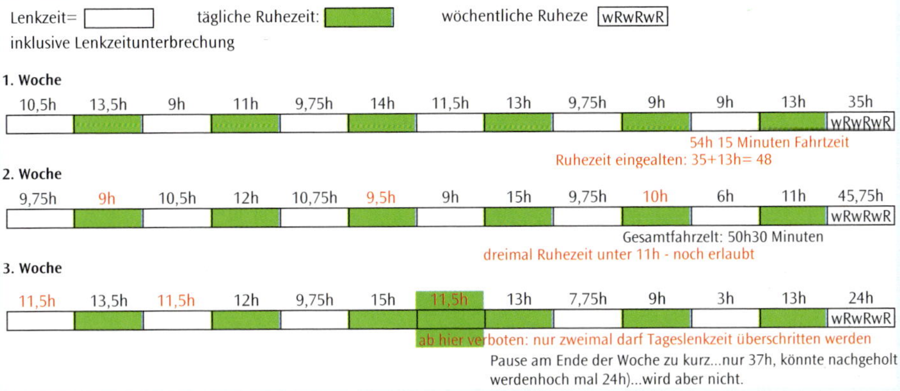

Eine detaillierte Übersicht könnte folgendermaßen aussehen:

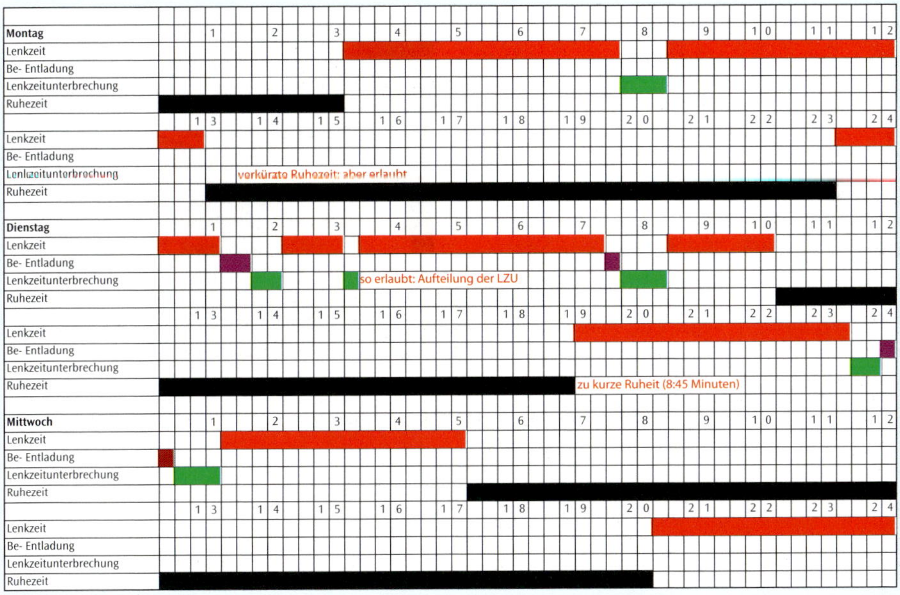

Berechnung der Fahrtzeit

Ein Disponent muss, um die Einhaltung der Lenkzeit bei seinem Fahrer zu schaffen, die mögliche Fahrtzeit berechnen. Als Richtwert wird die durchschnittliche Geschwindigkeit der Fahrzeuge berücksichtigt, die sich aus Erfahrungswerten ergibt. Die durchschnittliche Fahrtzeit eines Lkw, der viel über die Autobahn fährt, könnte so z. B. 67 km/h betragen.

Beispiel

Der Fahrer, Kevin Seibold, soll für die XPressParcel AG im Nachtsprung einen Lkw (7,5 t) von Köln nach Hannover im Direktverkehr fahren. Die Entfernung beträgt 293 km. Wegen Baustellen rechnet der Disponent mit einer Durchschnittsgeschwindigkeit von 60 km/h. Wann wird Kevin Seibold in Hannover sein, wenn er um 21:00 Uhr in Köln losfährt?

Berechnung:

$$\frac{293\ km}{60\ km/h} = 4{,}883333\ h$$

Der Fahrer benötigt demnach 4,883333 Stunden für die Fahrt. In genaue Minuten umgerechnet, bedeutet dies:

$$1\ h \sim 60\ Minuten$$
$$\underline{0{,}883333h \sim x Minuten}$$

$$\frac{0{,}883333h \cdot 60\ Minuten}{1\ h} = 52{,}9999,\ also\ 53\ Minuten$$

Die reine Fahrzeit von Kevin Seibold beträgt 4 Stunden und 53 Minuten. Da er ein Fahrzeug führt, welches über 3,5 t zulässiges Gesamtgewicht hat, muss er eine Lenkzeitunterbrechung von 45 Minuten einhalten. Insgesamt benötigt er also:

$$4h\ 53\ min + 45\ min = 5\ h\ 38\ min$$

Wenn er um 21:00 Uhr losfährt, wäre er um 2:38 Uhr in Hannover.

Digitaler Tachograf

Alle neu zugelassenen Lkw ab 3,5 Tonnen müssen mit einem digitalen Tachografen ausgerüstet sein. Dieser dient der Kontrolle der geltenden Lenk- und Ruhezeiten für die Fahrer. Mit dem digitalen Tachografen wurde die Überwachung der Lenk- und Ruhzeiten vereinfacht und beschleunigt, da die Auslesung der Daten mithilfe einer Fahrerkarte automatisch passiert. Eine Manipulation des digitalen Tachografs ist im Vergleich zu den vorherigen analogen Aufzeichnungen erschwert worden. Bei einer Überprüfung durch Kontrollorgane muss man zwischen zwei unterschiedlichen Ausdrucken unterscheiden. Das bedeutet, dass bei einer Abfrage ein Abschnitt aus Papier zur genauen Überprüfung ausgedruckt wird.

- Ausdruck **Fahrerkarte**: Diese Karte ist fahrerbezogen, sodass man dort die Aktivitäten des Fahrers entnehmen kann. Dazu zählen z. B. die Lenkzeiten, Lenkzeitunterbrechungen, gefahrene Kilometer.
- Ausdruck **Massenspeicher** Fahrzeugeinheit: Dieser bezieht sich auf alle Fahrer, die mit dem entsprechenden Fahrzeug gefahren sind. Dadurch können die Kontrollbehörden z. B. erfassen, welches die letzten Geschwindigkeitsübertretungen in dem Fahrzeug waren.

Der digitale Tachograf wirft u.a. folgende Messwerte aus:

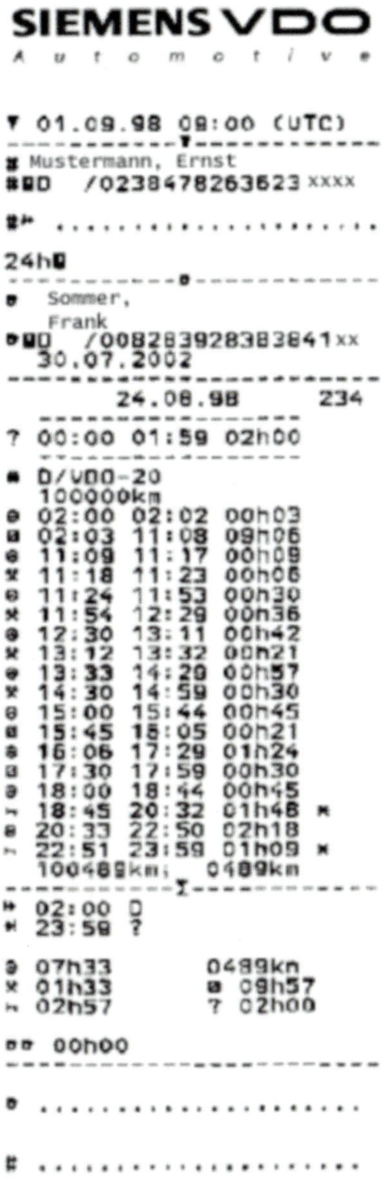
SIEMENS VDO
Automotive

01.09.98 08:00 (UTC)
Mustermann, Ernst
D /0238478263623 xxxx
....
24h
Sommer,
Frank
D /00828392838384 1xx
30.07.2002
24.08.98 234
? 00:00 01:59 02h00
D/VDO-20
100000km
02:00 02:02 00h03
02:03 11:08 09h06
11:09 11:17 00h09
11:18 11:23 00h06
11:24 11:53 00h30
11:54 12:29 00h36
12:30 13:11 00h42
13:12 13:32 00h21
13:33 14:29 00h57
14:30 14:59 00h30
15:00 15:44 00h45
15:45 16:05 00h21
16:06 17:29 01h24
17:30 17:59 00h30
18:00 18:44 00h45
18:45 20:32 01h48
20:33 22:50 02h18
22:51 23:59 01h09
100489km; 0489km
02:00 D
23:59 ?
07h33 0489km
01h33 09h57
02h57 ? 02h00
00h00
....
....

Im ersten Teil findet man persönliche Angaben zum Fahrer und das Datum des Tagesausdrucks.

Im zweiten Teil findet man die einzelnen Aktivitäten des Fahrers während der Fahrt. Die einzelnen Aktivitäten sind mit den Symbolen gekennzeichnet (Fahrtzeit, Arbeitszeit, Ruhezeit) und minutengenau aufgezeichnet worden. Zudem findet man die gefahrenen Kilometer.

Im dritten Teil findet man eine Zusammenfassung der Ereignisse, die auch wieder mit den jeweiligen Symbolen gekennzeichnet sind.

Folgen bei Nichteinhaltung der Lenk- und Ruhezeiten

Hält sich ein Fahrer nicht an die Lenk- und Ruhezeiten, kann sich daraus eine Vielzahl von Folgen ergeben. Zudem ist zu beachten, dass auch der Disponent für Vergehen bei den Lenk- und Ruhezeiten bestraft wird, da dieser die Fahrpläne für den Fahrer erstellt. Damit möchte der Gesetzgeber den Druck, der durch die Arbeitgeber auf die Fahrer ausgeübt wird, an den Arbeitgeber zurückgeben.

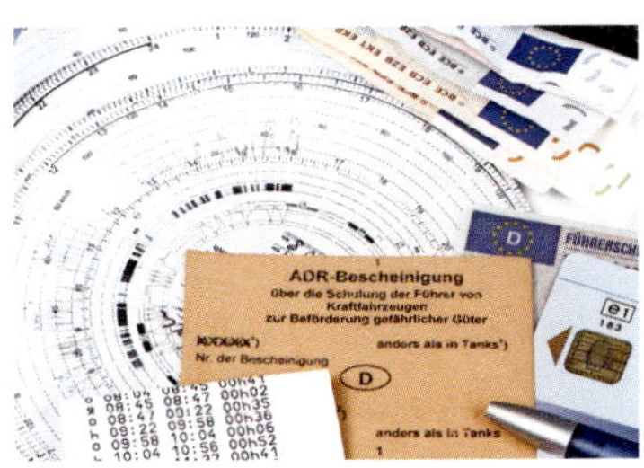

Auswahl an Folgen bei Nichteinhaltung der Lenk- und Ruhezeiten

Fahrer	Betrieb	Verkehrsteilnehmer
Unfall Tod Mehr Arbeit Mehr Stress Müdigkeit Bußgeld Schadenersatz Freiheitsstrafe Verlust des Arbeitsplatzes	Bußgeld Freiheitsstrafe Schadenersatz Schlechter Ruf	Unfall Tod Gefährliche Situationen Stau bei Unfällen

Buß- und Verwarngeldkatalog für Verstöße gegen die Verordnung (EG) Nr. 561/2006 (Ausschnitte)

	Fahrpersonal F		Unternehmer U	
Lfd. Nr.	Ordnungswidrig nach **§ 8a Abs. 2 Fahrpersonalgesetz** handelt, wer	FPersG	Ordnungswidrig nach **§ 8a Abs. 1 Fahrpersonalgesetz** handelt, wer	FPersG
	Bei Überschreiten von mehr als 2 Stunden je angefangene ½ Stunde **Artikel 6 Abs. 1 Satz 2**	**60,00 €**	**Artikel 6 Abs. 1 Satz 2**	
4	die wöchentliche Lenkzeit von 56 Stunden nicht einhält[2] Bei Überschreiten bis zu 2 Stunden Bei einer Wochenlenkzeit von 58 bis 67 Stunden je angefangene Stunde **Artikel 6 Abs. 2**	**§ 8a Abs. 2 Nr. 1** **Verwarnungsgeld** **30,00 €** **30,00 €** **60,00 €**	nicht dafür sorgt, dass die wöchentliche Lenkzeit von 56 Stunden eingehalten wird. Bei einer Wochenlenkzeit bis zu 67 Stunden je angefangene Stunde Bei mehr als 67 Stunden je angefangene Stunde **Artikel 6 Abs. 2**	**§ 8a Abs. 1 Nr. 2** **90,00 €** **180,00 €**

	Fahrpersonal F		Unternehmer U	
8	die täglichen Ruhezeiten in einem 24- oder 30- Stunden-Zeitraum nicht einhält. Bei Unterschreiten bis zu einer Stunde Bei Unterschreiten bis zu 3 Stunden je angefangene Stunde Bei Unterschreiten von mehr als 3 Stunden je angefangene Stunde **Artikel 8 Abs. 2 oder 5**	**§ 8a Abs. 2 Nr. 1** **<u>Verwarnungsgeld</u>** **30,00 €** **30,00 €** **60,00 €**	nicht dafür sorgt, dass die Bestimmungen über die täglichen Ruhezeiten in einem 24- oder 30-Stunden-Zeitraum eingehalten werden. Bei Unterschreiten bis zu 3 Stunden je angefangene Stunde Bei Unterschreiten von mehr als 3 Stunden je angefangene Stunde **Artikel 8 Abs. 2 oder 5**	**§ 8a Abs. 1 Nr. 2** **90,00 €** **180,00 €**

Zusammenfassung

Im KEP-Bereich gibt es zwei Transportnetzwerke, die eine wesentliche Rolle spielen: Hub and Spoke und Direktverkehr.

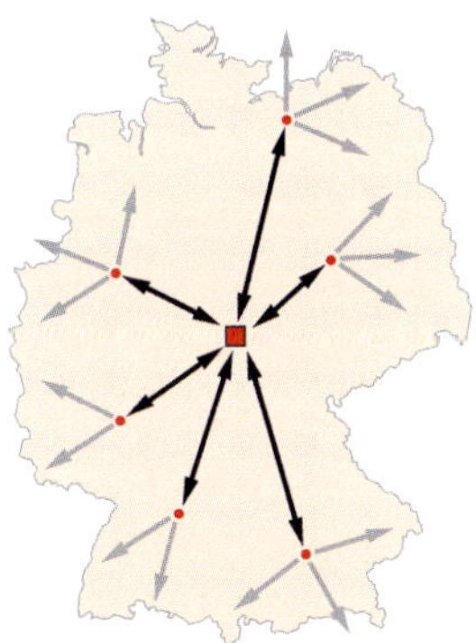

Hub and Spoke

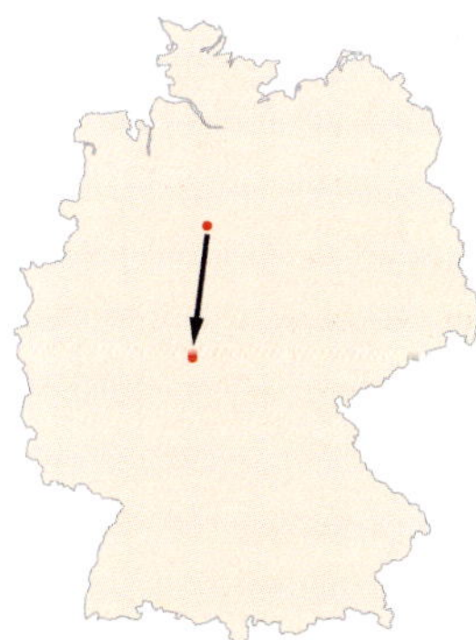

Direktverkehr

Hauptvorteil des Hub-and-Spoke-Verkehrs ist die gute Auslastung der Transportfahrzeuge, Hauptvorteil des Direktverkehrs ist der schnellere Transport, da dieser ohne zusätzlichen Umschlag auskommt.
Im KEP-Bereich werden hauptsächlich Lkw und Flugzeug als Verkehrsmittel eingesetzt, da diese aufgrund ihrer Geschwindigkeit und Flexibilität am besten für den Versand von Sendungen geeignet sind. Andere Verkehrsmittel sind das Binnenschiff, das Seeschiff und die Eisenbahn. Die Pipeline kommt im KEP-Bereich nicht vor.
Die Fahrer, gerade im Fernverkehr mit Lkw über 3,5 t, müssen bei dem Versand der Sendungen die Lenk- und Ruhezeiten einhalten. Dabei sollten sie am Tag nicht mehr als neun Stunden fahren (Ausnahme: zweimal in der Woche auf zehn Stunden verlängerbar). Zudem müssen sie eine Pause von 45 Minuten spätestens nach 4,5 Stunden Fahrtzeit einhalten.

Bei Nichteinhaltung der Lenk- und Ruhezeiten können für den Disponenten und den Fahrer empfindliche Strafen drohen.

Aufgaben

1. Stellen Sie das Hub-and-Spoke-System und den Direktverkehr schematisch dar.

2. Nennen Sie jeweils einen Vor- und einen Nachteil eines jeden Verkehrsmittels.

3. Ergänzen Sie folgende Tabelle:

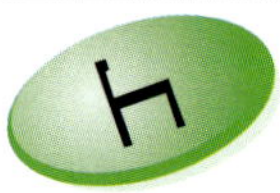	Lenkzeit	
		Maximal neun Stunden, zweimal in der Woche Erhöhung auf zehn Stunden
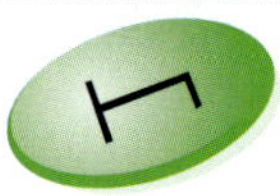	Tägliche Ruhezeit	Mindestens elf Stunden innerhalb von 24 Stunden, Verkürzung auf neun Stunden an drei Tagen in einer Woche Aufteilung der Tagesruhezeit auf zwei Teile möglich. 1. Teil mindestens drei Stunden und zweiter Teil mindestens neun Stunden.
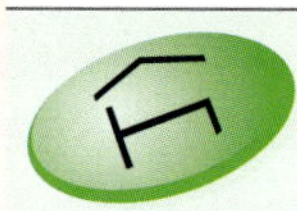		Mindestens 45 Stunden. Nach sechs 24-Stunden-Zeiträumen muss diese eingelegt werden.
		Maximal 56 Stunden
	Lenkzeit auf zwei Folgewochen	

4. Nennen Sie jeweils drei Folgen bei Nichteinhaltung der Lenk- und Ruhezeiten für den Betrieb, den Disponenten und den Fahrer.

5. Ein Fahrer der Blitzfracht GmbH fährt die Strecke von Köln nach Ingolstadt mit einem 12-t-Lkw. Die Strecke beträgt 505 km und aus Erfahrung weiß man, dass er mit einer Durchschnittsgeschwindigkeit von 64 km/h fahren wird. Wann muss der Fahrer spätestens das Depot in Köln verlassen, wenn er um 18:00 Uhr in Ingolstadt sein muss.

6. Ein Fahrer eines Lkw überschreitet bei der Blitzfracht GmbH die wöchentliche Fahrtzeit um eine Stunde. Nennen Sie die Geldstrafe, die der Fahrer und der Betrieb zu übernehmen haben.

3 Verpackungsauswahl

Einstiegssituation

Herr Huber von der Firma Huber Im- und Export KG ist verzweifelt und spricht Sie auf Ihrer Paketzustellung für die XPressParcel AG an. Er hat an verschiedene Kunden ein Gläserset versendet. Die Hälfte seiner Kunden hat es reklamiert, weil Teile der Gläser auf dem Transportweg kaputtgegangen sind. Nun kommen hohe Kosten auf ihn zu und die Kunden sind zusätzlich verärgert.
Einige sagten zu ihm, dass dies auch kein Wunder sei, da die Verpackung schlecht gewählt wurde.

Handlungsaufträge

1 Schlagen Sie Herrn Huber begründet eine geeignete Verpackung vor.
2 Überlegen Sie sich allgemeine geeignete Verpackungstipps für Ihre Kunden.

Für eine ordnungsgemäße Verpackung der Sendung ist gemäß den AGB der XPressParcel AG der Absender verantwortlich. Dennoch will bzw. muss der Kunde in Verpackungsfragen beraten werden, da Sendungen nicht immer ausreichend durch den Kunden verpackt werden.

Merke:

Durch schlecht verpackte Sendungen kann es zu Laufzeitverzögerungen, Beschädigung von anderen Sendungen oder Transportmitteln, Verletzungen der Mitarbeiter oder Maschinenausfall im eigenen Unternehmen kommen.

Bei Briefen handelt es sich meist um eine Umhüllung aus festerem Papier, während bei Paketen häufig Kartonagen zum Einsatz kommen. Bei Frachtsendungen, wie sie die Blitzfracht versendet, können alle möglichen Verpackungsarten vorkommen.

3.1 Funktionen der Verpackung

Verpackungen erfüllen verschiedene Funktionen in der Logistik. Diese Funktionen sind sehr vielfältig und spielen in den Bereichen Schutz, Information, Marketing, Transport und Lagerei eine Rolle.

Schutzfunktion

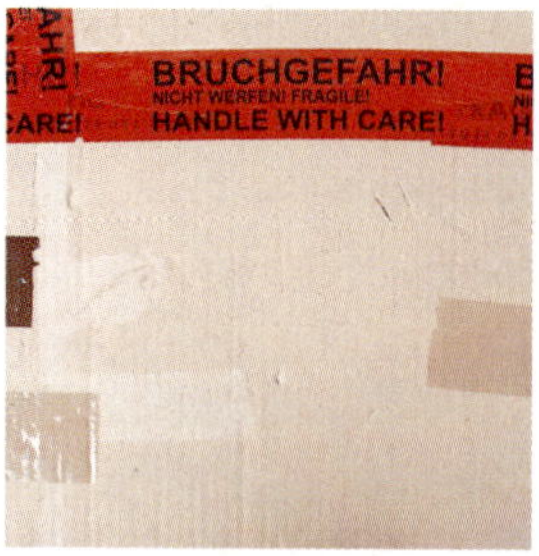

Die Ware soll beim Transport und bei der Lagerung vor äußeren Einfluss geschützt werden. Einflüsse, die auf Güter einwirken, können sein:

Mechanisch	Klimatisch	Lebewesen
• Fall • Druck • Schub • Stoß • Erschütterungen	• Klimazonen (u. a. Entstehung von Schwitzwasser) • Witterung (Hitze, Kälte, Sonne, Regen …)	• Schädlinge (Ratten, Mäuse, Pilze, Motten) • Diebstahl

Neben der Ware muss auch der Zusteller geschützt werden. Dies ist z. B. der Fall, wenn spitze Gegenstände versendet werden. Auch die Umwelt, die Transportmittel und die anderen Sendungen müssen vor z. B. auslaufenden Flüssigkeiten oder Gefahrgut vor Beschädigung bzw. Verschmutzung geschützt werden.

Informationsfunktion

Verpackungen enthalten wichtige Informationen. Der Paketschein enthält z. B. alle wichtigen Informationen, die der Zusteller für die Zustellung benötigt. Zusätzliche Hinweise (Verpackungssymbole „Vorsicht zerbrechlich!" oder „Oben") helfen dem Zusteller beim richtigen Umgang mit einer Sendung. In den Barcodes sind weitere Informationen enthalten wie z. B. Gewicht der Ware.

Verkaufsfunktion

Verpackung soll das Kaufverhalten des Kunden beeinflussen. Deshalb dient Verpackung auch als Werbeträger. Pakete von Zalando oder Amazon sind durch Aufdrucke der Firmennamen bereits von Weitem zu erkennen.

Im Einzelhandel spielt die Verkaufsfunktion eine weitere Rolle. Durch Verpackung ist die Selbstbedienung überhaupt erst vorstellbar, da man als Kunde nicht möchte, dass z. B. jeder den Käse anfasst, bevor man ihn kauft. Teilweise enthalten Verpackungen noch einen Zusatznutzen. Plastikbehälter werden gerne als Vorratsbehälter für andere Dinge benutzt.

Lade- und Transportfunktion

Verpackung soll ein schnelles und leichtes Be- und Entladen der Fahrzeuge ermöglichen. Eine Vielzahl an Fußbällen ohne Verpackung kann man nur schwer in einen Lkw laden. Verpackung ermöglicht eine optimale Raumausnutzung des Fahrzeugs, da sie z. B. stapelbar ist. Zusätzlich hat sie oftmals einen modularen Aufbau. Das bedeutet, dass Kartons genau auf eine Palette passen, ohne Leerflächen zu bilden. Die Paletten passen dann wiederum optimal in das Fahrzeug, sodass Leerräume vermieden werden.

Dazu muss Verpackung im KEP-Bereich leicht sein, damit der Fahrer die Sendung gut transportieren kann.
Durch Kombination zu Ladeeinheiten lässt sich ein Fahrzeug schneller be- und entladen. Mit einem Gabelstapler lässt sich

eine Palette, die 100 Pakete enthält, schneller entladen, als wenn man jedes Paket einzeln aus dem Fahrzeug transportieren müsste.
Dadurch erreicht man auch einen geringen Personaleinsatz bei der Entladung, was zu Kosteneinsparungen im Unternehmen führt.
Im KEP-Bereich gibt es z. B. Standardgrößen bei Briefen (C6, C5, C4, B4 bei der Mail GmbH). Diese sollen die Transportboxen möglichst genau ausfüllen, um Platz auf der Transportfläche zu sparen.

Modularer Aufbau von Verpackung

Lagerfunktion

Die Lagerfunktion ist der Lade- und Transportfunktion ähnlich. Auch hier geht es um eine optimale Ausnutzung der Lagerfläche durch z. B. Stapelbarkeit. Zusätzlich soll auch das Ein- und Auslagern möglichst rationell ausgeführt werden können, indem man u. a. Lagereinheiten bildet.
Gleichzeitig soll aber auch eine Übersichtlichkeit im Lager geschaffen werden. Weiß man, dass 100 Kartons auf einer Palette sind, so muss man nur noch die Anzahl der Paletten zählen und diesen Wert mit 100 multiplizieren.

3.2 Packmittel

Definition:

Packmittel bezeichnet ein Behältnis oder eine Umhüllung, in der Ware geschützt, gelagert oder transportiert wird. Packmittel können daneben auch die Funktion von Lademitteln (z. B. Palette) oder Förderhilfsmittel (z. B. Palette, Gitterbox) übernehmen.

Insgesamt werden Packmittel aus den unterschiedlichsten Packstoffen benutzt. Sehr häufig kommen Papier, Pappe, Metall und Kunststoff zum Einsatz.
Bei der Mail GmbH, also bei Briefdiensten, werden am häufigsten Umhüllungen aus Papier verwendet.
Briefumschläge, auch Kuverts genannt, sind die Versandverpackung von Briefen. Man unterscheidet zwischen Briefumschlägen und Versandtaschen. Briefumschläge haben die Öffnung auf der langen Seite des Umschlags, Versandtaschen auf der kurzen Seite.
Die Formate von Briefumschlägen sind genormt, es gibt u. a. die DIN-B-Reihe und die DIN-C-Reihe. Die DIN-Norm für die Umschläge lehnt sich an die DIN-Norm für das Papier an (DIN-A-Reihe), ist aber entsprechend etwas größer, damit das Papier problemlos in die Umschläge passt.
Die Formate der DIN-B-Reihe sind etwas größer als die entsprechenden Formate der DIN-C-Reihe, sodass mehr Blätter in ein Kuvert der DIN-B-Reihe passen.

Es gibt eine sehr große Anzahl verschiedener Formate, Qualitäten und Umschlagsarten. Briefumschläge gibt es ...

- mit selbstklebendem, haftklebendem oder nassklebendem Verschluss,
- mit oder ohne Innenfutter,
- mit oder ohne Fenster,
- bedruckt oder unbedruckt,
- in weiß, naturbraun oder farbig,
- in hochwertiger Qualität oder Standardqualität,
- etc.

Die folgende Tabelle enthält eine Auswahl gebräuchlicher Formate, deren Größe und die üblichen Anwendungsmöglichkeiten:

Formate von Briefsendungen

Format	Größe	Inhalt/Anmerkungen
C6	111 · 162 mm	• A6 • Postkartenformat • Je einmal horizontal und vertikal gefaltetes DIN-A4-Blatt • Üblich für private Post wie z. B. Einladungen oder Weihnachtsgrüße
B6	125 · 176 mm	• C6
C5/6 (DL)	110 · 220 mm	• A4 2x horizontal gefaltet, • Üblich für Geschäftspost bei manueller Kuvertierung
C6/5 (DL+)	114 · 229 mm	• ⅓ A4 quer (A4 2x horizontal gefaltet • Üblich für Geschäftspost bei manueller Kuvertierung • In Deutschland am häufigsten verwendeter Umschlag
C5	162 · 229 mm	• A5 • A4 einmal horizontal gefaltet • Üblich für Prospekte
B5	176 · 250 mm	• C5 • DIN A4 einfach gefaltet
C4	229 · 324 mm	• A4 ungefaltet, daher gut geeignet für Urkunden, Zeugnisse und Bewerbungen, die nicht geknickt werden sollen • Üblich für Geschäftspost mit maschineller Kuvertierung
B4	250 · 353 mm	• A4 ungefaltet
C3	324 · 458 mm	• A3

Bei der XPressParcel AG werden Schachteln aus Pappe verwendet, die es meist in verschiedenen vorgefertigten Größen als sogenannte Packsets zu kaufen gibt.
Die Blitzfracht GmbH als Transportunternehmen für Frachtsendungen wird die unterschiedlichsten Packmittel kennen.
Bestimmte Packmittel werden von allen drei Unternehmen verwendet. So können Kunststoffbehälter kleinere Sendungen aufnehmen. Paletten sind für größere Sendungen geeignet.

Packmittel aus Papier, Karton und Pappe

Kartonage mit Schaumstoffnoppen

Bei einem Gewicht von bis zu 225g/m² spricht man von Papier. Dies wird meist für Briefumschläge in verschiedenen Größen verwendet. Es gibt sie mit und ohne Sichtfenster und z. T. noch mit weiteren Materialien (z. B. Luftpolsterfolie, Noppenschaum) kombiniert, um die Ware gut zu schützen und in der Verpackung zu fixieren.
Von Karton spricht man von einem Gewicht zwischen 150 g/m² und 600g/m². Karton ist stabiler als Papier, weil er dicker ist. Aus Karton werden Schachteln gemacht.
Vollpappe hat ein Gewicht von mehr als 600 g/m². Sie ist sehr stabil. Die Vollpappe unterscheidet sich von der Wellpappe dadurch, dass sie keine Hohlräume hat. Wellpappe besteht aus einer aus Pappe gemachten Welle, die auf eine ebene Fläche aus Karton geklebt wird. Bei gleichem Gewicht, ist die Wellpappe stabiler als die Vollpappe. Aus diesem Grund sind auch die meisten Pakete mit einer Schachtel aus Wellpappe umgeben.

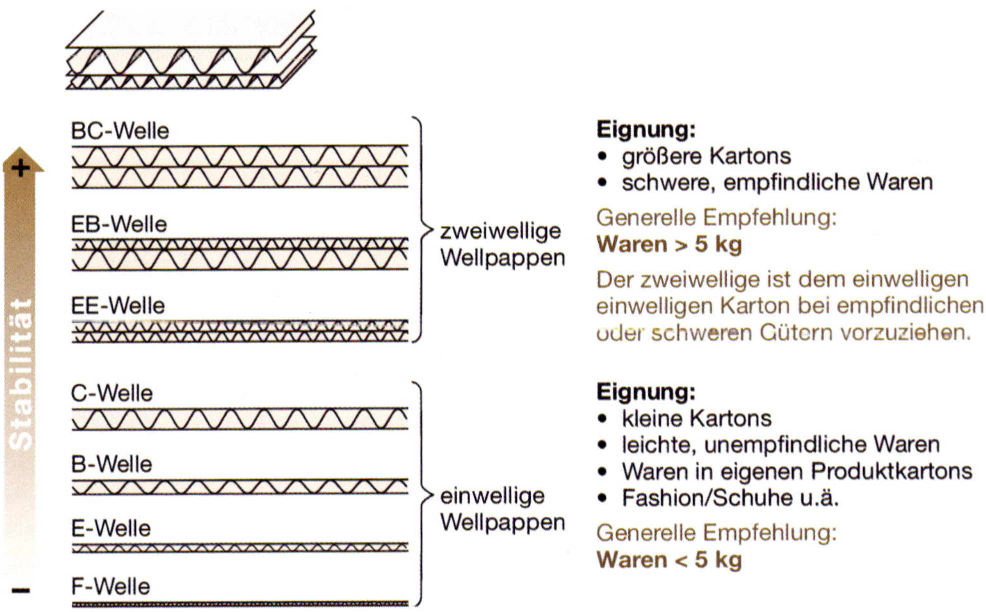

Wellpappe und Qualitäten

Vorteile

- Leicht und dennoch stabil
- Wiederverwendbar, gut zu recyceln
- Geringe Kosten bei der Anschaffung
- Zusammengefaltet benötigen sie nur wenig Platz
- In vielen Varianten vorhanden

Merke:

Der richtige Ausdruck für ein Paket aus Wellpappe ist Schachtel. Schachtel ist die Bezeichnung für das Packmittel. Karton, wie es umgangssprachlich genannt wird, ist nur die Bezeichnung des Materials.

Packmittel aus Holz

Packmittel aus Holz können sein:

- Palette (Europalette, Inkapalette, Düsseldorfer Palette)
- Kisten (meist für Überseetransport)
- Aufsetzrahmen
- Steigen/Harasse

Im KEP-Bereich wird hauptsächlich die **Europalette** eingesetzt. Auf ihr werden meist Pakete gestapelt oder bei Frachtsendungen Güter befestigt. Durch eine Europalette werden viele Güter leichter transportierbar.
Sie ist eine genormte Palette (Maße: 120 · 80 · 14,5 cm). Die Palette hat ein Eigengewicht von ca. 20 kg, welches sich je nach Feuchte leicht verändern kann. Sie ist mit dem Stapler oder Hubwagen von allen vier Seiten unterfahrbar (= Vierwegpalette). Zudem ist sie sehr stabil. Sie hat eine Tragefähigkeit von einer Tonne. Bei vollflächiger und gleichmäßiger Belastung kann die Palette sogar zwei Tonnen tragen. Die Europalette ist tauschbar, d. h., sie funktioniert mit einem Poolsystem und kann demnach im europäischen Raum wiederverwendet werden und ist somit kostengünstig.
Die Europalette ist immer in gleicher Weise gekennzeichnet und dadurch leicht zu erkennen.

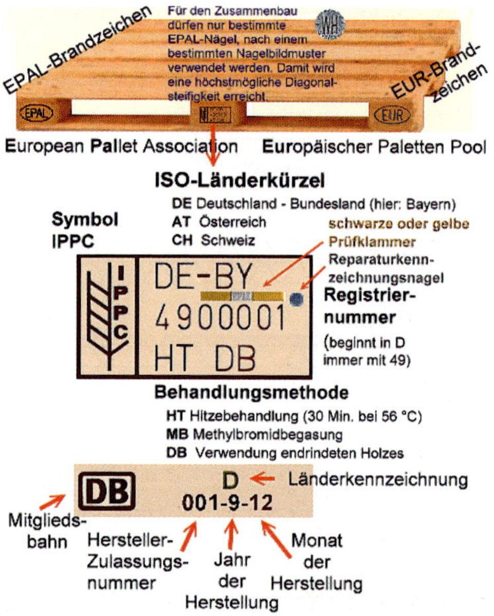

Inkapaletten sind sehr leichte Paletten aus gepresstem Restholz. Sie werden nur einmalig verwendet und dann meist geschreddert. Deshalb werden sie häufig für den außereuropäischen Export eingesetzt. Sie gibt es in unterschiedlichen Größen von 40 · 60 cm bis zu 114 · 114 cm.

Inkapalette

Die **Düsseldorfer-Palette** ist eine besonders stabile Palette mit den Maßen 80 · 60 · 16 cm. Sie besteht nicht nur aus Holz, sondern hat auch noch Stahlwinkel und Kunststoffdistanzzylinder eingesetzt. Dadurch ist sie sehr langlebig. Auch sie ist eine Vierwegpalette und kann ähnliche Gewichte aufnehmen wie die Europalette.

Düsseldorfer Palette

Die sehr häufig vorkommende **Chep-Palette** ist eine Mehrwegpalette, die es in unterschiedlichen Größen gibt. Als Industriepalette hat sie die Maße von 100 · 120 · 15,2 cm. Sie hat ein Gewicht von 28 kg, ist also schwerer als eine Europalette. Sie kann 1,5 t tragen. Bei gleichmäßiger Beladung sind es bis zu 6 t. Als Chep-Halbpalette, die aufgrund ihrer Stabilität bei Transporten eingesetzt wird, hat sie die Maße von 80 · 60 cm.

Holzkisten werden hauptsächlich bei Frachtsendungen eingesetzt. Sie sind sehr stabil, aber auch um ein Vielfaches schwerer als Schachteln aus Karton. Vor allen Dingen schützen geschlossene Holzkisten auch gut vor Diebstahl. Holzkisten werden z. T. auch aus Marketinggründen versendet, da z. B. ein Wein, der in einer Holzkiste transportiert wird, hochwertiger wirkt als ein Wein, der in einer Pappschachtel versendet wird.

Aufsetzrahmen sind meist aus massivem Holz und mit Metallscharnieren an den Ecken zusammengehalten. Sie kann man auf Paletten befestigen. Dadurch schützen sie den Inhalt gut vor mechanischen Beanspruchungen. Teilweise kann man auch einen Deckel auf dem Aufsetzrahmen befestigen, um die Ware vor Diebstahl zu schützen. Aufsetzrahmen eignen sich auch für viele einzelne Sendungen verschiedener Größe, da wegen der stabilen Seitenwände bündiges Stapeln nicht unbedingt notwendig ist. Sie sind also auch gut für verschieden große Pakete geeignet.

Aufsetzrahmen

Packmittel aus Kunststoff

Mögliche Packmittel aus Kunststoff können sein:

- Paletten
- Nestbare Behälter
- Stapelbare Behälter
- Containersack („Big Bag“)

Containersack

Paletten aus Kunststoff werden häufig im Lebensmittelbereich verwendet, da diese leicht zu reinigen sind. Sie gibt es als Einweg- und Mehrwegpaletten.

Häufig kommt hier die Chep-Industrieplatte aus Kunststoff vor. Sie ist von vier Seiten her unterfahrbar und hat z. T. erhöhte Ränder und einen rutschfesten Boden, der eine sichere Bestapelung und Arretierung der Ware möglich machen sollen. Die Chep-Palette aus Kunststoff hat die Maße von 120 · 100 · 16 cm und wiegt 22 kg. Sie verkraftet ein Beladungsgewicht wie die Europalette. Die Chep-Palette gibt es auch in anderen Maßen, wie z. B. den entsprechenden Maßen der Europalette. Kunststoffpaletten sind schwieriger bzw. gar nicht zu reparieren, wenn sie beschädigt sind.

Chep-Palette

Briefbehälter

Gestapelte Briefbehälter

Klappbare Behälter

Der Unterschied zwischen **nestbaren** und **stapelbaren Behältern** liegt darin, dass man nestbare Behälter im leeren Zustand ineinanderstellen kann. Stapelbare Behälter sind Boxen aus Kunststoff, die sehr stabil sind und die man gut übereinanderstapeln kann. Sind sie jedoch leer, benötigen sie weiterhin viel Platz beim Transport, falls sie nicht faltbar sind.
Im KEP-Bereich werden eher nestbare Behälter eingesetzt. Dort gibt es jeweils für die passenden Briefformate die passenden Behälter. So passen die C6-Briefe in eine bestimmte Behältergröße, die C5-Briefe in eine bestimmte Behältergröße usw.

Vorteile dieser Behälter sind:

- Platzersparnis durch Stapelung
- Leichtes Gewicht
- Stabilität
- Einfache Reinigung
- Werbeeffekt durch Markenfarbe und Logoaufdruck
- Arbeits- und Zeitersparnis durch Bündelung vieler Kleinsendungen
- Wiederverwendung

Die Briefunternehmen geben diese Behälter auch an Kunden aus, die größere Sendungsmengen anliefern. Dabei verschwinden viele dieser Behälter und werden zweckentfremdet (z. B. als Aufbewahrungsbehältnis für Kleinteile, Blumenkübel). Dies verursacht relativ hohe Kosten bei den Briefunternehmen, sodass Zusteller Prämien bekommen, wenn sie den Aufenthaltsort größerer Mengen an Briefbehältern benennen können.

Zweckentfremdeter Briefbehälter

Häufig müssen bei angekündigten Mehraufkommen von Post zusätzliche Behälter beschafft werden. Dies wird u. a. geleistet durch:

- Beschaffung aus anderen Depots
- Einsammeln von zweckentfremdeten Behältern
- Beschaffung beim Lieferanten
- Beschaffung beim fremden Lieferanten
- Einsammeln beim Kunden

Für Briefe werden Briefbehälter genutzt, die es in drei verschiedenen Größen gibt.

Standardgrößen von Briefbehältern

Briefbehälter Größe 1	Standard- und Kompaktbriefe	47 · 26,7 · 15 cm
Briefbehälter Größe 2	Großformatbriefe und Maxisendungen	47 · 26,7 · 28 cm
Briefbehälter Größe 3	Maxisendungen	53,4 · 47,0 · 28,0 cm

Packmittel aus Metall

Mögliche Packmittel aus Metall sind:

- Collico
- Palette
- Gitterbox
- Rollwagen/Corlette (siehe Lernfeld 8, Kapitel 3.2)
- Container

Packmittel aus Metall zeichnen sich durch eine sehr hohe Stabilität aus. Sie sind gut zu reinigen und wiederverwendbar und somit umweltfreundlich.

Collico

Definition:

Bei einem **Collico** handelt es sich um eine zusammenklappbaren Behälter aus Aluminium.

Dadurch ist er leer sehr platzsparend transportierbar. Als Transportkiste ist ein Collico sehr stabil und schützt die Ware sehr gut vor mechanischen Einflüssen. Zusätzlich kann man den Collico mit Schlössern verschließen und die Ware diebstahlsicher transportieren. Kombiniert mit einem aktiven RFID-Tag und einem Sensor kann ein unerlaubtes Öffnen des Collicos direkt an eine Aufsicht gemeldet werden. Die Tragkraft eines Collicos beträgt 500 kg. Es gibt unterschiedliche Collicogrößen. Der größte Collico hat die Außenmaße von 120 · 100 · 113,2 cm bei Innenmaßen von 113 · 93 · 97 cm. Das Gewicht des Collicos beträgt 72 kg.

Metallpaletten werden häufig bei chemischen Betrieben oder im Lebensmittelbereich eingesetzt, da man sie – ähnlich wie Kunststoffpaletten – gut reinigen kann. Sie halten somit strengere Standards zur Sauberkeit ein als z. B. eine Holzpalette. In der Regel sind sie korrosionsfrei und wasserbeständig. Die Metallpaletten werden in ähnlichen Größen angeboten wie die anderen Paletten (z. B. Nagel und Nagel KG, Aluminiumpalette Jumbo: 120 · 80 · 15 cm bei einem Eigengewicht von 13 kg). Die Belastung von diesen Paletten beträgt ca. 2 t.

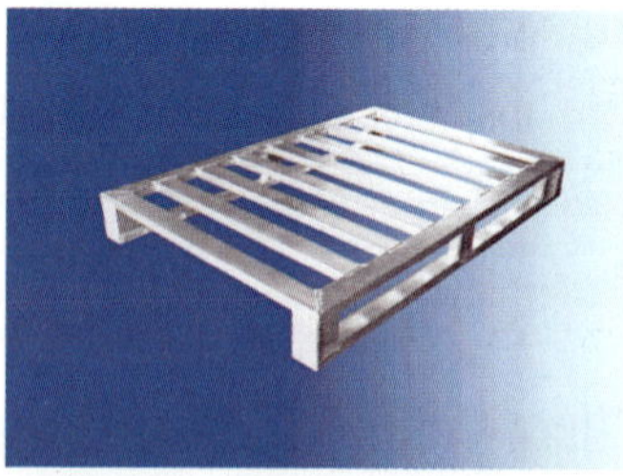

Palette aus Metall

Die **Gitterbox** sorgt mit ihren Metallwänden für eine hohe Sicherheit vor mechanischen Einflüssen. Zudem kann die Ware nicht von der Palette kippen. Es ist zu unterscheiden zwischen genormter Gitterbox, die auch Eurogitterbox genannt wird. Sie ist wie die Europalette tauschbar. Als Innenmaß hat die Palette 120 · 80 · 80 cm und als Außenmaß 124 · 83,5 · 97 cm. Sie wiegt leer 85 kg und hat eine Tragfähigkeit von 1,5 t. Genormte Eurogitterboxen sind ähnlich gekennzeichnet wie Europaletten. Daneben gibt es auch nicht genormte Gitterboxpaletten, die unterschiedliche Maße aufweisen und meist keinem Palettenpool angehören.

Wechselbehälter (auch Wechselbrücken) werden sehr viel im KEP-Bereich im Fernverkehr eingesetzt. Sie sehen aus wie Container, haben aber ausklappbare Stützen, auf denen sie stehen können. Dadurch können sie von einem Lkw unterfahren werden. Dies wird im Fernverkehr ausgenutzt, da sich die Fahrer in der Mitte ihrer Tour treffen und dann die Wechselbehälter ohne weitere Hilfsmittel austauschen. Dadurch können die Fahrer am Ende ihrer Arbeitsschicht zu Hause übernachten, da sie auf halbem Weg wieder umkehren können mit der Wechselbrücke des jeweils anderen Fahrers.

Vorteilhaft ist außerdem, dass die Wechselbrücken unabhängig vom Lkw stehen können. Sie sind also auch als Zwischenlager verwendbar. Im Gegensatz zu Containern kann man i. d. R. Wechselbehälter nicht stapeln. Es gibt unterschiedliche Größen von Wechselbehältern. Weit verbreitet ist die Größe mit den Außenmaßen 745 · 255 · 267 cm. Es werden aber auch andere Längen (Länge: 715–782 cm, selten auch 1360 cm und Höhe 320 cm) verwendet. Von ihren Abmessungen sind sie den Europaletten angepasst. Der Wechselbehälter mit 745 cm Länge bietet 18 Paletten einen Stellplatz. Die Innenmaße betragen 730 · 245 · 260 cm.
Wechselbehälter können mit bis zu 16 t zugeladen werden, sodass ein Lkw zwei Wechselbehälter mit sich führen kann.

Container gibt es einmal für den Seefrachtverkehr, aber auch für den Luftverkehr. Der Container ist standardisiert. Der 20-Fuß- (1 Fuß = 30,48 cm) Container und der 40-Fuß-Container sind die am häufigsten verwendeten Containerarten. Die Container sind sehr stabil und stapelbar. Ein 20'-Fuß-Standardcontainer hat die Innenmaße 589 · 235 · 239 cm und ein Leergewicht von 2,3 t. Die Zuladung beträgt bis zu 21,5 t. Bei den Containern gibt es auch Spezialcontainer. Ein Kühlcontainer kann für temperaturempfindliche Waren eingesetzt werden. Die Kühleinheit benötigt aber immer eine Stromversorgung während des Transports. Dies ist jedoch auf Containerschiffen gegeben. Ventilierte Container haben Ventilatoren angebracht, die für einen stetigen Luftaustausch sorgen. Damit kann man z. B. die Schwitzwasserbildung verringern. Des Weiteren gibt es Bulkcontainer für Schüttgüter oder Tankcontainer für Flüssigkeiten oder Gase.

Merke:

Für die verschiedensten Güter gibt es Spezialcontainer wie Bulkcontainer oder Kühlcontainer.

Vor- und Nachteile von Containern

Vorteile Container	Nachteile Container
• Sie bieten guten Schutz vor äußeren Einflüssen (mechanischen, klimatischen und durch Lebewesen). • Durch die weltweit anerkannte Standardgröße kann man sie überall auf der Welt maschinell umladen. • Sind gut als Zwischenlager geeignet • Durch Stapelbarkeit gibt es eine gute Raumausnutzung. • Durch Spezialcontainer können alle Arten von Gütern versendet werden.	• Sie sind nicht an Europalettengröße angepasst. • Man benötigt Hilfsmittel für die Verladung.

Bei der Luftfracht werden leichte Container (Aluminium oder Kombination aus Alu und Kunststoff verwendet, die unterschiedlich aussehen, da sie das Flugzeug optimal ausfüllen sollen. Da ein Flugzeugbauch rund ist, sind auch die Behälter abgerundet. Diese Container (auch Unit-Load-Devices = ULD Container) werden von KEP-Diensten im interkontinentalen Flugverkehr in Frachtflugzeugen eingesetzt.

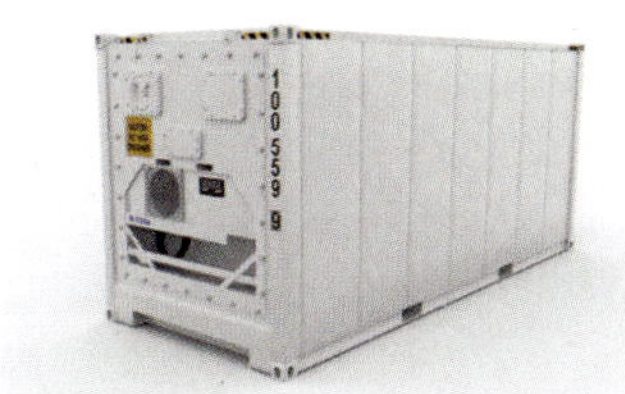

Kühlcontainer

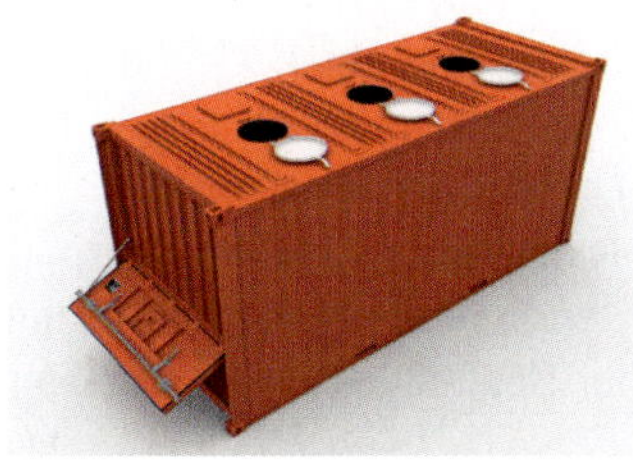

Bulkcontainer

Frachtflugzeug von Innen

Flugzeugcontainer

Beladung eines Flugzeugs

Packmittel bei Gefahrgut

An Packmittel für Gefahrgut (siehe auch Lernfeld 2, Kapitel Gefahrgut) werden besondere Anforderungen gestellt. Ein Packmittel für Gefahrgut muss die Sendung und die Umwelt besonders gut schützen.

Je nach Gefährlichkeit der Sendung kann man zwischen verschiedenen **Verpackungsgruppen** auswählen. Güter mit hoher Gefahr benötigen eine andere Verpackungsgruppe als Güter mit geringer Gefahr. Auf der Verpackung sind die Verpackungsgruppen dann auch gekennzeichnet, damit man schon von außen auf die Gefährlichkeit der Ware schließen kann.

Übersicht Verpackungsgruppen

Gefährlichkeit des Gefahrgutes	Verpackungsgruppe	Kennzeichnung auf der Verpackung
Hoch	I	X
Mittel	II	Y
Gering	III	Z

Dabei darf natürlich eine Verpackung, die mit X gekennzeichnet ist, auch für Güter mit mittlerer oder geringer Gefährlichkeit genutzt werden. Umgekehrt ist dies nicht erlaubt.

Zudem müssen Packmittel für Gefahrgutsendungen zugelassen werden. Diese werden dann mit dem **UN-Code** gekennzeichnet, sodass jeder nachvollziehen kann, für welche Güter die Gefahrgutverpackung geeignet ist.

Der UN-Code besteht dabei aus Abkürzungen aus Ziffern und Buchstaben, deren Bedeutung man in Tabellen in den ADR nachlesen kann.

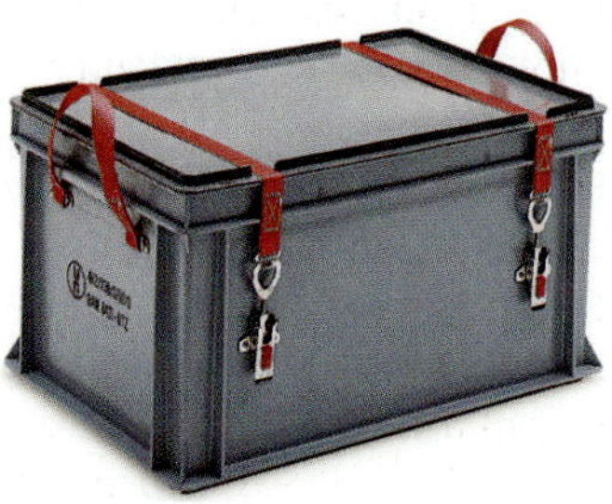
Gefahrgutkiste mit UN-Code

Beispiel eines UN-Codes auf einer Gefahrgutverpackung:

4H2/X 15/S/16/D/BAM 98765/WES

Erläuterung (nachzulesen in ADR Teil 6):

UN	United Nations
4H2	Kiste aus starrem Kunststoff
Z	Verpackungsgruppe (hier: X = hohe Gefährlichkeit, Verpackungsgruppe: I)
15	zulässiges Höchstgewicht in kg
S	Solid = fest: Gilt auch für Innenverpackungen, in denen flüssige Stoffe sind. Bei Verpackungen, in denen direkt Flüssigkeiten eingefüllt werden, gilt das L = liquid.
16	Jahr der Herstellung der Verpackung

D	Zulassungsland für die Verpackung (hier: Deutschland)
BAM	Zulassungsstelle (hier: Bundesamt für Materialforschung)
98765	Zulassungsnummer
WES	Abkürzung des Herstellers des Packmittels

Sonstige Packmittel

Im KEP-Bereich gibt es noch die Möglichkeit des Thermotransportes. Dabei werden **Thermokisten** eingesetzt, die entweder aus Kunststoff (häufig: Styropor) oder aus Karton mit einer Metallbeschichtung sind. Damit können Kleingüter transportiert werden, die einer Kühlung bedürfen. Sie sind z. B. für den Transport von Lebensmitteln geeignet, da sie leicht zu reinigen sind. Durch geeignete Kühlakkus wird eine Temperatur von 7 Grad erreicht, die zwischen 24 und 48 Stunden vorhält. Durch Trennwände (oftmals gleichzeitig Kühlakku) kann der Raum innerhalb der Box individuell aufgeteilt werden. Diese Boxen können maschinell sortiert werden und sorgen dafür, dass die Kühlkette eingehalten werden kann.

3.3 Packhilfsmittel

Packhilfsmittel unterstützen die Sicherheit der Ware im Packmittel. Sie dienen dem Schutz der Ware, dem Verschluss des Packmittels und der Kennzeichnung. Nur wenn Packmittel und Packhilfsmittel aufeinander abgestimmt sind und zur jeweiligen Ware passen, ist eine Sendung auch gut geschützt.

3.3.1 Schutz- und Füllmaterial

Schutzmaterial soll die Ware gegen die verschiedenen Beanspruchungen schützen. Auch Füllmaterial soll dabei helfen, damit die Ware z. B. im Packmittel nicht verrutschen kann bzw. gegeneinanderstoßen kann.
Häufig verwendete Materialien sind im Folgenden aufgeführt:

Schutz- und Füllmaterial

Name	Erläuterung	Abbildung
Schutz vor mechanischen Einflüssen		
Papier/Wellpappe	• Seidenpapier oder Packpapier • Preiswert • Umweltfreundlich	
Papierwolle/Holzwolle	• Preiswert • Nehmen zusätzlich Feuchtigkeit auf • Staubig	
Schaumstoffpolster	• Sehr weich und elastisch • Relativ teuer	
Styropor (als Chips und Formteile)	• Individuell anpassbar • Schützt die Ware sehr gut • Relativ teuer	
Kantenschutz	• Aus Pappe, Kunststoff • Machen Umreifungsbänder auch bei Kartons einsetzbar	

Name	Erläuterung	Abbildung
Luftpolsterfolie	• Schützt zusätzlich vor Feuchtigkeit • Flexibel einsetzbar • Guter Schutz vor Erschütterung, Stoß und Druck	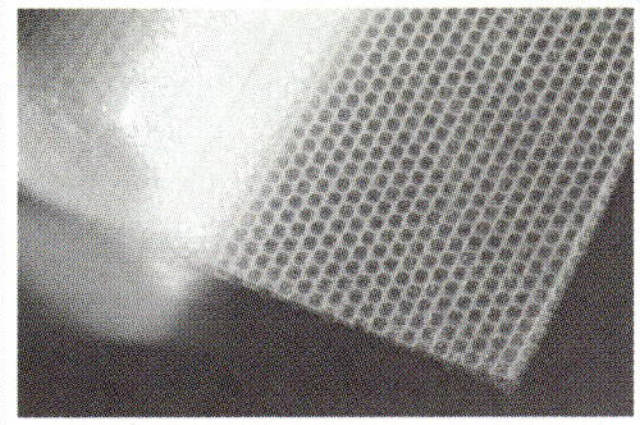
Indikatoren	• Zeigen an, wenn falsch mit der Ware umgegangen wurde (hier: Kippindikator) • Relativ teuer • Häufig verwendet als Kipp-, Feuchtigkeits-, Bruch- und Temperaturindikator	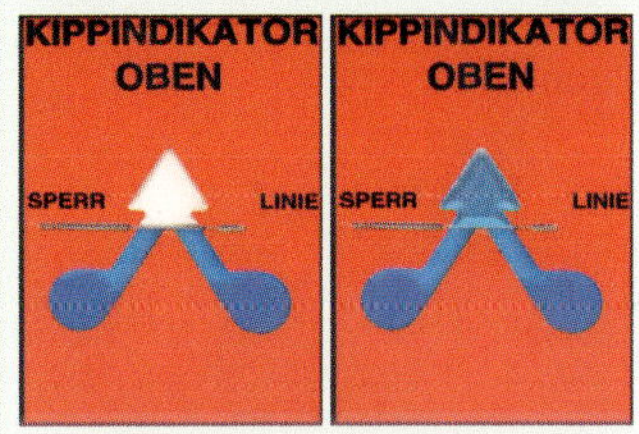
Gefache	• Sorgen dafür, dass sich die Ware nicht berührt • Muss genau in Packmittel passen • Umweltfreundlich	
Schutz vor klimatischen Einflüssen		
Ölpapier	• Schützt vor Nässe von außen • Gut geeignet für Metallteile • Relativ teuer	
Trockenmittel	• Saugen die Luftfeuchtigkeit aus der Umgebung heraus • Schutz vor Schimmel • Auch als große Säcke für Container erhältlich	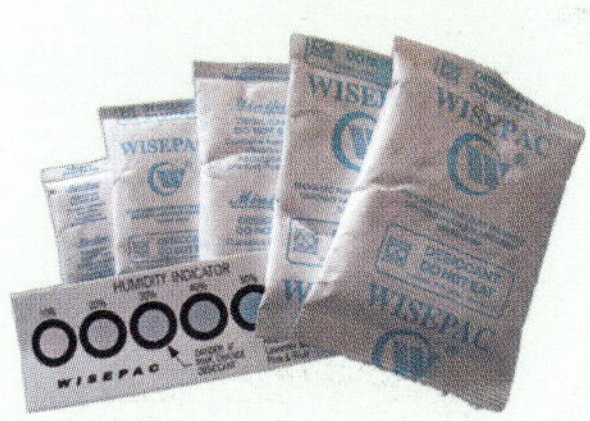
Umhüllung mit Folie	• Schrumpf- (Folienhaube, die sich durch Erhitzung an das Gut anschmiegt) oder Stretchfolie (Umwicklung mit dünner, dehnfähiger Folie) • Dient zusätzlich der Fixierung der Ware	

Name	Erläuterung	Abbildung
Schutz vor Diebstahl		
Sicherheitsband	• Selbstklebend • Beim Öffnen erscheint Aufdruck („Open“, „Geöffnet“).	
Plombe	• Durch fehlende Plombe kann erkannt werden, ob Kiste/Container geöffnet wurde. • Relativ preiswert in einfacher Ausführung	

3.3.2 Verschlussmaterial

Damit der Inhalt einer Sendung ordentlich gesichert ist, muss neben der richtigen Auswahl des Packmittels auch der Verschluss richtig gewählt werden, damit der Inhalt nicht aus der Umhüllung fallen kann.

Verschlussmaterialien im KEP-Bereich

Name	Erläuterung	Abbildung
Klebegummierung	Klebefläche auf Briefumschlag, die befeuchtet werden muss.	
Schnur/Kordel	Zum Verschnüren von Paketen	

Name	Erläuterung	Abbildung
Klebeband	Verschluss von Paketen. Handabroller beschleunigen das Verschließen.	
Umreifungsband	Aus Textil, Metall oder Kunststoff. Sichert Waren auf Paletten bzw. sorgt für zusätzliche Sicherheit beim Verschluss.	
Nägel	Zum Verschluss von Holzkisten.	

Des Weiteren gibt es bei den Packhilfsmitteln teilweise eine Doppelfunktion. Das Einwickeln mit Folie dient neben dem Schutz vor Wasser auch als Verschlussmittel. Ebenso ist es bei Plomben, die sich zum Verschluss eignen und gleichzeitig vor Diebstahl schützen sollen.

3.3.3 Kennzeichnungsmittel

Um Sendungen sicher transportieren zu können, müssen sie teilweise noch gekennzeichnet werden. Der Zusteller kann häufig von außen nicht erkennen, was sich innerhalb der Sendung befindet, und muss so mit Symbolen oder Indikatoren auf besondere Arten der Handhabung hingewiesen werden. Gleichzeitig hilft die Kennzeichnung auch dem Empfänger der Ware.

Handhabungsmarkierungen

Handhabungsmarkierungen können auf einer Sendung als Symbol oder als Text angegeben werden. Bei internationalen Transporten hat sich die Bildform durchgesetzt, da sie international verständlich ist. Die Textform war meist nur in der Landessprache des Absenders verfasst und somit nicht für jeden Zusteller verständlich. Ist ein Symbol auf dem Packmittel angebracht, so sollten die Mitarbeiter im Depot und die Zusteller besonders vorsichtig sein und die Sendung wie gewünscht behandeln. Hält man sich nicht an die Weisung und die Sendung wird zerstört, so haftet das KEP-Unternehmen.

Handhabungssymbole

Symbol	Bezeichnung	Englische Bezeichnung
	Zerbrechliches Packgut Vorsicht zerbrechlich	Fragile Handle with care
	Oben Aufrecht transportieren	This way up Keep upright
	Vor Nässe schützen	Keep dry
	Vor Hitze schützen	Keep away from heat
	Schwerpunkt	Centre of gravity
	Zulässige Stapellast	Stacking limitation
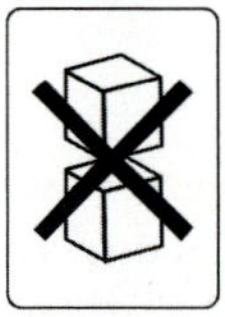	Nicht stapeln	Do not stack
	Hier aufreißen	Tear off here
	Stechkarre hier nicht ansetzen	No hand truck here

Taschen für Begleitpapiere

Häufig sind an den Außenseiten von Versandstücken Taschen aus Kunststoff angebracht, in denen sich zusätzliche Formulare oder Anweisungen befinden. Bei der beleghaften Nachnahme findet man dort z. B. den Inkassobeleg. Rechnungen oder Lieferscheine werden dort auch häufig angebracht. Sie dienen dem Zusteller oder Empfänger als Information. Gleichzeitig werden die Papiere so vor der Witterung geschützt.

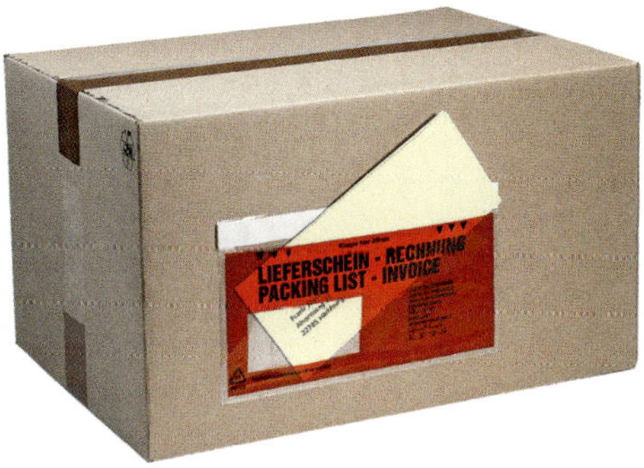

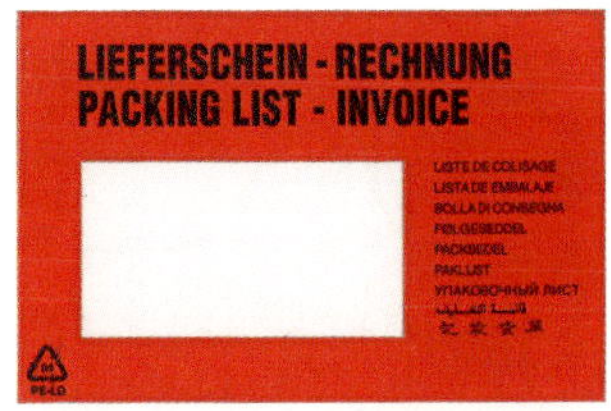

Aufkleber

Zusätzliche Aufkleber können weitere Hinweise enthalten. Gefahrgutaufkleber (siehe Lernfeld 2, Kapitel 5.1) weisen eine Sendung als Gefahrgutsendung aus. Das KEP-Unternehmen erfährt z. B., dass es sich um ein LQ-Paket handelt.
Sicherheitsetiketten, die angeben, ob ein Packstück geöffnet wurde, dienen auch der Information. Ebenso wie die Tags von RFID-Aufklebern (siehe Lernfeld 3, Kapitel 1.1.3).
Hinzu kommt die Paketkarte, auf der sich alle wichtigen Informationen für den Transport befinden.

KEP-Unternehmen geben auf ihren Internetseiten praktische Tipps, wie man die Ware richtig verpackt.

Merke: Die zehn Verpackungsregeln

Die folgenden 10 Verpackungsregeln helfen Ihnen, jedes Versandgut richtig und sicher zu verpacken. Die Illustrationen verdeutlichen das Prinzip der jeweiligen Regel. Es muss in jedem Fall in angemessener Weise Polstermaterial verwendet werden.

1. KLEINSTMÖGLICHE VERPACKUNGSGRÖSSE

Wählen Sie die für das Versandgut kleinstmögliche Verpackungsgröße. Achten Sie darauf, dass ausreichend Platz zum Polstern der Ware (ca. 5 cm) vorhanden ist. Grundsätzlich gilt: Packen Sie möglichst kompakt, sodass die Waren im Paket wenig Spiel haben.

2. SCHWERES NACH UNTEN, LEICHTES NACH OBEN, EMPFINDLICHES NACH INNEN

Schwere Gegenstände sollten in den unteren Bereich des Paketes gepackt werden, leichteres eher nach oben. Das Gewicht der Waren sollte auf dem Verpackungsboden möglichst gleichmäßig verteilt sein. Empfindliche und bruchgefährdete Produkte, wie Glas, werden nach Möglichkeit zur Mitte hin angeordnet, um zu vermeiden, dass sie mit den Seitenwänden in Berührung kommen.

3. KOMPAKT PACKEN OHNE HOHLRÄUME

Hohlräume führen leicht zu eingedrückten Verpackungswandungen. Daher sollten die Waren dicht gepackt werden, ohne sie zu quetschen und ohne dass die Waren Spiel in der Verpackung haben.

4. KONTAKT VERMIEDEN

Waren (insbesondere Glas, Tetrapacks, Becher aus Plastik) sollten weder untereinander noch mit der Außenverpackung (auch Boden und Deckel) Kontakt haben. Entsprechende Polstermaterialien wie Luftpolsterfolie oder Luftkammerbeutel oder maschinell geknautschtes Kraftpapier helfen, mechanische Belastungen abzufedern und die Produkte zu fixieren.

5. GLEICHES TRENNEN

Identische Verpackungen eines Produktsortiments, wie z. B. Glasbehälter, sollten in der Kartonage räumlich voneinander getrennt werden. Somit kann vermieden werden, dass die Produkte sich gegenseitig beschädigen und das Gewicht der Inhalte wird auf die gesamte Kartonage verteilt.

6. POLSTERUNG: WEICH FUR LEICHT, HART FUR SCHWER

Zur Polsterung von leichten Gütern eignen sich weiche Polster wie Luftpolsterfolie, während für schwere Waren härtere Polster, z. B. maschinell geknautschtes Kraftpapier, verwendet werden. Wichtig ist es, einen ausreichenden Federweg zu ermöglichen, der gleichzeitig einen Durchschlag verhindert. Bruchgefährdete Produkte wie Glas sollten rundum gepolstert werden.

7. AUFRECHT BEVORZUGT

Produkte, die aufgrund ihrer Konstruktion für den senkrechten Transport ausgelegt sind, z. B. Flaschen oder Tetrapacks, sind in der Kartonage aufrecht hinzustellen, da diese stehend höhere Druck- und Stoßbelastungen absorbieren können.

8. AUSLAUFEN VERHINDERN

Auslaufgefährdete Produkte wie Drogerieartikel sollten zusätzlich in einem Beutel versiegelt werden, um ein Auslaufen im Paket zu vermeiden.

9. ECKEN UND KANTEN POLSTERN

Ecken und Kanten werden beim Transport am stärksten beansprucht. Daher ist es sinnvoll, sie zusätzlich abzupolstern, z. B. mit maschinell geknautschtem Kraftpapier.

10. PAKETE SICHER VERSCHLIEßEN

Bei Kartons bis 12 kg sollten die Schlitze der Boden- und Deckelseite mindestens einfach verklebt werden.
Liegt das Gewicht zwischen 12 kg und 25 kg, wird der Karton zusätzlich mit einem Doppel-L-Verschluss oder verstärktem Schlitzverschluss verklebt (s. Abb.).
Ab 25 kg werden Boden- und Deckelschlitze zusätzlich mit einem Doppel-T Verschluss verklebt, indem auch die Vertikalkanten zur Hälfte mit Klebeband überdeckt werden. Boden- und Deckelklappen werden stets in gleicher Weise verklebt.

Quelle: *DHL Paket GmbH: Die 10 Verpackungsregeln, Zugriff am 19.04.2016 unter www.dhlverpackungen.de/10-Verpackungsregeln*

3.4 Entsorgung von Verpackung

Das Kreislaufwirtschaftsgesetz und die Verpackungsverordnung spielen innerhalb Deutschlands eine große Bedeutung bei der Entsorgung bzw. Vermeidung von Verpackungen.
Das Kreislaufwirtschaftsgesetz und die Verpackungsverordnung haben eine Rangfolge festgesetzt, wie mit Verpackung umzugehen ist.

1. Verpackung ist zu vermeiden. Dadurch entsteht kein Abfall, was die beste Lösung ist.

2. Verpackung soll wiederverwendet werden. Europaletten können durch das Pfandsystem immer wieder verwendet werden.

3. Können Verpackungen nicht wiederverwendet werden, dann sollen sie recycelt werden. Das bedeutet u. a., dass aus Altpapier wieder neues Papier gemacht wird.

4. Ist ein Recycling nicht möglich, soll die Verpackung auf andere Art verwertet werden. Dies ist im häufigsten Fall die energetische Verwertung. Der Abfall wird verbrannt und daraus werden Strom und Wärme gewonnen.

5. Wenn alle vorherigen Möglichkeiten ausgeschöpft sind bzw. nicht möglich waren, so muss der Abfall auf einer Deponie beseitigt werden (z. B. bei atomaren Müll).

In Deutschland wird der Müll getrennt. Dazu muss der Müll in verschiedenen Mülltonnen, aber auch Müllsammelstellen sortenrein gesammelt werden.
Dazu gibt es erst einmal für jeden Haushalt mindestens drei (oft auch vier) verschiedene Mülltonnen:

Trennmöglichkeiten für Abfall

Blaue Mülltonne (Papier) 	• Papier und Pappe • Zeitungen, Zeitschriften, Kataloge • Bücher • Kartons Das Papier darf nicht schmutzig sein (z. B. durch Essensreste).
Gelbe Mülltonne 	• Verpackungen aus Styropor, Kunststoff, Aluminium, Weißblech • Verbundstoffe (Materialgemische aus Papier, Kunststoff und Aluminium), z. B. Saftpackungen • Joghurtbecher und Deckel • Tragetaschen aus Kunststoff • Verschlüsse • Kaffeeverpackungen (z. B. Kapselkaffee) • Umreifungsbänder aus Plastik, Stretchfolie Die Wertstoffe müssen „löffelrein“ sein. Das bedeutet, dass sie nicht ausgespült werden müssen. Sie sollen sauber sein, als wären sie mit einem Löffel ausgekratzt.

Grüne bzw. braune Mülltonne 	• Rasen • Äste • Sträucher • Pflanzen • Laub/Blätter • Schalen von Gemüse und Obst • Salatblätter, Eierschalen, Teebeutel
Restmüll 	• Windeln • Verschmutzte Verpackungen • Kugelschreiber • Gebrauchte Taschentücher • Asche (kalt)/Zigarettenkippen • Glühbirnen/Geschirr • Nahrungsmittelreste

Die Mülltonnen werden in Privathaushalten in der Regel alle 14 Tage oder alle 4 Wochen abgeholt. Fällt bei Kontrollen auf, dass sie mit falschem Müll befüllt wurden, werden sie nicht abgeholt. Sie werden dann meistens als Restmüll (gebührenpflichtig) abgeholt. Das Gewerbe zahlt für die Abholung von gelbem, grünem und blauem Müll – im Gegensatz zu den Privathaushalten – eine Gebühr. Diese ist jedoch viel geringer als die Abholung des Restmülls.

Beispiel

In Freiburg betragen die Kosten für Gewerbetreibende im Jahr 2015 für die Abholung von 1,1 m³ Restmüll pro Woche: 6 568,56 €. Papiermüll wird bei gleicher Menge und gleicher Abholfrequenz für 146,88 € abgeholt.

Bringsystem für Flaschen 1

Neben den Mülltonnen, die zu Hause abgeholt werden (= Holsystem), gibt es in Deutschland noch ein Bringsystem. Hier muss der Müll zu bestimmten Sammelpunkten gebracht werden.
Hat man größere Mengen Papier (für blaue Tonne), Verpackung (für gelbe Tonne) oder Gartenabfall (für grüne Tonne), so gibt es Sammelpunkte.
Ebenso gibt es Sammelpunkte für Glas. Dort stehen Container für braunes Glas, weißes Glas und das restliche Glas.
Hinzu kommt noch, dass die Müllbetriebe Wert- und Schadstoffsammelstellen haben, zu denen man Müll bringen kann.
Private Haushalte können dort kostenfrei ihren Müll, der nicht abgeholt wird, abgeben. Gewerbetreibende müssen für diesen Service bezahlen.

Beispiel

Metalle, Papier, Elektrogeräte (z. B. kaputter Kühlschrank, Herd, Fernseher, Staubsauger), gefährliche Stoffe (Farben, Spraydosen, Energiesparlampen) und CDs können an Schadstoffsammelstellen der Städte und Gemeinden abgegeben werden.

Batterien gehören nicht in den Restmüll, sondern können in Geschäften, in den sie gekauft wurden, wieder abgegeben werden. Meist stehen dort Sammelbehälter.

Sammelbox für Batterien

Exkurs

Warum wird getrennt?
Sehr viel Müll besteht aus sogenannten Wertstoffen. Das bedeutet, dass diese Stoffe recycelt werden können. Dies verringert die Kosten für neue Produkte und schont die Umwelt. Recycling bedeutet, dass aus altem Material wieder neues Material entstehen kann. Aus altem Aluminium kann wieder neues Aluminium gemacht werden, aus altem Glas wieder neues Glas. Aus Plastik kann wieder neues Plastik gemacht werden und aus altem Papier wieder neues Papier. Aus Gartenabfällen wird Kompost gemacht. Kompost ist nährstoffreicher Boden, der als Dünger verwendet werden kann. Deshalb ist die Abholung von Wertstoffen auch für Privathaushalte kostenlos und für Gewerbetreibende, wegen den größeren Mengen, kostet es relativ wenig. Die Unternehmen, die den Abfall abholen, verdienen hiermit Geld.

Einige Symbole sollen dem Verbraucher helfen, den Verpackungsmüll richtig zu entsorgen:

Verpackungssymbole

Abbildung	Name	Erläuterung
	Grüner Punkt	Kennzeichnet Verkaufsverpackungen, die über Wertstofftonnen (Papier, Verpackung, Glas) entsorgt werden können.
	WEEE (Symbol zur Kennzeichnung von Elektroaltgeräten, aber auch auf Batterien)	Symbol soll dem Verbraucher helfen zu erkennen, welche Dinge nicht in den Abfall (auch Restmüll) gehören.
	Einwegpfand	Kennzeichnung für Einwegflaschen, für die Pfand gezahlt wurde und die somit vom Einzelhandel zurückgenommen werden.
	Möbiusband	Internationales Symbol für Recycling. In Kombination mit weiteren Codes möglich, um eine sortenreine Trennung zu ermöglichen.

Hinweise zu Materialarten auf Verpackungen

Abbildung	Name
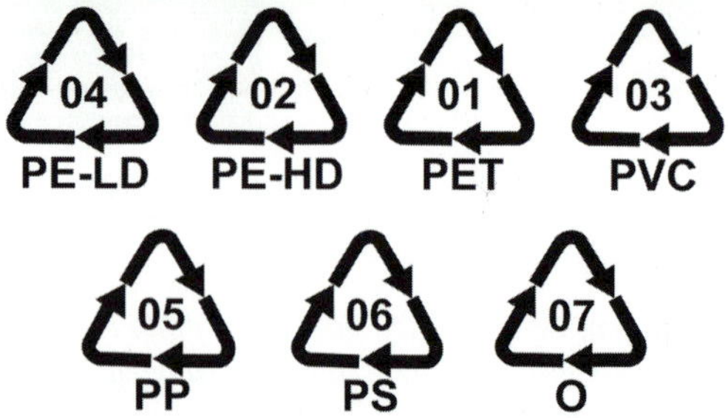	Kunststoff
	Wellpappe
	Sonstige Pappe
	Papier

Weitere Nummern mit Abkürzungen sind:

- 40 FE Stahl
- 41 ALU Aluminium
- 50 FOR Holz
- 70 GL Farbloses Glas
- 71 GL Grünes Glas
- 72 GL Braunes Glas

Zusammenfassung

Fachbegriffe	Definition mit Beispielen
Packgut	Zu verpackende bzw. bereits verpackte Ware wie z. B. Flaschen, Vasen, Bücher
Packstoff	Material (Rohstoff), aus dem Packmittel und Packhilfsmittel hergestellt sind, wie z. B. Holz, Karton, Pappe
Packmittel	Das Packmittel nimmt das Packgut auf und bildet den Hauptbestandteil der Verpackung, wie zum Beispiel Schachteln, Beutel, Paletten.

Packhilfsmittel	Materialien, die das Packmittel ergänzen und mit dem Packmittel die Verpackung bilden, wie z. B. Klebeband, Luftpolsterfolie oder Etiketten
Verpackung	Gesamtheit aus Packmittel und Packhilfsmittel, wie z. B. mit Luftpolsterfolie ausgelegte Versandschachtel, die mit Klebeband verschlossen ist

Die Waren müssen vor mechanischen, klimatischen und sonstigen Einflüssen geschützt werden.
Gründe für Verpackung sind:

- Schutzfunktion
- Lagerfunktion
- Ladefunktion
- Verkaufsfunktion
- Informationsfunktion

Die Sendungen müssen außerdem gut verpackt sein, damit die Ware gut auf dem Transport geschützt ist. Dazu muss man geeignete Packmittel und Packhilfsmittel (Füll-/Schutzmaterial, Kennzeichnungsmittel und Verschlussmittel) auswählen. Zudem sollte man beim Verpacken der Sendung bestimmte Regeln beachten, damit beim Umschlag der Sendungen die Ware nicht beschädigt wird.

Aus Kosten- und ökologischen Gründen ist bei der Entsorgung der Verpackung auf Trennung zu achten.

Aufgaben

1. Erläutern Sie mithilfe von Beispielen die Aufgaben von Verpackung.

2. Welche der unten stehenden Abfälle bzw. Verpackungsabfälle werden über

   2.1 Glascontainer,
   2.2 Papiercontainer/blaue Tonne,
   2.3 gelbe Tonne/gelber Sack,
   2.4 Restmüllcontainer,
   2.5 andere als die vorgenannten Möglichkeiten entsorgt?

   a. Fachzeitschriften
   b. Kugelschreiber
   c. Kaffeetasse aus Porzellan
   d. Briefumschlag
   e. Batterie für Scanner
   f. Gebrauchte Taschentücher
   g. Umreifungsband aus Kunststoff

   Ordnen Sie die Trennmöglichkeiten (2.1–2.5) den jeweiligen Abfällen (a.–g.) zu.

3. Die Schachtel aus Karton wird im Paketbereich sehr stark als Packmittel eingesetzt. Nennen Sie drei Gründe.

4. Nennen Sie

a. drei Packmittel aus Metall,
b. drei Schutzmittel, die Packhilfsmittel sind,
c. drei Verschlussmittel.

5. Ergänzen Sie folgende Tabelle

Symbol	Bezeichnung	Englische Bezeichnung
		Fragile Handle with care
	Oben Aufrecht transportieren	
	Vor Nässe schützen	

		Stacking limitation

4 Verkehrsgeografie

Einstiegssituation

Die Disponentin, Frau Schoofs, bittet Karl, folgendes Fax vom Kunden Brettschneider zu bearbeiten.

Brettschneider
Import&Export KG
Brüggener Straße 1
Köln, 50969 [Postleitzahl]
Telefon: 0228/123456-0 Fax: 0228/1234587
E-Mail: info@brettschneider.de Web: www.brettschneider.de

Fax

Datum: 09.11.20xx

Senden an: XPressParcel AG

Zu Händen: Auftragsannahme XPressParcel AG

Büro:

Von: Bernd Brettschneider

Büro:

Telefonnummer: 11

Seiten einschließlich Deckblatt: 1

Dringend [X] Antwort SFWM [ ] Zur Stellungnahme [ ] Zur Durchsicht [ ] Zur Kenntnisnahme [ ]

Kommentare:

Sehr geehrte Damen und Herren,

folgende Aufträge würden wir gerne mit Ihrer Unternehmensgruppe versenden.

1. Paket nach Zagreb, 30·50·25cm, 5 kg, Inhalt: Spielzeug
2. Paket nach New York, 10·20·15 cm, Gewicht: 14 kg, Inhalt: Eisenkugeln
3. Paket nach Tirana, 30·50·40 cm, Gewicht: 2 kg, Inhalt: Kleidung, per Express bis 15:00 Uhr am Folgetag
4. Paket nach Abu Dhabi, 15 cm·30 cm·20 cm: Inhalt 3 kg, Inhalt: Schokolade

Mit freundlichen Grüßen

Bernd Brettschneider

Handlungsaufträge

1 Berechnen Sie für Patrick Holthauer die Nettopreise der Pakete.

2 Überlegen Sie, für welche Bereiche des Faxes die Verkehrsgeografie eine Rolle spielt.

Für Zusteller, aber auch Disponenten sind grundlegende Kenntnisse in der Geografie unerlässlich, um Kunden vernünftig beraten zu können bzw. eine schnelle Routenplanung durchzuführen. Die Preise bei der XPressParcel AG richten sich nach nationalen, EU-weiten (inklusive Schweiz/Norwegen) und weltweiten Paketen. Um eine richtige Preisangabe gegenüber den Kunden machen zu können, sind geografische Kenntnisse notwendig.

4.1 Deutschland

4.1.1 Deutschland politisch

Politische Karten zeigen in erster Linie Grenzen und Hauptstädte auf. Deutschland ist in 16 Bundesländer aufgegliedert.

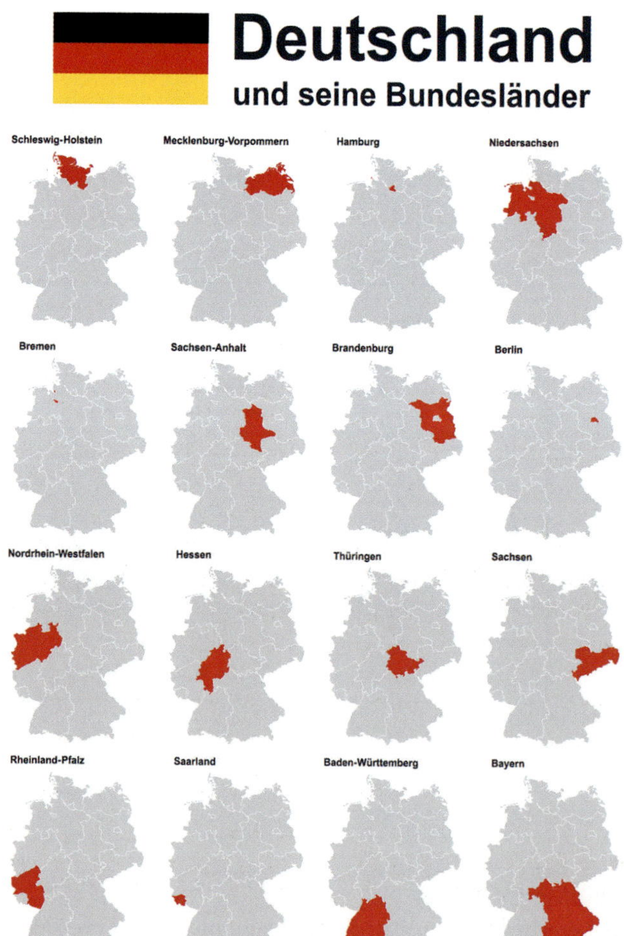

Die deutschen Bundesländer

Land	Fläche (km²)	Einwohner	Hauptstadt
Baden-Württemberg	35 751,34	10 716 644	Stuttgart
Bayern	70 550,11	12 691 568	München
Berlin	891,69	3 469 849	Berlin
Brandenburg	29 654,34	2 457 872	Potsdam
Bremen	419,38	661 888	Bremen
Hamburg	755,30	1 762 791	Hamburg
Hessen	21 114,93	6 093 888	Wiesbaden
Mecklenburg-Vorpommern	23 213,70	1 599 138	Schwerin
Niedersachsen	47 614,82	7 826 739	Hannover
Nordrhein-Westfalen	34 110,40	17 638 098	Düsseldorf
Rheinland-Pfalz	19 854,36	4 011 582	Mainz
Saarland	2 568,69	989 035	Saarbrücken
Sachsen	18 420,25	4 055 274	Dresden
Sachsen-Anhalt	20 451,68	2 235 548	Magdeburg
Schleswig-Holstein	15 802,49	2 830 864	Kiel
Thüringen	16 202,14	2 156 759	Erfurt

Quelle: *Statistische Bundesamt, Wiesbaden: Bundesländer mit Hauptstädten nach Fläche, Bevölkerung und Bevölkerungsdichte am 31.12.2014, Zugriff am 19.04.2016 unter www.destatis.de/DE/ZahlenFakten/LaenderRegionen/Regionales/Gemeindeverzeichnis/Administrativ/Aktuell/02Bundeslaender.html*

4.1.2 Autobahnen

Das deutsche Autobahnnetz ist ein sehr dichtes Netz mit einem logischen Aufbau. Die Autobahnen mit einstelligen Ziffern sind die wichtigsten Autobahnen (A 1–A 9). Die Autobahnen mit geraden Ziffern verlaufen von West nach Ost und zwar in Richtung Süden aufsteigend. Das bedeutet, dass die A 2 am nördlichsten verläuft und die A 8 im Süden von Deutschland. Die Autobahnen mit ungeraden Ziffern verlaufen von Nord nach Süd, aufsteigend von West nach Ost.
Die Autobahnen mit zweistelligen Ziffern (z. B. A 59) sind überregionale Autobahnen, die auch über Bundeslandgrenzen hinaus verlaufen können.
Die Autobahnen mit dreistelligen Ziffern (z. B. A 555) sind regionale Autobahnen mit z. T. Zubringerfunktionen zu anderen Autobahnen. Die erste Ziffer zeigt immer an, wo sie ungefähr liegt. Die A 555 liegt z. B. im PLZ-Gebiet 5 und die A 100 ist in Berlin.

Straßenkategorien in Deutschland

Bezeichnung	Abkürzung	Für Pflege und Wartung zuständig
Bundesautobahn	A oder BAB	Der Bund
Bundesstraßen	B	Der Bund
Landstraßen	L	Das Bundesland
Kreisstraßen	K	Die Kommune
Gemeindestraßen	G	Die Kommune

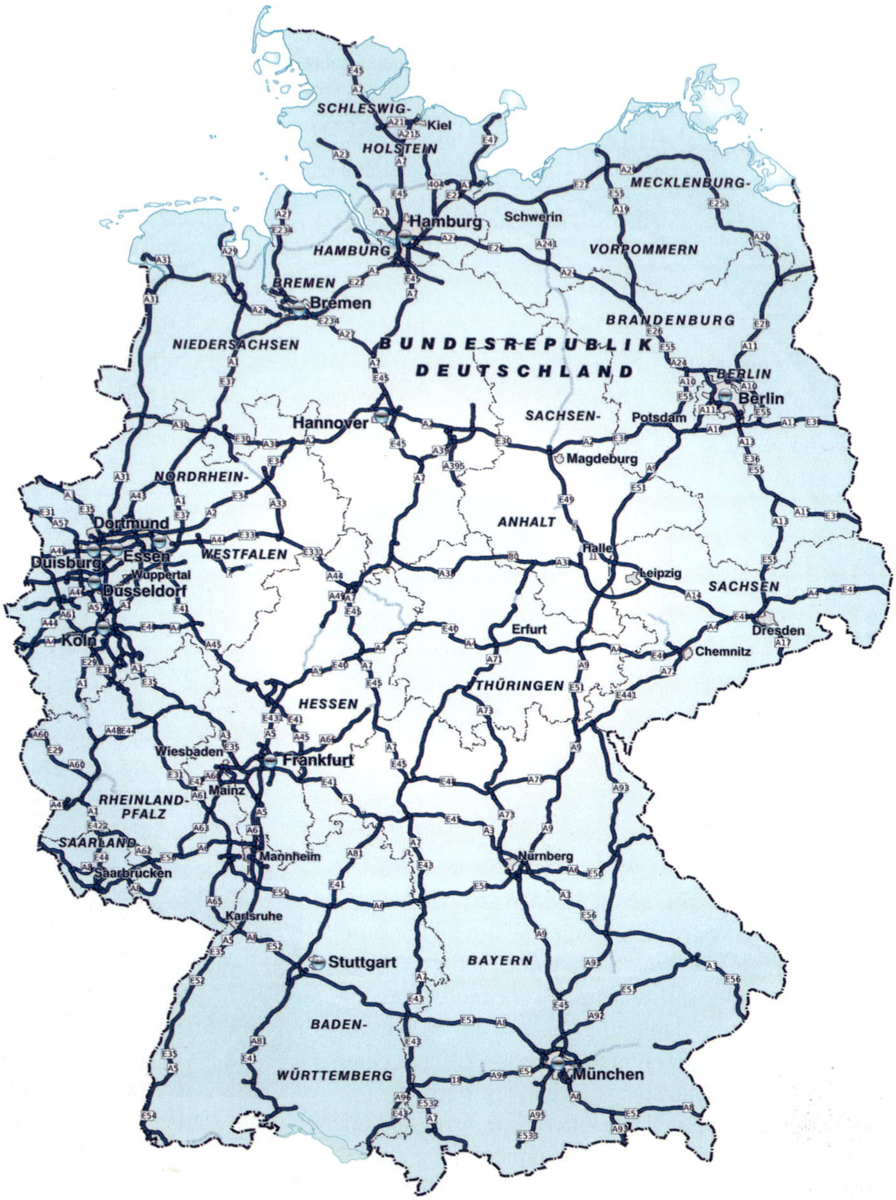

Karte deutsches Autobahnnetz

4.1.3 Flughäfen

Die Flughäfen Frankfurt a. M., Köln/Bonn und Halle/Leipzig spielen im KEP-Bereich eine besondere Rolle, da sie Drehkreuze für viele Post/Paketsendungen sind. Neben den großen Flughäfen Frankfurt, Hamburg, München, Berlin (mit zurzeit noch zwei Flughäfen), Düsseldorf, Hannover und Stuttgart gibt es noch eine Vielzahl von Regionalflughäfen, die z. T. die großen Flughäfen entlasten sollen.

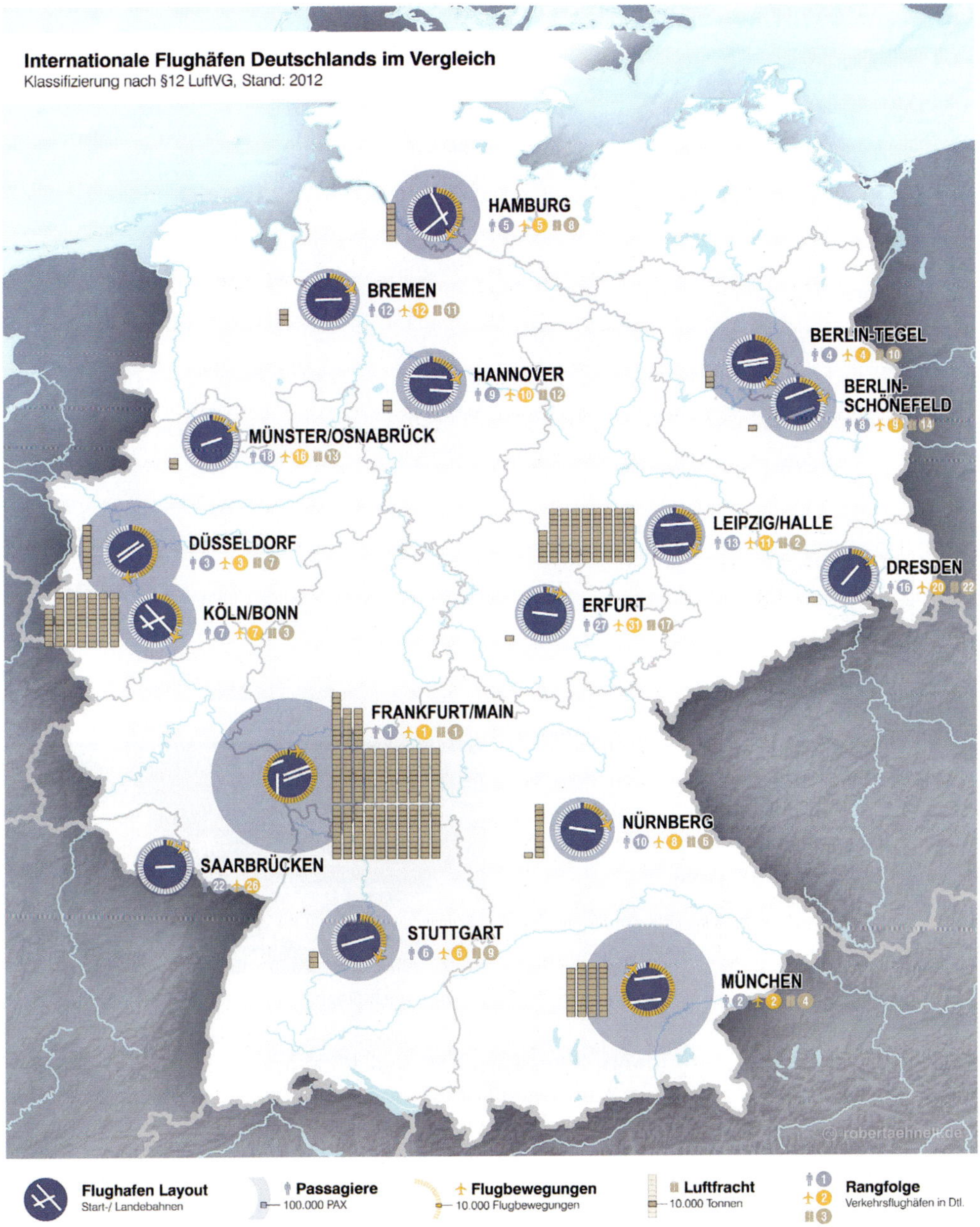

International haben sich die sogenannten IATA-Codes für die Flughäfen durchgesetzt. Mithilfe des IATA-Codes kann weltweit der Flughafen einer Stadt zugeordnet werden (IATA = International Air Transport Association, als Dachverband der Luftverkehrsgesellschaften).

IATA-Codes deutscher Flughäfen

Flughafen	IATA-Code
Berlin-Schönefeld	SXF
Berlin-Tegel	TXL
Bremen	BRE
Dresden	DRS
Düsseldorf	DUS
Erfurt-Weimar	ERF
Frankfurt am Main	FRA
Hamburg	HAM
Hannover-Langenhagen	HAJ
Köln/Bonn	CGN
Leipzig/Halle	LEJ
München	MUC
Münster/Osnabrück	FMO
Nürnberg	NUE
Saarbrücken	SCN
Stuttgart	STR

In Frankfurt am Main und Halle/Leipzig sind wichtige Drehkreuze der Deutschen Post AG bzw. DHL. In Köln/Bonn befindet sich einer der größten Hub außerhalb der USA von UPS. Zudem ist dort Fedex angesiedelt.

Frachtbereich Flughafen Köln/Bonn 1

4.2 Europa

Alle drei Unternehmen, Mail GmbH, XPressParcel AG und Blitzfracht GmbH, versenden ihre Fracht innerhalb von ganz Europa. Für die Mail GmbH und die Blitzfracht GmbH gelten dabei innerhalb von ganz Europa die gleichen Preise. Beide stellen im gesamten geografischen Europa zu. Bei der XPressParcel AG gibt es innerhalb Europa unterschiedliche Preise, die sich nach dem politischen Europa richten. Für Sendungen in EU-Länder, die Schweiz und Norwegen zahlen Kunden einen anderen Preis als in das restliche Europa. Um den Kunden eine korrekte Preisangabe machen zu können, müssen die Mitarbeiter wissen, welche Länder in der EU sind und welche nicht.

4.2.1 EU- und Nicht-EU-Länder

Zu unterscheiden ist in geografisches und politisches Europa. Das geografische Europa umfasst alle Länder, die auf der europäischen Landmasse liegen. Die Türkei und Russland liegen auf dem europäischen und asiatischen Kontinent, werden aber auch zu Europa gerechnet.

Das politische Europa wird hier mit den EU-Staaten (Gründung der EU-Vorgängerorganisation EWG 1957) gleichgesetzt, die einen EU-Binnenmarkt geschaffen haben, wo es z. B. keine Zölle gibt.
Gründe für die Entstehung der EU:

- Schaffung von Frieden
- Ausbau der Demokratie
- Schaffung von Wohlstand

Gerade die Schaffung und Einhaltung von Frieden hatte nach dem Zweiten Weltkrieg große Priorität. Schließlich hatten in den vergangenen 40 Jahren vor Gründung der „Montanunion" (= Vorstufe der EWG) zwei große Kriege in Europa stattgefunden. Dies sollte sich nicht wiederholen und seitdem hat es auf dem Gebiet der EU auch keinen Krieg mehr gegeben.

Länder, die zum geografischen Europa gehören

4.2.2 Europastraßen

Wichtige Autobahnen, die über Grenzen hinweggehen, sind häufig Europastraßen. Dabei muss man einschränkend feststellen, dass Europastraßen nicht in ganz Europa den deutschen Autobahnen ähneln. Häufig kann man diese eher mit Bundes- oder Landstraßen vergleichen, auf denen aufgrund des Profils (Kurven, Höhenunterschiede) die Durchschnittsgeschwindigkeiten der Fahrzeuge relativ gering sind.
Europastraßen verbinden wichtige Ballungszentren innerhalb des kontinentalen Europas und verlaufen teilweise bis nach Zentralasien.
Die wichtigsten Verbindungen der Europastraßen sind zweistellig. Enden sie mit einer „5", so verlaufen sie von Nord nach Süd. Diejenigen Straßen, die auf „0" enden, verlaufen von West nach Ost.

Länder, die zur Europäischen Union gehören

Aufgrund der zentralen Lage innerhalb Europas verlaufen relativ viele Europastraßen durch Deutschland. Sie stimmen teilweise oder ganz mit den einstelligen deutschen Autobahnnummern überein.

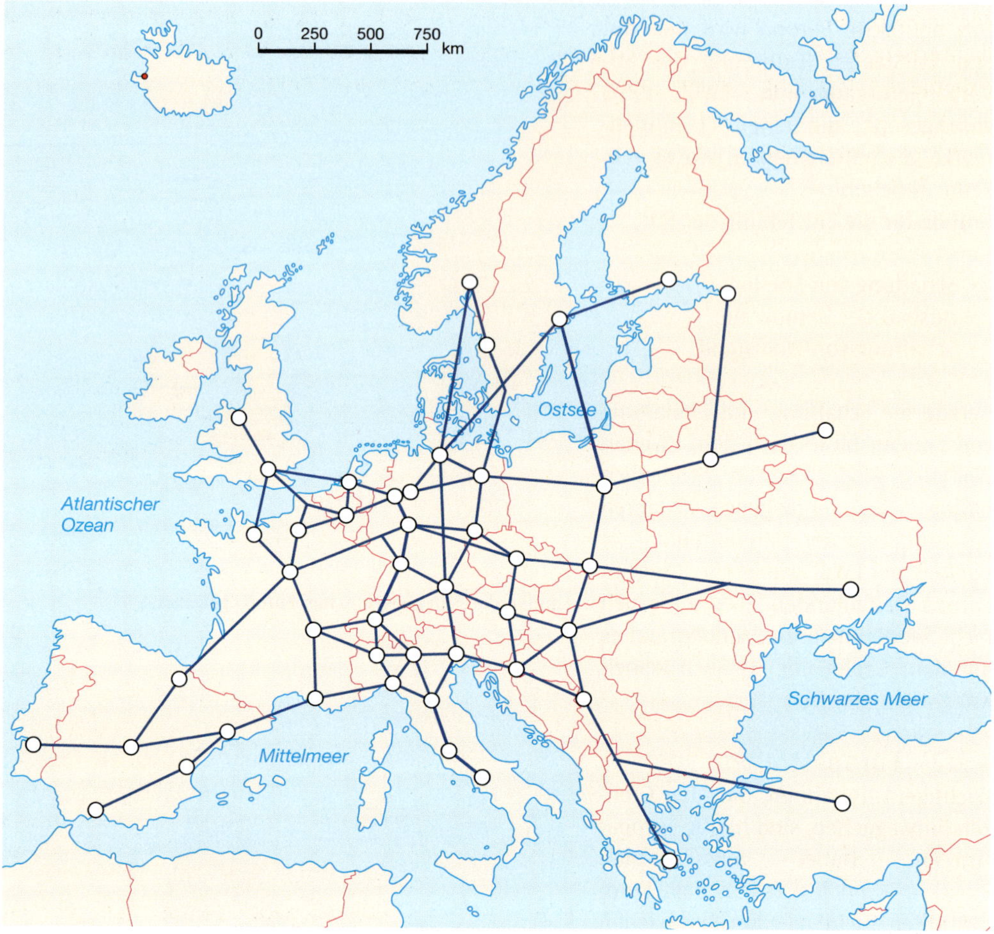

Europastraßen

4.3 Welt

Für weltweite Transporte im KEP-Bereich sind zwei Dinge entscheidend. Zuerst einmal ist eine grobe Orientierung wichtig, damit man z. B. bei der XPresParcel AG die richtigen Tarife benennen kann. Auch die Zusatzleistungen sind bei europäischen und weltweiten Sendungen unterschiedlich. Des Weiteren spielt die Zeitverschiebung eine Rolle. Möchte man einem Kunden zuverlässig eine ungefähre Ankunftszeit seiner Sendung vorhersagen, so muss man bei einem weltweiten Transport die Zeitzonen berücksichtigen. Zuletzt spielen die Klimazonen beim Versand eine wichtige Rolle. Durch Klimaschwankungen kann es zu Schwitzwasser kommen, was wiederum dazu führen kann, dass die Sendung verdirbt oder verschimmelt. Auch hier muss man als Zusteller den Kunden bei der Wahl der richtigen Verpackung unterstützen.

Die Welt besteht aus folgenden Kontinenten: Afrika, Asien, Antarktis (unter der Eisschicht ist eine Landmasse, die es am Nordpol nicht gibt), Australien und Ozeanien, Europa, Nordamerika und Südamerika (Trennung zwischen Nord- und Südamerika ist der Panamakanal)

Eine grobe Orientierung vermittelt die Weltkarte:

Mithilfe der Zeitzonenkarte kann man errechnen, wann eine Sendung ihren Zielflughafen/-ort erreichen kann. Dabei spielt das Gradnetz der Erde eine wichtige Rolle.

Exkurs

Das Gradnetz der Erde

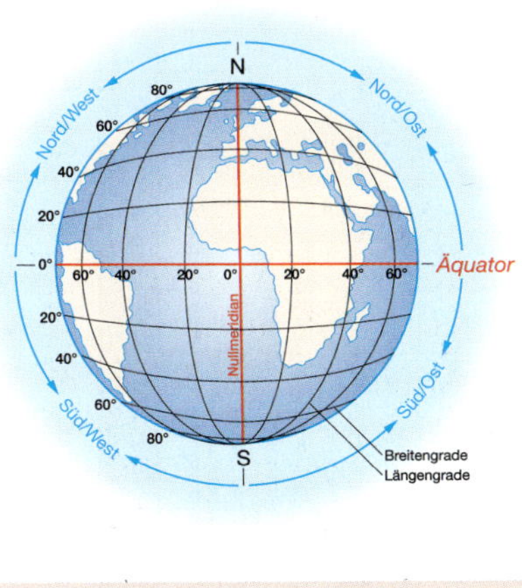

Das Gradnetz der Erde ist ein Netz von gedachten Linien, die man über die Erdkugel spannt, um sich besser orientieren zu können. Sie dient auch GPS-Empfängern zur genauen Positionsbestimmung.
Das Netz besteht aus Längen- und Breitengraden. Die Längengrade gehen von Nord nach Süd. An den Polen treffen sich die Längengrade. Insgesamt gibt es 360 Längengrade, die aber in zweimal 180 Grad aufgeteilt sind. Der Längengrad 0 (= Nullmeridian) ist in Greenwich bei London. Geht man von dort nach Westen, so spricht man von westlichen Längengraden (bis 180 Grad West), und geht man von Greenwich nach Osten, dann spricht man von östlichen Längengraden (bis 180 Grad Ost). Die Längengrade spielen eine zentrale Rolle bei den Zeitzonen.

Die Breitengrade verlaufen einmal um die Erdkugel von Ost nach West. Dabei bildet der Äquator als längster Breitengrad die Grenze zwischen Nord- und Südhalbkugel. Die Abstände sind mit ca. 110 km immer gleich. Nach Norden bzw. Süden geht es bis 90 Grad. Die Breitengrade sind entscheidend bei der Einteilung der Klimazonen.

Zeitzonen

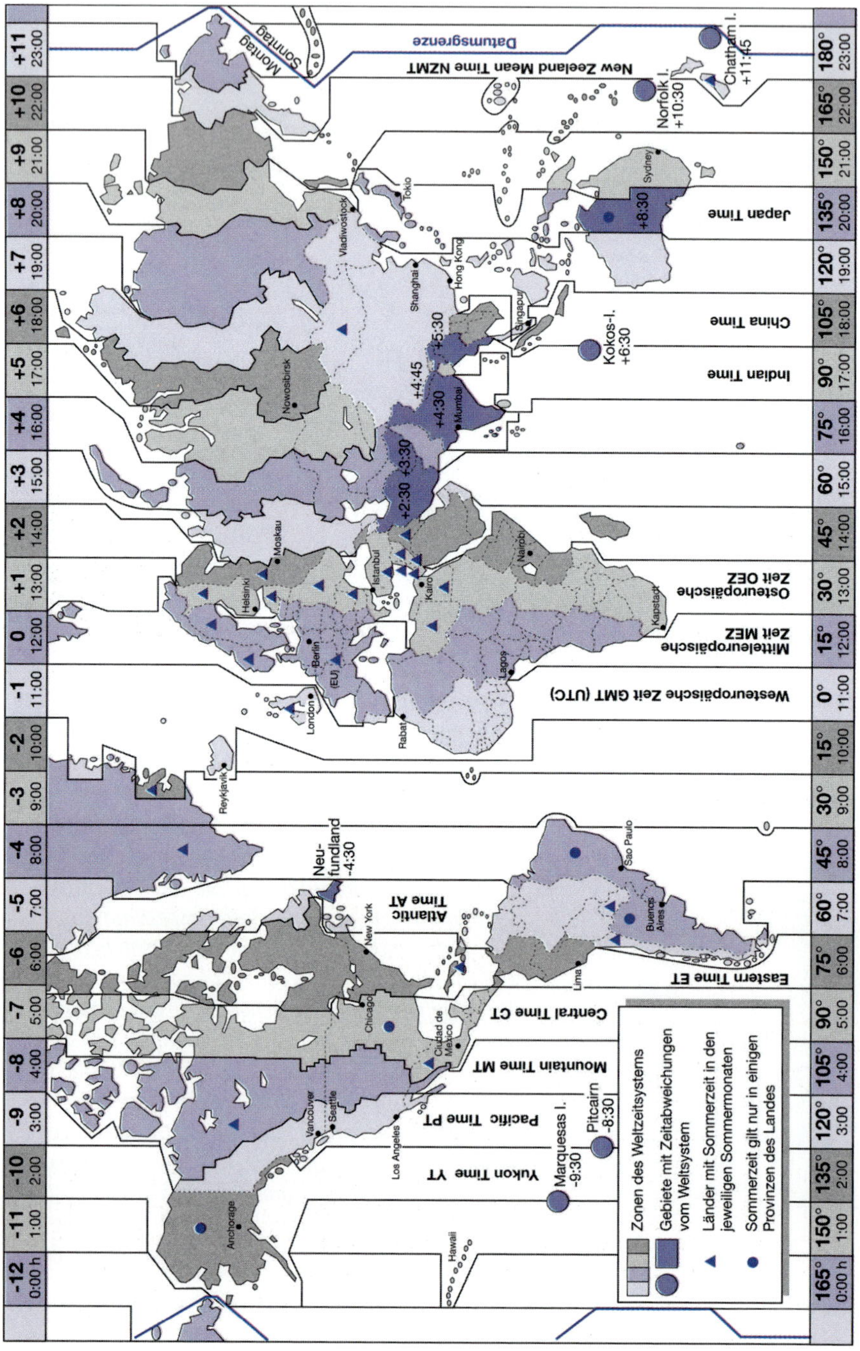

Die Welt ist in 24 Zeitzonen aufgeteilt. Bei 360 Grad Längengraden ergibt dies eine Änderung der Zeitzonen alle 15 Grad. Teilweise wird aber aus politischen Gründen davon abgewichen. In Europa gibt es die GMT (Greenwich Mean Time, aber auch WEZ = Westeuropäische Zeit), die z. B. in Großbritannien gilt. In Deutschland spricht man von der Mitteleuropäischen Zeit (MEZ) und in Osteuropa von der Osteuropäischen Zeit (OEZ).
Die Datumsgrenze befindet sich im Pazifischen Ozean am 180. Längengrad. Überquert man die Datumsgrenze von West nach Ost, so muss man das Datum um einen Tag zurückstellen. Bei der Gegenrichtung muss man das Datum um einen Tag vorstellen.

Berechnung von Zeiten

Neben der reinen Flugzeit muss man auch die Zeitzonen beachten, um die jeweilige Ortszeit zu erhalten.
Fliegt ein Flugzeug von West nach Ost, so muss man für den Überflug einer jeden Zeitzone eine Stunde hinzurechnen. Fliegt man von Ost nach West, so kann man jeweils eine Stunde abziehen.

Beispiel

Ein Flugzeug von UPS startet aus Köln/Bonn Richtung New York um 3:30 Uhr morgens. Die Flugzeit beträgt 8 Stunden. Wie spät erreicht die Frachtmaschine New York gemäß Ortszeit? Berechnung: 3:30 + Flugzeit (8 Stunden) = 11:30 Uhr. Das wäre die Zeit gemäß Bonner Zeit. In New York haben wir zu der Zeit (Flug von Ost nach West über 6 Zeitzonen): 11:30 Uhr – 6 Stunden = 5:30 Uhr. Das bedeutet, dass das Flugzeug morgens um 5:30 Uhr (Ortszeit, Eastern Time) in New York landet. Das ist der Grund, warum Absender aus dem Köln/Bonner Raum relativ spät noch eine Expresssendung nach New York abgeben können, die am nächsten Morgen um 8:00 Uhr (Ortszeit in New York) zugestellt werden kann.

Klimazonen

Mithilfe von Klimazonen versucht man, Gebiete mit ähnlichen Temperaturen, Lebensbedingungen, Vegetationen zusammenzufassen.

Die fünf Hauptklimazonen

Zone	Durchschnittstemperaturen
Polare Zone	ständig unter –10 °C
Subpolare Zone	0 und –10 °C
Gemäßigte Zone	+10 °C und 0 °C
Subtropische Zone	+10 °C und + 20 °C
Tropische Zone	Mehr als 20 °C

Die Zonen unterteilen sich jeweils noch in feuchtere und wenige feuchte Gebiete. Muss eine Ware durch mehrere Klimazonen, so kann sich u. a. Schwitzwasser bilden. Wird eine Ware z. B. in Hamburg in einen Container verladen und nach Sydney in Australien verschifft, so muss die Ware durch die gemäßigte, subtropische, tropische und wieder bis zur gemäßigten Zone transportiert werden. Durch Wechsel der Temperaturen und der unterschiedlichen Luftfeuchtigkeiten setzt sich

Kondenswasser im Container ab. Bei hohen Temperaturen beschleunigt dies die Schimmelbildung. Des Weiteren ist es wichtig zu wissen, welches Klima im Empfangsland herrscht, um die richtige Verpackung zu wählen. Glasflaschen können in der subpolaren Zone im Winter sehr schnell gefrieren und somit platzen. Schokolade muss besonders gekühlt werden, wenn sie in die tropische Zone exportiert wird.

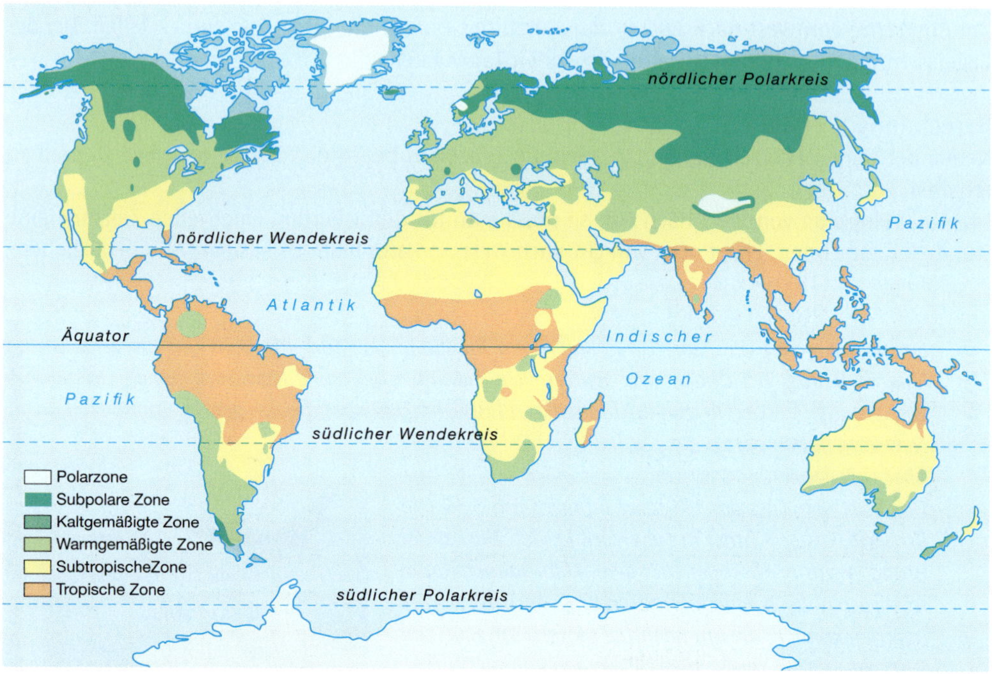

Exkurs

Kartenarten

Bei der Verkehrsgeografie und auch in der Praxis von KEP-Unternehmen werden unterschiedliche Kartenarten verwendet. Beispielhaft wären folgende zu nennen:

1. *Physische Karten: für Geländeformen, Gewässer, Orte (Routenplanung, Orientierung)*
2. *Klimakarte: für Temperatur, Niederschlag (Verpackungsauswahl)*
3. *Straßenkarte: für Autobahnen, Europastraßen (Routenplanung)*
4. *Bevölkerungskarte: für Ballungsräume, Räume mit dichter Besiedlung (Depotauswahl)*
5. *Wirtschaftskarte: für Industrieansiedlungen, Dienstleistungsgewerbe, Landwirtschaft (Depotauswahl)*
6. *Zeitzonenkarte: für die Berechnung von Ortszeiten*

Merke:

Ein Maßstab auf Karten zeigt an, wie viel Zentimeter auf der Karte wie viel Zentimetern in der Natur entsprechen. Der Maßstab von 1 : 100 000 bedeutet, dass 1 cm auf der Karte 100 000 cm bzw. 1 000 m bzw. 1 km in der Natur sind.

Zusammenfassung

Die richtige Auswahl der Verpackung spielt bei dem geografischen Standort des Empfängers eine Rolle. Klimakarten helfen bei der Auswahl der passenden Verpackung.

Die Längen- und Breitengrade spielen beim Klima und bei interkontinentalen Sendungen zur Ortszeitbestimmung eine wichtige Rolle.

Aufgaben

1. Ein Kunde der XPressParcel AG möchte die Preise für seine Pakete selber heraussuchen. Sie unterstützen ihn dabei, indem Sie die Tabelle hinsichtlich Land, Hauptstadt und EU-Mitgliedschaft ergänzen.

Land	Hauptstadt	EU Land (J/N)
Niederlande		
	Oslo	
	Riga	
Portugal		
Griechenland		
Türkei		
	Zagreb	

2. Ergänzen Sie folgende Tabelle:

Autobahn	Führt durch Bundesland und Hauptstadt
A7	
A3	
A4	

3. Sven arbeitet in der Handsortierung bei der XPressParcel AG. Zur Grobsortierung soll er die Sendungen nach Kontinenten sortieren.

Land	Kontinent
Finnland	
Mexiko	
Marokko	
Neuseeland	
Indien	
Kanada	

Land	Kontinent
Peru	
Türkei	
Russland	
Ukraine	
Algerien	
Iran	
Nigeria	

4. Wilfried Schmitz möchte wissen, wann sein Paket in Sydney/Australien ankommt. Der Frachtflug startet in Köln/Bonn um 3:05 Uhr am 11.11. Die Flugzeit beträgt 23 Stunden und 40 Minuten. Danach werden noch 6 Stunden zur Entladung des Flugzeugs, Sortierung und Auslieferung benötigt. Wie spät ist es in Sydney, wenn das Paket ausgeliefert wird?

5. Welche Flughäfen sind gemeint?

   a. MUC
   b. CGN
   c. DRS
   d. FRA
   e. LEJ

6. Beschreiben Sie die fünf Klimazonen.

Lernfeld 4

Sendungen an Empfänger ausliefern

1 Tourenplanung
2 Ladungssicherung
3 Die Zustellung von Sendungen
4 Kundenorientierte Kommunikation mit Kunden

1 Tourenplanung

Einstiegssituation

Sarah fährt momentan täglich eine Standardtour in Hamburg Bergedorf für die Mail GmbH, bei der sie Postsendungen von Geschäftskunden abholt. Sie fährt die Tour mit einem Pkw-Kastenwagen und beginnt sie immer um 8:00 Uhr. Heute soll sie außerplanmäßig bis 9:00 Uhr einem Kunden in Hamburg Mitte zahlreiche Briefbehälter und einige Rollcontainer für einen Großauftrag bringen.

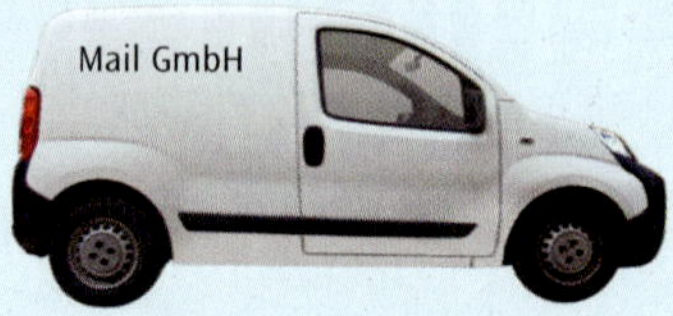

Handlungsaufträge

1 Was muss bei der Umplanung der Tour berücksichtigt werden?
2 Inwieweit unterscheiden sich die Planungen für Standardtouren von denen für tagesaktuelle Touren?

1.1 Vorgehensweise

Aufgaben der Tourenplanung können bei KEP-Diensten in vielfältiger Weise auftreten. Briefkästen müssen geleert, Pakete von Niederlassungen abgeholt, Pakete und Briefsendungen beim Kunden zugestellt werden etc.

Die Bedeutung und Ansprüche an die Tourenplanung für KEP-Dienste haben in den letzten Jahren immer weiter zugenommen. Zum einen möchten die Kunden vermehrt in genau bestimmten Zeitfenstern beliefert werden, zum anderen steigen die Kosten für Kraftstoff und Personal stetig.

Die Vorgehensweise bei der Planung ist in allen Fällen gleich:

1. Zunächst werden verschiedene Aufträge einer Tour zugeordnet (Clusterbildung).
2. Anschließend wird für die einzelnen Touren die optimale Anfahrtsreihenfolge ermittelt.

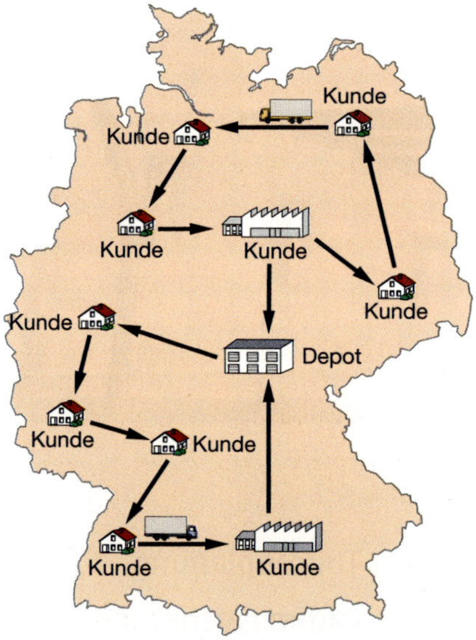

Ergebnis einer Tourenplanung: Cluster mit festgelegter Anfahrtsreihenfolge

Planung von Standardtouren und täglichen Touren

Für **Standardtouren** werden bekannte und über einen bestimmten Zeitraum gleichbleibende Aufträge geplant. Standardtouren haben grundsätzlich über einen längeren Zeitraum Bestand. Bei Postdiensten können für die Entleerung von Briefkästen gut Standardtouren geplant werden, da Anzahl, Standorte und Leerungszeiten sich hier nur selten ändern. Auf diese Weise kann der tägliche Planungsaufwand verringert werden.

Häufig werden zunächst Standardtouren ausgearbeitet, die kurzfristig z. B. tagesaktuell an die tatsächliche Auftragslage angepasst werden können.
Bei der **täglichen Tourenplanung** sind die Aufträge erst kurzfristig bekannt und ändern sich praktisch täglich. Die Planung der Touren kann also erst am Vorabend oder sogar erst am selben Morgen erfolgen und muss entsprechend schnell gehen. Diese Planungssituation kommt bei Paketdiensten vor und ist auch typisch für den Stück- und Sammelgutverkehr im Frachtbereich.
Aufgrund der Komplexität der Aufgabe kommt heutzutage oft eine Tourenplanungssoftware zum Einsatz, es gibt aber noch zahlreiche KEP-Dienste, die ihre Tourenplanung manuell mithilfe von Straßenkarten durchführen. In beiden Fällen benötigt man jedoch vorab einige Informationen, um die Tour bestmöglich planen zu können. Dazu gehören insbesondere:

- Abfahrtsort
- Adressen der Empfänger
- Gewicht und Größe der Sendungen
- Liefertermin und Lieferzeitfenster
- Zeitbedarf für die Auslieferung beim Kunden
- Informationen zu den zur Verfügung stehenden Fahrzeugen
- etc.

1.2 Ziele der Tourenplanung

Bei allen Unterschieden bleiben die Ziele der Tourenplanung jedoch stets die gleichen. Zum einen gilt es, die **Kosten der Touren zu minimieren**, und zum anderen, den **Lieferservice zu optimieren**. In den letzten Jahren haben ökologische Ziele an Bedeutung hinzugewonnen, bei denen vor allem der Schadstoffausstoß auf Touren reduziert werden soll.
Die Kosten der Tourenplanung kann man über verschiedene **Zwischenziele** minimieren:

1. Minimierung der Länge der Tour, also eine Minimierung der zu fahrenden Kilometer, wodurch u. a. der Kraftstoffverbrauch gesenkt werden kann
2. Minimierung der zeitlichen Dauer der Tour, z. B. durch die Wahl einer schnelleren Strecke, wodurch u. a. Personalkosten gesenkt werden können
3. Minimierung der Anzahl zu fahrender Touren, wodurch sowohl Personal- als auch Kraftstoffkosten gesenkt werden können
4. Minimierung der Anzahl eingesetzter Fahrzeuge, indem die Auslastung der Fahrzeuge optimiert wird, wodurch die Fahrzeugkosten gesenkt werden können

Die Qualität des Lieferservice wird vor allem bestimmt durch eine hohe Lieferzuverlässigkeit sowie eine hohe Lieferflexibilität. Lieferzuverlässigkeit bezieht sich auf die Einhaltung der Termine, also die Pünktlichkeit. Lieferflexibilität bedeutet, auf Kundenwünsche bei der Lieferung einzugehen, also z. B. die Möglichkeit, bestimmte Zeitfenster für die Lieferung wählen zu können.
Ökologische und ökonomische Ziele überschneiden sich zum Teil. Eine gute Fahrzeugauslastung oder möglichst kurze Strecken verringern nicht nur die Kosten, sondern gleichzeitig den Schadstoffausstoß der Fahrzeuge auf den Touren.
Die Ziele lassen sich aber nicht immer alle gleichzeitig erreichen. In einigen Fällen treten **Zielkonflikte** auf, wenn z. B. die schnellste Tour über die Autobahn deutlich länger ist als die kürzeste Route durch die Innenstadt. Man kann in diesem Fall also nicht die Länge der Tour und die zeitliche Dauer gleichzeitig optimieren.

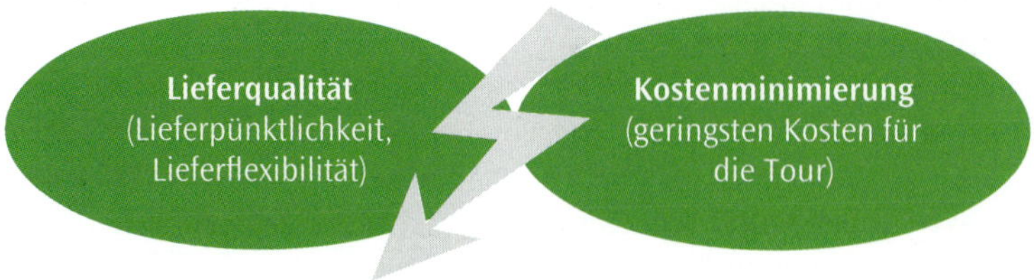

Möglicher Zielkonflikt bei der Tourenplanung

Zudem gibt es zahlreiche Restriktionen (Einschränkungen), die die Zielerreichung erschweren.

1.3 Restriktionen

Restriktionen sind Einschränkungen, die die Tourenplanung erschweren. Man unterscheidet zwischen **vorhersehbaren** und **nicht vorhersehbaren Restriktionen**.
Vorhersehbare Restriktionen sind zum Zeitpunkt der Tourenplanung bekannt und können bei dieser berücksichtigt werden. Bekannt sind z. B. die Lieferzeitfenster der Kunden, Pausen- und Arbeitszeiten sowie Urlaubstage von Fahrern oder auch ein heterogener Fuhrpark mit unterschiedlichen Fahrzeugen.
Ein großer Paketdienst plant mit der Restriktion, möglichst oft das Linksabbiegen zu vermeiden. Auf diese Weise sollen die Wartezeit auf den vorfahrtberechtigten Gegenverkehr sowie die Unfallhäufigkeit vermindert werden.
Nicht vorhersehbare Restriktionen können naturgemäß nicht rechtzeitig eingeplant werden, da sie zu kurzfristig eintreten. Dazu zählen unter anderem kurzfristige Kundenwünsche, Fahrzeugpannen, plötzliche Krankmeldungen von Fahrern etc.
Allerdings wird mithilfe modernster Software versucht, auch unvorhergesehene Restriktionen schnellstmöglich zu berücksichtigen und die Touren kurzfristig neu zu planen.

1.4 Moderne Tourenplanungssoftware

Auch heute gibt es immer noch Unternehmen, die die Tourenplanung von Hand, also ohne Computerunterstützung, durchführen. Dabei werden z. B. auf großen Karten mit bunten Nadeln die Zielorte abgesteckt oder alternativ Lieferscheine nach Postleitzahlen mithilfe einer Postleitzahlenkarte sortiert.
Viele kleinere KEP-Dienste schrecken vor den Kosten moderner Tourenplanungssoftware zurück. Sie ist teuer in der Anschaffung, da sie zum Teil individuell programmiert werden muss, um an die betrieblichen Besonderheiten angepasst zu werden. Außerdem sind noch Kosten für Schulungen und Wartungen zu berücksichtigen.
Auch bei Paketdiensten erfolgt die Tourenplanung häufig direkt vor der Tour durch die Fahrer per Hand mithilfe einer Karte. Doch für größere KEP-Dienste lohnen sich die Investitionen in eine leistungsfähige Tourenplanungssoftware meist, da das Kosteneinsparungspotenzial hier deutlich höher ist als bei kleinen Unternehmen.
Moderne Software kann beim Auftreten von Problemen wie z. B. Staus, Pannen oder stornierte bzw. neue Aufträge die Route neu planen. Man spricht dann von dynamischer Tourenplanung, da sie sich an neue Rahmenbedingungen und unvorhergesehene Restriktionen kurzfristig anpassen kann.

Das folgende Beispiel macht deutlich, wie wichtig eine gute Tourenplanung gerade im KEP-Bereich ist und wie moderne Software dabei hilft, auch schwer vorhersehbare Restriktionen wie z. B. Baustellen in den Planungen zu berücksichtigen.

Planungssoftware: UPS will Touren optimieren

11. März 2015

Zustellfahrzeuge des US-amerikanischen Paket- und Expressdienst UPS sollen durch ein neues Tourenplanungsprogramm ab 2016 in den USA jährlich 160 Mio. km weniger fahren, 300 Mio. USD an Treibstoffkosten sparen und 100000 t weniger CO_2 ausstoßen. Nach Angaben von UPS entspricht das dem jährlichen Ausstoß von 21000 Pkw. Um diese Einsparungen zu erzielen, ist geplant, die Tourenplanungssoftware Orion (On-Road Integrated Optimization Navigation), deren Ausrollung das Unternehmen 2012 nach zehn Jahren Entwicklungsarbeit begonnen hat, bis Ende 2016 auf allen Zustelltouren der USA zu nutzen. Ende dieses Jahres soll das Programm auf etwa 70 Prozent aller geplanten Touren eingesetzt werden. Ab 2018 ist auch ein Einsatz in Europa geplant.

Auf einer Zustelltour mit 120 Stopps wägt das UPS-Programm Orion mehr als 200 000 verschiedene Routenoptionen ab und berücksichtigt dabei auch zusätzliche Parameter wie die mit Express-Sendungen verbundenen Zeitfenster. Für den optimalen Tourenvorschlag werden laut UPS Daten von Kunden genutzt (Öffnungszeiten), von Fahrern (Baustellenhinweise) oder auch Fahrzeugdaten. Nach den bisherigen Erfahrungen des Unternehmens sei eine mit Orion geplante Tour durchschnittlich zwischen 10 und 13 km kürzer als ohne die Software, sagte Mitch Nichols, Senior Vice President für Transport und Technik bei UPS. (lmc/sb)

Quelle: *Bollig, Sebastian/Cremer, Ludwig Michael: Planungssoftware: UPS will Touren optimieren, veröff. am 11.03.2015 unter www.dvz.de/rubriken/kep/single-view/nachricht/planungssoftware-ups-will-touren-optimieren.html*

Zusammenfassung

Im Rahmen der Tourenplanung werden zunächst Cluster gebildet und dann die jeweilige Anfahrtsreihenfolge festgelegt.

Standardtouren können bei gleichbleibenden Rahmenbedingungen genutzt werden. Sie können durch kurzfristige Planung an die tägliche Auftragslage angepasst werden.

Ziele im Rahmen der Tourenplanung sind vor allem die Kostenminimierung und die Serviceoptimierung. Dies erfolgt z. B. über die Minimierung der Tourendauer und Tourenlänge.

Restriktionen sind Einschränkungen, die die Tourenplanung erschweren, man unterscheidet vorhersehbare und nicht vorhersehbare Restriktionen.

Vielfach wird Tourenplanung noch per Hand mithilfe von Karten durch die Fahrer selbst gemacht. Moderne Tourenplanungssoftware passt die Tourenplanung dynamisch an kurzfristig auftauchende Probleme an.

Aufgaben

1. Inwieweit ist ein heterogener Fuhrpark eine bei der Tourenplanung zu berücksichtigende Restriktion?

2. Zeigen Sie anhand von zwei Beispielen, was Zielkonflikte bei der Tourenplanung sind.

2 Ladungssicherung

Einstiegssituation

Karl, Sarah und Said, die ihre Ausbildung in den drei verschiedenen Unternehmen des Konzerns machen, stehen heute vor ähnlichen Aufgaben. Nachdem sie intensiv geschult wurden, sollen sie erstmalig in eigener Verantwortung die Ladungssicherung für ihren Transport durchführen. Es stehen ihnen verschiedene Ladungssicherungshilfsmittel zur Verfügung: Zurrgurte, Sperrstangen, Klemmbalken, rutschhemmende Matten und Zurrnetze.

- Sarah hat zehn Rollbehälter mit Briefbehältern der Mail GmbH in einem Transporter zu sichern.
- Said muss zwei Gitterboxpaletten für die Blitzfracht GmbH im Transporter sichern.
- Karl hat 80 Pakete für verschiedene Empfänger im Zustellfahrzeug für die XPressParcel AG zu sichern.

Handlungsaufträge

1 Erläutern Sie, welche Methoden der Ladungssicherung in den oben beschriebenen Fällen jeweils in Betracht kommen.
2 Klären Sie, welche Verantwortung der Fahrer im Rahmen der Ladungssicherung trägt.

2.1 Notwendigkeit der Ladungssicherung

Laut Statistiken sind 70% der Ladungen im Güterkraftverkehr nicht richtig gesichert. Dabei hat die Ladungssicherung eine enorm hohe Bedeutung gerade auch für KEP-Dienste. Nicht richtig gesicherte Ladung kann den Verkehr gefährden und wird bei Kontrollen entsprechend geahndet. Zudem kann sie zu Beschädigungen an Waren und Fahrzeugen führen, was höhere Kosten zur Folge hat und nicht folgenlos für das Image des Unternehmens bleibt. Die Qualität eines KEP-Dienstes zeigt sich auch bei der Ladungssicherung.
Die Straßenverkehrsordnung besagt, dass die Ladung einschließlich der Geräte zur Ladungssicherung sowie Ladeeinrichtungen so zu verstauen und zu sichern ist, dass sie selbst bei Vollbremsung oder plötzlicher Ausweichbewegung nicht verrutschen, umfallen, hin- und herrollen oder herabfallen kann.
Doch für die Einhaltung dieser Vorschrift ist nicht nur der Fahrer des Fahrzeugs verantwortlich. Es gibt verschiedene Verantwortliche für eine korrekte Ladungssicherung.

2.2 Verantwortliche für die Ladungssicherung

Der Absender/Verlader

Der Absender bzw. Verlader ist der Auftraggeber des KEP-Dienstes, also derjenige, der Waren zu versenden hat. Er schließt mit dem Frachtführer (= KEP-Dienst) einen Frachtvertrag über die Beförderung der Ware.
Der Absender ist nach dem Handelsgesetzbuch für die **beförderungssichere Verladung** der Ware verantwortlich. Das bedeutet, dass er die Ware auf das Fahrzeug zu laden und sie dort zu sichern hat. Dabei hat er die Ware so zu sichern, dass sie auch bei Vollbremsungen und Ausweichmanövern nicht verrutschen kann.

Bei KEP-Diensten übernimmt jedoch oftmals der Fahrer die Fahrzeugbeladung. Dies ist insbesondere bei kleineren Sendungen der Fall, wie sie im Paket- oder Briefbereich üblich sind. Der Fahrer ist dann auch für die beförderungssichere Verladung verantwortlich. .

Der Fahrer/Frachtführer

Der Fahrzeugführer ist der Fahrer des Fahrzeugs, also meist die Fachkraft für Kurier-, Express- und Postdienstleistungen. Er handelt im Namen und Auftrag des Frachtführers, also des KEP-Dienstes. Er trägt eine große Verantwortung im Rahmen der Ladungssicherung.
Der Fahrer ist für die **betriebssichere Beladung** des Fahrzeugs zuständig. Dies bedeutet, dass er die Achslasten, Gewichte und Abmessungen bei der Verladung einzuhalten und auf eine korrekte Lastverteilung zu achten hat. Er hat die Verkehrssicherheit seines Fahrzeugs sowie der Ladung vor der Fahrt zu kontrollieren und zu gewährleisten. Mängel bei der Ladungssicherung muss er dem Absender mitteilen, der die Ladungssicherung entsprechend verbessern muss.

Der Fahrer hat die Ladung während der Fahrt bei Bedarf nachzusichern, z. B. nach Teilauslieferungen von Sendungen. Außerdem hat er seine Fahrweise der Ladung anzupassen, womit insbesondere auch die Anpassung der Geschwindigkeit gemeint ist.
Häufig holen Fahrer vom Absender vollständig beladene Wechselbrücken ab. Dabei dürfen sie nicht einfach auf eine ordnungsgemäße Verladung vertrauen, sondern müssen auch hier die Ladungssicherung kontrollieren.

Der Halter des Fahrzeugs

Der Fahrzeughalter muss nicht unbedingt auch der Eigentümer des Fahrzeugs sein, sondern ist definiert als die (juristische) Person, die über das Fahrzeug verfügt und bei den Behörden als Halter gemeldet ist, also in den meisten Fällen der KEP-Dienst bzw. sein Subunternehmer.
Der Fahrzeughalter darf die Inbetriebnahme des Fahrzeugs nicht zulassen, wenn er weiß, dass die Verkehrssicherheit des Fahrzeugs durch die Ladung leidet. Er ist im Rahmen der Ladungssicherung auch für die ausreichende Ausrüstung des Fahrzeuges verantwortlich, das heißt, er hat auch für ausreichende Ladungssicherungshilfsmittel wie Zurrgurte zu sorgen. Der Fahrzeughalter muss dies jedoch nicht persönlich tun, er kann einen kompetenten Mitarbeiter als Verantwortlichen für die Ladungssicherung benennen, der fortan die Verantwortung trägt.

Vertragliche Vereinbarungen

Die oben genannten Regelungen beschreiben die vom Gesetz vorgesehenen Verantwortlichkeiten bei der Verladung. Es ist auch möglich, die Verantwortlichkeiten bei der Verladung vertraglich anders zu regeln. So kann man vertraglich vereinbaren, dass nicht der Absender, sondern der Fahrer die beförderungssichere Verladung übernimmt.

2.3 Physikalische Grundlagen der Ladungssicherung

Das Verständnis für einige physikalische Grundlagen ist nötig, um Ladung sicher auf der Ladefläche verstauen zu können. So sollte man die während des Transports auf die Ladung wirkenden Kräfte kennen.

Gewichtskraft

Unter der **Gewichtskraft F_G** versteht man die Kraft, mit der eine Ladung aufgrund der Erdanziehung senkrecht nach unten auf die Ladefläche gedrückt wird. Eine Ladungsmasse von einem Kilogramm entspricht dabei einem Deka-Newton Gewichtskraft F_G (1 daN = 1 kg). Dies erlaubt es, die Masse der Ladung (in kg) sehr einfach in Gewichtskraft (in daN) umzurechnen.

Massenkraft

Die **Massenkraft F_M** wird auch **Trägheitskraft** genannt. Darunter versteht man die Kraft, mit der sich die Ladung gegen eine Bewegungsänderung widersetzt. Die Auswirkungen der Trägheitskraft kann man im Alltag beobachten:

- Beim schnellen Anfahren werden die Fahrzeuginsassen in die Sitze gedrückt.
- Beim scharfen Bremsen werden die Fahrzeuginsassen in die Sicherheitsgurte gedrückt, nicht gesicherte Ladung fliegt nach vorn.
- Bei schneller Kurvenfahrt werden die Fahrzeuginsassen nach außen gedrückt, das Fahrzeug droht aus der Kurve zu fliegen.

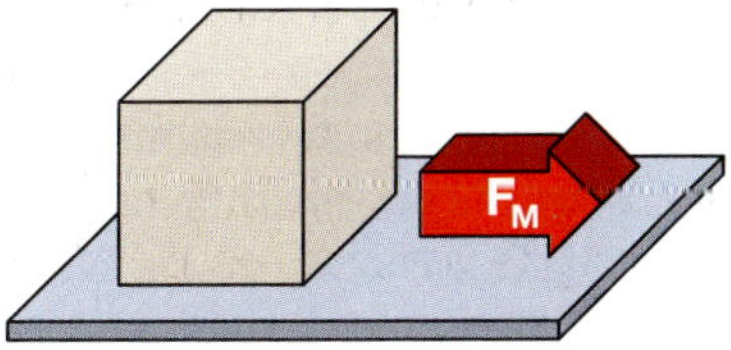

Allerdings sind die auf die Ladung wirkenden Trägheitskräfte nicht überall gleich groß. Am stärksten sind die Kräfte, die im Falle eines Bremsmanövers nach vorne wirken: Sie betragen bis zu 80% der Gewichtskraft. Zu den Seiten und nach hinten wirken Massenkräfte von bis zu 50% der Gewichtskraft der Ladung.

Diese Werte können je nach Fahrzeugtyp variieren, bei schnellen und wendigen Kleintransportern, wie sie auch im KEP-Bereich zum Einsatz kommen, können die Werte höher liegen.

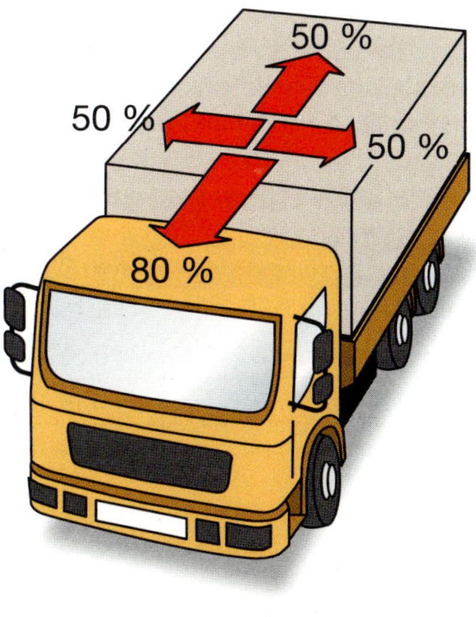

Die folgende Übersicht zeigt die auftretenden Massenkräfte in Abhängigkeit von der zulässigen Gesamtmasse des Fahrzeugs:

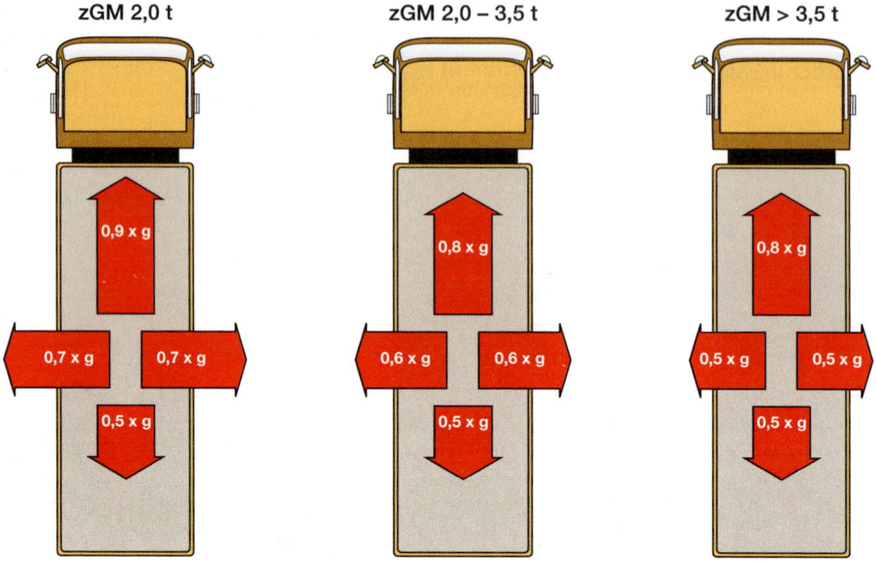

Die maximal auftretenden Massenkräfte sind von der zulässigen Gesamtmasse des Fahrzeugs abhängig

Bei der Ladungssicherung stellt die Massenkraft das größte Problem dar. Das Verrutschen der Ladung aufgrund der Massenkraft muss mithilfe der Ladungssicherung verhindert werden.

Reibungskraft

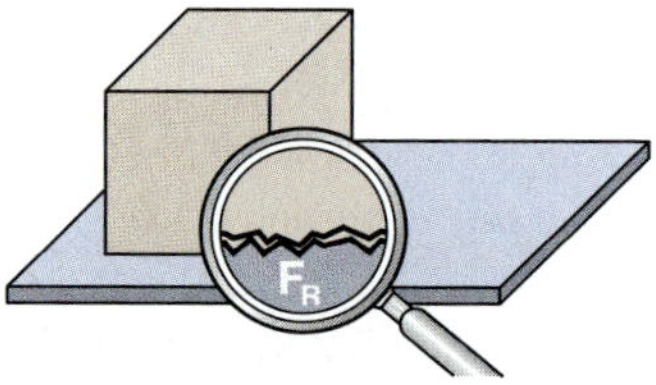

Die **Reibungskraft** F_R wirkt der Massenkraft entgegen, da sie ein Verrutschen der Ladung erschwert, und wirkt somit unterstützend bei der Ladungssicherung. Daher versucht man die Reibung mithilfe von rutschhemmenden Matten zur erhöhen. Die Reibung entsteht durch die Mikroverzahnung zwischen der Unterseite der Ladung und der Oberfläche der Ladefläche. Die Stärke der Reibung ist abhängig von den Materialien der Ladefläche und der Ladung. Je rauer die Oberflächen sind, desto stärker kann die Reibungskraft wirken, da eine stärkere Mikroverzahnung entsteht. Eine Metallkiste auf einer Metallladefläche rutscht schneller als eine Holzkiste auf einer Holzladefläche. Wie stark die Reibung zwischen verschiedenen Materialien ist, kann man am **Gleitreibbeiwert** μ ablesen.
Die folgende Tabelle gibt die Gleitreibbeiwerte μ für verschiedene Materialpaarungen an. Höhere Gleitreibbeiwerte stehen für eine höhere Reibung.

Gleitreibbeiwerte bei verschiedenen Materialpaarungen

Materialpaarung	Trocken	Nass	Fettig
Holz/Holz	0,20–0,50	0,20–0,25	0,05–0,15
Metall/Holz	0,20–0,50	0,20–0,25	0,02–0,10
Metall/Metall	0,10–0,25	0,10–0,20	0,01–0,10
Beton/Holz	0,30–0,60	0,30–0,50	0,10–0,20

Mithilfe der Gleitreibbeiwerte kann man die Reibungskraft F_R ermitteln. Dazu multipliziert man den Gleitreibbeiwert mit der Gewichtskraft der Ladung: $F_R = \mu \cdot F_G$

Beispiel

Eine Sendung hat ein Gewicht von 300 kg, ihre Gewichtskraft beträgt somit 300 daN. Die Oberfläche der Ladefläche besteht aus Holz, die Sendung besteht aus einer Holzkiste (trocken). Der Gleit-Reibbeiwert beträgt daher 0,2 (sicherheitshalber wird der geringste Wert angenommen).

$F_R = 0{,}2 \cdot 300 = 60\ daN$

Die Reibungskraft beträgt demnach 60 daN. Die Reibungskraft übernimmt also 60 daN der zur Ladungssicherung nötigen Sicherungskraft.

Sicherungskraft

Die Sicherungskraft ist die Kraft, mit der die Massenkraft gegen Verrutschen gesichert werden muss. Da ein Teil bereits durch die Reibungskraft gesichert wird, muss nur noch der Teil gesichert werden, der darüber hinausgeht.
Daher lautet die Formel für die Sicherungskraft
F_S = Massenkraft FM minus Reibungskraft F_R
oder kurz $F_S = F_M - F_R$

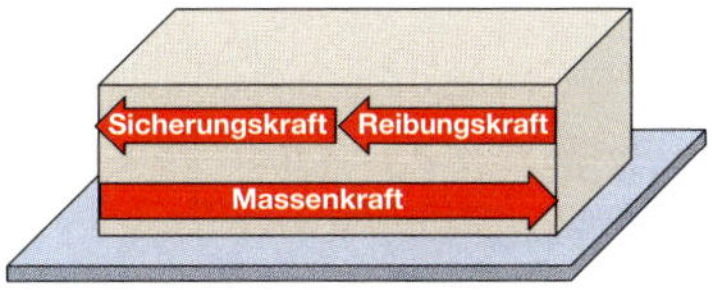

Beispiel

Das Beispiel bleibt unverändert wie oben: Die Holzkiste hat ein Gewicht von 300 kg, was einer Gewichtskraft von 300 daN entspricht. Allerdings müssen nicht 300 daN gesichert werden, da die zu sichernde Massenkraft nach vorne 80 % der Gewichtskraft und zu den anderen Seiten 50 % der Gewichtskraft ausmacht (zGM > 3,5 t).
Es bleiben also nach vorne $300 \cdot 0{,}8 = 240$ daN und zu den anderen Seiten $300 \cdot 0{,}5 = 150$ daN zu sichern.
Davon sind die 60 daN Reibungskraft abzuziehen, die einen Teil der Massenkraft durch die Reibung gegen Verrutschen sichert. Bleiben also noch $240 - 60 = 180$ daN nach vorne und $150 - 60$ daN $= 90$ daN zu den anderen Seiten zu sichern.
Die Holzkiste muss also mit 180 daN nach vorne und mit 90 daN zu den Seiten und nach hinten gesichert werden. Diese Massenkräfte kann man z. B. mit Zurrgurten gegen Verrutschen sichern.

2.4 Arten der Ladungssicherung

2.4.1 Vorbereitende Tätigkeiten

Bevor die Ladung auf der Ladefläche des Fahrzeugs gesichert werden kann, sind in einigen Fällen noch Vorarbeiten zu erledigen. So müssen z. T. erst Ladeeinheiten gebildet werden, um das Verrutschen der Ware vom Ladehilfsmittel (meist Flachpaletten) zu verhindern. Dazu werden die Paletten z. B. mit Folie fest umwickelt, sodass der Inhalt nicht herunterrutschen kann.

Mit einer Paletten-Wickelmaschine können Paletten schnell in sich gesichert werden

Das Herunterfallen der Packstücke von den Paletten kann auch durch die Nutzung von Zwischenlagen aus Kartonage sowie durch eine Verbundstapelung erschwert werden. Bei der Verbundstapelung werden die Packstücke versetzt aufeinandergestapelt, sodass sich die Packstücke gegenseitig sichern.

Links die Turmstapelung, rechts die sicherere Verbundstapelung

Merke:

Vor der Verladung muss die Ware in sich gesichert sein.

Eine weitere vorbereitende Tätigkeit stellt das Fegen der Ladefläche dar. Dies hat keine optischen Gründe, sondern es geht dabei vielmehr um die Erhöhung der Reibungskraft, die durch Schmutz, Sand etc. vermindert wird.

2.4.2 Kraftschlüssige Ladungssicherung

Die kraftschlüssige Ladungssicherung erfolgt durch **Niederzurren** mithilfe von Zurrgurten. Die Ladung wird durch die Zurrgurte auf die Ladefläche gepresst, wodurch die Reibungskraft erhöht wird. Die Ladung wird dabei durch die **Reibungskraft** gesichert, nicht durch die Gurte selbst. Daher spricht man auch von Reibungssicherung.

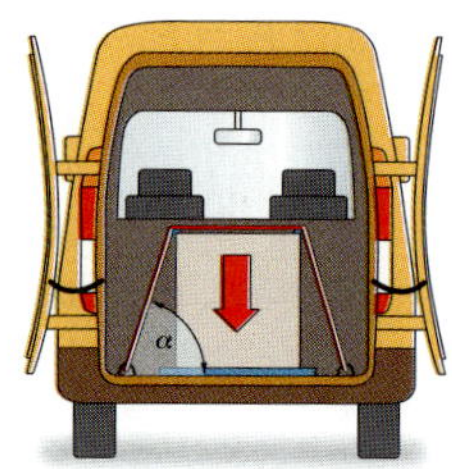

Dazu werden die Zurrgurte über die Ladung geführt und an Zurrpunkten befestigt, anschließend werden die Gurte mithilfe der Ratsche gespannt. Die Anzahl der Zurrgurte kann durch die Verwendung von rutschhemmenden Matten deutlich verringert werden.

Im Paketbereich ist das Niederzurren mit Zurrgurten aufgrund der hohen Anzahl kleiner Sendungen und aufgrund der mangelnden Formstabilität der Pakete meist nicht anwendbar.

2.4.3 Formschlüssige Ladungssicherung

Formschluss kann auf zwei verschiedene Arten hergestellt werden: Die Ladung kann lückenlos verstaut oder direkt verzurrt werden.

Lückenloses Verstauen

Von lückenloser Verstauung spricht man, wenn die Ladung direkt an den Fahrzeugaufbauten anliegt und zwischen den Teilladungen **keine Freiräume** bestehen. Ladelücken dürfen keinesfalls größer als eine Handbreit sein, größere Lücken sind durch Füllmaterial zu schließen.

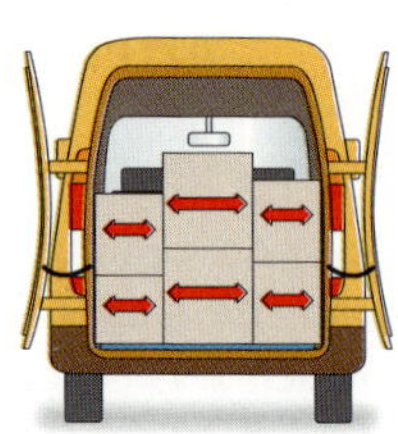

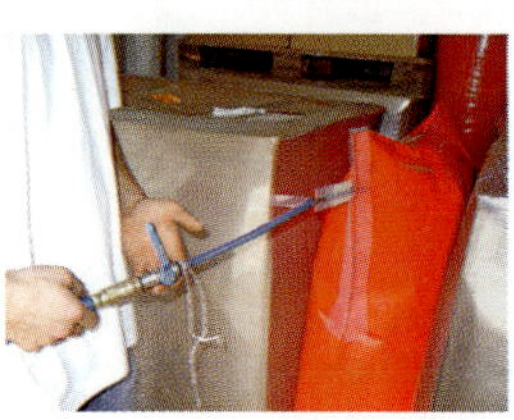

Stausäcke füllen leere Zwischenräume auf und halten hohem Druck stand. Sie werden mit Druckluft befüllt, so können sie genau an den Zwischenraum angepasst werden.

Da die Fahrzeugaufbauten bei dieser Methode die gesamte Massenkraft aufnehmen müssen, müssen sie entsprechend stabil sein.

Werden die Pakete, wie in der Abbildung dargestellt, direkt übereinandergestapelt, ist darauf zu achten, dass sich die leichten Pakete oben und die schweren unten im Stapel befinden, auch wenn es nicht der Anfahrtsreihenfolge der Tour entspricht.
Das lückenlose Verstauen ist bei Paketdiensten in verschiedenen Varianten oft anzutreffen. Formschluss kann auch mithilfe von Klemmbalken oder Sperrstangen hergestellt werden.
Eine Möglichkeit, die im KEP-Bereich häufig genutzten Corletten (Rollcontainer) zu sichern, bieten Sperrstangen und -balken. Auch dies ist eine Variante der formschlüssigen Ladungssicherung.

Formschlüssige Ladungssicherung von Corletten mithilfe von Sperrstangen

Direktzurren

Beim Direktzurren werden die Zurrgurte direkt an der Ladung befestigt. Dazu müssen **an der Ladung stabile Zurrpunkte** vorhanden sein, was überwiegend bei großen, schweren Ladungen der Fall ist, wie z. B. bei Maschinen oder Fahrzeugen. Bei Paketen oder Paletten ist dies nicht der Fall, sodass diese Methode z. B. im Paketbereich kaum Anwendung findet. Die Zurrmittel werden beim Direktzurren leicht vorgespannt und halten die Ladung im Falle einer Bewegungsänderung fest.
Beim Direktzurren werden drei Varianten unterschieden:

Bezeichnung	Beschreibung	Abbildung
Schrägzurren	Beim Schrägzurren müssen an jeder Seite mindestens zwei Zurrgurte im 90°-Winkel zur Ladefläche angebracht werden, die die Ladung in alle Richtungen sichern.	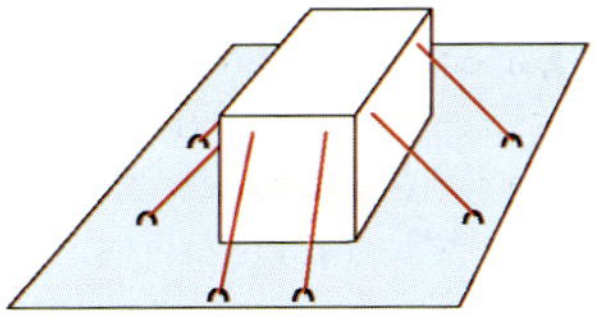
Diagonalzurren	Beim Diagonalzurren wird an jeder Ecke der Ladung jeweils ein Zurrgurt angebracht. Die Zurrgurte werden nun aber diagonal zur Ladefläche befestigt. So kann die Ladung mit vier Zurrgurten in alle Richtungen gesichert werden.	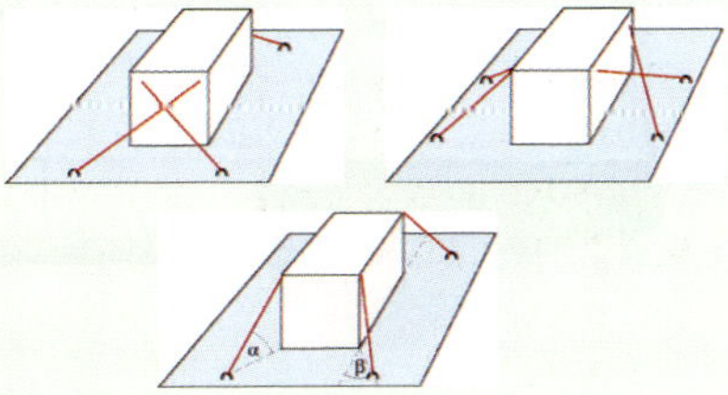
Schlingenzurren	Das Schlingenzurren kommt zur Anwendung, wenn Ladungen keine geeigneten Zurrpunkte besitzen. Um die Zurrgurte an der Ladung zu befestigen, werden Hebegurte, Kantenwinkel oder Paletten genutzt.	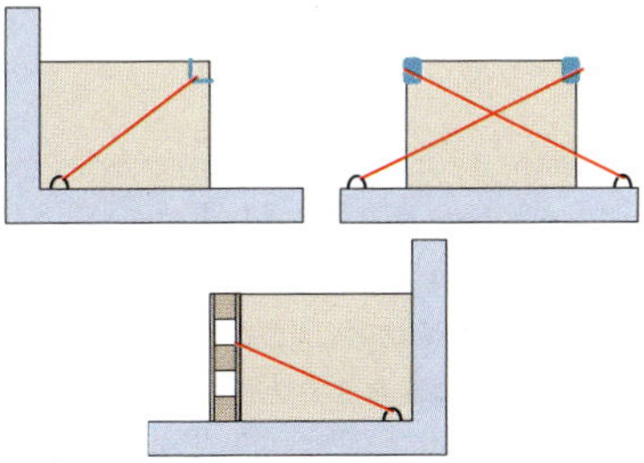

2.5 Lastverteilung

Der Fahrer hat zunächst die zulässige **Nutz- und Achslast** seines Fahrzeugs zu beachten. Der Schwerpunkt der Ladung sollte möglichst niedrig gehalten werden und sich längs mittig befinden. Bei Zustellfahrzeugen von Paketdiensten sollten die Pakete daher gleichmäßig in den Regalen auf beiden Seiten verteilt werden.

Ebenso muss der Fahrer den **Lastverteilungsplan** seines Fahrzeugs bei der Beladung berücksichtigen. Anhand des Lastverteilungsplans kann ermittelt werden, wo der Schwerpunkt der Ladung zu liegen hat.

Merke:

Eine Faustregel besagt, dass die Hauptlast kurz vor die Hinterachse gestellt werden sollte.

Eine falsche Lastverteilung kann sich negativ auf das Fahrverhalten des Fahrzeugs auswirken und kann eine Ursache von Unfällen sein, für die der Fahrer die Verantwortung trägt.

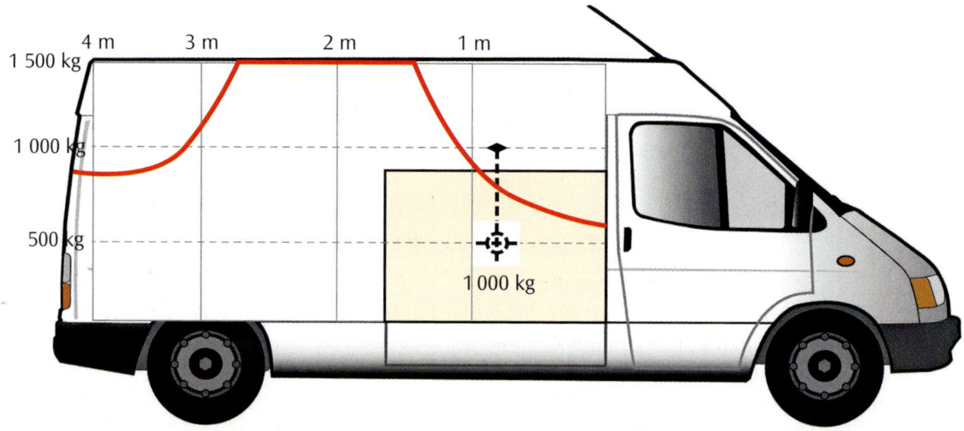

Auch dieser Lastverteilungsplan bestätigt die Regel, wonach die Hauptlast kurz vor die Hinterachse gestellt werden sollte.

Beispiel

Die Kiste in der Abbildung hat ein Gewicht von 1 000 kg, der Schwerpunkt liegt in der Mitte der Kiste. Die Kiste soll an der Stirnwand formschlüssig gesichert werden. Laut Lastverteilungsplan ist die Platzierung der Kiste so nicht möglich, da der Schwerpunkt der 1 000 kg schweren Kiste an der Stelle oberhalb der Linie des Lastverteilungsplans liegt. Die Kiste muss weiter hinten platziert werden.

2.6 Besonderheiten der Ladungssicherung im Paketbereich

Einige Fahrzeuge haben Stauraum für kleine und große Pakete

Die Ladungssicherung im Paketbereich erweist sich aus zwei Gründen als besonders schwierig:

- Der Zeitdruck ist groß, für die Zustellung eines jeden Pakets stehen nur wenige Minuten zur Verfügung, daher kann nicht nach jeder Zustellung neu gesichert werden.
- Die Ladungssicherung einer großen Zahl verschiedenartiger Kleinteile ist schwierig, da einige Methoden der Ladungssicherung wie Niederzurren und Direktzurren hier kaum zu realisieren sind.

Daher hat man im Paketbereich eigene Lösungen für diese Probleme gefunden. Die Zustellfahrzeuge von Paketdiensten haben meist auf beiden Seiten Regale für die Pakete und einen Mittelgang für den Zusteller zur Entnahme der Pakete.
Die Regale sind geneigt und mit rutschhemmendem Material ausgelegt oder haben eine Regalkante, sodass die Pakete in Kurven nicht durch die Fliehkräfte hinunterfallen können.
Die Regale haben in Fahrtrichtung und dagegen einen baulichen Abschluss bzw. auch hier eine Regalabschlusskante, die eine formschlüssige Sicherung ermöglichen.
Schwere und sperrige Pakete sollten auf dem Fahrzeugboden transportiert werden, bestenfalls an der Stirnwand, um Formschluss herzustellen.

Regale sind die typische Ausstattung von Paket-Zustellfahrzeugen

Die Stirnwand der Zustellfahrzeuge besitzt eine Tür, durch die der Zusteller von der Fahrerkabine in den Laderaum gelangt. Diese Tür muss während der Fahrt geschlossen sein, damit keine Sendungen in den Fahrerraum fallen bzw. rutschen können. Es werden auch immer wieder ungesicherte Sendungen in der Fahrerkabine z. B. auf dem Sitz des Beifahrers mitgeführt. Dies ist zu vermeiden, denn diese Sendungen könnten in den Fußraum des Fahrers rutschen und ihn beim Fahren erheblich stören.

Es gibt mittlerweile Lösungen für Pakete, die auch Nieder- oder Direktzurren ermöglichen. Mithilfe von Netzen, die die gesamte Ladung umfassen, kann das Nieder- bzw. Direktzurren auch bei einer Vielzahl unterschiedlicher Pakete gelingen. Allerdings ist die Entnahme bei vielen unterschiedlichen Empfängern problematisch.

Zusammenfassung

Die Verantwortung für die Ladungssicherung teilen sich der Frachtführer (Fahrer), der Absender und der Fahrzeughalter.

Der Fahrer hat die wichtige Aufgabe, für eine betriebssichere Verladung zu sorgen, der Absender hat für die beförderungssichere Verladung zu sorgen. Führt der Fahrer die Beladung des Fahrzeuges selbst durch – wie es im KEP-Bereich häufig der Fall ist – ist er auch für die beförderungssichere Verladung zuständig.

Im Rahmen der betriebssicheren Verladung ist u.a. auf die Lastverteilung, Achslasten und Maße des Fahrzeugs zu achten. Bei der beförderungssicheren Verladung ist darauf zu achten, dass die Ware nicht verrutschen kann.

Der Fahrer hat die durch den Absender durchgeführte Ladungssicherung vor Abfahrt zu prüfen.

Bei der Ladungssicherung wird versucht, Bewegungen der Ladung aufgrund der Massenkraft zu unterbinden. Die Reibungskraft erschwert ein Verrutschen der Ladung und wirkt bei der Ladungssicherung unterstützend. Es muss also nur der um die Reibungskraft verminderte Teil der Massenkraft gesichert werden: F_S = Massenkraft F_M minus Reibungskraft F_R

Die kraftschlüssige Ladungssicherung erfolgt durch Niederzurren. Die formschlüssige Ladungssicherung kann durch lückenloses Verstauen oder durch Direktzurren erfolgen.

Bei der Ladungssicherung ist der Lastverteilungsplan zu berücksichtigen. Der Schwerpunkt der Last sollte sich im Normalfall kurz vor der Hinterachse befinden.

Im Paketbereich kommen meist Zustellfahrzeuge mit Regalen zum Einsatz. Die Ladungssicherung erfolgt dabei durch Formschluss.

Aufgaben

1. Ordnen Sie den jeweils Verantwortlichen die richtigen Verantwortungsbereiche zu.

Fahrzeughalter	Er muss dafür sorgen, dass die Ware nicht verrutschen kann, sodass sie während des Transports keinen Schaden nehmen kann.
Absender	Er sorgt dafür, dass die Ladung nicht die Verkehrssicherheit des Fahrzeugs beeinträchtigt, und muss die Ladungssicherung vor Abfahrt kontrollieren.
Frachtführer/Fahrer	Er hat dafür zu sorgen, dass genügend Zurrgurte, Klemmbalken oder andere Ladungssicherungshilfsmittel vorhanden sind.

2. Welche Aussagen zu den Methoden der Ladungssicherung sind richtig? Korrigieren Sie die falschen Aussagen.

   a. Das Niederzurren ist eine der Möglichkeiten der formschlüssigen Ladungssicherung.
   b. Beim lückenlosen Verstauen werden Staulücken z. B. durch Stausäcke geschlossen, damit die Ladung nicht verrutschen kann.
   c. Das lückenlose Verstauen ist eine bei Paketdiensten weitverbreitete Methode zur Ladungssicherung.
   d. Beim Direktzurren versucht man die Reibungskraft zu erhöhen, indem die Ladung mit Zurrmitteln auf die Ladefläche gepresst wird.
   e. Das Niederzurren eignet sich nur für formstabile Ladungen.

3. Berechnen Sie Schritt für Schritt die benötigte Sicherungskraft für eine Ladung von 500 kg mit einem Transporter mit über 3,5 t zGG, wenn Ladefläche und Ladung aus Holz bestehen.

   a. Wie hoch ist die Gewichtskraft in daN bei einer Ladung mit einem Gewicht von 500 kg?
   b. Wie viel dieser Gewichtskraft muss nach vorne (z. B. bei einer Vollbremsung) bei einem Transporter mit 3,5 t zGG gesichert werden?
   c. Berechnen Sie die Höhe der Reibungskraft bei einem Gleitreibbeiwert von $\mu = 0{,}2$ (Holz auf Holz).
   d. Berechnen Sie nun die nötige Sicherungskraft mithilfe der Formel: Massenkraft – Reibungskraft = Sicherungskraft.

3 Die Zustellung von Sendungen

Einstiegssituation

Karl hat heute wieder ein Paket für Herrn Schmitz. Herr Schmitz bekommt fast täglich Pakete, ist aber häufig nicht zu Hause. Daher stellt Karl die Pakete meist bei seinem Nachbarn, Herrn Brieke, zu. Heute ist Herr Schmitz jedoch zu Hause.

Herr Schmitz: „Guten Tag. Gut, dass ich Sie sehe. Ich habe eine Bitte an Sie. Ich hatte gestern einen kleinen Streit mit meinem Nachbarn, Herrn Brieke, bei dem Sie immer meine Pakete zustellen. Ich möchte Sie bitten, die Pakete nicht mehr dort zuzustellen. Ist das möglich?

Karl: „Guten Tag, Herr Schmitz. Ja, das ist möglich. Haben Sie denn einen anderen Nachbarn, den Sie als Wunschnachbarn angeben möchten?"

Herr Schmitz: „Nein. Frau Müller ist auch so selten da und die anderen Nachbarn kenne ich nicht gut genug. Auf einigen Paketen steht manchmal „Keine Nachbarschaftszustellung", könnten Sie das nicht immer auf meinen Paketen vermerken?

Karl: „Das kann nur der Absender machen. Aber wir finden bestimmt noch eine Lösung für Ihr Problem."

Handlungsaufträge

1 Was versteht man unter einer Vorausverfügung und wann wird diese angewendet?

2 Prüfen Sie, wie XPressParcel AG laut ihrer Unternehmensbeschreibung bei Nichtantreffen eines Empfangsberechtigten vorgeht. Welche Möglichkeiten gibt es für Herrn Schmitz, an seine Pakete zu gelangen?

3.1 Alternative Zustellmöglichkeiten

Gewöhnliche Briefsendungen werden über den Hausbriefkasten oder ein Postfach zugestellt. Einige Sendungen, wie z. B. Pakete oder Übergabeeinschreiben, werden jedoch gegen Quittierung grundsätzlich persönlich an den Empfänger übergeben.

Der Empfänger kann bei vielen KEP-Diensten über den Zustelltag im Voraus informiert werden, es ist auch möglich, einen Wunschtag anzugeben. Trotz dieser Möglichkeiten lässt es sich häufig nicht vermeiden, dass der Empfänger bei der Zustellung abwesend ist.

Ist der Empfänger nicht anwesend, gibt es mehrere Möglichkeiten. Die Zustellung kann:

- Bei einem Ersatzempfänger durchgeführt werden
- Im Rahmen eines zweiten Zustellversuchs zugestellt werden

- Durch Ablage der Sendung an einem vereinbarten Ort erfolgen
- Zur Abholung eine Filiale oder Packstation weitergeleitet werden

3.1.1 Ersatzempfänger

Ist der Empfänger der Sendung nicht anwesend, kann die Zustellung – mit Ausnahme von Sendungen mit der Zusatzleistung „eigenhändig“ – auch an einen Ersatzempfänger erfolgen, um die Sendung beim ersten Zustellversuch zuzustellen. Dies hat für den KEP-Dienst den Vorteil, dass die Zustellung abgeschlossen ist und kein weiterer Aufwand entsteht. Für den Empfänger besteht der Vorteil darin, dass er z. B. im Falle einer Nachbarschaftszustellung nur einen kurzen Weg hat, um an seine Sendung zu gelangen, und sich den Weg zur Filiale (zu den Öffnungszeiten) spart.

Eine Zustellung an eine andere Person als den Empfänger ist ohne Einwilligung des Absenders nicht zulässig. Daher haben alle Paketdienste eine Klausel in ihre AGB aufgenommen, die dies ermöglicht. Die Formulierungen der verschiedenen KEP-Dienste unterscheiden sich, doch inhaltlich sind sie ähnlich. Empfangsberechtigte sind demnach typischerweise in den Räumen des Empfängers anwesende Personen (z. B. Angehörige), Hausbewohner oder unmittelbare Nachbarn des Empfängers. Der Empfänger kann im Vorfeld beim Zustelldienst einen Wunschnachbarn angeben, an den die Sendung zugestellt werden soll.

Umstritten – und manchmal sogar Streitpunkt vor Gericht – ist dabei oftmals, wer als Nachbar gelten kann. Einige KEP-Dienste geben in ihren AGB daher genaue Kriterien für die Ersatzzustellung an. So werden Ersatzzustellungen z. B. nur an Nachbarn in einer Entfernung von bis zu 50 m durchgeführt.

Um Streitigkeiten diesbezüglich zu vermeiden und dem Empfänger entgegenzukommen, kann dieser oftmals einen Wunschnachbarn als Ersatzempfänger angeben. Dann muss man das Paket nicht beim Nachbarn abholen, mit dem man sich eventuell gerade überworfen hat.

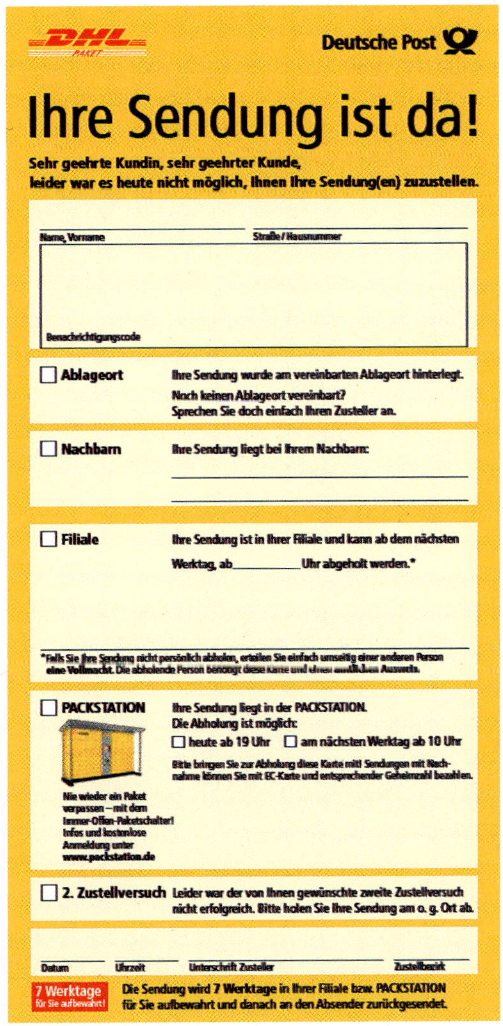
DHL PAKET
Deutsche Post

Ihre Sendung ist da!

Sehr geehrte Kundin, sehr geehrter Kunde,
leider war es heute nicht möglich, Ihnen Ihre Sendung(en) zuzustellen.

Name, Vorname
Straße / Hausnummer
Benachrichtigungscode

☐ **Ablageort** – Ihre Sendung wurde am vereinbarten Ablageort hinterlegt. Noch keinen Ablageort vereinbart? Sprechen Sie doch einfach Ihren Zusteller an.

☐ **Nachbarn** – Ihre Sendung liegt bei Ihrem Nachbarn:

☐ **Filiale** – Ihre Sendung ist in Ihrer Filiale und kann ab dem nächsten Werktag, ab ________ Uhr abgeholt werden.*

*Falls Sie Ihre Sendung nicht persönlich abholen, erteilen Sie einfach umseitig einer anderen Person eine Vollmacht. Die abholende Person benötigt diese Karte und einen amtlichen Ausweis.

☐ **PACKSTATION** – Ihre Sendung liegt in der PACKSTATION. Die Abholung ist möglich: ☐ heute ab 19 Uhr ☐ am nächsten Werktag ab 10 Uhr
Bitte bringen Sie zur Abholung diese Karte mit! Sendungen mit Nachnahme können Sie mit EC-Karte und entsprechender Geheimzahl bezahlen.
Nie wieder ein Paket verpassen – mit dem Immer-Offen-Paketschalter! Infos und kostenlose Anmeldung unter www.packstation.de

☐ **2. Zustellversuch** – Leider war der von Ihnen gewünschte zweite Zustellversuch nicht erfolgreich. Bitte holen Sie Ihre Sendung am o. g. Ort ab.

Datum | Uhrzeit | Unterschrift Zusteller | Zustellbezirk

7 Werktage für Sie aufbewahrt! – Die Sendung wird 7 Werktage in Ihrer Filiale bzw. PACKSTATION für Sie aufbewahrt und danach an den Absender zurückgesendet.

Die Benachrichtigung der Empfänger ist Pflicht

Merke:

Wird die Sendung einem Nachbarn zugestellt, muss der Empfänger immer darüber benachrichtigt werden.

Die Zustellung beim Ersatzempfänger birgt jedoch auch kleinere Risiken, wenn z. B. der Nachbar das Paket beschädigt oder wenn der Nachbar in einem großen Mehrfamilienhaus mit falschem Namen quittiert und danach nicht mehr ermittelt werden kann.

3.1.2 Abstellgenehmigung

Ist der Empfänger nicht anwesend, darf der Zusteller die Sendung nicht einfach vor der Haustür ablegen. Der Empfänger kann seinem Zustelldienst aber eine Abstellgenehmigung erteilen, sodass der Zusteller die Sendung auch bei Abwesenheit des Empfängers zustellen kann. Eine solche Abstellgenehmigung, auch **Garagenvertrag** genannt, wird von den meisten KEP-Diensten angeboten.

Der Empfänger muss dazu im Vorfeld dem Zustelldienst seine Genehmigung erteilen und den gewünschten Ablageort festlegen. Der Zusteller legt das Paket dann am vereinbarten Ort ab. Dieser Ort sollte nicht einsehbar, nicht frei zugänglich und wettergeschützt sein. Dies kann z. B. die Garage, ein Wintergarten oder ein anderer geeigneter Ort sein. Der Empfänger wird abschließend über die Zustellung benachrichtigt.

Dieser Service ist sowohl für den Zusteller wie für den Empfänger sehr praktisch. Der Zusteller spart sich eine zeitaufwendigere Zustellung beim Nachbarn oder einen weiteren Zustellversuch. Der Empfänger hat sein Paket direkt zur Verfügung.

Allerdings hat die Abstellgenehmigung auch einen Nachteil. Da die Sendung in Abwesenheit des Empfängers zugestellt wird, kann dieser die Sendung nicht prüfen und auch nicht quittieren. Ist das Paket beschädigt oder verschwunden, hat der Empfänger den Schaden, denn die Zustelldienste schließen jegliche Haftung nach dem ordnungsgemäßen Abstellen der Pakete aus. Ob die Zustellung allerdings wirklich ordnungsgemäß stattgefunden hat, kann nicht überprüft werden. Und durch die Erteilung der Abstellgenehmigung stellt der Empfänger den Paketdienst von der Haftung frei.

Empfänger-Abstellgenehmigung

Bitte bringen Sie den Ausdruck dieser Abstellgenehmigung gut sichtbar und so an Ihrer Haustür/Ihrem Briefkasten an, dass unser Zusteller ihn mitnehmen kann.

Empfänger/Vollmachtgeber (bitte in Druckbuchstaben ausfüllen):

Herr/Frau/Firma: ______________________________

Straße, Hausnr.: ______________________________

Land, Postleitzahl/Ort: ______________________________

DPD darf an folgendem Ort das Paket/die Pakete ohne Empfangsquittung abstellen:
(genaue Beschreibung; der Abstellort muss witterungsgeschützt und darf nicht von der Straße einsehbar sein)

____

☐ Generelle Abstellgenehmigung

Produkte

Die Abstellgenehmigung gilt für (Gewünschtes bitte ankreuzen):

☐ Classic-Service ☐ Express-Service

Paketinformation

DPD informiert standardmäßig über jede Paketabstellung mit einer Paketinformation. Ich/wir möchte/n die Paketinformation erhalten (Gewünschtes bitte ankreuzen):

☐ ja ☐ nein

☐ Einmalige Abstellgenehmigung

Diese Abstellgenehmigung gilt für folgende/s Paket/e: (bitte Paketscheinnummer/n angeben)

____

Für die generelle und die einmalige Abstellgenehmigung gelten die folgenden Abstellbedingungen*:

Keine Empfangsquittung*

Ein Ablieferungsversuch gegen Empfangsquittung erfolgt nicht.

Haftungsausschluss*

Durch die weisungsgemäße Abstellung am angegebenen Ort geht das Risiko für Verlust und Beschädigung auf mich/uns als Empfänger/Vollmachtgeber über. Eine Haftung des DPD für Schäden, die nach weisungsgemäßer Abstellung eintreten, ist ausgeschlossen. Unklarheiten bei der Angabe des Abstellortes gehen im Schadensfall zu meinen/unseren Lasten. DPD obliegt keine Prüfpflicht hinsichtlich der Eignung des Abstellortes. Ich/wir stelle(n) DPD von eventuellen Schadensersatzansprüchen des Versenders oder seitens Dritter frei. Im Rahmen von Kaufverträgen zwischen mir/uns und dem Versender trage ich/tragen wir diesem gegenüber das Risiko des zufälligen Untergangs, der Verschlechterung sowie des Abhandenkommens der Ware nach Abstellung.

Ausschluss bestimmter Güter oder Services*

Folgende Pakete/Services werden ausschließlich gegen Unterschrift zugestellt und sind von einer Abstellung ausgeschlossen: Nachnahme, Gefahrgut, Austausch, ID-Check, Abteilungsbelieferung und Pakete, die Arzneimittel enthalten. Für die genannten Güter ist eine Abstellgenehmigung für DPD unbeachtlich. DPD trifft jedoch keine Prüfpflicht, ob Ausschlussgüter oder -services vorliegen.

Widerruf (nur bei genereller Abstellgenehmigung)*

Die Abstellgenehmigung gilt bis zum Eingang des schriftlichen Widerrufs des Empfängers/Vollmachtgebers bei DPD. Der Widerruf kann jederzeit mit sofortiger Wirkung gegenüber dem zuständigen Depot oder per E-Mail an asg@dpd.de erfolgen.

Mit meiner Unterschrift erteile ich DPD die Abstellgenehmigung und erkenne die oben genannten Bedingungen (*) an.

____

(Datum, Unterschrift des Empfängers/Vollmachtgebers, Stempel soweit vorhanden)

Von DPD auszufüllen/Auftragserledigung:

Datum: ______________ / Tour: ______________ / Zusteller: ______________

dpdgroup

05/2015

Garagenverträge sind praktisch, aber haftungstechnisch nicht unproblematisch

3.1.3 Paketbox

Eine weitere Möglichkeit, Sendungen in Abwesenheit des Empfängers zuzustellen, stellen Paketbriefkästen dar, auch Paketboxen oder Paketkästen genannt. Die Zustellung kann dabei so wie beim Hausbriefkasten erfolgen und ist für Zustelldienst und Empfänger sehr praktisch.

Die Paketkästen werden von verschiedenen Herstellern angeboten. Sie sind robust und gegen unbefugten Zugriff geschützt. Der Paketbriefkasten kann auch für den Versand von Sendungen genutzt werden: Eingelegte Pakete können vom Zusteller mitgenommen werden.

Auch bei Paketbriefkästen stellt die Haftung aus Empfängersicht ein Problem dar, da die Sendung auch ohne Prüfung und Quittierung als ordnungsgemäß zugestellt gilt. Sobald die Sendung im Paketbriefkasten eingelegt wurde, haftet der Empfänger – auch ohne Prüfung. Eine Annahmeverweigerung, z. B. wegen einer Beschädigung, ist dann nicht mehr möglich.

3.1.4 Weitere Zustellversuche

Ist der Empfänger nicht anwesend und klappt die Ersatzzustellung beim Nachbarn nicht, bieten viele KEP-Dienste weitere, zum Teil sogar bis zu vier, Zustellversuche an.

Der Empfänger wird über den erfolglosen Zustellversuch per **Benachrichtigungskarte** informiert. Auf der Karte sind häufig verschiedene Optionen für den nächsten Zustellversuch enthalten, wie z. B. die Möglichkeit, einen Zustelltag selbst zu wählen.

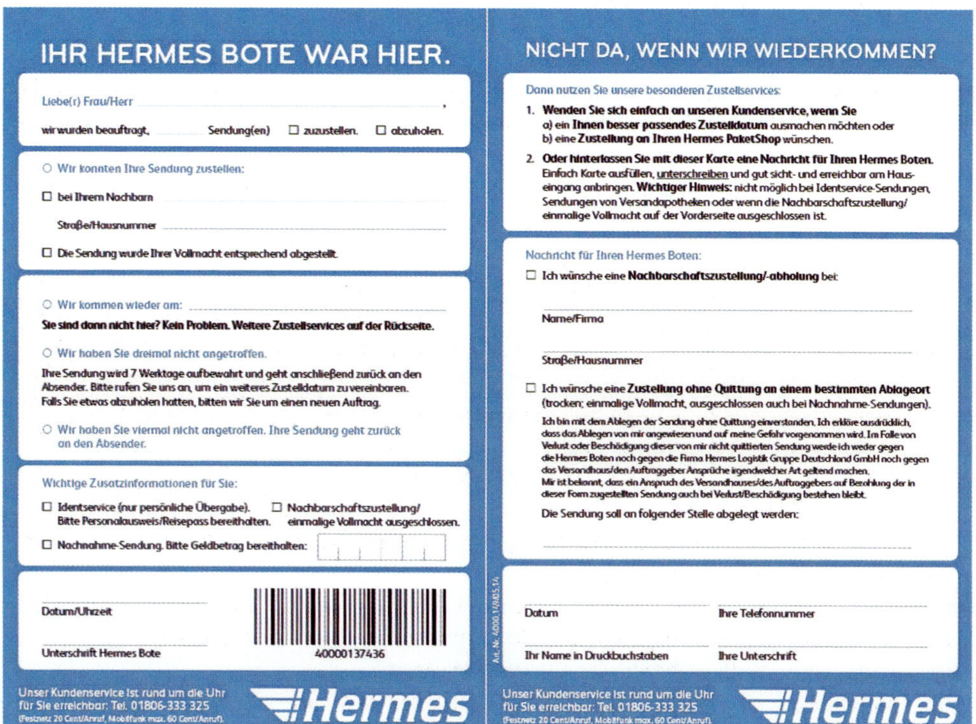

IHR HERMES BOTE WAR HIER.

Liebe(r) Frau/Herr ....,

wir wurden beauftragt, ... Sendung(en) ☐ zuzustellen. ☐ abzuholen.

○ Wir konnten Ihre Sendung zustellen:

☐ bei Ihrem Nachbarn ....

Straße/Hausnummer ....

☐ Die Sendung wurde Ihrer Vollmacht entsprechend abgestellt.

○ Wir kommen wieder am: ....

Sie sind dann nicht hier? Kein Problem. Weitere Zustellservices auf der Rückseite.

○ Wir haben Sie dreimal nicht angetroffen.

Ihre Sendung wird 7 Werktage aufbewahrt und geht anschließend zurück an den Absender. Bitte rufen Sie uns an, um ein weiteres Zustelldatum zu vereinbaren. Falls Sie etwas abzuholen hatten, bitten wir Sie um einen neuen Auftrag.

○ Wir haben Sie viermal nicht angetroffen. Ihre Sendung geht zurück an den Absender.

Wichtige Zusatzinformationen für Sie:

☐ Identservice (nur persönliche Übergabe). Bitte Personalausweis/Reisepass bereithalten.

☐ Nachbarschaftszustellung/einmalige Vollmacht ausgeschlossen.

☐ Nachnahme-Sendung. Bitte Geldbetrag bereithalten:

Datum/Uhrzeit

Unterschrift Hermes Bote

40000137436

Unser Kundenservice ist rund um die Uhr für Sie erreichbar: Tel. 01806-333 325
(Festnetz 20 Cent/Anruf, Mobilfunk max. 60 Cent/Anruf).

Hermes

NICHT DA, WENN WIR WIEDERKOMMEN?

Dann nutzen Sie unsere besonderen Zustellservices:

1. **Wenden Sie sich einfach an unseren Kundenservice, wenn Sie**
   a) ein **Ihnen besser passendes Zustelldatum** ausmachen möchten oder
   b) eine **Zustellung an Ihren Hermes PaketShop** wünschen.
2. **Oder hinterlassen Sie mit dieser Karte eine Nachricht für Ihren Hermes Boten.** Einfach Karte ausfüllen, unterschreiben und gut sicht- und erreichbar am Hauseingang anbringen. **Wichtiger Hinweis:** nicht möglich bei Identservice-Sendungen, Sendungen von Versandapotheken oder wenn die Nachbarschaftszustellung/einmalige Vollmacht auf der Vorderseite ausgeschlossen ist.

Nachricht für Ihren Hermes Boten:

☐ Ich wünsche eine **Nachbarschaftszustellung/-abholung** bei:

Name/Firma

Straße/Hausnummer

☐ Ich wünsche eine **Zustellung ohne Quittung an einem bestimmten Ablageort** (trocken; einmalige Vollmacht, ausgeschlossen auch bei Nachnahme-Sendungen).

Ich bin mit dem Ablegen der Sendung ohne Quittung einverstanden. Ich erkläre ausdrücklich, dass das Ablegen von mir angewiesen und auf meine Gefahr vorgenommen wird. Im Falle von Verlust oder Beschädigung dieser von mir nicht quittierten Sendung werde ich weder gegen die Hermes Boten noch gegen die Firma Hermes Logistik Gruppe Deutschland GmbH noch gegen das Versandhaus/den Auftraggeber Ansprüche irgendwelcher Art geltend machen.
Mir ist bekannt, dass ein Anspruch des Versandhauses/des Auftraggebers auf Bezahlung der in dieser Form zugestellten Sendung auch bei Verlust/Beschädigung bestehen bleibt.

Die Sendung soll an folgender Stelle abgelegt werden:

Datum | Ihre Telefonnummer

Ihr Name in Druckbuchstaben | Ihre Unterschrift

Art.-Nr. 4000.149405.14

Unser Kundenservice ist rund um die Uhr für Sie erreichbar: Tel. 01806-333 325
(Festnetz 20 Cent/Anruf, Mobilfunk max. 60 Cent/Anruf).

Hermes

Der Empfänger kann zwischen verschiedenen Optionen wählen, z. B. einen Zustelltag selbst bestimmen

Zusätzliche Zustellversuche sind für den KEP-Dienst jedoch aufwendig und mit höheren Kosten verbunden. Der Kunde muss zudem länger auf seine Sendung warten, muss sie dafür aber nirgendwo abholen.

3.1.5 Filiale oder Paketshops

Nach erfolglosem Zustellversuch werden die Sendungen meist in einem Paketshop/einer Filiale hinterlegt. Hier kann der Empfänger sein Paket abholen. Die Sendungen werden dort meist **sieben Tage** aufbewahrt, bevor Sie schließlich zum Absender zurückgeschickt werden.
In diesem Fall liegt dann ein Ablieferungshindernis vor, das nicht behoben werden konnte.

3.2 Beförderungs- und Ablieferungshindernisse

Das Handelsgesetzbuch (HGB) unterscheidet zwischen Beförderungs- und Ablieferungshindernissen. In beiden Fällen kann der Beförderungsauftrag aufgrund von Hindernissen nicht vertragsgemäß durchgeführt werden.

Beförderungshindernisse

Bei Beförderungshindernissen handelt es sich um Hindernisse, die **vor Ankunft** des Gutes an der Ablieferungsstelle auftreten. Die Fortsetzung der Fahrt ist aufgrund bestimmter Ereignisse nicht mehr möglich. Solche Ereignisse können sein:

- Straßensperrungen
- Naturereignisse wie z. B. Sturm, Hochwasser
- Höhere Gewalt wie z. B. Streiks

Einige Beförderungshindernisse sind nur von kurzer Dauer bzw. behebbar. Ist z. B. nur die direkte Strecke gesperrt, muss der Frachtführer einen Umweg in Kauf nehmen. Auch eine Panne stellt ein behebbares Hindernis dar, der Frachtführer muss dann auf ein anderes Fahrzeug umladen. In der Praxis sind Beförderungshindernisse insbesondere bei Haftungsfragen bei Lieferzeitüberschreitungen relevant.

Ablieferungshindernisse

Ablieferungshindernisse liegen vor, wenn das Gut **nach Ankunft** am Ablieferungsort nicht zugestellt werden kann. Ablieferungshindernisse sind im KEP-Bereich Alltag und kommen deutlich häufiger vor als Beförderungshindernisse.
Im Post- und Paketbereich entsprechen Ablieferungshindernisse der Unzustellbarkeit von Sendungen.
Typische Fälle von Ablieferungshindernissen sind zum Beispiel:

- Annahmeverweigerung durch den Empfänger, z. B. weil die Ware beschädigt ist oder weil er die Ware gar nicht bestellt hat etc.
- Es gibt keinen frei zugänglichen und geeigneten Briefkasten bzw. der Briefkasten ist zugeklebt.
- Der Empfänger möchte eine vereinbarte Nachnahme bzw. Fracht nicht zahlen.
- Die Sendung wird nicht während der Lagerfrist abgeholt.
- Die Empfängeradresse ist falsch oder unzureichend und kann auch nicht ermitteln werden.
- Es besteht Gefahr für den Zusteller am Zustellort.
- Sonstige Ablieferungshindernisse wie z. B. Streik beim Empfänger oder Beschlagnahme durch den Zoll

Maßnahmen bei Beförderungs- und Ablieferungshindernissen

Sowohl bei Ablieferungs- als auch bei Beförderungshindernissen hat der Frachtführer (= KEP-Dienst) laut HGB den **Verfügungsberechtigten** zu informieren und **Weisung** von ihm einzuholen. Verfügungsberechtigter kann der Absender oder der Empfänger sein.
Bei Beförderungshindernissen hat der Frachtführer Weisungen vom Absender einzuholen, d. h., der Frachtführer muss den Absender fragen, was nun mit der Sendung geschehen soll.
Nach Ankunft an der Ablieferungsstelle geht das Verfügungsrecht auf den Empfänger über. Allerdings ist es bei Ablieferungshindernissen oftmals das Problem, dass der Empfänger nicht erreichbar ist oder die Annahme verweigert. In diesem Falle hat wiederum der Absender die Verfügungsberechtigung.
Kosten, die dem Frachtführer dadurch entstehen, dass er die Anweisungen des Absenders bzw. Empfängers befolgt, werden dem Frachtführer ersetzt.

Beispiel

Der Fahrer informiert seinen Disponenten per Telefon über das Ablieferungshindernis: Der Empfänger ist nicht auffindbar. Der Disponent ruft dann beim Absender an, der bestimmen soll, was mit der Sendung geschieht. Der Absender gibt die Anweisung, die Sendung zwischenzulagern, bis der Empfänger wieder erreichbar ist. Der Disponent informiert seinen Fahrer, der zum Lagerhalter fährt, wo die Sendung vom Empfänger abgeholt werden kann. Zusätzliche Kosten, z. B. für die Fahrt zum Lagerhalter, kann der Frachtführer dem Absender in Rechnung stellen.

Ist es dem Fahrer nicht möglich, Weisungen vom Absender bzw. Empfänger einzuholen, z. B. weil er niemanden erreichen kann, so muss er selbst geeignete Maßnahmen ergreifen. Dabei hat er die Interessen von Absender und Empfänger zu berücksichtigen. Der Fahrer kann zum Beispiel:

- Die Ware am Ablieferungsort bei einem Lagerhalter einlagern lassen
- Die Ware zum Absender zurückbefördern
- Die Ware verkaufen oder vernichten (wenn es sich z. B. um leicht verderbliche Waren handelt)

3.3 Rücksendungen

Bei endgültigen Ablieferungshindernissen ist bei KEP-Diensten in den AGB meist standardmäßig die Rücksendung an den Absender vorgesehen. Ist auf der Sendung keine Absenderadresse angegeben, behalten sich die KEP-Dienste vor, die Sendung zwecks Ermittlung des Absenders oder eines sonstigen Berechtigten zu öffnen. Kann dann immer noch kein Absender ermittelt werden, wird die Sendung vom Zustelldienst veräußert oder vernichtet. Ebenso wird verfahren, wenn der Absender die Annahme der Rücksendung verweigert.

Exkurs

Retouren

Retouren sind von unzustellbaren Sendungen zu unterscheiden. Bei unzustellbaren Sendungen liegt meist ein Ablieferungshindernis zugrunde, das nicht behoben werden kann. Ursache kann z. B. eine falsche Adresse sein. Retouren sind Sendungen, die ordnungsgemäß zugestellt wurden; für den Zustelldienst ist der Vorgang somit zunächst einmal abgeschlossen.

Erst nach erfolgreicher Zustellung stellt sich heraus, dass der Empfänger die Ware an den Absender, meist ein Onlinehändler, zurücksenden will. Dafür kann es viele Gründe geben, z. B. weil dem Empfänger der Artikel nicht gefällt, der Artikel defekt ist oder der falsche Artikel geschickt wurde. Aufgrund seiner Widerrufs- oder Gewährleistungsrechte kann der Empfänger das Paket nun an den Verkäufer zurückschicken. Dafür liegen den Sendungen meistens Retourenscheine bei. Mit der Retoure wird ein neuer Beförderungsauftrag in Gang gesetzt.

Der Absender kann mithilfe von Vorausverfügungen bereits im Vorfeld bestimmen, wie mit seiner Sendung im Falle eines Ablieferungshindernisses, also bei Unzustellbarkeit, umgegangen werden soll.

3.4 Vorausverfügung

Eine Vorausverfügung ist ein Hinweis auf eine Sendung, mit der der Absender bereits vor dem Versand festlegt, wie mit der Sendung im Falle der Unzustellbarkeit verfahren werden soll. Typische Vorausverfügungen bei Postsendungen sind z. B.:

- Nicht nachsenden!
- Bei Umzug mit neuer Anschrift zurück!

Bei Paketsendungen sind typische Vorausverfügungen z. B.:

- Keine Nachbarschaftszustellung
- Sofort zurück

Durch die Vorausverfügungen kann der Absender das für die Sendung optimale Handling festlegen. Bei sensiblen Inhalten, wie z. B. bei Medikamenten, kann so verhindert werden, dass sie beim Nachbarn zugestellt werden. Bei besonders leicht verderblicher Ware wird eine Lagerung der Sendung vermieden, indem sie sofort an den Absender zurückgeschickt wird.

3.5 Nachentgelte

Frankiert der Absender eine Sendung nicht ausreichend, wird die Sendung gar nicht erst angenommen oder geht an den Absender zurück, damit er die Sendung nachfrankieren kann. Es kann jedoch passieren, dass die unzureichende Frankierung der Sendung zunächst nicht auffällt oder kein Absender angegeben ist. Dann kann der Zusteller versuchen, ein Nachentgelt vom Empfänger einzuziehen.

Das Nachentgelt setzt sich zusammen aus dem **fehlendem Porto** und einem **Einziehungsentgelt**. Das Einziehungsentgelt stellt eine Bearbeitungsgebühr für den Mehraufwand bei der Zustellung dar.
Der Empfänger kann die Zahlung des Nachentgelts und somit die Annahme der Sendung verweigern, was dann ein Ablieferungshindernis darstellt. Die Sendung geht an den Absender zurück und dieser hat das Nachentgelt zu entrichten.

Zusammenfassung

Ist der Empfänger zum Zeitpunkt der Zustellung nicht anwesend, gibt es einige alternative Möglichkeiten für eine Zustellung. Klassischerweise werden Sendungen dann an einen Ersatzempfänger, wie z. B. einen Mitbewohner oder Nachbarn, zugestellt.

Der Empfänger kann dem Zustelldienst aber auch eine Abstellgenehmigung erteilen, wo Pakete im Abwesenheitsfall abgelegt werden können. Problematisch ist hierbei die Haftungsfrage im Falle einer Beschädigung oder bei Verlust der Sendung. Gleiches gilt für die immer populärer werdenden Paketbriefkästen.

Konnte die Sendung auch trotz der genannten Alternativen nicht zugestellt werden, wird sie in einer Filiale zur Abholung hinterlegt. Viele KEP-Dienste bieten zudem weitere Zustellversuche an.

Der Empfänger ist in jedem Fall zu benachrichtigen.

Kann ein Paket abschließend nicht zugestellt werden, wird es an den Absender zurückgesandt. Es liegt dann ein Ablieferungshindernis vor.

Ablieferungshindernisse sind Hindernisse, die erst beim Empfänger vor Ort auftreten, also z. B. eine Annahmeverweigerung. Diese sind für KEP-Dienste alltäglich und werden standardmäßig in den AGB geregelt.

Von Beförderungshindernissen spricht man, wenn das Hindernis vor Erreichen der Ablieferungsstelle auftritt, wie z. B. eine Straßensperrung aufgrund eines Hochwassers.

Retouren sind von Rücksendungen aufgrund von Ablieferungshindernissen zu unterscheiden. Bei einer Retoure wurde die Sendung ordnungsgemäß zugestellt, der Empfänger nimmt anschließend aber z. B. sein Widerrufsrecht in Anspruch und sendet die Ware zurück.

Mithilfe einer Vorausverfügung kann der Absender schon beim Versand festlegen, wie mit der Sendung im Falle der Unzustellbarkeit verfahren wird.

Sind Sendungen nicht ausreichend frankiert, wird ein Nachentgelt eingezogen, das sich aus dem fehlenden Porto und einer Gebühr zusammensetzt.

Aufgaben

1. Welche Vorteile bietet eine Ersatzzustellung beim Nachbarn des Empfängers?

2. Ordnen Sie zu, ob es sich bei den folgenden Fällen um Beförderungs- oder Ablieferungshindernisse handelt.

   - Annahmeverweigerung
   - Empfängeradresse kann nicht ermittelt werden
   - Unpassierbare Zufahrtsstraßen aufgrund eines großräumigen Hochwassers
   - Unbefristeter Streik beim Empfänger

3. Nennen Sie je einen Vor- und Nachteil von Garagenverträgen.

4. Wie gehen die XPressParcel AG, die Mail GmbH und die Blitzfracht GmbH bei einem abschließenden Ablieferungshindernis z. B. aufgrund einer Annahmeverweigerung vor?

4 Kundenorientierung und Kommunikation mit dem Kunden

Einstiegssituation

Sarah, Auszubildende der Mail GmbH, hat heute ein Einschreiben Rückschein an eine ältere Dame, Frau Prinz, auszuliefern.

Sarah: „Guten Tag, Frau Prinz. Ich habe hier ein Einschreiben Rückschein für Sie."

Frau Prinz: „Ah, ja. Dankeschön, auf diesen Brief warte ich schon."

Sarah: „Ich bräuchte dann aber vorher Unterschriften von Ihnen."

Frau Prinz unterschreibt auf dem Rückschein und möchte das Einschreiben ausgehändigt haben.

Sarah: „Nein, Frau Prinz, Sie müssten hier noch auf dem Auslieferungsbeleg unterschreiben."

Frau Prinz: „Ich habe doch gerade schon unterschrieben. Das muss doch wohl reichen!"

Sarah: „Nein, Frau Prinz. Sie müssen noch hier unterschreiben, sonst kann ich Ihnen das Schreiben nicht aushändigen."

Handlungsaufträge:

1 Die Kommunikation zwischen Sarah und Frau Prinz läuft nicht gut. Was hätte Sarah besser machen können?

2 Inwieweit spielt die nonverbale Kommunikation dabei eine Rolle?

4.1 Verhalten bei direktem Kundenkontakt

Alle Mitarbeiter mit direktem Kundenkontakt – und dazu zählen insbesondere auch die Zusteller – prägen entscheidend das Bild, welches sich der Kunde vom Unternehmen macht. Daher ist das Verhalten während der Zustellung für die Kundenbeziehung sehr wichtig. Zu einem kundenorientierten Verhalten während der Zustellung gehören unter anderem folgende Faktoren:

- Eine ordnungsgemäße Zustellung der Sendungen
- Ein pfleglicher Umgang mit den Sendungen
- Das Tragen der Arbeitskleidung des Unternehmens
- Eine rücksichtsvolle Fahrweise
- etc.

Vielfach führen die Mitarbeiter von KEP-Diensten Beratungs- und Verkaufsgespräche durch, auch auf Zustelltouren. Es bietet sich hier die Gelegenheit, die Dienstleistungen und Produkte des Unternehmens zu verkaufen und Kunden an das Unternehmen zu binden, sodass solchen Gesprächen eine hohe Bedeutung zukommt. Für ein gutes Gelingen des Gesprächs können folgende Hinweise hilfreich sein:

- Dem Kunden gegenüber höflich und freundlich sein
- Die Produkte und Dienstleistungen des eigenen Unternehmens gut kennen, um den Kunden möglichst kompetent beraten zu können

- Möglichst verständlich sprechen und nicht unnötig Fremdwörter bzw. Fachbegriffe verwenden
- Dem Kunden aktiv zuhören, indem man z. B. den Blickkontakt hält, nachfragt und nicht dazwischenredet

Verhalten bei Beschwerden

Beschwerden und Reklamationen von Kunden während der Zustellung stellen eine besondere Herausforderung für den Zusteller dar. Der Kunde kann wütend und aufgebracht sein, oftmals gibt es einen gerechtfertigten Beschwerdegrund. Gerade auch in einer solchen Situation heißt es, höflich und vor allem sachlich zu bleiben. Auf keinen Fall darf es zu einer Auseinandersetzung mit dem Kunden kommen. Sollte ein Kunde sich beim Zusteller beschweren, können folgende Tipps bei einer Bereinigung der Situation helfen:

1. Den Kunden ausreden und das Problem schildern lassen
2. Den Kunden ernst nehmen und Verständnis zeigen
3. Sachlich nach einer Lösung für das Problem suchen
4. Kann keine Lösung gefunden werden, dem Kunden die Nummer der Beschwerde-Hotline geben

Einige KEP-Unternehmen haben Beschwerdekarten, die der Zusteller mit sich führt. Diese können gemeinsam mit dem Kunden ausgefüllt werden. Der Kunde sieht, dass seine Beschwerde schriftlich aufgenommen wird, und fühlt sich ernst genommen. Auf diese Weise können Auseinandersetzungen mit dem Kunden entschärft werden. Vergleichen Sie hierzu auch Lernfeld 9, Kapitel 1.5, Beschwerdemanagement.

Post-Kundenservice: Für Ihre Hinweise und Beschwerden

Kundendaten (in Druckschrift)

☐ Privat ☐ Gewerblich

Name, Vorname und/oder Firma

Rechtsform (nur bei Firma soweit bekannt)

Ansprechpartner (nur bei gewerblichen Kunden)

Straße, Hausnummer

Postleitzahl, Ort

ggf. Festnetztelefon-Nr. (tagsüber!)

ggf. Mobiltelefon-Nr.

ggf. Fax-Nr.

☐ Brief ☐ Paket

Zustellung:

☐ Keine/unregelmäßige Zustellung*
☐ Falschzustellung
☐ Unberechtigte Rücksendung
☐ Nicht geklingelt/gewartet
☐ Keine/unvollständige Benachrichtigung*
☐ Sendung beschädigt/gerollt/geknickt
☐ Ungesichert abgelegt
☐ Zustellzeit
☐ Nachsendung
☐ Lagerung

* Unzutreffendes bitte streichen.

Sonstiges: ____

Schilderung des Sachverhalts aus Kundensicht: (kurz, lesbar, eindeutig)

Tag des Vorfalls: ____ ☐ Kundenanschreiben gewünscht ☐ Reklamation erledigt

Datum, Name des Zustellers

☐☐☐☐☐-☐☐ Zustellbezirk

Deutsche Post

Reklamationskarten können schnell mit dem Kunden gemeinsam ausgefüllt werden

Beispiel

Karl hat zum wiederholten Mal ein geknicktes oder beschädigtes Paket an Frau Krumbach auszuliefern. Er vermutet, dass es sich um einen Fehler der XPressParcel AG handelt.

1. *Direkt bei der Übergabe entschuldigt er sich bei Frau Krumbach für das beschädigte Paket. Aufgrund seiner höflichen und zuvorkommenden Herangehensweise bleibt Frau Krumbach selbst auch ruhig und sachlich.*
2. *Er bietet Frau Krumbach an, gemeinsam eine Reklamationskarte auszufüllen, in der der Sachverhalt aufgenommen wird. Eine Schadensanzeige ist glücklicherweise nicht nötig, da der Inhalt nicht beschädigt wurde.*
3. *Karl verabschiedet sich anschließend höflich, entschuldigt sich nochmals und nimmt die Reklamationskarte mit.*
4. *Die Reklamationskarte liefert er anschließend an die zuständige Abteilung weiter.*

Die XPressParcel AG stellt fest, dass es in diesem Zustellbezirk in den letzten Wochen vermehrt zu Beschwerden gekommen ist, was auf den Einsatz von Urlaubsvertretungen zurückzuführen sein könnte. Die betroffenen Mitarbeiter werden angesprochen, ihnen wird z. B. eine passende Fortbildung angeboten.

4.2 Verbale und nonverbale Kommunikation

Während des Kundengesprächs erfolgt die Kommunikation mit dem Kunden nicht nur sprachlich (verbal), sondern auch nicht sprachlich (nonverbal). Zur nonverbalen Kommunikation gehören vor allem:

- Gesichtsausdruck, auch Mimik genannt
- Körperhaltung und Körperbewegung, auch Gestik genannt
- Blickverhalten
- Räumliche Distanz zum Gesprächspartner
- Stimmliche Merkmale wie z. B. der Tonfall oder die Sprechgeschwindigkeit

Die verbale Kommunikation findet meist bewusst statt, d. h., man wählt seine Worte beim Sprechen bewusst aus. Die nonverbale Kommunikation findet häufig unbewusst statt. Man kann aber versuchen, seine Körpersprache bewusst einzusetzen und so die Kommunikation bewusster zu gestalten. Zwei einfach umzusetzende Beispiele zeigen, wie nonverbale Kommunikation gelingen kann:

- Ein Lächeln zeigt Offenheit und erzeugt Sympathie sowie Vertrauen. Zudem wird die angelächelte Person wahrscheinlich zurücklächeln: eine gute Grundlage für ein Gespräch.
- Offene Hände mit nach oben gerichteten Handflächen vermitteln ebenfalls Offenheit. Verschränkte Arme hingegen sind ein Hinweis für eine ablehnende Haltung, was den Gesprächspartner skeptisch macht. Er wird ebenfalls eine ablehnende Haltung einnehmen.

Doch es ist nicht nur wichtig, sich seiner eigenen Körpersprache bewusst zu sein, sondern auch die seines Gesprächspartners zu beobachten und zu verstehen. Dies ist hilfreich für eine gelungene Kommunikation und kann helfen, Missverständnissen vorzubeugen.

4.3 Missverständnisse vermeiden

Während eines Kundengesprächs kann es auch zu Missverständnissen kommen. Dafür können sogenannte **Gesprächsstörer** verantwortlich sein wie z. B.:

- Undeutliches oder zu leises Sprechen
- Übermäßige Benutzung von Fachbegriffen
- Zu schnelles Sprechen

Missverständnisse können aber auch dadurch entstehen, dass die Gesprächspartner auf unterschiedlichen Gesprächsebenen kommunizieren.

Vier-Seiten-Modell

Das Vier-Seiten-Modell, auch **Vier-Ohren-Modell** genannt, von Schultz von Thun ist ein weit verbreitetes Modell, um solche Missverständnisse zu erklären.
Demnach hat jede Botschaft, jede Aussage vier Ebenen:

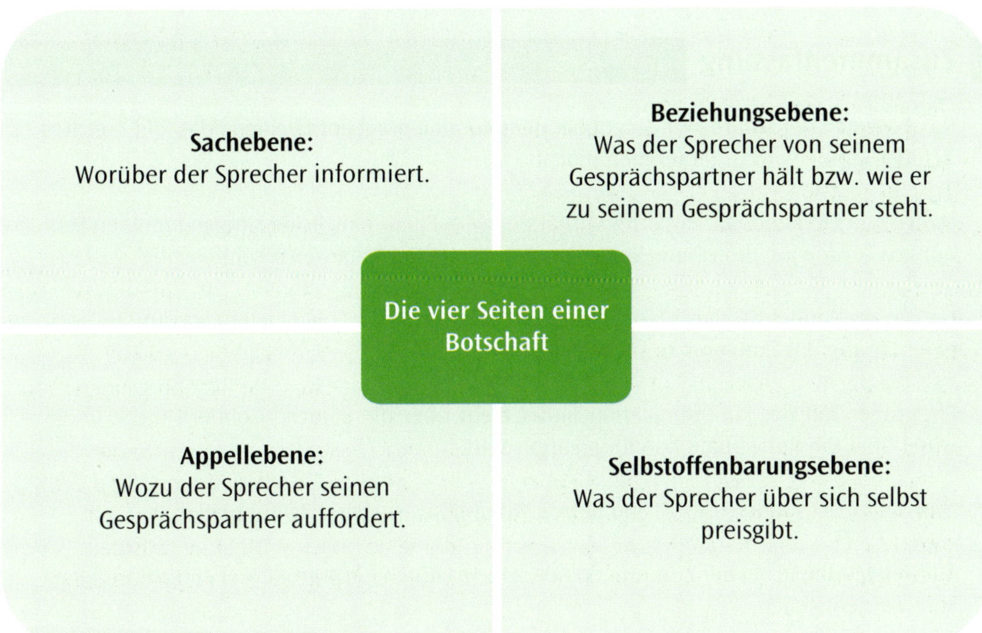

Die vier Ebenen einer Botschaft nach Schultz von Thun

Beispiel

Empfänger zum Zusteller, nachdem dieser eine Benachrichtigungskarte in den Briefkasten geworfen hat: „Ich habe Sie gar nicht klingeln hören!“
Sachebene:
Der Zusteller muss klingeln, wenn er eine Sendung zustellt, und nicht nur die Benachrichtigungskarte einwerfen.
Appellebene:
Bei der nächsten Zustellung soll der Zusteller sein Verhalten ändern und klingeln.
Beziehungsebene:
Der Empfänger hat keine gute Meinung über die Arbeitsweise des Zustellers.
Selbstoffenbarungsebene:
Der Kunde ist verärgert über das Verhalten des Zustellers.

Der Zusteller muss seine Botschaft so deutlich kommunizieren, dass der Kunde auf der gleichen Sprachebene kommuniziert wie er selbst. Gleichzeitig muss der Zusteller darauf achten, dass er die verschiedenen Sprachebenen seines Gesprächspartners heraushört und berücksichtigt, damit es nicht zu Missverständnissen kommt.
Die Sachebene kommt meist über das gesprochene Wort (verbale Kommunikation) zum Ausdruck. Die übrigen drei Ebenen werden häufig über die nonverbale Ebene kommuniziert, wie z. B. die Stimmlage, die Gestik oder Mimik. So könnte die Verärgerung des Empfängers im obigen Beispiel z. B. über einen aggressiven Tonfall zum Ausdruck kommen.

Zusammenfassung

Das Auftreten der Mitarbeiter gegenüber dem Kunden prägt entscheidend das Bild, welches sich der Kunde vom Unternehmen macht.

Daher sind ein kundenorientiertes Verhalten wie z. B. ein pfleglicher Umgang mit den Sendungen sowie eine professionelle Gesprächsführung der Mitarbeiter sehr wichtig.

Gerade bei Kundenbeschwerden gilt es, ruhig und sachlich zu bleiben und konstruktiv nach einer Lösung des Problems zu suchen.

Ein großer Teil der Kommunikation findet nicht über die Sprache, sondern meist unbewusst über die nonverbale Kommunikation statt.

Hier sind insbesondere Gestik und Mimik Mittel nonverbaler Kommunikation.

Missverständnisse bei der Kommunikation können durch Gesprächsstörer wie z. B. zu leises Sprechen entstehen.

Nach dem Vier-Ohren-Modell hat jede Botschaft vier Ebenen. Das Vier-Ohren-Modell kann helfen, Missverständnisse zu vermeiden, indem man die verschiedenen Ebenen einer Botschaft beachtet.

Aufgaben

1. Eine Kunde beschwert sich bei Ihnen, weil eine Sendung zum wiederholten Male beschädigt oder verspätet zugestellt wurde. Welche der folgenden Antworten ist angemessen und was ist an den anderen Reaktionen auszusetzen?

   a. „Entschuldigen Sie bitte die Unannehmlichkeiten, aber da kann ich jetzt auch nichts für. Die Kollegen arbeiten viel zu schludrig."
   b. „Entschuldigen Sie bitte. Aber Verspätungen sind auch bei Expresssendungen nicht zu vermeiden."
   c. „Das tut mir leid. Wenn Sie kurz Zeit haben, können wir eben eine Beschwerdekarte ausfüllen. Ich werde Ihre Beschwerde dann weiterleiten."
   d. „Das tut mir leid. Aber Sie sind nicht der einzige Kunde, dem das passiert. Im Moment geht es bei uns gerade drüber und drunter."

2. Karl hat heute ein Gespräch mit seinem Vorgesetzten, der das Gespräch mit folgendem Satz beginnt: „Karl, die XPressParcel AG hat eine durchschnittliche Zustellquote von 85 %!" Ermitteln Sie vier mögliche Ebenen dieser Botschaft.

Lernfeld 5

Zahlungsvorgänge bearbeiten, dokumentieren und abrechnen

1 Einführung

Einstiegssituation

Catalina Salza, Auszubildende der Blitzfracht GmbH, hat nun bereits einige Abteilungen ihres Unternehmens durchlaufen. Unter anderem war sie am Kundenschalter eingesetzt und hat auch schon einen Kollegen bei der Auslieferung von Sendungen begleitet. Dabei ist ihr aufgefallen, wie viele verschiedene Möglichkeiten der Kunde hat, die Kosten seiner Lieferungen zu begleichen oder vor Ort in der Niederlassung Aufträge zu bezahlen.

Privat ist in letzter Zeit auch schon einiges auf sie zugekommen:

- Eine Rechnung für ein ersteigertes Deutschlandtrikot mit dem 4. Stern
- Ihrer Freundin Tine schuldet sie noch 100,00 €.
- Sie benötigt wegen der Ausbildung eine Monatskarte der örtlichen Verkehrsbetriebe.
- Sie muss sich Schulhefte besorgen.
- Sie ist einem Sportverein beigetreten …

Handlungsaufträge

1 Welche Möglichkeiten eine Zahlung vorzunehmen kennen Sie? Anders gefragt: Wie kommt das Geld von Ihnen zur anderen Person? Listen Sie möglichst viele Alternativen auf!

2 Eine Idee, die Zahlungsformen sinnvoll zu ordnen, ist, diese in Barzahlungsformen, Unbarzahlungen und halbbare Zahlungsformen aufzuteilen. Überlegen Sie zunächst, was sich hinter den drei Begriffen verbirgt, und sortieren Sie anschließend die Zahlungsformen entsprechend zu.

1.1 Zahlungsformen im Überblick

Im Laufe der Zeit haben die Zahlungsformen, also die Möglichkeiten für Kunden, Dienstleistungen zu bezahlen, immer weiter zugenommen und sich damit den Entwicklungen und Notwendigkeiten der Wirtschaft angepasst. International gibt es große Unterschiede im Zahlungsverhalten. Während der Scheck im Inland kaum noch eine Rolle spielt – wann hat man zuletzt einen Scheck ausgestellt? –, ist er in den USA nach wie vor weit verbreitet. Zunehmender Beliebtheit erfreuen sich die verschiedenen Kartenzahlungsformen. Bargeld spielt beim täglichen Einkaufen nach wie vor eine große Rolle. Eine Ablösung der Barzahlung durch z. B. die Geldkarte ist noch nicht in Sicht.

Zahlungsformen im Überblick

Bare Zahlungen	Halbbare Zahlungen	Unbare Zahlungen
• Direkte (persönliche) Barzahlung • Indirekte Barzahlung (per Bote) – z. B. mit Geldkurier oder als versicherter Brief • Western Union (ehemals Postbank-Minuten-Service)	• Zahlschein • Barscheck • Zahlung per Nachnahme	• Überweisung • Daueruberweisung • SEPA-Basislastschrift • SEPA-Firmenlastschrift • Verrechnungsscheck • Geldkarte • Kreditkarte • Elektronische Lastschriftverfahren mittels Girocard • Electronic-Cash-Verfahren mit Girocard • E-Payment-Verfahren (z. B. PayPal, Giropay usw.) • Mobile Zahlung (z. B. per Smart-phone) • Telefonbanking • Internetbanking

Bei den baren Zahlungsformen setzt weder der Zahlungspflichtige noch der Empfänger der Zahlung ein Konto zur Abwicklung ein. Die indirekte Barzahlung wird bereits genutzt, wenn man jemand anderen bittet, ihm etwas aus dem Supermarkt zu besorgen und ihm das Geld dafür mitgibt. Western Union bietet seinen Kunden die Möglichkeit, Bargeld schnell in über 200 Länder zu transferieren.
Halbbare Zahlungen zeichnen sich dadurch aus, dass entweder der zur Zahlung Verpflichtete kein Konto nutzt (Zahlschein, Zahlung per Nachnahme) oder der Geldempfänger kein Konto einsetzt (Barscheck).
Den größten Block der Zahlungsformen bildet die Vielzahl der unbaren Zahlungen. Insbesondere im Sektor E-Payment und im mobilen Bereich gibt es viele Fortentwicklungen wie SOFORT-Überweisung, Google Wallet oder Zahlung per Apple Payment. Allen gemeinsam ist, dass sowohl der Zahler als auch der Zahlungsempfänger ein Konto zur Abwicklung benötigen.

Merke:

Man unterscheidet bei den Zahlungsarten nach baren, unbaren und halbbaren Zahlungsformen.

Bevor die einzelnen Zahlungsmöglichkeiten in den folgenden Abschnitten auf Funktion sowie Vor- und Nachteile untersucht werden sollen, folgt ein Überblick über die Geschichte des Geldes im Zeitraffer.

1.2 Entwicklung des Geldes im Zeitraffer

Man stelle sich vor, unser Geld würde von heute auf morgen verschwinden. Wie würde ich für meine Arbeit entlohnt werden? In welcher Form bekäme ich die verdiente Vergütung für die Ausbildung? Wie sollte ich einkaufen gehen oder im Restaurant mein Essen bezahlen? Irgendwer käme sicher auf die Idee, etwas Wertvolles oder allgemein Anerkanntes zu tauschen, um damit zu

bezahlen. Aber was wäre das? Und wie müsste ich zwei Gegenstände umrechnen? An diesem kurzen Beispiel wird verständlich, welch wichtige Rolle Geld in unserem täglichen Leben spielt.
Welche historische Entwicklung hat das Geld bis heute genommen?
Das Digitale Wörterbuch der Deutschen Sprache erklärt, dass der Begriff „Geld“ vom mittelhochdeutschen Wort „gelt“ abstammt, was „Vergütung, Einkommen oder Zahlung“ heißt.[1]
In den einfachsten Wirtschaftsformen wurde eine Ware (z. B. Tierfelle) unmittelbar gegen eine andere Ware (z. B. Fische) getauscht. Dieses lässt sich als **Natural- oder direkter Warentausch** bezeichnen. Zwei allgemeine wesentliche Nachteile dieser Warengeldformen waren schlechte Teilbarkeit der Güter oder mangelnde Wertbeständigkeit. Weiterhin wurde es spätestens dann umständlich, wenn man nicht die passende Tauschware für seinen Geschäftspartner hatte.
Mit zunehmender Entwicklung und Arbeitsteilung war es nötig, sich auf etwas zu verständigen, das zum einen lange haltbar sein sollte, zum anderen leicht zu transportieren, auch als wertvoll angesehen wurde und letztlich gut zum Tauschen geeignet war. Eines der bekanntesten Beispiele dafür waren Kaurischnecken als Zahlungsmittel in Asien und Afrika. Bei dieser Art eines mittelbaren Tausches wurde also Ware gegen Geld und Geld wiederum gegen eine Ware eingetauscht.

Im nächsten Schritt wurde das bisherige **Warengeld** gegen **Metallgeld**, zunächst als Wägegeld, das abgewogen wurde, dann als geprägtes Münzgeld, eingetauscht. Die ältesten bekannten Münzen stammen aus Lydien (heutige Westtürkei):

Die ersten Banknoten Europas stammen aus Schweden. Dieses **Papiergeld** entstand als eine Anweisung auf Silber, d. h., der Inhaber dieses Schreibens konnte es gegen Währungsmetall eintauschen. Das ursprüngliche Papiergeld musste also durch Edelmetallvorräte wie Gold oder Silber abgedeckt sein.

Unser heutiges Geld in Form vom Münzen wird in Deutschland unter staatlicher Aufsicht in fünf Prägeanstalten hergestellt. Die jeweilige Prägeanstalt lässt sich dabei an einem Buchstaben auf den Euromünzen erkennen: Berlin (A), München (D), Stuttgart (F), Karlsruhe (G) und Hamburg (J). Unsere derzeitigen Geldscheine (Banknoten) werden von der Europäischen Zentralbank und den Zentralbanken der Euroländer, bei uns also der Deutschen Bundesbank, herausgegeben.
Neben den aktuellen Münzen und Banknoten ist Geld heutzutage aber vorwiegend stofflos geworden. Das **Buchgeld** (Giralgeld) liegt auf verschieden Konten und Zahlungsvorgänge werden mittels einer Buchung vorgenommen. Die Entwicklung scheint noch nicht am Ende, denn im Internet existieren bereits virtuelle Währungen wie z. B. Bitcoins.

1 *Pfeifer, Wolfgang: Etymologisches Wörterbuch, DWDS, www.dwds.de/?qu=geld [31.08.2016]*

Arten des Geldes im Überblick

Warengeld	Metallgeld	Papiergeld	Buchgeld	Internetgeld
z. B. • Salz • Kaurischnecken • Tierfelle • Perlen	• Wägegeld • Münzen	Geld ohne stofflichen Wert: Banknoten	Giralgeld oder stoffloses Geld auch: immaterielles Geld	z. B. • Bitcoins • Microsoft Points • Amazon Coins

1.3 Funktionen des Geldes

Zahlungsmittel

Geld dient als Zahlungsmittel. Hat man Schulden oder möchte etwas kaufen, kann man dies mit Geld begleichen. Dies kann die Fahrkarte für den Bus, die Unterbringung in einem schönen Hotel, das Erfrischungsgetränk oder die Pizzabestellung für den Fußballabend sein. Gesetzliches Zahlungsmittel, das in Deutschland von jedem akzeptiert werden muss, ist das Euro-Bargeld.
Daneben erfüllt Geld noch weitere Funktionen:

Tauschmittel

Geld erleichtert den Austausch von Gütern und Dienstleitungen in der Gesellschaft. So erbringt die Blitzfracht GmbH die Leistung, Pakete und andere Sendungen unbeschadet und pünktlich an den richtigen Empfänger zu liefern, und wird dafür in Geld entlohnt. Nach einer Vielzahl von ausgelieferten Sendungen könnte das Unternehmen das eingenommen Geld in ein neues Auslieferungsfahrzeug „weitertauschen".

Wertaufbewahrungsmittel

Geld lässt sich für spätere Anschaffungen lagern, ohne zu verderben. Dies kann zu Hause oder auf verzinsten Konten geschehen.

Wertübertragungsmittel

Durch ein Testament oder eine Schenkung werden Gelder auf andere Personen übertragen. Über Kredite lässt sich heute Kaufkraft auf den Kreditnehmer übertragen, die später zurückgezahlt werden muss.

Wertmesser oder Rechenmittel

Geld dient als Maßstab für die Wertschätzung eines Gutes (z. B. Pkw und Mountainbike) oder einer Dienstleistung (Besuch beim Friseur). Anhand des Geldes lassen sich also die Güter wertmäßig vergleichen und berechnen.

Merke:

Geld erfüllt die folgenden Funktionen: Zahlungsmittel, Tauschmittel, Wertaufbewahrungsmittel, Wertübertragungsmittel und Rechenmittel.

Zusammenfassung

Es gibt heutzutage eine Vielzahl anerkannter und akzeptierter Zahlungsformen, die in unterschiedlichen Situationen sinnvoll sind. Teilt man diese danach ein, ob der Zahlungspflichtige oder die Zahlungsempfänger ein Konto zur Abwicklung des Zahlvorgangs einsetzen, erhält man eine Aufteilung, die nach baren, halbbaren und unbaren Zahlungen strukturiert ist.

Historisch gesehen entwickelte sich das Warengeld über Metallgeld als Wäge oder Münzgeld zu Papiergeld und Buchgeld auf Konten. In Zukunft könnten Internetwährungen, die Ländergrenzen und Zahlungsräume verschwinden lassen, eine größere Rolle spielen.

Historische Entwicklung des Geldes

Warengeld	Metallgeld	Papiergeld	Buchgeld	Internetgeld

Funktionen des Geldes

Geld hat in erster Linie die Aufgabe eines Zahlungs- und Tauschmittels. Weitere Anforderungen sind die Wertaufbewahrung, Wertübertragung und die Wertmessfunktion.

Zahlungsmittel	Tauschmittel	Wertaufbewahrungsmittel	Wertübertragungsmittel	Rechenmittel/ Wertmesser

Aufgaben

1. Nennen Sie je zwei Zahlungsformen, die unbar, halbbar bzw. bar abgewickelt werden.
2. Erklären Sie den Begriff halbbare Zahlungsform.
3. In der Historie hat sich das Geld nach und nach verändert. Begründen Sie, warum heutzutage nicht weiterhin mit Warengeld bezahlt wird.
4. Notieren Sie, welche Funktion des Geldes in den folgenden Beispielen angesprochen wird.
   a. Die Monatseinnahmen des Kurierunternehmens werden errechnet und mit den Werten aus dem letzten Monat verglichen.
   b. Für die Küche in der neuen Wohnung nimmt der Auszubildende einen Bankkredit auf.
   c. Jeden Sonntag erhält Lilly von ihrer Oma Taschengeld.
   d. In der Mittagspause kauft sich der Kurierfahrer einen Snack und etwas zu trinken.
   e. Thomas spart monatlich Geld für den Führerschein.
   f. Für die Inspektion des Lieferwagens verlangt die Werkstatt 159,00 €.

2 Barzahlungsformen

Einstiegssituation

Catalina Salza hatte von der Blitzfracht GmbH vor längerer Zeit für die Berufsschule ein hochauflösendes Tablet erhalten. Nun lässt es sich nicht mehr einschalten. Catalina macht sich mit dem Rad auf in den Tablet Store in Köln und berichtet dem Verkäufer von der Fehlfunktion. Dieser überprüft das Gerät, baut kurzerhand ein neues Mainboard ein und verlangt von ihr 198,78 € bar auf die Hand.
Catalina kann das kaum glauben: „So viel für ein Ersatzteil?“ Weil sie nicht genug Bargeld dabei hat, radelt Catalina zur Bank und hebt das nötige Bargeld vom Firmenkonto ab. Dann fährt sie wieder zum Laden zurück. Dem Verkäufer schmeißt sie das Geld auf die Theke, nimmt das Tablet an sich und verlässt ohne Verabschiedung den Laden. Als sie zu Hause das Gerät starten möchte, lässt es sich wieder nicht einschalten. Wutentbrannt und rot wie eine Tomate steht Catalina am nächsten Tag wieder im Tablet Store und verlangt ihr Geld zurück. Doch der Verkäufer tut so, als habe er Catalina noch nie gesehen …

Handlungsaufträge

1 Beschreiben Sie, wie Sie sich an Catalinas Stelle in der Situation fühlen würden, und überlegen Sie, wie man die beschriebene Situation hätte vermeiden können.
2 Benennen Sie, wie lange die gesetzliche Gewährleistung auf Neuware wie z. B. ein Tablet oder Smartphone ist.
3 Beschreiben Sie den Unterschied zwischen der gesetzlichen Gewährleistung und einer Garantie.
4 Erstellen Sie auf obige Situation bezogen eine Quittung für Catalina. Überlegen Sie, welche Aspekte auf dem Zahlungsbeleg enthalten sein müssen. Achten Sie bei der Quittung auch auf die Berechnung der Umsatzsteuer.

2.1 Barzahlung und Quittung

Nach den Geldarten lässt sich Bargeld von Buchgeld unterscheiden. Von Bargeld spricht man bei Münzen (Hartgeld) und Scheinen (Banknoten). Bargeld wird bei der Einzahlung auf ein Konto zu Buchgeld und umgekehrt. Barzahlungsformen sind daher Zahlungsarten, bei denen weder der Zahlungspflichtige noch der Zahlungsempfänger ein Konto einsetzen.

Während man bei einer Überweisung das Bezahlen über den Kontoauszug feststellen kann, entfällt diese Möglichkeit bei der Barzahlung. Stattdessen erhält man aber üblicherweise eine Quittung. Die Quittung erfüllt dabei verschiedene Aufgaben: Sie dient als Beweis für die erfolgreiche Zahlung, als Beleg für unsere Buchhaltung, als Nachweis für die gezahlte Umsatzsteuer gegenüber dem Finanzamt und schließlich als Beleg im Fall von Gewährleistungs- und Garantieansprüchen.

Im Einzelhandel wird die Quittung als Kassenbon automatisiert ausgedruckt. Bei Handwerkerrechnung wird auch häufiger ein Quittungsbeleg von Hand ausgestellt. Weitere Quittungen erhält man in Restaurants, im Kino oder beim Schwimmbadbesuch. Nach dem Bürgerlichen Gesetzbuch (BGB) kann der Zahlungspflichtige die Ausstellung einer Quittung verlangen. Wesentliche Bestandteile einer Quittung sind im Regelfall das Wort „Quittung", der Name des Zahlungspflichtigen, die Unterschrift des Zahlungsempfängers, der Grund der Zahlung (z. B. Reparatur eines Tablets), Zahlungsort und -datum und der Entgeltbetrag mit dem darin enthaltenen Steuersatz bzw. einem Hinweis auf eine Steuerbefreiung.

Merke:

Mit einer Quittung kann man seine Zahlung beweisen und Rechte aus Garantien oder Gewährleistungen geltend machen.

Die Barzahlungsformen lassen sich in verschiedene Arten trennen. Übergibt der Zahlungspflichtige als Schuldner den Geldbetrag persönlich, ist die Rede von **direkter Barzahlung**. Beauftragt der Zahler einen Boten, spricht man von **indirekter Barzahlung**. Dazu gehört auch der Geldkurier oder das Versenden eines versicherten Wertbriefs. In beiden Fällen ist kein Konto notwendig, die Bezahlung ist schnell und ohne zusätzliche Kosten abgewickelt und Bargeld ist in der Regel überall akzeptiert. Dem stehen allerdings auch Nachteile gegenüber: Es besteht ein Verlustrisiko (z. B. wegen Diebstahls), die Gefahr des Verzählens beim Wechselgeld und ein Falschgeldrisiko. Des Weiteren ist diese Zahlungsform nur passend, wenn sich der Schuldner und der Gläubiger gegenüberstehen, sonst entstehen Fahrt- oder Wegekosten.

2.2 Geldtransferservices

Als weitere Form der Barzahlung ist das Geldtransferangebot der Kooperation von Western Union und der Postbank zu nennen: Western Union und die Postbank bieten den Kunden die Möglichkeit eines schnellen Geldtransfers an. Geldbeträge lassen sich so in über 200 Länder transferieren und binnen kurzer Zeit weltweit an über 500 000 Standorten abholen. Die Auszahlung in Fremdwährung ist möglich. Die Gebühren sind abhängig vom Empfängerland und der Währung, in der transferiert bzw. ausgezahlt wird.

Der Ablauf ist so geregelt, dass der Versender eine Art Überweisungsformular ausfüllt und den Betrag inklusive Gebühren an einem Standort abgibt. Anschließend wird der Geldtransfer vorgenommen und der Zahlungsempfänger kann kurz darauf an seinem Vertriebsstandort das Geld in Empfang nehmen. Zur Legitimation benötigt der Empfänger ein entsprechendes Empfangsformular und einen gültigen Lichtbildausweis, also Reisepass oder Personalausweis. Neben dieser reinen Bargeldtransaktion kann der Transfer auch online oder über Kartenzahlung durchgeführt werden.

Zusammenfassung

Werden Zahlungsvorgänge ohne Einsatz eines Girokontos durchgeführt, bezeichnet man diese als Barzahlungen. Neben der direkten Übergabe von Bargeld von einer Person an eine andere, existiert auch die Möglichkeit, einen Geldbetrag indirekt, d. h. über einen Boten, an einen Zahlungsempfänger weitergeben zu lassen.

Bei beiden Formen bietet sich eine Quittung als Nachweis für die erfolgreiche Zahlung an. Sind große Entfernungen zu überbrücken und der Bargeldtransfer soll schnell erfolgen, können spezielle Geldtransferservices wie Western Union eine Alternative sein.

Aufgaben

1. Bei baren Zahlungen wird oft als Nachweis eine Quittung eingesetzt. Nennen Sie Funktionen, die eine Quittung erfüllt.

2. Bei der heutigen Auslieferung von Fußballtrikots nach Köln, Kölner Str. 43, an Herrn Fatnassi möchte der Kunde den Preis in Höhe von 175,50 € bar bezahlen. Erstellen Sie die notwendige Quittung inklusive aller Bestandteile.

3. Erstellen Sie eine Tabelle und notieren Sie mindestens drei Vorteile und drei Nachteile der Barzahlung.

3 Überweisungsverkehr

Einstiegssituation

Catalina Salza hat für ihren kleinen Bruder Thorsten und seinen Club „Wild Kickers" via Internet 15 Paar Fußballschuhe Sondermodell „Torriecher" in Türkis-Blau ersteigert. Der Preis inklusive Versand beläuft sich insgesamt auf 824,90 €.
Erst nach dem Kauf bemerkt sie, dass der Verkäufer Raul Agosta aus Spanien stammt. Dieser weist sie per E-Mail an, das Geld per Überweisung zu zahlen, damit es schnell da ist.
„Hm, nach Spanien? Was, wenn das schiefläuft? Das wird bestimmt kompliziert werden", denkt Catalina.

Handlungsaufträge

1 Überlegen und notieren Sie, welche Daten Catalina von Raul benötigt.
2 Untersuchen Sie mithilfe des folgenden Textes, wie lange ein Geldtransfer in Euro
  a. innerhalb Deutschlands,
  b. nach Spanien und
  c. nach Kanada dauern würde.

3.1 Grundlagen

Mit Überweisungen lassen sich Geldbeträge von Konto zu Konto umbuchen. Das Konto des Auftraggebers wird belastet und im Gegenzug erhält der Zahlungsempfänger auf seinem Girokonto die entsprechende Gutschrift. Beide Vertragspartner nutzen also jeweils ihr Konto. Es handelt sich damit um eine Form der unbaren Zahlung. Überweisungen setzt man insbesondere bei einmaligen oder selten zu leistenden Zahlungen, wie z. B. der Bestellung einer Spielkonsole oder Schornsteinfegerrechnung, ein. Vorteile der Überweisung im Vergleich zur direkten Barzahlung liegen darin, dass Risiken wie Verlust, Verzählen oder Falschgeld ausgeschlossen sind.
Allerdings gibt es einen großen Nachteil: Ein Vertippen oder Verschreiben kann unmittelbare Folgen haben. Die Kreditinstitute sind nicht verpflichtet, die Daten des Kunden abzugleichen. So kann es passieren, dass eine fehlerhafte Überweisung ausgeführt wird und beim falschen Empfänger landet. Falls dieser das Geld nicht zurücksendet, muss unter Umständen der Klageweg gewählt werden, was insbesondere bei internationalen Transaktionen (wie bei einer Überweisung nach Spanien) schwierig werden kann. Durch die eingearbeiteten Prüfziffern in der IBAN (**I**nternational **B**ank **A**ccount **N**umber, auf Deutsch: Internationale Bankkontonummer) wird allerdings der größte Teil der Überweisungen bei Falscheingabe gar nicht erst ausgeführt.
Die IBAN besteht in Deutschland aus 22 Stellen. Dies umfasst den zweistelligen Ländercode (DE), die zweistellige Prüfziffer: z. B. 32 und schließlich die (bisherige) Bankleitzahl und die (bekannte) Kontonummer. Catalinas IBAN lautet deshalb: DE32 1230 0000 4567 8900 00.

Merke:

Ein Überweisungsauftrag, der bei dem Kreditinstitut eingegangen ist und ausgeführt wurde, kann nicht mehr widerrufen werden.

Ab Februar 2014 wurde der SEPA-Raum (**S**ingle **E**uro **P**ayments **A**rea), also ein einheitlicher Euro-Zahlungsverkehrsraum, gebildet, in dem es keinen Unterschied mehr zwischen einem nationalen und europäischen Zahlungsauftrag gibt. Der SEPA-Raum besteht aus den 28 EU-Staaten, Island, Liechtenstein und Norwegen als Mitgliedern des Europäischen Wirtschaftsraums sowie der Schweiz, Monaco und San Marino.

SEPA MITGLIEDSTAATEN

Mitgliedstaaten der EU mit Euro

Belgien
Deutschland
Estland
Finnland
Frankreich
Griechenland
Irland
Italien
Luxemburg
Malta
Niederlande
Österreich
Portugal
Slowakei
Slowenien
Spanien
Zypern

Mitgliedstaaten der EU ohne Euro

Bulgarien
Dänemark
Großbritannien
Kroatien
Lettland
Litauen
Polen
Rumänien
Schweden
Tschechische Republik
Ungarn

Nicht EU mitglieder

Island
Liechtenstein
Monaco
Norwegen
Schweiz

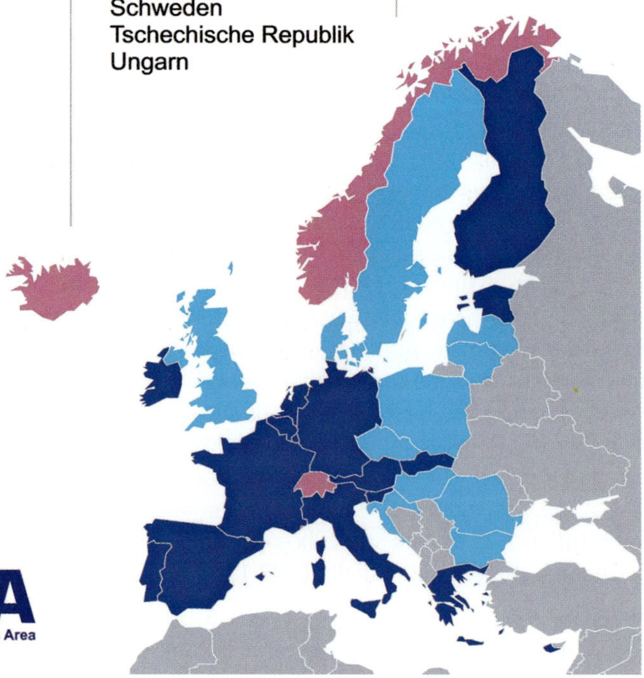

SEPA
Single Euro Payments Area

Damit eine Überweisung beim Zahlungsempfänger richtig ankommen und zugeordnet werden kann, bekommt man von ihm entsprechende Bankdaten. Benötigt wird der Name des Empfängers, dessen IBAN, die BIC (**B**usiness **I**dentifier **C**ode, eine Art internationale Bankleitzahl) des Empfängerinstituts, den Überweisungsbetrag in Euro, einen Verwendungszweck, Angaben zum Absender und die IBAN des Zahlungspflichtigen. Anschließend muss der Auftrag noch unterschrieben werden.
Alternativ zum Ausfüllen eines Formulars in Papierform (beleghaft) kann der Überweisungsträger auch beleglos, z. B. an Selbstbedienungsterminals oder per Homebanking, ausgeführt werden. In diesen Fällen benötigt der Versender des Geldes eine TAN (**T**rans**a**ktions**n**ummer) anstelle einer Unterschrift.

3.2 Bearbeitungszeiten bei Überweisungen

Fragt man sich, wie schnell eine Überweisung ausgeführt sein muss, so liegt die Frist innerhalb des SEPA-Raums bei einem Geschäftstag. Für beleghafte Überweisungen (also in Papierform) verlängert sich die Frist auf zwei Geschäftstage. Vier Geschäftstage sind es, wenn die Überweisung zwar im SEPA-Raum, aber nicht in Euro, sondern in einer anderen Währung, wie z. B. Britische Pfund, ausgeführt wird.
Für die Fristberechnung sind allein Geschäftstage, also Tage, an denen alle an der Überweisung beteiligten Kreditinstitute geöffnet haben, maßgeblich. Samstage, Sonn- und Feiertage und alle Tage, an denen die Kreditinstitute keinen Geschäftsbetrieb anbieten, z. B. der 24.12. oder 31.12., sind keine Geschäftstage und werden nicht mitgerechnet.
Eine Fristbeschränkung für Überweisungen, die in eine Region außerhalb des Zahlungsraums, also z. B. nach Argentinien, gehen, lässt sich nicht einheitlich festmachen. In diesem Fall wird eine Auslandsüberweisung genutzt. Im Gegensatz zu Überweisungen im SEPA-Raum sind Auslandsüberweisungen in aller Regel mit Zusatzkosten verbunden.

3.3 Sonderformen der Überweisung

Von der bekannten Standardüberweisung abgesehen, gibt es bei Überweisungen einige besondere Arten:

Zahlschein

Verfügt der Zahlungspflichtige nicht über ein Girokonto oder kann bzw. möchte er sein Konto nicht nutzen, kann auf einen **Zahlschein** als Hilfsmittel ausgewichen werden. Der Zahlungspflichtige sucht dazu ein Kreditinstitut seiner Wahl auf, legt die Bankdaten des Empfängers vor und zahlt den Betrag in bar an der Kasse zugunsten des fremden Kontos ein. Das Kreditinstitut bucht dann die Zahlungssumme auf ein hausinternes Konto ein und überweist von diesem auf das Empfängerkonto. Der Zahler setzt also kein Konto ein, während der Zahlungsempfänger sein Konto nutzt. Die Gebühr für diese Form der halbbaren Zahlung liegt je nach Institut zwischen fünf und zehn Euro.

Überweisung/Zahlschein

Name und Sitz des überweisenden Kreditinstituts

Bankleitzahl

Den Vordruck bitte nicht beschädigen, knicken, bestempeln oder beschmutzen.

Begünstigter: Name, Vorname/Firma (max. 27 Stellen)

Konto-Nr. des Begünstigten

Bankleitzahl

Kreditinstitut des Begünstigten

EUR

Betrag: Euro, Cent

Kunden-Referenznummer - Verwendungszweck, ggf. Name und Anschrift des Überweisenden - (nur für Begünstigten)

noch Verwendungszweck (insgesamt max. 2 Zeilen à 27 Stellen)

Kontoinhaber/Einzahler: Name, Vorname/Firma, Ort (max. 27 Stellen, keine Straßen- oder Postfachangaben)

Konto-Nr. des Kontoinhabers

18

Datum, Unterschrift(en)

Hat man als Zahlweise einer Bestellung den Kauf auf Rechnung gewählt, erhält man in der Regel einen **neutralen Überweisungsträger**. Dieser erhält zur Vermeidung von Ausfüllfehlern bereits Empfängerdaten oder Betrag vorausgefüllt, während die Daten des Auftraggebers noch zu ergänzen sind. Dieser kann sowohl als Überweisung als auch Zahlschein genutzt werden. Von **Blanko-Überweisungsträger** spricht man, wenn auf der Überweisung vorab noch keinerlei Daten eingetragen sind.

Dauerauftrag

Wenn Zahlungsverpflichtungen regelmäßig in gleicher Höhe auftreten, eignet sich statt der Einzelüberweisung der **Dauerauftrag** (Dauerüberweisungsauftrag) besser. Dies kann der monatliche Betrag aufs Sparkonto, die Miete für die Wohnung oder der Stromabschlag für Energie sein. Dazu wird einmalig online oder im Papierformat ein Formular seines Kreditinstitutes ausgefüllt, sodass zu festgesetzten Terminen (z. B. am Monatsanfang) ein fester Betrag vom Konto des Zahlungspflichtigen an einen festen Empfänger (z. B. den Vermieter) überwiesen wird. Man hat somit wenig Aufwand und der Auftrag wird nicht vergessen.

Sammelüberweisung

Bei vielen Kreditinstituten ist es üblich, dass über eine Servicepauschale (z. B. 5,00 € pro Monat) bereits alle Kosten für Buchungen abgegolten werden. Daneben gibt es auch Girokonten, die nach der Anzahl der Buchungen (also z. B. wie viele Überweisungen man in Auftrag gibt) abgerechnet werden. In diesem Fall können Sammelüberweisungen sinnvoll sein, um Buchungsgebühren zu sparen. Der Zahlungspflichtige fasst in einer Belastungsbuchung mehrere Überweisungen an verschiedene Empfänger zusammen und unterschreibt nur die Sammelüberweisung selber.

Blitzüberweisung

Diese Sonderform der Überweisung wird auch Express- oder Eilüberweisung genannt und wird gewählt, wenn der Auftrag gleichtägig weitergeleitet werden und dem Zahlungsempfänger sofort bereitstehen soll. Der Betrag wird dem Empfänger in der Regel telefonisch avisiert (angekündigt). Für den Aufwand werden je nach Kreditinstitut unterschiedlich hohe Gebühren berechnet.

Zusammenfassung

Ist eine Barzahlung nicht sinnvoll oder möglich, kann stattdessen eine Überweisung ausgeführt werden. Dabei beauftragt der Zahlungspflichtige sein Kreditinstitut, einen bestimmten Betrag zugunsten des Kontos des Zahlungsempfängers zu übertragen. Ähnlich wie bei einer Postanschrift benötigt der Zahlende bestimmte Daten des Empfängers, damit der Überweisungsauftrag korrekt ausgeführt werden kann. Seit 2014 ist dies unter anderem die IBAN, eine Art internationaler Kontonummer. Im SEPA-Raum, der die Mitgliedstaaten der EU und einige weitere Länder umfasst, sind die Fristen für die Durchführung einer Überweisung einheitlich geregelt. Außerhalb des SEPA-Raums sind die Fristen nicht vereinheitlicht und üblicherweise kostenintensiver.

Sonderformen der Überweisung

Zahlschein	Überweisungsformular, das bei der Barzahlung zugunsten eines fremden Kontos eingesetzt werden kann. Hierbei fallen in der Regel hohe Zusatzgebühren an.
Dauerauftrag	Überweisung mit festem Betrag, die regelmäßig (z. B. jeden Monat) zu einem festen Termin an den gleichen Zahlungsempfänger ausgeführt wird.
Sammelüberweisung	In einer Belastungsbuchung werden mehrere Überweisungen an unterschiedliche Zahlungsempfänger gebündelt.
Blitzüberweisung	Eilüberweisung, bei der der Zahlungseingang telefonisch avisiert wird
Auslandsüberweisung	Überweisung im SEPA-Raum, die nicht in Euro ausgeführt wird, sowie Überweisungen, die außerhalb des SEPA-Raums gutgeschrieben werden sollen.
Neutraler Überweisungsträger	Formular, das vom Zahlungsempfänger schon mit Daten (z. B. Kontonummer des Zahlungsempfängers, Rechnungsnummer) vorausgefüllt ist, um Fehler zu vermeiden.

Aufgaben

1. Erklären Sie die Abkürzung „SEPA“ und „IBAN“ und beschreiben Sie den Aufbau der IBAN.
2. Notieren Sie die Ausführungsfristen (Bearbeitungszeit in Tagen) der folgenden Aufträge.
   a. Beleglose Einzelüberweisung des Kurierunternehmens über 64,34 € für den Ölwechsel beim Händler in Köln.
   b. Bezahlung der Rechnung für ein Kassenterminal aus der Schweiz in Höhe 500,00 CHF durch Onlineüberweisung.
   c. Einwurf eines Überweisungsbeleges in der örtlichen Bankfiliale über 250,00 € nach Portugal.
   d. Einwurf eines Überweisungsbeleges in der örtlichen Bankfiliale über 150,00 € nach Hamburg.
3. Auf einer Überweisung findet man immer das Feld Verwendungszweck. Beschreiben Sie, was man dort üblicherweise einträgt.

4 Lastschriftverkehr

Einstiegssituation

Die Blitzfracht GmbH hat neben der Laufkundschaft, die ab und an hereinschaut, auch eine große Anzahl von Stammkunden, die regelmäßige Aufträge hereingeben.
Die etwa 800 privaten Kunden wie Catalinas Patentante Angelina werden per SEPA-Basislastschrift, die etwa 150 gewerblichen Kunden wie z. B. die Mail GmbH werden teils über die SEPA-Firmenlastschrift, teils über die SEPA-Basislastschrift betreut. Catalina hat selbst auch einige Lastschriften, die monatlich von ihrem Girokonto abgehen. Dazu gehört u. a. ihr neuer Smartphone-Vertrag von „Nett-am-Phone“ in Höhe von 15,95 €. Das letzte Mal wurde jedoch zu Unrecht ein zu hoher Betrag abgebucht …

Handlungsaufträge

1 Überlegen Sie, worin die Unterschiede zwischen einer SEPA-Basislastschrift und einem Dauerauftrag liegen.
2 Beschreiben Sie, wie Sie an Catalinas Stelle das Problem mit der Fehlabbuchung lösen würden.

Wenn die Blitzfracht GmbH selbst dafür sorgen möchte, dass die Geldbeträge ihrer Kunden zum richtigen Zeitpunkt und in richtiger Höhe auf dem Geschäftsgirokonto ankommen, scheiden Überweisungen und Daueraufträge als geeignete Zahlungsformen aus. Hier bieten sich stattdessen Lastschriften als sinnvolle Alternativen an, deren Einzug die Blitzfracht GmbH mit ihren Kunden vereinbaren kann.

4.1 SEPA-Basislastschrift

Der Zahlungsempfänger (Gläubiger) holt zunächst von seinem Kunden (Schuldner) eine Erlaubnis ein, künftig von dessen Girokonto die Rechnungsbeträge einzuziehen. Die dafür notwendige schriftliche Genehmigung nennt man Mandat. Catalina hatte vor Kurzem noch ihrem Mobilfunkanbieter eine schriftliche Erlaubnis zur Abbuchung erteilt. Einen Monat später hatte dieser die Lastschriften bei seinem Kreditinstitut eingereicht und der Betrag wurde von Catalinas Konto abgebucht. Sie brauchte sich um nichts mehr zu kümmern.
Kommt es zu einer Fehlbuchung, kann der belastete Kunde den Betrag über sein Kreditinstitut bis zu acht Wochen nach dem Belastungsdatum wieder zurückholen. Catalina sollte also regelmäßig ihre Kontoauszüge überprüfen, damit sie die Frist nicht verpasst.
Kann der Gläubiger kein gültiges Mandat für einen Einzug vorweisen, so kann der Kunde der Abbuchung bis zu 13 Monate nach Belastung widersprechen. Die Blitzfracht GmbH kann die SEPA-Basislastschrift sowohl für ihre gewerblichen Kunden als auch für ihre privaten Kunden nutzen.

4.2 SEPA-Firmenlastschrift

Auch bei dieser Art der Lastschrift könnte die Blitzfracht GmbH als Zahlungsempfänger Geld vom Konto des Kunden einziehen, allerdings muss der Kunde vorher seinem Kreditinstitut einen entsprechenden Auftrag erteilen, die kommenden Abbuchungen auch einzulösen. Vor der Weiterleitung des Geldes an den Zahlungsempfänger prüft das Kreditinstitut des Schuldners dann jeweils, ob ein gültiger Auftrag zur Kontobelastung vorliegt. Liegt kein Auftrag vor, lehnt das Kreditinstitut die Einlösung ab und leitet kein Geld weiter.
Weil eingelöste SEPA-Firmenlastschriften nicht vom Kunden wegen Widerspruch zurückgegeben werden können, darf diese Form der Lastschrift bei Endverbrauchern auch nicht angewendet werden. Erlaubt sind sie allerdings bei gewerblichen Firmenkunden.

4.3 Rückgabe von Lastschriften

Immer wieder passiert es, dass Lastschriften nicht eingelöst werden können. Das kann vielfältige Gründe haben. Ist der Abbuchende gar nicht berechtigt, das Geld einzuziehen, so kann der Belastete nachträglich das Geld über sein Kreditinstitut zurückholen lassen. Ursachen für die Falschbuchung können in diesem Fall eine Verwechselung der Kontodaten oder ein Betrugsversuch sein. Die Rückbuchung ist für den Kunden dann i. d. R. gebührenfrei und dauert nur wenige Bankarbeitstage.
Aber auch andere Situationen sind denkbar: Der Kunde hat eine Erlaubnis zur Abbuchung erteilt, jedoch seine Bankverbindung falsch angegeben bzw. nachträglich geändert, sein Konto wurde gesperrt oder es ist nicht genug Geld auf dem Konto, sodass eine Abbuchung nicht möglich war. In all diesen Fällen liegt ein Verschulden des Kunden vor und er muss mit weiteren Kosten rechnen: Zum einen berechnet das Kreditinstitut, welches eine Lastschrift nicht beim Schuldner einlösen konnte, Gebühren. Zum anderen wird der Gläubiger, der sein Geld nicht bekommen hat, seine Aufwendungen (z. B. für das Verfassen und Versenden eines Mahnschreibens) von seinem Kunden einfordern. Beide Kostenarten muss letztlich der Zahlungspflichtige tragen.

Merke:

(SEPA-Basis-)Lastschriften können bis zu acht Wochen nach Belastungsdatum noch zurückgegeben werden.

Zusammenfassung

Um sicherzugehen, dass Zahlungspflichtige den korrekten Betrag fristgerecht an einen Zahlungsempfänger transferieren, bietet sich das Lastschriftverfahren an. Der Zahlungsempfänger kann den Einzug automatisieren, während der Zahlungspflichtige die Gewissheit hat, dass er pünktlich und in richtiger Höhe seinen Zahlungsverpflichtungen nachkommt.

Voraussetzung für den Lastschriftverkehr ist die Erlaubnis des Zahlungspflichtigen an den Zahlungsempfänger, Beträge von seinem Konto einzuziehen.

Bei der SEPA-**Basislastschrift** ist eine **Rückgabe** der Lastschrift bis acht Wochen nach Belastungsdatum über das eigene Kreditinstitut **möglich**. Der abgebuchte Betrag wird unmittelbar wieder gutgeschrieben. Diese Form der Lastschrift ist sowohl für Endverbraucher als auch für Unternehmen einsetzbar.

Anders ist es bei der SEPA-**Firmenlastschrift**. Diese kann nur genutzt werden, wenn der Geschäftspartner ein Unternehmer ist. Zudem ist bei der SEPA-Firmenlastschrift **keine Lastschriftrückgabe** über das Kreditinstitut **möglich**, da der Zahlungspflichtige vorab bei seinem Kreditinstitut auf den Widerspruch verzichtet.

Aufgaben

1. Erklären Sie wesentliche Unterschiede zwischen der SEPA-Basislastschrift und SEPA-Firmenlastschrift.

2. Nennen Sie Gründe, warum eine Lastschrift nicht eingelöst werden kann.

3. Klären Sie stichwortartig die wesentlichen Unterschiede (z. B. Definition, Initiator, Rückgabemöglichkeit, Vorteile, Nachteile) zwischen der SEPA-Basislastschrift und dem Dauerauftrag. Stellen Sie Ihre Ergebnisse in einer Tabelle dar.

4. Überlegen Sie, mit welcher Zahlungsform (Überweisung, Dauerauftrag, Sammelauftrag, Lastschrift) die folgenden Fälle am sinnvollsten ausgeführt werden sollten:

   a. Übertrag aufs Sparbuch
   b. Miete für die Lagerhalle
   c. Monatsbeitrag für den Sportverein
   d. Telefonabrechnung mit wechselnden Beträgen
   e. Zahnarztrechnung
   f. Ratenkauf (8 · 119,00 €) für neue Büromöbel
   g. Helm für Radkurier
   h. Zehn Gutschriften an verschiedene Empfänger

5 Scheckverkehr

Einstiegssituation

Und schon war es passiert. Catalina hatte sich gemeldet, um für das Team in der Pause Mittagessen zu holen. Kaum zwei Straßen weiter nahm ihr ein anderes Auto die Vorfahrt und es kam zu einem Unfall mit erheblichem Blechschaden. Catalina ist total geschockt und ruft ihre Oma an. Oma Sylvia und Opa Reiner trösten sie und Catalina kann schon bald wieder lachen. Vier Wochen und viel Papierkram später erhält Catalina Post mit einem Scheck über 5 500,00 € …

Handlungsaufträge

1 Diskutieren Sie, ob Catalina bei der Fahrt für die Kollegen versichert war und welche Versicherung für entstehende Schäden, z. B. einen Krankenhausaufenthalt, aufgekommen wäre.
2 Hatten Sie bereits einmal mit einem Scheck zu tun? Berichten Sie von Ihren bisherigen Erfahrungen.
3 Überlegen Sie, wie Catalina den erhaltenen Scheck einlösen könnte.

5.1 Gesetzliche und kaufmännische Bestandteile eines Schecks

Ein Scheck ist – vereinfacht ausgedrückt – eine Aufforderung an sein Kreditinstitut, den Scheckbetrag bei Vorlage (Sicht) auszuzahlen. Die Zahlung darf dabei nicht an irgendeine Bedingung geknüpft sein.
Nach dem deutschen Scheckgesetz müssen Schecks bestimmte **gesetzliche Bestandteile** enthalten:

Gesetzliche Bestandteile von Schecks

Unbedingte Anweisung	Die Anweisung, eine bestimmte Geldsumme zu zahlen, darf nicht an eine Bedingung geknüpft sein. So wäre z. B. ein Scheck mit dem Vermerk „zahlbar nach Übergabe der Lieferung“ ungültig. Ist die Schecksumme in Buchstaben und in Ziffern angegeben, so gilt bei Abweichungen die in Buchstaben angegebene Summe.
Bezeichnung „Scheck“	Die Bezeichnung „Scheck“ steht als Text auf der Urkunde und muss in der Sprache erfolgen, in der sie ausgestellt ist.
Bezogener	Der Name desjenigen, der (aus)zahlen soll, ist anzugeben. (Scheck-) Bezogene sind immer Kreditinstitute wie Banken und Sparkassen.
Zahlungsort	Als Zahlungsort gilt der bei dem Namen des Bezogenen angegebene Ort. Fehlt die Ortsangabe, so gilt der Ort der Hauptfiliale des bezogenen Kreditinstituts als Zahlungsort.
Tag und Ort der Ausstellung	Ein Scheck ist erst gültig, wenn auch Ausstellungstag und -ort enthalten sind. Fehlt die Angabe des Ausstellungsortes, dann gilt der Scheck als an dem Ort ausgestellt, der bei dem Namen des Ausstellers angegeben ist.
Unterschrift des Ausstellers	Der Scheck muss vom Aussteller unterschrieben werden. Erst dieser Schritt sorgt dafür, dass die Zahlungsabwicklung in Gang gesetzt wird.

Fehlen gesetzliche Bestandteile, so kann die bezogene Bank eine Einlösung verweigern. Alle weiteren Angaben auf Schecks sind **kaufmännische Bestandteile**, die z. B. durch Vereinheitlichung eine schnellere Bearbeitung ermöglichen:

Kaufmännische Bestandteile von Schecks

Schecknummer	Schecks sind fortlaufend nummeriert. Die Schecknummer ermöglicht z. B. den Widerruf (Schecksperre) eines bestimmten Schecks.
Kontonummer	Zur Buchung wird die Kontonummer des Ausstellers benötigt.
Bankleitzahl	Dieses Merkmal lässt erkennen, ob der Scheck auf das eigene oder ein fremdes Kreditinstitut bezogen ist. Das jeweilige Institut lässt sich damit eindeutig identifizieren.
Codierzeile	Üblicherweise werden Scheck-, Kontonummer und Bankleitzahl in der unteren Zeile eines Schecks codiert, damit die Daten maschinell schneller verarbeitet werden können.
Zahlungsempfänger	Der Zahlungsempfänger (= Schecknehmer) ist anzugeben. • Beim Inhaberscheck mit dem Zusatz „oder Überbringer“ • Beim Orderscheck mit dem Zusatz „oder Order“ Eine Streichung dieser Angaben gilt als nicht erfolgt.
Verwendungszweck	Dies ist Hinweis an den Scheckempfänger, der z. B. ein Begleitschreiben ersparen kann.

5.2 Scheckarten

Nach der Art der **Einlösung** können Schecks nach Barscheck und Verrechnungsscheck eingeteilt werden. Der **Barscheck** wird vom bezogenen Kreditinstitut an den Vorleger direkt bar ausgezahlt. Das geht schnell und einfach, jedoch besteht die Gefahr, dass das Kreditinstitut an eine Person (z. B. einen unehrlichen Finder bei Verlust der Geldbörse) auszahlt, dem der Geldbetrag gar nicht zustand. Diese Art von Scheckmissbrauch wird beim **Verrechnungsscheck** minimiert, denn der Scheck darf vom bezogenen Kreditinstitut nur durch Kontogutschrift eingelöst werden. Ein Verrechnungsscheck trägt auf der Vorderseite daher einen gesonderten Vermerk wie z. B. „Nur zur Verrechnung“.

Nach dem Kriterium der Übertragung – also der Art der Weitergabe des Schecks – unterscheidet man zwischen Inhaberscheck und Orderscheck. Beim **Inhaberscheck** findet man auf dem Scheckformular einen Vermerk wie „Zahlen Sie gegen diesen Scheck an Catalina Salza oder Überbringer“. Durch die Überbringerklausel wird der Scheck zum Inhaberpapier. Eine Weitergabe ist damit formlos durch simples Übergeben möglich. Der **Orderscheck** ist dagegen formgebunden. Hier muss vor Weitergabe ein Indossament angebracht werden. Damit ist ein schriftlicher Übertragungsvermerk (z. B. Firmenstempel und Unterschrift) auf der Scheckrückseite gemeint. Kreditinstitute haben bei Orderschecks besondere Prüfpflichten vor einer Einlösung des Schecks.

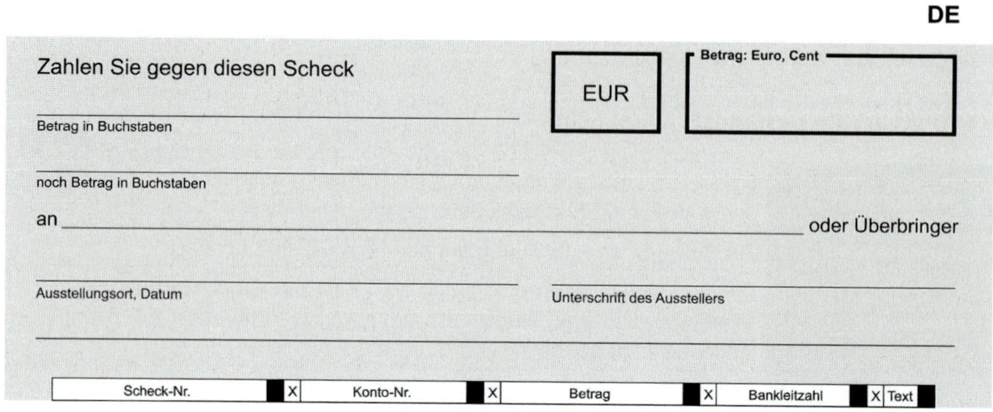

DE

Zahlen Sie gegen diesen Scheck

Betrag in Buchstaben

noch Betrag in Buchstaben

EUR

Betrag: Euro, Cent

an ______ oder Überbringer

Ausstellungsort, Datum

Unterschrift des Ausstellers

Scheck-Nr. | X | Konto-Nr. | X | Betrag | X | Bankleitzahl | X | Text

5.3 Einlösungsfristen von Schecks

Schecks sollten innerhalb bestimmter Fristen vorgelegt werden, weil das bezogene Kreditinstitut sonst eine Einlösung verweigern kann. Zudem verliert man bestimmte Rechte, so kann man z. B. die Einlösung des Schecks vor Gericht nicht mehr einklagen.

Für in Deutschland ausgestellte Schecks gilt eine Vorlegungsfrist von acht Tagen. 20 Tage hat man Zeit, Schecks, die in Europa und den Mittelmeerländern ausgestellt wurden, einzulösen. Für in der übrigen Welt ausgestellte Schecks gilt eine Vorlegungsfrist von 70 Tagen.

Die Vorlegungsfrist beginnt mit dem Ausstellungsdatum, welches nicht mitgezählt wird, und endet mit Ablauf des letzten Tages der Vorlegungsfrist. Ist dieser Tag ein Wochenende oder Feiertag, so verlängert sich die Vorlegungsfrist bis zum nächsten Werktag.

Zusammenfassung

Ein Scheck ist eine Aufforderung an sein Kreditinstitut, bei Vorlage des Schecks eine bestimmte Geldsumme zu zahlen. Weil andere Zahlungsformen leichter abzuwickeln sind, hat der Scheck an Bedeutung verloren. Ein Scheck besteht aus gesetzlichen Bestandteilen, die aus dem Scheckgesetz hervorgehen, und kaufmännischen Bestandteilen, die eine schnellere Verarbeitung ermöglichen sollen.

Schecks sollten nach Ausstellung innerhalb bestimmter Fristen zur Einlösung vorgelegt werden, weil sonst eine Einlösung verweigert werden kann. Die Frist liegt bei inländischen Schecks bei acht Tagen.

Scheckarten

Möglichkeiten der Einlösung	
Barscheck Der Scheckvorleger erhält den Betrag bar gezahlt.	**Verrechnungsscheck** Der Scheckvorleger kann den Betrag auf seinem Konto gutschreiben lassen.
Möglichkeiten der Weitergabe	
Inhaberscheck Der Scheck kann formlos weitergegeben werden.	**Orderscheck** Der Scheck wird bei Weitergabe mit einem Übertragungsvermerk (Indossament) versehen.

Aufgaben

1. Erklären Sie, warum neben den gesetzlichen Bestandteilen auf einem Scheck auch kaufmännische Bestandteile zu finden sind.

2. Erläutern Sie Unterschiede zwischen Bar- und Verrechnungsscheck. Gehen Sie bei Ihren Ausführungen auch auf die Vor- und Nachteile der beiden Scheckarten aus der Sicht von Scheckaussteller und Scheckempfänger ein.

3. In letzter Zeit kann man feststellen, dass die Zahl der verwendeten Schecks stark zurückgegangen ist. Woran liegt dies Ihrer Meinung nach?

4. Notieren Sie die Vorlegefrist eines Schecks, der in

   a. Köln,
   b. Nizza,
   c. Mallorca,
   d. Tunis,
   e. Toronto ausgestellt wurde.

6 Kartenzahlungen

Einstiegssituation

Während der Ausbildung bekommt Catalina Einblick in verschiedene Abteilungen und Depots der Blitzfracht GmbH. Zuletzt war sie in der neuen Niederlassung in der Lucastraße eingesetzt. Mit einem Kunden hatte Catalina dort richtig Ärger. Weil der Kunde nicht genug Bargeld dabeihatte, wollte er mit Bankkarte zahlen. In der Niederlassung gab es aber noch keine Kartenterminals und so musste Catalina sich vom aufgeregten Kunden anschreien lassen. Der Tag war damit gelaufen. Am späten Nachmittag berichtet die Niederlassungsleiterin Catalina, dass das Zahlen mit einer Karte bald möglich sein soll …

Handlungsaufträge

1 Erklären Sie, wie Sie an Catalinas Stelle den wütenden Kunden beruhigt hätten. Bieten Sie dem Kunden zwei Zahlungsalternativen an und stellen Sie einen Vorteil der gewählten Zahlungsform heraus.
2 Führen Sie Ihre Überlegungen aus Aufgabe 1 als Rollenspiel vor Ihren Kollegen auf.
3 Welche Kartenzahlungsformen nutzen Sie in der Regel? Beschreiben Sie den Ablauf.

Neben der Zahlung mit Bargeld spielen Kartenzahlungen bei täglichen oder wöchentlichen Einkäufen eine immer größere Rolle. Neben der ab 2007 eingeführten Girocard – welche nach und nach die bis dahin hauptsächlich genutzte „ec-Karte“ ablösen sollte – sind außerdem Kreditkarten, die mittlerweile sogar als „Prepaid“-Kreditkarten auf dem Markt sind, auf dem Vormarsch.

6.1 Girocard

Mit einer Girokarte oder Girocard (alternative institutsbezogene Bezeichnungen sind u. a. auch Sparkassenkarte, Bankkarte, Maestrokarte, ec-Karte) können die Karteninhaber verschiedene Dienstleistungen nutzen. Dies sind zunächst Selbstbedienungsterminals und Kontoauszugsdrucker in den Filialen der Kreditwirtschaft. Bargeldabhebungen mithilfe der Geheimzahl (PIN) können in aller Regel an hauseigenen Bankautomaten kostenfrei vorgenommen werden, Verfügungen an institutsfremden Geldautomaten im In- und Ausland sind ebenfalls möglich. Hier fällt jedoch meist eine Gebühr an. Im Ausland zeigen Bezeichnungen wie V-Pay, Maestro, JCB,

Cirrus oder EUFISERV an, dass ein Einsatz der Karte möglich ist. Weitere Dienste wie das elektronische Bezahlen von Tickets und Parkgebühren oder NFC (**N**ear **F**ield **C**ommunication, auf Deutsch etwa Nahfeldkommunikation) beim Bezahlen in Geschäften erweitern die Nutzungsmöglichkeiten der Girokarte. Drei Funktionen sollen im Folgenden näher erläutert werden.

Abwicklung der Zahlung im Electronic-Cash-Verfahren

Die Basis des Electronic Cash (elektronisches Bezahlen) besteht darin, dass beim Verkäufer ein Lesegerät vorhanden ist, das die Daten der Bankkarte lesen und verarbeiten kann. Nach Ermittlung des Zahlungsbetrages steckt der Kunde die Karte in das Kartenterminal, bestätigt den Zahlbetrag und gibt anschließend seine vierstellige PIN ein. Nach Einleitung des Zahlvorgangs erfolgt innerhalb kurzer Zeit eine Onlineanfrage am Zentralrechner des kartenausgebenden Instituts. Nun wird geprüft, ob die richtige Geheimnummer eingegeben wurde, die Karte gesperrt oder das Verfügungslimit erreicht ist. Bei erfolgreicher Autorisation wird dem Kunden der quittierte Kassenbeleg ausgehändigt. Eine Unterschrift erübrigt sich damit. Der Verkäufer zieht den Betrag anschließend beleglos über sein Kreditinstitut ein. Die Zahlung ist durch das Kreditinstitut des Kunden garantiert. Je nach Umsatz fallen für den Verkäufer unterschiedlich hohe Gebühren an. Verliert ein Bankkunde seine Girocard, sollte er diese schnellstmöglich sperren lassen. Nach Sperrung haftet man in der Regel nicht mehr für einen Schaden. Vor Meldung des Verlustes hängt die Haftung von der eigenen Fahrlässigkeit ab.

Abwicklung der Zahlung mittels ELV (elektronisches Lastschriftverfahren)

Auf dem schwarzen Magnetstreifen auf der Rückseite der Girokarte sind verschiedene Daten (z. B. Bankleitzahl und Kontonummer) hinterlegt. Beim Bezahlen wird zunächst der Betrag ermittelt, dann werden die Kartendaten gelesen, ausgedruckt und schließlich dem Kunden zur Unterschrift vorgelegt. Mit seiner Unterschrift erteilt der Kunde seinem Verkäufer die Erlaubnis, den entsprechenden Zahlbetrag einzuziehen. Auf die Eingabe der PIN und damit auch auf entsprechende Prüfungen, ob das Konto des Kunden gedeckt ist oder ob dessen Karte gesperrt ist, wird verzichtet. Eine Zahlungsgarantie hat der Zahlungsempfänger demnach nicht. Dafür jedoch fallen für den Zahlungsempfänger i. d. R. auch keine Kosten für Sicherheitsabfragen an. Im Falle einer Nichteinlösung erhält der Verkäufer Name und Adresse des Kunden und muss z. B. versuchen, auf dem Mahn- und ggf. Klageweg an seine geforderten Beträge zu kommen.

Abwicklung der Zahlung mittels Geldkartenchip

Ein alternativer Begriff für Geldkarte ist auch elektronische Geldbörse. In der Regel ist der goldene Geldkarte-Chip auf der Vorderseite der Girocard angebracht, kann mit bis 200,00 € aufgeladen werden und anschließend bis zu dieser Höhe bei entsprechenden Händlern an Automaten usw. genutzt werden. Die Zahlung ist damit anonym, schnell und einfach in der Handhabung, denn eine Unterschrift wie beim ELV oder die Eingabe der Geheimzahl wie beim POS ist unnötig.

Bei der Zahlungsabwicklung steckt der Zahlende seine Girocard mit Chip in ein Terminal und bestätigt den Rechnungsbetrag. Das auf dem Mikrochip gespeicherte Guthaben wird nun unmittelbar um den Zahlbetrag reduziert. Der Zahlungspflichtige bekommt über die Zahlung einen entsprechenden Beleg. Der Verkäufer erhält den Betrag garantiert, weil der Kunde den Chip der Girocard vorab bereits mit einem Betrag „aufgeladen" hat. Für den Bezahlvorgang mittels Geldchip fällt für den Händler eine relativ geringe Umsatzgebühr an. Da die Zahlungen über den Geldkartenchip nicht über PIN oder Unterschrift freigegeben werden, kann der auf den Geldkartenchip aufgeladene Betrag nicht gesperrt werden.

Merke:

Bei Verlust oder Diebstahl der Girocard mit aufgeladenem Geldchip ist das elektronische Guthaben für jeden nutzbar.

6.2 Kreditkarten

Kreditkarten eignen sich ebenso wie die Girocard zum bargeldlosen Zahlungsverkehr, wobei der Einsatz der Kreditkarten weltweit vor Ort oder auch im Onlinehandel möglich ist. Kreditkarten werden üblicherweise Kunden mit guter Bonität gegen eine Jahresgebühr angeboten. Die bekannten Kreditkartenorganisationen wie Visa oder Mastercard schließen weltweit mit Unternehmen wie z. B. Mietwagenunternehmen, Hotels, Onlineshops, Restaurants, Reisebüros usw. Verträge ab, damit die jeweilige Kreditkarte als Zahlungsmittel akzeptiert wird. Dem Verwender der Karte selbst wird ein Kredit eingeräumt. Dies geschieht dadurch, dass der Rechnungsbetrag im Regelfall erst an einem bestimmten Datum (z. B. Monatsende) vom Konto des Kunden abgebucht wird. In der Zeit zwischen Zahlung und Abbuchung wird dem Kunden somit ein Kredit eingeräumt.

Beim Bezahlvorgang legt der Kreditkartennutzer seine Kreditkarte vor. Durch das Einlesen der im Magnetstreifen gespeicherten Daten im Kartenlesegerät wird eine Onlineverbindung zur Kartenzentrale hergestellt. Dabei wird geprüft, ob die Karte gesperrt oder der individuelle Verfügungsrahmen überschritten ist. Anschließend unterschreibt der Kunde einen Leistungsbeleg. Das Vertragsunternehmen sendet den unterschriebenen Leistungsbeleg an die Kreditkartenorganisation zur Abrechnung. Die Kreditkartenorganisation überweist anschließend dem Vertragsunternehmen den entsprechenden Rechnungsbetrag abzüglich einer Umsatzprovision. Neben dem Unterschreiben eines Belegs ist es mittlerweile genauso üblich, mittels PIN zu zahlen, was die Sicherheit der Transaktion erhöht.

Bei Verlust oder Diebstahl der Kreditkarte sollte man sein Kreditinstitut bzw. die Kreditkartenorganisation unmittelbar informieren, um die Karten national und international sperren zu lassen. Für Schäden, die vor Eingang der Verlustanzeige eintreten, haftet der Kunde in der Regel nur mit einem bestimmten Höchstbetrag.

Eine neuere Entwicklung sind Prepaid-Kreditkarten. Die Zahlung wird hierbei dadurch ermöglicht, dass der Kunde vorab ein gewisses Guthaben einzahlt, von dem der Rechnungsbetrag z. B. beim Onlinekauf abgezogen wird. Von einer Kreditkarte im ursprünglichen Sinne kann man in diesem Fall nicht mehr sprechen.

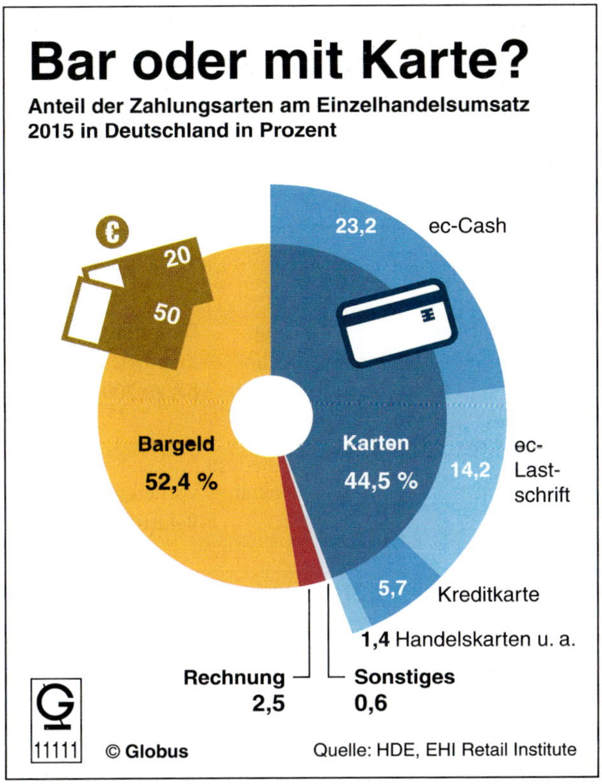

6.3 Kartenvarianten

Neben den beschriebenen Kartenarten gibt es im Handel noch eine Vielzahl verschieden ausgestalteter Kundenkarten, die die Bindung des Kunden an ein bestimmtes Unternehmen oder eine Unternehmensgruppe erhöhen sollen. **Rabattkarten** sorgen dafür, dass der Kunde unmittelbar beim Kauf einen Preisnachlass erhält. Bei **Bonuskarten** erhält der Kunde im Nachhinein in Abhängigkeit von Umsatz und Nutzung eine nachträgliche Vergütung. **Kundenkarten mit Zahlfunktion** verbinden die klassische Kundenkarte und eine Kreditkarte. Weitere Karten dienen nicht in erster Linie der Zahlung, sondern ermöglichen die Nutzung verschiedener Services zu Telefonnetzen, Webshops, Sportstudios, Tankstellen usw.

Zusammenfassung

Während Zahlungsformen wie Scheck, Zahlschein oder die Zahlung per Nachnahme weniger häufig anzutreffen sind, nehmen die Möglichkeiten, in Geschäften mit einer Karte zu zahlen, zu. Eine große Rolle spielen dabei die Zahlungsmöglichkeiten mit der Girocard, d. h. mit Unterschrift, durch PIN-Eingabe oder Nutzung eines Chips. Kreditkarten können sowohl für Internetzahlungen eingesetzt werden als auch, um direkt vor Ort einzukaufen. Um die Kundenbindung zu steigern, kombinieren Unternehmen häufig eine Bezahlkarte mit zusätzlichem Service oder Rabatten.

Kartenzahlungssysteme im Vergleich

	Girocard – Electronic Cash	Girocard – elektronische Lastschrift	Girocard – Geldkarte	Kreditkarte
Wie legitimiert sich der Zahlende?	Karte + Geheimzahl	Karte + Unterschrift	Keine Legitimation (Guthaben auf der Karte wird belastet)	Karte + Geheimzahl (evtl. Unterschrift), online mit Kartennummer
Wie lässt sich die Karte nutzen?	Bargeldverfügung am Geldautomaten, Einsatz an PIN-Pad-Stationen (Pad zur Eingabe der PIN)	Belastung des Zahlbetrages durch eine Lastschrift	Bezahlung von Kleinbeträgen bis zu 200,00 €	Bargeldverfügung am Geldautomaten, Zahlungen im Internet oder vor Ort
Wann erfolgt die Abbuchung des Betrages?	Unmittelbar	Unmittelbar	Vorherige Belastung	Nachträglich
Ist dem Zahlungsempfänger der Betrag garantiert?	Ja	Nein	Ja	ja
Welche Höhe kann der Zahlende verfügen?	Tageslimit von 500,00 € bis 1 500,00 € je nach Kreditinstitut	Hausinternes Limit je nach Geschäft/ Shop	Kartenlimit je nach aufgeladenem Guthaben	Bonitätslimit je nach Kreditwürdigkeit

Aufgaben

1. Beschreiben Sie den Ablauf der vier vorgestellten Kartenzahlungsformen mit eigenen Worten.
2. Notieren Sie zu jedem der Kartenzahlungssysteme je einen Vorteil und einen Nachteil.
3. Begründen Sie, warum man bei der Zahlung mit Kreditkarte einen Kredit in Anspruch nimmt.
4. Welche Kartenzahlungsform würden Sie einsetzen? Begründen Sie Ihre Entscheidung.

   a. Bezahlung eines Flugs nach Irland im Internet
   b. Kauf eines Smartphones im Geschäft
   c. Kauf von Lebensmitteln im Supermarkt
   d. Kauf neuer Reifen für das Lieferfahrzeug
   e. Kauf eines Tickets für die Straßenbahn

7 Electronic Banking

Einstiegssituation

In letzter Zeit war Catalina nur in ihrer Bank, wenn sie am Automaten Geld abheben musste. Alles andere konnte sie zu Hause am PC oder direkt vom Smartphone aus erledigen. „Die Technik macht's möglich", denkt Catalina und überweist online die Rechnung für ihre neuen Arbeitsschuhe …

Handlungsaufträge

1. Machen Sie Ihre Bankgeschäfte auch am Smartphone oder am Laptop? Überlegen Sie sich jeweils zwei Gründe, die für oder gegen die Nutzung sprechen.
2. Beschreiben Sie, wie der Ablauf bei einer Onlineüberweisung ist. Gehen Sie insbesondere darauf ein, inwieweit PIN und TAN eingesetzt werden.

Unter Electronic Banking werden Bankgeschäfte mit Unterstützung des Computers verstanden. Neben den bereits oben beschriebenen kartengestützten Zahlungen im Handel, der Nutzung von Selbstbedienungsterminals in den Kreditinstituten (u. a. Geldkartenladekassen, Geldautomaten, Kontoauszugsdrucker) und Telefonbanking (mit menschlichem Berater oder Sprachcomputer) gewinnt das Onlinebanking (auch Homebanking, Electronic Banking oder Internetbanking) immer mehr Nutzer.

Beim Onlinebanking unterscheidet man zwei Zugangsarten: Internetbanking und Homebanking. Beim Internetbanking werden die gewünschten Banktransaktionen online über die Website des Kreditinstituts gestartet und verschlüsselt übertragen. Beim Homebanking hingegen werden die Aufträge zunächst mithilfe einer speziellen Clientsoftware ohne Zugang zum Internet (offline) erstellt. Im zweiten Schritt werden die daraus gebildeten Datensätze gesichert übertragen.

Weil im Internet keine eigenhändige Unterschrift möglich ist, müssen alternative elektronische Sicherheitsverfahren angewendet werden. Etabliert haben sich HBCI (Homebanking Computer Interface) mittels Chipkarte und Chipkartenlesegerät, welches der Nutzer zu Hause verwendet, und die sogenannten PIN/TAN-Verfahren. Beim klassischen TAN (**T**rans**a**ktions**n**ummer)-Verfahren wählt der Teilnehmer eine beliebige Nummer aus einer aktivierten TAN-Liste aus. Die Nummer ersetzt also seine Unterschrift. Beim i-TAN-Verfahren, wobei i für indizierte steht, wird der Nutzer aufgefordert, eine bestimmte TAN-Nummer zu verwenden. Das m-TAN oder mobile TAN-Verfahren sorgt dafür, dass der Bankkunde vor jeder Verfügung eine TAN per SMS auf sein Handy erhält. Beim e- bzw. chip- oder smart-TAN-Verfahren schließlich erzeugt der Verwender durch die Nutzung der Girokarte in einem TAN-Generator immer wieder eine neue individuelle TAN, die er zum Abschluss seines Bankauftrages nutzen kann. Daneben gibt es in Abhängigkeit der technischen Entwicklung und zunehmender Sicherheitsaspekte weitere TAN-Verfahren.

Merke:

Gewerbliche Kunden und Kommunen nutzen für ihre Bankgeschäfte auch den physikalischen Datenträgeraustausch. Dabei werden die Datensätze auf CDs gespeichert und direkt dem Kreditinstitut übergeben.

Zusammenfassung

Technische Entwicklungen verändern das Verhalten der Bankkunden. Statt die Zweigstellen der Kreditinstitute aufzusuchen, wird das Telefon, der Computer oder das Smartphone für die Bankgeschäfte genutzt. Der Zahlungsverkehr wird zunehmend standardisiert und kann daher ohne Beratung abgewickelt werden.

Meist werden die einzelnen Transaktionen anstelle einer Unterschrift mit einer TAN (**T**rans**a**ktions**n**ummer) abgeschlossen. Dafür gibt es unterschiedliche Verfahren.

TAN-Verfahren

TAN-Liste	Auswahl einer beliebigen Nummer von einer Liste durch Nutzer
i-TAN	Eine festgelegte Nummer von der Liste muss eingegeben werden.
m-TAN	Nutzer erhält eine SMS mit der benötigten Nummer auf sein Smartphone.
chip-TAN	Nutzer erzeugt Nummer mithilfe von Girocard und TAN-Generator eigenständig.

Aufgaben

1. Begründen Sie, wozu PIN und TAN beim Onlinebanking notwendig sind.
2. Welches der vorgestellten TAN-Verfahren gefällt Ihnen am besten? Erläutern Sie Ihre Entscheidung kurz.

8 Kassenführung und -abrechnung

Einstiegssituation

Gestern gab es Ärger in der Niederlassung. Gerade als Catalina in den Feierabend starten wollte, wurde sie zurückgerufen. In der Kasse gab es einen Fehlbetrag von 200,00 €. Die Summe in Bargeld und Belegen stimmte nicht überein. Also mussten alle Kollegen länger bleiben und helfen den Fehler zu finden. Zum Glück wurde der Fehler schnell entdeckt. Eine Auszahlung war versehentlich doppelt im System gebucht worden …

Handlungsaufträge

1 Haben Sie schon einmal die Kasse führen müssen? Schildern Sie Ihre Erfahrungen. Gehen Sie insbesondere darauf ein, ob es bei Ihnen schon einmal zu Fehlbeträgen kam und wie damit in Ihrem Betrieb umgegangen wird.

2 Überlegen und notieren Sie verschiedene Gründe, wie Kassendifferenzen zustande kommen können.

8.1 Gesetzliche Grundlagen

Nach den steuerlichen Vorgaben der Abgabenordnung müssen Buchungen und Eintragungen in den Geschäftsbüchern eines Unternehmens vollständig, richtig, zeitgerecht und geordnet vorgenommen werden. Für die Kassenführung gilt zudem, dass Einnahmen und Ausgaben jeden Tag festzuhalten sind (§ 146 Abs. 1 Satz 2 der Abgabenordnung).

Eine Kassenführung gilt dann als ordnungsgemäß, wenn der Soll-Bestand, der sich aus dem Kassenbuch (EDV) ergibt, und der Ist-Bestand, also der tatsächlich vorhandene Bargeldbestand, stets übereinstimmen. Hin und wieder kommt es in der Praxis zu Abweichungen zwischen den beiden Beständen. Typische Fehler ergeben sich z. B. aus Belegen, die versehentlich doppelt, falsch oder gar nicht verbucht wurden, oder dem Verzählen bei der Wechselgeldrückgabe.

Der Grundsatz der Richtigkeit fordert eine Erfassung, die formell und materiell richtig ist. Unter formell richtiger Erfassung versteht man die Einhaltung von Ordnungsvorschriften wie die Buchung mit zugehörigem Beleg, eine zeitnahe Aufzeichnung im Kassenbuch oder eine zeitnahe Buchung der Belege.

Von materiell oder sachlich korrekter Erfassung spricht man, wenn keine Buchungen vergessen oder falsch erfasst werden, die Kassenbestände korrekt gezählt werden usw.

Daher müssen auch allen Buchungen die entsprechenden Belege zugrunde liegen. Ordnungstechnisch empfiehlt es sich, jeden Beleg mit einer Nummer zu versehen, damit Kassenbucheinträge und Belege einander besser zugeordnet werden können.

Es ist nicht erlaubt, Buchungen und Aufzeichnungen so zu verändern, dass der ursprüngliche Inhalt nicht mehr rekonstruierbar ist. Wenn Catalina also im Kassenbereich eingesetzt wäre, dürfte sie zwar Eintragungen des Kassenbuchs streichen, nicht aber durch Ausradieren, Auskillern, Überkleben usw. eine Nachvollziehbarkeit ihrer Handlungen verhindern.

Weiterhin sind nach den Vorschriften der Abgabenordnung Einnahmen und Ausgaben jeden Tag festzuhalten. Ausnahmen sind nur in wenigen Fällen möglich. Eine Vorgabe ist, dass zwischen einem Geschäftsfall und seiner Verbuchung der Erfassung maximal zehn Tage liegen sollten.

8.2 Kassenbuch und Belege

Bei den täglichen Kurierfahrten, beim Ausliefern von Sendungen, beim Bearbeiten eines Kundenauftrags im Depot werden vielfältige Belege erstellt, welche für die Buchführung notwendig sind.

Fremd- und Eigenbelege

Fremdbelege (externe Belege) werden von anderen Unternehmen erstellt.	**Eigenbelege** (interne Belege) erstellt das Unternehmen selbst.
Beispiele sind ... • Eingangsrechnungen unserer Lieferanten • Eine Quittung für das Betanken des Firmenfahrzeugs • Kontoauszüge der Konten • Ein Bescheid über zu zahlende Gewerbesteuer an die Gemeinde	**Beispiele sind ...** • Ausgangsrechnungen an die Kunden • Lohnabrechnungen der Mitarbeiter • Durchschriften von Quittungen, die für Kunden erstellt wurden • Reisekostenabrechnung für einen Messebesuch mit Übernachtung

Bei jedem Barzahlungsvorgang ändert sich der Kassenbestand, welcher wiederum im Kassenbuch verzeichnet werden muss. Im Kassenbuch werden alle Einnahmen und Ausgaben dokumentiert. Vereinfacht kann eine Tabelle angelegt werden, in der die Ausgaben auf der rechten Seite den Einnahmen auf der linken Seite gegenübergestellt werden. Das geführte Kassenbuch muss dann als Soll-Bestand mit dem Bargeldbestand als Ist-Bestand übereinstimmen.

Zusammenfassung

Unternehmen, bei denen Kassen geführt werden, haben aus steuerrechtlichen Gründen besondere Vorgaben zu beachten. Dazu gehört unter anderem, dass die Einnahmen und Ausgaben, bezogen auf den Kassenbestand, täglich erfasst und festgehalten werden müssen. Ist der Kassen-Soll-Bestand aus der EDV und der Kassen-Ist-Bestand, der sich aus der Zählung von Banknoten und Münzen ergibt, identisch, spricht man von einer ordnungsgemäßen Kassenführung.

Aufgaben

1. Diskutieren Sie das Thema „Abschaffung von Bargeld“ mit Ihrem Partner.

2. Erklären Sie den Unterschied zwischen Ist-Bestand und Soll-Bestand bei der Kassenführung.

3. Nennen Sie Vorgaben Ihres Betriebs, die im Zusammenhang mit der Kassenführung beachtet werden müssen.

9 Umsatzsteuer

Einstiegssituation

Beim letzten Einkauf für die Abteilung ist Catalina aufgefallen, dass am Ende der Rechnung zwei verschiedene Mehrwertsteuersätze aufgelistet waren. Für einen Teil der eingekauften Waren sind 7% berechnet worden, während einige andere Artikel mit 19% ausgezeichnet sind …

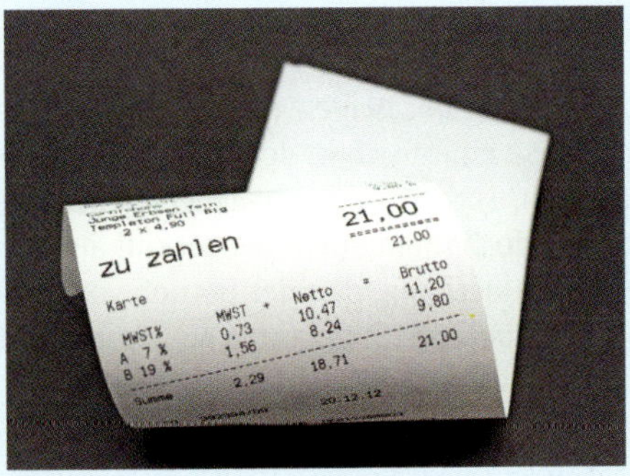

Handlungsaufträge

1 Klären und notieren Sie mithilfe des Internets, für welche Waren in Deutschland die unterschiedlichen Umsatzsteuersätze gelten. Welche Umsatzsteuersätze werden in Ihrem Betrieb für Ihre Auslieferungen berechnet?

2 Nehmen Sie an, für den Reifenwechsel Ihres Lieferfahrzeugs wären als Endbetrag inklusive 19% Umsatzsteuer 25,99 € ausgewiesen worden. Berechnen Sie den Nettobetrag und die Umsatzsteuer in diesem Fall.

9.1 Umsatzsteuer in Deutschland

Würde man die jährlichen Steuereinnahmen Deutschlands nach der Höhe sortieren, so wären die beiden ersten Plätze in der Regel durch die Lohnsteuer und die Umsatzsteuer belegt. Die Umsatzsteuer kennt man vielleicht eher unter dem nicht ganz korrektem Begriff der Mehrwertsteuer. Bei nahezu jedem Einkauf und Verkauf, jeder Lieferung, Inanspruchnahme von Dienstleistungen oder sogar bei Eigenverbrauch fällt diese an.
Der Regelsteuersatz in Deutschland liegt bei 19%, die auf den Nettopreis aufgeschlagen werden. Im Endpreis, den ein Kunde z. B. an den Regalen beim Einkaufen sieht, sind diese bereits enthalten. Man spricht daher auch von Bruttopreis. Manche Güter und Dienstleistungen werden mit dem ermäßigten Steuersatz von 7% besteuert. Dies gilt u. a. für Lebensmittel und Getränke, die nicht in Geschäften verzehrt werden, Beförderung mit dem öffentlichen Personennahverkehr oder Bücher, Magazine und Zeitschriften. Schließlich gibt es Umsätze, die nach dem Umsatzsteuergesetz nicht besteuert werden. Dazu zählen die Umsätze von Kleinunternehmen, das Vermieten von Wohnungen, verschiedene Bankgeschäfte und bestimmte Postuniversaldienstleistungen wie die Beförderung von Briefsendungen bis zwei Kilogramm, Einschreibe- und Wertsendungen sowie adressierte Pakete bis zehn Kilogramm.

9.2 Umsatzsteuer im Rechnungswesen

Im Normalfall müssen Unternehmen monatlich die eingenommene Umsatzsteuer an das zuständige Finanzamt abführen. Zum Nachweis müssen wiederum Belege vorgelegt werden, die den jeweiligen Betrag der Umsatzsteuer sowie den berechneten Umsatzsteuersatz (0–19%) anzeigen. Der Träger der Umsatzsteuer ist der Verbraucher, d. h., dass die Umsatzsteuer für die Betriebe als ein durchlaufender Posten erfolgsneutral

Umsatzsteuer
– Vorsteuer
ZAHLLAST

sein muss. Beim (Ein-)Kauf von Waren und Dienstleistungen muss ein Unternehmer Umsatzsteuer zahlen. Diese gezahlte Steuer wird als buchhalterisch auf einem Konto als „Vorsteuer" erfasst und stellt gegenüber dem Finanzamt eine Forderung mit dem Anspruch auf Erstattung dar. Verkauft der gleiche Betrieb jedoch Waren und Dienstleistungen, so nimmt er von seinen Kunden Umsatzsteuer ein. Diese eingenommene Umsatzsteuer wird ebenso auf einem gesonderten Konto verzeichnet und stellt eine Verbindlichkeit (Schuld) gegenüber dem Finanzamt dar.
Rechnet man die beiden Konten (Umsatzsteuereinnahmen und Vorsteuerausgaben) gegeneinander auf, so ergibt sich in der Regel eine Differenz. Sind die steuerlichen Einnahmen größer als die Ausgaben, spricht man von einer Zahllast gegenüber dem Finanzamt, die noch abzuführen ist. Wurde jedoch mehr Vorsteuer gezahlt als Umsatzsteuer eingenommen, so bezeichnet man dies als Vorsteuerüberhang, den der Betrieb vom zuständigen Finanzamt erstattet bekommt. Der letztere Fall ist insbesondere bei Unternehmensgründungen mit Anschaffung der Betriebs- und Geschäftsausstattung oder größeren Einkäufen zu Geschäftsjahresbeginn realistisch.

Zusammenfassung

Die Umsatzsteuer ist einer der größten Einnahmeposten Deutschlands. Der Regelsatz, der auf die meisten Güter und Dienstleistungen aufgeschlagen wird, beträgt 19%. Daneben existiert ein ermäßigter Satz in Höhe von 7%, der z. B. auf Bücher oder Lebensmittel angewendet wird. Bestimmte Geschäfte sind von der Umsatzsteuer befreit.

Vorsteuer und Umsatzsteuer in der Gegenüberstellung

Vorsteuer wird berechnet, wenn …	Umsatzsteuer wird berechnet, wenn …
ein Unternehmen Waren und Dienstleistungen **einkauft**.	ein Unternehmen Waren und Dienstleistungen **verkauft**.
Vorsteuer stellt gegenüber dem Finanzamt …	**Umsatzsteuer stellt gegenüber dem Finanzamt …**
eine **Forderung** dar.	eine **Verbindlichkeit** dar.

Kauft ein Unternehmen Waren und Dienstleistungen ein, so kann es die dabei gezahlte Umsatzsteuer als Vorsteuer vom Finanzamt zurückfordern. Umgekehrt sind Umsatzsteuereinnahmen an das zuständige Finanzamt abzuführen. Vorab können Vor- und Umsatzsteuer unternehmensintern aufgerechnet werden.

Aufgaben

1. Nutzen Sie das Internet. Recherchieren Sie Umsatzsteuersätze anderer Länder in Europa.
2. Auf bestimmte Waren wird in Deutschland nur der Umsatzsteuersatz von 7% angewendet. Überlegen Sie, weshalb dieser ermäßigte Umsatzsteuersatz ursprünglich eingeführt wurde.
3. Erläutern Sie an einem Beispiel den Unterschied zwischen Vorsteuer und Umsatzsteuer.

Lernfeld 6

Zusätzliche Dienstleistungen vergleichen, bearbeiten und dokumentieren

1 Unmittelbare Zusatzleistungen in der KEP-Branche

Einstiegssituation

Said ist Auszubildender bei der XPressParcel AG. Er stellt normalerweise Briefe und Pakete zu. Seit kurzer Zeit soll er auch selbstständig, d.h. ohne Begleitung eines erfahrenen Zustellers, ausliefern. Dabei fallen ihm immer wieder Sendungen in die Hand, die er nicht kennt: Postzustellungsaufträge, Nachnahme, Einschreiben usw.
Dies macht die Zustellung schwieriger und zeitaufwendiger für ihn.

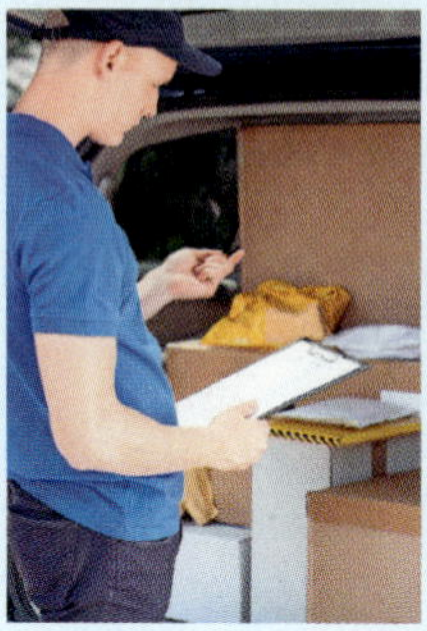

Handlungsaufträge

1 Recherchieren Sie im Internet, was für Dienstleistungen Ihr Unternehmen und Konkurrenzunternehmen anbieten.
2 Überlegen Sie sich Gründe, warum KEP-Unternehmen so viele unterschiedliche Dienstleistungen anbieten.

Definition:

Zu den **unmittelbaren Zusatzleistungen** gehören diejenigen Leistungen, die geradewegs mit den normalen Dienstleistungen der KEP-Branche verbunden sind. Sie sind zusätzlich zum Versand einer Ware zu bezahlen.

Das bedeutet, dass man in der Regel den Grundpreis für eine normale Sendung bezahlt und zusätzlich dazu die Zusatzleistung.

KEP-Unternehmen werden den Logistikunternehmen zugeordnet und bieten aus diesem Grund viele logistische Dienstleistungen an. Dabei muss man unterscheiden zwischen zusätzlichen Dienstleistungen, die dem Kerngeschäft der Unternehmen zuzuordnen sind, und weiteren logistischen Dienstleistungen, die ebenfalls von KEP-Unternehmen angeboten werden.
Zu den Kerndienstleistungen der Branche gehört z. B. der Versand von Waren oder Dokumenten. Man kann dies auch gut an den allgemeinen Geschäftsbedingungen der XPressParcel AG erkennen. Es werden hier Standardbriefe oder Pakete aufgeführt. Daneben bieten die KEP-Dienstleister aber auch Zusatzleistungen an, die direkt an die Kerndienstleistung gebunden sind. Zusatzleistungen gemäß den AGB der XPressParcel AG sind z. B.:

- Nachnahme
- Einschreiben
- Identifizierung des Empfängers
- Versicherung
- Nachsendung
- Zustellungsaufträge nach ZPO
- Sonntagszustellung bzw. -abholung
- Einlagerung
- Terminzustellung

Die genannten Zusatzleistungen sind dennoch unmittelbar mit der Kerndienstleistung verbunden. Man zahlt in der Regel den Grundbetrag für die Kerndienstleistung (z. B. Standardbrief) und hinzu kommt der Betrag für die Zusatzdienstleistung.

Beispiel

Ein C6-Brief kostet bei der Mail GmbH 0,50 €. Die Zusatzleistung Nachnahme kostet 5,00 €. Zusammen muss der Kunde also 5,50 € bezahlen.

Daneben bieten KEP-Unternehmen auch Zusatzleistungen an, die nicht unmittelbar mit dem Kerngeschäft verbunden sind. Beispielhaft ist hier aufgeführt:

- Lagerei
- Just-in-time-Lieferungen
- Verpackung
- Verzollung
- Lebensmittellogistik
- Transportversicherung
- Etikettierung
- Qualitätskontrolle
- Produktion

Beispiel

DHL produziert z. B. für den Autohersteller Audi die Autotüren und liefert sie just in time dort an das Produktionsband. Dabei kann man die Lieferung noch dem Kerngeschäft zuordnen, aber die Produktion von Autotüren sicherlich nicht mehr.

1.1 Die Nachnahme

Bei der Nachnahme werden Briefe oder Pakete gegen Barzahlung ausgeliefert. Der Kunde bekommt das Paket nur, wenn er den Verkaufspreis der Ware an den Zusteller bezahlt. Dieser zusätzliche Service wird häufig bei Internetkäufen genutzt. Aber auch Behörden oder Vereine nutzen dieses Verfahren, um unkompliziert an ihr Geld zu kommen.
Der Kunde kauft die Zusatzleistung Nachnahme und kennzeichnet die Sendung entsprechend. Wie man auf der nachfolgenden Abbildung erkennen kann, wird ein Label auf die Sendung geklebt, auf dem der zu zahlende Betrag, die Kontonummer und Bankleitzahl des Kunden angegeben wurden. Zusätzlich muss noch ein Inkassobeleg ausgefüllt werden.

Ablauf Nachnahme

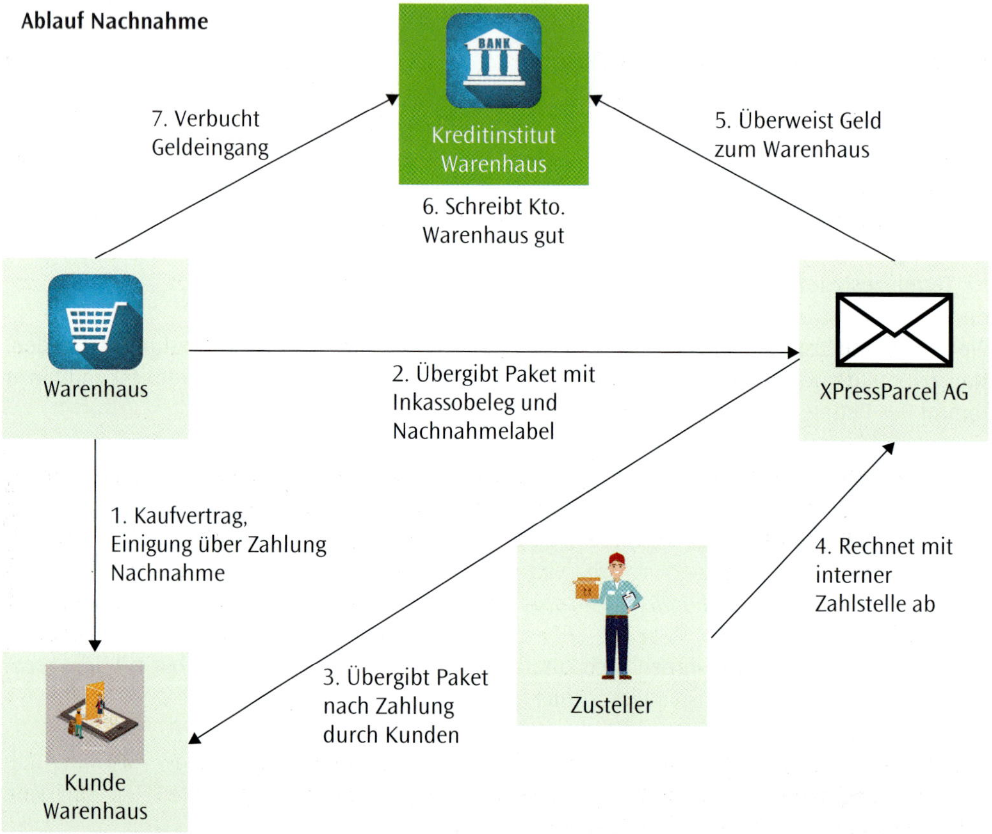

Mittlerweile gibt es auch beleglose Nachnahmesendungen. Dabei muss der Absender keinen Inkassobeleg mehr in Papierform ausfüllen, da dies direkt am Computer geschieht.
Bei beleghaften Nachnahmesendungen muss der Zusteller den Inkassobeleg daraufhin überprüfen, ob Empfänger- und Absenderangabe, die Kontonummer, die Bankleitzahl und die Kundennummer auf dem Inkassobeleg angegeben sind. Fehlt der Inkassobeleg bei einer beleghaften Nachnahmesendung oder ist er beschädigt, so kann der Zusteller einen neuen Beleg ausstellen.

Merke:

Bei der Zustellung darf der Zusteller das Paket erst übergeben, wenn die empfangsberechtigte Person den Nachnahmebetrag bezahlt hat.

Da die Zusteller meist kein Wechselgeld dabeihaben, muss der Betrag in der Regel passend vom Empfänger übergeben werden. Der Empfänger erhält in der Regel eine Quittung über den von ihm bezahlten Betrag.
Der Zusteller übergibt am Ende des Zustelltages dem Vorgesetzten oder einem anderen dafür zuständigen Mitarbeiter das eingezogene Geld. Dies wird dann mithilfe des Inkassobeleges an den Absender überwiesen.
Zusätzlich kann der Kunde per Tracking & Tracing den Sendungsverlauf im Internet überprüfen, da diese Zusatzleistung inklusive ist.
Eine Nachnahme darf auch an einen Ersatzempfänger (inklusive Nachbarn) übergeben werden, wenn dieser bereit ist, den Betrag der Nachnahme zu bezahlen. Möchte ein Ersatzempfänger die Nachnahme nicht bezahlen, so muss dem Empfänger mit einem Benachrichtigungsschein die Sendung angezeigt werden.
Eine bereits ausgelieferte Sendung darf vom Zusteller nicht mehr zurückgenommen werden, der Nachnahmebetrag darf nicht zurückgezahlt werden.

Beispiel

Die Sendung wurde Frau Holtmann übergeben, die als dessen Tochter die Sendung für Herrn Holtmann als Empfangsberechtigte entgegengenommen hat. Herr Holtmann wollte die Sendung aber nicht und möchte sie am nächsten Tag ungeöffnet zurückgeben. Bei gewöhnlichen Sendungen ist dies möglich, und falls Nachentgelt bezahlt werden müsste, dann bekäme Herr Holtmann auch das Nachentgelt erstattet. Bei der Nachnahme ist eine Rückerstattung des Nachnahmebetrages aber nicht möglich, da der Nachnahmebetrag bereits an den Auftraggeber überwiesen wurde.

Der Inkassobeleg ist ein Vordruck, mit dem das KEP-Unternehmen das Geld auf das Konto des Zahlungsempfängers (= Absender) transferieren kann. Es ist dem Überweisungsformular sehr ähnlich (siehe auch Lernfeld 5, Kapitel 3, Überweisungsverkehr).

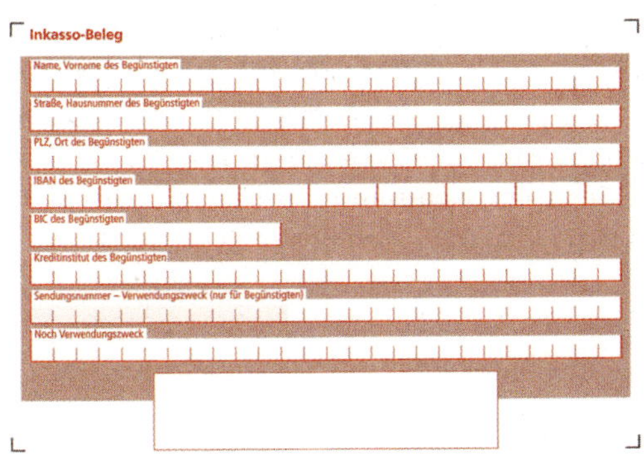
Inkasso-Beleg
Name, Vorname des Begünstigten
Straße, Hausnummer des Begünstigten
PLZ, Ort des Begünstigten
IBAN des Begünstigten
BIC des Begünstigten
Kreditinstitut des Begünstigten
Sendungsnummer – Verwendungszweck (nur für Begünstigten)
Noch Verwendungszweck

Inkassobeleg

Vor- und Nachteile der Nachnahmesendung für den Absender

Vorteile	Nachteile
• Hohe Sicherheit, auf jeden Fall das Geld bzw. die Ware zurückzubekommen	• Es dauert ein paar Tage, bis das Geld zurück überwiesen wird, obwohl die Ware das Lager bereits verlassen hat.
• Mahnungen werden überflüssig	• Zusätzliche Kosten (werden aber in der Regel auf den Käufer abgewälzt)
• Es können auch Kunden beliefert werden, die eine schlechte SCHUFA-Auskunft o. Ä. haben. Zusätzliche Umsätze sind möglich.	
• Beinhaltet meist kostenlos Tracking & Tracing auch bei Briefen.	

Vor- und Nachteile der Nachnahmesendung für den Empfänger

Vorteile	Nachteile
• Man erhält mit hoher Wahrscheinlichkeit auch die Ware.	• Ware verteuert sich meistens bei einer Nachnahmebestellung.
• Bequemer Einkauf, da die Bezahlung von zu Hause aus erfolgen kann	• Man muss das Geld meist passend im Haus haben.
• Waren können auch per Internet bestellt werden trotz einer eventuell schlechten SCHUFA-Auskunft	

Der Zusteller hat den Nachteil, dass er – je nach Höhe und Häufigkeit der Nachnahme während der Zustellung – höhere Bargeldbestände mit sich führen muss. Des Weiteren muss er auch falsches von echtem Geld unterscheiden können.

Die Zusatzleistung Nachnahme ist auch international möglich. Die XPressParcel AG bietet die Nachnahme europaweit bei Briefen an. Bei Paketen ist dies EU-weit und bei der Blitzfracht GmbH ist dies im gesamten geografischen Europa inklusive der gesamten Türkei möglich.

Je nach Anbieter werden unterschiedliche Länder von der Nachnahme ausgeschlossen. Welche Länder dies sind, muss man bei den jeweiligen Anbietern erfragen bzw. kann dies in den AGB nachlesen.

Ein zusätzlicher Vorteil bei der internationalen Nachnahme ist der, dass die Zahlung an den Absender gewährleistet ist und dieser somit eventuellen Rechtsstreitigkeiten nach unterschiedlichem nationalen Recht aus dem Weg gehen kann. Dies ist häufig mühseliger, als Rechtsansprüche innerhalb Deutschlands durchzusetzen.

Die Höhe des Nachnahmebetrages ist auch in den AGB der jeweiligen Anbieter geregelt. Bei der XPressParcel AG dürfen z. B. Nachnahmesendungen bis zu maximalen Beträgen von 2000,00 € je Sendung angenommen werden.

Merke:

Der KEP-Dienstleister haftet i. d. R. nicht für den Verlust der Sendung bei Nachnahmebriefen. Passieren dem Zusteller aber beim Einziehen oder beim Übermitteln des Nachnahmebetrages Fehler, so wird in Höhe des Nachnahmebetrages gehaftet.

1.2 Das Einschreiben

Die meisten Unternehmen der KEP-Branche bieten verschiedene Arten von Einschreiben (französisch: recommandé) an.

Definition:

Ein **Einschreiben** ist der Versand einer Sendung, bei der die Zustellung vom Zusteller dokumentiert wird. Somit erhält der Absender einen rechtssicheren Nachweis über die Auslieferung seiner Sendung.

Dies ist in der Regel bei Kunden erwünscht, die folgende Dokumente/Sendungen verschicken:

- Mahnungen
- Kündigungen
- Reklamationen
- Mängelrüge (siehe LF 1, Kap. 1.7.3)
- Fristgebundene Einsprüche (z. B. gegen Steuerbescheide oder Bußgelder)
- Zahlungsaufforderungen

Bei der Mail GmbH wird zwischen

- Einschreiben-Einwurf,
- Einschreiben-Übergabe,
- Einschreiben Eigenhändig (Persönliche Übergabe)
- Auslieferungsnachweis (Rückschein) unterschieden.

Der internationale Versand von Einschreiben ist auch möglich. Dies spiegelt auch das Produktportfolio der großen Anbieter des KEP-Marktes wider. Einschreiben-Einwurf und Einschreiben-Übergabe entfällt bei Paketen, da diese Leistungen bei der normalen Paketzustellung enthalten sind.

Ablauf Einschreiben

Der Kunde entscheidet sich für eine Art des Einschreibens. Dazu werden die gewöhnlichen Briefsendungen zusätzlich mit einem Barcodelabel gekennzeichnet, bei dem die passende zusätzliche Leistung per Kreuzvermerk ausgewählt werden muss. Bei Paketsendungen kann ein Kreuzvermerk meist auf dem Paketschein angebracht werden.

Durch das Barcodelabel wird das Tracking & Tracing ermöglicht, da der Barcode an verschiedenen Punkten während des Versandes gescannt wird. Einschreibemarken für den Briefversand kann man in der Filiale, beim Zusteller selbst oder über eine Servicehotline erwerben. Der Absender erhält einen Einlieferungsbeleg, auf dem auch die Trackingnummer steht.

Die Annahme eines Einschreibens kann vom Empfänger verweigert werden. Bei Annahmeverweigerung des Empfängers, Ehegatten oder des Bevollmächtigten wird die Sendung an den Auftraggeber zurückgesendet. Ersatzempfänger können keine Verweigerung aussprechen, sodass der Empfänger über eine Benachrichtigungskarte in seinem Briefkasten informiert wird.

Der weitere Ablauf unterscheidet sich je nach Art des Einschreibens.

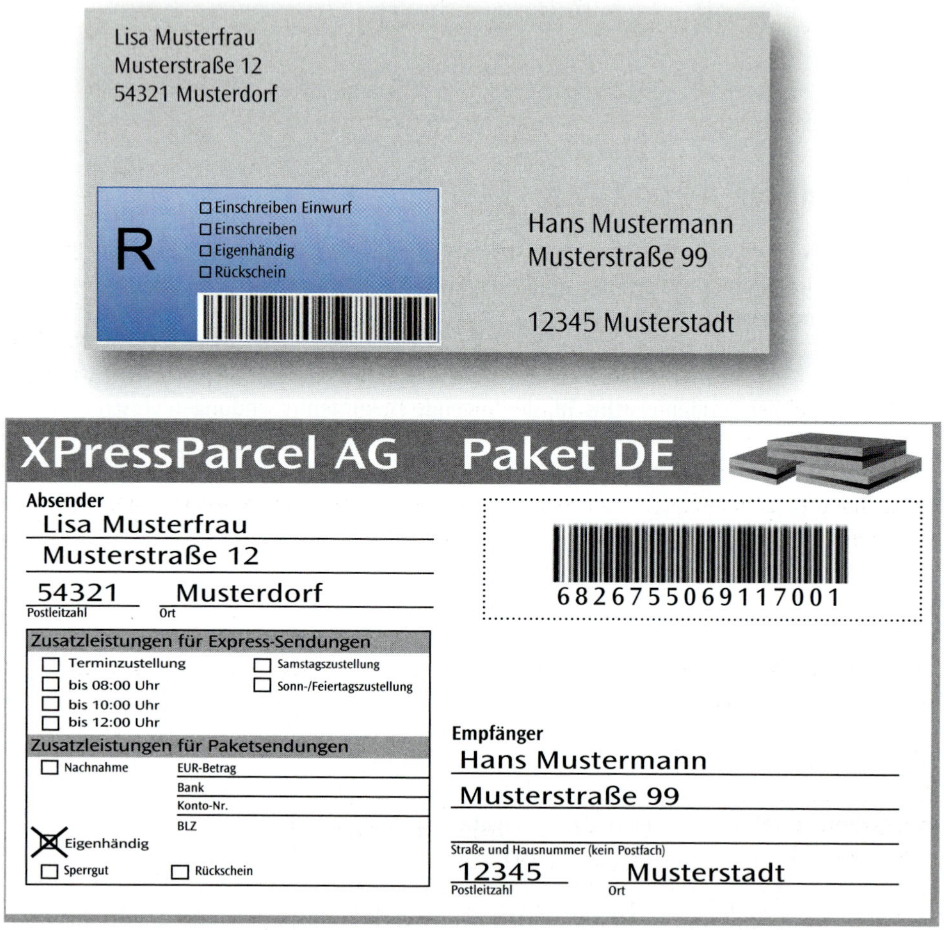

Vereinfachte Darstellung von Einschreibesendungen

1.2.1 Einwurf-Einschreiben

Das Einwurf-Einschreiben ist die kostengünstigste Methode, um einen Nachweis über den Einwurf einer Sendung zu erhalten. Kombiniert mit einer Postkarte ist dies noch günstiger, da – wie bei allen Zusatzleistungen – das Porto für normale Sendungen noch hinzukommt.

Beispiel

Bei der Mail GmbH wäre die günstigste Alternative der C6 Brief in Höhe von 0,50 € mit zusätzlich 1,50 € für die Zusatzleistung Einschreiben-Einwurf. Insgesamt wären also 2,00 € netto zu zahlen.

Der Zusteller legt die Sendung in die passende Zustellvorrichtung (= Briefkasten) ein und dokumentiert dies auf dem Auslieferungsbeleg. Der Kunde kann dies z. B. auf der Internetseite des Unternehmens mithilfe der Trackingnummer überprüfen und erhält damit den Nachweis über die Auslieferung der Sendung.

Trifft der Zusteller den Kunden an (z. B. der Kunde mäht den Rasen im Vorgarten), so wird das Einwurf-Einschreiben automatisch zu einem Übergabe-Einschreiben.

1.2.2 Übergabe-Einschreiben

Beim Übergabe-Einschreiben wird von einem Empfangsberechtigten die Annahme der Sendung quittiert. Das bedeutet, dass der Berechtigte den Empfang per Unterschrift bestätigt.
Dabei darf das Einschreiben nur an folgende Personen zugestellt werden:

- Person selbst
- Vertreter einer juristischen Person (z. B. Geschäftsführer einer GmbH)
- Ehegatten
- Einem schriftlich Bevollmächtigten
- Die Leitung in Gemeinschaftseinrichtungen (z. B. Seniorenresidenz, Jugendwohnheim)
- In den Räumen des Empfängers anwesende Angehörige bzw. Personen, von denen angenommen werden kann, dass sie zur Annahme des Einschreibens berechtigt sind

Über Postfächer ist die Übergabe eines Einschreibens möglich. Der Kunde wird über das Postfach mithilfe eines Benachrichtigungsscheins informiert und kann dann am Schalter die Sendung abholen. Der Zusteller darf einem Nachbarn kein Einschreiben übergeben.

1.2.3 Einschreiben Eigenhändig (persönliche Übergabe)

Beim Einschreiben Eigenhändig darf die Sendung nur dem Empfänger persönlich oder einer von ihm besonders bevollmächtigten Person übergeben werden.

Merke:

In der **besonderen Vollmacht** muss stehen, dass der Bevollmächtigte auch eigenhändige Sendungen annehmen darf.

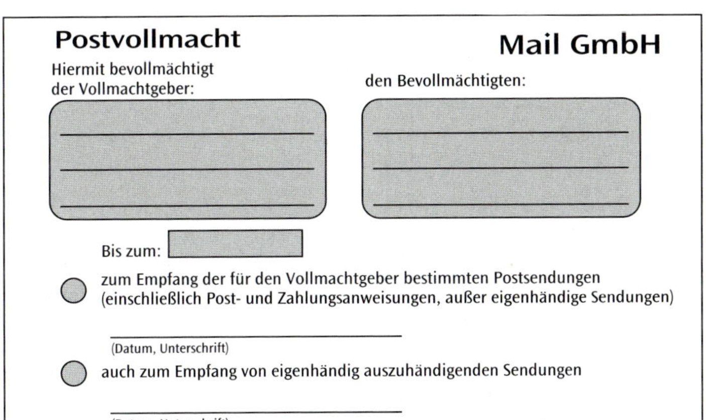

Postvollmacht

Beim Einschreiben Eigenhändig ist es in der Regel dem Zusteller untersagt, diese Sendung z. B. dem Ehegatten zu übergeben. Durch einen Kreuzvermerk auf dem Barcodelabel oder Paketschein kann man diese Sendungsart auswählen.
Ist der Empfänger nicht anwesend, kann er auch hier per Benachrichtigungskarte über das Einschreiben informiert werden und es in einer Filiale abholen (siehe auch Punkt 4.3. im Leistungsverzeichnis der Mail GmbH), bzw. bei Pakten erfolgt eine Benachrichtigung über einen zweiten Zustelltermin (siehe auch Punkt 3.3 im Leistungsverzeichnis der XPressParcel AG).

1.2.4 Auslieferungsnachweis (Rückschein)

Bei den anderen Arten des Einschreibens muss der Absender selbst über die Trackingnummer überprüfen, ob die Sendung tatsächlich beim Empfänger angekommen ist. Beim Rückschein ist mithilfe eines zusätzlichen Formulars (ähnlich einer Postkarte) die automatische Benachrichtigung des Absenders möglich.

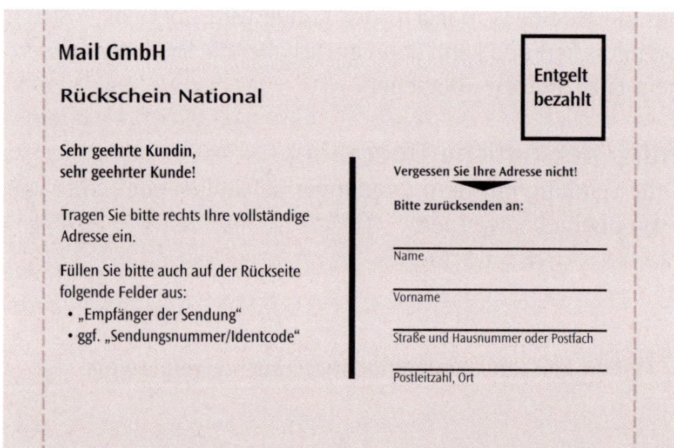

Mail GmbH

Rückschein National

Entgelt bezahlt

Sehr geehrte Kundin,
sehr geehrter Kunde!

Tragen Sie bitte rechts Ihre vollständige Adresse ein.

Füllen Sie bitte auch auf der Rückseite folgende Felder aus:
- „Empfänger der Sendung"
- ggf. „Sendungsnummer/Identcode"

Vergessen Sie Ihre Adresse nicht!

Bitte zurücksenden an:

Name

Vorname

Straße und Hausnummer oder Postfach

Postleitzahl, Ort

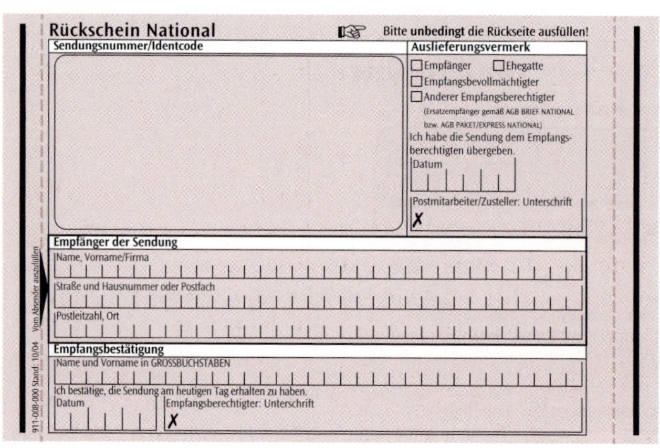

Rückschein National — Bitte unbedingt die Rückseite ausfüllen!

Sendungsnummer/Identcode

Auslieferungsvermerk
☐ Empfänger ☐ Ehegatte
☐ Empfangsbevollmächtigter
☐ Anderer Empfangsberechtigter
(Ersatzempfänger gemäß AGB BRIEF NATIONAL bzw. AGB PAKET/EXPRESS NATIONAL)
Ich habe die Sendung dem Empfangsberechtigten übergeben.
Datum
Postmitarbeiter/Zusteller: Unterschrift
✗

Empfänger der Sendung
Name, Vorname/Firma
Straße und Hausnummer oder Postfach
Postleitzahl, Ort

Empfangsbestätigung
Name und Vorname in GROSSBUCHSTABEN
Ich bestätige, die Sendung am heutigen Tag erhalten zu haben.
Datum
Empfangsberechtigter: Unterschrift
✗

911-008-000 Stand: 10/04 Vom Absender auszufüllen

Rückschein National

Der Absender füllt den Rückschein aus, der ähnlich wie eine Postkarte aufgebaut ist. Auf der einen Seite wird die Adresse des Absenders eingetragen. An ihn geht der Rückschein zurück. Auf der anderen Seite muss der Absender die Empfängerdaten eintragen. Der Zusteller ergänzt dann bei der Auslieferung der Sendung beim Auslieferungsvermerk, wer die Sendung entgegengenommen hat, trägt das Datum ein und unterschreibt als Bestätigung für die Richtigkeit. Der Empfänger des Einschreibens unterschreibt zusätzlich auf dem Formular.
Ist der Rückschein in der Obhut des KEP-Unternehmens zerstört worden, so darf der Zusteller einen neuen Auslieferungsnachweis ausfüllen.
Auf dem Rückschein sind Klebestreifen, sodass er leicht an die Rückseite der Sendung (Brief) oder neben dem Paketschein angebracht werden kann.

Merke:

Bei einigen Unternehmen muss bei der Zusatzleistung Rückschein zweimal unterschrieben werden: Einmal auf dem Display des Scanners und auf dem Rückschein. Es gibt Kunden, die sich weigern, zweimal zu unterschreiben. Deshalb muss der Zusteller darauf achten, dass unbedingt auf dem Rückschein unterschrieben wird. Beim Scanner kann er dann eingeben „siehe Rückschein".

Im Briefverkehr gibt es bei Einschreiben – im Gegensatz zu den meisten anderen Sendungen – eine Haftungsregelung bei Verlust des Einschreibens. Sie kann den AGB der jeweiligen Unternehmen entnommen werden. Bei der Mail GmbH beträgt die Haftung für Einschreiben bei Verlust 25,00 €. Dies ist der maximale Wert, da nur der unmittelbare Schaden gezahlt wird.
Bei der Mail GmbH kann man den Auslieferungsnachweis ohne die Zusatzleistung Einschreiben kaufen. Bei anderen Anbietern auf dem KEP-Markt muss man häufig die Standardleistung + Zusatzleistung Nachnahme + Zusatzleistung Rückschein kaufen.

1.3 Das Identverfahren/Identcheck

Definition:

Beim **Identverfahren** wird der Empfänger (natürliche Person) vom Zusteller bzw. am Schalter einer Filiale gemäß Signaturgesetz bzw. Geldwäschegesetz identifiziert.

Es gibt unterschiedliche Möglichkeiten, ein Identverfahren durchzuführen.
Der für den Kunden komfortabelste Weg ist das Verfahren durch den Zusteller. Der Zusteller kommt bis zur Haustür und führt es durch, ohne dass der Kunde das Haus verlassen muss.
Häufiger wird das Identverfahren am Schalter einer Filiale/eines Shops durchgeführt. Dies ist für den Absender die preiswertere Alternative, für den Kunden aber unbequemer, da er ggf. längere Anfahrtswege in Kauf nehmen muss.
Das Postidentverfahren wird häufig von Unternehmen genutzt, die eine Geschäftsverbindung zu neuen Kunden aufbauen wollen, ohne dass der Kunde in einer Filiale bzw. einem Geschäft vorstellig werden muss. Dies können Direktbanken (z. B. Comdirect Bank AG, ING-DiBa), Direktversicherungen oder Mobilfunkanbieter sein.

Beispiel

Herr Schmidt möchte ein Konto bei einer Direktbank, der Zinsbank AG, eröffnen. Er gibt online seine persönlichen Daten ein, akzeptiert die AGB usw. Die Direktbank möchte nun, dass Herr Schmidt als „echter" Herr Schmidt identifiziert wird, da sie nur mit ihm den Kontovertrag abschließen will. Außerdem möchte sie verhindern, dass ein Fremder in Herrn Schmidts Namen ein Konto eröffnet und damit z. B. illegal Geld wäscht.
Dazu muss Herr Schmidt ein Identifizierungsformular ausdrucken, welches online zur Verfügung gestellt wird bzw. ihm per Mail von der Zinsbank AG zugesendet wird. Zusätzlich druckt er den online ausgefüllten Kontoeröffnungsvertrag aus und verschließt diesen, nachdem er ihn unterschrieben hat, in einem Briefumschlag. Mit seinem Personalausweis, dem Briefumschlag und dem Postidentformular geht Herr Schmidt zur nächsten Filiale der Mail GmbH. Der Mitarbeiter der Mail GmbH füllt den Vordruck mithilfe der Ausweisdaten aus und Herr Schmidt unterschreibt das Formular unter den Augen des Mitarbeiters. Dieser vergleicht die Unterschrift auf dem Formular mit der Unterschrift auf dem Personalausweis. Der Mitarbeiter der Mail GmbH bestätigt die Richtigkeit seiner Unterschrift (siehe Formular: linke Seite). Danach werden der Kontoeröffnungsantrag und das Identformular direkt an die Bank gesendet, die dann das Konto eröffnen kann.

Für den Kunden komfortabler ist die Identifizierung durch den Zusteller zu Hause. Dann entfällt der Gang zur Filiale und der Zusteller führt das Identverfahren an der Haustür durch.
Als **Identifikationspapiere** ist nur der Reisepass oder der Personalausweis zugelassen. Nur dort findet man alle Angaben, die auf einem Identifikationsformular auszufüllen sind.

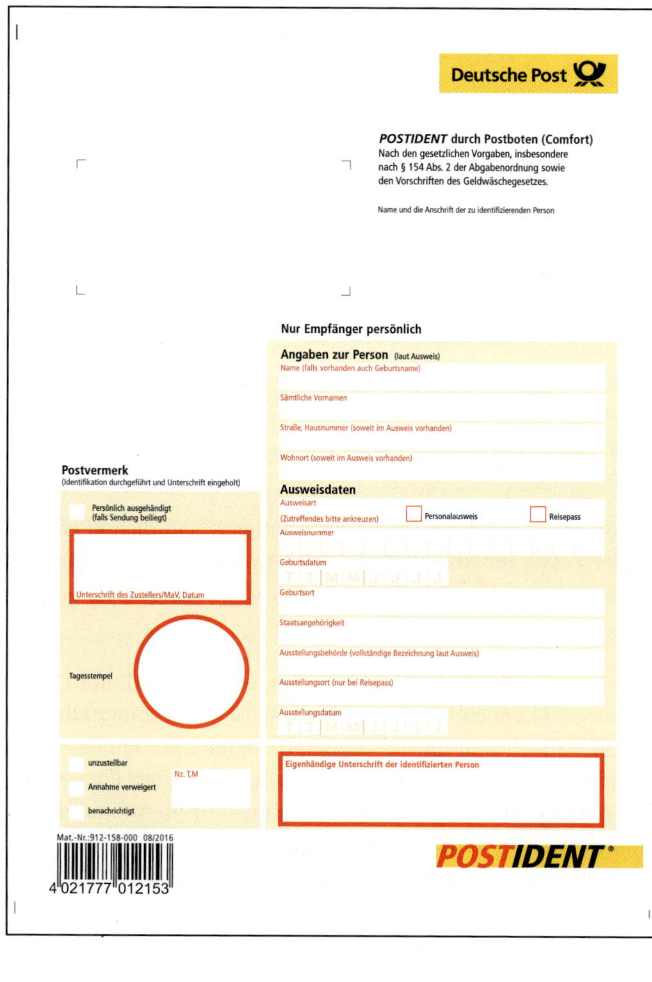

Deutsche Post

POSTIDENT durch Postboten (Comfort)
Nach den gesetzlichen Vorgaben, insbesondere nach § 154 Abs. 2 der Abgabenordnung sowie den Vorschriften des Geldwäschegesetzes.

Name und die Anschrift der zu identifizierenden Person

Nur Empfänger persönlich

Angaben zur Person (laut Ausweis)
Name (falls vorhanden auch Geburtsname)
Sämtliche Vornamen
Straße, Hausnummer (soweit im Ausweis vorhanden)
Wohnort (soweit im Ausweis vorhanden)

Postvermerk
(Identifikation durchgeführt und Unterschrift eingeholt)
Persönlich ausgehändigt (falls Sendung beiliegt)
Unterschrift des Zustellers/MaV, Datum
Tagesstempel

Ausweisdaten
Ausweisart
(Zutreffendes bitte ankreuzen) Personalausweis Reisepass
Ausweisnummer
Geburtsdatum T T M M J J J J
Geburtsort
Staatsangehörigkeit
Ausstellungsbehörde (vollständige Bezeichnung laut Ausweis)
Ausstellungsort (nur bei Reisepass)
Ausstellungsdatum T T M M J J J J

unzustellbar
Annahme verweigert
benachrichtigt
Nz. T,M

Eigenhändige Unterschrift der identifizierten Person

Mat.-Nr.:912-158-000 08/2016
4 021777 012153

POSTIDENT®

Vergleich unterschiedlicher Identverfahren

Identverfahren in der Filiale	Identverfahren durch Zusteller
• Identifikation in der Filiale • Vorgaben des Geldwäschegesetzes werden eingehalten • Übernahme sämtlicher Ausweisdaten • Original Kundenunterschrift • Weitere Unterlagen (z. B. Kontoeröffnungsvertrag) werden weitergesendet	• Identifikation durch den Zusteller • Vorgaben des Geldwäschegesetzes werden eingehalten • Übernahme sämtlicher Ausweisdaten • Original Kundenunterschrift • Beilage Kundensendung möglich

Exkurs

Geldwäschegesetz

Das Geldwäschegesetz spielt bei der Identifizierung eine wichtige Rolle. Es soll verhindert werden, dass Personen Geld aus illegalen Geschäften (z. B. Drogenverkauf, Waffenverkauf, Erpressungen) „reinwaschen" – also illegales Geld zu legalem Geld machen. Dazu wird das illegale Geld auf ein Konto von Strohmännern eingezahlt und dann mithilfe von vielen Transaktionen (= Überweisungen) verschleiert. Banken müssen verdächtige Konten der Staatsanwaltschaft melden. Aus diesem Grund muss auch jeder der Bank bestätigen, dass er das Konto nur für eigene Zahlungen verwendet. Deshalb ist es wichtig, dass auch wirklich derjenige, der das Konto eröffnet, auch unterschreibt und sich mit einem gültigen Personalausweis oder Reisepass legitimiert.

Zusätzlich gibt es beim Identverfahren noch die Möglichkeit der Altersidentifizierung. Bestimmte Waren dürfen nur an Personen über 18 Jahre versendet werden (z. B. Videos, Computerspiele). Der Zusteller muss dann mithilfe eines gültigen Ausweisdokumentes überprüfen, ob der Empfänger zur Annahme der Sendung berechtigt ist. Eine Ersatzzustellung an einen anderen Ersatzempfänger mit entsprechendem Alter ist möglich.

1.4 Der Zustellungsauftrag

Beim Zustellungsauftrag (kurz: ZA) wird die Zustellung eines Briefes durch den Zusteller beurkundet. Man spricht auch von der „förmlichen Zustellung". Dies bedeutet, dass die Zustellung eines ZA einer bestimmten Form bedarf. Diese Form ist in der Zivilprozessordnung (kurz: ZPO) vorgegeben. Die relevanten Paragrafen findet man bei der ZPO im Abschnitt 3, Teil 2, § 176 ff. Aus diesem Grund muss der Zusteller sehr genau festhalten, wann, wo und an wen er das Schriftstück – den eigentlichen Brief – zugestellt hat.

Zustellaufträge können nicht von Privatpersonen beauftragt werden, sondern werden von Gerichten, Behörden oder anderen Körperschaften des öffentlichen Rechts versendet.
Ein ZA besteht aus dem eigentlichen Brief (= Schriftstück), der dem Empfänger auszuhändigen, und der Urkunde, die vom Zusteller auszufüllen und an den Absender zurückzusenden ist.

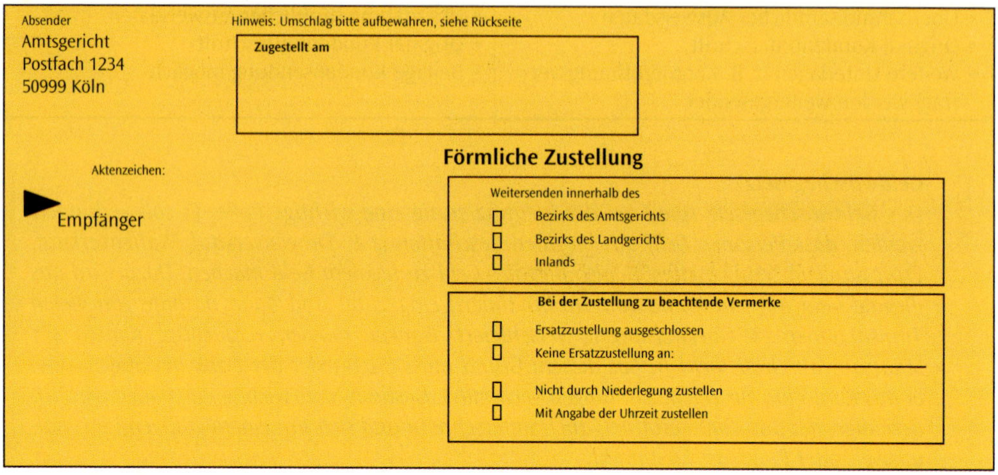
Absender
Amtsgericht
Postfach 1234
50999 Köln

Hinweis: Umschlag bitte aufbewahren, siehe Rückseite

Zugestellt am

Aktenzeichen:

Empfänger

Förmliche Zustellung

Weitersenden innerhalb des
- [ ] Bezirks des Amtsgerichts
- [ ] Bezirks des Landgerichts
- [ ] Inlands

Bei der Zustellung zu beachtende Vermerke
- [ ] Ersatzzustellung ausgeschlossen
- [ ] Keine Ersatzzustellung an:
- [ ] Nicht durch Niederlegung zustellen
- [ ] Mit Angabe der Uhrzeit zustellen

Förmliche Zustellung, Schriftstück/Umschlag

Die obige Abbildung zeigt den Briefumschlag, in dem der eigentliche Brief vom Amtsgericht für den Empfänger enthalten ist. Das Amtsgericht gibt das passende Aktenzeichen an. Zudem erscheint der Empfänger auf der linken Seite. Auf der rechten Seite kann das Amtsgericht für das zuzustellende Unternehmen angeben, was mit dem Schriftstück passieren muss, wenn der Empfänger verzogen ist. Ist nichts angekreuzt, so kann das KEP-Unternehmen das Schriftstück innerhalb der politischen Gemeinde nachsenden. Ist Bezirk des Amtsgerichts angekreuzt, dann wird innerhalb dieses Bezirks weitergeleitet usw.
Im unteren Bereich des Umschlags kann das Amtsgericht entscheiden, ob eine Ersatzzustellung an alle anderen Personen – außer dem Empfänger – bzw. an einzelne Personen ausgeschlossen werden soll. Dies kommt z. B. in Scheidungssachen vor, wenn der Ehepartner den Brief nicht bekommen darf.
Ferner kann es sein, dass man nicht per Niederlegung zustellen darf (siehe nachfolgend). Außerdem kann es wegen bestimmter Fristen entscheidend sein, dass die Uhrzeit vom Zusteller festgehalten wird.
Auf dem Umschlag kann der Zusteller bei der Zustellung festhalten, wann er das Schriftstück zugestellt hat. Dann wird es an den Empfänger übergeben.
Zudem muss der Zusteller auch noch die Zustellurkunde ausfüllen, die an den Absender zurückgesandt wird.

Das mit umseitiger Anschrift und Aktenzeichen versehene Schriftstück (verschlossener Umschlag) habe ich in meiner Eigenschaft als

2 ☐ Postbediensteter ☐ Justizbediensteter ☐ Gerichtsvollzieher ☐ Behördenbediensteter

3 ☐ **übergeben, und zwar** *(4.1 bis 8.3)*

4.1 ☐ unter der Zustellanschrift *(siehe 1.3)*

4.2 ☐ an folgendem Ort: *(soweit von 1.3 abweichend)* — *Straße, Hausnummer* — *Postleitzahl, Ort*

5.1 ☐ – dem Adressaten *(1.3)* persönlich.

5.2 ☐ – einem Vertretungsberechtigten (gesetzlichen Vertreter/Leiter): ▶

5.3 ☐ – dem durch schriftliche Vollmacht ausgewiesenen rechtsgeschäftlichen Vertreter: ▶

5.4 Herrn/Frau (Name, Vorname)

, weil ich den Adressaten (1.3)/Vertretungsberechtigten in der Wohnung nicht erreicht habe, dort

6.1 ☐ – einem erwachsenen Familienangehörigen: ▶

6.2 ☐ – einer in der Familie beschäftigten Person: ▶

6.3 ☐ – einem erwachsenen ständigen Mitbewohner: ▶

6.4 Herrn, Frau (Name, Vorname)

7.1 ☐ , weil ich den Adressaten (1 .3)/Vertretungsberechtigten in dem Geschäftsraum nicht erreicht habe, einem dort Beschäftigten:

7.2 Herrn, Frau (Name. Vorname)

, weil ich den Adressaten (1.3)/Vertretungsberechtigten in der Gemeinschaftseinrichtung nicht erreicht habe, dort

8.1 ☐ dem Leiter der Einrichtung: ▶

8.2 ☐ einem zum Empfang ermächtigten Vertreter: ▶

8.3 Herrn, Frau (Name, Vorname)

9 ☐ **zu übergeben versucht.** *(10.1 bis 12.3)*

Weil die Übergabe des Schriftstücks in der Wohnung/in dem Geschäftsraum nicht möglich war, habe ich das Schriftstück in den

10.1 ☐ – zur Wohnung

10.2 ☐ – zum Geschäftsraum

gehörenden Briefkasten oder in eine ähnliche Vorrichtung eingelegt.

11.1 ☐ Weil auch die Einlegung in einen Briefkasten oder in eine ähnliche Vorrichtung *(10.1, 10.2)*/die Ersatzzustellung in der Gemeinschaftseinrichtung (8.1 bis 8.3) nicht möglich war, wird das Schriftstück bei der hierfür bestimmten Stelle niedergelegt, und zwar in

11.1 .1 Niederlegungsstelle

11.1 .2 Straße, Hausnummer

11.1 .3 Postleitzahl, Ort

Die schriftliche Mitteilung über die Niederlegung habe ich

11.2 ☐ – in der bei gewöhnlichen Briefen üblichen Weise abgegeben, nämlich *(Art der Abgabe)*:

11.3 ☐ – an der Tür zur Wohnung/zum Geschäftsraum/zur Gemeinschaftseinrichtung angeheftet.

12 Weil die Annahme der Zustellung durch *Name, Vorname:* — *Beziehung zum Adressaten:*

verweigert wurde, habe ich das Schriftstück

12.1 ☐ – in der Wohnung/dem zur Wohnung gehörenden Briefkasten oder in einer ähnlichen Vorrichtung zurückgelassen.

12.2 ☐ – in dem Geschäftsraum/dem zum Geschäftsraum gehörenden Briefkasten oder in einer ähnlichen Vorrichtung zurückgelassen.

12.3 ☐ – an den Absender zurückgeschickt, da keine Wohnung oder kein Geschäftsraum vorhanden ist.

13 Den Tag der Zustellung – ggf. mit Uhrzeit – habe ich auf dem Umschlag des Schriftstücks vermerkt.

13.1 Datum T T M M J J — *13.2 ggf. Uhrzeit* S S M M — *13.3 Unterschrift des Zustellers*

13.4 Postunternehmen/Behörde

Deutsche Post AG
Zustellstützpunkt

13.5 Name, Vorname des Zustellers (in Druckbuchstaben)

Postzustellungsurkunde (kurz: PZU) 1

Zustellungsurkunde

Urkunde wird maschinell gelesen. Bitte deutlich schreiben.

1.1 *Aktenzeichen*

1.2 *Ggf. weitere Kennz.*

Weitersenden innerhalb des
- 1.5 ☐ Bezirks des Amtsgerichts
- 1.6 ☐ Bezirks des Landgerichts
- 1.7 ☐ Inlands

1.3 *Adressat*

Bei der Zustellung zu beachtende Vermerke
- 1.8 ☐ Ersatzzustellung ausgeschlossen
- 1.9 ☐ Keine Ersatzzustellung an:
- 1.10 ☐ Nicht durch Niederlegung zustellen
- 1.11 ☐ Mit Angabe der Uhrzeit zustellen

1.4 Bei erfolglosem Zustellversuch: Vermerk über den Grund der Nichtzustellung

1.4.1 ☐ Adressat unter der angegebenen Anschrift nicht zu ermitteln

1.4.2 ☐ Adressat verzogen nach:

Straße, und Hausnummer

Postleitzahl, Ort

1.4.3 ☐ Weitersendung nicht möglich ☐ Weitersendung nicht verlangt

1.4.4 ☐ Empfänger unbekannt verzogen

1.4.5 ☐ *Anderer Grund:*

1.4.6 *Datum*

T T M M J J

1.4.7 *Unterschrift*

1.4.8 *Postunternehmen/ Behörde:*

Deutsche Post AG
Zustellstützpunkt

Zustellungsurkunde/Zustellungsauftrag zurück an Absender

03

1X 8.04/8 7 6 5 4 3 2 1

911-013-000

Postzustellungsurkunde (kurz: PZU) 2

Auf der Zustellurkunde vergleicht man das Aktenzeichen mit dem des Schriftstücks. Dort sind auch die weiteren Angaben (Weiterleitung, mit Uhrzeit zustellen, auszuschließende Ersatzzustellung) vermerkt.
Auf der Vorderseite der Zustellurkunde gibt der Zusteller an, aus welchen Gründen er nicht zustellen konnte und so das Schriftstück wieder zurück an den Absender geschickt wird.
Auf der Rückseite müssen die Felder ausgefüllt werden, unter welchen Umständen das Schriftstück zugestellt wird.
Die Zustellung muss am Eingangstag vorgenommen werden. Ein Zurückstellen von Zustellaufträgen ist nicht erlaubt.

Merke:

Die ZPO sieht nur eine bestimmte Reihenfolge der Zustellung vor.

Zuerst muss dem Empfänger persönlich bzw. einem schriftlich Bevollmächtigten zugestellt werden. Wird dieser nicht angetroffen, darf eine Ersatzzustellung an eine andere Person erfolgen. Erst dann darf über einen Hausbriefkasten zugestellt werden. Nur wenn dies nicht möglich ist, darf der Empfänger benachrichtigt werden und das Schriftstück wird niedergelegt.
Bei der Niederlegung wird üblicherweise das Schriftstück in einer Filiale bzw. einem Depot aufbewahrt. Das Besondere daran ist, dass die Aufbewahrungsfrist drei Monate beträgt und das Schriftstück mit der Abgabe der Benachrichtigung über die Niederlegung beim Empfänger als zugestellt gilt.

Ersatzzustellung von Schriftstücken

Die Ersatzzustellung kann durch den Absender allgemein oder für bestimmte Personen ausgeschlossen werden. Dies wird vom Auftraggeber durch Kreuzvermerk und die eventuelle Nennung der ausgeschlossenen Person auf dem Umschlag geschehen.

Möglichkeiten der Ersatzzustellung beim ZA

Wohnung	• Erwachsene (wer erwachsen ist, liegt in der Entscheidung der Zustellkraft) Familienangehörige • Im Haus beschäftigte Person • Erwachsener ständiger Mitbewohner
Geschäft	• Dort beschäftigte Person
Gemeinschaftsunterkunft	• Leiter der Gemeinschaftsunterkunft • Zur Annahme ermächtigter Vertreter
Arbeitsplatz	• Keine Ersatzzustellung möglich

Die Ersatzzustellung über einen Briefkasten darf nur erfolgen, wenn die Zustellung an eine Person (inklusive andere Personen, die zur Annahme berechtigt sind) nicht möglich ist. Dazu muss der Briefkasten eindeutig beschriftet und darf nicht zu voll sein. Wurde ein Mitbewohner von der Ersatzzustellung durch einen Kreuzvermerk ausgeschlossen (siehe Abbildung), so darf nicht über den Briefkasten zugestellt werden. Man kann in dem Fall davon ausgehen, dass der Mitbewohner auch den Briefkasten öffnen und sich über den Inhalt Kenntnis verschaffen kann.

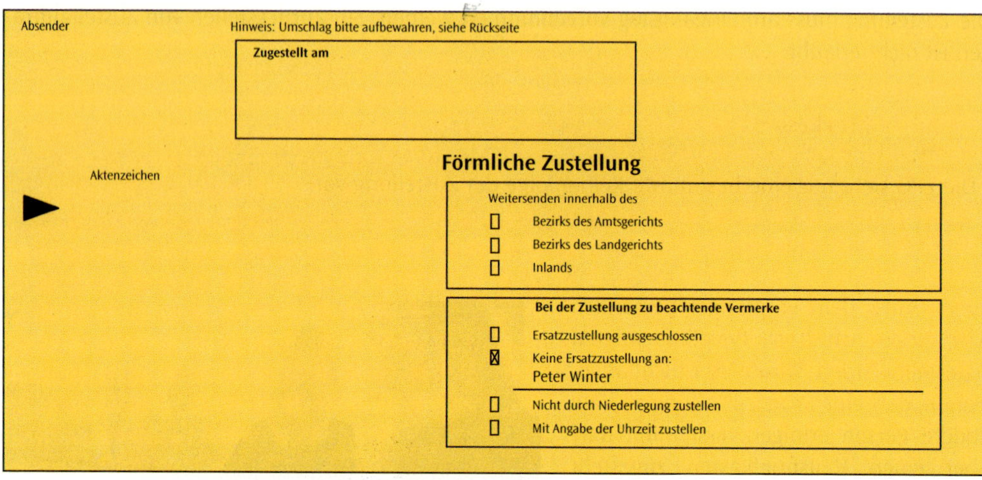
Absender

Hinweis: Umschlag bitte aufbewahren, siehe Rückseite

Zugestellt am

Aktenzeichen

Förmliche Zustellung

Weitersenden innerhalb des
- ☐ Bezirks des Amtsgerichts
- ☐ Bezirks des Landgerichts
- ☐ Inlands

Bei der Zustellung zu beachtende Vermerke
- ☐ Ersatzzustellung ausgeschlossen
- ☒ Keine Ersatzzustellung an: Peter Winter
- ☐ Nicht durch Niederlegung zustellen
- ☐ Mit Angabe der Uhrzeit zustellen

Ersatzzustellung durch Niederlegung

Eine Ersatzzustellung durch Niederlegung ist erst dann erlaubt, wenn die persönliche Zustellung, Ersatzzustellung an eine andere Person oder die Ersatzzustellung über den Briefkasten nicht möglich ist.

Die Benachrichtigung über die Ersatzzustellung durch Niederlegung kann in den Briefkasten oder an der Tür der Wohnung bzw. des Geschäftsraumes erfolgen. Hat der Absender die Ersatzzustellung ausgeschlossen bzw. einen Kreuzvermerk auf dem Umschlag gemacht, dass man nicht durch Niederlegung zustellen darf, ist diese Form der Ersatzzustellung nicht möglich.

Wurde eine bestimmte Person von der Ersatzzustellung ausgeschlossen (z. B. der Ehemann), dann muss die Benachrichtigungskarte geändert werden, damit das ausgebende Depot direkt erkennt, an wen sie den ZA ausgeben dürfen.

Beispiel

Hat der Absender die Ehefrau Uta Schmidt als Ersatzempfänger ausgeschlossen, so muss der Zusteller dies auf der Benachrichtigungskarte vermerken. Findet die Ehefrau die Karte im Briefkasten und versucht mithilfe der Benachrichtigungskarte und ihrem Personalausweis das Schriftstück abzuholen, so kann das Depot dies sofort bemerken und händigt es nicht aus.

Unzustellbarkeit von Schriftstücken

- Es ist kein Aktenzeichen vorhanden. Dann kann die Behörde den Vorgang nicht zuordnen.
- Empfänger ist unbekannt oder ist unbekannt verzogen.
- Empfänger ist ins Ausland verzogen. Dort gelten die Regelungen der ZPO nicht.
- Empfänger soll verstorben sein. Diese Formulierung ist auch als Grund auf der Urkunde anzugeben, da der Zusteller es meist mündlich von einem Verwandten erfährt und sich

somit nicht sicher sein kann, ob der Empfänger tatsächlich tot ist. Ist bei einem Unternehmen der Geschäftsführer verstorben, darf der Vertreter den ZA entgegennehmen.
- Postsperre. Dies tritt z. B. bei einem Insolvenzverfahren auf.
- Zustellung ist an den Empfänger nicht möglich und der Absender hat die Ersatzzustellung ausgeschlossen.
- Weitersendung nicht möglich oder verlangt. Wenn z. B. der Absender angekreuzt hat, dass im Bezirk des Landgerichts Bonn weitergesendet werden soll, so darf auch nur innerhalb dieses Bezirks weitergeleitet werden. Eine Weitersendung nach z. B. Berlin wäre nicht erlaubt.
- Gravierender Mangel in der Anschrift. Ein Zahlendreher bei der Hausnummer ist kein gravierender Mangel. Eine vollständig falsche Adresse wäre ein solcher Mangel.

Während die Annahme bei gewöhnlichen Sendungen verweigert werden darf, ist dies bei einem ordnungsgemäß ausgeführten ZA nicht möglich. Die einzige Ausnahme ist, wenn ein gravierender Mangel vorliegt, die Zweifel an der Identität des Empfängers aufkommen lassen.

Beispiele und Maßnahmen bei einer Annahmeverweigerung

1. Bei einem kleinen Mangel (z. B. Zahlendreher bei Hausnummer oder Namensänderung des Empfängers durch Heirat) kann der Zusteller den Fehler berichtigen und mit Datum und Unterschrift die Änderung bestätigen. Dann wird das Schriftstück zugestellt.
2. Der Empfänger oder Ersatzempfänger verweigert unberechtigt die Annahme. Der Zusteller kann die Sendung im Briefkasten, in der Wohnung bzw. den Geschäftsräumen zurücklassen.
3. Die Zustellung soll am Arbeitsplatz erfolgen und der Empfänger verweigert die Annahme. Das Schriftstück wird an den Absender zurückgesendet. Es gilt dennoch als zugestellt.
4. Angetroffene Person weigert sich, seine Identität preiszugeben. Der Zusteller stellt über den Briefkasten zu. Falls kein Briefkasten vorhanden ist, kann er das durch Niederlegung tun.

Ist ein Empfänger umgezogen und hat der Weitergabe seiner neuen Adresse nicht zugestimmt, muss bei einem ZA dennoch die Adresse angegeben werden.

Weitersendung eines ZA

Sind bestimmte Voraussetzungen erfüllt, so darf ein ZA weitergesendet werden. Dies ist dann der Fall, wenn der Empfänger umgezogen (Wohnung oder Geschäftsraum) ist. Innerhalb einer Gemeinde darf immer weitergesendet werden, auch wenn kein Vermerk auf dem Umschlag ist. Ist ein Empfänger weiter verzogen (z. B. Nachbarstadt oder anderes Bundesland), so muss der Absender ein Kreuzvermerk auf dem Umschlag gemacht haben.
Dann muss der Zusteller die Angaben auf dem Schriftstück abändern.
Hat der Empfänger des ZA einer Anschriftenmitteilung an Dritte widersprochen, so spielt dies für den Zustellauftrag keine Rolle.

Ausfüllbeispiele für die Urkunde

Empfänger	Angetroffen/Situation	Vorgang/Ausfüllhinweise gem. PZU
Klaus Müller	Klaus Müller, Briefkasten vorhanden	Übergabe 2, 3, 4.1, 5.1, 13.1, 13.3, 13.4, 13.5
Klaus Müller	Niemanden, Briefkasten vorhanden	
Ute Kummer	Niemanden, Briefkasten vorhanden, Ersatzzustellung ausgeschlossen	
Bäckerei Himmel	Verkäufer Kevin Bural, Briefkasten vorhanden	Übergabe an Kevin Bural 2, 3, 4.1, 7.1, 7.2 Bural, Kevin, 13.1, 13.3, 13.4, 13.5
Gisela Brakel	Gisela ter Steegen sagt aus, Namensänderung wegen Hochzeit, Briefkasten vorhanden	Übergabe und Namensänderung (mit Anmerkung: „berichtigt wegen Heirat" + Unterschrift + Datum) 2, 3, 4.1. 5.1, 13.1, 13.3, 13.4, 13.5
Dustin Hofmann	Adressat verzogen in eine andere Stadt, hat der Weitergabe seiner Adresse widersprochen, kein Kreuzvermerk auf Umschlag	Zurück 1.4.2 (mit neuer Adresse), 1.4.3 Weitersendung nicht verlangt, 1.4.6, 1.4.7

Für den Zusteller ist eine ordnungsgemäße Zustellung des ZA sehr wichtig, da es vorkommen kann, dass dieser persönlich für eine falsche Zustellung haftet. Dies wird aus folgendem Artikel deutlich. Im Außenverhältnis (Post – Absender) haftet die Post. Diese kann jedoch den Zusteller für seine Pflichtverletzung im Innenverhältnis belangen (Zusteller – Post).

Amtspflichtverletzung bei PZA – Post haftet

Nachdem ein Münsteraner Unternehmen eine Ladung zu einem Prozess in Griechenland nicht erhalten hatte und mit einem Versäumnisurteil belegt worden war, klagte es gegen die Deutsche Post.
Der Briefträger hatte auf der Zustellungsurkunde angekreuzt, die Sendung sei in den Briefkasten eingeworfen worden. Einen solchen hat das Unternehmen aber gar nicht. Aufgrund der Amtspflichtverletzung des Zustellers muss die Deutsche Post nun für den entstandenen Schaden haften, entschied das Oberlandesgericht Hamm.

Quelle: *bit-Verlag Weinbrenner GmbH & Co. KG: Amtspflichtverletzung bei PZA – Post haftet, veröff. am 25.08.2014 unter www.postmaster-magazin.de/index.php/dienstleister-a/12167-amtspflichtverletzung-bei-pza-post-haftet.html*

1.5 Die Haftung

Die Haftung bei KEP-Unternehmen ist gemäß den AGB der verschiedenen KEP-Anbieter unterschiedlich. Alle Unternehmen müssen aber einen gesetzlichen Mindeststandard einhalten. Dieser ist gemäß Handelsgesetzbuch geregelt. In der Unternehmensbeschreibung des XPressParcel AG findet man dies im allgemeinen Teil unter Punkt 7 „Haftung".

Schadenarten

Bei der Haftung sind verschiedene Schadenarten zu unterscheiden. Eine häufige Schadenart ist der Güterschaden.
Ein Güterschaden entsteht, wenn die Sendung beschädigt wird oder verloren geht. Daraus kann sich ein Güterfolgeschaden ergeben. Dieser Schaden entsteht als Folge eines Güterschadens.
Eine weitere Schadenart stellt der reine Vermögensschaden bei Lieferfristüberschreitung dar. Hier haftet das KEP-Unternehmen für verspätete Lieferungen. Dies kann z. B. schon bei Expresspaketen der Fall sein, die 20 Minuten zu spät beim Kunden abgeliefert werden.
Werden Fehler beim Einzug der Nachnahme gemacht, liegt eine weitere Schadenart vor. Ein Fehler könnte beispielsweise die Annahme eines ungedeckten Schecks sein oder der Einzug des falschen Betrages durch den Zusteller.

Beispiel

Ein wichtiges Ersatzteil geht auf einem Transport der XPressParcel AG verloren (= Güterschaden). Deshalb müssen die Produktionsbänder einer Maschinenfabrik für acht Stunden stillstehen. Daraus ergibt sich ein Schaden für das produzierende Unternehmen (= Güterfolgeschaden), weil keine Maschinen hergestellt werden können, die Arbeiter aber weiter bezahlt werden müssen.

1.5.1 Haftung gemäß AGB und HGB

Die Haftungshöhen bei den AGB der verschiedenen Anbieter auf dem KEP-Markt sind unterschiedlich. Dadurch möchte man sich auch von der Konkurrenz abgrenzen. In der Regel kann man jedoch festhalten, dass die Haftungshöhe bei Briefdiensten relativ gering ist. Bei Paket-/Expressdiensten beläuft sich die Haftung bei Güterschaden meist bei ca. 500,00 €.

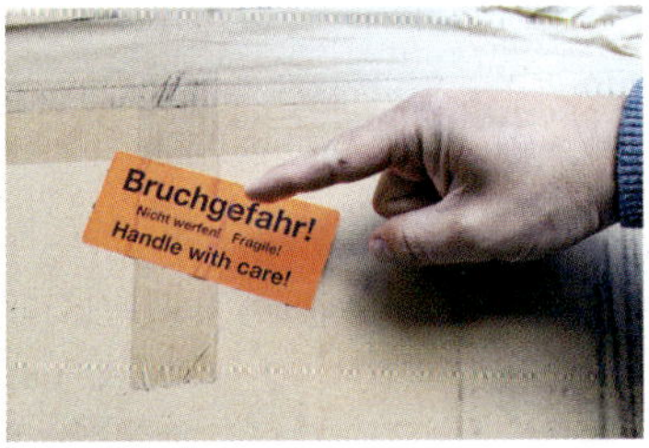

Kuriere haben meist die höchste Haftung. Dies liegt aber auch daran, dass die Sendungen selten als Sammelgut transportiert werden, sondern Sendung für Sendung. Außerdem ist eine Kuriersendung meist in der Obhut nur eines Fahrers, der dann auch voll für diese Sendung verantwortlich ist. Dadurch geht ein Kurierfahrer in der Regel sorgsamer mit einem Paket um als die Sortierer im Hub.
Die KEP-Unternehmen haften von der Übernahme der Pakete bis zur Abgabe (= Obhutshaftung). Nur bei der Lieferfristüberschreitung spricht man von einer Verschuldenshaftung durch das KEP-Unternehmen.

Vergleich Haftung AGB und HGB

Haftungsart	AGB	HGB
Güterschaden	**XPressParcel AG:** bis 500,00 € **Mail GmbH:** keine Haftung bei Standardsendungen, 25,00 € bei Einschreiben **Blitzfracht GmbH:** siehe HGB	Maximal 8,33 Sonderziehungsrechte (SZR) pro kg Rohgewicht Kosten für die Schadensfeststellung (z. B. Sachverständiger)
Lieferfristüberschreitung	Siehe HGB	Dreifaches Frachtentgelt
Nachnahmefehler	Siehe HGB	Höhe des Nachnahmebetrages
Güterfolgeschaden	Siehe HGB	Keine Haftung

Unter Sonderziehungsrechten (SZR) versteht man eine künstliche Währung, die sich aus verschiedenen Währungen zusammensetzt. Man kann diese Währung demnach nicht als Bargeld erwerben. Sie wird z. B. bei Haftungen eingesetzt, damit international von einer Haftungshöhe ausgegangen werden kann. Ein amerikanischer Geschädigter würde gerne die Haftung in Dollar berechnen und ein deutscher Geschädigter in Euro. Damit es dort nicht zu Streit kommt, hat man sich auf die SZR geeinigt.

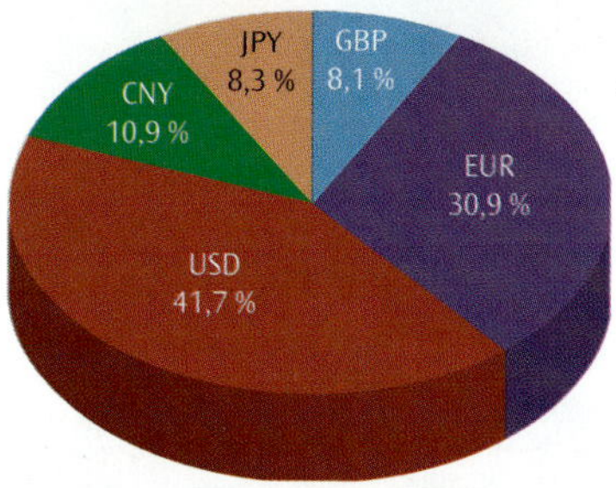

Währungskorb der Sonderziehungsrechte

Die SZR bestehen aus Euro, amerikanischen Dollar, englischen Pfund, japanischem Yen und dem chinesischen Yuan zu unterschiedlichen Anteilen. Der ungefähre Wert ist (Herbst 2016) 1 SZR – 1,25 €.

Reklamationsfristen gegenüber dem KEP-Dienst

Art des Schadens	Zeitpunkt
Offener Schaden (Beschädigung erkennbar)	Sofort bei Ablieferung
Verdeckter Schaden (Beschädigung von außen nicht erkennbar)	Innerhalb von sieben Tagen nach Ablieferung
Lieferfristüberschreitung	Innerhalb von 21 Tagen

Beispiele

1. *Ein Brief C6 geht auf dem Transport der Mail GmbH verloren. Keine Haftung. Bei einem Einschreiben wäre die Haftung auf 25,00 € begrenzt.*
2. *Ein S-Paket geht auf dem Transport bei der XPressParcel AG verloren. Der Inhalt des Paketes hatte einen Wert von 270,00 €. Haftung: 270,00 €.*
3. *Eine Palette mit Ersatzteilen wird während eines Transportes wegen schlechter Ladungssicherung völlig zerstört. Die Ersatzteile hatten einen Wert von 800,00 € und wogen 200 kg. 200 kg · 8,33 SZR · 1,25 = 2 082,50 €. Haftung: 800,00 €.*

Ein KEP-Unternehmen haftet nicht immer, wenn Schäden in seiner Obhut entstehen (§ 425 HGB). Für Güter, die gemäß AGB nicht versendet werden dürfen (Verbotsgüter), wird keine Haftung übernommen. Zudem ist die Haftung wegen höherer Gewalt ausgeschlossen. Unter höherer Gewalt versteht man Sachverhalte, die vom Unternehmer nicht zu verantworten sind.
Naturkatastrophen, Verkehrsunfälle, Überschwemmungen, Sabotage usw. zählen zur höheren Gewalt.

Merke:

§ 427 HGB sieht noch weitere **Haftungsausschlussgründe** vor:

1. Verwendung von offenen Fahrzeugen, die nicht mit Planen gedeckt sind
2. Unzureichende Verpackung durch den Absender
3. Behandeln, Verladen oder Entladen der Sendung durch den Absender oder Empfänger
4. Natürliche Beschaffenheit des Gutes, welches besonders leicht zu Schäden führt (z. B. Auslaufen, innerer Verderb)
5. Ungenügende Kennzeichnung durch den Absender
6. Beförderung lebender Tiere

Die Reklamation offener Schaden nimmt in der Regel der Zusteller entgegen. Dazu sollte der Zusteller ein Fehlerprotokoll oder eine Reklamationskarte bei sich führen. Durch ein vorgefertigtes Formular ist gewährleistet, dass die Reklamation vom Kunden schnell bearbeitet werden kann. Die Reklamationskarte kann dann gemeinsam mit dem Kunden ausgefüllt werden und nach der Zustellung an die betreffende Stelle (z. B. Depotleiter) weitergeleitet werden.

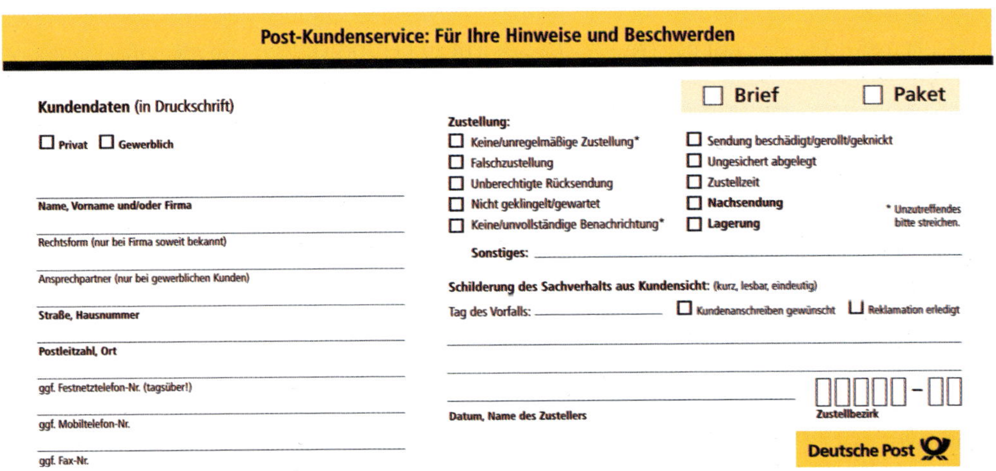
Post-Kundenservice: Für Ihre Hinweise und Beschwerden

Kundendaten (in Druckschrift)

☐ Privat ☐ Gewerblich

Name, Vorname und/oder Firma

Rechtsform (nur bei Firma soweit bekannt)

Ansprechpartner (nur bei gewerblichen Kunden)

Straße, Hausnummer

Postleitzahl, Ort

ggf. Festnetztelefon-Nr. (tagsüber!)

ggf. Mobiltelefon-Nr.

ggf. Fax-Nr.

☐ Brief ☐ Paket

Zustellung:

☐ Keine/unregelmäßige Zustellung*
☐ Falschzustellung
☐ Unberechtigte Rücksendung
☐ Nicht geklingelt/gewartet
☐ Keine/unvollständige Benachrichtigung*
☐ Sendung beschädigt/gerollt/geknickt
☐ Ungesichert abgelegt
☐ Zustellzeit
☐ **Nachsendung**
☐ **Lagerung**

* Unzutreffendes bitte streichen.

Sonstiges:

Schilderung des Sachverhalts aus Kundensicht: (kurz, lesbar, eindeutig)

Tag des Vorfalls: ☐ Kundenanschreiben gewünscht ☐ Reklamation erledigt

Datum, Name des Zustellers

Zustellbezirk

Deutsche Post

Beschwerdeformular

Viele Unternehmen arbeiten zudem mit Subunternehmern zusammen. Auch hier haftet der vom Kunden beauftragte Frachtführer (§ 428 HGB).

Beispiel

Ein Kunde schließt einen Vertrag mit der Hermes Logistik. Diese lässt die Sendung jedoch über einen Subunternehmer zustellen. Der Subunternehmer beschädigt die Sendung. Nun kann der Kunde den Haftungsbetrag von der Hermes Logistikgruppe einfordern. Diese wird jedoch im Innenverhältnis den Schadensausgleich bei ihrem Subunternehmer zurückfordern.

1.5.2 Haftung im Luftverkehr

Viele internationale Expresspakete werden per Luftfracht befördert, um rechtzeitig den Bestimmungsort zu erreichen. UPS und Fedex haben wichtige Hubs in Köln/Bonn und DHL hat seinen Hub am Flughafen Leipzig.

Im Luftverkehr gibt es auch Unterschiede bei der gesetzlichen Haftung und der Haftung gemäß AGB. In der Regel werden national keine Pakete per Flugzeug transportiert. Sollte dies dennoch notwendig sein, so gelten die Regelungen des HGB (siehe Kapitel 1.5.1).

Im internationalen Luftverkehr gelten die Regelungen des Montrealer Abkommens. Die Haftungsregelungen gelten von „terminal to terminal". Das bedeutet, dass sie von der Umschlagsanlage des Abgangsflughafens bis zur Umschlagsanlage des Bestimmungsflughafens gelten.

Die Höhe der Haftung bei Verlust oder Beschädigung beträgt mindestens 19 Sonderziehungsrechte pro kg Rohgewicht. Dabei ist das tatsächliche Gewicht zu berücksichtigen und nicht das Volumengewicht, welches eine Rolle bei der Frachtrate spielt.

Die XPressParcel AG haftet aber auch bei internationalen Transporten in Höhe von 500,00 €.

Haftungsunterschiede bei nationalen und internationalen Flugsendungen

	Haftung Flug national (HGB)	Haftung Flug international (Montrealer Übereinkommen)
Schadenarten	Verlust Beschädigung Lieferfristüberschreitung Nachnahmefehler Sonstige Vermögensschäden	Verlust Beschädigung Verspätung
Maximale Haftungshöhe	Verlust/Beschädigung: 8,33 SZR Lieferfrist: dreifaches Frachtentgelt Nachnahmefehler: Höhe der Nachnahme Sonstige Vermögensschäden: dreifacher Verlustwert	Verlust/Beschädigung/ Verspätung: 19 SZR

Exkurs

Volumengewicht

Das Volumengewicht wird in der Luftfahrt herangezogen, um einen Frachtpreis zu berechnen. So sollen leichte Sendungen, die aber sperrig sind, auch mit einer angemessenen Frachtrate versehen werden.

Die Berechnung erfolgt nach der Formel:

$$\frac{\text{Länge in cm} \cdot \text{Breite in cm} \cdot \text{Höhe in cm}}{5\,000}$$

Ist das Volumengewicht der Sendung höher als das tatsächliche Gewicht, so wird mit dem Volumengewicht, aufgerundet auf jeweils 0,500 kg, weitergerechnet

Merke:

Bei den AGB der XPressParcel AG liegt der Divisor bei 6 000 und es muss auf ganze kg aufgerundet werden.

Beispiel

Beispiel (gem. AGB XPressParcel AG)

Gewicht einer Expresssendung nach New York: 4 kg. 30 · 50 · 40 cm.
Volumengewicht: 30 · 50 · 40/6 000 = 10 kg Volumengewicht. Bei einer Luftfrachtsendung müsste demnach mit 10 kg gerechnet werden und nicht mit den tatsächlichen 4 kg.

1.5.3 Transportversicherung

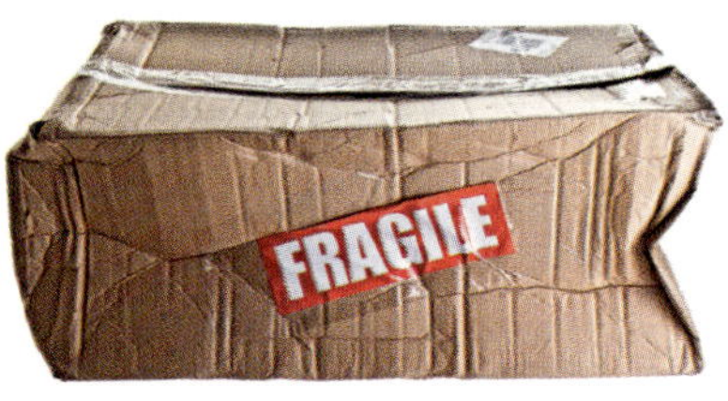

Die KEP-Branche versichert in der Regel Pakete oder auch andere Sendungen automatisch bis zu einer bestimmten Haftungshöhe. Es gibt aber auch Sendungen, die höher versichert sein müssen, da deren Wert die normale Haftung übersteigt. Dazu bieten die unterschiedlichen Unternehmen gleichzeitig auch zubuchbare Höherversicherungen an. Als Versender kann man diese Höherhaftung gegen zusätzliches Entgelt kaufen.

Möchte ein Versender regelmäßig höher zu versichernde Güter versenden, so kann er auch bei einem Versicherungsunternehmen direkt eine Versicherung abschließen. Die Versicherung gibt

dann oft vor, mit welchen Paketdienstleistern der Versender seine Sendungen verschicken darf. Dies hängt von der Schadensquote der KEP-Dienstleister ab.
Da die KEP-Unternehmen aber zusätzlich an der Höherversicherung verdienen und somit ihren Gewinn steigern, versucht man die hauseigenen Versicherungen zu verkaufen.

Versicherungsmöglichkeiten bei der Mail GmbH, Blitzfracht GmbH und XPressParcel AG

Unternehmen	Zusatzversicherung	Kosten (netto) in Euro
Mail GmbH	Bis 500,00 €	4,20
XPressParcel AG (inklusive Expresssendungen	National und EU: 2 000,00 € 5 000,00 € 10 000,00 € weltweit nicht möglich	 5,00 10,00 20,00
Blitzfracht GmbH	5 000,00 € 10 000,00 €	10,00 20,00

Bei der XPressParcel Unternehmensgruppe ist also maximal ein Wert bis 10 000,00 Euro zu versichern. Einschränkungen gibt es nicht.
In der Praxis bieten die KEP-Unternehmen höhere Versicherungssummen an. DPD versichert Pakete im nationalen Versand bis maximal 13 000,00 € und DHL versichert Waren im Wert bis zu 25 000,00 €. Auch die anderen Dienstleister haben verschiedene Haftungshöhen und Zusatzversicherungen.
Übersteigt der Wert eines Paketes die übliche Versicherungssumme (z. B. bei DHL die 500,00 €), so kann es sein, dass nicht alle Gegenstände zusatzversichert werden können. Hier ist dem Unternehmen das Risiko des Verlusts zu hoch. Im Einzelfall kann man dies den AGB der jeweiligen Unternehmen entnehmen.
Das Risiko ist meist bei Gütern hoch, die nicht personalisierbar sind. Sie sind dem Absender bzw. Empfänger nicht eindeutig zuzuordnen, wenn sie gestohlen werden oder verloren gehen. Darunter fallen Schmuck, Edelmetalle, übertragbare Tickets oder Gutscheine. Zusätzlich ist, wegen der fehlenden Personalisierbarkeit, die Diebstahlgefahr wesentlich höher. Dieses Risiko möchten die KEP-Unternehmer auf eine kleinere Summe (z. B. 500,00 €) verringern.
Bei personalisierbaren Gegenständen ist eine Höherversicherung möglich. Darunter fallen z. B. Flugtickets, Sparbücher, Lebensversicherungspolicen oder Verrechnungsschecks. Hier kann man bei Verlust oder Diebstahl schnell feststellen, wem die Wertgegenstände gehören bzw. ob jemand rechtmäßiger Besitzer ist. Dadurch ist die Gefahr geringer, dass die Waren auf dem Transport zum Kunden gestohlen werden.
Meist sind auch höherwertige Gegenstände höher zu versichern, wie z. B. Kleidung, Handys, Fernseher. Diese können zwar auch gestohlen werden. Dennoch lohnt sich der Transport dieser Produkte, da sie einen großen Teil der zu versendenden Waren von Internetversandhäusern ausmachen.

Beispiel

Das Unternehmen DHL versichert z. B. den Versand von Verrechnungsschecks bis 25 000,00 €. Barschecks dürfen nur bis zu einem maximalen Wert von 500,00 € versendet werden. Dies liegt daran, dass bei Verlust ein Verrechnungsscheck nur auf ein Konto eingelöst werden kann – somit später auch noch dem Besitzer zuzuordnen ist (siehe Lernfeld 5). Ein Barscheck ist wie Bargeld. Bei Verlust kann dieser Scheck ohne Weiteres bei einer Bank gegen Bargeld eingelöst werden.

Zusammenfassung

Unternehmen aus der KEP-Branche bieten in der Regel eine Vielzahl an zusätzlichen Dienstleistungen an, die unmittelbar mit dem Transport der Sendungen zu tun haben (= unmittelbare Zusatzleistungen).

Bei der Nachnahme wird der Rechnungsbetrag der Sendung vom Zusteller eingenommen und die Sendung dem Empfänger erst danach übergeben. Dies bietet in erster Linie dem Absender die Sicherheit, dass er auch das Geld erhält. Für den Empfänger bietet es die Sicherheit, dass er die Ware erhält.

Beim Einschreiben gibt es verschiedene Arten. Eine preiswerte Möglichkeit, bei Briefen seine Sendung per Tracking & Tracing zu verfolgen, ist das Einschreiben Einwurf. Die bequemste Art, über die Abgabe der Sendung informiert zu werden, ist der Auslieferungsnachweis, da man dort automatisch eine Postkarte erhält, die der Empfänger unterschrieben hat.

Das Identverfahren dient der Identifizierung von natürlichen Personen. Dies ist bei Vertragsabschlüssen notwendig, die z. B. nur über das Internet verlaufen. Sonderform des Identchecks ist z. B. der Altersnachweis, bei dem überprüft wird, ob der Empfänger ein bestimmtes Alter bereits erreicht hat.

Der Zustellungsauftrag kann nur von Behörden, Gerichten oder Körperschaften des öffentlichen Rechts versendet werden. Die Art und Weise der Zustellung ist in der Zivilprozessordnung festgelegt. Besonderheiten im Vergleich zu einer gewöhnlichen Sendung liegen z. B. in der Übergabe, der Lagerung (Niederlegung), Weitersendung, Ersatzzustellung, Unzustellbarkeit und der Annahmeverweigerung, die in den meisten Fällen nicht erlaubt ist.

KEP-Unternehmen haften für Güterschäden, reine Vermögensschäden (Haftung: dreifache Fracht) und für Fehler bei Einzug der Nachnahme (Haftung: in Höhe des Nachnahmebetrages). Bei Güterschäden gibt es Unterschiede zwischen der Haftung gemäß HGB (8,33 SZR pro kg Rohgewicht) und der AGB-Haftung. Die Haftung gemäß AGB sieht feste Haftungssummen vor, die über der Haftungshöhe des HGB liegen. Überschreitet der Wert einer Sendung die normale Haftung gemäß AGB, so ist es möglich, eine Zusatzversicherung abzuschließen.

Aufgaben

1. Beschreiben Sie einem Kunden den Ablauf einer Nachnahme.

2. Die Kundin Maria Hölscher möchte nachvollziehen können, ob ihr Brief beim Empfänger angekommen ist. Beraten Sie die Kundin.

3. Der Kunde Sören Voller möchte wissen, warum nicht seine Frau das Identverfahren für ihn durchführen darf. Erläutern Sie es ihm.

4. Berechnen Sie die Nettopreise folgender zusätzlicher Dienstleistungen mithilfe der AGB der XPressParcel AG:

   a. Frau Janssen möchte drei Briefe mit dem Maßen 225 · 180 · 8 mm und einem Gewicht von 40 g per Einschreiben-Übergabe an verschiedene Empfänger in Deutschland versenden.
   b. Herr Yilderim möchte zwei Nachnahmesendungen versenden. Die eine Sendung hat die Maße 50 · 50 · 80 cm und wiegt 12 kg. Der Empfänger ist in Rostock und die Höhe der Nachnahme beträgt 1 700,00 €. Das andere Nachnahmepaket geht nach München und hat die gleichen Maße und Gewichte wie das erste Paket. Die Höhe der Nachnahme beträgt 2 050,00 €. Errechnen Sie den Nettopreis.

2 Logistische Zusatzleistungen der KEP-Branche

Einstiegssituation

Sarah stellt fest, dass in ihrem Unternehmen neben den Zusatzleistungen, die sie bei einem KEP-Unternehmen erwartet hat, auch noch weitere Dienstleistungen angeboten werden. Auf der unternehmenseigenen Homepage findet sie Begriffe, wie Supply Chain Management, just-in-time, Kontraktlogistik, Mehrwert Services. Sie kann mit diesen Begriffen nicht viel anfangen. Als sie ihren Vorgesetzten, Herrn Holthauer, fragt, antwortet dieser nur: „Wir sind Logistiker. Für Geld machen wir fast alles. Weil wir es können!“

Handlungsaufträge

1 Klären Sie mithilfe des Internets die in der Situation genannten Begriffe.
2 Stellen Sie Überlegungen an, was Herr Holthauer mit seiner Aussage meinen könnte.

2.1 Ziele der Logistik

Definition:

Bei der **Logistik** werden unternehmensinterne (= innerhalb eines Unternehmens) und unternehmensübergreifende (zwischen zwei oder mehreren Unternehmen) Informations- und Güterflüsse geplant, gesteuert, koordiniert durchgeführt und kontrolliert.

In der Logistik geht es darum, dass man die richtigen Güter zum richtigen Zeitpunkt in der richtigen Menge und Qualität zu möglichst niedrigen (= richtigen) Kosten an den richtigen Ort bringt. Man spricht dabei von den **„6 R" der Logistik**.

Dazu müssen die Güterflüsse, also die Sendungen, optimal gelenkt werden. Zudem ist ein schneller Informationsaustausch notwendig, um die Güter auch optimal versenden zu können.

KEP-Unternehmen spielen in diesem Zusammenhang eine wichtige Rolle, da sie den Güterfluss von Kleinsendungen übernehmen.

In der Praxis teilt der Kunde über das Internet Anzahl, Zeitpunkt, Art der Ware usw. der Sendungen dem KEP-Unternehmen mit. Dies wird dann automatisch in die Tourenplanung aufgenommen, sodass die Pakete möglichst preiswert und schnell abgeholt werden können. Durch Tracking & Tracing erfolgt jederzeit ein Datenaustausch. Der KEP-Unternehmer ist dann Bestandteil der sogenannten **TUL-Logistik** (TUL = Transport, Umschlag, Lagerung).

KEP-Unternehmen sind Bestandteil der logistischen Prozesse, die unternehmensübergreifend stattfinden.

Beispiel

Ein Maschinenbauunternehmen im Ruhrgebiet hat einen Auftrag für ein Ersatzteil in Südafrika. Dieses Ersatzteil wird dringend benötigt. Das deutsche Maschinenbauunternehmen hat aber keine eigenen Transportmöglichkeiten, um das Ersatzteil schnell nach Südafrika zu bringen. Deshalb beauftragt es ein KEP-Unternehmen, z. B. die XPressParcel AG, als externen (= nicht zum Unternehmen gehörig) Dienstleister.

Als Logistikdienstleister bieten viele Unternehmen der KEP-Branche neben dem reinen Transport auch weitere logistische Dienstleistungen an.

Einige Unternehmen nehmen sich nur Teile aus der Logistik heraus und bieten diese anderen Unternehmen als Dienstleistung an. Als Beispiel wäre hier die Lagerung oder Verpackung von Waren zu nennen als Bestandteile der TUL-Logistik.

So gibt es Logistikdienstleister in der KEP-Branche, die z. B. für Automobilhersteller die Lagerung von Ersatzteilen übernehmen.

Beispiel

Möchte ein Autohaus Ersatzteile haben, dann meldet es sich beim Automobilhersteller mit einer Bestellung. Aufgrund der vernetzten Daten zwischen Automobilhersteller und Logistikdienstleister (z. B. XPressParcel AG) erreicht die Bestellung beide gleichzeitig. Der Logistikdienstleister wickelt dann die Bestellung ab, d. h., er stellt die Bestellung zusammen und liefert diese dann an das Autohaus. Gleichzeitig ist er auch dafür verantwortlich, dass neue Ware in das Lager kommt.

Diese bestellt er beim Automobilhersteller oder dessen Zulieferer direkt. Der Automobilhersteller hat somit nichts mehr mit der Abwicklung seiner Ersatzteile zu tun und kann sich auf seine Kernkompetenz, den Bau von Autos konzentrieren.

Mithilfe dieses Beispiels wird deutlich, dass Autohersteller und Logistikdienstleister die Informations- und Güterflüsse miteinander verbinden und absprechen müssen, um jederzeit lieferbereit zu sein.

Die Unternehmen möchten ihre logistischen Ziele erreichen. Sie möchten einerseits eine hohe Lieferbereitschaft für ihre Kunden erreichen. Der Kunde wünscht eine hohe Flexibilität wie z. B. bestimmte Lieferzeitfenster oder kurze Lieferzeiten. Zudem erwartet er bei der Bestellung von Ware, dass sie auch kurzfristig lieferbar ist und nicht erst hergestellt werden muss, wenn der Kunde die Ware bestellt hat, was zu Lieferverzögerung führen würde. Der Kunde erwartet dabei noch bestimmte Services, wie z. B. Tracking & Tracing oder Zusatzleistungen. Um Kunden zu gewinnen oder an das Unternehmen zu binden, versuchen Produzenten diese anzubieten. Was gleichzeitig hohe Kosten verursacht. Möchte das Unternehmen seine Kunden immer schnellstmöglich bedienen, so benötigt es ein großes Lager, welches Kosten bei der Investition, aber auch bei der Lagerung der Produkte verursacht. Diese Kosten muss ein Unternehmen gering halten, um möglichst konkurrenzfähig zu bleiben.

Um den Widerspruch zwischen Lieferbereitschaft und geringen Kosten klein zu halten, werden u. a. KEP-Unternehmen als Helfer eingesetzt. Sie übernehmen als Spezialisten Teile der logistischen Prozesse des Unternehmens.

2.2 Lagerei

Viele KEP-Unternehmen bieten auch die Lagerung von Produkten an. Dies können zum einen Brief- oder Paketsendungen sein, aber auch Frachtsendungen. Zum anderen kann man aber auch – wie bereits oben beschrieben – für Kunden die teilweise oder komplette Lagerung alle Güter oder Teile der Güter übernehmen.
Zusätzlich müssen die Unternehmen auch eigene Produkte lagern. Als Beispiele wären hier Verpackungsmaterialien, Wartungsmaterialien für Maschinen und Arbeitsmaterialien für die Büros zu nennen.
Lagerung kommt demnach in allen Bereichen von KEP-Unternehmen vor.

2.2.1 Aufgaben der Lagerhaltung

Zuerst einmal muss man sich fragen: Warum wird überhaupt gelagert? Ein Lager verursacht in erster Linie Kosten. Es fallen Kosten für das Gebäude, Wartung, Maschinen, Personal und das dort eingelagerte Kapital (= totes Kapital) an. Auf Lagerung kann jedoch nicht verzichtet werden. Dies hat verschiedene Gründe:

1. **Überbrückungsfunktion**: Der Zeitraum zwischen Herstellung und Verwendung muss überbrückt werden. Dies kommt häufig bei landwirtschaftlichen Produkten vor, da die deutsche Apfelernte im Herbst stattfindet, aber die Konsumenten das ganze Jahr über regionale Äpfel kaufen möchten.

2. **Sicherungsfunktion:** Es wird die Nachfrage gesichert. Das bedeutet, dass man immer noch Ware im Lager hat, um z. B. bei Stau, Streik, Naturkatastrophen oder unerwartet hoher Nachfrage trotzdem lieferfähig zu bleiben.

3. **Spekulationsfunktion:** Der Einlagerer erhofft sich durch die Einlagerung einen späteren höheren Preis, um die Ware mit größtmöglichem Gewinn verkaufen zu können, z. B. bei Heizöl.
   Sind höhere Preise zu erwarten, füllt man sein Lager auf, um die Ware bei der Herstellung des Produktes zu verwenden, z. B. Metalle.

4. **Umformungsfunktion:** Nicht immer werden Lieferungen in passenden Einheiten geliefert. Tee wird häufig in Kisten mit einem Gewicht von mehreren Kilogramm geliefert. Dieser muss in konsumentenfreundliche 250-g-Verpackungen umgefüllt werden. Ein Lager ist außerdem notwendig, um veraltete Waren auszusortieren, wie z. B. im Supermarkt. Dies wird auch **Aussortierungsfunktion** genannt.

5. **Veredelungsfunktion:** Einige Produkte müssen erst gelagert werden, um verkaufsfähig zu werden. Sie erhalten erst durch die Lagerung eine bessere Qualität. Beispiele dazu wären Käse, Whiskey, Wein.

2.2.2 Warenannahme

Die Warenannahme erfolgt ähnlich der Übergabe eines Paketes. Bei der Warenannahme hat der Annehmende zu überprüfen, ob

- die Sendung für ihn ist (Adressüberprüfung),
- die Ware äußerlich unbeschädigt ist und
- die Anzahl der Packstücke mit den bestellten Packstücken übereinstimmt.

Wenn alles korrekt ist, wird die Ware angenommen. Falls Fehler auftauchen, werden diese auf dem Lieferschein vermerkt und vom Lieferanten und Empfänger unterschrieben.
Dann erfolgt die genauere Wareneingangskontrolle, bei der der Frachtführer nicht mehr anwesend ist. Hier wird die Ware auf Qualität, Quantität, Beschaffenheit und Identität überprüft.

Mängelarten

Mangel	Beschreibung	Beispiel
Qualität	Mangel in der Güte der Ware	Anstatt 100-g/qm-Papiers wurde nur 80-g/qm-Papier geliefert. Man kann das Papier zwar verwenden, aber es ist dünner als die bestellte Papiersorte.
Quantität	Mangel in der Menge der Ware	Anstatt 100 Kisten Papier wurden nur 50 geliefert.
Identität	Mangel in der Art der Ware	Anstatt weißen Papiers wurde rotes Papier geliefert.
Beschaffenheit	Mangel im Zustand der Ware	Das Papier ist eingerissen und kann nicht verwendet werden.

Es können alle Waren überprüft werden, was einer vollständigen Prüfung entsprechen würde. Gerade bei kleinen Mengen oder unzuverlässigen bzw. neuen Lieferanten ist dies sinnvoll. Bei großen Mengen werden meist nur stichprobenartig Teile der gesamten Lieferung auf Fehler überprüft. Dies spart Zeit, Arbeitskräfte und Kosten.
Die Prüfung der Ware muss unverzüglich erfolgen, jedoch nicht sofort. Kommt ein Betrieb erst später dazu (z. B. zwei Tage nach Lieferung), weil er gerade eine Vielzahl von Lieferungen erhalten hat, so gilt dies auch als unverzüglich.
Treten Fehler auf, so wird der Einkauf verständigt, der eine Reklamation durchführen muss. Die Reklamationsfrist beträgt sieben Tage.
Ist die Ware in Ordnung, wird diese in das Warenwirtschaftssystem eingebucht und eingelagert und steht somit für die weitere Verwendung zur Verfügung.

2.2.3 Kommissionierung

Die Kommissionierung ist vergleichbar mit einem Einkauf in einem Supermarkt.
Man erhält einen Kommissionierauftrag (vergleichbar mit einer Einkaufsliste), der nun abgearbeitet werden muss. Um die Ware transportieren zu können, muss man ein Hilfsmittel benutzen wie z. B. einen Hubwagen mit Palette, Gabelstapler, Kommissionierhandwagen (Supermarkt: Einkaufswagen). Auf dem Kommissionierauftrag stehen die verschiedenen Positionen, die zu kommissionieren sind.

Kommissionierauftrag	K120 123 125 23	Behälter	6428
Kundennummer	Z123 123 12	Ablage	3
Bestelldatum	12.07.2016		
Liefertermin	17.07.2016		

Pos	Artikelnummer	Bezeichnung	Lagerort	Menge	Quit
1	A220 304 210 12	Federgabel	B213	3	
2	A171 234 123 96	Zahnkranz D17	B221	2	
3	A123 403 803 23	Schalthebel	B223	10	–2
4	A123 406 214 53	Kettenspanner	C112	4	
5	A220 405 234 12	Reflektoren	C171	20	
6	A220 334 123 42	Beleuchtungsset	C223	3	
7	A109 234 123 12	Bremshebel	D012	6	
8	A110 784 023 87	Speichen	D102	10	
9	A401 234 883 23	Ventile	E102	1	
10	A123 425 234 59	Schlauch	D143	4	

781 Mustermann

Kommissionierliste

Der Kommissionierer geht nun zum ersten Lagerplatz und entnimmt dort die passende Ware in der richtigen Stückzahl. Dies wird z. B. durch Abhaken auf der Liste quittiert. Danach geht der Kommissionierer zur nächsten Ware usw. Am Ende des Kommissioniervorganges wird die Ware zur Verpackungsstelle (= Kassierbereich im Supermarkt) gebracht, wo sie versandfertig verpackt und dann versendet wird.

Es wäre auch möglich, im Supermarkt ohne Einkaufsliste einzukaufen, indem jemand am Mobiltelefon sagt, was man einkaufen muss. Bei der Kommissionierung spricht man da von der beleglosen Kommissionierung. Diese ist u. a. per Headset (pick by voice) oder per Lichtsignal (pick by light) möglich. Auch das Kommissionieren mithilfe eines Scanners wird beleglos, d. h. ohne Papierliste, durchgeführt.

Bei **pick by voice** bekommt man per Sprachcomputer gesagt, wohin man gehen muss und wie viel Ware man entnehmen soll. Durch Sprechen in das Mikrofon kann man die Entnahme bestätigen bzw. quittieren.

Bei **pick by light** erhält man durch Lichtsignale den passenden Entnahmeort. Dort entnimmt man die auf dem Display gezeigte Menge und quittiert die Entnahme über eine Quittungstaste.

Bei **pick by scan** erhält man die Informationen auf einen Scanner und kann dort die passenden Eingaben machen.

Kommissionierzeiten

Der Kommissioniervorgang wird in unterschiedliche Zeiten aufgesplittet. Jede dieser Zeiten soll so kurz wie möglich gehalten werden, um den Kommissioniervorgang zu beschleunigen und die Kosten so niedrig wie möglich zu halten.

Kommissionierzeit	Beschreibung	Möglichkeit der Verkürzung der Zeit
Basiszeit	Organisatorische Tätigkeiten vor bzw. nach der Kommissionierung	Lesbare Kommissionieraufträge Beleglose Kommissionierung Feste Plätze für Hilfsmittel
Wegzeit	Die Wegstrecke von Ware A zu Ware B	Wegeoptimiert einlagern Mit Fahrzeugen fahren anstatt laufen Geeignete Kommissioniermethode

Kommissionierzeit	Beschreibung	Möglichkeit der Verkürzung der Zeit
Greifzeit	Die Entnahme aus dem Regal	Häufig kommissionierte Artikel in Greifhöhe
Totzeit	Zeit, in der kommissioniert wird, die aber nicht der direkten Entnahme der Ware dient (z. B. Suchvorgänge, zählen)	Übersichtlichkeit des Lagers gewährleisten Nur feste Gebinde kommissionieren lassen
Verteilzeit	Sachlich: Zeit, in der nicht produktiv gearbeitet werden kann: keine Aufträge vorhanden, Maschinen kaputt Persönlich: Zeit, in der nicht produktiv gearbeitet wird: Scheinarbeit, Toilettengänge, Raucherpausen	Gleichmäßigere Auslastung bei den Aufträgen Wartung der Maschinen Prämien bei bestimmten Kommissionierleistungen Lob Gutes Betriebsklima

2.2.4 Lagerkennziffern und Bestandsarten

Um zu überprüfen, ob ein Lager wirtschaftlich betrieben wird, helfen Kennzahlen. Anhand von Kennzahlen und Bestandsüberprüfungen kann man sehen, ob eine hohe Lieferbereitschaft bei gleichzeitig niedrigen Kosten erreicht werden kann.
Im Folgenden werden einige ausgewählte Lagerkennziffern und Bestandsarten beschrieben.

Bestandsarten

Lagerbestände werden entweder per EDV-System oder per Lagerbestandskarte erfasst.
Beim EDV-System erfolgt dies ähnlich dem Tracking & Tracing. Per Barcode werden die Paletten oder einzelnen Waren in das System übernommen. Die Entnahme wird wieder per Scanner erfasst. Arbeitet ein Unternehmen ohne Scanner, so werden die Daten per Hand in den Computer eingegeben.
Ist kein Computer vorhanden, weil z. B. nur ein kleines Lager betrieben wird, so wird der Lagerbestand auf Karteikarten festgehalten.
Die Inhalte sind jeweils ähnlich. Es werden in der Regel erfasst:

- Artikelnummer, Artikelbezeichnung
- Mindestbestand
- Meldebestand
- Datum und Menge der Zugänge und Abgänge
- Aktueller Soll-Bestand

Des Weiteren können noch Lieferant, Verpackungseinheiten, Lagerhinweise usw. die Informationen zur einzelnen Ware ergänzen.

So müssen auch die KEP-Betriebe, wie z. B. die XPressParcel AG, zumindest über ihr verwendetes Material (z. B. Rollbehälter, Boxen, Kartonagen) Bestandsübersichten führen. Nur dadurch ist gewährleistet, dass jederzeit genügend Arbeitsmaterial vorhanden ist.
Eine Lagerfachkarte kann folgendermaßen aussehen:

Artikel: **K S0043B**, S-Kartonagen
Verpackungseinheit: 100er
Lieferer: Müller Kartonagen GmbH, Bremerhaven
Mindestbestand: 10 000 Stück
Meldebestand: 20 000 Stück
Höchstbestand: 60 000 Stück
Beschaffungszeit: 2 Tage

Datum	Zugänge	Abgänge	Bestand
04.04.		1 800	32 000
07.04.		5 500	26 500
08.04.		2 200	24 300
12.04.		2 000	22 300
17.04.		1 300	21 000
29.04.		4 800	16 200
02.05.	30 000	4 000	42 200
04.05.		3 000	39 200
05.05.		6 400	32 800

Beispiel

Man erkennt, dass z. B. am 7. April ein Abgang von 5 500 Kartonagen der Größe S zu verzeichnen ist. Ein Depot der XPressParcel AG hat am Tag vorher eine Bestellung über diese Menge aufgegeben. Dann wurde die Kartonage kommissioniert, verpackt und versendet. Auf der Lagerfachkarte muss der Wert ausgetragen werden. Der neue Bestand am 7. April beträgt dann 26 500.

Am 29. April wird der auf der Lagerfachkarte festgelegte Meldebestand (= Bestellpunkt) von 20 000 Stück unterschritten. Der Meldebestand dient dazu, eine Neubestellung der Ware auszulösen. Bei einem EDV-System kann dies automatisch erfolgen. Bei einer Lagerfachkarte muss die Beschaffungsabteilung informiert werden.
Der Meldebestand wird durch folgende Berechnung festgelegt:

Meldebestand = Täglicher Verbrauch · Beschaffungszeit + Mindestbestand

Auf der Lagerfachkarte erkennt man, dass die übliche Lieferdauer von der Bestellung bis zur Anlieferung zwei Tage beträgt. Im vorliegenden Fall waren es aber drei Tage. Wegen dieser Unsicherheit bei der Anlieferung wird ein Mindestbestand ausreichend gewählt.

Der **Mindestbestand** (auch Sicherheitsbestand) ist im vorliegenden Fall auf 10 000 Stück festgelegt und wird im vorliegenden Fall nicht erreicht. Der Mindestbestand wird auch „eiserne Reserve" genannt. Dieser Bestand darf nur unterschritten werden, wenn eine befugte Person (z. B. Lagerleiter) die Unterschreitung genehmigt. Dies kann z. B. dann sein, wenn ein sehr guter Kunde Ware kurzfristig haben möchte oder wenn man weiß, dass am nächsten Tag auf jeden Fall eine ausreichende Lieferung kommt. In der Regel beträgt der Sicherheitsbestand 1/3 des Verbrauchs in der Wiederbeschaffungszeit. Gibt es häufiger Lieferverzögerungen, so kann dieser auch höher gewählt werden. Der **Höchstbestand** wird auch Maximalbestand genannt. Dieser darf nicht überschritten werden. Dadurch will man hohe Kapitalbindungskosten (= totes Kapital) vermeiden. Außerdem kann die maximale Lagerkapazität begrenzt sein, da sonst für andere Waren zu wenig Platz wäre. Verändern sich die Abfragemengen durch die Kunden, so kann der Höchstbestand jederzeit angepasst werden.

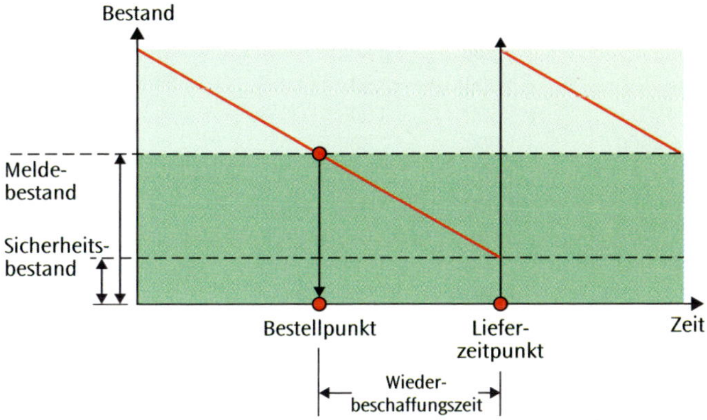

Kennzahlen

Lagerung kostet Geld. Je höher der Lagerbestand, desto höher sind auch die Kosten. Folgende Kosten werden durch Lagerung erzeugt:

- Raumkosten: Miete, Instandhaltung, Energie
- Personalkosten: Löhne und Sozialaufwendungen für die Lagerarbeiter
- Risikokosten: Risiko durch Schwund, Verderb, Preise
- Fehlmengenkosten: entgangener Gewinn, weil Kunden nicht bedient werden konnten

Um Kosten gering zu halten, muss man wissen, wie hoch die Bestände der einzelnen Waren über das Jahr gesehen im Lager sind. Dazu kann man den durchschnittlichen Lagerbestand errechnen. Folgende drei Möglichkeiten werden angewendet:

$$\text{Durchschnittlicher Lagerbestand} = \frac{\text{Anfangsbestand} + \text{Endbestand}}{2}$$

$$\text{Durchschnittlicher Lagerbestand} = \frac{\text{Anfangsbestand} + 4\ \text{Quartalsendbestände}}{5}$$

$$\text{Durchschnittlicher Lagerbestand} = \frac{\text{Anfangsbestand} + 12\ \text{Monatsendbestände}}{13}$$

Beispiel

Aus der Lagerfachkarte entnehmen Sie folgende Bestände:

Artikel: **B4321C, Briefbox Größe C**
Verpackungseinheit: 100er
Lieferer: Asahi Import KG, Hamburg
Mindestbestand: 1 500 Stück
Meldebestand: 2 000 Stück
Beschaffungszeit: 3 Tage

Datum	Zugänge	Abgänge	Bestand
01.01.			8 000
17.01.	2 500	1 000	9 500
22.01		3 000	6 500
12.04.		3 000	3 500
19.04.		500	3 000
01.05.	15 000	1 000	17 000
10.05.		4 000	13 000
06.06		10 000	3 000
07.06.	15 000	1 000	17 000
20.06.	15 000	3 000	29 000
03.07.		4 000	25 000
28.07.		4 000	21 000
09.08.		2 000	19 000
16.08.		1 000	18 000
30.08.		4 000	14 000
18.10.	5 000		19 000
30.10.		6 000	13 000
08.11.		1 000	12 000
16.11.		4 000	8 000
19.12.		6 000	2 000

Für das Produkt mit der Artikelnummer B4321C ergeben sich folgende durchschnittlichen Lagerbestände:

$$\frac{8000 + 2000}{2} = 5000$$

$$\frac{8000 + 6500 + 29000 + 14000 + 2000}{5} = 11900$$

$$\frac{8000 + 6500 + 6500 + 6500 + 3000 + 13000 + 29000 + 21000 + 14000 + 14000 + 13000 + 8000 + 2000}{13} = 11115{,}39$$

Die unterschiedlichen Werte lassen sich daraus ableiten, dass der durchschnittliche Lagerbestand – je mehr Werte berücksichtigt werden – genauer wird. Gerade bei saisonalen Produkten, wie z. B. Grillkohle, wäre der Lagerbestand im Sommer ganz anders als im Winter. Berücksichtigt man dort nur die Werte vom 1.1. und 31.12. eines Jahres, so würde dies dem tatsächlichen durchschnittlichen Lagerbestand nicht gerecht.

Zudem fällt im Beispiel auf, dass beim durchschnittlichen Lagerbestand, der die Monatsendbestände berücksichtigt, die Werte im Februar bis April identisch sind. Dies liegt daran, dass in dem Zeitraum keine Veränderungen des Lagerbestandes durch Zu- bzw. Abgänge zu verzeichnen sind. Also bleibt der Bestand in den Monaten unverändert.
Die **Kommissionierkennzahlen** spielen auch eine wichtige Rolle, da man anhand dieser Zahlen errechnen kann, wie effektiv die Mitarbeiter kommissionieren.

Kommissionierkennzahlen

Kennzahl	Formel	Erläuterung
Kommissionierleistung pro Stunde	$\frac{3\,600}{\text{Kommissionierzeit in Sekunden pro Position}}$	Beantwortet die Frage, wie effektiv ein Arbeiter kommissioniert. Wie lange benötigt er für einen Posten?
Kommissionierkosten pro Position	$\frac{\text{Betriebskosten je Stunde}}{\text{Kommissionierleistung pro Stunde}}$	Was kostet die Kommissionierung einer Position?
Anzahl Positionen pro Auftrag	$\frac{\text{Kommissionierte Positionen}}{\text{Anzahl Aufträge}}$	Wie viele Positionen muss ein Kommissionierer im Durchschnitt kommissionieren, um einen Auftrag zu erfüllen?
Fehlerquote	$\frac{\text{Kommissionierfehler} \cdot 100}{\text{Anzahl der Kommissionierungen gesamt}}$	Wie viele Fehlkommissionierungen gibt es? Die Zahl zeigt, wie gut die Arbeiter kommissionieren = Qualität der Kommissionierungen.
Kommissionierkosten je Auftrag	$\frac{\text{Kommissionierkosten gesamt}}{\text{Anzahl der Kommissionieraufträge}}$	Wie hoch sind die Kosten pro Kunden bei der Kommissionierung?

Merke:

Diese Kennzahlen sind für sich alleine nicht aussagekräftig, da die verschiedenen Zahlen vom Produkt, Lager, Anzahl der Aufträge usw. abhängen. Deshalb werden solche Zahlen meist mit den Vorjahren verglichen, um zu sehen, ob man sich in den verschiedenen Bereichen verbessert bzw. verschlechtert hat. Hat man Zahlen der unmittelbaren Konkurrenz, so kann man auch diese Zahlen mit den eigenen vergleichen.

2.3 Just-in-time-Lieferungen

Intensiver und genauer müssen die Absprachen bei Just-in-time-Lieferungen sein.

Beispiel

DHL produziert für Audi die Türen. Audi möchte aber keine hohen Lagerbestände an Türen haben und wünscht deshalb, dass die Türen maximal zwei Stunden vor dem Einbau auf das Gelände des Audi-Herstellers gebracht werden.

Türen für den gleichen Fahrzeugtyp können unterschiedliche Merkmale aufweisen. Einige Autos haben nur vorne elektrische Fensterheber, einige auch hinten. Damit sehen die Türen in der Produktion schon unterschiedlich aus, da sie verschiedene Knöpfe in der Tür haben müssen. Außerdem haben die Autos und somit die Türen noch verschiedene Farben oder andere, spezielle Ausstattungsmerkmale.

DHL erfährt von Audi rechtzeitig vor der Produktion, welche Autotür wann gebraucht wird, und produziert sie dann in dieser Reihenfolge. Die Türen werden in Container verpackt und dann zum Audi-Hersteller gebracht. Dort stellt man die Container an das Produktionsband und nun muss der Fließbandarbeiter bei Audi nur noch die Türen in der richtigen Reihenfolge entnehmen und einbauen.

Audi hat den Vorteil, keine größeren Lagerbestände an Autotüren halten zu müssen, da maximal für zwei Stunden ein Container auf dem Werksgelände steht. Zusätzlich kann sich auch hier der Hersteller auf die Kernkompetenzen (Entwicklung neuer Technik, Produktion der Karosserie) konzentrieren. Man baut nur noch fertige Module (hier: ganze Autotür) zusammen. Damit wird die Herstellung eines Autos für Audi weniger komplex.

Für DHL hat dies auch Vorteile. Neben einer weiteren Umsatzsteigerung wird auch die eigene Kernkompetenz gezeigt – das pünktliche Ausliefern von Sendungen. Verspätet sich DHL, so winken hohe Vertragsstrafen. DHL benötigt dafür natürlich zusätzliche Fachkräfte, die in der Lage sind, Autotüren in der richtigen Qualität für Audi herzustellen.

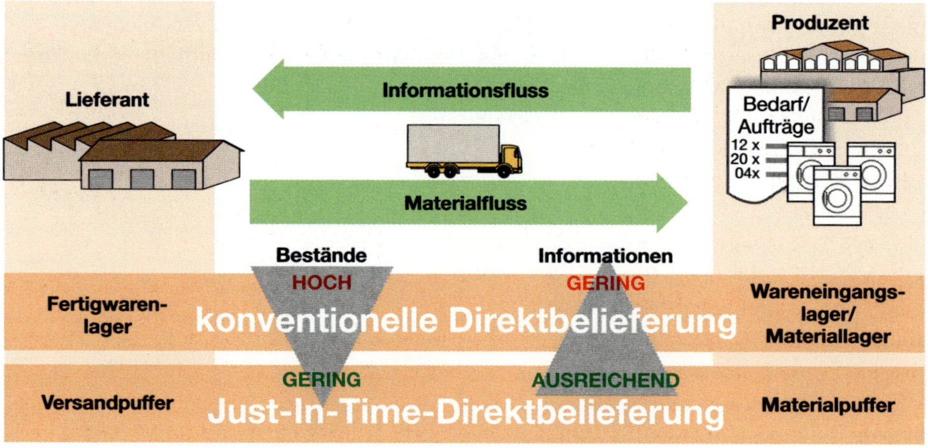

Audi muss bereit sein, einem anderen Hersteller Informationen mitzuteilen, die konventionell eigentlich Betriebsgeheimnis sein sollten. Der Hersteller der Autotüren verpflichtet sich jedoch innerhalb eines Rahmenvertrages zum Stillschweigen.
Würde die Produktion ohne Just-in-time ablaufen, so würde DHL auf „gut Glück" Türen herstellen und hoffen, dass man die jeweils richtigen Türen herstellt. Audi würde dann die Türen bestellen. Schätzt DHL jedoch die Nachfrage nach den Autotüren falsch ein, kann es sein, dass sie z. T. auf bestimmten Autotüren „sitzen" bleiben und gleichzeitig bestimmte Autotüren nicht liefern können, weil sie mit einer nicht so hohen Nachfrage gerechnet haben. Dies wäre auch ein Nachteil für den Automobilhersteller, da dieser eventuell seine Produktionsbänder anhalten müsste, weil keine passenden Autotüren vorhanden sind.

Merke:

Bei Just-in-time-Lieferungen ist es besonders wichtig für den Zusteller/Frachtführer, pünktlich zu sein und bei Beförderungshindernissen rechtzeitig den Disponenten und Kunden zu informieren. Bei unpünktlicher Lieferung kann sonst das Produktionsband stillstehen, weil kein Material mehr vorhanden ist. Dies würde für das KEP-Unternehmen hohe Schadenersatzzahlungen nach sich ziehen.

2.4 Supply Chain Management (SCM)

Supply Chain heißt aus dem Englischen übersetzt Wertschöpfungskette. Supply Chain Management (SCM) ist somit das Managen der Wertschöpfungskette. Wertschöpfung bedeutet, dass man durch das Verändern von etwas den Wert (= Preis) steigert.

Beispiel

Aus 400 kg Blech im Wert von 600,00 € wird eine Autokarosserie gestanzt, die dadurch einen Wert von 1 000,00 € erlangt. Die Wertschöpfung beträgt demnach 400,00 €.

Eine typische Wertschöpfungskette kann folgendermaßen aussehen:

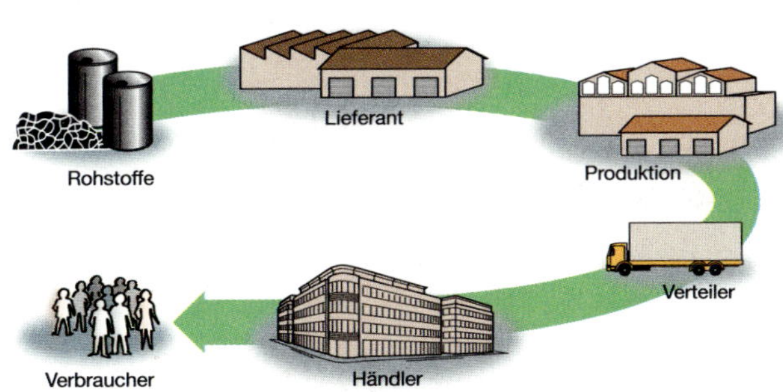

Der Verbraucher bestellt eine Ware beim Händler. Dies kann z. B. ein Auto sein. Dieser gibt wiederum seine Bestellung an den Produzenten weiter. Da der Produzent nicht jedes Bauteil selbst herstellt, hat dieser wiederum auch Lieferanten. Dort muss der Hersteller bestellen. Ein Lieferant stellt z. B. Schrauben für die Autos her. Um die Schrauben herstellen zu können, muss der Zulieferer Stahl bestellen. Der Stahlproduzent wiederum benötigt Rohmaterialien (z. B. Eisenerz und Kohle), die er auch bestellen muss. Somit löst eine Bestellung durch einen Kunden eine Vielzahl an weiteren Aktionen aus, die auch immer wieder mit Transporten einhergehen. Für diese Transporte kann die XPressParcel AG oder Blitzfracht GmbH zuständig sein.

Das Supply Chain Management versucht nun, durch verschiedene Maßnahmen die gesamte Wertschöpfungskette zu optimieren.
Folgende Ziele lassen sich durch ein gutes SCM erreichen:

- Erhöhung des Kundenservice durch z. B. schnellere Lieferzeiten und höhere Liefertreue
- Verkürzung der Produktionszeiten: Ein Produkt soll schneller und ohne Verzögerungen produziert werden.
- Verbesserung der Qualität: Durch eine feste Definition der Qualität auf der gesamten Wertschöpfungskette sind Qualitätsstandards besser einzuhalten.
- Reduzierung von Kosten: Materialkosten sollen z. B. durch eine Reduzierung der Lagerhaltungskosten gesenkt werden.

Informations- und Güterflüsse

Durch eine enge Kooperation (= Zusammenarbeit) vom Urproduzenten bis zum Händler können die Ziele des SCM erreicht werden. Kooperation bedeutet dabei, dass man Informationen rechtzeitig weitergibt und den anderen Teilnehmern der Wertschöpfungskette offenlegt. Dies setzt Vertrauen voraus, dass mit den sensiblen Daten (z. B. Höhe der Kundenbestellungen, Preise ...) verschwiegen umgegangen wird. Ein Zulieferer der Firma Mercedes kann auch gleichzeitig Zulieferer der Firma BMW sein. Hier muss man dem Zulieferer vertrauen, dass er die Zahlen von BMW nicht an Mercedes weitergibt und umgekehrt.
Als Beispiel für eine Methode der Umsetzung von SCM wäre Just-in-time-Belieferung (siehe Kapitel 2.3, Just-in-time-Lieferungen). Durch schnelle Lieferung der Teile an das Produktionsband wird der gesamte Produktionsprozess beschleunigt, was den Kundenservice erhöht. Zudem ist der Zulieferer für eine Null-Fehler-Treue verantwortlich, da bei einer Just-in-time-Lieferung eine Qualitätskontrolle nur noch ausnahmsweise erfolgt. Durch Reduzierung der Lagerbestände bei Just-in-time werden auch Kosten gesenkt, sodass dies über die Preise an die Kunden weitergegeben werden kann.

2.5 Sonstige logistische Dienstleistungen

Es gibt eine Vielzahl an großen, mittelständischen und kleinen KEP-Unternehmen. Neben den grundsätzlichen Dienstleistungen werden zusätzlich auch andere logistische Leistungen angeboten. Meist sind dies sogenannte **Value Added Services**. Das bedeutet, dass ein zusätzlicher Service zur Grunddienstleistung angeboten wird. Dies kann z. B. neben dem reinen Transport der Ware auch ein Aufbau und Anschluss der gelieferten Ware sein (z. B. Aufbau von Küchen oder technischen Geräten). Der Kunde kann dies – auf Wunsch – einfach hinzubuchen.
Im Handel kann dies eine Etikettierung von Kleidungsstücken sein oder die Bestellung und das Einräumen von Ware.

Diese zusätzlichen Dienstleistungen spielen aus Unternehmersicht eine wichtige Rolle. Gründe für diese Zusatzdienstleistungen sind:

- Zusätzlicher Umsatz/Gewinn: Durch einen Verkauf an Dienstleistungen steigt auch der Umsatz des KEP-Unternehmens.
- Kundenwünsche erfüllen: Kunden kommen auf das KEP-Unternehmen zu und wünschen bestimmte Zusatzleistungen.
- Kunden gewinnen/an sich binden: Man gewinnt Kunden, die zuvor noch keine KEP-Dienstleistung bei der XPressParcel AG gebucht haben.
- Diversifikation des Angebots: Durch den Aufbau von mehreren Geschäftszweigen ergibt sich eine geringere Abhängigkeit vom Umsatz des reinen Transports.
- Gutes Image: Durch den Servicegedanken erlangt das Unternehmen einen guten Ruf bei seinen Kunden.
- Eigene Nische finden: Durch ungewöhnliche Serviceleistungen hebt man sich von der Konkurrenz ab.

Auf der anderen Seite besteht natürlich die Gefahr des Flops. Wenn in Schulungen oder Technik investiert wird und der neue Geschäftszweig auf kein Interesse beim Kunden stößt, führt dies zu einer Vernichtung von Kapital.
Weitere Beispiele für Value Added Services aus der Praxis:

- Lagerung, Wartung und Aufstellung von Produkten (z. B. Wasserspendern)
- Kühltransporte für Kliniken, Ärzte und Labors: Auslieferung in Paketen mit Trockeneis
- Weinlogistik: Lagerung und Distribution von Wein als Sammelstelle für Weinbauern
- Im Supermarkt kann sowohl die Aufgabe des Auffüllens von Regalen übernommen werden als auch die Verantwortung für die Belieferung, Präsentation und Etikettierung der Ware.
- Retourenabwicklung: Abholung und Prüfung der Ware. Diese wieder in den Neuzustand versetzen oder als B-Ware verkaufen.
- Übernahme von Qualitätskontrollen
- Callcenter: Beratung der Kunden und Versand von Verträgen
- Personalgestellung: Mitarbeiter werden für Sonderaktionen in den Postbereich des Auftraggebers entsendet.
- Lieferung von Möbeln und deren Aufbau
- Übernahme von Montagen und Teilfertigungen
- Entsorgungslogistik: Abholen von Müll und dessen fachgerechte Entsorgung

Zusammenfassung

KEP-Unternehmen bieten als Logistikdienstleister zudem Leistungen für die Kunden an, die nicht direkt mit dem Versand der Ware zu tun haben. Dazu muss ein intensiver unternehmensinterner und übergreifender Güter- und Informationsfluss geplant werden, um bei minimalen Kosten eine hohe Lieferbereitschaft zu erreichen.

Diesem Ziel dient vielen Unternehmen ein Outsourcing von Lagerhaltung. Diese Aufgabe wird von KEP-Dienstleistern übernommen.

Beim Wareneingang muss genau geprüft werden, ob die Ware in Ordnung ist. Die Überprüfung soll Qualitäts-, Quantitäts-, Identitäts- oder Beschaffenheitsmängel aufdecken.

Bei der Kommissionierung werden die Güter nach Kundenauftrag zusammengestellt. Durch eine Verbesserung der Kommissionierzeit (Basiszeit, Wegzeit, Greifzeit, Totzeit und Verteilzeit) kann der Kommissioniervorgang beschleunigt werden. Über Kommissionierkennzahlen kann man errechnen, ob der Kommissioniervorgang gut ausgeführt wird oder ob es noch Optimierungsbedarf gibt.

An Lagerkennziffern lässt sich ablesen, ob man eine hohe Lieferbereitschaft zu geringen Kosten erreichen kann. Dazu muss man die Bestandsarten (Meldebestand, Mindestbestand und Höchstbestand) festlegen. Zudem kann man am durchschnittlichen Lagerbestand erkennen, ob viel „totes" Kapital im Lager gebunden wird.

Bei Just-in-time-Lieferungen ist es wichtig, dass die Sendungen zum richtigen Zeitpunkt in der richtigen Reihenfolge am richtigen Ort sind. Dies muss in der richtigen Qualität zu den richtigen Kosten geschehen. Um Just-in-time-Lieferung einzuführen, ist ein Supply Chain Management notwendig. Dort wird versucht mithilfe von enger Zusammenarbeit (Kooperationen zwischen Unternehmen) den Informations- und Güterfluss optimal zu gestalten.

Aufgaben

1. Benennen Sie die „6 R" der Logistik.

2. Erläutern Sie jeweils mithilfe eines Beispiels die Aufgaben der Lagerhaltung.

3. Welche Mängel können bei der genauen Wareneingangskontrolle auftreten? Beschreiben Sie dies mithilfe eines Beispiels aus der KEP-Branche.

4. Schlagen Sie zu jeder Kommissionierzeit jeweils eine Optimierungsmöglichkeit vor.

5. Berechnen Sie die Kommissionierleistung pro Stunde, die Anzahl der Positionen pro Auftrag und die Fehlerquote für folgende Zahlen:

Jahr	Kommissionierzeit in Sekunden je Position	Gesamte Kommissionierkosten	Anzahl der kommissionierten Kundenaufträge	Anzahl der kommissionierten Positionen	Kommissionierfehler
2015	30	48 200,00 €	4 360	47 800	94

6. Berechnen Sie den durchschnittlichen Lagerbestand für folgendes Produkt:
Der Anfangsbestand am 1.1. beträgt 220.

Monat	Endbestand
Januar	20
Februar	70
März	80
April	22
Mai	19
Juni	120
Juli	65
August	30
September	9
Oktober	53
November	17
Dezember	50

Lernfeld 7

Geschäftsprozesse erfassen und betriebliche Daten aufbereiten

1 Einführung

Einstiegssituation

Catalina Salza, Auszubildende der Blitzfracht GmbH, hatte vor einigen Tagen mit ihren Mitazubis ein Ausbildungsgespräch zum Thema Buchführung im Büro von Herr Wahlscheid. Als ihr Blick auf den Schreibtisch des Firmengründers fiel, bekam Catalina einen kleinen Eindruck davon, wie viel Arbeit die Organisation eines Unternehmens mit sich bringt. Dort lagen etliche Belege in der Ablage und eine Ansammlung von Aktenordnern war auf dem Schreibtisch aufgetürmt. Neben dem Laptop war auch der Desktop-PC eingeschaltet. „Die Buchführung erfasst unser gesamtes betriebswirtschaftliches Vorgehen in Zahlen. Man muss vernünftige Geschäftsbücher führen, sonst endet alles im Chaos", begann der Chef das Gespräch ...

Handlungsaufträge

1 Überlegen Sie Gründe, warum ein Unternehmen aus eigenem Interesse Geschäftsbücher führen sollte. Notieren Sie Ihre Überlegungen.

2 An den Geschäftsbüchern, der Bilanz oder Gewinn- und Verlustrechnung eines Unternehmens sind neben dem Inhaber selbst auch verschiedene andere Gruppen interessiert. Listen Sie begründet auf, wer auch Interesse an den Unternehmenszahlen der Blitzfracht GmbH haben könnte.

1.1 Notwendigkeit der Buchführung

Bei Geschäftsgründung ist ein Unternehmen meist relativ klein und überschaubar. Vieles lässt sich noch ohne größere Aufzeichnungen regeln. Mit steigendem Erfolg werden die Geschäfte umfangreicher, womit es zunehmend schwieriger wird, den Überblick zu behalten. Je größer das Unternehmen wird, desto deutlicher erscheint die Notwendigkeit der Buchführung.

Um den Erfolg eines Unternehmens ermitteln zu können, benötigt der Unternehmer Geschäftszahlen. Welche Geschäfte sind erfolgreich, welche erbringen Verluste, wie hoch sind die aktuellen Lagerbestände, welche Lieferanten sind günstig, wie hoch sind Personal- und Materialkosten usw. sind nur einige Fragen, die sich mithilfe der Zahlen aus der Buchführung ermitteln und beantworten lassen.

Das Rechnungswesen erfüllt somit verschiedene Aufgaben:

- **Kontrollfunktion:** Hier wird überprüft, ob sich die einzelnen Geschäftsfelder (z. B. Brieftransporte im Inland, Paketsendungen ins Ausland) wirtschaftlich lohnen oder ob Bar- und Bankvermögen ausreichen, um die Zahlungsverpflichtungen des Unternehmens (z. B. Kreditzinsen oder Lieferantenverbindlichkeiten) erfüllen zu können.
- **Dokumentationsfunktion:** Der Unternehmer erfasst alle Geschäftsvorfälle mit Belegen. Daraus ergibt sich später der Jahresabschluss, der je nach Unternehmensform mindestens aus einer Bilanz und einer Gewinn- und Verlustrechnung besteht.

- **Informationsfunktion:** Der Jahresabschluss liefert für viele Interessengruppen Informationen. Man unterscheidet dabei externe Interessenten, wie z. B. das Finanzamt, Kreditgeber, Wettbewerber, potenzielle Anleger, und interne Interessensgruppen. Zur zweiten Gruppe zählen unter anderem das Management, die Mitarbeiter oder die Eigentümer (Anteilseigner) des Unternehmens.
- **Ausschüttungsbemessungsfunktion:** Kapitalanleger und Anteilseigner möchten ihr eingesetztes Geld gewinnbringend anlegen. Anhand der Zahlen aus dem Rechnungswesen wird der Unternehmensgewinn ermittelt. Je höher der Gewinn eines Jahres, desto höher ist auch der Ertrag, mit dem Investoren rechnen dürfen.
- **Dispositionsfunktion:** Unternehmerische Planung beruht auf der Grundlage der Zahlen und Ergebnisse der Buchführung. So erkennt man, welche Geschäfte gut laufen, welche Bereiche verbessert werden müssen oder welche Geschäftsfelder unprofitabel sind, und kann entsprechend handeln.

Merke:

Die Ergebnisse der Buchführung dienen als Grundlage zur Ermittlung der zu zahlenden Steuern, für die Gewinnausschüttung an Kapitalgeber und als Beweismittel bei rechtlichen Auseinandersetzungen. Intern bilden die Zahlen des Rechnungswesens die Grundlage für die künftige Planung.

1.2 Grundsätze ordnungsgemäßer Buchführung (GoB)

Unternehmen wie die Blitzfracht GmbH richten sich bei der Erfassung der Geschäftsfälle nach einem Regelwerk, welches sich im Lauf der Zeit nach und nach etabliert hat. Man spricht von den „Grundsätzen ordnungsgemäßer Buchführung“. Sowohl in der Abgabenordnung des Steuerrechts als auch im Handelsgesetzbuch (HGB) der Kaufleute werden die Grundsätze immer wieder begrifflich verwendet.

§ **238 Abs. 1 Buchführungspflicht – HGB**

„Jeder Kaufmann ist verpflichtet, Bücher zu führen und in diesen seine Handelsgeschäfte und die Lage seines Vermögens nach den Grundsätzen ordnungsmäßiger Buchführung ersichtlich zu machen. Die Buchführung muss so beschaffen sein, dass sie einem sachverständigen Dritten innerhalb angemessener Zeit einen Überblick über die Geschäftsvorfälle und über die Lage des Unternehmens vermitteln kann. Die Geschäftsvorfälle müssen sich in ihrer Entstehung und Abwicklung verfolgen lassen.“

Das Steuerrecht greift diese Bestimmungen in § 140 der Abgabenordnung auf. Ergänzend neben der Buchführung werden die GoB in § 243 Abs. 1 HGB auch als Grundlage für die Aufstellung des Jahresabschlusses verwendet.
Im Folgenden sollen einige Grundsätze kurz vorgestellt werden:

- Grundsatz der Richtigkeit: Alle Geschäftsvorfälle müssen sachlich und rechnerisch richtig sein.
- Grundsatz der Ordnungsmäßigkeit: Die Geschäftsfälle sollen chronologisch und zeitnah verbucht werden.

- Grundsatz der Vollständigkeit: Die Aufzeichnungen in den Geschäftsbüchern müssen vollständig und geordnet vorgenommen werden.
- Grundsatz der Sicherheit: Die geschäftlichen Aufzeichnungen und Unterlagen müssen vor Verlust geschützt sein.
- Belegprinzip: Jedem Geschäftsvorfall muss auch ein Beleg zugrunde liegen. Für den Fall, dass kein Fremdbeleg vorliegt, sind selbst erstellte Eigenbelege möglich. Die Belege müssen die Geschäftsvorfälle begründen und sollen nachverfolgbar sein.
- Grundsatz der Übersichtlichkeit, Klarheit und Nachprüfbarkeit: Ein sachverständiger Dritter (z. B. ein Steuerberater oder Wirtschaftsprüfer) muss sich in entsprechender Zeit einen Überblick über die Geschäftsfälle und Vermögenslage des Unternehmens verschaffen können. Änderungen müssen als solche erkennbar sein. Der Jahresabschluss ist in Euro und in deutscher Sprache zu erstellen. Für die Geschäftspapiere und Belege gibt es gesetzlich geregelte Aufbewahrungsfristen.

Die genauen **Aufbewahrungsfristen** für die geschäftlichen Unterlagen ergeben sich wiederum aus den Vorgaben der Abgabenordnung:
Für Bücher, Buchungsbelege, Rechnungen, **Inventare** und den **Jahresabschluss** gilt eine Aufbewahrungszeit von **zehn Jahren**. Geschäftsbriefe unterliegen einer sechsjährigen Aufbewahrungsfrist.

Merke:

Die Grundsätze ordnungsgemäßer Buchführung sind nicht explizit gesetzlich festgelegt. Dadurch können sie flexibel an die technische oder ökonomische Fortentwicklung angepasst werden.

Zusammenfassung

Die Buchführung ist ein wichtiges Element des betrieblichen Handelns. Erst durch eine ordnungsgemäße Buchführung kann der Unternehmer den Überblick über sein Handeln gewinnen und sinnvolle Entscheidungen für die Zukunft treffen. Das Rechnungswesen bildet zudem die Grundlage für den Jahresabschluss und ermöglicht eine Gewinnverteilung.

Wichtige Funktionen des Rechnungswesens

Kontrolle	Dokumentation	Information	Ausschüttungsbemessung	Disposition

Das Handelsgesetzbuch gibt für die Buchführung einen Rahmen vor, der durch die Grundsätze ordnungsgemäßer Buchführung als anerkanntes Regelwerk zur Führung der Bücher und des Jahresabschlusses ergänzt wird.

Aufgaben

1. Notieren Sie die Aufgaben des Rechnungswesens. Erklären Sie drei Funktionen mit eigenen Worten.

2. Nennen Sie die Aufbewahrungsfristen für a) Geschäftsbriefe, b) Rechnungen, c) Inventare.

2 Inventur und Inventar

Einstiegssituation

Im Januar hatte Catalina bei den Paketsendungen an Firmenkunden das eine oder andere Mal vor verschlossener Türe gestanden und konnte die Lieferungen nicht oder erst mit längerer Wartezeit übergeben. Im Eingangsbereich der Betriebe war dann häufig ein Schild mit der Aufschrift „wegen Inventur geschlossen“ oder „heute Inventur – es kommt zu Verzögerungen“ zu sehen. Das fand Catalina zunächst ärgerlich, aber dann fiel ihr ein, dass auch bei der Blitzfracht GmbH bald eine Inventur ansteht …

Handlungsaufträge

1 Welche Erfahrungen haben Sie bisher mit dem Thema Inventur gemacht? Erklären Sie mit eigenen Worten, was man unter einer Inventur versteht.
2 Beschreiben Sie, wie die Inventur in Ihrem Betrieb abläuft.

2.1 Grundlagen zur Inventur

Vereinfacht ausgedrückt versteht man unter einer Inventur nichts anderes als das Zählen aller Besitztümer und Schulden eines Unternehmens. Die Ergebnisse hält man in einer Liste fest, die der Kaufmann als Inventar bezeichnet. Inventuren dienen u. a. dazu, festzustellen, ob die gelagerten Güter noch in der gewünschten Menge und Qualität vorhanden sind.
In erster Linie benötigt ein Unternehmer den Überblick über Vermögen und Schulden, um festzustellen, ob er erfolgreich arbeitet. Unabhängig davon aber verpflichtet das HGB nach § 240 und ergänzend der Abgabenordnung des Steuerrechts alle Kaufleute, ihr Vermögen und ihre Schulden jährlich festzustellen. Eine Inventur ist also gesetzlich vorgeschrieben und bezeichnet das Erfassen von Vermögen und der Schulden zu einem bestimmten Zeitpunkt. Die Pflicht der Vermögensfeststellung gilt analog bei Übernahme, Gründung, Verkauf oder Auflösung eines Unternehmens.
Nach der Art der Durchführung der Inventur unterscheidet man die **körperliche Inventur**, bei der die Vermögensgegenstände wie Lagervorräte, Lieferfahrzeuge oder die Geschäftsgebäude durch Zählen, Messen, Wiegen oder Schätzen erfasst werden, und die Buchinventur. Die **Buchinventur** erfasst wertmäßig alle nicht körperlichen Gegenstände und Schulden. Dies sind z. B. Forderungen gegenüber Kunden, aufgenommene Kredite oder Kontostände anhand von buchhalterischen Belegen wie Rechnungen oder Kontoauszügen.

Merke:

Alles, was der Betrieb an Bestand hat – sowohl an Vermögen wie auch an Schulden –, wird im Inventar nach Art, Menge und Wert festgehalten.

Auf den Ergebnissen des Inventars baut die Bilanz – die verkürzte Gegenüberstellung von Vermögen sowie Fremd- und Eigenkapital – auf. Die Inventur sorgt also für ein stimmendes Inventar, welches dann zu einer korrekten Bilanz führt.

2.2 Inventurverfahren

Bei der jährlichen Bestandsaufnahme können sich Unternehmer verschiedener Verfahren bedienen.

Stichtagsinventur und zeitnahe Inventur

Man spricht von der Stichtagsinventur, wenn die Inventur genau am letzten Tag des laufenden Geschäftsjahres durchgeführt wird. Bei den meisten Unternehmen entspricht das Kalenderjahr, also 1. Januar bis 31. Dezember, dem Geschäftsjahr, somit ist der Geschäftsjahresabschluss am 31.12 (Bilanzstichtag). An diesem einen Tag müssen dann alle Inventurtätigkeiten ausgeführt werden, was eine gute Planung voraussetzt und entsprechend zeit- und arbeitsintensiv ist. Um den Kaufmann etwas zu entlasten, ist es auch erlaubt, die Inventur in einem Zeitraum von zehn Tagen vor oder zehn Tagen nach dem Bilanzstichtag durchzuführen. Man bezeichnet dies dann als „zeitnahe Inventur.
Neben diesen beiden Inventurarten lässt das Handelsgesetzbuch auch verschiedene Inventurvereinfachungsverfahren zu.

Inventurvereinfachungsverfahren

Stichprobeninventur
• Geeignet für Unternehmen mit vielen verschiedenen Artikeln • Mindestens 5 % der hochwertigen Artikel müssen 40 % des gesamten Warenwertes ausmachen. • Wichtige Positionen werden körperlich voll erfasst, der Restbestand wird stichprobenartig gezählt. • Nutzung mathematisch-statistischer Verfahren zur Hochrechnung der Gesamtwerte • Stichprobeninventur ist verboten bei wertvollen Gütern und leicht verderblichen Waren
Permanente Inventur
• Die Bestandserfassung wird zeitlich so gelegt, dass der Arbeitsaufwand für das Unternehmen möglichst gering ist (z. B. bei geringem Lagerbestand). • Jeder Artikel muss mindestens einmal im Jahr körperlich erfasst werden. • Nach Zählung müssen sämtliche Änderungen notiert und als Zu- oder Abgänge auf nachprüfbaren Belegen erfasst werden.
Verlegte Inventur
• Geeignet, falls Bestände nicht oder nur schlecht fortgeschrieben werden können • Geeignet, wenn die Stichtagsinventur bzw. zeitnahe Inventur wegen zu umfangreicher Bestände wenig sinnvoll sind • Verlegte Inventur ist der Stichtagsinventur sehr ähnlich, die Zählung erfolgt an einem anderen Datum, d. h. maximal drei Monate vor bis zwei Monate nach dem Bilanzstichtag. • Veränderungen, die zwischen Bilanzstichtag und Inventurtag liegen, müssen entsprechend rechnerisch berücksichtigt werden.

2.3 Inventar – ein Verzeichnis von Vermögen und Schulden

Die Teilergebnisse der Inventur werden zunächst in Listen festgehalten. So kann ein Mitarbeiter z. B. die unterschiedlichen Verpackungsmaterialien wie Paletten, Pakete und Boxen festhalten und bewerten, während ein anderer Mitarbeiter den Fuhrpark jeweils nach Art (z. B. Lkw-Typen), Menge

und Wert aufzeichnet. Nimmt man alle Listen zusammen, so entsteht daraus schließlich als Gesamtergebnis das Inventar, welches somit ein vollständiges, detailliertes Bestandsverzeichnis aller Vermögensgegenstände und Schulden eines Unternehmens abbildet.
Ein Inventar wird in einer **Staffelform** dargestellt, d. h., die Positionen werden geordnet untereinander aufgelistet. Im HGB findet man keine genaue Vorschrift, wie man das Inventar zu gliedern hat, stattdessen findet sich nur der Hinweis, dass gleichwertige Vermögensgegenstände und Schulden zusammengefasst und mit einem Mittelwert abgesetzt werden können. Es bietet sich an, das Inventar in seinem Aufbau an den Vorschriften zur Bilanz nach § 266 HGB zu orientieren, da es die Grundlage der Bilanz darstellt. In aller Regel wird das Inventar in drei Bereiche aufgeteilt:

A. Vermögen
B. Schulden
C. Ermittlung des Reinvermögens (Eigenkapital)

Das Vermögen eines Unternehmens trennt sich in die Werte des Anlagevermögens und Umlaufvermögens auf. Gegenstände, die langfristig dem Geschäftsbetrieb dienen, wie z. B. die Lieferfahrzeuge eines KEP-Betriebs, die einzelnen Geschäftsstellen oder die Lagerhallen, gehören zum **Anlagevermögen**. Bei Positionen des Anlagevermögens ist nicht mit ständig wechselnden Werten zu rechnen. Zum **Umlaufvermögen** zählt man Positionen, die dem Unternehmen nur kurzfristig dienen und einem ständigen Wechsel unterliegen. Typische Beispiele sind die Guthaben bei Kreditinstituten, der Kassenbestand der Niederlassung oder auch Forderungen an Kunden für erbrachte Frachtleistungen.
Nur in den seltensten Fällen kommt ein Unternehmen im laufenden Geschäftsbetrieb ohne Schulden (Fremdkapital) aus. Auch diese Positionen müssen erfasst werden, denn sie stellen einen Gegenpol zu den Vermögenswerten dar. Die Schulden eines Unternehmens gliedern sich in **langfristige Schulden**, wie z. B. Hypotheken für einen Grundstückskauf oder Darlehen für die Einrichtung der Geschäftsstelle, und kurzfristige Schulden auf. Zu den **kurzfristigen Schulden** zählen z. B. erhaltene Anzahlungen, überzogene Geschäftsgirokonten oder Verbindlichkeiten aus erhaltenen Lieferungen.
Nach dem Verzeichnis von Vermögen und Schulden wird im dritten Teil das **Reinvermögen** ermittelt. Für jedes Unternehmen bedeutet das, dass von der Gesamtsumme des Vermögens die Gesamtsumme der Schulden abgezogen wird. Das Ergebnis dieser Rechnung ist das Reinvermögen oder Eigenkapital.

2.4 Aufbau eines Inventars

Nachfolgend werden Positionen eines vereinfachten Musterinventars dargestellt:

A. Vermögen:

I. Anlagevermögen
1. Immaterielle Vermögensgegenstände (z. B. Lizenzen, Rechte, Patente)
2. Grundstücke und Gebäude (z. B. Geschäftsgebäude, Lagerhallen)
3. Maschinen und technische Anlagen (z. B. fahrbare Laderampen, Sortiermaschinen)

4. Fuhrpark (z. B. Lieferfahrzeuge)
5. Betriebs- und Geschäftsausstattung (z. B. Bürocomputer, Server, Schreibtische)
6. Finanzanlagen (z. B. Beteiligungen)

II. Umlaufvermögen
1. Waren (z. B. Rohstoffe, Fertigwaren)
2. Forderungen aus Lieferungen und Leistungen (z. B. Entgelt für eine ausgelieferte Sendung)
3. Sonstige Forderungen (z. B. Steuerguthaben)
4. Bankguthaben (z. B. Beträge auf unseren Girokonten)
5. Kasse (z. B. Kassenbestand in der Geschäftsstelle)

B. Schulden (Fremdkapital)

I. Langfristige Schulden
1. Hypotheken (z. B. Kredit für den Kauf eines Grundstücks)
2. Darlehen (z. B. Kredit für den Kauf der neuen Büromöbel)

II. Kurzfristige Schulden
1. Verbindlichkeiten aus Lieferungen und Leistungen (z. B. noch zu zahlende Frachtkosten an einen Zulieferer)
2. Sonstige Verbindlichkeiten (z. B. noch zu zahlende Umsatzsteuern an das Finanzamt)

C. Ermittlung Reinvermögen (Eigenkapital):

Summe des Vermögens
– Summe der Schulden
= Reinvermögen (Eigenkapital)

In dem Depot, in dem Catalina zuletzt eingesetzt war, wurde auch ein Inventar erstellt. Hier sieht man einen kleinen Ausschnitt der Position Fuhrpark:

Inventar zum 31.12.20.., Blitzfracht GmbH, Niederlassung Köln, Taubenstraße 14a:

...

Fuhrpark

2 Lkw (3,5 t)	Wert: 2 · 28 500,00 € gesamt:	57 000,00 €
4 Pkw (Kombis)	Wert: 4 · 11 000,00 € gesamt:	44 000,00 €
1 Pkw (Limousinen)	Wert: 1 · 10 800,00 € gesamt:	10 800,00 €
	Gesamtwert:	111 800,00 €

Betriebs- und Geschäftsausstattung

...

Letztlich kommt es bei einem Inventar darauf an, dass die Vermögenswerte und Schulden vollständig und ausführlich verzeichnet werden. Im obigen Ausschnitt beinhaltet allein der Fuhrpark bereits vier Kraftfahrzeuge.

Die Vielzahl der Werte im Inventar erschwert eine Analyse. Daher wird es eher für interne Zwecke verwendet. Eine Publikationspflicht (Pflicht zur Veröffentlichung) besteht für Inventare nicht.

Merke:

Das Inventar besteht aus drei geordneten Bereichen: Vermögen, Schulden und Reinvermögen. Ein alternativer Begriff für Reinvermögen ist Eigenkapital.

Zusammenfassung

Unter einer **Inventur** versteht man das Zählen sämtlicher Vermögenswerte und Schulden eines Unternehmens. Die jährliche Inventur ist gesetzlich vorgeschrieben und kann auf verschiedene Arten erfolgen.

Inventurarten

Stichtagsinventur	Alle notwendigen Inventurarbeiten werden am Bilanzstichtag durchgeführt.
Zeitnahe Inventur	Die Inventurarbeiten werden in einem Zeitraum von zehn Tagen vor oder nach dem Bilanzstichtag erledigt.
Stichprobeninventur	Nur ein Teil der Güter wird voll gezählt, der restliche Bestand wird stichprobenartig gezählt und dann hochgerechnet.
Permanente Inventur	Jeder Artikel wird einmal jährlich erfasst. Nach der Zählung müssen alle weiteren Bestandsänderungen bis zum Bilanzstichtag erfasst werden.
Verlegte Inventur	Die Inventurarbeiten werden an einem Tag durchgeführt, der drei Monate vor bis zwei Monate nach dem Bilanzstichtag liegen kann.

Die Inventurergebnisse werden im **Inventar** – dem vollständigen, detaillierten Bestandsverzeichnis aller Vermögensgegenstände und Schulden – festgehalten. Das Inventar listet die einzelnen Positionen untereinander auf. Dies bezeichnet man als Staffelform. Üblicherweise teilt man das Inventar in die Bereiche Vermögen, Schulden und Eigenkapital auf.

Inventarmerkmale

Besonderheiten des Inventars
• Es enthält Mengen- und Wertangaben der einzelnen Positionen. • Die Positionen sind einzeln untereinander aufgelistet (Staffelform). • Eine Auswertung der Positionen ist schwierig. • Das HGB macht keine konkreten Gliederungsvorschriften zum Inventar.

Aufgaben

1. Unterscheiden Sie die Begriffe Inventur und Inventar.

2. Halten Sie vier Gründe fest, warum es bei einer Inventur zu Differenzen zwischen dem „Ist-Bestand", also der tatsächlichen gezählten Menge eines Artikels, und dem Soll-Bestand, also dem Buchbestand laut EDV, kommen könnte.

3. Erstellen Sie aus den vorhandenen Daten ein Inventar für ein Kurierunternehmen. Achten Sie auf Vollständigkeit und die richtige Reihenfolge der Positionen.

Position	Betrag
Gebäude Kaldauer Straße	15 000,00 €
BGA	10 000,00 €
Lkw 2	3 200,00 €
Lkw 1	25 000,00 €
Gebäude Hauptstraße	20 000,00 €
Verbindlichkeiten	22 000,00 €
Forderungen	10 000,00 €
Bankguthaben	25 000,00 €
Hypothek	20 000,00 €
Kasse	11 500,00 €

3 Die Bilanz

Einstiegssituation

Nachdem die Mitarbeiter der Blitzfracht GmbH endlich die langen Zähllisten der Inventur abgearbeitet haben und jeder Vermögensgegenstand und alle Schulden detailliert aufgelistet wurden, präsentiert der Chef ein paar Tage später stolz die gesammelten Ergebnisse im neuen Inventar. Als Catalina die lange Liste sieht, schüttelt sie nur entgeistert den Kopf. „Da sieht man ja den Wald vor lauter Bäumen nicht mehr. Gibt es da nichts Kürzeres, an dem wir uns orientieren können?" Der Chef muss lachen und antwortet nur: „Ja, das gibt es wirklich. ie Bilanz …"

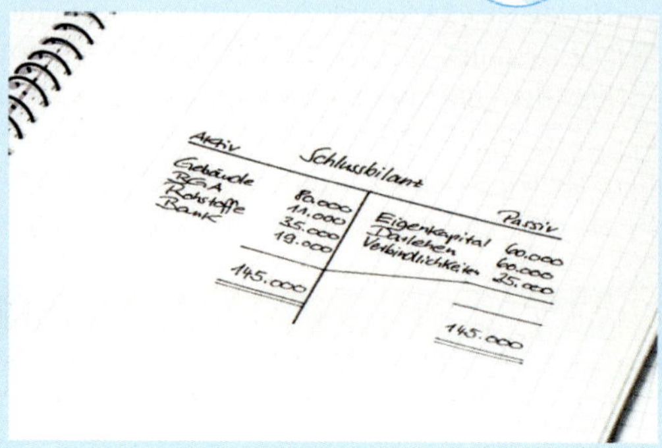

Handlungsaufträge

1 Starten Sie eine Internetrecherche. Finden Sie eine aktuelle Bilanz Ihres Ausbildungsbetriebs (oder Ihres Lieblingsunternehmens) und betrachten Sie den Aufbau. Notieren Sie die Positionen, die erklärungsbedürftig sind.

2 Betrachten Sie den Aufbau der Bilanz aus der Internetrecherche. Überlegen Sie, worin sich Inventar und Bilanz grundsätzlich unterscheiden.

3.1 Vom Inventar zur Bilanz

Die Bilanz ist eine verkürzte Gegenüberstellung der Inventarergebnisse in Kontenform. Dabei werden die einzelnen Positionen nicht mehr detailliert aufgeführt, sondern nur der Gesamtwert in Positionen dargestellt. Der Begriff Bilanz ist aus dem Italienischen abgeleitet und bedeutet „Waage". Die linke Seite der Bilanz bezeichnet man als **Aktiva** oder Aktivseite und zeigt das Anlagevermögen und das Umlaufvermögen. Diese Bilanzseite gibt somit Auskunft, in welchen Werten das Kapital der Gesellschaft investiert wurde. Die rechte Seite der Bilanz bildet das Eigenkapital und das Fremdkapital ab. Diese werden als **Passiva** bezeichnet. Die Passivseite gibt Auskunft darüber, wie das Unternehmen finanziert ist bzw. aus welchen Quellen die finanziellen Mittel stammen.

Merke:

Auf der Aktivseite – links in der Bilanz – findet man das Vermögen des Unternehmens. Auf der Passivseite – rechts in der Bilanz– findet man zuerst das Eigenkapital und dann das Fremdkapital.

Im Folgenden wird eine vereinfachte Bilanz dargestellt:

Aktiva — Bilanz der Muster GmbH zum 31.12.20.. (in Euro) — **Passiva**

Aktiva		Passiva	
I. Anlagevermögen		**I. Eigenkapital**	200 000
1. Grundstücke und Gebäude	150 000		
2. Fuhrpark	200 000	**II. Fremdkapital**	
3. Betriebs- und Geschäftsausstattung	50 000	a) langfristiges Fremdkapital	
4. Finanzanlagen	20 000	1. Hypothek	200 000
		2. Darlehen	60 000
II. Umlaufvermögen		b) kurzfristiges Fremdkapital	
1. Waren	5 000	1. Verbindlichkeiten an Lieferer	17 000
2. Forderungen an Kunden	30 000		
3. Bankguthaben	20 000		
4. Kasse	2 000		
	477 000		477 000

Liquidität ↓ (Aktivseite) — Fälligkeit ↓ (Passivseite)

Bilanzsumme — **Bilanzsumme**

Mittelverwendung
Investition
Vermögen

Mittelherkunft
Finanzierung
Kapital

Das **Anlage-** und **Umlaufvermögen** ordnet sich in der Bilanz von oben nach unten nach dem Grundsatz der zunehmenden Liquidität (Flüssigkeit). Vermögenswerte wie Lizenzen oder Gebäude lassen sich i. d. R. weniger schnell veräußern bzw. „zu Geld machen“ wie Waren, die unmittelbar verkauft werden können, oder Guthaben auf unseren Konten, das nur noch abgehoben werden muss.
Die Passivseite einer Bilanz ist nach abnehmender Fälligkeit (Fristigkeit) sortiert. An erster Stelle steht das **Eigenkapital** (z. B. das Grundkapital einer AG). Theoretisch, das heißt, wenn die Kapitalanleger nicht ihre Einlagen kündigen oder das Unternehmen Verluste einfährt, steht das Eigenkapital dem Unternehmen unendlich lange zur Verfügung.
Nach den Eigenkapitalpositionen sind auch die Schulden (**Fremdkapital**) in der Bilanz nach abnehmender Fälligkeit sortiert. Damit ist gemeint, wie schnell Schulden zurückbezahlt werden können. Für ein Darlehen besteht in der Regel mehr Zeit bis zur endgültigen Tilgung als zur Bezahlung eines Lieferantenkredits.
Beide Seiten der Bilanz (Waage) müssen ausgeglichen sein. Konkret heißt das, dass die Gesamtsumme der Vermögenswerte mit der Gesamtsumme aus Eigen- und Fremdkapital übereinstimmen muss. Neutral spricht man auch von Bilanzsumme als Betrag, der sich ergibt, wenn man jeweils alle Aktiva bzw. alle Passiva aufaddiert.

Merke:

Unter einer Bilanz versteht man eine Gegenüberstellung von Aktiva (Vermögenswerte) und Passiva (Eigen- und Fremdkapital) eines Unternehmens zu einem bestimmten Zeitpunkt.

3.2 Inhalts- und Gliederungsvorschriften für die Bilanz

Entsprechend § 266 ff. HGB ist eine Bilanz in Kontenform zu gestalten. Weiterhin unterteilt das Handelsgesetzbuch die Kapitalgesellschaften in verschiedene Größenklassen. Konkret wird im Handelsgesetzbuch von Kleinstkapitalgesellschaften sowie von kleinen, mittelgroßen und großen Kapitalgesellschaften gesprochen. Kriterien für die Einteilung sind dabei die Höhe der Bilanzsumme, der Wert des Jahresumsatzes und die Anzahl der Mitarbeiter.

Merke:

Vereinfacht lässt sich sagen: Je größer das Unternehmen ist, desto strenger sind auch die Gliederungsvorschriften, die erfüllt werden müssen. Kleinere Unternehmen sollen damit entlastet werden.

Neben Vorschriften für Kapitalgesellschaften gibt es besondere Bilanzierungsvorschriften für Kommanditgesellschaften und offene Handelsgesellschaften (§ 264 c HGB). Einen Sonderstatus haben zudem Kreditinstitute, Fonds, Finanzdienstleiter und Versicherungsunternehmen bei der Bilanzierung. Da diese vorwiegend im Anlage- und Kreditsektor mit Geldern ihrer Kunden handeln, lässt sich das allgemeine Gliederungsschema des Handelsgesetzbuchs kaum anwenden. Stattdessen existieren auf Grundlage des § 330 HGB besondere Gliederungsvorschriften für diese Art von Unternehmen.

Zusammenfassung

Mithilfe einer Bilanz lässt sich das detaillierte Inventar verkürzt darstellen. Bei der Bilanz werden die Vermögenswerte des Unternehmens – man spricht von Aktiva – dem Eigen- und Fremdkapital – man spricht von Passiva – in Kontenform gegenübergestellt.

Bilanzaufbau

Aktiva	Passiva
I. Anlagevermögen (AV) **II. Umlaufvermögen (UV)**	**I. Eigenkapital (EK)** **II. Fremdkapital (FK)**
Summe	Summe

Bilanzmerkmale

Besonderheiten einer Bilanz

- Die Bilanz enthält lediglich Wertangaben der Positionen.
- Gleichartige Positionen werden zusammengefasst.
- Aktiva (Vermögenswerte) und Passiva (Fremd- und Eigenkapital) werden einander gegenübergestellt.
- Das HGB gibt konkrete Gliederungsvorschriften für die Bilanz vor.
- Eine Auswertung der Positionen ist gut möglich.

Aufgaben

1. Beschreiben Sie den Grundaufbau einer Bilanz.

2. Erstellen Sie für ein Kurierunternehmen die Bilanz zum 31.12. des Jahres.

Position	Betrag
Forderungen aus Lieferungen	50 000,00 €
Wertpapiere (Anlagevermögen)	60 000,00 €
Geschäftseinrichtung	70 200,00 €
Hypothek	200 000,00 €
Fuhrpark	140 000,00 €
bebaute Grundstücke	150 000,00 €
Waren	5 000,00 €
Kasse	10 000,00 €
Bankguthaben	50 000,00 €
Darlehen	80 000,00 €
Lieferantenverbindlichkeit	150 000,00 €

4 Bilanzanalyse

Einstiegssituation

Nach den Zählarbeiten der Inventur, der Aufstellung des Inventars und der Fertigstellung der Bilanz ist Catalina ziemlich gespannt, wie das Ergebnis letztlich ausgefallen ist. Beim Betrachten der neuen Bilanz unter den Azubis weiß aber eigentlich niemand so genau, ob es sich nun eher um gute oder schlechte Werte handelt. Catalinas Chef freut sich, dass seine Auszubildenden so interessiert sind, und sagt: „Um eine Bilanz beurteilen zu können, helfen uns Kennzahlen. Anhand der Kennzahlen wiederum können wir Bilanzen vergleichen …“

Handlungsaufträge

1 Betrachten Sie die Bilanz der Muster GmbH in Kapitel 3.1. Welche Zahlen können zueinander in Beziehung gesetzt werden? Notieren Sie drei Kennzahlen, die Sie bilden würden.

2 Catalinas Chef meint, dass die hauseigene Bilanz besser beurteilt werden kann, wenn sie mit anderen verglichen wird. Überlegen Sie, welche Bilanzen dafür genutzt werden können.

4.1 Kennzahlen für eine Bilanzanalyse

Bilanzen lassen sich leichter beurteilen, wenn man Kennzahlen bildet. Damit ist gemeint, dass nur bestimmte Werte der Bilanz – wie z. B. das Umlaufvermögen im Verhältnis zum Gesamtvermögen – betrachtet werden. Eine Bilanzanalyse kann dabei dem Unternehmer helfen, sein eigenes Handeln zu überprüfen. Bei einer Finanzierung über Kreditinstitute gehört eine Bilanzanalyse ebenso zum Tagesgeschäft wie bei Übernahmeüberlegungen oder Zusammenschlüssen mehrerer Unternehmen.

Anhand der Musterbilanz aus Kapitel 3.1 sollen nun einige Kennzahlen vorgestellt und berechnet werden:

Aktiva	Bilanz der Muster GmbH zum 31.12.20.. (in Euro)		Passiva
I. Anlagevermögen		**I. Eigenkapital**	200 000
1. Grundstücke und Gebäude	150 000		
2. Fuhrpark	200 000	**II. Fremdkapital**	
3. Betriebs- und Geschäftsausstattung	50 000	a) langfristiges Fremdkapital	
4. Finanzanlagen	20 000	1. Hypothek	200 000
		2. Darlehen	60 000
II. Umlaufvermögen		b) kurzfristiges Fremdkapital	
1. Waren	5 000	1. Verbindlichkeiten an Lieferer	17 000
2. Forderungen an Kunden	30 000		
3. Bankguthaben	20 000		
4. Kasse	2 000		
	477 000		477 000

a) **Anlagequote**
KEP-Unternehmen zeichnen sich vergleichsweise durch einen hohen Anteil an Anlagevermögen aus. Dies zeigt sich insbesondere an den Positionen Grundstücke und Gebäude (z. B. die Lagerhallen, Niederlassungen) sowie Fuhrpark, worunter die Lieferfahrzeuge fallen. Die Anlagequote zeigt das prozentuale Verhältnis zwischen Anlagevermögen und Gesamtvermögen (oder Bilanzsumme) auf:

$$\frac{\text{Anlagevermögen} \cdot 100}{\text{Gesamtvermögen}} \quad \text{hier: } \frac{420\,000{,}00\text{ €} \cdot 100}{477\,000{,}00\text{ €}} = 88{,}05\,\%$$

b) **Umlaufquote**
Die Umlaufquote zeigt das prozentuale Verhältnis zwischen Umlaufvermögen und Gesamtvermögen auf. Anlagequote und Umlaufquote ergeben zusammen immer 100 %.

$$\frac{\text{Umlaufvermögen} \cdot 100}{\text{Gesamtvermögen}} \quad \text{hier: } \frac{57\,000{,}00\text{ €} \cdot 100}{477\,000{,}00\text{ €}} = 11{,}95\,\%$$

c) **Eigenkapitalquote**
Das Eigenkapital ergibt sich aus dem Startkapital der Gründer, späteren Einlagen der Gesellschafter und den laufenden Gewinnen.

$$\frac{\text{Eigenkapital} \cdot 100}{\text{Gesamtkapital}} \quad \text{hier: } \frac{200\,000{,}00\text{ €} \cdot 100}{477\,000{,}00\text{ €}} = 41{,}93\,\%$$

d) Fremdkapitalquote

Das Fremdkapital besteht in der Regel aus aufgenommenen Krediten und Lieferantenschulden. Je größer dieser Anteil, desto größer auch die Gefahr einer Insolvenz. Auch die Fremdkapitalquote und die Eigenkapitalquote ergeben zusammen stets 100 %.

$$\frac{\text{Fremdkapital} \cdot 100}{\text{Gesamtkapital}} \quad \text{hier: } \frac{277\,000{,}00\ € \cdot 100}{477\,000{,}00\ €} = 58{,}07\,\%$$

e) Anlagedeckungsgrad I

Die sogenannte goldene Bilanzregel besagt, dass das langfristige Anlagevermögen auch langfristig finanziert sein soll. Hier wird deshalb prozentual festgestellt, inwieweit das Anlagevermögen durch Eigenkapital gedeckt ist.

$$\frac{\text{Eigenkapital} \cdot 100}{\text{Anlagevermögen}} \quad \text{hier: } \frac{200\,000{,}00\ € \cdot 100}{420\,000{,}00\ €} = 47{,}62\,\%$$

f) Anlagedeckungsgrad II

Ergänzend zum Anlagedeckungsgrad I wird beim Anlagedeckungsgrad II noch das langfristige Fremdkapital zum Eigenkapital hinzugerechnet.

$$\frac{(\text{Eigenkapital} + \text{langfr. Fremdkapital}) \cdot 100}{\text{Anlagevermögen}} \quad \text{hier:}$$

$$\frac{(200\,000{,}00\ € \cdot 260\,000{,}00\ €) \cdot 100}{420\,000{,}00\ €} = 109{,}52\,\%$$

g) Liquidität 1. Grades

Um kurzfristige Schulden begleichen zu können, werden die liquiden Mittel des Unternehmens, also Bar- und Bankvermögen, den kurzfristigen Verbindlichkeiten gegenübergestellt.

$$\frac{(\text{Kasse} + \text{Bank}) \cdot 100}{\text{kurzfristige Verbindlichkeiten}} \quad \text{hier: } \frac{(2\,000{,}00\ € + 20\,000{,}00\ €) \cdot 100}{17\,000{,}00\ €} = 129{,}41\,\%$$

h) Liquidität 2. Grades

Unter Umständen reichen die liquiden Mittel nicht zur Begleichung der kurzfristigen Verbindlichkeiten aus. In diesem Fall könnte man zusätzlich auf die eigenen Forderungen zurückgreifen.

$$\frac{(\text{Kasse} + \text{Bank} + \text{Forderungen}) \cdot 100}{\text{kurzfristige Verbindlichkeiten}} \text{ hier: }$$

$$\frac{(2\,000{,}00\,€ \cdot 20\,000{,}00\,€ + 30\,000{,}00\,€) \cdot 100}{17\,000{,}00\,€} = 305{,}88\,\%$$

i) **Liquidität 3. Grades**
Bei der Liquidität 3. Grades wird das gesamte Umlaufvermögen den kurzfristigen Verbindlichkeiten gegenübergestellt.

$$\frac{\text{Umlaufvermögen} \cdot 100}{\text{kurzfristige Verbindlichkeiten}} \text{ hier: } \frac{57\,000{,}00\,€ \cdot 100}{17\,000{,}00\,€} = 335{,}29\,\%$$

j) **Eigenkapitalrentabilität**
Möchte man wissen, wie weit sich der Einsatz des Eigenkapitals gelohnt hat – z. B. im Vergleich zu einer Anlage bei der Bank für ein Jahr –, kann die Eigenkapitalrentabilität errechnet werden. Dazu wird das Verhältnis aus erzieltem Gewinn des Unternehmens (z. B. 20 000,00 €) und dem Eigenkapital vom Jahresbeginn berechnet.

$$\frac{\text{Gewinn} \cdot 100}{\text{Eigenkapital}} \text{ hier: } \frac{20\,000{,}00\,€ \cdot 100}{200\,000{,}00\,€} = 10{,}00\,\%$$

Eine Verzinsung von 10 % innerhalb eines Jahres scheint sehr ansehnlich. Allerdings ist die Investition von Geldern in ein einzelnes Unternehmen in aller Regel auch risikoreicher als die Anlage auf einem Bankkonto.

k) **Gesamtkapitalrentabilität**
Falls das Unternehmen Fremdkapital aufgenommen hat, sind jährliche Zinszahlungen (z. B. 10 000,00 €) üblich. In die Berechnung der Kennzahl fließen beide Werte (Zinsenaufwand, Fremdkapital) mit ein.

$$\frac{(\text{Gewinn} + \text{Zinsaufwand}) \cdot 100}{\text{Gesamtkapital}} \text{ hier: }$$

$$\frac{(20\,000{,}00\,€ + 10\,000{,}00\,€) \cdot 100}{477\,000{,}00\,€} = 6{,}52\,\%$$

4.2 Bewertung von Bilanzen

Kennzahlen können Aussagen zu Bilanzen vereinfachen. So lässt sich beispielsweise feststellen, dass einem Unternehmen mit niedrigen prozentualen Werten bei den Liquiditätskennziffern bald eine Zahlungsunfähigkeit droht.

Andererseits sind Beurteilungen einer Bilanz mit Kennziffern auch Grenzen gesetzt, wie die folgenden beiden Beispiele zeigen:
Ein Unternehmen hat eine Anlagequote von 40%. Ist dies eher gut oder eher schlecht? Die Höhe der Anlagequote an sich ist wenig aufschlussreich. Unterschiedliche Branchen haben auch typischerweise unterschiedliche prozentuale Ergebnisse. Ein Handelsunternehmen hat den Schwerpunkt im Warenbereich und damit eine eher geringe Anlagequote. Transportunternehmen wiederum verzeichnen hohe Werte im Anlagevermögen bei geringerem Umlaufvermögen.
Ist ein Unternehmen mit einer Eigenkapitalquote von 60 % gut aufgestellt? Zunächst könnte man meinen, dass dies ein gutes Signal ist. Das Unternehmen scheint gut aufgestellt, hat wenig Kredite aufgenommen und kann Schwankungen gut verkraften. Andererseits könnte es auch ein Anzeichen sein, dass der Unternehmer wenig dynamisch handelt und kaum investiert.
Um eine Bilanz letztlich besser beurteilen zu können, werden weitere Vergleiche notwendig. Dies können z. B. die Bilanzen oder Kennzahlen früherer Geschäftsjahre – also ein Zeitvergleich – sein. Erst hierbei werden Entwicklungen deutlich und Rückschlüsse auf die Tätigkeiten möglich. Betrachtungen der Eigenkapitalquoten eines Unternehmens über mehrere Jahre können sehr aufschlussreich sein.
Im Branchen- oder Betriebsvergleich kann sich das Unternehmen an der Konkurrenz orientieren oder einzelne Unternehmensbereiche eines Konzerns hinsichtlich ihrer Leistungsfähigkeit untersuchen.
Letztlich ist auch zu beachten, dass eine Bilanz nur eine punktuelle Momentaufnahme eines Unternehmens ist. Die Einschätzung der unternehmerischen Tätigkeit sollte durch weitere Analyseinstrumente ergänzt werden.

Merke:

Die Bilanzanalyse auf der Grundlage von Kennziffern ist ein wichtiges Element bei der Beurteilung eines Unternehmens. Eine höhere Aussagekraft haben die ermittelten Werte im Zeit-, Betriebs- oder Branchenvergleich.

Zusammenfassung

Bilanzen lassen sich systematisch analysieren, wenn man dazu Kennzahlen ermittelt.

Typische Kennzahlen für die Bilanzanalyse

Kennzahl	Berechnung
Anlagequote	$\frac{\text{Anlagevermögen} \cdot 100}{\text{Gesamtvermögen}}$
Umlaufquote	$\frac{\text{Umlaufvermögen} \cdot 100}{\text{Gesamtvermögen}}$
Eigenkapitalquote	$\frac{\text{Eigenkapital} \cdot 100}{\text{Gesamtkapital}}$
Fremdkapitalquote	$\frac{\text{Fremdkapital} \cdot 100}{\text{Gesamtkapital}}$

Kennzahl	Berechnung
Anlagedeckungsgrad I, II	I: $\frac{\text{Eigenkapital} \cdot 100}{\text{Anlagevermögen}}$ II: $\frac{(\text{Eigenkapital} + \text{langfristiges Fremdkapital}) \cdot 100}{\text{Anlagevermögen}}$
Liquidität I, II, III	I: $\frac{(\text{Kasse} + \text{Bank}) \cdot 100}{\text{kurzfristige Verbindlichkeiten}}$ II: $\frac{(\text{Kasse} + \text{Bank} + \text{Ford.}) \cdot 100}{\text{kurzfristige Verbindlichkeiten}}$ III: $\frac{\text{Umlaufvermögen} \cdot 100}{\text{kurzfristige Verbindlichkeiten}}$
Eigenkapitalrentabilität	$\frac{\text{Gewinn} \cdot 100}{\text{Eigenkapital}}$
Gesamtkapitalrentabilität	$\frac{(\text{Gewinn} + \text{Fremdkapitalzinsen}) \cdot 100}{\text{Gesamtkapital}}$

Kennzahlen sind dann besonders hilfreich, wenn diese im Zeit- oder Betriebsvergleich beurteilt werden.

Aufgaben

1. Erstellen Sie anhand der folgenden Daten eine Bilanz. Ermitteln Sie

   a. das Eigenkapital,
   b. die Eigenkapitalquote und
   c. die Eigenkapitalrentabilität bei einem angenommenen Gewinn von 15 000,00 €.

Position	Betrag
Grundstück	100 000,00 €
Bankguthaben	20 000,00 €
Forderungen aus Lieferungen	50 200,00 €
Kasse	2 000,00 €
Geschäftseinrichtung	5 000,00 €
Hypothek	40 000,00 €

2. Ein Kurierunternehmen erzielte einen Gewinn von 30 000,00 € und hatte Zinsaufwendungen in Höhe von 5 000,00 €. Errechnen Sie für das Unternehmen

a. die Anlagequote,
b. den Anlagedeckungsgrad I,
c. die Liquidität 1. Grades und
d. die Gesamtkapitalrentabilität.

Position	Betrag
Forderungen aus Lieferungen	50 000,00 €
Wertpapiere (Anlagevermögen)	60 000,00 €
Geschäftseinrichtung	70 200,00 €
Hypothek	200 000,00 €
Fuhrpark	140 000,00 €
Bebaute Grundstücke	150 000,00 €
Waren	5 000,00 €
Kasse	10 000,00 €
Bankguthaben	50 000,00 €
Darlehen	80 000,00 €
Lieferantenverbindlichkeit	150 000,00 €

5 Wertänderungen in der Bilanz

Einstiegssituation

Das Depot hat im neuen Jahr wieder geöffnet und die ersten Kundenaufträge sind bearbeitet und verbucht. Am Mittagstisch kommt unter den Auszubildenden eine Diskussion auf, dass nun – nach nur einem Tag im neuen Geschäftsjahr – bereits sämtliche Bilanzzahlen veraltet sind. Ein Mitauszubildender Catalinas hofft, dass nun nicht schon wieder eine neue Bilanz aufgestellt werden soll …

Handlungsaufträge

1 Schon mit der ersten Buchung im neuen Geschäftsjahr ist die Bilanz nicht auf dem neusten Stand. Nennen Sie zwei Gründe, warum die jährliche Aufstellung der Bilanz trotzdem sinnvoll ist.

2 Die erste Buchung im neuen Jahr resultierte aus dem Verkauf eines Packsets (Versandkartonage). Der Kunde kaufte das Set durch Barzahlung. Welche Bilanzposten sind davon betroffen und inwieweit hat sich dadurch die Bilanzsumme verändert?

5.1 Geschäftsfälle und deren Auswirkung auf Bilanzen

Jeder Geschäftsfall verändert die Bilanz. Dennoch müssen beide Seiten der Bilanz stets identisch sein.

Welche Veränderungen sich grundsätzlich ergeben können, soll nun anhand von vier Geschäftsfällen gezeigt werden. Ausgangspunkt ist die folgende vereinfachte Bilanz:

Bilanz 1 Muster GmbH zum 31.12.20.. (in Euro)

Aktiva			**Passiva**
I. Anlagevermögen		**I. Eigenkapital**	100 000
1. Fuhrpark	100 000		
2. BGA	15 000	**II. Schulden**	
II. Umlaufvermögen		1. Hypothek	40 000
1. Forderungen	20 000	2. Verbindlichkeiten	20 000
2. Bank	25 000		
	160 000		160 000

Fall 1

Der Unternehmer kauft eine neue Büroeinrichtung für 5000,00 €. Der Betrag wird überwiesen.
Folgen: Es werden zwei Positionen auf der Aktivseite der Bilanz berührt. Bei der Betriebs- und Geschäftsausstattung ergibt sich eine Mehrung, beim Bankguthaben eine Minderung in gleicher Höhe. Die Bilanzsumme ändert sich nicht. Man spricht von einem Aktivtausch:

Aktiva	Bilanz 2 Muster GmbH zum 31.12.20.. (in Euro)		**Passiva**
I. Anlagevermögen		**I. Eigenkapital**	100 000
1. Fuhrpark	100 000		
2. BGA	20 000	**II. Schulden**	
II. Umlaufvermögen		1. Darlehen	40 000
1. Forderungen	20 000	2. Verbindlichkeiten	20 000
2. Bank	20 000		
	160 000		160 000

Fall 2

Der Unternehmer wandelt Lieferverbindlichkeiten, also kurzfristige Schulden, in ein langfristiges Darlehen um. Der Betrag ist 10 000,00 €.
Folgen: Es werden zwei Positionen auf der Passivseite der Bilanz gewandelt. Bei den Darlehensschulden ergibt sich eine Mehrung, bei den kurzfristigen Verbindlichkeiten dagegen stellt sich eine Minderung ein. Die Bilanzsumme ändert sich auch hier nicht. Man spricht von einem Passivtausch:

Aktiva	Bilanz 3 Muster GmbH zum 31.12.20.. (in Euro)		**Passiva**
I. Anlagevermögen		**I. Eigenkapital**	100 000
1. Fuhrpark	100 000		
2. BGA	20 000	**II. Schulden**	
II. Umlaufvermögen		1. Darlehen	50 000
1. Forderungen	20 000	2. Verbindlichkeiten	10 000
2. Bank	20 000		
	160 000		160 000

Fall 3

Der Unternehmer erwirbt einen neuen Lieferwagen im Wert von 25 000,00 €. Der Kauf soll über ein Darlehen in gleicher Höhe finanziert werden.
Folgen: Durch diesen Fall werden erneut zwei Positionen (Darlehen und Verbindlichkeiten) berührt. Neu ist, dass sowohl auf der Aktivseite als auch auf der Passivseite eine Veränderung stattfindet. Auf beiden Seiten ergibt sich eine Erhöhung von 25 000,00 €. Die Bilanzsumme vermehrt sich gleichermaßen. Man bezeichnet dies daher als Aktiv-Passiv-Mehrung:

Aktiva	Bilanz 4 Muster GmbH zum 31.12.20.. (in Euro)		Passiva
I. Anlagevermögen		**I. Eigenkapital**	100000
1. Fuhrpark	125000		
2. BGA	20000	**II. Schulden**	
II. Umlaufvermögen		1. Darlehen	75000
1. Forderungen	20000	2. Verbindlichkeiten	10000
2. Bank	20000		
	185000		185000

Fall 4
Der Unternehmer zahlt einen Teil seiner Darlehensschulden im Wert von 15000,00 € zurück. Der Betrag wird von seinem Bankkonto per Lastschrift eingezogen.
Folgen: Auch dieser Fall verändert zwei Positionen, die Darlehensschulden und das Bankguthaben. Sowohl auf der Aktivseite als auch auf der Passivseite findet eine Veränderung statt. Im Gegensatz zu Fall 3 ergibt sich jedoch jeweils eine Minderung der Positionen um 15000,00 €. Die Bilanzsumme verringert sich um den gleichen Wert. Man spricht deshalb von einer Aktiv-Passiv-Minderung:

Aktiva	Bilanz 5 Muster GmbH zum 31.12.20.. (in Euro)		Passiva
I. Anlagevermögen		**I. Eigenkapital**	100000
1. Fuhrpark	125000		
2. BGA	20000	**II. Schulden**	
II. Umlaufvermögen		1. Darlehen	60000
1. Forderungen	20000	2. Verbindlichkeiten	10000
2. Bank	5000		
	170000		170000

5.2 Möglichkeiten der Bilanzveränderung

Ein jeder Geschäftsfall wie z. B. der Verkauf eines Packsets an einen Kunden verändert die ermittelten Bilanzwerte.
Bei jedem Geschäftsfall kann man sich mithilfe von vier Fragen die Veränderung herleiten:

1. Welche Positionen der Bilanz werden berührt?
2. Handelt es jeweils sich um Aktiv- oder/und Passivpositionen der Bilanz?
3. Wie wirkt sich der Geschäftsfall auf die Bilanzpositionen aus? Ergibt sich also eine Mehrung oder Minderung der jeweiligen Position?
4. Um welche der vier Arten der Bilanzveränderung handelt es sich?

Beim **Aktivtausch** wirkt sich die Veränderung nur auf Aktivposten aus. Bei der Bilanzsumme ergibt sich deshalb keine Änderung.
Beim **Passivtausch** betrifft der Geschäftsvorgang nur die Passivseite. Auch hier ergibt sich folglich keine Änderung der Bilanzsumme.
Bei der **Aktiv-Passiv-Mehrung** (Bilanzverlängerung) betrifft der Geschäftsfall beide Bilanzseiten. Aktivpositionen und eine Passivposition steigen um den gleichen Wert an.
Bei der **Aktiv-Passiv-Minderung** (Bilanzverkürzung) werden beide Bilanzseiten um den gleichen Betrag vermindert.

Neben den vier Grundformen gibt es auch eine Vielzahl von Geschäftsvorgängen, die mehrere Positionen gleichzeitig ansprechen. Der Fall 5 zeigt dazu ein Beispiel.

Fall 5
Der Unternehmer verkauft einen Lkw im Wert von 50 000,00 € an einen Darlehensgeber. 10 000,00 € fließen an das Bankkonto des Verkäufers, 40 000,00 € werden zum Schuldenabbau (Darlehen) genutzt.

Aktiva	Bilanz 6 Muster GmbH zum 31.12.20.. (in Euro)		**Passiva**
I. Anlagevermögen		**I. Eigenkapital**	100 000
1. Fuhrpark	75 000		
2. BGA	20 000	**II. Schulden**	
II. Umlaufvermögen		1. Darlehen	20 000
1. Forderungen	20 000	2. Verbindlichkeiten	10 000
2. Bank	15 000		
	130 000		130 000

Es handelt sich um eine Kombination der vier Grundfälle. Auf der Aktivseite verringert sich der Fuhrpark, das Bankguthaben steigt. Von den Passivpositionen sinkt der Darlehensschuldenstand. Dennoch ist die Bilanz anschließend im Gleichgewicht.

Merke:

Die Erfassung eines Geschäftsfalls verändert grundsätzlich die Bilanz. Beide Bilanzseiten müssen jedoch identisch sein. Man unterscheidet bei den Wertänderungen den Aktivtausch, den Passivtausch, die Aktiv-Passiv-Mehrung und die Aktiv-Passiv-Minderung.

Zusammenfassung

Geschäftsfälle verändern die Bilanz. Dennoch müssen beide Seiten der Bilanz immer ausgeglichen sein. Es lassen sich vier Fälle und deren Auswirkung auf die Bilanz unterscheiden.

Wertänderungen in der Bilanz

Bilanzauswirkung	Kurzbeschreibung
Aktivtausch	Eine Aktivposition erhöht sich. Eine Aktivposition verringert sich gleichermaßen. Die Bilanzsumme ist unverändert.
Passivtausch	Eine Passivposition erhöht sich. Eine Passivposition verringert sich gleichermaßen. Die Bilanzsumme ist unverändert.
Aktiv-Passiv-Mehrung	Ein Aktivposten und ein Passivposten erhöhen sich um den gleichen Wert. Die Bilanzsumme erhöht sich.
Aktiv-Passiv-Minderung	Ein Aktivposten und ein Passivposten verringern sich um den gleichen Wert. Die Bilanzsumme wird geringer.

Aufgaben

1. Erläutern Sie, welche vier Wertänderungen in der Bilanz grundsätzlich möglich sind. Bilden Sie zu jeder Wertänderung einen eigenen Geschäftsfall.

2. Beantworten Sie zu jedem der sechs Geschäftsfälle unten die folgenden Fragen:

   2.1 Welche Bilanzpositionen werden dabei berührt?
   2.2 Handelt es sich dabei um Aktiv- oder Passivpositionen der Bilanz?
   2.3 Wie verändert sich die Position (Mehrung oder Minderung)?
   2.4 Wie sieht die Bilanz aus, wenn diese Geschäftsvorfälle berücksichtigt sind?

   Geschäftsfälle:

   a. Verkauf eines gebrauchten PC aus dem Büro bar 1 000,00 € netto
   b. Barzahlung eines Kunden 1 500,00 €
   c. Eine Verbindlichkeit in Höhe von 6 000,00 € wird in ein Darlehen umgewandelt.
   d. Lieferwagenkauf auf Ziel 30 000,00 € netto
   e. Kreditaufnahme in Höhe von 5 000,00 €, der Betrag wird überwiesen.
   f. Banküberweisung an unsere Lieferanten 55 000,00 € netto.

6 Buchen auf Bestandskonten

Einstiegssituation

Catalina Salza hat zuletzt gelernt, dass jeder Geschäftsfall die Bilanz verändert. Damit nicht jedes Mal eine neue Bilanz aufgestellt werden muss, aber gleichzeitig die Forderung nach lückenloser und übersichtlicher Erfassung der Geschäftsfälle erfüllt werden kann, wird die Bilanz in „Konten" aufgelöst. Wie das konkret passiert, soll Catalina sich selbst erarbeiten ...

Handlungsaufträge

1 Lesen Sie den Abschnitt „Auflösung der Bilanz in Bestandskonten". Erstellen Sie auf Grundlage der Bilanz 1 in Kapitel 5.1 die einzelnen Konten samt Anfangsbestand in Ihrem Arbeitsheft.

2 Haben Sie die Begriffe „Soll" und „Haben" bereits kennengelernt? Beschreiben Sie, was Sie darunter verstehen.

6.1 Auflösung der Bilanz in Bestandskonten

Man stelle sich den Aufwand vor, wenn jeder Geschäftsfall und damit jede Buchung zu einer neuen Bilanz führen würde, die das Unternehmen ständig aktualisieren müsste. Um das zu vermeiden, nutzt die Buchführung stattdessen Konten. Für jede einzelne Bilanzposition, also Gebäude, Fuhrpark, Darlehen usw., wird ein eigenes Konto geführt, das zur Fortschreibung der Bestände dient. Diese Konten werden deshalb auch als Bestandskonten bezeichnet.

Bestandskonten lassen sich in Aktiv- und in Passivkonten unterteilen. Aktivkonten erfassen die Aktiva, d. h. die Vermögensbestände auf der linken Seite der Bilanz. Passivkonten erfassen entsprechend die Passiva, also die Eigen- und Fremdkapitalbestände auf der rechten Seite der Bilanz. Der Anfangswert jeder Bilanzposition wird auf Basis der Schlussbilanz des letzten Geschäftsjahres ermittelt. Wenn also der Fuhrpark mit einem Wert von 200 000,00 € in der Schlussbilanz verzeichnet ist, wird folglich das Konto „Fuhrpark" mit dem Anfangsbestand von 200 000,00 € eröffnet.

Merke:

Die linke Seite eines Kontos nennt man immer „Soll", die rechte Seite heißt „Haben". Die Bezeichnungen aus der Bilanz, also Aktiv, Aktiva oder Passiv, Passiva kommen nicht in einem Bestandskonto vor!

Bei Aktivkonten steht der Anfangsbestand (AB) im Soll. Bei Passivkonten ist es umgekehrt. Hier steht der Anfangsbestand (AB) im Haben.

Bilanz 1 Muster GmbH zum 31.12.20.. (in Euro)

Aktiva		**Passiva**	
I. Anlagevermögen		**I. Eigenkapital**	100 000
1. Fuhrpark	100 000		
2. BGA	15 000	**II. Schulden**	
II. Umlaufvermögen:		1. Darlehen	40 000
1. Forderungen	20 000	2. Verbindlichkeiten	20 000
2. Bank	25 000		
	160 000		160 000

Aktivkonten

Soll	Fuhrpark		**Haben**
AB	100 000		

Passivkonten

Soll	Darlehen		**Haben**
		AB	40 000

Merke:

Der Anfangsbestand eines Aktivkontos wird immer auf der linken Seite (Soll) eingetragen. Der Anfangsbestand eines Passivkontos wird immer auf der rechten Seite (Haben) festgehalten.

6.2 Geschäftsfälle im Haupt- und Grundbuch erfassen

Sind die Bestandskonten eröffnet, ist die Voraussetzung für das eigentliche Buchen erfüllt. Jeder Geschäftsfall wird auf den Konten erfasst. Beim Buchen wird immer bei einem Konto auf der Soll-Seite und bei einem anderen Konto auf der Haben-Seite eine Veränderung vorgenommen. Man spricht von **doppelter Buchführung** oder auch Doppik, da immer mindestens zwei Konten betroffen sind.

Mehrungen auf Aktivkonten stehen wie der Anfangsbestand im Soll, Minderungen im Haben. Mehrungen bei Passivposten stehen wie deren Anfangsbestand im Haben, Minderungen im Soll.

Vor jeder Buchung sollten die folgenden Fragen beantwortet werden:

- Welche Konten werden angesprochen?
- Sind es Aktiv- oder Passivkonten?
- Ergibt sich auf dem Konto eine Erhöhung des Bestandes oder eine Minderung?
- Auf welchem Konto wird die Buchung im Soll, auf welchem im Haben erfasst?

Im Folgenden sollen die vier Fälle des Kapitels 5.1 – jeweils farblich hervorgehoben – den Ablauf der Buchung verdeutlichen. Alle Konten wurden vorab mit den Anfangsbeständen aus der Bilanz eröffnet:

Aktivkonten

Soll	Fuhrpark		Haben
AB	100 000		

Soll	BGA		Haben
AB	15 000		

Soll	Forderungen		Haben
AB	20 000		

Soll	Bank		Haben
AB	25 000		

Passivkonten

Soll	Eigenkapital		Haben
		AB	100 000

Soll	Darlehen		Haben
		AB	40 000

Soll	Verbindlichkeiten		Haben
		AB	20 000

Geschäftsfälle

Fall 1

Der Unternehmer kauft eine neue Büroeinrichtung für 5 000,00 €. Der Betrag wird überwiesen.

Folge: Erfasst werden die Konten BGA (Aktivkonto) und Bank (Aktivkonto). Der BGA-Bestand wird erhöht (Mehrung), das Guthaben auf unserem Bankkonto vermindert (Minderung).

Soll	BGA		Haben
AB	15 000		
1)	5 000		

Soll	Bank		Haben
AB	25 000	1)	5 000

Fall 2

Der Unternehmer wandelt Lieferverbindlichkeiten, also kurzfristige Schulden, in ein Darlehen um. Der Betrag ist 10 000,00 €.

Folge: Dieser Geschäftsfall betrifft das Darlehenskonto (Passivkonto) und die Verbindlichkeiten (Passivkonto). Unsere Verbindlichkeiten vermindern sich, die Darlehensschulden steigen an.

Soll	Darlehen		Haben
		AB	40 000
		2)	10 000

Soll	Bank		Haben
2)	10 000	AB	40 000

Fall 3

Der Unternehmer erwirbt einen neuen Lieferwagen im Wert von 25 000,00 € für das Geschäft. Das Geschäft soll über ein Darlehen in gleicher Höhe finanziert werden.

Folge: Dieser Geschäftsfall betrifft das Darlehenskonto (Passivkonto) und die Verbindlichkeiten (Passivkonto). Unsere Verbindlichkeiten vermindern sich, die Darlehensschulden steigen an.

Soll	Fuhrpark		Haben
AB	100 000		
3)	25 000		

Soll	Bank		Haben
		AB	40 000
		2)	10 000
		3)	25 000

Fall 4

Der Unternehmer zahlt einen Teil seiner Darlehensschulden im Wert von 15 000,00 € zurück. Der Betrag wird von seinem Bankkonto per Lastschrift eingezogen.

Folge: Die Verbuchung erfolgt auf dem Bankkonto (Aktivkonto) und dem Darlehenskonto (Passivkonto). Unser Bankguthaben sinkt (Minderung), die Darlehensschulden nehmen ebenfalls ab (Minderung).

Soll	Bank		Haben
AB	25 000	1)	5 000
		4)	15 000

Soll	Darlehen		Haben
4)	15 000	AB	40 000
		2)	10 000
		3)	25 000

Diese Art der Verbuchung auf den sogenannten T-Konten (wegen der Form eines T) wird als Buchung im Hauptbuch bezeichnet.

Daneben gibt es noch die Kurzform der chronologischen Erfassung, das Grundbuch. Hier wird nach dem immer gleichen Schema zunächst das Soll-Konto mit Betrag, dann das Wort „an“ und schließlich das Haben-Konto mit Betrag notiert.

Für die vier obigen Geschäftsfälle sieht das Grundbuch so aus:

Nummer	Soll-Konto	Betrag in €		Haben-Konto	Betrag in €
1	BGA	5 000	an	Bank	5 000
2	Verbindlichkeiten	10 000	an	Darlehen	10 000
3	Fuhrpark	25 000	an	Darlehen	25 000
4	Darlehen	15 000	an	Bank	15 000

Betrifft ein Buchungssatz mehr als zwei Konten gleichzeitig, so spricht man von einem zusammengesetzten Buchungssatz.

Ein Beispiel liefert dieser Fall: Der Unternehmer kauft einen Lieferwagen im Wert von 30 000,00 €. 5 000,00 € davon zahlt er bar, die restlichen 25 000,00 € werden überwiesen.

Im Grundbuch würde dieser Fall so verzeichnet:

Nummer	Soll-Konto	Betrag in €		Haben-Konto	Betrag in €
5	Fuhrpark	30 000	an	Kasse	5 000
			an	Bank	25 000

Merke:

Jeder Geschäftsfall wird sowohl auf der Soll- als auch auf der Haben-Seite erfasst. Die Zugänge (Mehrungen) werden auf der Seite des Kontos verbucht, wo es seinen Anfangsbestand hat. Die Abgänge (Minderungen) werden dementsprechend auf der entgegengesetzten Seite des Kontos verbucht.

6.3 Abschluss der Konten über das Schlussbilanzkonto

Die Bestandskonten müssen am Ende des Geschäftsjahres abgeschlossen werden. Bei Aktivkonten wird der Saldo in der Regel so festgestellt:

- Addition der Soll-Seite
- Addition der Haben-Seite
- Die Differenz der Soll-Seite und der Haben-Seite ergibt den Schlussbestand.
- Eintragung des Schlussbestandes auf der Haben-Seite

Bei Passivkonten wird der Saldo üblicherweise so festgestellt:

- Addition der Haben-Seite
- Addition der Soll-Seite
- Die Differenz der Haben-Seite und der Soll-Seite ergibt den Schlussbestand (SB).
- Eintragung des Schlussbestandes (SB) auf der Soll-Seite

Hier sieht man den durchgeführten Abschluss der obigen Konten:

Aktivkonten

Fuhrpark

Soll		Haben	
AB	100 000	SB	125 000
3)	25 000		
	125 000		**125 000**

BGA

Soll		Haben	
AB	15 000	SB	20 000
1)	5 000		
	20 000		**20 000**

Forderungen

Soll		Haben	
AB	20 000	SB	20 000
	20 000		**20 000**

Bank

Soll		Haben	
AB	25 000	1)	5 000
		4)	15 000
		SB	5 000
	25 000		**25 000**

Passivkonten

Eigenkapital

Soll		Haben	
SB	10 000	AB	100 000
	100 000		**100 000**

Darlehen

Soll		Haben	
4)	15 000	AB	40 000
SB	60 000	2)	10 000
		3)	25 000
	75 000		**75 000**

Verbindlichkeiten

Soll		Haben	
2)	10 000	AB	20 000
SB	10 000		
	20 000		**75 000**

Überträgt man nun die Schlussbestände aller sieben Bestandskonten in eine Schlussbilanz, ergibt sich das folgende Bild:

Soll	Schlussbilanzkonto Muster GmbH zum 31.12.20.. (in Euro)		Haben
I. Anlagevermögen		**I. Eigenkapital**	100 000
1. Fuhrpark	125 000	**II. Schulden**	
2. BGA	20 000	1. Darlehen	60 000
II. Umlaufvermögen		2. Verbindlichkeiten	10 000
1. Forderungen	20 000		
2. Bank	5 000		
	170 000		170 000

Man kann erkennen, dass die Schlussbestände, die auf der Haben-Seite der einzelnen Konten stehen, im Schlussbilanzkonto auf der Soll-Seite erfasst sind. Die Schlusssalden, die auf der Soll-Seite der Einzelkonten notiert wurden, finden sich im Schlussbilanzkonto auf der Haben-Seite wieder. Wenn in der Buchführung keine Fehler gemacht wurden, sind beide Seiten ausgeglichen und das Schlussbilanzkonto entspricht den tatsächlichen Vermögens- und Kapitalwerten.

Merke:

Die Schlussbestände der Aktivkonten stehen auf der Haben-Seite, also dem Anfangsbestand entgegengesetzt. Die Schlussbestände der Passivkonten wiederum stehen auf der Soll-Seite, also dem Anfangsbestand entgegengesetzt. Die Salden der einzelnen Konten ergeben das Schlussbilanzkonto.

Zusammenfassung

Damit ein Unternehmen nicht ständig eine neue Bilanz erstellen muss, aber gleichzeitig die Geschäftsvorfälle ordnungsgemäß erfassen kann, führt man für die einzelnen Bilanzpositionen wie BGA, Waren oder Hypotheken separate Konten (T-Konten), um das Fortschreiben der Bestände zu ermöglichen. Diese Konten nennt man Bestandskonten. Die linke Seite der Bestandskonten nennt man Soll-Seite. Die rechte Seite der Konten nennt man Haben-Seite.

Buchen auf Aktivkonten

Alle Positionen auf der linken Bilanzseite (Aktivseite) werden zu Aktivkonten und haben auch ihren Anfangsbestand auf der Soll-Seite. Mehrungen bei Aktivkonten sind ebenso im Soll zu verzeichnen. Minderungen und der Schlussbestand von Aktivkonten stehen auf der Haben-Seite.

Soll	Aktivkonten Haben
Anfangsbestand (AB) Mehrungen (Zugänge)	Minderungen (Abgänge) Schlussbestand (SB)

Buchen auf Passivkonten

Alle Positionen auf der rechten Bilanzseite (Passivseite) werden zu Passivkonten und haben in Umkehrung zu Aktivkonten den Anfangsbestand auf der Haben-Seite. Mehrungen werden im Haben gebucht. Minderungen und der Endbestand werden im Soll erfasst.

Soll	Passivkonten Haben
Minderungen Schlussbestand (SB)	Anfangsbestand (AB) Mehrungen (Zugänge)

Die Buchungsvorgänge auf diesen T-Konten bezeichnet man als das Führen des Hauptbuchs. Eine kürzere Form der Verbuchung ist im Grundbuch möglich. Dort wird zuerst das Soll-Konto mit Betrag, dann das Wort „an“ und schließlich das Haben-Konto mit Betrag notiert.

Bestandskonten werden über eine Schlussbilanz am Jahresende abgeschlossen.

Schema zur Ermittlung der Endbestände

Aktivkonten	Passivkonten
• Addition der Soll-Seite (Kontensumme) • Addition der Haben-Seite • Differenz von Soll- und Haben-Seite ergibt den Schlussbestand • Eintragung des Schlussbestandes auf der Haben-Seite	• Addition der Haben-Seite (Kontensumme) • Addition der Soll-Seite • Differenz von Haben- und Soll-Seite ergibt den Schlussbestand • Eintragung des Schlussbestandes auf der Soll-Seite

Aufgaben

1. Führen Sie das Bankkonto für ein KEP-Unternehmen. Ermitteln Sie den Schlussbestand zum Monatsende.
   Das Bankkonto eines KEP-Betriebes weist folgende Entwicklung auf.
   Anfangsbestand 50 000,00 €

   2.12. Überweisung von unserem Großkunden für ausgeführte Aufträge 60 000,00 €
   6.12. Auszahlung für die Reparatur des Firmenwagens 3 000,00 €
   8.12. Überweisung der Umsatzsteuer an das Finanzamt 3 500,00 €
   16.12. Scheck vom Kunden Bauer 2 500,00 €
   21.12. Lastschrift der Gasrechnung für die Lagerhallen 2 500,00 €
   22.12. Überweisung der Gehälter an die Mitarbeiter 60 000,00 €
   23.12. Onlineüberweisung einer Rechnung an einen Zulieferer 12 000,00 €
   31.12. Zinsgutschrift für das 2. Halbjahr 3 000,00 €

2. Überlegen Sie, welcher Geschäftsvorgang zu den sechs vorliegenden Buchungssätzen geführt hat.

	Soll	an	Haben
a.	Gebäude	an	Hypothek
b.	Bank	an	Forderungen aus Lieferungen und Leistungen
c.	Darlehen	an	Bank
d.	Bank	an	Kasse
e.	BGA	an	Kasse
f.	Forderung	an	Fuhrpark

3. Vollziehen Sie einen kompletten Geschäftsgang für die Lieferanten AG nach den folgenden Vorgaben.

   a. Stellen Sie aus den Anfangsbeständen die Eröffnungsbilanz für die Lieferanten AG auf.
   b. Eröffnen Sie die zur Buchung der Geschäftsfälle erforderlichen T-Konten, indem Sie die notwendigen Anfangsbestände übertragen.
   c. Buchen Sie anschließend die Geschäftsfälle 1–5 im Hauptbuch und parallel im Grundbuch.
   d. Ermitteln Sie die Schlussbestände der einzelnen Konten und erstellen Sie anschließend die Schlussbilanz.

Anfangsbestände:

Verbindlichkeiten	20 000,00 €
Fuhrpark	10 000,00 €
Forderungen	50 000,00 €
Darlehen	5 000,00 €
Bank	25 000,00 €
Eigenkapital	? €

Geschäftsvorfälle:

1. Wir kaufen einen Pkw auf Ziel für 23 000,00 €.
2. Vom Bankkonto überweisen wir an unseren Lieferanten 21 000,00 €.
3. Wir nehmen ein Darlehen auf über 15 000,00 €. Der Betrag geht auf das Bankkonto.
4. Ein Kunde überweist uns fällige Forderungen in Höhe von 40 000,00 €.
5. Wir verkaufen einen Lkw zum Buchwert. Der Käufer zahlt die 14 000,00 € später.

7 Erfolgsermittlung

Einstiegssituation

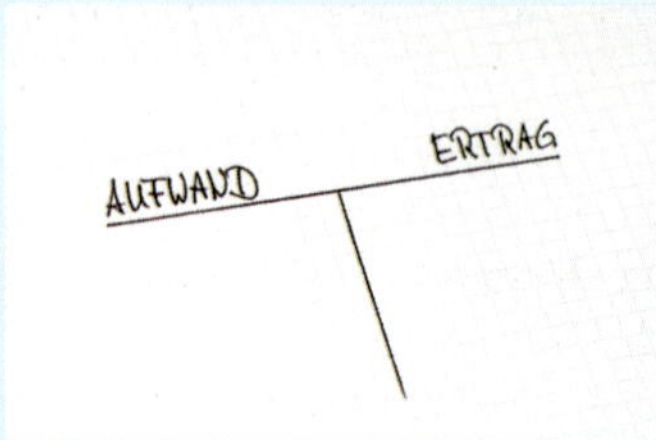

Nachdem Catalina so viele Erfahrungen bei der Hilfe rund um den Jahresabschluss gemacht hatte, ist sie nun auch in der Buchführungsabteilung eingesetzt.
Die Geschäfte der Blitzfracht GmbH laufen recht gut und es gibt viel zu tun. In der Buchhaltung hat Catalina im laufenden Monat bereits Gehälter gebucht, dazu kam eine Zinsgutschrift für das angelegte Tagesgeld der Blitzfracht GmbH und eine Mieteinnahme aus der verpachteten Lagerhalle.
Bei einigen Lieferfahrzeugen waren Wartung und Service fällig. Die Kunden zahlten für erbrachte Lieferleistungen, vom Stromanbieter kam eine Rechnung für den laufenden Monat und der Chef gibt Catalina eine Hotelrechnung, da er eine Messe in Köln besucht hatte ...

Handlungsaufträge

1 Nutzen Sie das Internet und notieren Sie aktuelle Zinssätze im Tagesgeldbereich und für eine Anlage von einem Jahr.
2 Überlegen Sie, welche Folgen die beschriebenen Geschäftsvorgänge, z. B. die Stromrechnung oder die Zinsgutschrift, auf die Bilanz der Blitzfracht GmbH hätten. Halten Sie Ihre Überlegungen schriftlich fest.

7.1 Aufwendungen und Erträge

Alle bisherigen Geschäftsvorgänge waren erfolgsneutral (alternativ: erfolgsunwirksam) und betrafen ausschließlich Bestandskonten.
Ein Großteil der Geschäftsvorfälle in der Praxis ist jedoch erfolgswirksam, d. h., diese Buchungen führen im positiven Fall als **Ertrag** zu einem Gewinn oder im negativen Fall als **Aufwand** zu einem Verlust.
Für ein Unternehmen sind Gehaltszahlungen, Stromabbuchungen, Wartungskosten oder Hotelkosten Aufwendungen, die auf der Aktivseite das Bankguthaben oder den Kassenbestand verringern. Auf der Passivseite mindern diese Zahlungen in gleicher Höhe das Eigenkapital.
Umgekehrt verhält es sich mit Zinserträgen, Mieteinnahmen oder Geldeingängen von Kunden. Alle erhöhen z. B. unser Bankguthaben. Im gleichen Umfang erhöht sich das Eigenkapital.
Die folgende Übersicht zeigt dazu weitere Beispiele:

Erträge und Aufwendungen in KEP-Bereich

Erträge = Erhöhung des Eigenkapitals	Aufwendungen = Minderung des Eigenkapitals
Expressguterlöse	Reisekosten
Zinserträge	Zinsaufwendungen
Mieteinnahmen	Mietaufwand
Erlöse aus Anlageabgängen	Abschreibungen (Wertverluste), Reparaturen
Provisionen	Gehälter
Speditionserlöse	Kfz-Kosten, Leasing
Luftfrachterlöse	Energieaufwendungen

Merke:

Erfolgsneutrale Geschäftsfälle lassen das Eigenkapital unverändert. Erfolgswirksame Buchungen dagegen erhöhen oder vermindern das Eigenkapital.

7.2 Aufwands- und Ertragskonten

Um einerseits zu verhindern, dass jeder erfolgswirksame Geschäftsfall das Eigenkapital unmittelbar ändert und anderseits den Überblick über die einzelnen Erträge und Aufwendungen zu wahren, hilft es, die **Erfolgskonten** als Unterkonto des Eigenkapitals einzuführen, wobei jene Konten, die das Eigenkapital erhöhen würden, Ertragskonten genannt werden, und solche, die das Eigenkapital verringern würden, als Aufwandskonten bezeichnet werden.

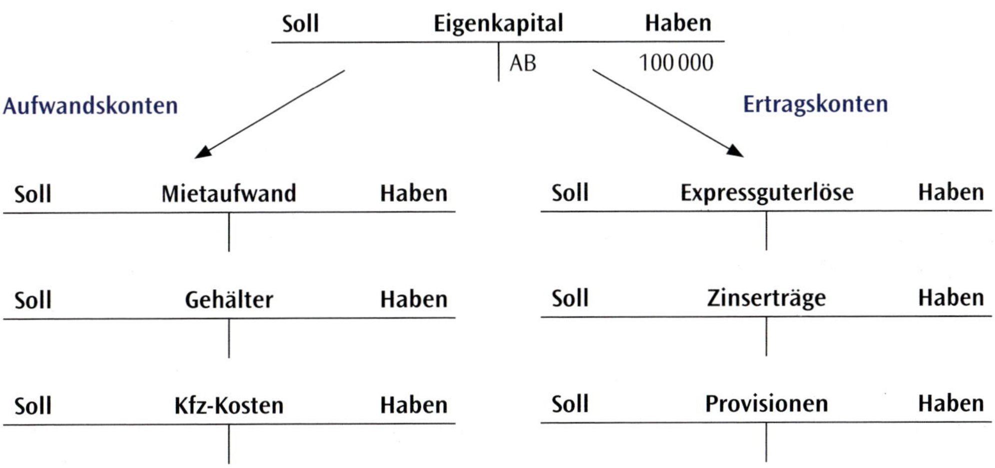

Erfolgskonten haben generell keinen Anfangsbestand. Aufwendungen werden im entsprechenden Aufwandskonto (z. B. Gehälter) auf der Soll-Seite gebucht, denn sie mindern das Eigenkapital. Erträge werden auf dem zugeordneten Ertragskonto (z. B. Expressguterlöse) auf der Haben-Seite erfasst, denn sie erhöhen das Eigenkapital des Unternehmens.

Merke:

Aufwendungen des Unternehmens werden gesondert auf Aufwandskonten erfasst. Erträge werden gesondert auf Ertragskonten erfasst. Diese Konten haben keinen Anfangsbestand.

7.3 Buchen erfolgswirksamer Geschäftsfälle

Wie die Verbuchung auf den Erfolgskonten und deren Entwicklung verlaufen, soll an einem Beispiel verdeutlicht werden:

Geschäftsfälle

Fall 1

Der Unternehmer zahlt die Kfz-Reparatur des Lieferwagens in Höhe von 2 000,00 € per Überweisung.

Ergebnis: Das Bankguthaben sinkt um 2 000,00 €. Da dieses Konto ein Aktivkonto ist, wird die Minderung im Haben erfasst. Kfz-Kosten stellen Aufwendungen dar. Aufwendungen werden im Soll gebucht.

Fall 2

Das Unternehmen erzielt im Expresslieferbereich Erlöse von 3 000,00 € in bar.

Ergebnis: Der Kassenbestand steigt um 3 000,00 €. Bei diesem Aktivkonto wird die Erhöhung im Soll gebucht. Gleichzeitig erfassen wir den Geldeingang auf dem Ertragskonto Expresserlöse. Erträge werden im Haben gebucht.

Für die beiden Geschäftsfälle sieht das Grundbuch so aus:

Nummer	Soll-Konto	Betrag in €		Haben-Konto	Betrag in €
1	Kfz-Kosten	2 000	an	Bank	2 000
2	Kasse	5 000	an	Expresserlöse	5 000

Hier ist das Hauptbuch zu sehen:

Soll	Eigenkapital		Haben
		AB	100 000

Soll	Kfz-Kosten		Haben
1)	2 000		

Soll	Expressguterlöse		Haben
		2)	5 000

7.4 Abschluss der Erfolgskonten über das Gewinn- und Verlustkonto

Am Jahresende müssen die Erfolgskonten über das **Gewinn- und Verlustkonto** (GuV) abgeschlossen werden. Das Gewinn- und Verlustkonto dient also der Verrechnung der Aufwands- und Ertragskonten. Alle Aufwandskonten erscheinen auf diesem Konto auf der Soll-Seite. Alle Werte der Ertragskonten erscheinen dort auf der Haben-Seite:

Nummer	Soll-Konto	Betrag in €		Haben-Konto	Betrag in €
3	GuV	2 000	an	Kfz-Kosten	2 000
4	Expresserlöse	5 000	an	GuV	5 000

Soll	Kfz-Kosten		Haben
1)	2 000	3)	2 000

Soll	Expressguterlöse		Haben
4)	5 000	2)	5 000

Soll	GuV		Haben
3)	2 000	4)	5 000

Beim Saldieren ist festzustellen, dass die Haben-Seite (Erträge) des GuV-Kontos die Soll-Seite (Aufwendungen) des GuV-Kontos um 3000,00 € übersteigt. Dieser Betrag wird nun dem Eigenkapital zugebucht. Das Eigenkapitalkonto ist ein passives Bestandskonto, d. h., Erhöhungen werden im Haben gebucht.

Soll	**GuV**		**Haben**
3)	2000	4)	5000
5)	3000		
	5000		**5000**

Soll	**Eigenkapital**		**Haben**
SB	**103000**	AB	100000
		5)	3000
	130000		130000

Beim Abschluss des Eigenkapitalkontos kann man nun erkennen, dass es um 3000,00 € gewachsen ist. Dieser Wert wird nach der Übertragung ins Schlussbilanzkonto auch in der Schlussbilanz erfasst. Um die Erfolge der Jahrestätigkeit zu überprüfen, kann also entweder direkt das GuV-Konto betrachtet werden oder man vergleicht das Eigenkapital in der Bilanz am 01.01. und zum 31.12. des Jahres miteinander. Hat es sich nicht verändert, so erzielte das Unternehmen weder Verluste noch Gewinne. Im GuV-Konto wären in diesem Fall alle Erträge exakt so groß wie sämtliche Aufwendungen.

Ist das Eigenkapital am Jahresende höher als zu Beginn, so hat das Unternehmen einen Gewinn erzielt. Im umgekehrten Fall, also wenn das Eigenkapital am Jahresbeginn höher war als zum Jahresabschluss, hat das Unternehmen Verluste erzielt.

Merke:

Aufwandskonten und Ertragskonten werden jeweils über das Gewinn- und Verlustkonto abgeschlossen. Dieses wiederum zeigt an, ob das Unternehmen erfolgreich gearbeitet hat.

Zusammenfassung

Viele Geschäftsvorfälle sind erfolgswirksam. Sie führen also zu Erträgen, die das Eigenkapital erhöhen oder Aufwendungen, die das Eigenkapital des Unternehmens verringern. Typische Aufwendungen sind Material-, Lohn- oder Logistikkosten. Erträge kann das Unternehmen z. B. durch Verkäufe seiner Waren und Dienstleistungen erzielen.

Um zu verhindern, dass durch jeden einzelnen erfolgswirksamen Geschäftsfall das Eigenkapital unmittelbar verändert wird, nutzt man Erfolgskonten, die die Erträge und Aufwendungen erfassen. Erfolgskonten werden über die Gewinn- und Verlustrechnung (GuV) abgeschlossen. Aus dem GuV-Konto wiederum wird dem Eigenkapital am Jahresende ein Gesamtgewinn (oder Verlust) zugeführt.

Merkmale der Aufwands- und Ertragskonten

Aufwandskonten	Ertragskonten
• Kein Anfangsbestand • Führung des Kontos im Soll • Abschluss: GuV an Aufwandskonto	• Kein Anfangsbestand • Führung des Kontos im Haben • Abschluss: Ertragskonto an GuV

Aufgaben

1. Notieren Sie Unterschiede zwischen einem Bestands- und einem Erfolgskonto.

2. Bilden Sie die Buchungssätze (Soll an Haben) zu den acht Geschäftsfällen. Erstellen Sie zu den erfolgswirksamen Buchungen (Aufwand/Ertrag) das GuV und schließen Sie das GuV ebenfalls mit einem Buchungssatz ab!
   Geschäftsfälle:

   a. Mieteinnahmen für eine Garage bar 100,00 €
   b. Zinsenbelastung in Höhe von 1 000,00 € für ein Darlehen
   c. Wir überweisen Kfz-Steuer für den Fuhrpark 500,00 €.
   d. Speditionserlöse über 15 000,00 € netto werden gutgeschrieben.
   e. Bezahlung der Rechnung für Werbeanzeigen durch Banküberweisung 1 000,00 € netto
   f. Banküberweisung der Gehälter 15 000,00 €
   g. Wir zahlen Mietkosten in Höhe von 2 000,00 € bar.
   h. Wir erzielen Expressguterlöse in Höhe von 10 000,00 € netto.

8 Abschreibung von abnutzbaren Anlagegütern

Einstiegssituation

Zu Beginn des laufenden Jahres wurden die Büros der Blitzfracht GmbH mit neuen Schreibtischen, Stühlen und Computern ausgestattet. Die Rechner waren deutlich schneller als vorher und die Sitze ergonomisch gestaltet.
Bei der Vorbereitung auf den Jahresabschluss erkennt Catalina, dass sowohl die Büromöbel als auch die neuen Computer noch immer mit den ursprünglichen Anschaffungswerten auf dem Bestandskonto BGA verzeichnet sind. „Das kann nicht sein. Die gekauften Sachen, besonders die ganzen PCs, sind doch nach fast einem Jahr nicht mehr so viel wert. Die müssen abgeschrieben werden", erklärt Catalinas Mitazubi Karl …

Handlungsaufträge

1 Begründen Sie schriftlich, warum Catalinas Kollege mit seiner Aussage, dass die gekauften Gegenstände weniger wert sind, richtigliegt.
2 Schätzen Sie, welche Nutzungsdauer die folgenden Gegenstände gewöhnlich haben: Büromöbel, Personal Computer, Smartphone, Lkw, Pkw. Informieren Sie sich darüber im Internet.

8.1 Grundlagen

Im Gegensatz zum Umlaufvermögen, das sich ständig ändert, stehen die Güter des Anlagevermögens dem Unternehmen in der Regel langfristig zur Verfügung. Im Laufe der Zeit verlieren Anlagegüter jedoch an Wert. Ein Lieferwagen, der angeschafft wird, läuft nur eine gewisse Anzahl an Kilometern, eine erworbene Verpackungsmaschine schafft nur eine begrenzte Anzahl an Verpackungsvorgängen. Büromöbel sind irgendwann abgenutzt und der Computer veraltet. Güter verschleißen sich also durch Gebrauch, technischen Fortschritt oder außergewöhnliche Umstände (z. B. einen Unfall mit dem Lieferwagen).
Die Wertminderung, der die Anlagegegenstände nach und nach unterliegen, muss der Unternehmer jährlich als **Abschreibung** (Aufwandskonto) erfassen. Andernfalls würden in der Bilanz auch nach Jahren noch Lkws, Maschinen oder Computer mit den ursprünglichen Anschaffungskosten in den Geschäftsbüchern erfasst sein. Das würde nicht nur den tatsächlichen Verhältnissen im Unternehmen widersprechen und damit gegen den Grundsatz der Bilanzwahrheit verstoßen, sondern auch eine Täuschung von Interessenten darstellen.
Weil Abschreibungen als Aufwand den Gewinn mindern, gehen diese auch in die Preiskalkulation ein. Abschreibungen reduzieren neben dem Gewinn auch die zu zahlenden Gewinnsteuern des Unternehmens.

Merke:

Umsatzsteuer, die der Unternehmer beim Kauf von Anlagegütern zahlt, kann nicht abgeschrieben werden. Die gezahlte Steuer kann vom Finanzamt zurückgefordert werden.

Im Einkommensteuergesetz (EStG) wird statt Abschreibung der Begriff **Absetzung für Abnutzung** (AfA) genutzt. Konkret werden die Anschaffungskosten des Anlageguts jährlich um den Wert der Abschreibung reduziert und ergeben den Restbuchwert für die Folgejahre. Am Ende der Nutzungsdauer verbleibt das Anlagegut häufig mit einem Erinnerungswert von 1,00 € in den Büchern.
Es stellt sich die Frage, wie lange einzelne betriebliche Vermögensgegenstände genutzt werden, weil dies wiederum die jährliche Abschreibung bzw. Wertminderung vorgibt. In der Praxis orientiert sich der buchführungspflichtige Unternehmer in der Regel an AfA-Tabellen, die das Finanzministerium vorgibt. So werden Verteilanlagen im Bereich Güterbeförderung üblicherweise bis zu zehn Jahren abgeschrieben. Der Firmenwagen, den der Chef für die Wege zu Kunden nutzt, lässt sich in der Regel sechs Jahre lang abschreiben.

8.2 Geringwertige Wirtschaftsgüter

Bei beweglichen, selbstständig nutzbaren Anlagegütern, deren Anschaffungskosten maximal bei 410,00 € netto, also ohne Umsatzsteuer gerechnet, liegen, hat der Unternehmer ein Wahlrecht. Er kann die Wertminderung bei diesen geringwertigen Wirtschaftsgütern entweder nach Vorgabe der AfA-Tabellen auf die Nutzungsjahre verteilen oder direkt im Jahr der Anschaffung den Gesamtbetrag abschreiben. Auf einen Laptop wäre die selbstständige Nutzbarkeit anwendbar, auf einen Monitor nicht, da er nur in Verbindung mit einem PC nutzbar ist.
Bei geringwertigen Wirtschaftsgütern mit Anschaffungskosten unter 60,00 € netto erfolgt eine unmittelbare Verbuchung als Aufwand.
Für Güter mit einem Wert zwischen 150,00 € und 1 000,00 € kann auch eine gemeinsame Abschreibung zur Anwendung kommen (Poolabschreibung).

Merke:

Anlagegüter unterliegen Wertverlusten. Diese Wertminderungen werden jährlich als Abschreibung erfasst. Abschreibungen sind Aufwendungen für ein Unternehmen.

8.3 Abschreibungsmethoden und Verbuchung der Abschreibung

In einem Abschreibungsplan wird vom erworbenen Anlagegut der Anschaffungstag, die Anschaffungskosten, die Nutzungsdauer und die gewählte Abschreibungsmethode festgehalten. Zu den wichtigsten Methoden zählen die lineare Abschreibung, die Abschreibung nach Leistung sowie die geometrisch-degressive Abschreibung.
Bei der **linearen Abschreibung** werden die Anschaffungs- bzw. Herstellungskosten durch die Nutzungsdauer in Jahren geteilt. Im Ergebnis ergibt sich jedes Jahr der gleiche Abschreibungsbetrag. Wird also ein Pkw mit den Anschaffungskosten von 60 000,00 € erworben und sechs Jahre genutzt, so beträgt die Abschreibung jährlich 10 000,00 €. Dem Vorteil konstanter Abschreibungsbeträge steht gegenüber, dass bewegliche Anlagegüter in der Praxis in den ersten Jahren häufig höheren Wertverlusten unterliegen.
Bei der **Leistungsabschreibung** steht die tatsächliche Inanspruchnahme des Anlageguts im Vordergrund. Ein Pkw läuft erfahrungsgemäß eine gewisse Anzahl von Kilometern, mit einer Maschine lässt sich eine bestimmte Anzahl von Produktionseinheiten herstellen. Nimmt man wieder einen

Pkw mit Anschaffungskosten von 60 000,00 € und unterstellt, dass er 300 000 km fährt, bevor er abgenutzt ist, kann bei einer Fahrleistung von 100 000 km im ersten Jahr bereits ein Betrag von 20 000,00 € abgeschrieben werden. Diese Methode spiegelt den Verschleiß gut wider, berücksichtigt jedoch darüber hinaus keine weiteren Kriterien.
Die **geometrisch-degressive Abschreibungsmethode** berücksichtigt am besten die hohen Wertverluste in den ersten Jahren der Anschaffung. Zunächst wird ein fester Abschreibungssatz (z. B. 25 %) festgelegt, dann werden die Abschreibungsbeträge vom jeweiligen Restbuchwert ermittelt. Dadurch fällt der Abschreibungsbetrag jedes Jahr. Der Pkw mit einem Anschaffungswert von 60 000,00 € würde also im ersten Jahr mit 25 %, also 15 000,00 €, abgeschrieben. Im Folgejahr verbleiben als Restbuchwert noch 45 000,00 €, von denen erneut 25 % abgeschrieben werden usw. Bei dieser Methode ist es sinnvoll, nach einer gewissen Zeit zur linearen Abschreibung zu wechseln. Die geometrisch degressive Abschreibung ist derzeit steuerlich nur eingeschränkt erlaubt.
Zu beachten ist, dass die Abschreibung monatsgenau (in seltenen Fällen tagesgenau) erfolgen muss. Im Monat des Erwerbs kann der Gegenstand für den kompletten Monat voll abgeschrieben werden.

Beispiel

Die ermittelte lineare Jahresabschreibung für einen Pkw beträgt 10 000,00 €. Wurde der Pkw aber erst am 25.10. des Jahres erworben, so dürfen im laufenden Jahr nur 3/12, also 2 500,00 €, abgeschrieben werden.

Nach der Ermittlung des Abschreibungsbetrags bildet das entsprechende Bestandskonto (z. B. Fuhrpark) das Gegenkonto zum Aufwandskonto Abschreibung aus Sachanlagen. Für den Kauf des Pkw und seine Bezahlung per Scheck am 25.10. und die Abschreibung im obigen Fall sähe das Grundbuch wie folgt aus:

Datum	Soll-Konto	Betrag in €		Haben-Konto	Betrag in €
25.10.	Fuhrpark	60 000	an	Bank	60 000
31.12.	Abschreibung auf Sachanlagen	2 500	an	Fuhrpark	2 500

Merke:

Unternehmen haben für die Erfassung der Abnutzung verschiedene Methoden zur Verfügung. Dies sind u. a. die lineare, die geometrisch-degressive und die Abschreibung nach Leistung.

Zusammenfassung

Vermögensgegenstände des Anlagevermögens wie z. B. ein PC, eine Maschine oder ein Lieferwagen nutzen sich mit der Zeit ab. Sie verlieren auch durch technische Fortentwicklung an Wert. Diese Wertverluste werden als jährlich als Abschreibungen (Aufwandskonto) erfasst.

Der Unternehmer kann die Anschaffungs- und Herstellkosten des Vermögensgegenstandes – **nicht** jedoch die anfallende **Umsatzsteuer** – auf die Jahre seiner Nutzung verteilen. Die gewöhnliche Nutzungsdauer wird üblicherweise anhand von Tabellen, die das Finanzministerium vorgibt, festgelegt.

Bei Gütern mit Anschaffungskosten bis zu 410,00 € netto besteht die Möglichkeit einer kompletten Abschreibung im Jahr des Erwerbs. Güter mit geringerem Anschaffungswert als 60,00 € werden direkt als Aufwand verbucht.

Zur Verteilung der Anschaffungskosten auf die Nutzungsdauer gibt es verschiedene Möglichkeiten.

Abschreibungsmethoden

Lineare Abschreibung	• Jährliche Abschreibung = $\frac{\text{Anschaffungskosten}}{\text{Nutzungsdauer in Jahren}}$ • Konstante jährliche Abschreibung
Abschreibung nach Leistung	• Abschreibungsbetrag je Leistungseinheit = $\frac{\text{Anschaffungskosten}}{\text{Gesamtleistung}}$ • Variable jährliche Abschreibung – abhängig von der Nutzung
Geometrisch degressive Abschreibung	• Jährlicher Abschreibungssatz in Prozent vom Restbuchwert = $\frac{100\,\%}{\text{Nutzungsdauer}}$ • Sinkende jährliche Abschreibung

Aufgaben

1. Die Anschaffungskosten eines Lkw betragen netto 110 000,00 €. Die maximale Fahrleistung des Lkw liegt bei 300 000 km. Für die Nutzung des Lkw ergaben sich folgende Jahres-Kilometer-Leistungen: Jahr 1: 65 000 km, Jahr 2: 45 000 km, Jahr 3: 90 000 km, Jahr 4: 30 000 km, Jahr 5: 40 000 km
   Berechnen Sie die Abschreibung nach Leistung für die ersten fünf Nutzungsjahre.

2. Eine Packmaschine wird am 31.03. des Jahres erworben und soll linear abgeschrieben werden. Die Anschaffungskosten betrugen netto 30 000,00 €. Die betriebsgewöhnliche Nutzungsdauer der Maschine liegt bei sechs Jahren.
   a. Ermitteln Sie die jährliche Abschreibung in Euro und in Prozent (Abschreibungssatz).
   b. Errechnen Sie die Höhe der Abschreibung im ersten Jahr und buchen Sie diese zum 31.12.
   c. Errechnen und verbuchen Sie die Abschreibung im zweiten und dritten Jahr.

3. Im laufenden Jahr erwirbt das KEP-Unternehmen ein Tablet für netto 300,00 €. Die gewöhnliche Nutzungsdauer beträgt drei Jahre. Begründen Sie, ob das Tablet bereits im ersten Jahr komplett abgeschrieben werden kann.

Lernfeld 8

Arbeitsabläufe in KEP-Unternehmen gestalten

1 Arbeitswelt

Einstiegssituation

Ein Freund von Catalina hat bereits im vergangenen Jahr seine Ausbildung abgeschlossen und berichtet über seinen Einstieg in die Arbeitswelt:

„Alles begann mit dem Vorstellungsgespräch. Mein jetziger Chef hat mich gefragt, ob ich heiraten möchte und ob ich Kinder plane. Ich hab zwar nicht verstanden, warum er das wissen will, aber natürlich habe ich wahrheitsgemäß geantwortet. Den Arbeitsvertrag haben wir eine Woche später mündlich vereinbart, leider habe ich bis heute nichts Schriftliches in der Hand. Wir einigten uns auf eine Probezeit von sieben Monaten und auf 22 Urlaubstage im Jahr. So richtig Spaß macht mir die Arbeit nicht und deswegen bin ich nicht allzu motiviert. Aber einem Kollegen von mir ist gerade ohne Grund gekündigt worden. Er musste schon einen Tag nach der Kündigung den Job verlassen. Insofern bin ich froh, dass ich die Stelle noch habe …“

Handlungsaufträge

1 Klären Sie, ob bei Catalinas Freund alles mit rechten Dingen gelaufen ist.
2 Welche Fragen sind bei Ihrem Vorstellungsgespräch gestellt worden?
3 Wie viele Urlaubstage stehen Ihnen und Ihren Arbeitskollegen zu?
4 Ist in Ihrem Ausbildungsbetrieb schon jemandem gekündigt worden? Falls ja, welchen Grund gab es für die Kündigung?

1.1 Fragerecht des Arbeitgebers beim Einstellungsgespräch

Das Vorstellungsgespräch dient dazu, dass sich Arbeitgeber und Arbeitnehmer besser kennenlernen können. Der Arbeitnehmer kann sich über die genauen Tätigkeiten seiner zukünftigen Stelle informieren. Auch Fragen zur Arbeitszeit, zu Urlaubstagen, zu Probezeit und möglichen Dienstreisen können geklärt werden.

Der Arbeitgeber prüft, ob der Bewerbungskandidat in das Unternehmen passt. Dabei muss der Arbeitgeber sich an Regeln halten, denn folgende Fragen dürfen nicht gestellt werden:

- Leben Sie in einer Partnerschaft oder sind Sie Single?
- Sind Sie schwanger oder planen Sie in der Zukunft ein Kind?
- Sind Sie Mitglied einer Partei oder einer Gewerkschaft?
- Sind Sie verschuldet oder waren Sie bereits einmal verschuldet?
- Haben Sie eine Religionszugehörigkeit?
- Sind Sie hetero- oder homosexuell?
- Sind Sie vorbestraft?
- Was machen Sie mit Ihrem Gehalt?

- Gab es in Ihrer Familie Fälle von chronischen Krankheiten?
- Welche Krankheiten haben Sie?

Merke:

Sollte ein Arbeitgeber unerlaubte Fragen in einem Vorstellungsgespräch trotzdem stellen, so darf der Bewerber bei der Beantwortung diese Fragen lügen bzw. muss diese nicht beantworten. Der Bewerber kann im Nachhinein nicht rechtlich belangt werden, auch wenn er gelogen hat.

Allerdings gibt es Berufe, bei denen auch einige eigentlich unerlaubte Fragen gestellt werden dürfen, da sie für den Job sehr relevant sind.

Beispiele

Ein Bankkaufmann darf nach seinen Vermögensverhältnissen und Schulden befragt werden.
Einem Juristen dürfen Fragen zu möglichen Vorstrafen gestellt werden.
Ein Krankenhauspfleger oder eine Chirurgin muss wahrheitsgemäß beantworten, ob sie unter HIV leiden.
Wird ein Erzieher für einen katholischen Kindergarten gesucht, so darf er nach seiner Konfession befragt werden.

1.2 Arbeitsvertrag

In einem Arbeitsvertrag wird alles geregelt, was für den neuen Job wichtig ist. Grundsätzlich kann ein Arbeitsvertrag auch mündlich abgeschlossen werden, allerdings müssen aufgrund des Nachweisgesetzes folgenden Mindestangaben spätestens einen Monat nach vereinbarter Arbeitsaufnahme niedergeschrieben werden:

§

2 Nachweispflicht – NachwG

Der Arbeitgeber hat spätestens einen Monat nach dem vereinbarten Beginn des Arbeitsverhältnisses die wesentlichen Vertragsbedingungen schriftlich niederzulegen, die Niederschrift zu unterzeichnen und dem Arbeitnehmer auszuhändigen. In die Niederschrift sind mindestens aufzunehmen:

1. der Name und die Anschrift der Vertragsparteien,
2. der Zeitpunkt des Beginns des Arbeitsverhältnisses,
3. bei befristeten Arbeitsverhältnissen: die vorhersehbare Dauer des Arbeitsverhältnisses,

4. der Arbeitsort oder, falls der Arbeitnehmer nicht nur an einem bestimmten Arbeitsort tätig sein soll, ein Hinweis darauf, dass der Arbeitnehmer an verschiedenen Orten beschäftigt werden kann,
5. eine kurze Charakterisierung oder Beschreibung der vom Arbeitnehmer zu leistenden Tätigkeit,
6. die Zusammensetzung und die Höhe des Arbeitsentgelts einschließlich der Zuschläge, der Zulagen, Prämien und Sonderzahlungen sowie anderer Bestandteile des Arbeitsentgelts und deren Fälligkeit,
7. die vereinbarte Arbeitszeit,
8. die Dauer des jährlichen Erholungsurlaubs,
9. die Fristen für die Kündigung des Arbeitsverhältnisses,
10. ein in allgemeiner Form gehaltener Hinweis auf die Tarifverträge, Betriebs- oder Dienstvereinbarungen, die auf das Arbeitsverhältnis anzuwenden sind [...]

Merke:

Die Rechte und Pflichten sind denen aus dem Ausbildungsvertrag ähnlich. Auch beim Arbeitsvertrag gilt: Des einen Recht ist des anderen Pflicht.

Rechte und Pflichten des Arbeitnehmers

Rechte des Arbeitnehmers	Pflichten des Arbeitnehmers
Beschäftigung Der Arbeitnehmer muss gemäß der Stellenbeschreibung beschäftigt werden.	**Dienstpflicht** Der Arbeitnehmer muss alle im Rahmen des Arbeitsvertrages anfallenden Tätigkeiten ausführen.
Fürsorge Der Arbeitgeber muss die Schutzvorschriften einhalten und die Beiträge zur Sozialversicherung abführen.	**Gehorsam** Der Arbeitnehmer hat den Weisungen des Arbeitgebers Folge zu leisten.
Gleichbehandlung Alle Arbeitnehmer müssen gleich behandelt werden. Es darf keine Ungleichbehandlung aufgrund Geschlecht, Nationalität, Religionszugehörigkeit, Sprache o. Ä. geben.	**Treuepflicht** Der Arbeitnehmer ist verpflichtet, keine Handlungen vorzunehmen, die dem Arbeitgeber schaden könnten.
Urlaub Arbeitnehmer über 18 Jahren haben einen Urlaubsanspruch von 24 Werktagen im Jahr. Für jüngere Arbeitnehmer gelten die Regelungen des Jugendarbeitsschutzgesetzes.	**Wahrung von Betriebs- und Geschäftsgeheimnissen** Betriebliche Belange wie Gewinne, Umsätze oder Gehälter dürfen nicht an andere mitgeteilt werden.

Rechte des Arbeitnehmers	Pflichten des Arbeitnehmers
Vergütung Für die Arbeitsleistung des Arbeitnehmers ist eine Vergütung zu bezahlen. Diese ist spätestens zum Monatsende zu überweisen. Im Krankheitsfall hat der Arbeitnehmer Anspruch, die Vergütung bis zu sechs Wochen weiter zu erhalten.	**Wettbewerbsverbot** Das gesetzliche (während der Dauer der Beschäftigung) und das vertragliche (nach Beendigung der Beschäftigung) Wettbewerbsverbot sind einzuhalten. Der Arbeitnehmer darf seinem Arbeitgeber keine Konkurrenz machen.
Zeugnis Der Arbeitnehmer hat ein Recht auf ein einfaches oder ein qualifiziertes Zeugnis. Ein Zeugnis kann auch als Zwischenzeugnis ausgestellt werden.	

1.3 Arbeitsschutz

In Deutschland regeln verschiedene Gesetze den Schutz des Arbeitnehmers bei der Arbeit. Im Jahr 1839 trat das erste Arbeitsschutzgesetz im damaligen Preußen in Kraft. Arbeitgeber wurden dadurch verpflichtet, ihre Arbeitnehmer vor Überarbeitung, Arbeitsunfällen und Berufskrankheiten zu schützen.

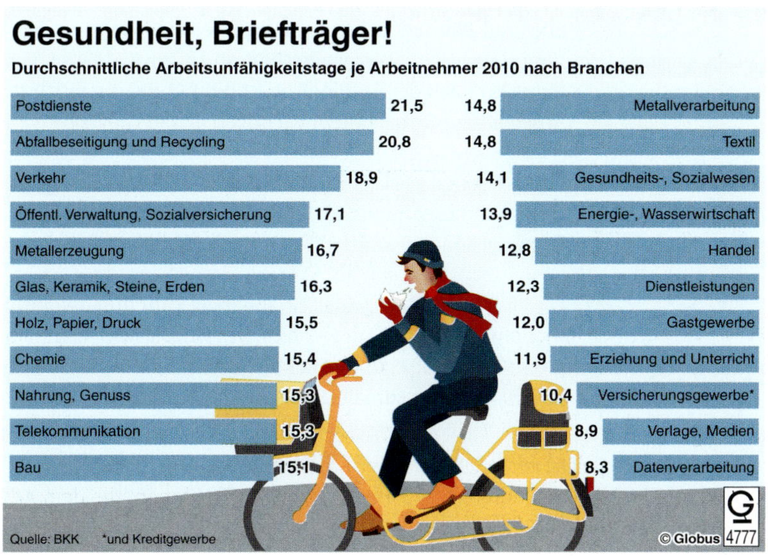

Auch die Arbeitgeber haben ein Interesse daran, dass ihre Mitarbeiter gesund sind und möglichst wenige Krankheitstage aufweisen. Denn durch kranke Mitarbeiter entstehen hohe Ausfallkosten. Im Jahr 2010 hat die Branche der Postdienste die meisten Arbeitsunfähigkeitstage. Jeder Beschäftigte in dieser Branche war im Durchschnitt 21,5 Tage krank.

Arbeitsschutzgesetze und Vorschriften

Gesetze	Inhalte
Bundesurlaubsgesetz	Der Mindesturlaubsanspruch beträgt 24 Werktage, wobei auch Samstage zu den Werktagen gezählt werden. Der volle Urlaubsanspruch besteht erst nach einer Beschäftigungsdauer von sechs Monaten. Der Urlaub darf nicht ausbezahlt und muss bis spätestens zum 31. März des Folgejahres genommen werden. Sollte der Arbeitnehmer im Urlaub erkranken, so muss er umgehend eine Arbeitsunfähigkeitsbescheinigung vorlegen. Dann werden ihm diese Tage entsprechend gutgeschrieben.
Mutterschutzgesetz	Damit der Mutterschutz angewendet werden kann, sollte eine schwangere Frau ihre Schwangerschaft umgehend nach Bekanntwerden dem Arbeitgeber mitteilen. Der Arbeitgeber muss den Arbeitsplatz der schwangeren Frau so einrichten, dass keine Gefahren für Leben und Gesundheit bestehen. Werdende Mütter dürfen in den letzten sechs Wochen vor der Entbindung nicht beschäftigt werden, es sei denn, die Frau besteht darauf. Acht Wochen (bei Früh- und Mehrlingsgeburten bis zum Ablauf von zwölf Wochen) nach der Entbindung dürfen Arbeitnehmerinnen auch auf Wunsch nicht beschäftigt werden. Vom Beginn der Schwangerschaft an bis zum Ablauf von vier Monaten nach der Entbindung ist die Kündigung durch den Arbeitgeber nur bei einem wichtigen Grund möglich.
Bundeselterngeld- und Elternzeitgesetz	Eltern können nach der Geburt eine dreijährige Elternzeit nehmen. Während dieser Elternzeit kann den Eltern nur aus einem wichtigen Grund gekündigt werden (besonderer Kündigungsschutz). Die Höhe des Elterngeldes ist abhängig vom durchschnittlich monatlich verfügbaren Einkommen, welches der betreuende Elternteil im Jahr vor der Geburt erzielt hatte. Es werden mindestens 300,00 € und maximal 1 800,00 € ausbezahlt. Das Elterngeld kann maximal zwölf Monate bezogen werden. Es kann auf 14 Monate erhöht werden, wenn auch der andere Elternteil mind. zwei Monate in Elternzeit geht. Seit dem 01.01.2015 gilt das ElterngeldPlus, das zu mehr Flexibilität in der Elternzeit führen soll.
Gewerbeordnung **Arbeitsstättenverordnung** **Arbeitssicherheitsgesetz**	Der Arbeitsplatz soll so eingerichtet sein, dass Gefahren für Leib und Leben nicht gegeben sind und Unfälle vermieden werden. Sicherheitskräfte und Betriebsärzte sorgen für gesunde Arbeitsbedingungen.

Gesetze	Inhalte
Arbeitszeitgesetz	Die tägliche Arbeitszeit ist acht Stunden, in Ausnahmefällen kann sie auf zehn Stunden verlängert werden. Grundsätzlich besteht ein Beschäftigungsverbot an Sonn- und Feiertagen. Pausenregelung: Arbeitszeit > 6 Stunden → 30 Minuten Pause Arbeitszeit > 9 Stunden → 45 Minuten Pause Die Pause muss mindestens 15 Minuten dauern. Die ununterbrochene Ruhezeit von Arbeitsende bis Arbeitsanfang beträgt elf Stunden.

Die Einhaltung dieser Gesetze und Vorschriften wird zum einen von den Betriebsräten und Sicherheitsbeauftragten der Unternehmen kontrolliert. Zum anderen sind die Gewerbeaufsichtsämter und Berufsgenossenschaften wichtige Institutionen, die die Einhaltung der Schutzgesetze überwachen.

1.4 Mitarbeitermotivation

Motivation ist ein Antrieb, etwas zu tun. Jeder Mensch strebt nach verschiedenen Zielen – manche Personen sind motivierter als andere. Ein Unternehmen ist auf motivierte Arbeitnehmer angewiesen, denn nur motivierte Arbeitnehmer bringen ihre volle Leistungskraft in das Unternehmen ein. Unterschieden wird zwischen extrinsischer und intrinsischer Motivation.

Merke:

Intrinsische Motivation ist Motivation von „innen".
Extrinsische Motivation ist Motivation von „außen".

Ein Unternehmen kann seine Arbeitnehmer beispielsweise folgendermaßen motivieren:

- Gerechte Löhne und Gehälter
- Lob und Anerkennung durch den Vorgesetzten
- Kooperativer Führungsstil
- Aufstiegsmöglichkeiten im Unternehmen
- Prämien- oder Bonuszahlungen
- Gutes Arbeitsklima
- Weiterbildungsmöglichkeiten

1.5 Arbeitszeugnis: Aufbau und Formulierung

Jeder Angestellte hat ein Recht auf die Ausstellung eines Zeugnisses. Dieses kann bei dem Ausscheiden aus dem Unternehmen oder aber auch als Zwischenzeugnis erstellt werden. Unterschieden wird zwischen dem einfachen und dem qualifizierten Zeugnis. Das einfache Zeugnis beinhaltet im Gegensatz zum qualifizierten Zeugnis keine Leistungsbewertung. Die Leistungsbewertung erfolgt mithilfe der sogenannten Zeugnissprache. Durch die Zeugnissprache klingen selbst negativ gemeinte Aspekte relativ positiv.

Die geheimen Codes in Arbeitszeugnissen

Weil negative Formulierungen im Arbeitszeugnis verboten sind, werden Arbeitgeber erfinderisch. Welche Formulierung was bedeutet, erklären wir in einer Übersicht.
Arbeitszeugnisse müssen wohlwollend formuliert sein. Damit dennoch klar wird, dass der Mitarbeiter nicht der eifrigste war, haben sich in der Zeugnissprache geheime Codes etabliert. Die sind zwar unzulässig, aber nur die wenigsten Arbeitnehmer kennen sie auch und können sich so gegen die Formulierungen wehren. ZEIT ONLINE zeigt die gängigsten Sätze und ihre Bedeutung in einer Übersicht.

Faulheit und Inkompetenz:
„Er machte sich mit großem Eifer an die ihm übertragenen Aufgaben" bedeutet nicht etwa großes Engagement, sondern dass sich der Mitarbeiter verzettelt und nicht ergebnisorientiert gearbeitet hat.
„Er zeigte Verständnis für seine Arbeit" drückt aus, dass der Arbeitnehmer zwar wusste, was er zu tun hatte, es aber nicht tat.
Auf Faulheit deutet folgender Wortlaut hin: „Er verstand es, alle Aufgaben mit Erfolg zu delegieren".

Arbeitseinsatz
Die Arbeitsbereitschaft wird in der Regel wie folgt bewertet:
Note 1: Er/Sie zeigte stets ein sehr hohes Maß an Eigeninitiative und Leistungsbereitschaft.
Note 2: Er/Sie zeigte stets eine hohe Leistungsbereitschaft und Pflichtauffassung.
Note 3: Er/Sie zeigte Einsatzbereitschaft.
Note 4: Er/Sie zeigte auch Einsatzbereitschaft.

Kompetenz
Die Kompetenz beurteilen Arbeitgeber so:
Note 1: Er/Sie verfügt über ein sehr gutes analytisch-konzeptionelles und zugleich pragmatisches Urteils- und Denkvermögen.
Note 2: Er/Sie verfügt über ein gutes analytisch-konzeptionelles und zugleich pragmatisches Urteils- und Denkvermögen.
Note 3: Er/Sie bewies Belastbarkeit und Flexibilität.
Note 4: Er/Sie verfügte über eine ausreichende Arbeitsbefähigung.

Fachwissen
Das Fachwissen bewertet der Zeugnisschreiber so:
Note 1: Aufgrund seines umfangreichen und besonders fundierten Fachwissens erzielte er/sie immer weit überdurchschnittliche Erfolge.
Note 2: Er/Sie wendete ihre guten Fachkenntnisse laufend mit großem Erfolg im Arbeitsgebiet an.
Note 3: Er/Sie besitzt ein solides Fachwissen in seinem Fachgebiet.
Note 4: Er/Sie besitzt das erforderliche Fachwissen.
Note 5: Er/Sie zeigte bei der Beschäftigung mit den ihm übertragenen Aufgaben das notwendige
Fachwissen, das er wiederholt erfolgversprechend einsetzte.

Leistungen
Note 1: Seine/Ihre Leistungen fanden stets unsere vollste Zufriedenheit.
Note 2: Seine/Ihre Leistungen fanden stets unsere volle Zufriedenheit.
Note 3: Seine/Ihre Leistungen fanden unsere volle Zufriedenheit.
Note 4: Seine/Ihre Leistungen fanden unsere Zufriedenheit.
Note 5: Aufgaben, die ihm/ihr übertragen wurden, erledigte er in der Regel zu unserer Zufriedenheit.

Schlussformel
Bedauern und Zukunftswünsche lassen sich so übersetzen:
Note 1: Wir bedauern sein/ihr Ausscheiden sehr, danken ihm/ihr für stets sehr gute Leistungen
und wünschen ihm/ihr auf dem weiteren Berufs- und Lebensweg alles Gute und weiterhin viel Erfolg.
Note 2: Wir bedauern sein/ihr Ausscheiden, danken ihm/ihr für die stets guten Leistungen und wünschen ihm/ihr auf dem weiteren Berufs- und Lebensweg alles Gute und weiterhin Erfolg.
Note 3: Wir bedauern sein/ihr Ausscheiden, danken ihm/ihr für die guten Leistungen und wünschen ihm/ihr auf dem weiteren Berufs- und Lebensweg alles Gute und Erfolg.
Note 4: Wir bedanken uns für seine/ihre Mitarbeit und wünschen ihm/ihr für die Zukunft alles Gute.
Note 5: Wir wünschen ihm/ihr alles nur erdenklich Gute, insbesondere auch Erfolg bei den weiteren Bemühungen.

Auch wer „mit Interesse bei der Sache" war oder „Gelegenheit hatte, die ihm übertragenen
Aufgaben zu erledigen", war meist faul. Inkompetenz wird so beschrieben: „Wegen seiner Pünktlichkeit war er stets ein gutes Beispiel" oder „Wir bestätigen gerne, dass er mit Fleiß, Ehrlichkeit und Pünktlichkeit an seine Aufgaben herangegangen ist", gerne auch „Er war Neuem gegenüber aufgeschlossen". [...]

Quelle: *Groll, Tina: Die geheimen Codes in Arbeitszeugnissen, veröff. am 27.01.2011 unter www.zeit.de/karriere/bewerbung/2011-01/codes-arbeitszeugnisse*

1.6 Beendigung des Arbeitsverhältnisses

Das Arbeitsverhältnis kann aus verschiedenen Gründen beendet werden. Durch Kündigungen werden die meisten Arbeitsverhältnisse aufgelöst. Aber auch der Eintritt in das Rentenalter, Ablauf des Zeitvertrages, Aufhebungsvertrag oder Tod des Arbeitnehmers können zur Beendigung führen.

Eine Kündigung kann durch den Arbeitgeber aber auch durch den Arbeitnehmer erfolgen. Für beide gibt es die Möglichkeit, ordentlich (fristgerecht) oder außerordentlich (fristlos) zu kündigen. Eine Kündigung ist ein einseitiges empfangsbedürftiges Rechtsgeschäft und muss immer schriftlich erfolgen. Kündigt der Arbeitgeber, so muss stets der Betriebsrat angehört werden. Allerdings hat die Positionierung des Betriebsrates keine Konsequenz für die Kündigung.

Ist der Arbeitnehmer mit der Kündigung nicht einverstanden, so kann er innerhalb von drei Wochen nach Bekanntgabe der Kündigung vor das Arbeitsgericht gehen.

Außerordentliche Kündigung

Außerordentlich kann nur gekündigt werden, wenn ein wichtiger Grund vorliegt.
Beispiele für einen wichtigen Grund der Kündigung:

- Von Arbeitnehmerseite: Lohnauszahlung wird verweigert, Tätlichkeiten, Beleidigungen
- Von Arbeitgeberseite: Diebstahl, Beleidigungen, Tätlichkeiten, Weitergabe von Betriebsgeheimnissen an Dritte

Die Kündigung aus einem wichtigen Grund geschieht für beide Seiten fristlos. Das heißt, der Mitarbeiter, dem fristlos gekündigt wurde, hat sofort die Arbeit niederzulegen.

Beispiel

Frau Schrapp wird am 29.06. die Kündigung wegen Diebstahls mitgeteilt. Dies bedeutet, dass sie bereits am 30.06. nicht mehr zur Arbeit erscheinen darf.

Merke:

Der Arbeitgeber hat zwei Wochen, nachdem er von dem Vorliegen des wichtigen Grundes erfahren hat, Zeit, die Kündigung mitzuteilen.

Beispiel

Frau Schrapp begann den Diebstahl am 10.06. Der Chef erfuhr von dem Diebstahl aber erst am 15.06., da er in Urlaub war. Nun hat er also bis zum 29.06. Zeit, die Kündigung zu übergeben.

Ordentliche Kündigung

Anders ist es bei einer ordentlichen Kündigung. Der Arbeitgeber hat drei Möglichkeiten, ordentlich zu kündigen: verhaltensbedingter Grund, personenbedingter Grund oder betriebsbedingter Grund.

Gründe für eine ordentliche Kündigung

	Erklärung	Beispiele
Verhaltensbedingter Grund	Der Mitarbeiter könnte sich anders verhalten, will es aber nicht.	Häufige Verspätungen Schlechte Arbeitsleistung Private Nutzung des Diensthandys
Personenbedingter Grund	Der Mitarbeiter will sich anders verhalten, kann es aber nicht.	Langfristige Erkrankungen Fehlende persönliche Eignung Mangelnde fachliche Qualifikation
Betriebsbedingter Grund	Die Kündigung kann durch das Verhalten des Mitarbeiters nicht beeinflusst werden.	Betriebsschließung Produktionsumstellung Arbeitsplatzverlagerung

Merke:

Nur bei der verhaltensbedingten Kündigung muss zuvor abgemahnt werden.

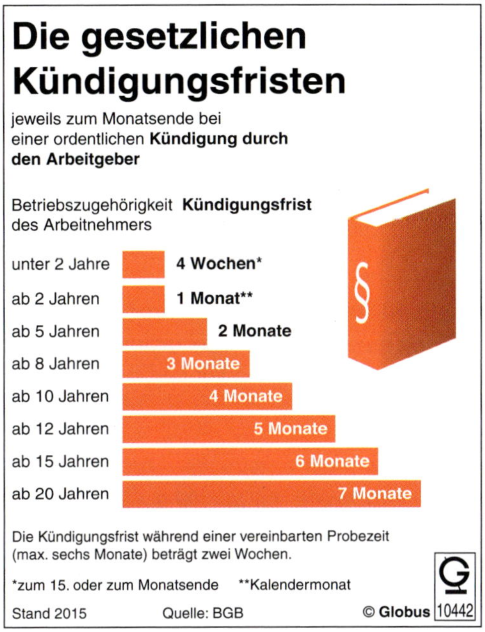

Möchte der Arbeitgeber ordentlich kündigen, so hat er die gesetzlichen Kündigungsfristen zu beachten. Mit steigender Betriebszugehörigkeit erhöht sich die Kündigungsfrist. Bei einer Betriebszugehörigkeit von unter zwei Jahren gilt die Grundkündigungsfrist von vier Wochen zum 15. eines Monats oder zum Monatsende. Diese Grundkündigungsfrist ist auch immer bei einer ordentlichen Kündigung durch den Arbeitnehmer zu beachten.

Beispiel 1

Herr Mansky (seit acht Monaten Mitarbeiter bei der Blitzfracht GmbH) erfährt von seiner personenbedingten Kündigung am 01.05. Eine Kündigung zum 15.05. ist nicht möglich, da dann die vier Wochen Grundkündigungsfrist (28 Tage) nicht eingehalten worden wären. Somit erfolgt die Kündigung zum 31.05. (Monatsultimo).

Beispiel 2

Herr Krupp (seit 13 Jahren Mitarbeiter bei der Blitzfracht GmbH) erfährt von seiner personenbedingten Kündigung am 30.04. Aufgrund seiner Betriebszugehörigkeit hat er eine Kündigungsfrist von fünf (vollen) Monaten zum Monatsende: 30.09.

Möchte der Arbeitnehmer ordentlich kündigen, zum Beispiel weil er einen anderen Arbeitsplatz bei einem anderen Unternehmen gefunden hat, so gilt für ihn stets die Grundkündigungsfrist von vier Wochen zum 15. eines Monats oder zum Monatsende.

Merke:

Kündigt der Arbeitgeber, so muss er stets einen Kündigungsgrund angeben.

1.7 Entgeltarten

Eine der Hauptpflichten, die sich für den Arbeitgeber aus dem Arbeitsvertrag ergeben, ist die Vergütungspflicht. Es ist eine Gegenleistung für die vom Arbeitnehmer erbrachte Arbeitsleistung. Bei Angestellten wird das Entgelt häufig Gehalt und beim Arbeiter Lohn genannt.
Die Höhe des Entgeltes basiert auf unterschiedlichen Berechnungsgrundlagen.

1.7.1 Zeitlohn

Beim Zeitlohn wird der Arbeitnehmer nach der Dauer der erbrachten Arbeitszeit bezahlt. Die von ihm erbrachte Leistung ist für den Zeitlohn nicht relevant.

Die Bezahlung nach Zeitlohn ist sinnvoll, wenn:

- Die Qualität und Genauigkeit der Arbeit im Vordergrund steht, z. B. Ärzte, Lehrer, Richter
- Die erbrachte Leistung der Arbeitnehmer nur schwierig messbar ist, z. B. Sekretärin, Arzthelfer
- Die Arbeitnehmer die von ihnen produzierte Menge nicht beeinflussen können, z. B. Kellner, Briefzusteller

Beispiel

Beispiel zur Berechnung eines Zeitlohns
Frau Sakine Simsekyilmaz arbeitet seit vier Jahren als Zustellerin für die Blitzfracht GmbH. Pro Stunde erhält sie einen Lohn von 18,00 €. Im Monat Mai hat sie 152 Stunden gearbeitet. Sie erhält also einen Bruttolohn von 2 736,00 €.

Vorteile des Zeitlohns

- Die Arbeitnehmer sind einem geringeren Leistungsdruck ausgesetzt, dadurch sind sie weniger belastet und es passieren weniger Unfälle.
- Die Qualität der erbrachten Leistung ist hoch, da kein Zeitdruck herrscht.
- Die Gehaltsabrechnung ist leichter zu erstellen, da lediglich die erbrachte Arbeitszeit beachtet werden muss.
- Der Arbeitnehmer kann jeden Monat mit einem festen Gehalt rechnen.

Nachteile des Zeitlohns

- Die Leistungsunterschiede der Arbeitnehmer werden nicht beachtet.
- Die Arbeitnehmer haben keinen Anreiz, bessere Leistung zu erbringen.
- Leistungsstarke Arbeitnehmer sind unzufrieden, da sie dieselbe Bezahlung erhalten wie ein leistungsschwacher Kollege.

1.7.2 Leistungslohn

Beim Zeitlohn steht die erbrachte Leistung des Arbeitnehmers im Vordergrund. Es spielt keine Rolle, wie lange ein Arbeitnehmer für seine Tätigkeit benötigt. Wichtig ist die erstellte Anzahl. Wer viel leistet, verdient auch viel.

Die Bezahlung nach Leistungslohn ist sinnvoll, wenn:

- Die Mengenleistung durch den Arbeitnehmer beeinflussbar ist, d. h., er muss überhaupt die Möglichkeit haben, eine Mehrleistung zu erbringen

- Die Tätigkeiten sich regelmäßig wiederholen
- Die Qualität der Arbeitsergebnisse nicht im Vordergrund steht

Beispiel

Beispiel zur Berechnung eines Stückgeldakkordes
Herr Marc Körver wird nach dem Leistungslohn bezahlt. Je erbrachtem Stück erhält er 120,00 €. Im Monat Mai hat er 20 Stück erstellt. Er erhält also einen Bruttolohn von 2400,00 €.

Vorteile des Leistungslohns

- Die Bezahlung ist leistungsgerecht.
- Die Arbeitnehmer können die Höhe ihres Entgeltes durch ihre Leistung beeinflussen.
- Die Motivation der (insbesondere leistungsstarken) Mitarbeiter steigt.

Nachteile des Leistungslohns

- Arbeitnehmer sind übermotiviert und arbeiten zulasten ihrer eigenen Gesundheit.
- Es besteht die Gefahr, dass Arbeitsunfälle zunehmen.
- Für die Wartung von Maschinen fehlt die Zeit.
- Da die erbrachte Menge wichtiger ist als die erbrachte Qualität, werden Qualitätskontrollen notwendig.

Prämienlohn

Der Prämienlohn ist eine besondere Form des Leistungslohnes. Als Grundlohn erhält der Arbeitnehmer einen Zeitlohn, für besondere Leistungen erhält er zusätzlich eine Prämie.

Beispiele für den Prämienlohn:

- Gute Umsatzzahlen
- Einhaltung von Fristen und Terminen
- Wenig Krankheitstage
- Gutes Kundenfeedback
- Gewinnung neuer Kunden

1.8 Entgeltabrechnung

Die Höhe der Vergütung, die im Arbeitsvertrag geregelt wird, entspricht nicht dem Betrag, den ein Arbeitnehmer auf sein Konto überwiesen bekommt. Es fallen einige Abzüge an. Hier sind zunächst die gesetzlichen Abzüge wie Lohnsteuer, Solidaritätszuschlag, Kirchensteuer und Sozialversicherungsbeiträge zu nennen.
Die Höhe der Lohnsteuer ist abhängig von der Höhe des Bruttolohnes und kann in der Lohnsteuertabelle abgelesen werden. Der Solidaritätsbeitrag wird von allen Arbeitnehmern in Deutschland bezahlt und beträgt 5,5 % der Lohnsteuer. Kirchensteuer zahlen alle Mitglieder der evangelischen und katholischen Kirchen. Die Kirchensteuer beträgt 9 % der Lohnsteuer. In Bayern und Baden-Württemberg sind nur 8 % der Lohnsteuer zu zahlen.
Die Sozialversicherungsbeiträge setzen sich zusammen aus der Kranken-, Arbeitslosen-, Pflege- und Rentenversicherung. Bei der Berechnung der Beiträge für die Sozialversicherungen ist die

Beitragsbemessungsgrenze zu beachten. Dies ist eine jährlich neu festgelegte Grenze, bis zu der das Bruttoarbeitsentgelt beitragspflichtig ist. Ab einem Einkommen, das über die Beitragsbemessungsgrenze hinausgeht, bleiben die Beiträge zur Sozialversicherung gleich.

Merke:

Bruttolohn – gesetzliche Abzüge = Nettolohn

Neben den gesetzlichen Abzügen gibt es die sonstigen Abzüge wie die Einbehaltung von Vorschüssen aus dem Vormonat, Beiträge für das vermögenswirksame Sparen, Mietzahlungen für Betriebswohnungen oder Abzüge aufgrund einer Lohnpfändung.

Merke:

Nettolohn – sonstige Abzüge = Überweisungsbetrag

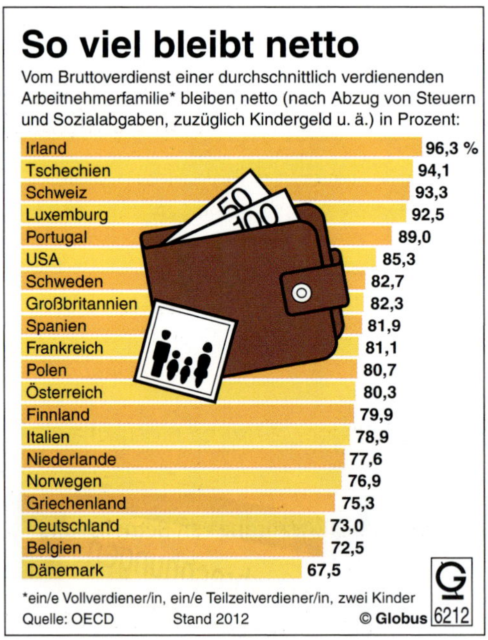

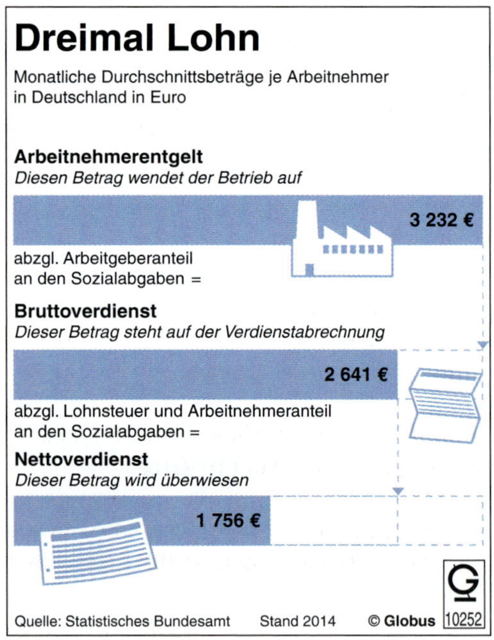

Beispiel: Lohnabrechnung

Frau Barbara Seyfarth erhält einen Bruttolohn von 2736,00 € im Monat. Sie ist evangelisch und lebt in Hamburg. Ihre Lohnsteuer beträgt 383,33 €. Frau Seyfarth lebt alleine und hat keine Kinder. Den Vorschuss in Höhe von 100,00 €, den sie letzten Monat erhalten hat, muss sie nun wieder zurückzahlen.

	Euro	Berechnung
Bruttogehalt	**2736,00**	
Lohnsteuer	383,33	
Solidaritätsbeitrag	21,08	5,5 % von 383,33 €
Kirchensteuer	34,50	9 % von 383,33 €
Arbeitslosenversicherung	41,04	1,5 % von 2736,00 €
Krankenversicherung	199,73	7,3 % von 2736,00 €
Rentenversicherung	255,82	9,35 % von 2736,00 €
Pflegeversicherung	38,99	1,425 % von 2736,00 €
Nettogehalt	**1761,51**	
Vorschuss	100,00	
Auszahlungsbetrag	**1661,51**	

Merke:

Die Sozialversicherungsbeiträge und die Beitragsbemessungsgrenzen können sich jährlich verändern.

Zusammenfassung

Bei dem Vorstellungsgespräch darf der potenzielle Arbeitgeber nicht alle Fragen stellen. Sollte er eine unzulässige Frage stellen, so darf der Bewerber bei der Beantwortung lügen oder die Antwort verweigern.

Arbeitsverträge können auch mündlich abgeschlossen werden, allerdings müssen aufgrund des Nachweisgesetzes die wichtigsten Punkte des Vertrages spätestens einen Monat nach Arbeitsaufnahme niedergeschrieben werden.

Rechte des Arbeitnehmers aus dem Arbeitsvertrag: Beschäftigung, Fürsorge, Gleichbehandlung, Urlaub, Vergütung, Zeugnis.

Rechte des Arbeitgebers: Dienstpflicht, Gehorsam, Treuepflicht, Wahrung von Betriebs- und Geschäftsgeheimnissen, Wettbewerbsverbot.

Das Bundesurlaubsgesetz, das Mutterschutzgesetz, das Bundeselterngeld- und Elternzeitgesetz, das Arbeitszeitgesetz, die Gewerbeordnung, die Arbeitsstättenverordnung und das Arbeitssicherheitsgesetz sollen für Sicherheit am Arbeitsplatz sorgen.

Motivation ist ein Anreiz etwas zu tun. Unterschieden wird in intrinsische (von innen) und extrinsische Motivation (von außen).

Es gibt einfache und qualifizierte Zeugnisse. Bei den qualifizierten Zeugnissen findet eine Leistungsbewertung mithilfe der Zeugnissprache statt.

Es kann außerordentlich (fristlos) bei Vorliegen eines wichtigen Grundes und ordentlich (fristgerecht) gekündigt werden.

Bei der ordentlichen Kündigung durch den Arbeitgeber wird zwischen der personen-, verhaltens- und betriebsbedingten Kündigung unterschieden.

Bei der Lohnabrechnung sind verschiedene Abzüge zu beachten. Es gibt gesetzliche und sonstige Abzüge.

Aufgaben

1. Welche Fragen dürfen bei einem Vorstellungsgespräch vom Arbeitgeber nicht gestellt werden?

2. Man unterscheidet zwischen extrinsischer und intrinsischer Motivation. Was motiviert Sie, Ihre Ausbildung abzuschließen?

3. Frau Simsekyilmaz arbeitet seit mehreren Jahren für die Blitzfracht GmbH als Zustellerin. Ihr Chef verlangt in letzter Zeit von ihr, dass sie sein Privatauto sauber machen und auch für alle Zusteller des Zustellbezirks jeden Freitag Kuchen backen soll. Frau Simsekyilmaz weiß, dass sie den Weisungen ihres Chefs Folge zu leisten hat. Aber ist das in Ordnung?

4. Frau Simsekyilmaz ist im achten Monat schwanger. Welche Regelung wird durch das Mutterschutzgesetz zum Arbeitsverbot von schwangeren Frauen getroffen?

5. Sie lesen in einem Zeugnis die folgenden Sätze:

   a. Er hatte Gelegenheit, sich das notwendige Fachwissen anzueignen.
   b. Er hat den Erwartungen in jeder Hinsicht und allerbester Weise entsprochen.
   c. Er hat nach Kräften versucht, die Leistungen zu erbringen, die wir an diesem Arbeitsplatz fordern müssen.
   d. Er hatte zu seinen Mitarbeitern ein weit besseres Verhältnis als zu seinen Vorgesetzten.
   e. Er wurde von Kollegen, Vorgesetzten und Kunden stets als freundlicher und fleißiger Mitarbeiter geschätzt.

   Entscheiden Sie, ob es sich um eine positive oder um eine negative Beurteilung handelt.

6. Erklären Sie den Unterschied zwischen Bruttolohn und Nettolohn.

7. Marc Körver verdient 2400,00 € monatlich. Er lebt in Aachen und ist evangelisch. Seine Lohnsteuer beträgt 299,50 €.

   Berechnen Sie den Solidaritätsbeitrag und die Kirchensteuer.

2 Fahrzeugdisposition

Einstiegssituation

Als Auszubildender soll Said den Disponenten für die Fahrzeuge unterstützen. Die XPressParcel AG hat eine riesige Vielfalt an Fahrzeugen. Er findet dort Zustellfahrräder, Transporter und große Lastkraftwagen vor. Es gibt sogar die verschiedensten Transporter, die unterschiedlich ausgerüstet sind. Zudem gibt es Elektrofahrzeuge.
Alle Fahrzeuge sind täglich in den Betriebsablauf einzuplanen.
Zudem müssen sie ständig gewartet und überprüft werden. Said findet für die Fülle der Arbeit und der Fahrzeuge keine Erklärung ...

Handlungsaufträge

1. Überlegen Sie sich Gründe, warum es bei der XPressParcel AG so viele verschiedene Fahrzeuge im Betrieb gibt.
2. Stellen Sie Vermutungen an, was Sie als Zusteller dafür tun können, einen reibungslosen und ökonomischen Gebrauch der Fahrzeuge zu gewährleisten.

2.1 Kriterien bei der Fahrzeugauswahl

Die Auswahl und das Benutzen des richtigen Fahrzeugs sind für KEP-Unternehmen sehr wichtig. Die Kosten eines Fahrzeugs durch Anschaffung, Wartung und Betrieb spielen eine wichtige Rolle für den Erfolg eines Unternehmens. Die Fahrzeuge sind – je nach Betrieb – sehr unterschiedlich. Folgende Fahrzeuge werden häufig verwendet:

Fahrzeuge in der KEP-Branche

Fahrzeug	Details	Abbildung
Zustellkarre	• Meist im Briefdienst eingesetzt • Briefbehälter können direkt aufgesetzt werden • Für Zusteller mit vielen Stopps, die zu Fuss unterwegs sind • Für kleinere Zustellbezirke geeignet • Auf gleichmäßige Beladung achten und nicht überladen • Sehr wendig • Abdeckung vor Witterung und „fremden“ Blicken • Umweltfreundlich	

Fahrzeug	Details	Abbildung
Fahrrad (teilweise mit Elektrounterstützung)	• Meist im Briefdienst/Kuriere • In Großstädten häufig schneller als Pkw (Kuriere) • Gleichmäßige Beladung und nicht überladen • Umweltfreundlich	
Kompakter Lieferwagen	• Häufig von Kurieren eingesetzt oder von Paketauslieferern mit weniger Paketen • Preisgünstig, günstiger Verbrauch	
Lieferwagen	• Standardauslieferungsfahrzeug im Paketverkehr • Relativ preiswert bei günstiger Raumausnutzung	
Walk-in-Fahrzeug	• Vom Fahrerhaus betretbar • Ein- und Ausgang durch Schiebetür • Bei vielen Stopps sehr gut geeignet • Bei engen Parkverhältnissen gut nutzbar, da Schiebetür und keine Flügeltür	
Lkw mit unterschiedlichen Zuladungen (z. B. 7,5-t-Fahrzeug)	• Für große Sendungen (z. B. Möbellieferungen) • Im Fernverkehr eingesetzt, um Sendungen gebündelt von Depot zu Depot zu bringen	

Aber auch eher außergewöhnliche Fahrzeuge werden zur Zustellung verwendet. Als Beispiel wäre z. B. die Zustellung per Kahn im Spreewald zu erwähnen. Aber auch Spezialfahrzeuge, wie z. B. Kühlfahrzeuge, werden eingesetzt.

Auslieferungskahn

Kühltransportfahrzeug

Jedes der eingesetzten Fahrzeuge hat seine Berechtigung, eingesetzt zu werden. Teilweise benötigt man in speziellen Umgebungen auch besondere Fahrzeuge (siehe Kahn im Spreewald).
Um ein geeignetes Fahrzeug auszusuchen, muss man verschiedenste Kriterien berücksichtigen. Folgende Kriterien zur geeigneten Fahrzeugauswahl können eine Rolle spielen:

Übersicht über die Kriterien bei der Fahrzeugauswahl

Kriterium	Begründung/Beispiel
Volumen	Je größer das zu transportierende Sendungsvolumen, desto größer muss auch das Fahrzeug sein. Sendung muss auch durch Autotüren passen.
Gewicht	Je größer das Sendungsgewicht, desto mehr Zuladung muss das Fahrzeug zulassen. Allerdings ist bei bestimmten Brücken ein Maximalgewicht zulässig.
Entfernung/Topografie	Motorisierung ja/nein?
Verbrauch	Je geringer der Verbrauch pro kg zu transportierende Sendung, desto wirtschaftlicher für das Unternehmen. Gleichzeitig schont ein geringer Verbrauch die Umwelt.
Sendungsart	Bei Gefahrgut oder Kühltransporten wird ein spezielles Fahrzeug benötigt.
Wendigkeit	In Altstadtbereichen mit kleinen Gassen wichtig
Durchfahrthöhen	Bei Unterführungen auf Maximalhöhen achten
Umweltplakette	In vielen deutschen Innenstadtbereichen ist eine „grüne“ Plakette vorgeschrieben.

Kriterium	Begründung/Beispiel
Führerschein passt zu Fahrzeug	Haben die Zusteller die passende Führerscheinklasse bzw. Erfahrung mit den jeweiligen Fahrzeugen?
Stoppdichte	Wie häufig muss der Zusteller das Fahrzeug verlassen?

Sicherlich spielen noch weitere Kriterien eine Rolle, die auch auf die Fahrzeugausstattung Auswirkungen haben. So wird bei Gefahrguttransporten ein spezielles Fahrzeug verlangt oder man benötigt für größere Sendungen mehr Verzurrpunkte für Ladungssicherungsmittel.

Beispiel Transporter vs. Walk-in-Fahrzeug

Transporter

- Keine Durchgangstür, sondern feste Wand zwischen Laderaum und Führerhaus
- Meist nur klappbare Türen hinten am Fahrzeug
- „Nackter" Laderaum
- Zulässiges Fahrzeuggesamtgewicht i. d. R. zwischen 2,8 und 3,5 t

Walk-in-Fahrzeug

- Sogenannter Kofferaufbau mit Fahrerhauserhöhung und Durchgangstür zum Laderaum
- Zusätzliche Schiebetür vom Laderaum nach außen
- Laderaum meist mit Regalsystem (klappbar) ausgestattet. Die Traglast beträgt 180–220 kg.
- Zulässiges Fahrzeuggesamtgewicht i. d. R. zwischen 3,5 und 5 t.

Transporter	Walk-in-Fahrzeug
Vorteile: • Geringere Anschaffungskosten • I. d. R. höheres Ladevolumen • Leichterer Wiederverkauf	Vorteile: • Schnelles Be- und Entladen, Ein- und Aussteigen • Geeignet bei hoher Stoppdichte • Einfache Ladungssicherung durch Regalsystem • Ausgang über Schiebetür • Übersichtliche Paketlagerung
Nachteile: • Schwierigeres Be- und Entladen (z. B. bei Parken in 2. Reihe, fließender Verkehr) • Ladungssicherung nicht so einfach möglich • Unübersichtliche Paketlagerung	Nachteile: • Höhere Anschaffungskosten • Geringere maximale Ladekapazität • Schwieriger Verkauf, da Spezialfahrzeug

Neben den oben genannten Vorteilen spielt bei der Auswahl des richtigen Fahrzeugs auch die Tour eine Rolle. Dies soll nachfolgend erläutert werden.

Definition:

Die **Stoppdichte** macht eine Aussage darüber, wie viele Sendungen pro Stopp ausgeliefert werden. Anzahl der Sendungen: Anzahl Stopps = Stoppdichte

Mithilfe der Stoppdichte erkennt der Disponent, ob eher wenige Großkunden (hohe Stoppdichte) oder viele Einzelkunden (niedrige Stoppdichte) beliefert werden. Großkunden, aber auch Firmenkunden, erhalten oft viele Pakete auf einmal, sodass der Fahrer dort zwar einige Sendungen abliefern muss, jedoch wenig Zeit zur Parkplatzsuche, zum Ein- und Aussteigen usw. benötigt. Stellt der Fahrer in einem reinen Wohngebiet zu, so ist die Wahrscheinlichkeit hoch, dass er eine hohe Stoppdichte hat, da viele Einzelhaushalte meist nur ein Paket bekommen.

Definition:

Beim **Zeitbedarf pro Stopp** wird geschaut, wie lange ein Fahrer durchschnittlich für einen Stopp inklusive der Zeit für An- und Abfahrt benötigt.

Dies zeigt dem Disponenten, wie aufwendig die Zustellung ist. Je länger die Zeit pro Stopp ist, desto aufwendiger ist auch die Zustellung bzw. die Anfahrt zum Zustellbezirk. Bei vielen Wohngebieten mit Einfamilienhäusern ist der Zeitbedarf pro Stopp höher als in einem Mehrfamilienhaus mit sehr vielen Wohneinheiten. Beim Einfamilienhaus muss man vorfahren, meist nur ein Paket herausnehmen, aussteigen, klingeln, warten und dann das Paket übergeben. Dies dauert natürlich länger, als wenn man in einem Hochhaus viele Pakete abgeben kann, indem man nur von Wohnungstür zu Wohnungstür laufen muss.

Colonia-Haus in Riehl
„Man merkt, wie sich das Haus bewegt"

Für einen Briefträger ist es wohl der ungewöhnlichste Arbeitsplatz in Köln. Mit 147 Metern ist das Colonia-Haus in Riehl das höchste Wohngebäude Deutschlands. Unter der Adresse „An der Schanz 2" gibt es auf 42 Etagen insgesamt 352 Wohnungen, 21 Büroeinheiten, ein Schwimmbad, eine finnische Sauna mit Tauchbecken, einen Fitnessraum und ganz oben den Partysaal „Top of Cologne". [...]
Es ist keineswegs so, dass unten am Eingang 373 Briefkästen auf ihn warten würden. Tatsächlich muss Kothe die Post einzeln in jeder Etage abgeben, denn dort befinden sich die Briefkästen der jeweiligen Wohnungen. Bis zu 800 Briefe, Postkarten, Zeitungen und Zeitschriften muss Kothe jeden Tag im Hochhaus am Rheinufer zustellen. Der Beton-Koloss macht fast ein Drittel des Zustellbezirks „50735-25" in Riehl aus und erfordert besondere Vorbereitung. „An Tagen mit viel Post fange ich schon um 5.30 Uhr mit der Sortierung an, sonst werde ich nicht rechtzeitig fertig", erzählt Kothe.
[...]
An umsatzstarken Tagen transportiert er bis zu 50 Kilo Post mit seinem Dienstfahrrad durch Riehl und bekommt noch weitere Sendungen per Auto bis zum Colonia-Haus angeliefert. Zur Verteilung an die Empfänger verfährt er nach einem speziellen System. „Mit einem Einkaufswagen fahre ich die Kisten mit den Sendungen in den Aufzug. Dann geht es rauf zur 41. Etage." Zwischendurch hält Kothe den Fahrstuhl auf diversen Etagen an und deponiert dort einen Teil der Post im Flur. Dann arbeitet er sich zu Fuß von oben bis nach unten vor und steckt die Sendungen in die jeweiligen Briefkästen. Dabei läuft er stets durchs Treppenhaus. „Das geht schneller, als mit dem Aufzug von Etage zu Etage zu fahren."
Rund eine Stunde ist Kothe täglich im Haus unterwegs. [...] „Man merkt auch, wie sich das Haus bewegt", so Kothe.
Seine Kollegen, die im Kölnturm im Mediapark zustellen, haben es leichter. Hier gibt es eine Postfachanlage sowie einen Dienstleister in der 10. Etage, der den Großteil der Post annimmt und weiterverteilt.
Bekommt er denn manchmal Blasen an den Füßen vom vielen Laufen? „Nein, und schwere Beine auch nicht mehr. Aber am ersten Tag nach dem Urlaub merke ich doch, wie anstrengend es ist."

Quelle: *Fuchs, Michael: Colonia-Haus in Riehl – „Man merkt, wie sich das Haus bewegt", veröff. am 19.09.2013 unter www.rundschau-online.de/koeln/colonia-haus-in-riehl-man-merkt--wie-sich-das-haus-bewegt-,15185496,24377360.html*

2.2 Fahrzeugcheck

Ein Fahrer muss vor Fahrzeugantritt sein Fahrzeug auf Mängel überprüfen. Dies dient dazu, dass er nicht für bereits vorhandene Mängel haftbar gemacht werden kann, aber auch dazu, ohne Unterbrechungen zustellen zu können. Hat das Fahrzeug zu Beginn der Zustellung einen gravierenden Mangel, so kann es sein, dass es während der Zustellung ausfällt.

Fahrzeugcheck

Beispiel

Ein Fahrer kontrolliert nicht, ob das Auto genügend Treibstoff getankt hat, und muss deshalb das Fahrzeug zusätzlich betanken. Hier wird wertvolle Zeit vergeudet.

In der Regel sollten eine Reihe von Überprüfungen vom Fahrer durchgeführt werden. Diese werden in einem Prüfprotokoll festgehalten. Das Protokoll wird dann der Fahrzeugdisposition übergeben, sodass die aufgetretenen Mängel schnell behoben werden können. Bei einem Ausfall ist sofort die Disposition zu verständigen, damit der Ausfall eines Fahrzeugs schnell in die neuen Planungen übernommen werden kann. Hat ein KEP-Unternehmen eine eigene Werkstatt, so kann diese den Fehler meist kurzfristig beheben. Ist dies nicht der Fall, muss ein Werkstatttermin vereinbart werden, bei dem das Fahrzeug eventuell länger ausfällt.
Ein Fehlerprotokoll könnte folgende Überprüfungen beinhalten:

Inhalte eines Fahrzeugchecks

Inhalt der Prüfung	Ergebnis
Außenprüfung	
Schäden • Lackschäden • Blechschäden an Karosserie, Stoßstange, Glas, Beleuchtung	Neue Schäden? Wenn vorhanden: wo und welche
Reifen • Profiltiefe • Beschädigungen	Zu geringe Profiltiefe (1,6 mm) Neue Reifenschäden?
Beleuchtung • Abblendlicht • Fernlicht • Rücklicht • Bremslicht • Rückfahrscheinwerfer • Blinker	Defekt? Wo? (vorne links/rechts bzw. hinten links/rechts)
Motorraum	
Ölstand	Musste nachgefüllt werden? Spezifikation des Öls? Menge des nachgefüllten Öls?
Bremsflüssigkeit	Menge innerhalb der Minimal-maximal-Anzeige?
Scheibenwaschflüssigkeit	Musste nachgefüllt werden? Frostschutz notwendig?
Undichtigkeiten Sind erkennbare Spuren von • Öl, • Wasser, • Kühlflüssigkeit, • Bremsflüssigkeit vorhanden?	Wo tauchen Flüssigkeiten auf? Was für Flüssigkeiten tauchen auf?

Inhalt der Prüfung	Ergebnis
Innenprüfung	
Verbandskasten	Vorhanden? Vollständig? Ablaufdatum?
Warndreieck	Vorhanden?
Warnweste	Vorhanden?
Kontrolllampen	Brennt eine Kontrolllampe nach Starten des Motors? Genug Treibstoff im Tank?
Sauberkeit	Verschmutzungen? Gerüche?
Sonstige Auffälligkeiten?	
Nennung der Auffälligkeit	Genaue Beschreibung der Auffälligkeit

Am Ende muss der Fahrzeugführer per Unterschrift bestätigen, dass er das Fahrzeug überprüft hat. Der Abteilungsleiter des Fuhrparks oder ein anderer geeigneter Mitarbeiter unterschreibt das Prüfprotokoll ebenfalls.

Die Zeitpunkte der Überprüfungen können unterschiedlich sein. So wird der Außencheck eher vor jeder Fahrt durchgeführt. Die Profiltiefe der Reifen wird eventuell nur einmal in vierzehn Tagen überprüft.

Bei anderen Fahrzeugen, wie z. B. ein Zustellfahrrad, wird ein Prüfprotokoll angepasst. Je weniger kompliziert ein Fahrzeug ist, desto kürzer ist das Prüfprotokoll und desto schneller kann eine Prüfung vollzogen werden.

Doch nicht nur mit Fahrzeugen, sondern mit allen Arbeitsmitteln im Depot sollte verantwortungsvoll umgegangen werden, um Unfälle zu vermeiden. Ein typisches Transportmittel im Depot ist der Rollwagen, bei dem auch Sicherheitschecks durchgeführt werden müssen:

Vor und nach Arbeitsbeginn

- Feststellvorrichtung in Ordnung?
- Bodenplatte unbeschädigt und verriegelt?
- Ist der Zuggriff in Ordnung?
- Sind die Wände unbeschädigt?
- Sind die Rollen voll funktionsfähig?
- Sind Deichsel und Kupplung voll funktionsfähig (für Schleppbetrieb)?

Rollwagen im Depot

Bei der Beladung und dem Transport

- Auf richtiges Heben und Tragen achten (vgl. Kapitel 4.4)
- Ladehöhen beachten
- Gurte zur Sicherung des Ladegutes nutzen
- Ladegut darf nicht seitlich herausragen
- Durch Betätigung des Feststellhebels muss der Rollwagen gegen Wegrollen gesichert werden (beim Abstellen, Transport in Fahrzeugen, Hebebühnen).

Beschädigte oder nicht funktionsfähige Rollbehälter dürfen nicht mehr verwendet werden. Fällt einem Mitarbeiter ein Mangel auf, so ist in der Regel der Rollbehälter zu kennzeichnen und eine zuständige Person zu informieren, die sich dann um Austausch bzw. Reparatur kümmert.

2.3 Umweltbewusstes Fahren

Für ein Unternehmen ist es wichtig, die Kosten niedrig zu halten. Verbraucht der Fahrer weniger Treibstoff, so spart das Unternehmen Geld ein. Darüber hinaus wird die Umwelt geschont. Es werden weniger Ressourcen wie z. B. Erdöl verwendet und der CO_2-Ausstoß ist geringer.
Um Treibstoff zu sparen, kann ein Unternehmen bereits im Vorfeld Entscheidungen treffen:

- Optimale Tourenplanung
- Wenn möglich auf Zustellfahrrad oder ähnliche Verkehrsmittel ausweichen
- Alternative Antriebe verwenden (z. B. Elektroautos)
- Sparsame Fahrzeuge anschaffen

- Gute Auslastung der Fahrzeuge
- Schulung der Mitarbeiter bezüglich spritsparendem Fahren

Gleichzeitig kann auch der Fahrer viel dazu beitragen, für sein Unternehmen Treibstoff einzusparen und somit die Kosten zu senken:

- Kein überflüssiges Gewicht transportieren (z. B. Schneeketten im Sommer)
- Optimaler Reifendruck
- Vorausschauend fahren (z. B. bei entfernter roter Ampel runterschalten und ausrollen lassen)
- Fahrschwung nutzen
- Bei längerem Halt (z. B. Bahnschranke) den Motor ausstellen
- Motor nicht warmlaufen lassen
- Mit niedrigen Drehzahlen fahren (früh hochschalten, spät runterschalten)
- An Kunden, die nah beieinanderliegen, zu Fuß ausliefern
- Zusätzliche Verbraucher (z. B. Klimaanlage) wenig einsetzen

Merke:

Durch **energiesparende Fahrweise** lässt sich nicht nur die Umwelt schonen, sondern auch die Kosten des eigenen Unternehmens können minimiert werden.

Das Unternehmen kann den Fahrer unterstützen bzw. motivieren, Treibstoff einzusparen, indem es den Durchschnittsverbrauch protokolliert. Fährt ein Fahrer besonders sparsam, so kann man ihm eine Prämie ausschütten, ihn loben, ihm Gutscheine schenken oder dies positiv in einer Mitarbeiterbeurteilung vermerken. Einige Unternehmen überlassen solchen Fahrern auch meist das modernste und neuste Fahrzeug, um die anderen Fahrer ebenfalls zu motivieren, treibstoffsparender zu fahren.

Exkurs

Auto und Umwelt

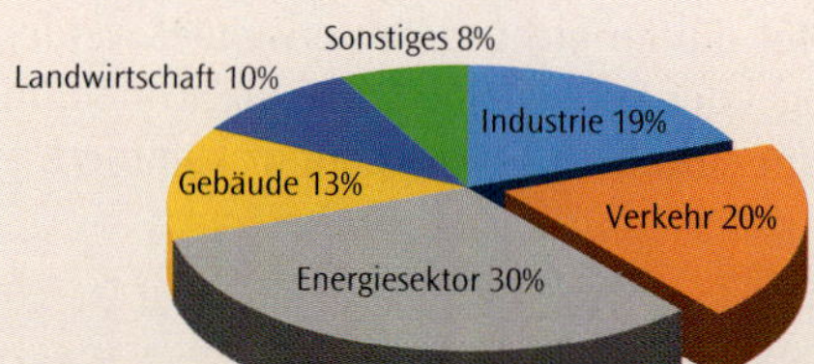

CO2-Emissionen nach Verursachern

Der Verkehr trägt in Deutschland ca. 20 % zum CO_2-Ausstoß bei. Neben den ökonomischen Vorteilen der Einsparung von Treibstoff (Kosten senken) ist es auch für die Ökologie (Umwelt) wichtig, dass CO_2 eingespart wird. CO_2 wird als „Klimagas“ bezeichnet, da es einen Anteil daran hat, dass sich die Erde erwärmt. Dies führt dazu, dass der Meeresspiegel ansteigt, sich aber auch das Wetter ändert. Wie das Wetter sich ändern wird, ist umstritten. Aber viele Wissenschaftler gehen davon aus, dass die Häufung von Dürren, extremem Regen usw. auf eine Klimaveränderung hindeutet. CO_2 sorgt für die Erwärmung wie bei einer Dunstglocke. Die Sonnenstrahlen kommen zur Erde und werden von der Erde zum größten Teil gespeichert. Über Infrarotstrahlung wird ein Teil der Wärme wieder ins Weltall abgegeben. Das CO_2 sorgt dafür, dass diese Infrarotstrahlung nur schlecht wieder abgegeben werden kann. Die Erde erwärmt sich.

Zusammenfassung

Im KEP-Bereich werden die unterschiedlichsten Fahrzeuge eingesetzt, je nach gewünschter Geschwindigkeit, Zuladegewicht/-volumen, Entfernung, Verbrauch, Wendigkeit, Sendungsart, Durchfahrthöhen, ökologischen Gesichtspunkten und Stoppdichte.

Die Anzahl der Sendungen dividiert durch die Anzahl der Stopps ergibt die Stoppdichte. Für Zusteller ist es wichtig, dass sie ihre Fahrzeuge vor Fahrtantritt „checken", damit sie nicht bei Schäden, die sie nicht zu verantworten haben, haften müssen. Dazu ist ein Check von außen, aber auch von innen wichtig.

Zudem müssen Zusteller auch auf umweltbewusstes Fahren achten, um die Umwelt zu schonen und auch die Kosten für den Betrieb (Treibstoffkosten) zu senken. Mit Maßnahmen wie Fahrschwung ausnutzen, vorausschauend fahren, optimalen Reifendruck verwenden, mit niedrigen Drehzahlen fahren usw. ist dies möglich.

Aufgaben

1. Die XPressParcel AG möchte ihre Fahrzeuge von normalen Transportern auf Walk-in-Fahrzeuge umstellen. Welche Argumente sprechen für das Walk-in-Fahrzeug?

2. Ein Zusteller muss während seiner 7,5-Stunden-Arbeitsschicht heute 190 Sendungen zustellen. Die Sendungen können 96 Kunden zugeordnet werden. Berechnen Sie die Stoppdichte.

3. Begründen Sie, warum ein Fahrzeugcheck wichtig ist.

4. Nennen Sie acht Dinge, die Sie bei einem Fahrzeugcheck durchführen müssen.

5. Was können Sie als Fahrer zu einem umweltbewussten Fahren beitragen?

3 Kapazitätsauslastung bei Maschinen und Hilfsmitteln

Einstiegssituation

Said arbeitet bei der XPressParcel AG, Depot Köln. Er ist dort für die Transporthilfsmittel und Transportmittel zuständig und muss Sendungen auf die Maschinen verteilen, sortieren und wieder versandfertig für die anderen Depots machen.

Heute muss von zwei Großkunden ein zusätzliches Sendungsaufkommen sortiert werden. Da heute mehrere Mitarbeiter krank sind, muss Said die anderen beim Abladen der Pakete unterstützen. Sie laden die Pakete von den Fahrzeugen, legen die maschinenfähigen auf das Band und scannen diese. Ihre Arbeitszeit beginnt um 17:00 Uhr und endet um 19:30 Uhr. Innerhalb dieser Zeit soll jeder Mitarbeiter 15 Minuten Pause machen. Für heute sind 22.000 maschinenfähige Pakete der Großkunden avisiert worden. Folgende Zeiten werden für die Arbeitsschritte durchschnittlich veranschlagt:
Abladen: 5 Sekunden, Scannen: 3 Sekunden, Auf-das-Band-Legen: 2 Sekunden

Handlungsaufträge

1 Begründen Sie rechnerisch, wie viele Mitarbeiter – inklusive Ihnen – man benötigt, um die Pakete in der erforderlichen Zeit auf das Band zu laden.
2 Berechnen Sie, wie viele Rollbehälter man benötigt, wenn durchschnittlich in jeden Behälter 85 Sendungen passen.

3.1 Berechnung von Maschinenkapazitäten

Die XPressParcel AG Unternehmensgruppe muss jederzeit wissen, ob die Sendungen rechtzeitig sortiert werden können. Man möchte z. B. das Qualitätsziel „E + 1" einhalten. Dazu muss man wissen, ob der Sortiervorgang durch die vorhandenen Maschinen und Arbeitskräfte, die die Maschinen bedienen bzw. ihnen Sendungen zuführen, bewerkstelligt werden kann.
In der Regel wird in der Nacht sortiert und es besteht nur ein bestimmtes Zeitfenster, da die Sendungen das Depot bis zu einem bestimmten Zeitpunkt verlassen müssen, um am nächsten Morgen rechtzeitig bei den Zustellern zu sein.
Mit folgender Formel kann man überprüfen, ob die Kapazitäten der Sortiermaschine ausreichen:

$$\frac{\text{Zu sortierende Sendungen}}{\text{Sortierleistung der Sortiermaschine pro h}} \leq \text{Zeitfenster der Sortierung in h}$$

Beispiel

Eine Sortiermaschine der XPressParcel AG kann in einer Stunde 15 000 Sendungen sortieren. Am Abend werden 43 000 Sendungen erwartet. Der Sortiervorgang beginnt um 22:00 Uhr und endet um 1:00 Uhr am nächsten Morgen. Ist das Depot der XPressParcel AG in der Lage, die Sendungen innerhalb des Zeitfensters zu sortieren?

$$\frac{43\,000 \text{ Sendungen}}{15\,000 \text{ Sendungen pro h}} = 2{,}8666667 \text{ h}$$

Da 2,8666667 Stunden weniger als 3 Stunden sind, kann man aussagen, dass die Sortierung in der Zeit geschafft werden kann.

Des Weiteren kann man ausrechnen, wann genau die Sortierung beendet sein wird. Dazu muss man die Dezimalstellen in Minuten umrechnen.
Mit obigem Beispiel sähe dies durch Anwendung des Dreisatzes folgendermaßen aus:

$$1 \text{ h} \sim 60 \text{ Minuten}$$
$$\underline{0{,}8666667 \text{ h} \sim x?}$$

$$\frac{60 \cdot 0{,}8666667}{1 \text{ h}} = 52 \text{ Minuten}$$

Somit dauert die Sortierung 2 Stunden und 52 Minuten. Addiert man diese Zeit zum Startpunkt der Sortierung (22:00 Uhr), so erfährt man, dass die Sortierung um 0:52 Uhr beendet ist.

Neben der Berechnung, ob Maschinenkapazitäten ausreichen, muss man außerdem wissen, wie viele Personen bei der Sortierung helfen müssen. Dies ist wichtig für eine ordnungsgemäße Schichtplanung. Nur mit ausreichend Personal kann man auch die Arbeitsschritte, die von Personen auszuführen sind, rechtzeitig durchführen. Alle Arbeitsschritte müssen im jeweiligen Zeitfenster beendet werden.
Die Arbeitsschritte wurden bereits im in LF 3, Kapitel 1.1.1 erläutert.
Um die richtige Anzahl an Personen zu errechnen, wird in der Regel auf Personenstunden umgerechnet (= hP).

Handverteilung

Definition:

Unter **Personenstunden** ist die Anzahl an Stunden zu verstehen, die eine Person benötigt, um die anfallende Arbeit alleine erledigen zu können.

Beispiel

Die XPressParcel AG erhält einen Sonderauftrag über 12 000 Pakete. Aus Erfahrung weiß man, dass 1,5% der Pakete nachzuverpacken sind. Eine Person benötigt für das Nachverpacken im Durchschnitt eine Zeit von zehn Minuten. Wie viele Personenstunden fallen an?
Berechnung: Wie viele Pakete kann eine Person in einer Stunde nachverpacken?

$$\frac{60 \text{ Minuten}}{10 \text{ Minuten}} = 6 \text{ Pakete in einer Stunde durch eine Person}$$

$$\text{Anzahl, die eine Person in einer Stunde schafft} = \frac{\text{60 Minuten}}{\text{Zeit in Minuten für Tätigkeit}}$$

Berechnung: Wie viele Pakete sind nachzuverpacken? Lösung mit dem Dreisatz.

100 % ~ 12 000 Pakete
1,5 % ~ x Pakete

$$\rightarrow \frac{\text{12 000 Pakete} \cdot 1{,}5\,\%}{100\,\%} = \text{180 Pakete}$$

$$\frac{\text{Anzahl der Pakete gesamt} \cdot \text{Prozentsatz gesuchte Pakete}}{100\,\%} = \text{Anzahl der gesuchten Pakete}$$

Berechnung: Wie viele Stunden benötigt eine Person zur Nachverpackung?

$$\frac{\text{180 Pakete}}{\text{6 Pakete pro Stunde durch eine Person}} = \text{30 Personenstunden (hP)}$$

Das bedeutet, dass eine Person für alle Pakete, die nachzuverpacken sind, 30 Stunden benötigen würde.
Gibt es z. B. ein Sortierfenster von drei Stunden, so würde man zehn Personen für die Nachverpackung brauchen (30 hP/3 h = 10 P).

$$\frac{\text{Anzahl der zu bearbeitenden Pakete}}{\text{Anzahl, die eine Person in einer Stunde schafft}} = \text{Personenstunden (hP)}$$

Dies kann man genauso auf andere Tätigkeiten im Depot übertragen. Man errechnet zu jeder anfallenden Tätigkeit die Personenstundenanzahl und teilt sie dann durch das Zeitfenster.

Merke:

Man muss keine der oben genannten Formeln auswendig lernen. Man kann alle Formeln über den Dreisatz herleiten.

Beispiel

Wegen einer Sonderaktion kommen 19 000 Pakete zusätzlich zum Depot. Diese müssen wegen einer Sonderform manuell gescannt werden. Für das Scannen eines Paketes benötigt ein Sortierer fünf Sekunden. Es stehen ausreichend Scan-Stationen zur Verfügung. Wie viele Personen werden zum Scannen benötigt, wenn die Pakete um 20:00 Uhr angeliefert werden und um 23:00 Uhr fertig gescannt sein müssen?

Wie viele Pakete kann eine Person in einer Stunde scannen?

Für ein Paket benötigt ein Sortierer: 0,0833333 Minuten

Berechnung mit Dreisatz:

$$60 \text{ Sekunden} \sim 1 \text{ Minute}$$
$$5 \text{ Sekunden} \sim x?$$

$$\rightarrow \frac{1 \text{ Minute} \cdot 5 \text{ Sekunden}}{60 \text{ Sekunden}} = 0{,}0833333$$

Zeit, die eine Person für die Tätigkeit braucht:

$$\frac{60 \text{ Minuten}}{0{,}0833333 \text{ Minuten}} = 720 \text{ Pakete pro Stunde}$$

Anzahl der gesuchten Personenstunden:

$$\frac{19\,000 \text{ Pakete}}{720 \text{ Pakete pro Stunde}} = 26{,}388889 \text{ hP}$$

Eine Person würde 26,388889 Stunden benötigen, um alle Pakete zu scannen. Wir haben aber nur ein Zeitfenster von 3 Stunden.

$$\frac{26{,}388889 \text{ hP}}{3\text{h Sortierung}} = 8{,}796 \text{ Personen.}$$

Da es nur ganze Arbeitskräfte gibt, muss man aufrunden. Es werden also neun Arbeitskräfte für das Scannen benötigt.

3.2 Berechnung von Transporthilfsmitteln

Neben der richtigen Planung der Maschinenauslastung und Personalausstattung im Depot ist auch bei der Planung auf ausreichend Transporthilfsmittel zu achten. Bei der Abholung bei Großkunden müssen ausreichend Hilfsmittel zur Verfügung stehen, aber auch im Depot sollten diese vorhanden sein. Nur dann ist eine reibungslose Abholung bzw. Sortierung gewährleistet.

Zugleich möchte man bei der Abholung nicht zu viele Transporthilfsmittel mit sich führen, da das zusätzliche Gewicht den Treibstoffverbrauch des Fahrzeugs erhöht. Deshalb ist eine genaue Berechnung der Transportkapazitäten wichtig.

Definition:

Unter **Transporthilfsmitteln** versteht man alle Hilfsmittel, die zur Beförderung von Fördergut verwendet werden und dazu dienen, einzelne Güter zu einer Transporteinheit zusammenzufassen. Weitere Begriffe sind auch: Förderhilfsmittel, Ladehilfsmittel.

Die Transporthilfsmittel beschleunigen durch die Zusammenfassung von einzelnen Sendungen in größere Einheiten den Transport der Brief- und Paketsendungen. Anstatt jedes Paket einzeln zu tragen, kann ein Mitarbeiter z. B. 30 Pakete auf einmal in einem Rollwagen transportieren.

Im KEP-Bereich werden die unterschiedlichsten Transporthilfsmittel (siehe auch Lernfeld 3, Kapitel 3.2) verwendet:

Transportmittel im KEP-Bereich

Name	Abbildung	Beschreibung
Briefbehälter		• Verschiedene Größen je nach Sendungsgröße (C6, C5, C4 ...) • Stapelbar • Wiederverwendbar (meist Pfandsystem)
Rollwagen für Briefbehälter		• Modularer Aufbau • Hohe Stabilität • Sicherheit durch Bremsen • Lkw-gerechtes Lademaß
Rollwagen für Paketsendungen/ Corlette	 	• Max. Zuladung: z. B. 400 kg • Zugbügel mit Handbremse • Zentralfeststeller mit Fußbedienung • Sicherheitskufen für die Gabelstaplerverladung verhindern ein seitliches Abkippen von der Gabel. • Lkw-gerechtes Euro-Lademaß
Europalette		Europalette: Maße: 120 · 80 · 15 cm Gewicht: 20 kg Belastung: bis 1 000 kg Pfandsystem

Darüber hinaus stehen weitere Transporthilfsmittel zur Verfügung. Alleine bei den Paletten gibt es Einweg- (= einmal benutzbar) und Mehrwegpaletten (= mehrfach benutzbar), darüber hinaus verschiedene Aufbauten, um die Sendungen zusätzlich zu sichern, wie z. B. einen Holzrahmen.
Ein **modularer Aufbau** hat sich mittlerweile in der Logistikbranche etabliert. Das bedeutet, dass kleinere Transportbehälter genau auf z. B. Rollwagen passen, sodass Leerräume so gering wie möglich gehalten werden. Die Rollbehälter sind von ihrer Größe wiederum genau auf die üblichen Lkw-Maße abgestimmt. Dadurch kann der Transportplatz optimal ausgenutzt werden.
Die Berechnung der Transportkapazitäten hängt von dem aufnehmenden Volumen der Transportbehälter bzw. der Stapelhöhe bei Paletten ab. Dennoch kann man nicht einfach eine Volumenberechnung durchführen, da dies in der Regel zu falschen Ergebnissen führt. Man muss errechnen, wie viele von den kleinen Sendungen realistisch in das Transportbehältnis passen. Pakete kann

man nicht „durchsägen“, um eventuell noch ein zusätzliches Packstück in die verbleibenden Lücken zu stopfen.

Beispiel

Die XPressParcel AG muss Pakete bei einem Großkunden abholen. Dazu soll die passende Anzahl an Europaletten mitgenommen werden. Eine Europalette hat die Maße (B · L · H) 120 · 80 · 15 cm. Auf diese Palette sollen M-Pakete mit den Maßen 22 · 25 · 15 cm gepackt werden. Die maximale Palettenhöhe beträgt 120 cm. Jedes Paket wiegt 8 kg. Die Pakete sind mit dem Symbol „oben“ gekennzeichnet. Insgesamt 320 Pakete möchte der Absender versenden. Wie viele Paletten muss der Fahrer mitnehmen?

1. Anzahl der Pakete, die auf eine Palette passen

Pakete, die auf die Längsseite der Palette passen:

$$\frac{120\text{ cm (= Länge der Palette)}}{22\text{ cm (= Breite des Paketes)}}$$

$$= 5{,}454545\text{, also 5 Pakete und 10 cm Restplatz (22 cm} \cdot 0{,}454545)$$

Pakete, die auf die breite Seite der Palette passen:

$$\frac{80\text{ cm (= Breite der Palette)}}{25\text{ cm (= Länge des Paketes)}} =$$

$$3{,}2\text{, also 3 Pakete und 5 cm Restplatz (25 cm} \cdot 0{,}2)$$

Auf einer Ebene kann man nun 5 · 3 = 15 Pakete stapeln. Hinzu kommt nun die Höhe. Die gesamte Palettenhöhe darf maximal 120 cm betragen. Da die Palette eine Eigenhöhe von 15 cm hat, muss man diese von der erlaubten Gesamthöhe subtrahieren.
120 – 15 cm = 105 cm. Das bedeutet, dass man auf eine Palette Pakete maximal 105 cm stapeln darf.

$$\frac{105\text{ cm (Gesamte Palettenhöhe mit Paketen – Höhe der Palette)}}{15\text{ cm (Höhe eines Paketes)}} = 7$$

Es dürfen also 7 Lagen à 15 Pakete gestapelt werden. 7 Lagen · 15 Pakete = 105 Pakete.
Es passen somit 105 Pakete auf eine Palette.
Bei 320 Paketen benötige ich somit:

$$\frac{320\text{ Pakete}}{105\text{ Pakete pro Palette}} = 3{,}05\text{ Paletten}$$

Das bedeutet, dass man etwas mehr als drei Paletten benötigt. Insgesamt also vier Paletten.
Also muss der Fahrer der XPressParcel AG vier Paletten mitnehmen.
Hinweis: Als mögliche Alternative kann man auch 120 : 25 und 80 : 22 cm rechnen. Käme dort ein größeres Ergebnis heraus, wäre diese Möglichkeit vorzuziehen.

2. Passen die Paletten vom Gewicht?

Eine Europalette kann 1 t Zuladung verkraften, 105 Pakete passen auf eine Palette. Ein Paket wiegt 8 kg.
105 Pakete · 8 kg = 840 kg. Somit passen die 105 Pakete auch vom Gewicht her auf die Palette.

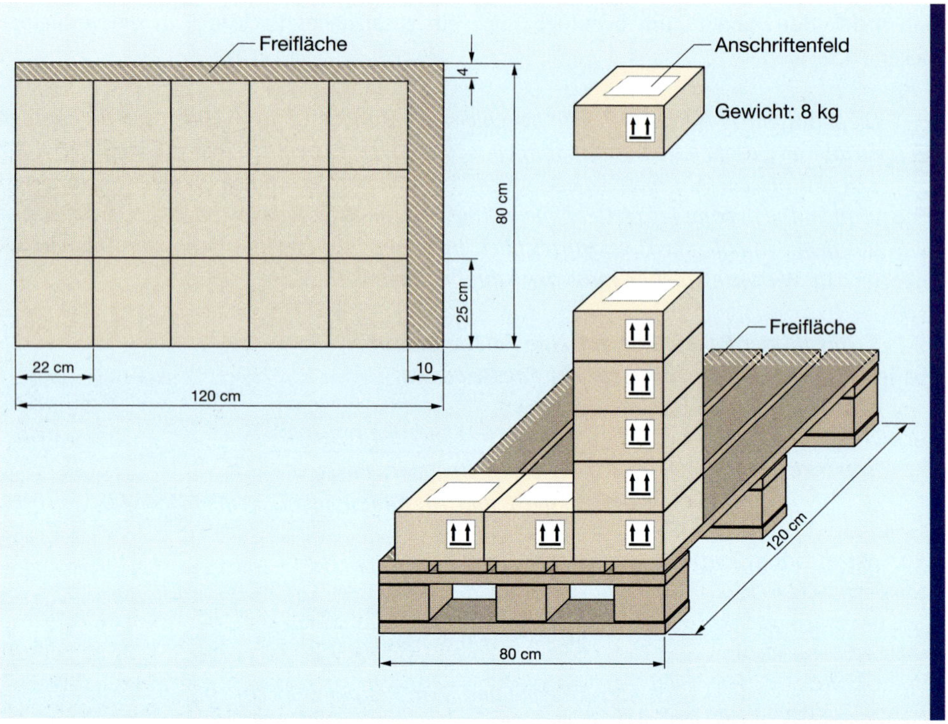
Freifläche
4
80 cm
25 cm
22 cm
10
120 cm
Anschriftenfeld
Gewicht: 8 kg
Freifläche
120 cm
80 cm

4 Personal und Gesundheit

Einstiegssituation

Das Personal spielt eine wichtige Rolle bei KEP-Unternehmen. Zum einen müssen die Zusteller eine schwere körperliche Arbeit ausführen und zum anderen haben die Disponenten einen stressigen Job durch zu führen.

Für ein Unternehmen sind die Angestellten ein wichtiger Kapitalfaktor. Es müssen Löhne, Sozialabgaben, aber auch Fortbildungen gezahlt werden. Die Mitarbeiter bauen Know-how auf. Das bedeutet, dass ein erfahrener Mitarbeiter in der Regel schneller und effektiver arbeitet als ein neu angelernter Zusteller. Zudem findet auch hier ein demografischer Wandel statt. Es gibt immer weniger potenzielle Arbeiter auf dem Markt, da die Bevölkerung Deutschlands schrumpft.

Aus diesem Grund versuchen die Unternehmen, gute Mitarbeiter an sich zu binden. Gleichzeitig sind die Unternehmen daran interessiert, dass die vorhandenen Mitarbeiter möglichst lange beschwerdefrei arbeiten können, damit sie nicht vorzeitig das Unternehmen verlassen. Zusätzlich gibt es gesetzliche Vorschriften, um Mitarbeiter vor Unfällen und langfristigen körperlichen Schäden zu schützen.

Handlungsaufträge

1 Recherchieren Sie im Internet, welche gesetzlichen Vorgaben es zum Gesundheitsschutz bei Arbeitnehmern gibt.

2 Welche präventiven Maßnahmen werden in Ihrem Betrieb umgesetzt, damit Ihre Gesundheit geschützt wird?

4.1 Personaldisposition

Definition:

Die **Personaldisposition** versucht, die vorhandenen Mitarbeiter auf die verschiedenen Aufgaben im Unternehmen aufzuteilen. Dabei werden die inhaltlichen, mengenmäßigen (= quantitativen) und zeitlichen Erfordernisse des Unternehmens berücksichtigt. Gleichzeitig wird das Vorwissen/die Ausbildung des Mitarbeiters berücksichtigt.

Bei der Personaldisposition geht es darum, dass man genügend Mitarbeiter für eine Aufgabe hat. Im Kapitel 3.1 wurde bereits gezeigt, wie man die entsprechende Kapazität an Mitarbeitern errechnen kann.

Gleichzeitig wird versucht, die Fehltage durch z. B. Krankheit zu minimieren. Viele KEP-Unternehmen arbeiten in sogenannten Teams von je sechs Leuten, sodass immer ein Mitarbeiter einen freien Tag in der Woche hat. Wird aber jemand krank und es ist kein „Springer“ vorhanden, so muss ein Mitarbeiter, der eigentlich freihätte, oftmals einspringen und auf seinen Erholungstag verzichten.

Einige Aspekte, die man bei der Personaldisposition berücksichtigen muss:

- Arbeitsaufkommen
- Kranke Mitarbeiter
- Urlaube
- Mutterschutz
- Jugendarbeitsschutz
- Arbeitszeitgesetze
- Ausscheidende Mitarbeiter (Kündigung, Rente)

Für Unternehmen ist es interessant zu wissen, wie hoch die Fehlquoten im eigenen Unternehmen sind. Bei zu hohen Fehlquoten – verglichen mit dem Bundesdurchschnitt bzw. den Mitbewerbern – muss das Unternehmen überlegen, was die Gründe dafür sein können. Möglich sind hier z. B.:

- Schlechte Motivation der Mitarbeiter
- Schlechtes Betriebsklima
- Zu harte körperliche Arbeit
- Zu viel Stress durch z. B. Überstunden
- Arbeitsschutzvorschriften werden nicht beachtet.

So beträgt laut Techniker Krankenkasse alleine der Krankenstand, also das krankheitsbedingte Fehlen, 13,7 Tage im Durchschnitt pro Person im Jahr 2013. Andere Fehltage – z. B. Fehlen wegen Schulungen – sind darin nicht berücksichtigt. Hinzu kommen 25–30 Tage Urlaub, an denen ein Arbeitnehmer auch noch bei voller Bezahlung fehlt.
Die Fehlzeitenquote errechnet sich folgendermaßen:

$$\text{Fehlzeitenquote} = \frac{\text{Fehlzeiten (in Tagen) insgesamt}}{\text{Arbeitstage insgesamt}} \cdot 100$$

Beispiel

André Molter ist Mitarbeiter der Mail GmbH. Im letzten Jahr hat er krankheitsbedingt neun Tage gefehlt. Außerdem hat er an einer dreitägigen Schulung zum Thema Kundenfreundlichkeit teilgenommen.
Seine Fehlquote (ohne Urlaubstage) beträgt:

$$\frac{\text{12 Tage (9 Tage Krankheit + 3 Tage Fortbildung)}}{\text{261 Tage (Arbeitstage)}} \cdot 100 = 4{,}60\ \%$$

Betriebe vergleichen nun die Fehlquoten der einzelnen Mitarbeiter miteinander und führen eventuell Mitarbeitergespräche, wenn es sehr hohe Fehlquoten gibt. Gerade motivationsbedingte Fehltage („blaumachen“) werden nicht gerne gesehen und der Betrieb versucht einerseits, durch höhere Motivation wie z. B. freundliches Betriebsklima die Mitarbeiter zu wenigen Fehltagen zu motivieren. Auf der anderen Seite können aber auch Sanktionen drohen.
Fehlquoten kann man jedoch auch auf die Mitarbeiter beziehen, d. h. anders berechnen. Bei deren Berechnung geht es darum, wie viele Mitarbeiter in einem bestimmten Zeitraum fehlen. Dies kann im Vergleich des Jahresverlaufs für einen Betrieb interessant sein. Dadurch kann er in traditionellen Monaten mit hoher Fehlquote durch Aushilfskräfte gegensteuern.

$$\frac{\text{Fehlende Mitarbeiter}}{\text{Gesamte Mitarbeiter}} \cdot 100 = \text{Fehlquote der Mitarbeiter}$$

Beispiel

In der Kalenderwoche 50 fehlten 99 Mitarbeiter der Mail GmbH im Depot Köln. Die Mail GmbH hat 1 752 Mitarbeiter. Wie hoch ist die Fehlquote?

$$\frac{99}{1\,752} \cdot 100 = 5{,}65\,\%$$

Es fehlten also in der KW 50 5,65 % der Mitarbeiter. Diese Zahl wird aber erst aussagekräftig, wenn man sie mit Vorjahreszahlen bzw. Mitbewerbern vergleichen kann.
Des Weiteren ist für ein Unternehmen die kurz- und langfristige Personalplanung immens wichtig. Gerade im Weihnachtsgeschäft mit seinem hohen Sendungsaufkommen müssen einerseits Überstunden gemacht und andererseits Aushilfskräfte eingestellt werden.

$$\frac{\text{Arbeitsaufkommen in h pro Monat}}{\text{Monatliche Arbeitszeit in h}} = \text{Anzahl der anzustellenden Mitarbeiter}$$

Beispiel

Im November wurden im Depot Berlin der XPressParcel AG 1 200 Überstunden pro Woche gemacht. Für den Dezember rechnet man mit ähnlich vielen Überstunden. Die Überstunden sollen über Aushilfen aufgefangen werden. Die wöchentliche Arbeitszeit beträgt 38 Stunden.

$$\frac{1\,200\text{ h}}{38\text{ h}} = 31{,}58\text{ Aushilfskräfte}$$

Es müssen also 32 Aushilfskräfte eingestellt werden, damit keine Überstunden gemacht werden müssen.

4.2 Feuergefahr im Depot

Als Mitarbeiter im Depot muss man sich der Wichtigkeit bestimmter Verhaltensregeln zum Brandschutz bewusst sein. Maschinen, Fahrzeuge, Sendungen und die Unachtsamkeit von Mitarbeitern sorgen für eine potenzielle Brandgefahr.
Ein Feuer entsteht, wenn Wärme (z. B. Funken, heiße Oberflächen, Reibung), Sauerstoff und brennbares Material (z. B. Gase, Stäube oder feste Stoffe) aufeinandertreffen. Die Temperatur der Entflammbarkeit ist je nach Material unterschiedlich.

Mögliche Ursachen für Feuer im Depot sind:

- Rauchverbot missachtet/heiße Asche falsch entsorgt
- Technische Fehler (wie z. B. das Heißlaufen von Maschinen, Kabelbrand)
- Externe Arbeiten im Depot (Handwerker, die Schweißgeräte benutzen)
- Naturereignisse (Blitzeinschlag)
- Brandstiftung

Durch vorbeugende Maßnahmen kann man den Brandschutz erhöhen:

- Rauchverbote
- Gesonderte Lagerung von feuergefährlichen Stoffen im Depot
- Leicht brennbare Abfälle gut entsorgen

Aber auch bauliche Maßnahmen können die Feuergefahr im Depot minimieren bzw. bei einem auftretenden Feuer den Schaden minimieren:

- Einbau von Brandschutztüren und feuerhemmenden Wänden und Böden
- Feuersichere Türen
- Aushang von Brandschutzzeichen und Fluchtwegen.

Durch den Einbau von Feuerwarnanlagen kann ein ausbrechender Brand möglichst schnell entdeckt und weitere Hilfe angefordert werden.

Arten von Feuerwarnanlagen

Feuerwarnanlage	Erläuterung	Abbildung
Feuermelder	Durch Einschlagen der Scheibe und Drücken des Knopfes wird Feueralarm ausgelöst. Durch einen Warnton werden die Mitarbeiter gewarnt. Die Feuerwehr wird meist automatisch verständigt.	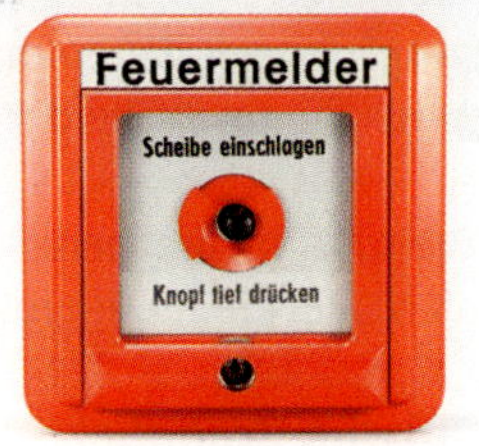
Rauchmelder	Bei starker Rauchbildung reagieren Rauchmelder durch einen schrillen Warnton. Bestimmte Geräte können auch die Feuerwehr automatisch verständigen oder eine Sprinkleranlage in Gang setzen.	
Thermomelder	Reagieren ähnlich wie die Rauchmelder, jedoch bei starkem Temperaturanstieg oder beim Überschreiten einer Höchsttemperatur.	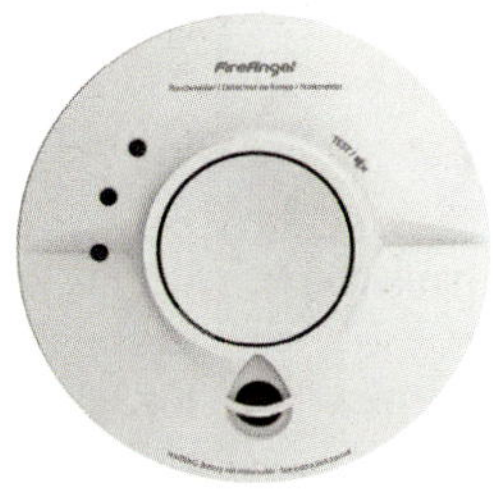
Flammenmelder	Erkennen Feuer durch Messung im ultravioletten bzw. infraroten Lichtbereich. Reagieren ähnlich wie Rauchmelder.	

Verhalten im Brandfall

Wenn ein Brand entstanden ist, können folgende Hinweise wichtig für das korrekte Verhalten sein.

Zusätzliche Maßnahmen, die ein Unternehmen zur Feuervermeidung durchführen sollte:

- Keine defekten Elektrogeräte/Maschinen verwenden (regelmäßige Sichtkontrolle)
- Auf Stand-by-Modus bei Maschinen/Elektrogeräten verzichten
- Regelmäßige Prüfung für ortsbewegliche Elektrogeräte (z. B. Wasserkocher)

- Regelmäßige Begehung des Depots mit Fachleuten (z. B. Feuerwehr)
- Unterweisung der Beschäftigten (Fluchtwege, Löscheinrichtung, richtiges Verhalten bei Feuer)
- Löschübungen
- Notausgänge frei halten und regelmäßige Kontrolle
- Regelmäßige Kontrolle der Brandschutzeinrichtung

Ist ein Brand ausgebrochen, so können Mitarbeiter oder automatische Anlagen kleinere Brände bekämpfen und somit ein großes Feuer verhindern.

Automatische Brandbekämpfungsanlagen

Anlage	Erläuterung	Abbildung
Sprinkleranlage	Bei Erreichen einer bestimmten Temperatur beim Brandmelder öffnet sich die Anlage und das Wasser wird über dem Brandherd ausgeschüttet. Das gleiche Prinzip ist auch mit Schaum möglich.	
Gaslöschanlagen	Bei Auslösen des Brandmelders gibt es ein akustisches Signal, welches die Personen auffordert, den Raum zu verlassen. Nach Ablauf der Verzögerungszeit wird der Raum mit Gas (CO_2, Argon o. Ä) geflutet. Die Sauerstoffkonzentration nimmt ab und das Feuer wird erstickt.	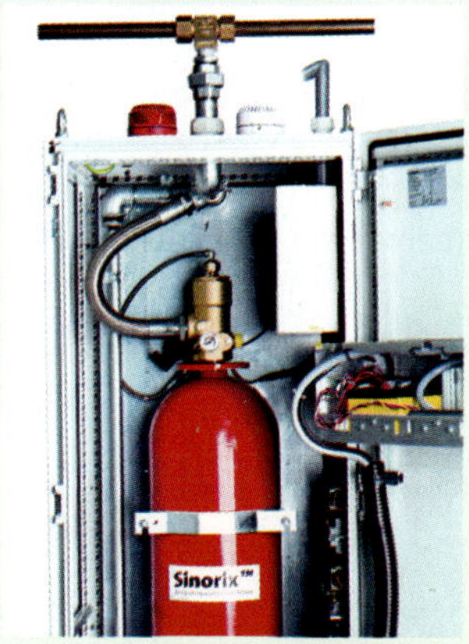

Manuelle Feuerbekämpfungsmittel

Anlage	Erläuterung	Abbildung
Feuerlöscher	Meist mit Pulver- oder Schaumbefüllung. Werden regelmäßig (alle zwei Jahre) auf Funktion überprüft. Auf dem Etikett des Löschers ist zu entnehmen, für welche Stoffe der Feuerlöscher geeignet ist.	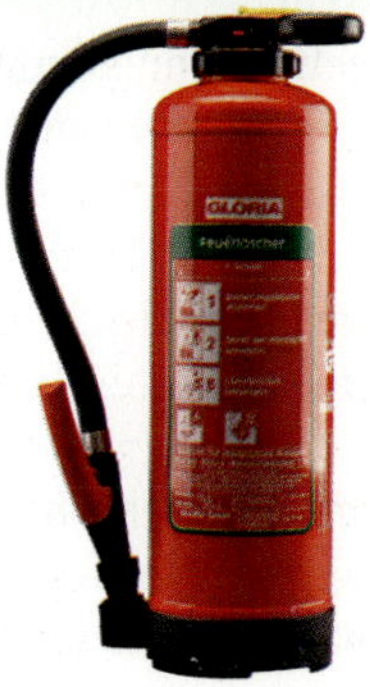

Anlage	Erläuterung	Abbildung
Löschschlauch/ Wandhydrant	I. d. R. nur für feste Stoffe ohne Leichtmetalle geeignet, da diese nur mit Wasser gespeist werden. Bei Schaumzusätzen auch für brennbare Flüssigkeiten bzw. Gase geeignet. Es erfolgt eine jährliche Wartung durch einen Sachkundigen. Maximaler Löschraum entspricht der Länge des Löschschlauchs.	
Löschdecken	Mit ihnen wird ein Feuer erstickt. Man muss relativ nah an das Feuer heran, die Decke über das Feuer breiten und Decke flach halten bzw. ausstreichen, damit der Sauerstoff schnell entweicht. Hilft bei kleineren Bränden bzw. bei Personen, die brennen.	
Feuerpatsche	Dient dem Ausschlagen von Feuer. Hilft nur bei kleinen Bränden und Glutnestern.	

Nicht alle Brände kann man mit allen Hilfsmitteln löschen. Als Beispiel wäre hier brennendes Fett zu nennen, welches in Verbindung mit Wasser eine explosive Mischung ergibt. Auch bestimmte Metalle dürfen nicht mit Wasser gelöscht werden. Beide Brände kann man besser ersticken (CO_2 oder Löschdecke) und sollte man auf keinen Fall mit Wasser löschen.

4.3 Sicherheitskennzeichen

Die Unternehmen müssen gemäß Unfallverhütungsvorschriften für eine ausreichende und geeignete Anbringung von Sicherheitskennzeichen am Arbeitsplatz sorgen. Zudem muss der Arbeitgeber für die Einhaltung bzw. Beachtung der Sicherheitskennzeichen durch seine Mitarbeiter sorgen. Die Unfallverhütungsvorschriften werden von den Berufsgenossenschaften erlassen und auch überprüft. Durch die Sicherheitskennzeichen sollen die Mitarbeiter vor Gefahren gewarnt bzw. an sicherheitsrelevante Dinge erinnert werden.

Ohne die Anbringung von Sicherheitskennzeichen und deren Nichteinhaltung würden mehr Unfälle bzw. Langzeitschäden in Betrieben auftreten. Außerdem wären Hilfsmittel (z. B. Feuerlöscher) oder auch geeignete Rettungswege schwierig zu finden.

Sicherheitskennzeichen sind international gültig.

Sicherheits- und Gesundheitsschutzkennzeichnung nach ASR A1.3 (exemplarische Auswahl)

Verbotszeichen

Allgemeines Verbotszeichen | Rauchen Verboten | Keine offene Flamme; Feuer, offene Zündquelle Und Rauchen verboten | Für Fußgänger verboten | Für Flurförderzeuge verboten | Zutritt Für Unbefugte verboten

Mit Wasser löschen verboten | Keine schwere Last | Eingeschaltete Mobiltelefone verboten | Abstellen oder Lagern verboten | Betreten der Fläche verboten

Warnzeichen

Allgemeines Warnzeichen | Explosionsgefährliche Stoffe | Radioaktive Stoffe oder ionisierende Strahlung | Laserstrahl | Hindernisse am Boden | Absturzgefahr

Elektrische Spannung | Flurförderzeuge | Schwebende Last | Giftige Stoffe | Feuergefährliche Stoffe | Ätzende Stoffe

Gebotszeichen

Allgemeines Gebotszeichen | Gehörschutz benutzen | Augenschutz benutzen | Fußschutz benutzen | Handschutz benutzen | Schutzkleidung benutzen

Übergang benutzen | Fußgängerweg benutzen

Rettungszeichen

Beispiel für Rettungsweg/Notausgang | Erste Hilfe | Notruftelefon | Sammelstelle | Automatisierter Externer Defibrillator | Augenspüleinrichtung

Notausstieg | Krankentrage | Notausstieg mit Fluchtleiter

Brandschutzzeichen

Feuerlöscher | Löschschlauch | Feuerleiter | Mittel und Geräte zur Brandbekämpfung | Brandmelder | Brandmeldetelefon

Der Aufbau der Sicherheitskennzeichen ist innerhalb der gleichen Kategorie immer gleich:

Zeichen	Form	Hintergrund	Rand	Symbol
Verbotszeichen	Rund	Weiß	Rot	Schwarz
Warnzeichen	Dreieckig	Gelb bzw. orange	Schwarz	Schwarz
Gebotszeichen	Rund	Blau	Blau	Weiß
Rettungszeichen	Viereckig	Grün	Grün	Weiß
Brandschutzzeichen	Viereckig	Rot	Rot	Weiß

4.4 Richtiges Heben und Tragen

Für die Betriebe ist es wichtig, dass ihre Zusteller krankheitsbedingt wenig ausfallen und auch wegen Rückenproblemen nicht frühzeitig den Beruf aufgeben müssen. Auch die Zusteller haben ein Interesse daran, ihren körperlich schweren Beruf lange ausüben zu können.

In der **Lastenhandhabungsverordnung** wird der Arbeitgeber verpflichtet, Tätigkeiten wie Heben und Tragen für die Angestellten zu minimieren, indem er z. B. technische Lösungen findet. Die Gesundheitsgefährdung der Mitarbeiter soll so minimiert werden.

Pakete müssen richtig hochgehoben werden. Bei der Auslieferung von 200 oder mehr Paketen am Tag wird der Rücken bei falschem Heben und Tragen zu stark belastet, was auf Dauer eine Schädigung der Wirbelsäule hervorrufen kann.

Zum einen sollte ein Betrieb Hilfsmittel zur Verfügung stellen, damit Pakete, die z. B. bei der XPressParcel AG bis zu 30 kg wiegen können, nicht über längere Strecken getragen werden müssen. Typisches Hilfsmittel wäre die Stechkarre (= Sackkarre), die es auch mit Treppensteighilfe gibt, sodass man mit diesem Hilfsmittel die schweren Pakete auch in den 4. Stock bringen kann. Dennoch tragen viele Zusteller, um Zeit zu sparen, fälschlicherweise die Pakete selbst. Die Benutzung von Hilfsmitteln kostet aus ihrer Sicht nur Zeit. Über die eventuell daraus erfolgende Langzeitschädigung wird meist nicht nachgedacht.

Im Depot werden zur Be- und Entladung der Fahrzeuge meist Röllchenbahnen verwendet.

Beim richtigen Heben und Tragen ist auf folgende Punkte zu achten:

Sackkarre mit Treppensteigehilfe 1

- Fester Stand neben dem Paket
- Mit geradem Rücken in die Hocke gehen

- Paket fest umfassen
- Paket mithilfe der Beinkraft und geradem Rücken nach oben heben
- Keine ruckartigen Bewegungen
- Paket muss nah am Körper getragen werden.
- Beim Tragen die Wirbelsäule nicht verdrehen (Paket nicht aus dem Rücken von links auf rechts drehen, sondern immer ganzen Körper bewegen)

Gründe für Unternehmen, auf Gesundheitsschutz der Mitarbeiter zu achten:

- Zu hoher Krankenstand
- Mangelnde Motivation/Unzufriedenheit der Mitarbeiter
- Demografischer Wandel
- Erhaltung der Leistungsfähigkeit der Mitarbeiter
- Fachkräftemangel
- Spätes Renteneintrittsalter

Empfehlungen und gesetzliche Vorschriften für das Heben und Tragen von Lasten mit geradem Rücken und ohne Hilfsmittel:

Art	Geschlecht	Alter (Jahre)	selten < 5% der Schicht (kg)	wiederholt 5–10% der Schicht (kg)	häufig >10–35% der Schicht (kg)
Heben	Männer	–16	20	13	–
		17–19	35	25	20
		20–45	55	30	25
		> 45	50	25	20
Heben	Frauen	–16	13	9	–
		17–19	13	9	8
		20–45	15	10	9
		> 45	13	9	8
Tragen	Männer	–16	20	13	–
		17–19	30	20	15
		20–45	50	30	20
		>45	40	25	15
Tragen	Frauen	–16	13	9	–
		17–19	13	9	8
		20–45	15	10	9
		>45	13	9	8
Heben und Tragen	werdende Mütter		10 (5) (gesetzlicher Grenzwert)	5 (gesetzlicher Grenzwert)	

Quelle: Bayerisches Landesamt für Arbeitsschutz, Arbeitsmedizin und Sicherheitstechnik: Heben und Tragen von Lasten, Seite 9, Zugriff am 19.04.2016 unter www.ostfalia.de/export/sites/default/de/d4/download-vorher/as_heben_tragen.pdf

4.5 Stressbewältigung

Der menschliche Körper reagiert auf äußerliche Gefahren mit der Ausschüttung von Stresshormonen. Diese sorgen dafür, dass Puls und Blutdruck steigen. Gleichzeitig steigt auch die Konzentrationsfähigkeit und die Muskulatur wird angespannt. Diese Mechanismen waren für unsere Vorfahren überlebenswichtig. Stand ein gefährliches Tier in der Nähe, so musste der Mensch blitzschnell entscheiden, ob er wegläuft oder kämpft. Während des Kampfes bzw. der Bewegung des Weglaufens wurden die Stresshormone wieder abgebaut.

In der heutigen Welt geht es selten um Leben und Tod bzw. Flucht oder Kampf. Dennoch werden bei subjektiv „gefährlichen" Situationen Stresshormone (z. B. Adrenalin) ausgeschüttet. In den meisten Fällen bleiben die Stresshormone dann länger im Körper, sodass der Blutdruck, die Aggression bzw. das Druckgefühl länger vorhanden bleibt und damit den Körper schädigen kann.

Gleichzeitig kann Stress auch positiv sein. Durch Stress ist die Konzentration gestärkt, sodass Arbeitsergebnisse besser ausfallen können. Des Weiteren vergeht bei einem leichten Stress die Arbeitszeit schneller. Auch körperliche Anstrengungen (z. B. bei einem Sportwettkampf) sind bei einem leichten Stressgefühl besser zu bewerkstelligen.

Stressauslöser können sein:

- Zeitdruck
- Druck vom Vorgesetzten
- Ärger mit dem Kunden
- Schlechtes Betriebsklima
- Dilemmasituationen
- Verkehrssituationen (Fehler/Aggressivität von anderen Verkehrsteilnehmern)
- Privater Stress (Ärger mit Eltern, Freund/Freundin, zu viele Freizeittermine ...)

Was subjektiv bei dem einen Stress auslöst, kann bei dem anderen nicht als Stress wahrgenommen werden. Auch die Dosis des Stresses macht das „Gift". Wird der Stress als positiv empfunden, spricht man von **Eustress**. Eustress sorgt für gute Leistungen und somit für ein höheres Selbstwertgefühl. Ein Leben ohne Stress wäre also auch nicht wünschenswert.

Wird Stress als negativ empfunden, spricht man von **Disstress**. Disstress macht krank, weil er zur Überforderung führt. Andauernder Disstress kann krank machen. Typische Stresskrankheiten sind:

- Erschöpfung
- Gereiztheit
- Schlafstörungen
- Bluthochdruck
- Magenbeschwerden
- Herzkrankheiten
- Rückenschmerzen

Überwältigt der Stress eine Person dauerhaft, so kann es zu einem Burn-out kommen. Die Person ist dann meist nicht mehr arbeitsfähig und muss für lange Zeit krankgeschrieben werden.
Somit ist es hilfreich, frühzeitig geeignete Maßnahmen gegen übermäßigen Stress zu ergreifen. Dabei sind die Mittel der Stressbewältigung subjektiv sehr unterschiedlich. Verdrängung und Ablenkung wie Computerspiele oder auch Rauchen werden zwar subjektiv als Stressbewältigung empfunden, erhöhen aber den Stress für Körper und Geist und sind so kontraproduktiv.

Hilfreiche Stressbewältiger wären:

- Überflüssige Stressoren (= Stressauslöser vermeiden), wie z. B. zu viele private Termine
- Sport, insbesondere maßvoller Ausdauersport
- Bewegung allgemein
- Muskeln anspannen
- Atemübungen
- Massagen
- Meditation/autogenes Training
- Zeitmanagement überdenken

Beispiel

Der Auszubildende Karl hat gerade eine heftige Beschwerde von einem Kunden entgegengenommen. Der Kunde ist laut und persönlich geworden. Karl fühlt sich nun gestresst, möchte aber beim nächsten Kunden wieder freundlich wirken. Das Adrenalin in seinem Körper sorgt dafür, dass er aber sehr angespannt/aggressiv ist. Deshalb spannt er sechsmal für jeweils zehn Sekunden alle Muskeln an und atmet dabei betont ruhig. Das Adrenalin wird so abgebaut. Zusätzlich hilft die Bewegung mit seinem Zustellfahrrad.

4.6 Drogen und Fahrtüchtigkeit

Für alle Menschen sollte klar sein, dass Autofahren unter dem Einfluss von Drogen unverantwortlich ist und das eigene Leben und das anderer gefährdet. Darüber hinaus besteht die Gefahr des Führerscheinentzugs, bei Fachkräften für KEP bedeutet dies zusätzlich die Gefahr des Arbeitsplatzverlusts.

Unfälle unter Alkohol und Drogeneinfluss 2012

Polizeilich erfasste Unfälle gesamt	Darunter						
	Unfälle mit Personenschaden	Dabei Verunglückte				Schwerwiegende Unfälle mit Sachschaden	
		Insgesamt	Getötete	Schwerverletzte	Leichtverletzte	Im engeren Sinne	Sonstige Unfälle unter dem Einfluss berauschender Mittel
2401843	299637	387978	3600	66279	318099	82147	16143
Darunter Alkoholunfälle:							
39757	15130	19321	338	5393	13590	9419	15208
% von insgesamt							
1,7	5,0	5,0	9,4	8,1	4,3	11,5	94,2

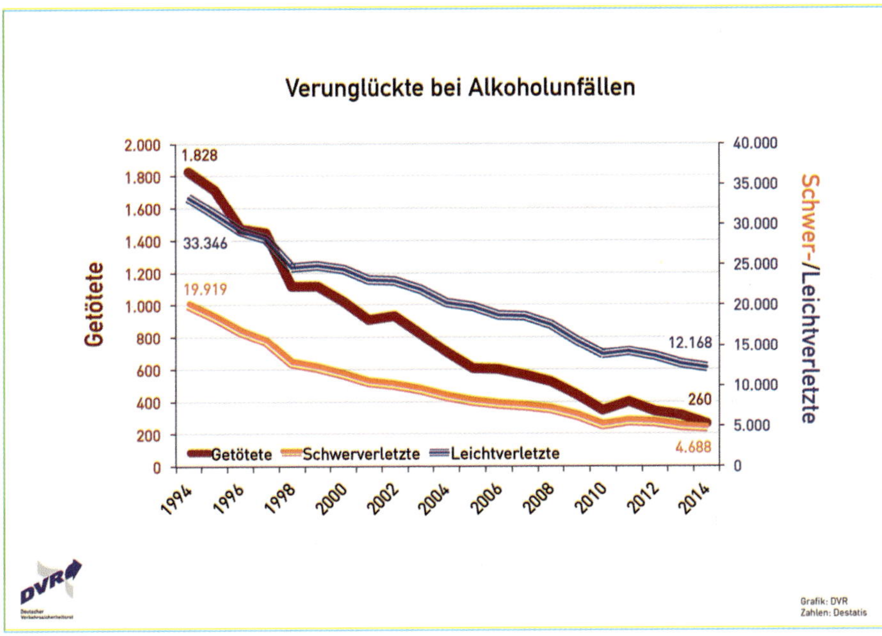

Alkohol

Bei Fahren unter Alkoholeinfluss sind die Strafen eindeutig im Gesetz geregelt.

Strafenkatalog

Promillegrenze	„Normaler" Führerschein	Führerschein auf Probe/ Unter 21 Jahren
Bis 0,3 Promille	Keine Auswirkungen	Keine Anzeichen von Fahrunsicherheit: • Ein Punkt im Fahreignungsregister und 250,00 € Geldbuße, Aufbauseminar und Verlängerung der Probezeit auf vier Jahre

Promillegrenze	„Normaler“ Führerschein	Führerschein auf Probe/ Unter 21 Jahren
Ab 0,3 bis unter 0,5 Promille	Keine Fahrunsicherheit: • Keine Auswirkungen Fahrunsicherheit: • Drei Punkte im Fahreignungsregister, Geld- oder Freiheitsstrafe • Führerscheinentzug (sechs Monate bis fünf Jahre oder auf Dauer)	Keine Fahrunsicherheit: • Ein Punkt im Fahreignungsregister und 250,00 € Geldbuße, Aufbauseminar und Verlängerung der Probezeit auf vier Jahre Fahrunsicherheit: • Drei Punkte im Fahreignungsregister, Geld- oder Freiheitsstrafe • Führerscheinentzug (sechs Monate bis fünf Jahre oder auf Dauer)
Ab 0,5 bis 1,1 Promille	Keine Fahrunsicherheit: • Zwei Punkte im Fahreignungsregister, 500,00 € Geldbuße und ein Monat Fahrverbot (bei Erstverstoß) Fahrunsicherheit oder Verkehrsunfall: • Drei Punkte im Fahreignungsregister, Geld- oder Freiheitsstrafe bis zu fünf Jahren • Führerscheinentzug (sechs Monate bis fünf Jahre oder auf Dauer)	Siehe „normaler“ Führerschein
Ab 1,1 Promille	Keine Fahrunsicherheit, Fahrunsicherheit oder Verkehrsunfall: • Drei Punkte im Fahreignungsregister, Geld- oder Freiheitsstrafe bis zu fünf Jahren • Führerscheinentzug (sechs Monate bis fünf Jahre oder auf Dauer)	Siehe „normaler“ Führerschein

Eine halbe Flasche Bier (0,25 Liter) sorgt bei einem 80 kg schweren Mann für ungefähr 0,18 Promille. Frauen vertragen etwas weniger Alkohol, sodass diese im Durchschnitt einen höheren Blutalkoholwert aufweisen. Der Blutalkoholwert hängt vom Wassergehalt der betreffenden Person ab. Je schwerer und größer der Mensch, desto höher der Flüssigkeitsgehalt. Auch das Lebensalter spielt eine Rolle. Je älter ein Erwachsener ist, desto geringer ist der Flüssigkeitshaushalt im Körper. Frauen haben auch einen geringeren Flüssigkeitshaushalt als Männer. Dies sind aber nur Durchschnittswerte. Deshalb besteht große Gefahr, sich an Promillegrenzen „heranzutrinken“, da man nicht weiß, wie der eigene Körper den Alkohol aufnimmt.

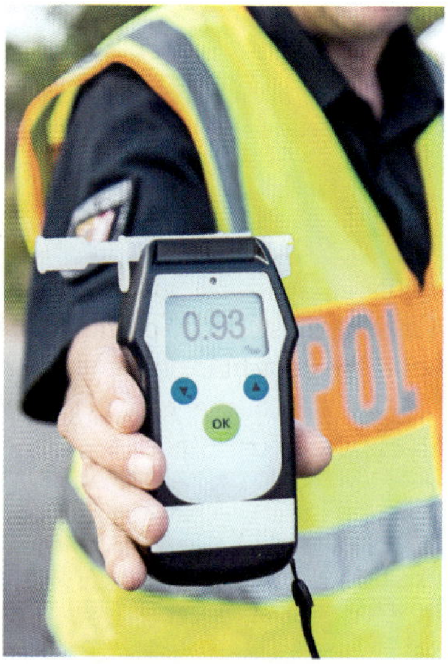

Beispiel

Lukas Müller trinkt mit seinen Freunden eine Flasche (0,5 Liter) Bier. Danach setzt er sich ins Auto und fährt los. Die Polizei stellt bei ihm einen Blutalkoholwert von 0,35 Promille fest. Überprüft wurde er, weil er bei einem Stoppschild nicht angehalten hat. Wegen dieser unsicheren Fahrweise erhält er eine Geldstrafe, drei Punkte in Flensburg und muss seinen Führerschein für sechs Monate abgeben.

Eine große Gefahr, den Führerschein zu verlieren, liegt in der Missachtung des Restalkoholwertes. Oft fühlt man sich nach ein paar Stunden Schlaf wieder fahrbereit.

Der Körper des Menschen kann Alkohol relativ schnell aufnehmen. Bereits über die Mundschleimhaut, später dann beim Verdauungsprozess wird Alkohol aufgenommen und befindet sich danach im Blut. Alkohol ist ein Nervengift und wird nur langsam über die Leber abgebaut, und zwar in der Regel 0,1–0,15 Promille pro Stunde. Auch wenn dies nur Durchschnittswerte sind, die individuell unterschiedlich sein können, sollte man bedenken, dass nach einer Feier mit viel Alkohol und einem Blutalkoholwert von 1,3 Promille der Alkohol erst nach ca. 13 Stunden vollständig abgebaut ist.

Beispiel

Lukas Müller feiert seinen Geburtstag. Er trinkt diverse Biere und hat 1,2 Promille im Blut, als er um 0:00 Uhr ins Bett geht. Am nächsten Morgen muss er um 6:00 Uhr zur Arbeit bei der Blitzfracht GmbH aufbrechen. Er hat noch 0,6 Promille im Blut und darf somit nicht fahren. Ihm drohen zwei Punkte in Flensburg, Geldbuße und ein Monat Fahrverbot.

Merke:

Merke: Es gibt keine Möglichkeit, den Abbau des Alkohols zu beschleunigen.

Cannabis

Eine weitere Gefahr, den Führerschein zu verlieren, sind der Konsum weiterer Drogen. Grundsätzlich verliert man seinen Führerschein, wenn man unter dem Einfluss von Drogen gemäß dem Betäubungsmittelgesetz steht. Bei Cannabis ist diese Regelung etwas aufgeweicht.

Cannabis ist eine illegale Droge. Der Wirkstoff ist das in der Cannabispflanze vorkommende THC.

Auf den Wirkstoff THC prüft die Polizei, wenn sie einen Schnelltest macht.

Bei Cannabiskonsum ist in der Regel der Führerschein weg. Das Bundesverwaltungsgericht hat eine Grenze von einem Nanogramm pro ml Blut festgelegt. Jemand, der Cannabis konsumiert hat und direkt danach Auto fährt, wird diesen Wert um ein Vielfaches überschreiten. Dies geht mit einer Geldstrafe, Punkten im Fahreignungsregister und dem Entzug des Führerscheins einher. Um den Führerschein wieder zu erhalten, muss der Verkehrsteilnehmer eine medizinisch-psychologische Untersuchung machen (MPU, sogenannter „Idiotentest"). Dieser kann Kosten in Höhe von 1 500,00–2 500,00 € verursachen, teilweise sogar noch höhere. Man muss auf eigene Kosten nachweisen, dass man keine Drogen mehr konsumiert, und sich psychologisch untersuchen lassen, ob man überhaupt dazu in der Lage ist, ein Fahrzeug zu führen.

Große Gefahr besteht bei Personen, die nicht direkt am Straßenverkehr teilnehmen, aber bei denen dennoch Cannabiskonsum bzw. -besitz nachgewiesen werden kann.
So kann es passieren, dass ein Cannabiskonsument mit einer geringen Menge (z. B. 1 g) erwischt wird, aber nicht Auto fährt. Die Staatsanwaltschaft wird in der Regel das eingeleitete Strafverfahren einstellen wegen sogenannten Eigenbedarfs (die Grenzmenge der Eigenbedarfshöhe ist von Bundesland zu Bundesland unterschiedlich). Dennoch wird dies auch an die Führerscheinerlaubnisstelle weitergeleitet. Diese kann, um festzustellen, ob jemand weiterhin die Eignung zur Führung eines Kraftfahrzeugs hat, ein Drogenscreening anordnen (gemäß § 14 Fahrerlaubnis-Verordnung). Ist das Screening, welches in wenigen Tagen durchzuführen ist, positiv, verliert man seinen Führerschein. Ähnliches gilt für Minderjährige, die noch keinen Führerschein haben. Werden sie mit Drogen erwischt, so kann dies dazu führen, dass sie vor dem Erwerb des Führerscheins eine MPU machen müssen.
Eine weitere Gefahr besteht darin, auch durch Passivrauchen positive THC-Werte auf zu weisen. Befindet man sich über einen längeren Zeitraum in einem Raum, in dem Cannabis geraucht wird, kann der Bluttest danach positiv sein. Auch hier gilt man dann als Cannabiskonsument.

4.7 Der ergonomische Arbeitsplatz

Aufgaben der Ergonomie

Die Maßgabe, dass Arbeitsplätze ergonomisch zu gestalten sind, findet sich in mehreren gesetzlichen Vorschriften wieder:

- Arbeitsschutzgesetz (ArbSchG)
- Arbeitsstättenverordnung (ArbStättV)
- Betriebssicherheitsverordnung (BetrSichV)
- Bildschirmarbeitsplatzverordnung (BildscharbV)

Definition:

Die **Ergonomie** hat die Aufgabe, die Arbeit den Fähigkeiten und Eigenschaften des Menschen anzupassen.

Dazu werden bestimmte Anforderungen gestellt an:

- Arbeitsplatz
- Hilfsmittel, Maschinen
- Umgebung (Klima, Beleuchtung, Lautstärke)
- Arbeitsablauf (erforderte Geschwindigkeit, Wegstrecke)

Gleichzeitig muss der Mensch an die Arbeit angepasst werden, und zwar durch:

- Ausbildung/Fortbildung
- Auswahl geeigneter Personen (Zusteller müssen körperlich zur Zustellung in der Lage sein)
- Gewöhnung (in der Einarbeitungsphase muss mit geringerer Leistung gerechnet werden)

Arbeitsplätze müssen ergonomisch gestaltet sein, damit die Mitarbeiter lange beschwerdefrei arbeiten können. Die Beschwerdefreiheit ist kurzfristig, aber auch langfristig anzustreben. Ermüdet ein Mitarbeiter im Laufe des Tages schneller, wird er später schlechtere Arbeit abliefern. Auf lange Sicht kann dies bedeuten, dass ein Unternehmen insgesamt schlechte Qualität abliefert bzw. Mitarbeiter ganz aus dem Arbeitsprozess ausscheiden müssen. Deshalb haben der Gesetzgeber und die Berufsgenossenschaften bestimmte Vorschriften erlassen, damit ein Arbeitsplatz ergonomisch ausgestattet wird.

Ergonomie im Depot

In einem Depot gibt es auch Vorschriften, die einzuhalten sind. Diese sind aber abhängig von den Arbeiten, die in dem Depot ausgeführt werden. Ein Scannerarbeitsplatz ist anders einzurichten als ein Nachverpackungsarbeitsplatz oder ein Steckplatz für Briefe zur Feinsortierung.

Ausgewählte Regeln zur Ergonomie im Depot

Mindesttemperatur	Zwischen 12 °C und 17 °C, je nach der körperlichen Schwere der Arbeit
Lichtstärke	Mindestens 300 Lux
Lautstärke (bezogen auf einen Achtstundentag)	Ab 80 db (A) muss ein Gehörschutz gestellt werden, ab 85 db (A) muss der Lärmbereich gekennzeichnet sein und ein Gehörschutz muss gestellt und getragen werden.
Verkehrswege	Gänge, Fahrwege, Flure müssen sicher begeh- und befahrbar sein. Verkehrswege ab 1 000 m^2 Depotgröße müssen gekennzeichnet sein.
Fluchtwege	Müssen gekennzeichnet sein und sind ständig freizuhalten.
Pausenraum	Ab zehn Beschäftigten muss ein Pausenraum zur Verfügung stehen.
Bewegungsfläche	Dem Arbeitnehmer muss ausreichend Bewegungsfläche zur Verfügung gestellt werden, und zwar mindestens 1,5 m^2 pro Person.
Höhe der Arbeitsfläche	Höhe des Ellenbogens bei stehender Tätigkeit (zwischen 950 und 1060 mm).
Armreichweite	Bei häufig wiederkehrenden Tätigkeiten sollte der Arbeitsbereich eine Tiefe von ca. 450 mm–570 mm haben.

Teleskopförderband
© www.gawronski.de

Um ergonomisch arbeiten zu können, gibt es im KEP-Bereich eine Vielzahl an Hilfsmitteln. Diese sollen zu schweres Heben und Tragen oder unnatürliche Haltungen/Drehungen des Körpers vermeiden. Die Hilfsmittel erstrecken sich von Transporthilfsmitteln (z. B. Sackkarre) über Teleskopförderbänder bis hin zu ergonomisch gestalteten Maschinenarbeitsplätzen.

Abstellplatz für Briefbehälter

Briefsortierung von Hand

Büroarbeitsplatz

Im Büro sollte der Bildschirmarbeitsplatz ergonomisch gestaltet sein. Dies sieht die **Bildschirmarbeitsplatzverordnung** (BildscharbV) vor. Unternehmen, die die Maßgaben dieser Verordnung nicht einhalten, drohen Bußgelder bis zu 25 000,00 €. Es gelten ähnliche Regeln wie die für das gesamte Depot (siehe vorstehend). Jedoch sind einige Besonderheiten zu beachten.

Ausgewählte Beispiele zur Einhaltung der BildscharbV

Bürogegenstand/-zustand	Hinweis
Bildschirm	• Dunkle Schrift auf hellem Hintergrund • Ausreichende Buchstabengröße • Frontaler Blick bei gleichzeitiger Neigung des Bildschirms • Augenentfernung zwischen 50 und 70 cm • Bildschirm ist frei von Reflexionen
Beleuchtung	• Bildschirm nicht direkt am Fenster, Blickrichtung sollte parallel verlaufen • Keine Lichtquellen, die blenden • Helligkeit: mindestens 500 Lux im Raum • Lampen müssen flimmerfrei sein
Raum	• Fläche muss mindestens 8 m^2 sein, in Großraumbüros mindestens 12 m^2 pro Person.
Schreibtisch	• Höhe: 72 cm • Tischfläche: mindestens 1,6 m lang und 0,8 m breit • Ausreichend Beinfreiheit • Keine reflektierenden Tischoberflächen
Schreibtischstuhl	• Mindestens fünf Beine und gebremste Rollen • Höhenverstellbare, drehbare Sitzfläche • Rückenlehne: in Höhe und Neigung verstellbar
Lautstärke	• Nur lärmarme Geräte im Büro einsetzen. Diese sonst in einem separaten Raum unterbringen • Geräuschpegel sollte kleiner als 55 db sein.
Raumklima	• Temperatur: mindestens 20 °C, höchstens 26 °C (Ausnahmefall bei höheren Außentemperaturen) • Relative Luftfeuchte: maximal 50 %

So sitzen Sie richtig

Ergonomie am PC-Arbeitsplatz

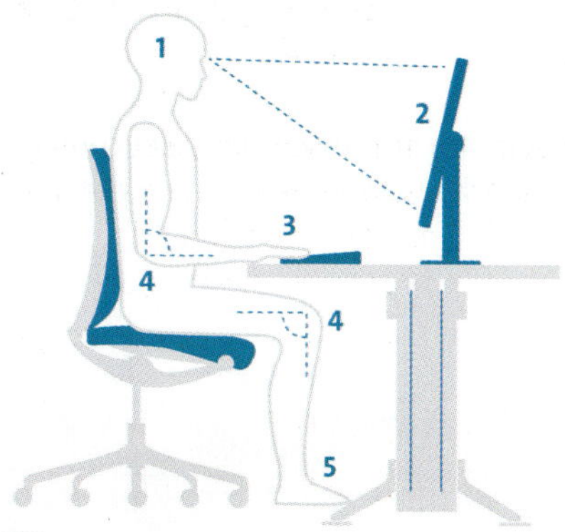

1 Die oberste Bildschirmzeile sollte leicht unterhalb der waagegerechten Sehachse liegen.

2 Für den Monitor gilt ein Sichtabstand von mindestens 50 cm. Der Bildschirm sollte im rechten Winkel zum Fenster stehen.

3 Tastatur und Maus befinden sich in einer Ebene mit Ellenbogen und Handflächen.

4 90° Winkel zwischen Ober- und Unterarm sowie Ober- und Unterschenkel.

5 Die Füße benötigen eine feste Auflage. Ggf. Fußhocker nutzen.

Quelle: Bitkom 2016

bitkom

Zusammenfassung

Eine hohe Fehlzeitenquote im Vergleich zu den mitbewerbenden Unternehmen ist ein Wettbewerbsnachteil.

Die Fehlzeitenquote berechnet sich:

$$\text{Fehlzeitenquote} = \frac{\text{Fehlzeiten (in Tagen) insgesamt}}{\text{Arbeitstage insgesamt}} \cdot 100$$

Über die Einhaltung von Arbeitsschutzgesetzen kann man eine Fehlzeitenquote absenken.

Feuer im Depot muss verhindert werden, z. B. über Rauchverbote, Vermeidung von technischen Fehlern und durch bauliche Maßnahmen.

Durch Feuerwarnanlagen (z. B. Thermomelder, Rauchmelder) und geeignete Brandbekämpfungsanlagen (z. B. Sprinkleranlage, Feuerlöscher) kann die Ausbreitung von Feuer verhindert werden.

Arbeitgeber sollten darauf achten, dass sich die Mitarbeiter an die Sicherheitskennzeichen halten. Es gibt Gebots-, Verbots-, Warn-, Rettungs- und Brandschutzzeichen.

Durch richtiges Heben und Tragen können Ausfälle von Mitarbeitern wegen Rückenproblemen verringert werden. Dazu gehören langsame Bewegungen, aus den Beinen heraus heben, Gewicht muss nah am Körper getragen und der Rücken gerade gehalten werden.

Stress entsteht häufig durch externe Einflüsse wie Drucksituationen, Ärger mit Kunden, schlechtes Betriebsklima. Durch Übungen und gemäßigten Sport können Stresssymptome abgebaut werden.

Alkohol und illegale Drogen sind im Straßenverkehr verboten. Besonders gefährlich ist die Missachtung von Restalkohol und Cannabis im Blut.

Zudem müssen Arbeitsplätze ergonomisch gestaltet sein. Dazu müssen die Beleuchtung, Raumgröße und -klima, Lärm usw. angepasst sein. Laut Arbeitsstättenverordnung gelten – je nach Arbeitsplatzeinsatz (z. B. Büro oder Depot) – unterschiedliche Grenzen, die eingehalten werden müssen. Hilfsmittel sollen die Ergonomie am Arbeitsplatz verbessern.

Aufgaben

1. Die Fehlquote der Mail GmbH ist im Zeitraum vom Jahr 2014 auf das Jahr 2015 um 6,3 % gestiegen. Nennen Sie mögliche Gründe für diesen Anstieg.

2. Nennen Sie zu folgenden Sicherheitskennzeichen die Art des Kennzeichens und die jeweilige Bedeutung.

3. Beschreiben Sie Schritt für Schritt, wie Sie ein Paket mit den Maßen 40 · 40 · 30 cm und einem Gewicht von 17 kg anheben würden.

4. Sie haben mit einem Kollegen seine bestandene Abschlussprüfung mit ordentlich Alkohol gefeiert. Sie haben um 1:00 Uhr morgens einen Blutalkoholgehalt von ca. 1,3 Promille. Um 8:00 Uhr müssen Sie das Depot mit dem Zustellfahrzeug verlassen.
Welche Folgen kann ein Fahren mit Alkohol für einen Zustellfahrer haben?

5. Nennen Sie sechs Aspekte, die man für einen ergonomischen Bildschirmarbeitsplatz berücksichtigen muss.

Lernfeld 9

Auslieferungen nachbearbeiten und Kundenkontakte pflegen

1 Qualitätssicherung

2 Marketing bei KEP-Diensten

3 Angebote verschiedener Anbieter prüfen und vergleichen

1 Qualitätssicherung

Einstiegssituation

Bei einem Test des angesehenen Rheinischen Instituts für Servicequalität hat die XPressParcel AG nicht gut abgeschnitten und ist nur vierter von fünf getesteten Paketdiensten geworden. Die Angestellten und Azubis sind überrascht und enttäuscht, strengen sie sich doch jeden Tag an, um die Sendungen möglichst pünktlich zum Kunden zu bringen.
Aufgrund des eher schlechten Abschneidens wird wenige Tage später von der Geschäftsleitung beschlossen, eine „Qualitätsoffensive“ im Rahmen eines neuen Qualitätsmanagementsystems zu starten.

Handlungsaufträge

1 Was macht die Qualität der Dienstleistung eines KEP-Dienstes aus?
2 Wie kann es der XPressParcel AG gelingen, dass ihre Servicequalität steigt und sie beim nächsten Test besser abschneidet?

1.1 Servicequalität für KEP-Dienste

Gute Qualität der Produkte und Dienstleistungen ist eine Voraussetzung für den Erfolg von Unternehmen. Qualität umfasst im KEP-Bereich verschiedene Aspekte:

- **Geringe Schadensquote:** Die Sendungen kommen unbeschädigt beim Empfänger an.
- **Geringe Verlustquote:** Sendungen kommen in der Obhut des Unternehmens nicht abhanden.
- **Pünktlichkeit**: Die Sendung wird zum vereinbarten Termin bzw. in der vorgesehenen Regellaufzeit ausgeliefert.
- **Flexibilität**: Das Unternehmen reagiert flexibel auf Kundenwünsche z. B. bei den Abholzeiten.
- **Nachhaltigkeit**: Der Versand geschieht möglichst umweltschonend.

- **Transparenz**: Der Kunde wird über den Status der Sendung informiert (Tracking & Tracing) und wird z. B. vor der Zustellung über den Zustellzeitpunkt informiert.
- **Einhaltung von Rechtsvorschriften:** Der Versand geschieht unter Berücksichtigung geltenden Rechts, wie z. B. die Berücksichtigung von Gefahrgutvorschriften.
- **Kontaktqualität:** Die Mitarbeiter sind kompetent, freundlich und gut erreichbar, z. B. persönlich, per E-Mail oder telefonisch.

Um diese zahlreichen Aspekte von Qualität sicherzustellen, müssen KEP-Unternehmen große Anstrengungen unternehmen. Das Unternehmen muss organisatorisch so aufgebaut sein, dass eine hohe Qualität sichergestellt werden kann. Um dies zu schaffen, gibt es das Qualitätsmanagement.

1.2 Qualitätsmanagement

Definition:

Unter **Qualitätsmanagement** versteht man alle organisatorischen Maßnahmen, die zur Verbesserung der Prozessqualität und somit letztlich zur Verbesserung der Produkte und Dienstleistungen des Unternehmens beitragen sollen.

Unter **Prozessqualität** versteht man dabei die Qualität des Herstellungsprozesses, also den Weg zum fertigen Produkt bzw. zur Dienstleistung.
Letztendlich hat Qualitätsmanagement zum Ziel, die Zufriedenheit der Kunden zu erhalten bzw. zu steigern und sie an das Unternehmen zu binden.
Es gibt viele Ansatzpunkte, um die Prozessqualität in Unternehmen zu verbessern. Dazu gehören u. a.:

- Standardisierungen von Arbeitsprozessen
- Motivation der Mitarbeiter
- Dokumentation von Arbeitsabläufen
- Schulung von Mitarbeitern
- Umgang mit Reklamationen

Auch für die Zusteller hat ein Qualitätsmanagement im Berufsalltag praktisch überall Auswirkungen, wie einige Beispiele zeigen sollen:

- **Ordnung:** In der Niederlassung hat alles seinen festen Platz. Benachrichtigungskarten, Transportbehälter und -wagen usw. müssen immer an genau festgelegten Orten zu finden sein.
- **Gefahrgutsendungen**: Das Qualitätsmanagement gibt genau vor, wie bei der Annahme von Gefahrgut vorgegangen werden muss und was der Fahrer zu prüfen hat. Die Dokumentation der Übernahme erfolgt z. B. auf dem Abholschein und dem Sendungsbegleitschein.

- **Fahrzeugübergabe**: Jede Fahrzeugübergabe findet nach einem festen Schema statt und wird auf einem Fahrzeugübergabeprotokoll dokumentiert.
- **Unadressierte Sendungen:** Bei der Zustellung von unadressierten Sendungen wie z. B. Postwurfsendungen oder Prospekten kann die Zustellung z. B. durch Sichtkontrollen in den Zustellgebieten oder per Telefonbefragung der Empfänger kontrolliert werden.

1.3 Qualitätsmanagementsysteme

Mithilfe von Qualitätsmanagementsystemen und -modellen werden die Maßnahmen des Qualitätsmanagements systematisch geplant und strukturiert. Ein Beispiel hierfür stellt der systematische Prozess der ständigen Verbesserung dar, der sogenannte **PDCA-Zyklus (Plan-Do-Check-Act-Zyklus)**:

Act (Optimieren)
- Umgesetzte Maßnahmen werden angepasst und optimiert.
- **Beispiel:**
  Die Ausgangskontrollen haben sich als unwirksam erwiesen und werden eingestellt.
- Durch das zusätzliche Scannen und die Schadensmeldungen können Verantwortlichkeiten besser zugeordnet werden, daher soll dieser Bereich weiter ausgebaut und Depots ausgeweitet werden.

Plan (Planen)
- Ziele werden formuliert.
- Wichtige Prozesse werden identifiziert.
- Umsetzungsmaßen werden festgelegt.
- **Beispiel:**
  Ziel: die XPressParcel GmbH möchte ihre Schadens- und Verlustquote senken
- Relevante Prozesse: z. B. Umschlagsprozesse im Hub
- Umsetzungsmaßnahmen: Die Pakete sollen häufiger gescannt werden, Ausgangskontrollen für alle Mitarbeiter.

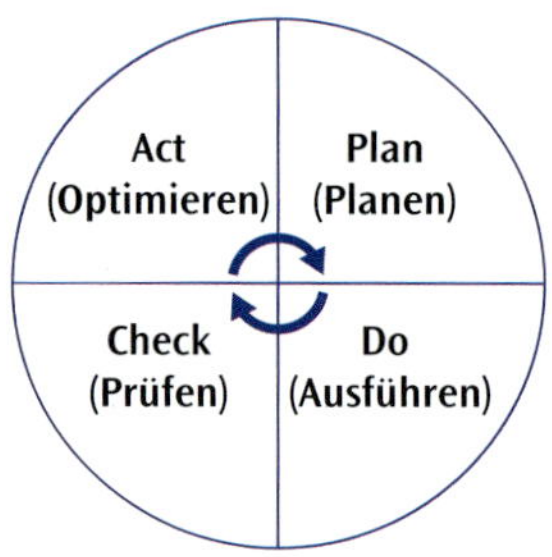

Check (Prüfen)
- Die Maßnahmen werden auf ihre Wirksamkeit überprüft.
- **Beispiel:**
  Schadens- und Verlustquoten werden ermittelt und verglichen.
- Es wird geprüft, ob mithilfe der Scanstationen Verantwortlichkeiten zugeordnet werden konnten.
- Schadensmeldungen werden statistisch ausgewertet.

Do (Ausführen)
- Die vorher geplanten Maßnahmen werden umgesetzt.
- Die Organisation wird angepasst.
- **Beispiel:** Es werden zusätzliche automatische Scanstationen in den HUBs installiert.
- Es finden Ausgangskontrollen z. B. durch Stichprobenkontrollen von Taschen der Mitarbeiter statt.
- Bei Beschädigungen werden Schadensmeldungen auf festgeschriebenen Formularen erstellt.

Der PDCA-Zyklus ist ein wichtiger Bestandteil von Qualitätsmanagementsystemen

Der PDCA-Zyklus stellt die Phasen des kontinuierlichen Verbesserungsprozesses dar und ist ein wichtiger Bestandteil von weitverbreiteten Qualitätsmanagementsystemen. So ist der PDCA-Zyklus Bestandteil des Total Quality Managements, der ISO Norm 9001 (siehe nachfolgend) und weiterer Qualitätsmanagementsysteme.
Die Einführung eines Qualitätsmanagementsystems hat für das Unternehmen einige Vorteile:

- Verbesserte Qualität und somit zufriedenere Kunden
- Kosteneinsparungen aufgrund optimierter Arbeitsabläufe und geringerer Fehlerfolgekosten
- Klare Zuständigkeiten innerhalb des Unternehmens
- Höhere Motivation der Mitarbeiter

- Haftungsfragen lassen sich aufgrund standardisierter und dokumentierter Arbeitsabläufe leichter klären.
- wodurch auch eine leichtere Einarbeitung neuer Mitarbeiter ermöglicht wird.

Wurde ein Qualitätsmanagementsystem erfolgreich eingeführt, kann sich das Unternehmen sein Qualitätsmanagementsystem von einer unabhängigen Stelle zertifizieren lassen.

1.4 Zertifizierung des Qualitätsmanagementsystems

Mit einer Zertifizierung kann ein Unternehmen nachweisen, dass es bestimmte Anforderungen z. B. im Bereich des Qualitätsmanagements erfüllt. Dazu wird es von einer unabhängigen Stelle nach bestimmten Standards überprüft. Im Bereich des Qualitätsmanagements ist die Qualitätsmanagement-Norm **ISO 9001** die am weitesten verbreitete und akzeptierte Norm.
Praktisch alle größeren KEP-Unternehmen sind nach der Norm ISO 9001 zertifiziert. Denn eine Zertifizierung bietet für die Unternehmen einige Vorteile wie zum Beispiel:

- Sie schafft Vertrauen bei Kunden.
- Das Zertifikat lässt sich werbewirksam einsetzen.
- Oftmals ist eine Zertifizierung Voraussetzung, um an Ausschreibungen teilnehmen zu können.
- Durch eine Zertifizierung mit externen Experten lassen sich fehlerhafte Prozesse einfacher finden und abstellen.
- Eine Zertifizierung des Qualitätsmanagementsystems kann eine zusätzliche Motivation bei der Umsetzung von Qualitätsmanagementsystemen sein.

Wurde das KEP-Unternehmen von der zertifizierenden Stelle in einem sogenannten **Audit** (= Untersuchungsverfahren) erfolgreich überprüft, wird ihm ein Zertifikat ausgestellt. Dieses ist drei Jahre gültig, dann muss das Unternehmen erneut geprüft werden.
Neben der Norm ISO 9001 gibt es auch noch einige weitere relevante Normen für KEP-Unternehmen. Im postalischen Bereich spielen die Normen DIN EN 13850 und DIN EN 14534 zur **Laufzeitmessung** eine wichtige Rolle.
Viele KEP-Unternehmen lassen sich zudem nach der **Umweltmanagementnorm** DIN EN ISO 14001 zertifizieren, bei der z. B. die Emissionen der Fahrzeugflotte oder der umweltverträgliche Umgang mit Gefahrstoffen geprüft werden.

Zertifikat

Intertek

Hiermit wird bescheinigt, dass das Qualitätsmanagementsystem der

XPressParcel AG
Musterstr.1
12345 Köln

durch Intertek Certification GmbH auditiert und zertifiziert wurde in Bezug auf die Anforderungen der

DIN EN ISO 9001:2008

Geltungsbereich des Qualitätsmanagementsystems

Erbringung von Logistikdienstleistungen

Zertifikat-Reg.-Nr.:	2014-12345		
Gültigkeitszeitraum:	01.01.2014	bis	31.12.2016
Erst-Zertifizierung am:	01.01.2014		
Ausstellungsdatum:	01.01.2014		

Zertifizierungsstelle
Intertek Certification GmbH – Marie-Bernays-Ring 19a, D-41199 Mönchengladbach, Deutschland

Intertek Intertek Intertek Intertek Intertek Inte

Ein Zertifikat schafft Vertrauen bei Kunden

1.5 Beschwerdemanagement

In Lernfeld 4, Kapitel 4.1, Verhalten bei direktem Kundenkontakt, wurde beschrieben, wie ein Zusteller mit der Beschwerde eines Kunden umgehen kann. An dieser Stelle soll beschrieben werden, wie Unternehmen organisatorisch mit Beschwerden umgehen können.

Das Beschwerdemanagement ist ein wichtiger Teil des Qualitätsmanagements. Das Unternehmen erhält ein direktes Kundenfeedback, das es für eine verbesserte Kundenorientierung nutzen kann. Wenn ein Kunde sich beschwert, dann ist er unzufrieden und es besteht die Gefahr, dass er zur Konkurrenz wechselt und das Unternehmen nicht weiterempfiehlt. Der richtige Umgang mit Beschwerden kann helfen, den Kunden doch wieder vom Unternehmen zu überzeugen und aus gemachten Fehlern zu lernen. Das Ziel des Beschwerdemanagements ist es somit, eigene Fehler zu entdecken und die Zufriedenheit des Kunden wiederherzustellen.

Beispiel

Im Durchschnitt beschweren sich nur etwa 10% der unzufriedenen Kunden. Viele der unzufriedenen Kunden beschweren sich entsprechend nicht und wechseln häufig still zur Konkurrenz. Bei diesen 90% hat das Unternehmen also keine Chance, seinen Fehler wiedergutzumachen. Umso ernster müssen vorhandene Beschwerden genommen werden, um aus Fehlern zu lernen und die Anzahl unzufriedener, stillschweigender Kunden zu verringern.

Diese Chance auf Verbesserung der eigenen Dienstleistungen nehmen viele KEP-Unternehmen durch das Beschwerdemanagement wahr. Ein erfolgreiches Beschwerdemanagement besteht aus verschiedenen Elementen:

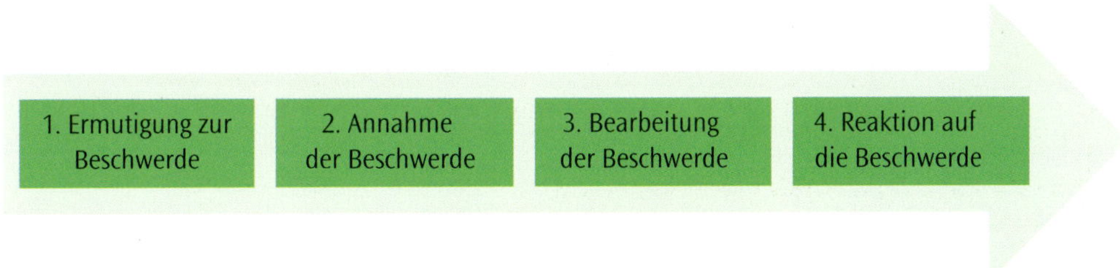

1. Ermutigung zur Beschwerde

Der Kunde soll zur Beschwerde ermutigt werden, indem ihm die Beschwerde möglichst einfach gemacht wird. Dazu sollten ihm viele Möglichkeiten gegeben werden, die Beschwerde einzureichen z. B. über eine Hotline, per Mail, per Fax oder direkt beim Zusteller.

2. Annahme der Beschwerde

Die Beschwerde des Kunden wird in der zuständigen Abteilung erfasst und dokumentiert, indem z. B. die Informationen aus der Schadensanzeige in den Computer eingegeben werden.

3. Bearbeiten der Beschwerde

Die Beschwerde wird analysiert und es wird versucht, eine Lösung für das Problem zu finden. So wird z. B. bei einem beschädigten Paket geprüft, ob der Schaden wirklich durch den Transport entstanden sein kann und wie hoch der Schaden ist.

4. Reaktion auf die Beschwerde

Das Unternehmen nimmt Kontakt mit dem Kunden auf und bietet ihm eine Lösung an. Das könnte z. B. bei einem beschädigten Paket (je nach Haftungshöhe) die Erstattung des Kaufpreises des beschädigten Produktes sein.

Auch wenn eine Beschwerde eigentlich negativ beschieden wurde, ist hier ein Entgegenkommen des KEP-Dienstes aus **Kulanz** möglich. Obwohl der Kunde keinen rechtlichen Anspruch darauf besitzt, übernimmt der KEP-Dienst z. B. einen Teil der Haftung, weil er den Kunden dadurch an sich binden möchte. Dies kann man vor allem bei guten Kunden tun, um sie nicht zu verlieren.
Viele KEP-Dienste haben genaue Vorgaben, wie sich die Zusteller bei Zustellung einer beschädigten Sendung verhalten sollen.

Beispiel

Karl hat ein beschädigtes Paket an Herrn Rutemöller auszuliefern. Er vermutet, dass es sich um einen Fehler der XPressParcel AG handelt.

1. *Direkt bei der Übergabe entschuldigt sich Karl bei Herrn Rutemöller für das beschädigte Paket.*
2. *Er übergibt Herrn Rutemöller die Schadensanzeige und erklärt ihm kurz, wie er die Schadensanzeige auszufüllen hat. Er erklärt ihm auch den weiteren Ablauf bei der Reklamationsbearbeitung und gibt Herrn Rutemöller die Adresse, an die er die Schadensanzeige schicken kann.*
3. *Karl verabschiedet sich anschließend höflich und entschuldigt sich nochmals.*
4. *Die XPressParcel AG meldet sich anschließend bei Herrn Rutemöller, z. B. per E-Mail, Brief oder Telefon, und bietet einen Lösungsvorschlag – z. B. eine Erstattung des Wertes der beschädigten Sendung – an.*
5. *Karl fragt Herrn Rutemöller bei der nächsten Zustellung, ob das Problem zu seiner Zufriedenheit gelöst werden konnte.*

Schadensanzeige

Bitte beachten Sie die Hinweise auf der Rückseite von Blatt 2.

DHL

Blatt 1 (Ausfertigung DHL)

Reklamationsgrund:

☐ **Beschädigung des Sendungsinhalts** ☐ **Fehlender Sendungsinhalt**

Angaben zur Sendung:

Sendungsnummer:

Absender:

Name, Vorname / Firma
Straße, Hausnummer
PLZ, Ort
Land
Telefon-Nummer, Ansprechpartner

Empfänger:

Name, Vorname / Firma
Straße, Hausnummer
PLZ, Ort
Land
Telefon-Nummer, Ansprechpartner

Verpackung und Inhalt:

DHL Paket-Prüfnummer (wenn vorhanden): ☑ ☐☐☐ / ☐☐
(auch ältere PTZ- oder Post-Prüfnummer)

Folgende Gegenstände sind unbeschädigt:

____

____

____

____

____

Folgende Gegenstände sind beschädigt (bitte genaue Beschreibung mit Wertangabe):

____

____

____

____

____

Folgende Gegenstände fehlen (bitte genaue Beschreibung mit Wertangabe):

____

____

____

____

____

(Eine der Sendung beigefügte Rechnung oder ein beigefügter Lieferschein muss im Paket verbleiben – ggf. als Kopie.)

Die Sendung soll nach der Schadensbegutachtung ...

☐ **... an den Absender zurückgesandt werden.** ☐ **... erneut an den Empfänger zugestellt werden.**

Einverständniserklärung:

Mit meiner Unterschrift bestätige ich, dass alle Angaben wahrheitsgemäß sind, und erkläre mich damit einverstanden, dass die Sendung zum Zweck einer Schadensbegutachtung geöffnet werden darf.

____
Datum, Unterschrift Kunde

Hinweise für den Filialmitarbeiter / die Filialmitarbeiterin:

- Bitte erstellen Sie für die übernommene Sendung eine Einlieferungsquittung und händigen diese dem Kunden mit dem Doppel der Schadensanzeige aus.
- Danach senden Sie die Sendung zusammen mit dieser Schadensanzeige an das für Ihre Filiale zuständige Paketzentrum. Dazu schreiben oder stempeln Sie bitte die Adresse Ihrer Filiale auf die **Rückseite von Blatt 1**, lösen das Blatt 1 ab, falten es und stecken es so in eine DIN A5-Versandtasche, dass die Adresse Ihrer Filiale sichtbar ist. Bitte kleben Sie die Versandtasche so auf die Sendung, dass die ursprüngliche Anschrift überdeckt wird.

911-605-008 07/15

Schadensanzeige zur Aufnahme von Schadensfällen

Zusammenfassung

Die Servicequalität von KEP-Diensten wird u. a. durch eine geringe Verlust- und Schadensquote sowie durch eine pünktliche Zustellung definiert.

Qualitätsmanagement hat die Sicherstellung der Kundenzufriedenheit zum Ziel, um diese an das Unternehmen zu binden.

Qualitätsmanagement beeinflusst alle Unternehmensebenen und hat somit z. B. auch zahlreiche Auswirkungen auf die Arbeit von Zustellern.

Mithilfe eines Qualitätsmanagementsystems werden Maßnahmen zur Qualitätsverbesserung systematisch in die Unternehmensorganisation eingebunden.

Der PDCA-Zyklus (zu Deutsch Planen, Ausführen, Prüfen, Optimieren) ist ein wichtiger Bestandteil praktisch aller Qualitätsmanagementsysteme.

Das Qualitätsmanagementsystem kann anschließend von einer unabhängigen Stelle zertifiziert werden.

Eine weit verbreitete Qualitätsmanagementnorm ist die Norm ISO 9001, nach der auch sehr viele KEP-Unternehmen zertifiziert sind.

Das Beschwerdemanagement ist ein wichtiger Bestandteil von Qualitätsmanagementsystemen. Es bietet dem Unternehmen die Chance, aus Fehlern zu lernen und auch enttäuschte Kunden an das Unternehmen zu binden.

Aufgaben

1. Welche Aussage beschreibt das Qualitätsmanagement am treffendsten?

   a. Unter Qualitätsmanagement versteht man das Beschwerdemanagement eines Unternehmens.
   b. Ist eine Managementmethode, bei der die Qualität der Produkte regelmäßig in unabhängigen Tests überprüft wird.
   c. Ist eine Managementmethode, bei der die Qualität der Mitarbeiter eines Unternehmens durch ständige Fort- und Weiterbildungen verbessert wird.
   d. Qualitätsmanagement umfasst alle organisatorischen Maßnahmen zur Sicherung der Produkt- und Prozessqualität.

2. Wer ist für die Qualität der Prozesse und Produkte in einem Unternehmen im Rahmen des Qualitätsmanagements verantwortlich?

   a. Die zertifizierende Stelle
   b. Der Qualitätsbeauftragte
   c. Das Beschwerdemanagement

d. Jeder Mitarbeiter in seinem Aufgabenbereich
e. Das Management

3. Was versteht man unter einem Audit bei der Zertifizierung eines Qualitätsmanagementsystems?

4. Sie sind auf einem Zustellgang und stellen einem langjährigen Kunden wiederholt die Sendung entweder zu spät oder beschädigt zu. Bringen Sie die folgenden Schritte in die richtige Reihenfolge.

   a. Die Schadensabteilung begutachtet den entstandenen Schaden und stellt einen von der XPressParcel zu verantwortenden Transportschaden fest.
   b. Sie leiten die Schadensanzeige mit der beschädigten Sendung an die entsprechende Abteilung weiter.
   c. Sie geben dem Kunden eine Schadensanzeige, füllen sie gemeinsam mit dem Kunden aus und nehmen die beschädigte Sendung zurück.
   d. Sie fragen den Kunden beim nächsten Zustellgang, ob das Problem zu seiner Zufriedenheit gelöst wurde.
   e. Die Schadensabteilung nimmt Kontakt mit dem Kunden auf und bietet eine Entschädigung für den Schaden an.

2 Marketing bei KEP-Diensten

Einstiegssituation

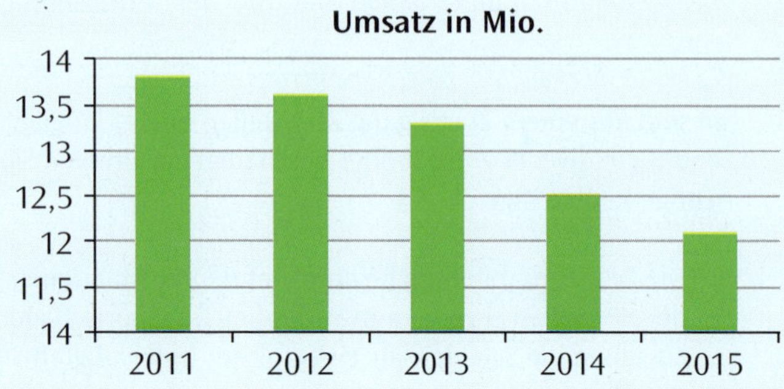

Die Blitzfracht GmbH hat in den letzten Monaten und Jahren einen stetigen Umsatzrückgang hinnehmen müssen. In den Büros der Blitzfracht GmbH macht man sich bereits Sorgen.
Die Abteilungsleiterin im Marketing, Frau Großherr, befürchtet, dass die Blitzfracht GmbH bald weiter rationalisieren muss, wenn diese Entwicklung anhält.
„Unser Umsatz ist jetzt schon im fünften Jahr hintereinander rückläufig. Und Gewinne schreiben wir auch keine mehr!“
Darauf antwortet ein Mitarbeiter: „Das liegt wohl an der Wirtschaftskrise. Die Menschen kaufen weniger und geben weniger Geld aus.“
Frau Großherr: „Ich glaube nicht, dass es daran liegt. Die anderen Unternehmen in unserer Branche haben anscheinend nicht so schlechte Zahlen wie wir und die haben auch mit der Wirtschaftskrise zu kämpfen. Aber bevor wir spekulieren, müssten wir die eigentlichen Ursachen für den Umsatzrückgang suchen.“
„Und darauf aufbauend können wir Maßnahmen ergreifen, um die Ursachen für unseren Umsatzrückgang zu bekämpfen.“

Handlungsaufträge

1 Mit welchen Mitteln kann die Blitzfracht GmbH weitere Informationen über den Absatzmarkt gewinnen und Gründe für den Umsatzrückgang herausfinden?
2 Mit welchen Maßnahmen kann die Blitzfracht GmbH dann den Umsatzrückgang bekämpfen?

2.1 Marktforschung

Unter Marktforschung versteht man die Gewinnung, Aufbereitung und Auswertung wichtiger Informationen über den Absatzmarkt. Mithilfe der Marktforschung kann das Unternehmen Probleme und Chancen auf den Märkten erkennen und seine Marketinginstrumente zielgenau einsetzen.

Mittel der Marktforschung

Bei den Mitteln der Marktforschung unterscheidet man zwischen der **Marktbeobachtung** und der **Marktanalyse**. Eine Marktbeobachtung ist langfristig ausgelegt und kann somit auch Entwicklungen auf Absatzmärkten erfassen. Eine Marktanalyse findet meist nur einmalig oder in größeren Abständen statt und soll die aktuelle Situation auf dem Absatzmarkt erfassen.

Methoden der Marktforschung

Bei den Marktforschungsmethoden werden die **Primärforschung** und die **Sekundärforschung** voneinander unterschieden.

Von **Primärforschung** spricht man, wenn ein Unternehmen selbst Informationen aus dem Markt gewinnt und nicht auf bereits vorhandene Informationen zurückgreift. Es werden vor allem drei verschiedene Formen der Primärforschung unterschieden:

Die drei Formen der Primärforschung

Primärforschung		
Befragung	**Beobachtung**	**Experiment**
Ein bestimmter Personenkreis wird schriftlich, mündlich, telefonisch oder online befragt. Meist geht es dabei um nicht beobachtbare Sachverhalte, wie z. B. die Zufriedenheit der Kunden mit dem Expressversand der XPressParcel AG.	Bei Beobachtungen wird das Verhalten z. B. von Kunden in einem Paketshop beobachtet. Wie reagiert der Kunde auf eine Werbetafel mit einem Sonderangebot?	Bei einem Experiment wird die Wirkung von Marketingmaßnahmen untersucht. So kann die XPressParcel AG herausfinden, wie stark sich der Absatz von Paketmarken erhöht, wenn der Preis um 10 % gesenkt wird.

Von **Sekundärforschung** spricht man immer dann, wenn bereits vorhandene Informationen zu Markforschungszwecken genutzt werden. Das Unternehmen erhebt also keine neuen, eigenen Daten über den Absatzmarkt. Bei der Sekundärforschung können innerbetriebliche oder außerbetriebliche Daten genutzt werden:

Die Quellen der Sekundärforschung

Sekundärforschung	
Innerbetriebliche Daten	**Außerbetriebliche Daten**
Diese Daten stammen aus dem eigenen Betrieb. Dies können z. B. unternehmensinterne Daten aus der Buchführung, vom Kundendienst oder aus Umsatz-oder Absatzstatistiken etc. der XPressParcel AG sein.	Diese Daten stammen aus unternehmensexternen Quellen. Dies können Informationen von Unternehmensverbänden wie der IHK oder von staatlichen Stellen wie dem statistischen Bundesamt sein. Es können aber auch Informationen von Internetseiten oder aus Fachzeitschriften sein.

Beide Datenerhebungsmethoden haben Vor- und Nachteile, die sich aus ihren unterschiedlichen Ansätzen ergeben:

Vor- und Nachteile der Primär- und Sekundärforschung

	Primärforschung	Sekundärforschung
Vorteile	• Es werden genau die benötigten Daten erhoben, die zur Problemlösung beitragen können. • Die Daten sind aktuell. • Exklusiv, d. h., die Daten stehen nur dem eigenen Unternehmen zu Verfügung.	• Einfach und schnell zu beschaffende Daten • Kostengünstiger als die Primärforschung

	Primärforschung	Sekundärforschung
Nachteile	• Hoher Zeitaufwand • Teuer	• Daten wurden nicht speziell für Problemstellung erhoben und sind nicht spezifisch genug. • Meist nicht aktuell • Nicht exklusiv, auch anderen Unternehmen können die Daten nutzen.

Folgendes Schaubild fasst die Instrumente der Marktforschung zusammen.

Übersicht über die Instrumente der Marktforschung

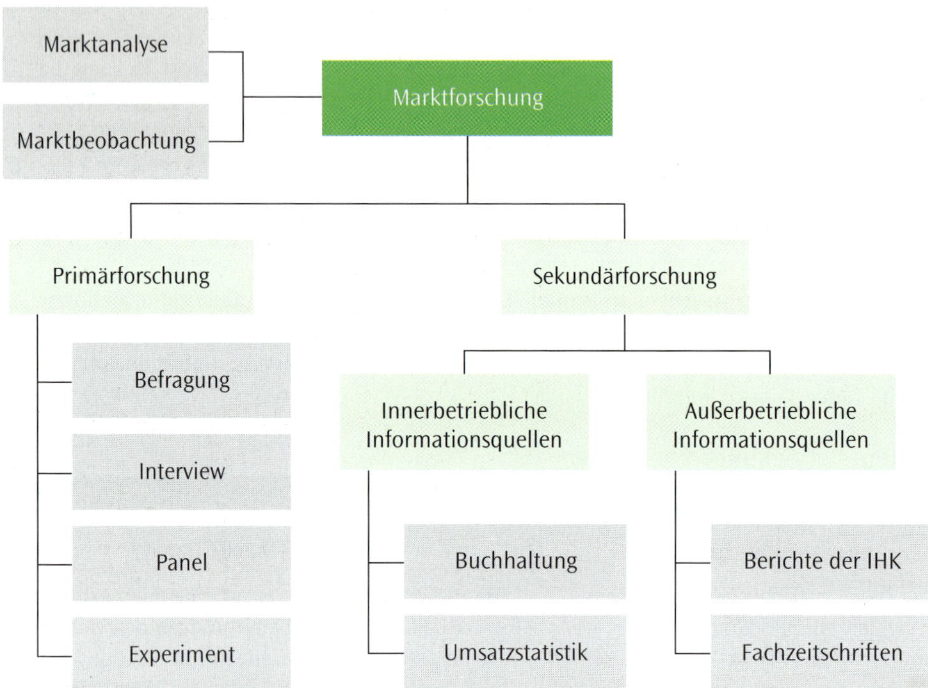

2.2 Marketingmix

Die Marketingziele leiten sich direkt aus den Unternehmenszielen ab. Ein häufig angestrebtes Ziel ist z. B. die Erhöhung des Umsatzes. Dieses sollte dann möglichst konkret formuliert werden: „Die XPressParcel AG möchte ihren Umsatz im Expressbereich in Deutschland um 10 % im nächsten Geschäftsjahr steigern." Die Marketingziele können dann mit den verschiedenen Marketinginstrumenten umgesetzt werden.

Beim Marketingmix werden die verschiedenen Marketinginstrumente gezielt und abgestimmt eingesetzt, um die Marketingziele zu erreichen. Das abgestimmte Zusammenspiel der einzelnen Instrumente ergibt den Marketingmix. Der Marketingmix setzt sich dabei aus einer Kombination folgender Marketinginstrumente zusammen:

Die einzelnen Instrumente sind eng miteinander verbunden. Entscheidet sich das Unternehmen dafür, ein hochqualitatives Produkt herzustellen und zudem sehr viel Werbung dafür zu machen, so hat dies unmittelbare Auswirkungen auf die Preispolitik: Eine Niedrigpreisstrategie würde dann kaum zur Produktpolitik passen.

2.1.1 Produktpolitik

Auf den Produkten und Dienstleistungen des Unternehmens liegt das Hauptaugenmerk des Marketings, denn mit ihnen verdient das Unternehmen sein Geld.
Die Produktpolitik beschäftigt sich mit der Gestaltung des Produktes[1] und den dazu angebotenen Services, wie z. B. Beratungsangebote, Zusatzleistungen wie Höherversicherung etc., sowie mit der Gestaltung des Produktsortiments.

Produktlebenszyklus

Der Produktlebenszyklus zeichnet den Lebenslauf eines Produkts, gemessen am Umsatz bzw. Absatz, über seine gesamte Lebensdauer – also von der Einführung bis zur Herausnahme vom Markt – nach.
Der Produktlebenszyklus kann Hinweise darauf geben, in welcher Lebensphase sich ein Produkt befindet und welche Marketingmaßnahmen entsprechend dieser Phase sinnvoll sind.
Beim Produktlebenszyklus unterscheidet man fünf Phasen:

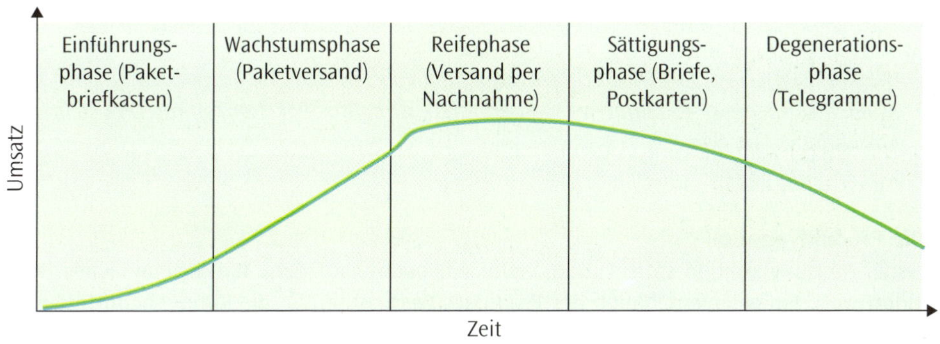

- Das Produkt ist noch recht unbekannt und wird noch nicht viel gekauft.
- Der Umsatz ist niedrig.
- Dies trifft z. B. auf den Paketbriefkasten zu.

- Das Produkt wird verstärkt nachgefragt.
- Der Umsatz wächst schnell.
- Beispielhaft könnte man hier den Paketversand nennen, der sich aufgrund des boomenden Onlinehandels noch immer im starken Wachstum befindet.

- Das Produkt verkauft sich gut.
- Aber der Umsatz steigt nicht mehr so stark. Es gibt immer mehr Konkurrenz.
- Hier könnte sich z. B. der Versand per Nachnahme befinden, der zwar vom Onlinehandel profitiert, aber verstärkt mit neuen elektronischen Bezahlsystemen konkurriert.

- Die Umsätze steigen nicht weiter an, sondern stagnieren und beginnen zu fallen.
- Hier sind der Brief- und Postkartenversand zu nennen, die z. B. durch die E-Mail zunehmend verdrängt werden.

- Die Umsätze fallen jetzt schnell. Es wird kaum mehr Umsatz mit dem Produkt gemacht.
- Ein Beispiel hierfür könnte das Telegramm sein.

1 *Die von den KEP-Unternehmen angebotenen Dienstleistungen werden im Folgenden als Produkte bezeichnet.*

Problematisch am Konzept des Produktlebenszyklus ist, dass man erst im Nachhinein mit Sicherheit sagen kann, in welcher Phase sich ein Produkt zum jeweiligen Zeitpunkt befunden hat. Daher könnten sich die oben gemachten Beispiele im Nachhinein auch als falsch erweisen.

Produktpolitische Maßnahmen

Die Wünsche und Anforderungen der Kunden ändern sich im Lauf der Zeit. Unternehmen müssen ihr Leistungsangebot entsprechend anpassen, um konkurrenzfähig zu bleiben. Folgende produktpolitische Maßnahmen stehen ihnen dabei zur Verfügung:

Produktpolitische Maßnahmen			
Produktinnovation	Produktvariation	Produktdifferenzierung	Produktelimination

1. Die Produktinnovation

Bei der Produktinnovation handelt es sich um die Entwicklung und Markteinführung eines neuen Produktes. Es wird zwischen Marktinnovation und Unternehmensinnovation unterschieden. Von Marktinnovation spricht man, wenn das Angebot erstmalig am Markt erhältlich ist. Von Unternehmensinnovation spricht man, wenn das Angebot nur für das eigene Unternehmen neuartig ist, andere Unternehmen können diese Leistung bereits anbieten.

Beispiel

Die XPressParcel AG führt die Echtzeitverfolgung von Paketen ein (Tracking & Tracing) und Kunden können auf 15 Minuten genau erfahren, wann das Paket ankommt. Dies stellt eine Marktinnovation dar.

2. Die Produktvariation

Von einer Produktvariation spricht man, wenn ein bereits auf dem Markt befindliches Produkt verändert wird. Einige Eigenschaften des Produktes werden neu an die Kundenbedürfnisse angepasst, dies kann den Service oder auch nur die Verpackung des Produktes betreffen. Es wird kein zusätzliches Produkt am Markt eingeführt.

Beispiel

Die XPressParcel AG bietet Nachnahmesendungen nun bis 2 000,00 € je Sendung anstatt bisher nur bis 1 500,00 €.

3. Die Produktdifferenzierung

Durch eine Produktdifferenzierung wird ein Grundprodukt nunmehr in unterschiedlichen Varianten gleichzeitig angeboten, um verschiedene Zielgruppen anzusprechen. Die Anzahl der vom Unternehmen angebotenen Leistungen erhöht sich durch eine Produktdifferenzierung.

Beispiel

Die XPressParcel AG bietet den Expressversand jetzt nicht mehr nur bis um 10:00 Uhr des Folgetages an, sondern zusätzlich auch bis um 8:00 Uhr des Folgetages.

4. Die Produktelimination

Bei einer Produktelimination handelt es sich um die Herausnahme eines Produktes aus dem Leistungsangebot eines Unternehmens. Produkte, die nicht ausreichend Umsatz oder Gewinn generieren und bei denen auch keine Aussicht auf Besserung besteht, werden vom Unternehmen vom Markt genommen.

Beispiel

Die Mail GmbH hatte vor einigen Jahren noch Telegramme in ihrem Angebot. Aufgrund der geringen Nachfrage wurde der Service endgültig eingestellt.

2.2.2 Preispolitik

Die Preispolitik umfasst alle Entscheidungen zur Festlegung der Preise der Produkte. Da die allermeisten Kunden sehr preisbewusst sind, spielt der Preis im Marketingmix eine sehr wichtige Rolle. Drei Faktoren beeinflussen die Preisgestaltung eines Produktes entscheidend:

Die drei Einflussfaktoren auf die Preisgestaltung

Da viele Kunden der KEP-Unternehmen sehr preisbewusst agieren, wären möglichst niedrige Preise ein starker Wettbewerbsvorteil. Allerdings müssen sämtliche Kosten des Produktes durch den Verkaufspreis gedeckt werden. Typisch für Dienstleistungsunternehmen bilden die Personalkosten auch bei KEP-Unternehmen den größten Kostenblock. Weitere große Kostenblöcke sind die Fahrzeugkosten und Kosten für die Depots. Im Preis sollte außerdem ein angemessener Gewinnaufschlag berücksichtigt werden. Die **eigenen Kosten** bilden bei der Preisgestaltung somit eine **Preisuntergrenze**, die zumindest langfristig nicht unterboten werden kann.

Der Markt für KEP-Dienstleistungen ist stark umkämpft, es gibt zahlreiche Konkurrenten. Das Unternehmen muss den eigenen Verkaufspreis also auch in Abhängigkeit von den Preisen der **Konkurrenz** festlegen. Ist die Konkurrenz bei vergleichbarer Qualität günstiger, werden die Kunden zur Konkurrenz abwandern. Die Preise der Konkurrenz sind demnach bei der eigenen Preisgestaltung stets im Blick zu halten, ggf. kann ein Unternehmen sich durch bessere Qualität oder besondere Services einen gewissen Spielraum bei der Preisgestaltung verschaffen.

Die **Nachfrager** nach KEP-Leistungen entscheiden letztendlich darüber, welchen Preis sie für ein Produkt bezahlen möchten bzw. können. Das Kaufverhalten der Kunden entscheidet, bei welchem Preis ein Unternehmen welche Menge absetzen kann. Ihr Kaufverhalten bildet somit auch eine **Preisobergrenze** bei der Preisgestaltung.

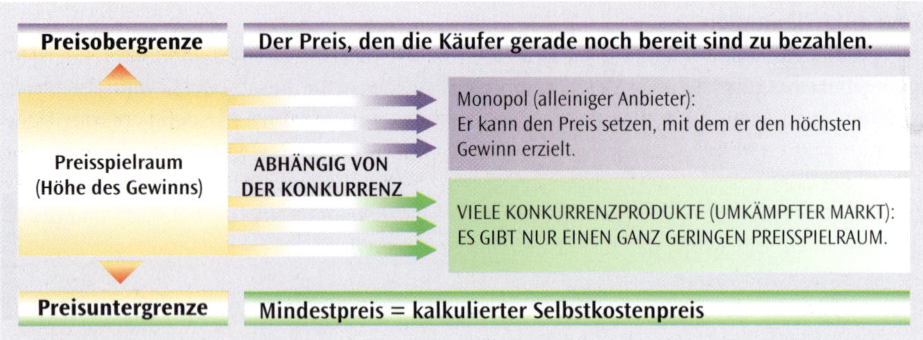

Auswirkungen der drei Einflussfaktoren auf den Preis

Preisdifferenzierung

Bei der Preisdifferenzierung verlangt ein Unternehmen für das gleiche Produkt unterschiedliche Preise. Die Preise können aufgrund zeitlicher, räumlicher, personeller oder mengenmäßiger Gründe angepasst werden:

Preisdifferenzierung			
Zeitlich	Räumlich	Personell	Mengenmäßig

Zeitliche Preisdifferenzierung

Bei der zeitlichen Preisdifferenzierung variiert der Preis z. B. je nach Uhrzeit, Wochentag oder Jahreszeit. Verbreitete Beispiele sind die Unterscheidung zwischen Haupt- und Nebensaison bei Reiseunternehmen, Kinotage oder die Happy Hour in Bars und Diskotheken. Einige KEP-Unternehmen bieten z. B. Rabattwochen insbesondere in den umsatzschwächeren Sommermonaten an.

Die zeitliche Preisdifferenzierung stellt bei KEP-Diensten eher eine Ausnahme dar

Räumliche Preisdifferenzierung

Bei der räumlichen Preisdifferenzierung werden die Preise je nach Region angepasst. Typische Beispiele sind höhere Preise für Benzin an Autobahnraststätten oder günstigere Preise für deutsche Autos im Ausland. Für KEP-Unternehmen stellt ein Inselzuschlag für die Zustellung auf bzw. von deutschen Nordseeinseln eine solche Preisdifferenzierung dar (wobei das Produkt aufgrund der notwendigen Beförderung per Fähre nicht unbedingt identisch mit dem „normalen“ Versand ist).

Personelle Preisdifferenzierung
Hierbei werden Kunden nach personellen Merkmalen unterschieden und die Preise entsprechend angepasst. Ein typisches personelles Merkmal stellt z. B. das Lebensalter dar (Ermäßigung für Senioren). Ein weiteres personelles Merkmal stellt der Beruf bzw. das Einkommen dar: Schüler, Auszubildende und Studenten erhalten oftmals entsprechende Rabatte. Im KEP-Bereich kommt die personelle Preisdifferenzierung z. B. in Form von Mitarbeiterrabatten vor, spielt insgesamt aber keine große Rolle.

Mengenmäßige Preisdifferenzierung
Hierbei geht es um die Gewährung von Mengenrabatten. Mengenrabatte haben im KEP-Bereich eine sehr große Bedeutung. Mengenrabatte werden bereits auf kleine Mengen gewährt, fallen dann aber entsprechend gering aus. Großen Onlineversandhäusern werden Rabatte von über 50% auf den regulären Paketpreis gewährt. Die Gewinnmargen können für das KEP-Unternehmen dann entsprechend gering ausfallen, auch wenn die Kosten bei großen Mengen deutlich geringer sein können.

2.2.3 Kommunikationspolitik

Mit der Kommunikationspolitik möchte das Unternehmen (potenzielle) Kunden über seine Produkte informieren und bestenfalls zum Kauf der Produkte animieren. Dazu stehen verschiedene kommunikationspolitische Instrumente zur Verfügung:

Kommunikationspolitische Instrumente				
Werbung	Verkaufsförderung	Sponsoring	Öffentlichkeitsarbeit	Product-Placement

Werbung
Der Werbung kommt im kommunikationspolitischen Mix die größte Bedeutung zu. Bei den eingesetzten Werbemitteln wird zwischen **Streuwerbung** und **Direktwerbung** unterschieden
Mit der Streuwerbung sollen möglichst alle potenziellen Kunden angesprochen werden. Hierzu werden klassische Massenmedien wie das Fernsehen oder das Radio genutzt, in zunehmendem Maße kommt die Onlinewerbung hinzu. Als weitere Werbeträger sind hier Zeitungen, Zeitschriften oder Plakate zu nennen. Streuwerbung wird durch den Einsatz von Massenmedien sehr unpersönlich.
Direktwerbung hingegen soll gezielt ausgewählte Kunden ansprechen und somit persönlicher sein. Dafür muss der Name, die Adresse oder eine E-Mail-Adresse vom Kunden bekannt sein. Werbemittel sind u. a. Werbebriefe und E-Mails. Durch die gezieltere individuelle Ansprache gibt es bei der Direktwerbung weniger Streuverluste, d. h., die Zielgruppe wird genauer erreicht.
Werbung spielt insbesondere für Postunternehmen auch insofern eine große Rolle, als dass sie die Verteilung z. B. von Katalogen, Infopost oder Postwurfsendungen etc. vornehmen und die werbetreibende Branche ein Großkunde ist.

Alle großen KEP-Dienste machen Streuwerbung in klassischen Medien wie Zeitschriften

Verkaufsförderung

Die Verkaufsförderung – auch **Sales Promotion** genannt – hat die Aufgabe, die Werbung – häufig am Ort des Verkaufs, also beim Händler, in einer Filiale oder im Shop – zu unterstützen. Dazu werden zusätzliche Anreize für den Kauf z. B. in Form von Gutscheinen, kostenlosen Proben, Displays, Sonderangeboten oder Verkostungen gegeben. Die Verkaufsförderung spielt im KEP-Bereich keine große Rolle.

Sponsoring

Beim Sponsoring werden Personen oder Vereine unterstützt, um ausgewählte Zielgruppen anzusprechen. So kann der Sponsor auch Zielgruppen erreichen, die mit klassischer Werbung nur schwer erreicht werden können. Beim Sportsponsoring geschieht dies z. B. über die Trikots der Sportler. Der Sponsor unterstützt den Gesponserten mit Geld- oder Sachleistungen und im Gegenzug kann er den Bekanntheitsgrad und das Image des Gesponserten für seine Zwecke nutzen. Der Sponsor erhofft sich dadurch, sein eigenes Image zu verbessern und seinen Bekanntheitsgrad zu erhöhen. Viele der großen KEP-Dienste sind im Sponsoring aktiv, z. B. in den Bereichen Fußball oder Rennsport.

Auch ausgefallenere Sportarten werden gesponsert

Öffentlichkeitsarbeit

Mithilfe der Öffentlichkeitsarbeit – auch **Public Relations** (PR) genannt – möchte sich das Unternehmen positiv in der Öffentlichkeit präsentieren, dadurch seinen Bekanntheitsgrad erhöhen und ein positives Image aufbauen. Dem Unternehmen stehen im Rahmen der Öffentlichkeitsarbeit zahlreiche Instrumente zur Verfügung wie z. B.: Pressekonferenzen abhalten, Pressemitteilungen erstellen, Tage der offenen Tür veranstalten, Wettbewerbe organisieren oder auch PR-Broschüren erstellen. Öffentlichkeitsarbeit wird oftmals eine höhere Glaubwürdigkeit als klassischer Werbung beigemessen. Alle größeren KEP-Dienste nutzen die Öffentlichkeitsarbeit, um sich in der Öffentlichkeit zu präsentieren.

DHL Express und Lufthansa Cargo spenden der EU-Kommission einen Hilfsflug nach Japan

Product-Placement

Beim Product-Placement platziert das Unternehmen seine Produkte in Filmen, Fernsehsendungen, Videos oder Computerspielen. Da dies meist geschickt in die Handlung integriert wird, wird dies vom Kunden nicht bewusst als Werbung wahrgenommen und wirkt daher sehr unaufdringlich. Man spricht in diesem Zusammenhang daher oftmals auch von **Schleichwerbung**. Beim Product-Placement erhofft sich das Unternehmen eine Imagesteigerung dadurch, dass sich das Image des Schauspielers, Moderators oder Künstlers auf das Produkt überträgt. KEP-Unternehmen nutzen das Product-Placement nur in geringem Maß. Beispielsweise wird in einigen Filmen die Zustellung von Paketen deutlich sichtbar von einem bestimmten KEP-Dienst durchgeführt.

Corporate Identity

Unter Corporate Identity (zu Deutsch etwa Unternehmensidentität) versteht man die Gesamtheit aller Merkmale, die ein Unternehmen ausmacht, es von anderen unterscheidet und eine Art Persönlichkeit des Unternehmens bildet.

Aufgabe und Ziel der Unternehmenskommunikation ist es, dem Unternehmen eine einzigartige, leicht wiedererkennbare Unternehmenspersönlichkeit zu verleihen.

Die Corporate Identity kann mithilfe verschiedener Elemente aufgebaut werden. Die drei wichtigsten Elemente dabei sind:

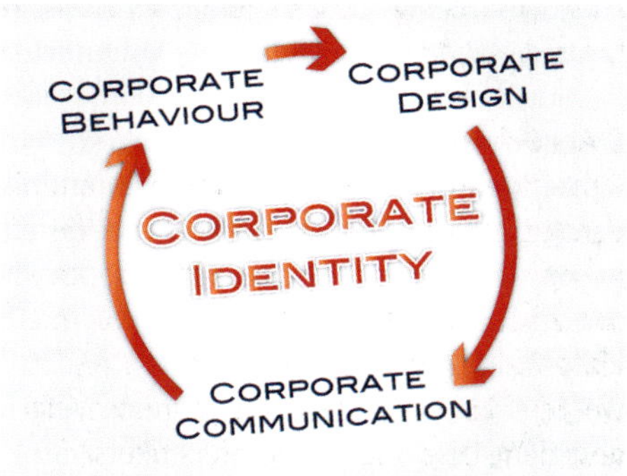

- **Corporate Behaviour:** Hiermit wird eine möglichst konsistente, das heißt einheitliche und in sich stimmige Verhaltensweise gegenüber Anspruchsgruppen wie z. B. Mitarbeiter, Kunden, Subunternehmer oder Lieferanten beschrieben. Hierzu kann z. B. die Übernahme sozialer Verantwortung für Mitarbeiter oder Subunternehmen gezählt werden: Werden die Mitarbeiter bzw. Subunternehmer fair behandelt und entlohnt, in der KEP-Branche ein häufig wiederkehrendes Thema.

- **Corporate Design**: Hiermit wird ein einheitliches äußeres Erscheinungsbild eines Unternehmens beschrieben. Dieses einheitliche Design findet möglichst überall Anwendung: beim Firmenschriftzug, Geschäftspapier, Internetauftritt, bei der Berufskleidung, dem Design der Fahrzeuge etc. Aufgrund dieses einheitlichen Erscheinungsbildes erhöhen sich der Wiedererkennungswert und die Bekanntheit des Unternehmens. Gerade KEP-Dienste achten sehr auf ein einheitliches Corporate Design: prägnante Logos in den Unternehmensfarben, einheitliche Kleidung der Zusteller, einheitlich lackierte Fahrzeuge und Flugzeuge, einheitliches Design der Benachrichtigungskarten, einheitlich designte Filialen und Shops etc. Auf diese Weise ist man für den Kunden leicht von der Konkurrenz abzugrenzen und leicht wiederzuerkennen.
- **Corporate Communication**: Hiermit wird eine einheitliche Unternehmenskommunikation nach innen und nach außen beschrieben. Nach außen findet die Unternehmenskommunikation z. B. über Werbung oder Öffentlichkeitsarbeit statt (vgl. mit Kapitel 2.2.3, Kommunikationspolitik). Alle Kommunikationsmaßnahmen müssen aufeinander abgestimmt sein, um ein einheitliches Erscheinungsbild des Unternehmens zu erzeugen. Nach innen – also mit den Mitarbeitern – findet die Kommunikation z. B. über Rundschreiben, Mitarbeitergespräche, Newsletter oder ein Schwarzes Brett statt. Durch die interne Kommunikation versucht das Unternehmen auch, das Unternehmensleitbild den Mitarbeitern zu vermitteln.

2.2.4 Distributionspolitik

Die Distributionspolitik – zu Deutsch **Vertriebspolitik** – beschäftigt sich damit, wie die Produkte und Dienstleistungen vom Hersteller zum Kunden gelangen, also mit dem Absatzweg. Ziel ist es, eine hohe Verfügbarkeit der Produkte und Dienstleistungen sicherzustellen und die Kosten für den Vertrieb möglichst gering zu halten. Bei der Vertriebspolitik wird zwischen direktem und indirektem Vertrieb unterschieden.

Direkter Vertrieb

Beim direkten Vertrieb vertreibt der Hersteller seine Produkte und Dienstleistung selbst, also ohne Zwischenhändler. Dieser Vertriebsweg ist für Dienstleistungen typisch und so auch im KEP-Bereich weit verbreitet. Der direkte Vertrieb erfolgt über eigene Filialen oder Shops, die eigenen Zusteller,

Außendienstmitarbeiter, über eigene technische Einrichtungen wie Paketstationen und Briefmarkenautomaten oder auch über den Onlinevertrieb, z. B. in Form der Onlinefrankierung.

Indirekter Vertrieb
Beim indirekten Vertrieb werden die Waren und Dienstleistungen über **Zwischenhändler** vertrieben, meist Groß- und Einzelhändler.

Produzent
↓
Großhändler
↓
Einzelhändler
↓
Kunde

Möglich ist aber auch ein Vertrieb ohne Großhändler, man spricht dann vom verkürzten indirekten Vertrieb.

Produzent
↓
Einzelhändler
↓
Kunde

Eher selten im KEP-Bereich ist der indirekte Vertrieb über Händler

Händler, die sich auf Produkte und Services rund um den Versand von Sendungen spezialisiert haben, kooperieren mit KEP-Diensten und vertreiben somit deren Dienstleistungen. Sie bieten meist nicht nur Services eines einzigen KEP-Dienstes an, sondern haben ein weiter gefächertes Leistungsspektrum.
Viele Paketshops werden im sogenannten Franchisesystem geführt, das eine Mischung aus direktem und indirektem Vertrieb darstellt. Der Franchisegeber – z. B. ein Paketdienst – stellt dem Franchisenehmer – z. B. dem Inhaber eines Paketshops – seinen Markennamen sowie ein Geschäftskonzept zur Verfügung und erhält im Gegenzug dafür ein Entgelt. Da es sich bei den Paketshops um rechtlich selbstständige Händler handelt, wird das Franchising eher zum indirekten Vertrieb gerechnet, obwohl der Handlungsspielraum der Franchisenehmer aufgrund des vorgegebenen Konzepts sehr eng ist und sie auch keine Services anderer Paketdienste anbieten dürfen.

2.3 Kundenkontakte pflegen

Vielfach ist es für ein Unternehmen günstiger, Bestandskunden an das Unternehmen zu binden als neue Kunden zu gewinnen. Berechnungen gehen davon aus, dass es bis zu fünfmal so teuer ist, einen Neukunden zu gewinnen als einen Bestandskunden zu halten.
Ein großer Vorteil der KEP-Dienste ist, dass Sie täglich direkten Kontakt zu zahlreichen Kunden haben. Hier übernehmen die Zusteller sowie Mitarbeiter in Filialen und Shops eine wichtige Funktion. Sie bilden eine Schnittstelle zwischen den Kunden und dem KEP-Dienst. Sie erhalten

Beschwerden, Anregungen, Kritik, Lob, Wünsche, Aufträge etc. aus erster Hand direkt vom Kunden und ihr Umgang mit dem Kunden kann entscheidend zur Kundenbindung beitragen. Folgende Beispiele zeigen, wie auch kleine Handlungen zur Kundenzufriedenheit und-bindung beitragen können.

Beispiele

1. *Herr Bach hat heute ein beschädigtes Paket erhalten. Dank der freundlichen und kompetenten Bearbeitung seiner Beschwerde durch den Zusteller, konnte schnell die Ursache und Haftungsfrage geklärt werden. Herr Bach versendet daher auch weiterhin mit der XPressParcel AG.*
2. *Herr Müller von der Linde GmbH fragt die Zustellerin der Mail GmbH, ob es möglich ist, auch Kleinstsendungen mit Gefahrgut mit der Mail GmbH zu verschicken. Diese ist sich unsicher, sie gibt die Anfrage von Herrn Müller weiter an ihren Vorgesetzten. Am nächsten Tag meldet sich der Kundendienst bei Herrn Müller, um sich nach seinem Wunsch zu erkundigen und ihm einen Individualvertrag für die Versendung von Gefahrgut anzubieten.*
3. *Karl, von der XPressParcel AG, leitet eine Anfrage der Quante GmbH an die Blitzfracht GmbH weiter, da die Versendung einer Palette nicht zum Leistungsangebot der XPressParcel GmbH gehört.*

Um die Maßnahmen zur Kundenbetreuung möglichst zielgenau und kosteneffizient einzusetzen, kann der Kundenstamm z. B. mithilfe einer so genannten **ABC-Analyse** untersucht werden, um die wichtigen, umsatzstarken Kunden zu identifizieren. Man geht davon aus, dass wenige Kunden den überwiegenden Teil des Umsatzes erwirtschaften (A-Kunden) und eine große Anzahl Kunden nur für wenige Umsätze (C-Kunden) verantwortlich ist. Nach der so genannten Pareto-Regel geht man davon aus, dass etwa 20 % der Kunden für 80 % des Umsatzes sorgen.
Folgendes Diagramm veranschaulicht den Zusammenhang zwischen der Anzahl an Kunden und dem Umsatz. Darin erkennt man gut, dass wenige Kunden für viel Umsatz verantwortlich sind und ein großer Teil der Kunden nur wenig Umsatz erzeugt.

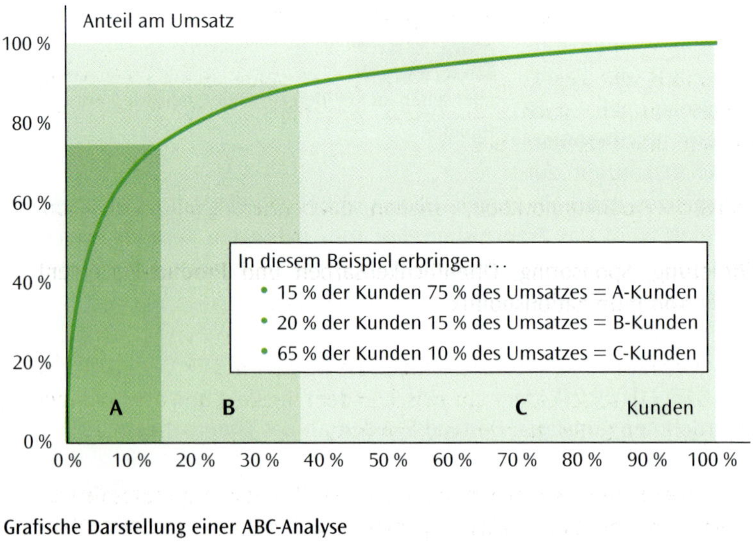

Grafische Darstellung einer ABC-Analyse

Nachdem die wichtigen Kunden identifiziert sind, können für die umsatzstarken A-Kunden andere Maßnahmen gewählt werden als für umsatzschwache C-Kunden. Zum Beispiel kann die Betreuung von Großkunden (A-Kunden) ganz individuell durch spezielle Kundenbetreuer (Key-Account Manager) erfolgen oder sie erhalten Zugang zu einer speziellen Servicehotline. Außerdem können guten Kunden Treuerabatte gewährt werden oder sie werden zu Messen und anderen Events eingeladen. Für C-Kunden hingegen ist eine individuelle Betreuung nicht möglich und nicht nötig. C-Kunden können z. B. mithilfe von Massen-E-Mails über Angebote oder neue Produkte des Unternehmens informiert werden.

Zusammenfassung

Um mehr Informationen über den Absatzmarkt zu gewinnen, können Unternehmen auf Methoden der primären Marktforschung (Befragung, Beobachtung und Experiment) und sekundären Marktforschung (innerbetriebliche und außerbetriebliche Daten) zurückgreifen.

Darauf aufbauend können die Unternehmen einen passenden Marketingmix erstellen, der die Preis-, Produkt-, Kommunikations- und Distributionspolitik umfasst.

Im Rahmen der Preispolitik sind die Kosten, die Konkurrenz sowie die Nachfrage zu berücksichtigen. Preise können nach zeitlichen, personellen, räumlichen und mengenmäßigen Kriterien differenziert werden.

Die Produktpolitik umfasst die Produktinnovation, -variation, -differenzierung und -elimination.

Werbung, Verkaufsförderung, Sponsoring, Öffentlichkeitsarbeit und Product-Placement sind die Instrumente der Kommunikationspolitik.

Die Distributionspolitik beschäftigt sich mit der Frage, wie Waren und Dienstleistungen zum Kunden gelangen. Dabei unterscheidet man zwischen dem direkten und dem indirekten Vertrieb, bei dem Zwischenhändler zum Einsatz kommen.

Eine ABC-Analyse kann dabei helfen, wichtige Kunden zu identifizieren. Auf dieser Grundlage können für die verschiedenen Kundenklassen passende Maßnahmen zur Kundenbindung umgesetzt werden.

Aufgaben

1. Die XPressParcel AG möchte ihren Marktanteil weiter ausbauen. Zunächst möchte sie dazu Informationen über den Absatzmarkt sammeln. Ordnen Sie zu, ob es sich im Folgenden jeweils um Primär- oder Sekundärforschung handelt.

   a. Die XPressParcel AG führt eine telefonische Befragung von Vertriebsleitern großer Onlinehändler durch.
   b. Die XPressParcel AG wertet eine Studie der IHK zur Entwicklung des Versandhandels aus.
   c. Die XPressParcel AG schlüsselt ihre Umsatzstatistiken nach Postleitzahlengebieten auf und identifiziert so umsatzschwache Regionen.
   d. Die Marketingabteilung der XPressParcel AG sammelt Artikel aus Fachzeitschriften und untersucht diese auf relevante Informationen über den Absatzmarkt.
   e. Die XPressParcel GmbH gibt eine Studie bei einer Marktforschungsgesellschaft zu ihrem Bekanntheitsgrad in Auftrag.

2. Auf den Informationen der Marktforschung aufbauend, soll ein Marketingmix erstellt werden. Ordnen Sie zu, welchem Instrument des Marketingmix die Maßnahmen zugeordnet werden können.

   a. Die XPressParcel AG gewährt langjährigen Kunden einen Treuerabatt.
   b. Die XPressParcel AG geht eine Kooperation mit einer Einzelhandelskette ein, die sich auf Produkte und Serviceleistungen rund um den Versand von Sendungen spezialisiert hat und nun den Versand exklusiv mit der XPressParcel AG durchführt.
   c. Die XPressParcel AG bietet Kunden beim Versand von 100 Sendungen monatlich 12 % Rabatt an.
   d. Die XPressParcel AG bietet nun auch eine Zustellung bis 6 Uhr des Folgetages an.
   e. Die XPressParcel AG veranstaltet einmal im Jahr einen Tag der offenen Tür.

3. Geben Sie an, um welche Art der Preisdifferenzierung es sich handelt.

   a. Die Mail GmbH bietet einer großen Behörde aufgrund des hohen Sendungsvolumens von über 2 000 Briefsendungen täglich einen hohen Preisnachlass an, um sie als Kunden zu gewinnen.
   b. Die XPressParcel AG führt im August eine Rabattwoche mit bis zu 15 % Preisnachlässen durch.
   c. Bei Vorlage eines Studierendenausweises erhalten Studenten bei der XPressParcel AG 5 % Rabatt auf den Paketversand.

3 Angebote verschiedener Anbieter prüfen und vergleichen

Einstiegssituation

Die XPressParcel AG benötigt 50 neue Handscanner, da die alten Geräte nicht mehr zuverlässig arbeiten. Da man mit den alten Geräten nicht ganz zufrieden war, sollen auch neue Anbieter in Betracht gezogen werden. Karls Aufgabe ist es, eine Internetrecherche durchzuführen und eine Vorauswahl von Geräten und Anbietern zu treffen. Anschließend sollen von den geeigneten Anbietern Angebote eingeholt und verglichen werden. Außerdem soll Karl die Ergebnisse seinem Ausbilder vorstellen.

Handlungsaufträge

1 Wie kann Karl zuverlässige Informationen über Anbieter im Internet finden?
2 Welche Aspekte müssen beim Angebotsvergleich berücksichtigt werden?

3.1 Internetrecherche

Im Internet gibt es Informationen im Überfluss und jeder kann Informationen ungeprüft hinzufügen. Ein großes Problem ist es daher, aus der Vielzahl an Informationen relevante und vertrauenswürdige herauszufiltern.

Suchmaschinen

Um Informationen im Internet zu finden, ist man meist auf die Hilfe von Suchmaschinen angewiesen. Es gibt verschiedene Suchmaschinen, aber alle sortieren die gefundenen Informationen in einer bestimmten Reihenfolge vor. Wie die Suchmaschine die Ergebnisse sortiert, ist ein Betriebsgeheimnis der Suchmaschinenbetreiber, sodass man nicht weiß, wo man die für sich selbst wichtigen Informationen auffindet. Möglich ist auch, dass die Reihenfolge der Treffer z. B. zugunsten von bezahlenden Kunden der Suchmaschinen verändert wird. Die ersten Treffer der Suchmaschine müssen für den Suchenden also nicht unbedingt die besten sein.
Eine weitere Schwierigkeit besteht darin, die Suchmaschine richtig zu befragen. Man muss die für die Suche relevanten Begriffe eingegeben, die Begriffe richtig miteinander verknüpfen und die Suche mithilfe von Filtern verfeinern.

Suchbegriffe und ihre Verknüpfung

Zunächst einmal müssen passende Suchbegriffe gefunden werden. Wenn man mehrere gute Suchbegriffe gleichzeitig eingibt, erhält man zwar weniger Treffer, dafür aber mehr relevante Treffer.
Die Suche lässt sich durch die unterschiedliche Verknüpfung der Suchbegriffe verfeinern, sodass man zu noch besseren Ergebnissen kommt. Dazu kann man **Suchbefehle (Operatoren)** nutzen. Die Suchbegriffe lassen sich mit den Suchoperatoren UND, ODER, NICHT verknüpfen. Die Operatoren müssen dabei in Großbuchstaben geschrieben werden.

Operatoren beim Einsatz von Suchmaschinen

Operatoren	Bedeutung	Beispiele
UND „+“	Es werden nur Treffer angezeigt, die beide Begriffe beinhalten. Die UND-Verknüpfung ist meist die Standardeinstellung von Suchmaschinen.	Handscanner UND Touchscreen: Es werden nur Treffer angezeigt, in denen sowohl der Suchbegriff Handscanner als auch der Begriff Touchscreen auftauchen. Die UND-Verknüpfung lässt sich auch mit einem „+“ erreichen: Handscanner+Touchscreen.
ODER	Es werden alle Treffer angezeigt, die einen der beiden Begriffe enthalten.	Handscanner ODER Touchscreen: Es werden alle Treffer angezeigt, die mindestens einen der beiden Begriffe beinhalten.
NICHT „ –“	Es werden nur Treffer angezeigt, die diesen Begriff nicht enthalten.	Handscanner NICHT Touchscreen: Es werden nur Treffer angezeigt, die den Begriff Handscanner beinhalten, aber den Begriff Touchscreen nicht enthalten. Die NICHT-Verknüpfung lässt sich auch mit einem „ –“ erreichen: Handscanner–Touchscreen
„…“ Anführungszeichen	Es werden nur Treffer angezeigt, die in exakt der Reihenfolge wie in den Anführungszeichen vorgegeben.	„Handscanner mit Touchscreen“: Es werden nur Treffer angezeigt, in denen genau diese Wortfolge vorkommt.
~ Tilde-Zeichen	Es werden auch Synonyme, also bedeutungsgleiche Wörter angezeigt.	Bei der Suche nach ~Touchscreen erhält man auch Ergebnisse für bedeutungsgleiche Wörter wie z. B. Berührungsbildschirm oder berührungsempfindlicher Bildschirm.
* Sternchen	Mit dem Sternchen kann man eine sogenannte Wildcard- oder Platzhaltersuche durchführen, wenn ein Begriff unbekannt ist.	„Handscanner mit *“ führt zu Treffern wie z. B. Handscanner mit Dockingstation, Handscanner mit Funkübertragung, Handscanner mit USB-Anschluss etc., unter anderem auch zum Ergebnis Handscanner mit Touchscreen.

Durch das **Filtern** der Treffer kann die Suche weiter verfeinert werden: So können z. B. nur Ergebnisse von deutschen oder deutschsprachigen Seiten angezeigt werden. Es ist auch möglich, die Suche zeitlich einzugrenzen und sich nur aktuelle Treffer anzeigen zu lassen, die z. B. innerhalb des letzten Jahres hinzugefügt wurden.

Quellenanalyse

Wenn man nun meint, eine gute Informationsquelle gefunden zu haben, muss geprüft werden, ob die gefundenen Informationen stimmen und man eine vertrauenswürdige Informationsquelle gefunden hat.
Anhand von verschiedenen Kriterien lassen sich Informationsquellen in diesem Sinne prüfen:

1. Wer ist der Autor bzw. Anbieter der Informationen?

Von wem stammen die Informationen? Ist der Autor unabhängig oder verfolgt er eigene Interessen, z. B. weil er selbst Produkte verkaufen möchte? Im Impressum kann man die für die Internetseite Verantwortlichen finden. Ist kein Impressum vorhanden oder die Verantwortlichen unbekannt, sollte man den Informationen grundsätzlich misstrauen.

2. Ist der Text neutral und objektiv geschrieben?
Werden Produkte z. B. nur positiv dargestellt, könnte es sich um Werbung handeln. Im Zweifelsfall sollte man noch weitere Informationsquellen suchen und die Informationen vergleichen.
3. Sind die Informationen aktuell?
Wann wurde die Seite zum letzten Mal aktualisiert? Ist kein Datum zu finden oder keine Angaben zur Aktualität der Informationen, sollte man kritisch mit den Informationen umgehen.

Über oder neben den angezeigten Ergebnissen der Suchmaschinen werden meist auch Werbeanzeigen passend zum Suchbegriff angezeigt. Diese sind häufig nicht gut als solche zu erkennen. Sie können zwar relevant für die Recherche sein, sind aber natürlich nicht neutral oder objektiv.

Datenschutz

Suchmaschinen speichern die Suchanfragen und können sie mit Informationen aus anderen Diensten wie z. B. Kartendiensten oder sozialen Netzwerken etc. verknüpfen. Auf diese Weise können Suchanfragen häufig auch Personen zugeordnet werden. So können Suchmaschinenbetreiber über die Jahre immer mehr Informationen über Personen sammeln. Dieses Wissen nutzen sie insbesondere zu Werbezwecken.

Schadprogramme

Bei der Internetrecherche kann man ungewollt mit Schadprogrammen in Berührung kommen. Dies können u. a. Computerviren, Trojaner oder auch Spyware sein. Daher gilt es, beim Recherchieren im Internet einige grundlegende Regeln und Verhaltensweisen zu beachten, insbesondere:

- Aktuelles Antivirenprogramm nutzen
- Firewall aktivieren
- Betriebssysteme und Software immer sofort aktualisieren
- Nicht vertrauenswürdige Seiten meiden
- Keine Dateien von unbekannten Quellen herunterladen

3.2 Angebote vergleichen

Beim Angebotsvergleich werden die Angebote verschiedener Anbieter nach bestimmten Kriterien verglichen, um das beste Angebot zu identifizieren. Der Bezugspreis spielt zwar eine wichtige Rolle, doch häufig ist nicht das billigste automatisch auch das beste Angebot.

3.2.1 Quantitativer Angebotsvergleich

Beim quantitativen Angebotsvergleich geht es darum, das **kostengünstigste Angebot** zu finden. Dazu müssen die verschiedenen Angebote vergleichbar gemacht werden, da sie sich meist bezüglich der Rabatte und Bezugskosten unterscheiden. Hierfür wird ein einfaches Kalkulationsschema genutzt, in dem drei Größen berücksichtigt werden:

1. **Liefererrabatt**: Über den Liefererrabatt kann der Lieferant seinen Verkaufspreis an den jeweiligen Kunden anpassen (vgl. Kapitel „Preisdifferenzierung“). Hierunter fallen zum Beispiel Mengen- oder Treuerabatte.
2. **Liefererskonto**: Der Skonto ist ein Preisnachlass, den der Lieferant gewährt, wenn die Rechnung innerhalb einer bestimmten, meist recht kurzen Frist beglichen wird.

3. **Bezugskosten**: Zu den Bezugskosten zählen u. a. die Transportkosten, Kosten für die Transportversicherung oder Verpackungskosten. Es werden hier nur die Kosten berücksichtigt, die dem Käufer in Rechnung gestellt werden.

Bei der Kalkulation verwendet man im Übrigen grundsätzlich Nettopreise.
Die Anwendung des Kalkulationsschemas wird anhand des folgenden Beispiels veranschaulicht:

Beispiel

Es liegen folgende zwei Angebote der Firmen SINNES GmbH und LOG-Tech GmbH für 50 Handscanner mit Touchscreen vergleichbarer Qualität vor:

	SINNES GmbH	LOG-Tech GmbH
Listeneinkaufspreis je Stk.	1 740,00 €	1 600,00 €
Mengenrabatt bei Bezug von 50 Stk.	15%	12%
Skonto	3%	2,5%
Frachtkosten	keine	200,00 €

Um die Preise einfacher vergleichen zu können, kommt ein Kalkulationsschema zum Einsatz:

	Bezugskalkulation für 50 Handscanner		SINNES GmbH		LOG-Tech GmbH
	Listeneinkaufspreis für 50 Scanner		**87 000,00 €**		**80 000,00 €**
–	Liefererrabatt	–15%	13 050,00 €	–12%	9 600,00 €
=	**Zieleinkaufspreis**		**73 950,00 €**		**70 400,00 €**
–	Liefererskonto	–3%	2 218,50 €	–2,5%	1 760,00 €
=	**Bareinkaufspreis**		**71 731,50 €**		**68 640,00 €**
+	Bezugskosten (Frachtkosten)		---		200,00 €
=	**Bezugspreis für 50 St.**		**71 731,50 €**		**68 440,00 €**
	Bezugspreis je St.		**1 434,63 €**		**1 368,80 €**

Nach Berücksichtigung der Zu- und Abschläge ist ein Gerät der Firma LOG-Tech GmbH um 65,83 € günstiger als ein Gerät der Firma SINNES GmbH. Für den gesamten Auftrag würde die Ersparnis 3 291,00 € betragen.

3.2.2 Qualitativer Angebotsvergleich

Neben dem Preis können zahlreiche weitere Kriterien eine Kaufentscheidung beeinflussen, so zum Beispiel:

- Qualität der Produkte
- Kundenservice
- Reklamationsverhalten/Kulanz
- Lieferfristen
- etc.

Der quantitative Vergleich wird in Geldeinheiten (€) durchgeführt und die Ergebnisse lassen sich daher leicht bewerten und vergleichen. Dies ist bei den qualitativen Faktoren nicht so einfach der Fall. So lassen sich zwar z. B. Qualitätsunterschiede zwischen Produkten noch recht einfach feststellen, aber wie groß der Qualitätsabstand zwischen zwei Produkten ist und wie viel dieser Qualitätsunterschied in Geldeinheiten ausmacht, lässt sich nicht mehr ohne Weiteres feststellen. Um trotzdem zu einer fundierten Entscheidung zu kommen, kann man eine sogenannte Nutzwertanalyse durchführen. Folgendes Beispiel veranschaulicht den Ablauf einer **Nutzwertanalyse**.

Beispiel

Neben dem Preis sind für die XPressParcel AG noch die Kriterien Qualität und Kundenservice von Bedeutung.

(1) Diese Kriterien werden von der XPressParcel AG gewichtet, wobei ihr der Preis sehr wichtig ist und somit mit 50 von 100 Punkten gewichtet wird, ein wenig unwichtiger ist ihr die Qualität (30 von 100 Punkten), der Kundenservice ist nochmals ein Stück unwichtiger und wird mit 20 von 100 Punkten gewichtet.
(2) Die Anbieter werden dann bewertet, wobei fünf Punkte für eine sehr gute Bewertung und ein Punkt eine sehr schlechte Bewertung stehen.
(3) Die Punkte werden mit der Gewichtung multipliziert.
(4) Die erreichten Punkte je Kriterium werden aufsummiert, der Anbieter mit der höchsten Summe schneidet am besten ab.

Kriterium	Gewichtung der Kriterien (1)	SINNES GmbH		LOG-Tech GmbH	
		Punkte Bewertung (2)	gewichtete Punkte (3)	Punkte-Bewertung (2)	gewichtete Punkte (3)
Preis	50	4	200	5	250
Qualität	30	5	150	4	120
Kundenservice	20	5	100	3	60
Summe (5)	**100**		**450**		**430**

Berücksichtigt man neben dem Preis auch die Qualität und den Kundenservice, liegt die SINNES GmbH im Angebotsvergleich nun vorn.

3.3 Ergebnisse präsentieren

Ergebnisse können auf sehr unterschiedliche Weise präsentiert werden: in einem reinen mündlichen Vortrag, in einem Vortrag mit Präsentationssoftware oder z. B. in einem Handout, um nur einige Möglichkeiten zu nennen. Die Auswahl der Präsentationsart hängt sehr davon ab, wie groß die Zuhörerschaft ist, welche Zielgruppe angesprochen werden, was präsentiert werden soll, wie lang die Vorbereitungszeit ist etc. An dieser Stelle sollen daher einige wichtige Grundregeln genannt werden, die praktisch für alle Präsentationsformen gültig sind.
Oftmals werden Ergebnisse nur im kleinen Kreis, mit ein, zwei Kunden oder Kollegen besprochen bzw. präsentiert. Doch auch hier sollte man auf grundlegende Regeln beim Vortrag achten.

Tipps zur Präsentation von Ergebnissen

Vorbereitung	• Es muss klar sein, was genau präsentiert werden soll. Wichtiges ist vom Unwichtigen zu trennen. • Es muss eine klare Struktur gefunden werden. Die Informationen sollten einem logischen Aufbau folgen. • Ein Notizzettel, auf dem die wichtigsten Informationen in Stichpunkten notiert werden, kann hilfreich sein.
Mündlicher Vortrag	• Das Thema und die inhaltliche Gliederung sollten kurz vorgestellt werden. • Deutlich und nicht zu schnell/langsam sprechen. • Beim Vortrag möglichst frei sprechen und die Zuhörer dabei anschauen. • Auf die eigene, offene Körpersprache achten. • Wichtige Ergebnisse zusammenfassen. • Abschließend ggf. Rückfragen beantworten
Visualisierung	• Auf einfach erkennbare Struktur achten: Überschriften hervorheben, Farben verwenden etc. • Auf gut lesbare Schriftgröße achten. • Bilder, Diagramme und andere Visualisierungen nutzen, aber ... • Folien und Seiten nicht überfrachten. Zeilen- und Bilderzahl pro Folie begrenzen. • Stichwörter und keinen Fließtext verwenden.

Zusammenfassung

Bei einer Internetrecherche gilt es, treffende und vertrauenswürdige Quellen zu finden. Dazu werden Suchbegriffe verknüpft und die Suchanfragen mithilfe von Filtern verfeinert. Anschließend müssen die Quellen z. B. auf Neutralität hin überprüft werden.

Bei der Internetrecherche muss man darauf achten, nicht Opfer von Schadsoftware zu werden. Antivirensoftware, Firewalls und Vorsicht bei unbekannten Quellen helfen hierbei.

Beim quantitativen Angebotsvergleich geht es um die Ermittlung des preisgünstigsten Lieferers. Beim qualitativen Angebotsvergleich geht es um die Ermittlung des bestmöglichen Lieferanten, wenn neben dem Preis auch noch Kriterien wie Qualität oder Zuverlässigkeit berücksichtigt werden.

Ergebnisse von Recherchen und Angebotsvergleichen sollen oftmals präsentiert werden. Unabhängig von der Präsentationsform sollten einige Grundregeln beachtet werden: Eine gute Strukturierung des Vortrags, möglichst freies Sprechen vor den Zuhörern und eine Visualisierung von Ergebnissen, die wichtige Fakten anschaulich darstellt, sind für jede Präsentation ein Gewinn.

Aufgaben

1. Die XPressParcel AG hat 50 Corletten (Rollwagen) für die Paketbeförderung zu folgenden Bedingungen bei der Kordeo GmbH bestellt:

   - Listenpreis je Stück: 178,00 €
   - Lieferantenrabatt: 5 %
   - Lieferantenskonto: 2 %
   - Transportkosten: 208,00 €

   Wie hoch ist der Bezugspreis je Corlette, wenn die XPressParcel AG Skonto in Anspruch nimmt?

2. Die XPressParcel AG muss eine neue Sortieranlage beschaffen und hat Angebote von verschiedenen Lieferanten eingeholt und eine intensive Recherche zu den qualitativen Faktoren durchgeführt. Die Gewichtung der Kriterien und die Punktbewertung der Lieferanten wurden auch bereits durchgeführt. Berechnen Sie die Gesamtpunktzahl je Lieferant, um den besten Lieferanten zu identifizieren.

Kriterium	Gewichtung	Mail-Tecc AG					Arkor GmbH					Sauerwein AG				
		1	2	3	4	5	1	2	3	4	5	1	2	3	4	5
Preis	30					X				X			X			
Qualität	30			X						X						X
Kundenservice	25				X				X							X
Garantie	15			X				X								X

Exkurs Wirtschaft und Soziales

1 Ökonomisches Prinzip
2 Marktformen
3 Konjunktur
4 Wirtschaftspolitische Ziele (magisches Viereck)
5 Leitzins

1 Ökonomisches Prinzip

Wirtschaftliches Handeln vollzieht sich durch die zwei Prinzipien Maximal- und Minimalprinzip. Beim Maximalprinzip ist stets das Mittel, das zur Zielerreichung eingesetzt wird, bekannt. Beim Minimalprinzip hingegen ist das Ziel bekannt, die Mittel jedoch nicht.

Beispiel

Maximalprinzip
Die Auszubildenden der Blitzfracht GmbH möchten ihrem Ausbildungsleiter für 35,00 € etwas zu Weihnachten schenken. Das Geld wurde bereits gesammelt, aber die Auszubildenden wissen noch nicht, was sie mit dem Geld kaufen werden.
Da die Mittel (hier 35,00 €) bekannt sind, handelt es sich um das Maximalprinzip.

Beispiel

Minimalprinzip
Die Auszubildenden eines Kölner Berufskollegs möchten für die Kinder einer Flüchtlingsfamilie drei Kuscheltiere kaufen. Die Auszubildenden haben noch nicht überlegt, was sie das kosten wird.
Da das Ziel (drei Kuscheltiere) bekannt ist, handelt es sich um das Minimalprinzip.

Ein vernünftiges wirtschaftliches Handeln ist nur mit dem Ökonomischen Prinzip möglich. Eine Kombination der beiden Prinzipien nach dem Motto „mit möglichst wenig Mittel, das maximale Ziel erreichen" ist zwar wünschenswert, aber nicht umsetzbar.

Merke:

Auch ohne uns dessen bewusst zu sein, handeln wir nach dem Ökonomischen Prinzip.

2 Marktformen

Auf einem Markt treffen Anbieter und Nachfrager zusammen. Die Anzahl der jeweiligen Anbieter und Nachfrager kann sehr unterschiedlich sein. Wenn ein Unternehmen beispielsweise ein neues Medikament entwickelt hat und es als einziges Unternehmen verkauft, so spricht man von einem Monopol. Diese Marktform ist für die Verbraucher sehr schlecht, denn das Unternehmen kann sehr hohe Preise verlangen. Die Käufer haben keine Möglichkeit, das Medikament bei einem anderen Unternehmen zu kaufen.
Auf den meisten Märkten gibt es allerdings sehr viele Anbieter und auch sehr viele Nachfrager. Je mehr Anbieter auf einem Markt vorhanden sind, desto geringer wird der Preis sein, den die Nachfrager zu bezahlen haben. Die Nachfrager können sich auf einem solchen Markt einen Anbieter ihrer Wahl aussuchen.
Je nach Anzahl der Käufer und Verkäufer ergeben sich verschiedene Marktformen.

		Viele Nachfrager
Anbieter	Einer	Angebotsmonopol
	Wenige	Angebotsoligopol
	Viele	Polypol

Merke:

Mono heißt einer,
Oligo heißt mehrere,
Poly heißt viele.

Merke:

Je weniger Anbieter auf einem Markt aktiv sind, desto höher ist der Preis, den der Käufer bezahlen muss.
Steigt hingegen die Anzahl der Anbieter, so wird der Preis sinken.

3 Konjunktur

Die Konjunktur beschreibt die wirtschaftliche Lage eines Landes. Die wirtschaftliche Entwicklung unterliegt Schwankungen, dabei durchläuft der Konjunkturzyklus vier Phasen:
Aufschwung (Expansion), Boom (Höchststand), Abschwung (Rezession) und Depression (Tiefstand). Im Aufschwung wächst die Wirtschaft eines Landes, in der Rezession ist die wirtschaftliche Entwicklung rückgängig. Im Boom erreicht die Konjunktur ihren Höhepunkt, in der Depression hingegen ihren tiefsten Stand. Gemessen wird die wirtschaftliche Lage am Bruttoinlandsprodukt (BIP). Das BIP beinhaltet alle Güter und Dienstleistungen, die in einem gewissen Zeitraum erstellt wurden.

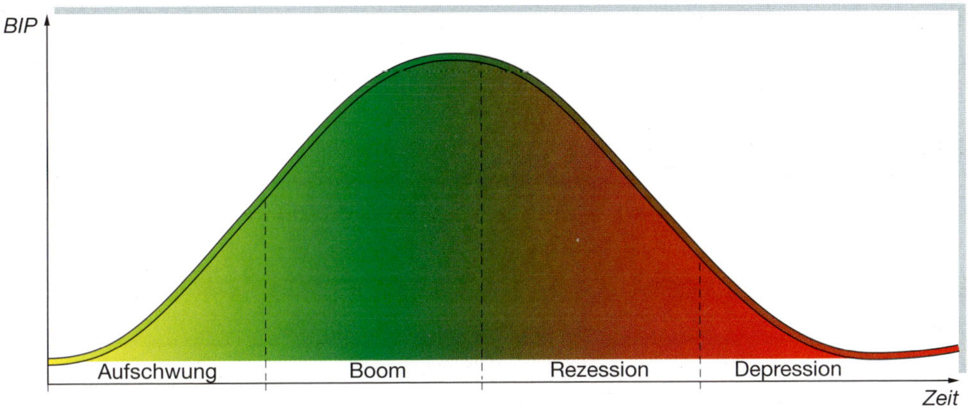

Konjunkturphasen

Neben dem BIP gibt es weitere Konjunkturindikatoren wie die Arbeitslosenquote, die Kapazitätsauslastung, die Inflation (Entwicklung der Preise), die Aktienkurse und die Auftragseingänge bei den Unternehmen. Die Wirtschaftspolitik versucht die Konjunktur so zu beeinflussen, dass die Phase der Depression kurz ist und möglichst bald ein erneuter Aufschwung entfacht wird. Denn in der Depression werden viele Menschen ihre Arbeitsstelle verlieren und es droht Armut in der Bevölkerung.
Eine Möglichkeit diesen Aufschwung über die Politik zu entfachen ist die Senkung der Steuern. Wenn Unternehmen und Privathaushalte weniger Steuern zahlen müssen, haben sie mehr Geld für Investitionen und Konsumausgaben zur Verfügung. Eine Erhöhung der Investitionen und Konsumausgaben führt zu einem erneutem Aufschwung.

4 Wirtschaftspolitische Ziele (magisches Viereck)

Die Ziele der deutschen Wirtschaftspolitik sind im ersten Paragrafen des Gesetzes zur Förderung der Stabilität und des Wachstums der Wirtschaft (StabG) niedergeschrieben.

> **§ 1 StabG**
> Bund und Länder haben bei ihren wirtschafts- und finanzpolitischen Maßnahmen die Erfordernisse des gesamtwirtschaftlichen Gleichgewichts zu beachten. Die Maßnahmen sind so zu treffen, dass sie im Rahmen der marktwirtschaftlichen Ordnung gleichzeitig zur Stabilität des Preisniveaus, zu einem hohen Beschäftigungsstand und außenwirtschaftlichem Gleichgewicht bei stetigem und angemessenem Wirtschaftswachstum beitragen.

Die Wirtschaftspolitik der Bundesrepublik Deutschland verfolgt hauptsächlich vier Ziele, die alle gleichzeitig erreicht werden sollen: stetiges Wirtschaftswachstum, Preisstabilität, außenwirtschaftliches Gleichgewicht und eine geringe Arbeitslosenquote. Da sich die vier Ziele nie gleichzeitig erreichen lassen, spricht man von einem „magischen Viereck".

	Stabilität des Preisniveaus	Hoher Beschäftigungsstand	Außenwirtschaftliches Gleichgewicht	Stetiges, angemessenes Wirtschaftswachstum
Indikatoren	Inflationsrate < 1–2 %	Arbeitslosenquote < 2–3 %	Ausgeglichene Zahlungsbilanz	„Angemessenes" Wachstum des realen BIP

Neben diesen Zielen sollen noch zwei weitere Ziele erreicht werden. Auf den Umweltschutz soll stärker Gewicht gelegt werden und es soll eine gerechte Einkommensverteilung erfolgen. Aufgrund dieser neuen Ziele spricht man vom „magischen Sechseck".

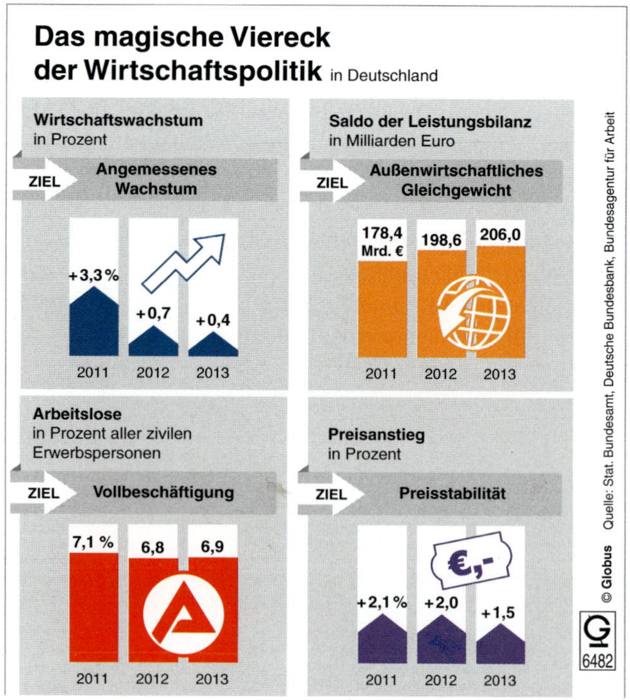

5 Leitzins

In Europa erfolgt die Zinspolitik durch die Europäische Zentralbank (EZB). Sie legt den sogenannten Leitzins fest, an dem sich die Kreditinstitute orientieren. Erhöht die EZB den Leitzins, so steigt auch der Zins bei den Kreditinstituten. Die privaten Haushalte und die Unternehmen müssen höhere Zinsen für einen Kredit bezahlen, bekommen aber auch höhere Zinsen für ihre Guthaben.
Wird der Leitzins erhöht, so hat das zur Folge, dass das Wachstum der Wirtschaft gebremst wird, da die Kredite für die Unternehmen teurer werden und die Inflation sinkt.

Sinkt der Leitzins, so können Unternehmen und Privathaushalte zu niedrigen Zinsen einen Kredit aufnehmen. Sie werden also wahrscheinlich eher bereit sein, einen Kredit aufzunehmen. Dadurch dass die Unternehmen und Privaten Haushalte nun mehr Geld zu Verfügung haben, steigen die Investitionen und die Konsumausgaben. Dies führt wiederum zu einem Wachstum der Wirtschaft.

Sachwortverzeichnis

Bildquellenverzeichnis

Fotos

allsafe JUNGFALK GmbH & Co. KG, Engen: S. 203.1

Aquapac-Aquaman Deutschland GmbH, Bückeburg : S. 165.6

BEUMER Group GmbH & Co. KG, Beckum: S. 125.3

Bildredaktion1, Gabriela Schneider-Albert, Troisdorf: S. 102, 111, 129.1, 129.3, 129.4, 165.2, 165.3, 172.4, 173.1

Bindesysteme Schönherr GmbH, Seevetal: S. 169.1–169.3

Bitkom e.V., Berlin: S. 396

Bundesanzeiger Verlag GmbH, Köln: S. 106

Bundesverband Paket und Expresslogistik, Berlin: S. 70

code-knacker.de, München: S. 156.2

Collico Verpackungslogistik und Service GmbH, Duisburg: S. 159.3

Continental Automotive GmbH, Hannover: S. 147.1

Cordes GmbH & Co. KG, Harsefeld: S. 376.3, 376.4

Deutsche Post AG, Bonn: S. 14, 67, 68.1, 68.2, 104, 120, 123 (2x), 126.3, 126.4, 128.1, 130.1, 137, 159.1, 160.3, 169/170, 180.2, 209.1, 219.2, 257, 268, 273, 279, 281.1, 285.2, 361.2, 362.3, 363.1, 368, 380, 395.2, 395.3, 407, 418.1, 418 (2x)

Dolezych GmbH & Co. KG, Dortmund: S. 206

dpa Infografik GmbH, Hamburg: S. 20, 358 (2x)

dpa Picture-Alliance GmbH, Frankfurt: S. 25, 28, 31, 40, 48 (2x), 249, 349, 353, 355, 436

DPD Dynamic Parcel Distribution GmbH & Co. KG, Aschaffenburg: S. 114, 121 (5x), 122.2, 211, 364.1, 372, 375, 376.1

DPG Deutsche Pfandsystem GmbH, Berlin: S. 173.4

Federal Express Europe, Inc., Deutsche Niederlassung, Kelsterbach: S. 90

FireAngel/Counterpart Group GmbH, Köln: S. 383.3

Flughafen Köln/Bonn GmbH, Köln: S. 182

Fotolia.com: S. 15 (Thomas Reimer), 21.1 (Diana Kosaric), 21.2 (Robert Kneschke), 24 (bluedesign), 26 (Felix Pergrande), 33 (psdesign1), 38.2 (philhol), 42.1 (vipman4), 42.2 (Jürgen Effner), 42.3 (contrastwerkstatt), 42.4 (Andrey Popov), 42.5 (Petair), 44 (XtravaganT), 52 (goodluz), 53.1 (Daisy Daisy), 56 (Rido), 58 (mindscanner), 64 (Robert Kneschke), 65.1 (dbunn), 73 (nemo1963), 75 (Marco2811), 76 (Atelier W.), 77 (Sven Bähren), 83 (eccolo), 88 (Erhan Ergin), 93 (Erhan Ergin), 99.1 (nicotombo), 99.2 (Pekchar), 103.1 (Schlierner), 110.1 (2mmedia), 110.2 (2mmedia), 118 (Monkey Business Images), 119.1 (nikbu), 128.2 (paulvelgos), 129.2 (bloomua), 130.2 (Albert Lozano-Nieto), 131.2 (Benjamin Haas), 140 (lassedesignen), 141 (whitelook), 142.1 (Björn Wylezich), 142.2 (countrypixel), 142.3 (Marco2811), 143 (benjaminnolte), 145 (gilles lougassi), 147.2 (Marina Lohrbach), 151.1 (euthymia), 151.2 (W.D. Summers), 152.1 (Silvia Crisman), 152.2 (tournee), 152.4 (Kurhan), 153.1 (Robert Kneschke), 153.2 (Robert Kneschke),156.1 (Zerbor), 156.4 (topae),157.2 (topae), 158.1–158.2 (sunnychicka), 160.2 (PRILL Mediendesign), 161.1 (eyetronic), 161.2–161.3 (topae), 162.1 (sattapapan tratong), 162.2–162.3 (Björn Wylezich), 163.4 (W.D. Summers), 163.5 (Shawn Hempel), 164.1 (Andrea Arnold), 164.2 (dispicture), 164.4 (NorGal), 165.1 (paketesama), 165.4 (stevecuk), 166.2 (Inga Domian), 166.3 (Robert Kneschke), 167.3 (grapestock), 169.4 (Erhan Ergin), 171.1–172.3 (Thomas Söllner), 178.1 (2mmedia), 178.2 (pico), 179 (Gina Sanders), 180.1 (Artalis-Kartographie), 184.2 (VRD), 191 (iceteastock), 192.1 (Konstantinos Moraiti), 197.1 (Kurhan), 201.2 (markobe), 204 (Bruder), 208.1 (detailblick-foto), 213.1 (Carola Vahldiek), 213.2 (Markus Bormann), 215 (Erhan Ergin), 218 (Jonas Glaubitz), 219.1 (Andrey Popov), 220.1–220.2 (Production Perig), 224 (Andrey Popov), 225 (Andres Rodriguez), 227.1 (evgen_bel), 227.3 (), 230 (Vlad Ivantcov), 233 (Sergey Novikov), 234 (Jipé), 236 (T. Michel), 239 (Stefan Balk), 242 (eyetronic), 244 (Daniel Berkmann), 246.1 (pikselstock), 246.2 (PictureP.), 247.1 (jazz_paint), 247.2 (Gina Sanders), 251 (Andres Rodriguez), 253 (StudioLaMagica), 255.1 (M. Schuppich), 255.2 (Jeanette Dietl), 258.1 (Photographee.eu), 258.2 (madpixblue), 258.3 (corepics), 260.1–260.2 (Alex White), 260.3 (Virtaa), 260.4 (vinzstudio), 260.5 (fotolia_-artinspiring), 266.1 (blende11.photo), 275–276 (Andrey Popov), 277.1 (Ilan Amith), 277.2 (Jürgen Fälchle), 281.2 (tiero), 283 (Unbreakable), 285.1 (Mimi Potter), 286 (phantom1311), 287.1 (industrieblick), 287.2 (Kadmy), 288.1 (pure-life-pictures), 288.2 (Fotimmz), 288.3 (tiero), 288.4 (yvdavid), 288.5 (Shchipkova Elena), 289 (Minerva Studio), 290.1 (Monkey Business), 290.3 (Benjamin Haas), 291 (maxoidos), 294 (industrieblick), 296.1 (Olivier Le Moal), 298.2 (Bomix), 303 (grafikplusfoto), 306 (vege), 312 (Jeanette Dietl), 316 (ty), 323 (gstockstudio), 328 (made_by_nana), 336 (Jeanette Dietl), 341 (arsdigital), 342 (psdesign1), 345 (Robert Kneschke), 346.1 (industrieblick), 346.2 (contrastwerkstatt), 347 (eccolo), 351 (contrastwerkstatt), 352 (fotodo), 356 (Marco2811), 357 (DOC RABE Media), 361.1 (ellisia), 366 (NorGal), 369.2 (Karin & Uwe Annas), 376.5 (Tilo Grellmann), 379 (dessauer), 382.1 (Carola Vahldiek), 382.2 (Frank Wagner), 382.3 (Eugen Thome), 383.1 (Björn Wylezich), 383.2 (playstuff), 384.1 (antpkr), 385.3 (Stefan Körber), 387.1 (Ilan Amith), 388 (anelluk), 389.1–389.2 (Trueffelpix), 389.3 (Korta), 390.1 (Boggy), 390.2 (Eskymaks), 390.3 (Osterland), 392 (benjaminnolte), 393 (wollertz), 399 (Monkey Business), 400 (fotodo), 401 (nerthuz), 416 (Christoph Burgstedt), 417 (Maksym Yemelyanov), 419.2 (Trueffelpix), 423 (goodluz), 425 (Sergey Ogaryov), 434 (Robert Kneschke)

Gabriel Transportsysteme GmbH, Eslohe: S. 387.2

Gawronski GmbH, Neuhausen: S. 395.1

General Logistics Systems, Neuenstein: S. 420 (5x)

Generalzolldirektion, Dresden: S. 103.2

Georg Utz GmbH, Schüttorf: S. 157.3, 162.4, 163.1

GLORIA GmbH, Wadersloh: S. 384.3, 385.1, 385.2

Haaner Kurier GmbH, Haan: S. 362.2

Handelskammer Hamburg, Hamburg: S. 16

Hermes Europe GmbH, Hamburg: S. 212.2, 362.5, 364.3

Intertek Holding Deutschland GmbH, Leinfelden-Echterdingen: S. 404

iStock.com: S. 30 (Franck Boston), 38.1 (Meriel Jane Waissman), 38.3 (Yuri_Arcurs), 47.1 (PRUDENCIOALVAREZ), 47.2 (Petmal), 264 (Ryan Balderas), 302 (utah778), 430 (SusanneB)

KBS Industrieelektronik GmbH, Buschfort: S. 290.2

LKE Gesellschaft für Logistik- und Kommunikations-Equipment mbH, Marl: S. 369.1, 376.2

MBE Deutschland GmbH, Berlin: S. 421

METALCONSTRUCT Zrt, Kecskemét / Nagel & Nagel KG, Kaltenkirchen: S. 160.1

Papyrussammlung Köln (Universität zu Köln), Köln: S. 59

PIN Mail AG, Berlin: S. 263 (3x)

plümer)communications, Hamburg: S: 212:1

Postcon Deutschland B.V. & Co. KG, Ratingen: S. 69, 362.1, 373

©Ratioform Verpackungen GmbH, Pliening: S. 155.1, 156.3, 157.1, 158.3, 159.2, 163.3, 164.3, 164.5, 165.5, 165.7, 166.1, 166.4, 167.1, 167.2, 202.5

Robert Aehnelt, Berlin: S. 181

Schober Beratung für Logistik, Germering: S. 158.4

Schraner Erfolgslabor GmbH, Erlangen: S. 383.4

Shutterstock.com: S. 13 (Monkey Business Images), 370.2 (daulon), 429 (g-stockstudio)

SICK Vertriebs-GmbH, Düsseldorf: S. 124 (2x)

www.siemens.com/presse, München/Berlin: S. 125.1, 126.2, 146, 384.2

SOMMER GmbH, Laucha an der Unstrut: S. 364.2, 364.4

Sortimo International GmbH, Zusmarshausen: S. 205 (2x)

SW MEDIA GmbH, Essen: S. 391

time:matters GmbH, Neu-Isenburg: S. 65.2

TNT Express GmbH, Troisdorf: S. 197.2, 198, 208.2

TNT Innight Austria GmbH, Wien: S. 66 (2x), 112

trans-o-flex Schnell-Lieferdienst GmbH, Braunschweig: S. 363.2

United Parcel Service of America, Inc, Atlanta GA: S. 163.2, 187, 280, 362.4

Vanderlande Industries GmbH, Mönchengladbach: S. 122.1, 125.2, 126.1

wikipedia, gemeinfrei (public domain): S. 173.2, 173.5, 261

Wikipedia CC 3.0 Unported /Attribution: Classical Numismatic Group, Inc. www.cngcoins.com: S. 227.2

Zalando SE, Berlin: S. 152.3

Zeichnungen

Elisabeth Galas, Bad Breisig/Bildungsverlag EINS GmbH, Köln: S. 37, 53.2, 92, 94, 119.2, 131.1, 138 (3x), 139, 149 (2x), 155.2, 183 (2x), 184.1, 185 (2x), 186, 188, 192.2, 199.1, 199.2, 199.3, 200 (2x), 201.1, 202.1–202.4, 203.2–203.6, 269, 296.2, 297, 298.1, 378, 435

Umschlagfotos: Fotolia.com: Abb. 1 (Tyler Olson), Abb. 3 (industrieblick), Abb. 4 (Andrey Popov); iStock.com: Abb. 2 (chat9780)